COMENTARIO BIBLICO MUNDO HISPANO

TOMO 21

GALATAS, EFESIOS, FILIPENSES, COLOSENSES Y FILEMON

Artículo General: *La literatura del Nuevo Testamento,* Ricardo Foulkes

Gálatas
Exposición: Raúl Silebi
Ayudas Prácticas: James Giles

Efesios
Exposición: Stanley Stamps
Ayudas Prácticas: Oscar Pereira

Filipenses
Exposición: Samuel Escobar
Ayudas Prácticas: Ananías González

Colosenses
Exposición: Juan C. Cevallos
Ayudas Prácticas: Germán Núñez

Filemón
Exposición: Jorge E. Díaz
Ayudas Prácticas: Mario Martínez

AUTORES EN ESTE TOMO

Cevallos, Juan Carlos. Ecuatoriano. Pastor Iglesia Bautista Nueva Vida, Quito, Ecuador. Ex rector del Seminario Teológico Bautista de Ecuador.

Díaz, Jorge Enrique. Guatemalteco. Pastor de la Iglesia Bautista del Centro, El Paso, Texas. Director de la División de Mercadotecnia de la Casa Bautista de Publicaciones. Ex rector del Seminario Teológico Bautista de Guatemala.

Escobar, Samuel. Peruano. Conferencista internacional. Profesor de Misiones, The Eastern Baptist Theological Seminary.

Foulkes, Ricardo. Estadounidense. Profesor del Seminario Bíblico Latinoamericano, San José, Costa Rica.

Giles, James E. Estadounidense. Jubilado. Ex rector del Seminario Teológico Bautista de Cali, Colombia.

González, Ananías. Argentino. Pastor. Director de la División de Diseño y Desarrollo de Productos de la Casa Bautista de Publicaciones.

Martínez, Mario. Mexicano. Pastor de la Iglesia Bautista El Buen Pastor, Canutillo, Texas. Editor en la Casa Bautista de Publicaciones.

Núñez, Germán. Venezolano. Jubilado. Fue pastor de varias iglesias bautistas en Venezuela, Director de Misiones, etc.

Pereira, Oscar. Chileno. Profesor del Seminario Teológico Bautista de Santiago, Chile.

Silebi, Raúl. Colombiano. Profesor en el Instituto Bíblico del Este de Los Angeles y del Seminario Bíblico del Sur de California.

Stamps, Stanley. Estadounidense. Misionero sembrador de iglesias en El Progreso, Honduras.

COMENTARIO BIBLICO MUNDO HISPANO

TOMO 21

GALATAS, EFESIOS, FILIPENSES, COLOSENSES Y FILEMON

Editores Generales

Daniel Carro
José Tomás Poe
Rubén O. Zorzoli

Editores Especiales

Antiguo Testamento: Dionisio Ortiz
Nuevo Testamento: Antonio Estrada
Ayudas Prácticas: James Giles
Artículos Generales: Jorge E. Díaz
Diagramación: Exequiel San Martín A.

EDITORIAL MUNDO HISPANO

EDITORIAL MUNDO HISPANO
Apartado Postal 4256, El Paso, TX 79914 EE. UU. de A.
www.editorialmh.org

Comentario bíblico Mundo Hispano. © Copyright 1995, Editorial Mundo Hispano, 7000 Alabama St., El Paso, Tx. 79904. Todos los derechos reservados. Prohibida su reproducción o transmisión total o parcial, por cualquier medio, sin el permiso escrito de los publicadores.

Las citas bíblicas han sido tomadas de la Santa Biblia: Versión Reina-Valera Actualizada. © Copyright 1982, 1986, 1987, 1989, usada con permiso.

Ediciones: 1995, 2001

Clasificación Decimal Dewey: 220.7

Tema: 1. Biblia—Comentarios

ISBN: 0-311-03121-8
E.M.H. No. 03121

2 M 8 01

Printed in Belarus
Impreso en Bielorrusia

Printcorp. LP № 347 of 11.05.99. Kuprevich St. 18, Minsk, 220141. Or. 01110F. Qty 2 000 cps.

PREFACIO GENERAL

Desde hace muchos años, la Editorial Mundo Hispano ha tenido el deseo de publicar un comentario original en castellano sobre toda la Biblia. Varios intentos y planes se han hecho y, por fin, en la providencia divina, se ve ese deseo ahora hecho realidad.

El propósito del Comentario es guiar al lector en su estudio del texto bíblico de tal manera que pueda usarlo para el mejoramiento de su propia vida como también para el ministerio de proclamar y enseñar la palabra de Dios en el contexto de una congregación cristiana local, y con miras a su aplicación práctica.

El *Comentario Bíblico Mundo Hispano* consta de veinticuatro tomos y abarca los sesenta y seis libros de la Santa Biblia.

Aproximadamente ciento cincuenta autores han participado en la redacción del Comentario. Entre ellos se encuentran profesores, pastores y otros líderes y estudiosos de la Palabra, todos profundamente comprometidos con la Biblia misma y con la obra evangélica en el mundo hispano. Provienen de diversos países y agrupaciones evangélicas; y han sido seleccionados por su dedicación a la verdad bíblica y su voluntad de participar en un esfuerzo mancomunado para el bien de todo el pueblo de Dios. La carátula de cada tomo lleva una lista de los editores, y la contratapa de cada volumen identifica a los autores de los materiales incluidos en ese tomo particular.

El trasfondo general del Comentario incluye toda la experiencia de nuestra editorial en la publicación de materiales para estudio bíblico desde el año 1890, año cuando se fundó la revista *El Expositor Bíblico*. Incluye también los intereses expresados en el seno de la Junta Directiva, los anhelos del equipo editorial de la Editorial Mundo Hispano y las ideas recopiladas a través de un cuestionario con respuestas de unas doscientas personas de variados trasfondos y países latinoamericanos. Específicamente el proyecto nació de un Taller Consultivo convocado por Editorial Mundo Hispano en septiembre de 1986.

Proyectamos el *Comentario Bíblico Mundo Hispano* convencidos de la inspiración divina de la Biblia y de su autoridad normativa para todo asunto de fe y práctica. Reconocemos la necesidad de un comentario bíblico que surja del ambiente hispanoamericano y que hable al hombre de hoy.

El Comentario pretende ser:
* crítico, exegético y claro;
* una herramienta sencilla para profundizar en el estudio de la Biblia;
* apto para uso privado y en el ministerio público;
* una exposición del auténtico significado de la Biblia;
* útil para aplicación en la iglesia;
* contextualizado al mundo hispanoamericano;

* un instrumento que lleve a una nueva lectura del texto bíblico y a una más dinámica comprensión de ella;
* un comentario que glorifique a Dios y edifique a su pueblo;
* un comentario práctico sobre toda la Biblia.

El *Comentario Bíblico Mundo Hispano* se dirige principalmente a personas que tienen la responsabilidad de ministrar la Palabra de Dios en una congregación cristiana local. Esto incluye a los pastores, predicadores y maestros de clases bíblicas.

Ciertas características del Comentario y algunas explicaciones de su metodología son pertinentes en este punto.

El **texto bíblico** que se publica (con sus propias notas —señaladas en el texto con un asterisco, *,— y títulos de sección) es el de *La Santa Biblia: Versión Reina-Valera Actualizada.* Las razones para esta selección son múltiples: Desde su publicación parcial (*El Evangelio de Juan,* 1982; el *Nuevo Testamento,* 1986), y luego la publicación completa de la Biblia en 1989, ha ganado elogios críticos para estudios bíblicos serios. El Dr. Cecilio Arrastía la ha llamado "un buen instrumento de trabajo". El Lic. Alberto F. Roldán la cataloga como "una valiosísima herramienta para la labor pastoral en el mundo de habla hispana". Dice: "Conservando la belleza proverbial de la Reina-Valera clásica, esta nueva revisión actualiza magníficamente el texto, aclara —por medio de notas— los principales problemas de transmisión. . . Constituye una valiosísima herramienta para la labor pastoral en el mundo de habla hispana." Aun algunos que han sido reticentes para animar su uso en los cultos públicos (por no ser la traducción de uso más generalizado) han reconocido su gran valor como "una Biblia de estudio". Su uso en el Comentario sirve como otro ángulo para arrojar nueva luz sobre el Texto Sagrado. Si usted ya posee y utiliza esta Biblia, su uso en el Comentario seguramente le complacerá; será como encontrar un ya conocido amigo en la tarea hermenéutica. Y si usted hasta ahora la llega a conocer y usar, es su oportunidad de trabajar con un nuevo amigo en la labor que nos une: comprender y comunicar las verdades divinas. En todo caso, creemos que esta característica del Comentario será una novedad que guste, ayude y abra nuevos caminos de entendimiento bíblico. La RVA aguanta el análisis como una fiel y honesta presentación de la Palabra de Dios. Recomendamos una nueva lectura de la Introducción a la Biblia RVA que es donde se aclaran su historia, su meta, su metodología y algunos de sus usos particulares (por ejemplo, el de letra cursiva para señalar citas directas tomadas de Escrituras más antiguas).

Los demás elementos del Comentario están organizados en un formato que creemos dinámico y moderno para atraer la lectura y facilitar la comprensión. En cada tomo hay un **artículo general**. Tiene cierta afinidad con el volumen en que aparece, sin dejar de tener un valor general para toda la obra. Una lista de ellos aparece luego de este Prefacio.

Para cada libro hay una **introducción** y un **bosquejo**, preparados por el redactor de la exposición, que sirven como puentes de primera referencia para llegar al texto bíblico mismo y a la exposición de él. La **exposición** y **exégesis** forma el elemento más extenso en cada tomo. Se desarrollan conforme al bosquejo y fluyen de página a página, en relación con los trozos del texto bíblico que se van publicando fraccionadamente.

Las **ayudas prácticas**, que incluyen ilustraciones, anécdotas, semilleros homiléticos, verdades prácticas, versículos sobresalientes, fotos, mapas y materiales semejantes acompañan a la exposición pero siempre encerrados en recuadros que se han de leer como unidades.

Las **abreviaturas** son las que se encuentran y se usan en *La Biblia Reina-Valera Actualizada*. Recomendamos que se consulte la página de Contenido y la Tabla de Abreviaturas y Siglas que aparece en casi todas las Biblias RVA.

Por varias razones hemos optado por no usar letras griegas y hebreas en las palabras citadas de los idiomas originales (griego para el Nuevo Testamento, y hebreo y arameo para el Antiguo Testamento). El lector las encontrará "transliteradas," es decir, puestas en sus equivalencias aproximadas usando letras latinas. El resultado es algo que todos los lectores, hayan cursado estudios en los idiomas originales o no, pueden pronunciar "en castellano". Las equivalencias usadas para las palabras griegas (Nuevo Testamento) siguen las establecidas por el doctor Jorge Parker, en su obra *Léxico-Concordancia del Nuevo Testamento en Griego y Español*, publicado por Editorial Mundo Hispano. Las usadas para las palabras hebreas (Antiguo Testamento) siguen básicamente las equivalencias de letras establecidas por el profesor Moisés Chávez en su obra *Hebreo Bíblico*, también publicada por Editorial Mundo Hispano. Al lado de cada palabra transliterada, el lector encontrará un número, a veces en tipo romano normal, a veces en tipo bastardilla (letra cursiva). Son **números del sistema "Strong"**, desarrollado por el doctor James Strong (1822-94), erudito estadounidense que compiló una de las concordancias bíblicas más completas de su tiempo y considerada la obra definitiva sobre el tema. Los números en tipo romano normal señalan que son palabras del Antiguo Testamento. Generalmente uno puede usar el mismo número y encontrar la palabra (en su orden numérico) en el *Diccionario de Hebreo Bíblico* por Moisés Chávez, o en otras obras de consulta que usan este sistema numérico para identificar el vocabulario hebreo del Antiguo Testamento. Si el número está en bastardilla (letra cursiva), significa que pertenece al vocabulario griego del Nuevo Testamento. En estos casos uno puede encontrar más información acerca de la palabra en el referido *Léxico-Concordancia...* del doctor Parker, como también en la *Nueva Concordancia Greco-Española del Nuevo Testamento*, compilada por Hugo M. Petter, el *Nuevo Léxico Griego-Español del Nuevo Testamento* por McKibben, Stockwell y Rivas, u otras obras que usan este sistema numérico para identificar el vocabulario griego del Nuevo Testamento. Creemos sinceramente que el lector que se tome el tiempo para utilizar estos números enriquecerá su estudio de palabras bíblicas y quedará sorprendido de los resultados.

Estamos seguros que todos estos elementos y su feliz combinación en páginas hábilmente diseñadas con diferentes tipos de letra y también con ilustraciones, fotos y mapas harán que el *Comentario Bíblico Mundo Hispano* rápida y fácilmente llegue a ser una de sus herramientas predilectas para ayudarle a

lo obligaron a escribir una correspondencia pastoral y teológica que a su manera también comenta el *kérugma*. El Apóstol contesta preguntas tales como: ¿En qué respectos tienen que cambiar su estilo de vida los bautizados que vienen de un trasfondo pagano?, ¿qué valor tiene la ley de los judíos, ya que Jesús murió y resucitó?, y ¿hemos de esperar mucho tiempo antes de la venida de Cristo? Los 13 escritos que la tradición patrística atribuye a Pablo y que constituyen el 25% del texto del NT le ameritan el honor de ser uno de los dos autores más fecundos de dicho texto.

Pero Pablo no fue el único que se valió de la carta como medio de instrucción para las iglesias recién formadas. Durante la segunda mitad del siglo primero, varios dirigentes del movimiento cristiano también tomaron la pluma; el NT atribuye a Santiago, Pedro, Juan y Judas cartas que pertenecen a un mismo género, y la carta anónima que llamamos "a los Hebreos" no dista mucho de este tipo literario.

Un poco más adelante definiremos este género epistolar, pero primero resumamos gráficamente lo que hemos afirmado acerca de esta primera literatura del NT:

ACONTECIMIENTOS			PRODUCCION LITERARIA
4 a. de J.C.	30 d. de J.C.	69 d. de J.C.	Ninguna; la tradición existe todavía (en el 69) en el nivel puramente oral.
vida de Jesús	gestación de los Evangelios		
	58	100	Los primeros escritos del NT

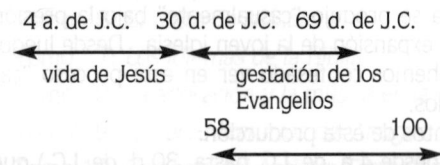

EL GENERO LITERARIO "EVANGELIO"

Cronológicamente hablando, la literatura epistolar goza de prioridad; sin embargo, de un primer vistazo a la Tabla de contenido del NT, el lector común y corriente saca la conclusión bien justificada; los libros narrativos son los básicos del NT. Digo "bien justificada", porque precisamente esta es la impresión que los compiladores del canon quisieron dejar por medio de su ordenamiento de los libros: los acontecimientos en torno a Jesús fundamentan la fe cristiana y la actividad de la iglesia. Y aunque los Evangelios no se consagraron en forma escrita sino hasta las últimas décadas del siglo, siempre circulaban en forma oral en las congregaciones y sustentaban su vida. De manera que en el canon del NT aparecen los cuatro Evangelios como una especie de roca fundamental, de la misma forma en que en el AT los "cinco libros de Moisés" originan las otras dos secciones: los profetas y los escribas.

EL EVANGELIO DE MARCOS

No sabemos a ciencia cierta por qué la iglesia madre de Jerusalén (u otra instancia que custodiara las tradiciones orales acerca de Jesús) confió a Juan Marcos, en el 69 d. de J.C., la tarea de poner por escrito dichas tradiciones. Se han sugerido una o más de las siguientes razones: a) La muerte de Pedro y otros testigos oculares, cuya palabra había garantizado la facticidad de la predicación sobre Jesús; b) la preferencia de la iglesia, que seguía en esto las prácticas del judaísmo, por la palabra hablada encima de cualquier escrito; c) un cambio de énfasis en cuanto a la Segunda Venida de Jesucristo; con el tiempo los cristianos reconocieron que la evangelización del mundo tomaría muchos años y que habría que preocuparse por la instrucción de la generación subsecuente.

Al aceptar la "comisión" de poner por escrito la predicación de muchos testigos a través de 40 años, Marcos se halló frente a una masa de material. Lejos de estar archivado sistemática e impersonalmente, este material se conservaba en forma oral en tres ambientes, o actividades de la iglesia: 1) la evangelización, 2) la enseñanza de sus propios miembros, y 3) el culto. Así se preservaba cada unidad de tradición de los efectos corrosivos de la mera repetición mecánica; por medio del uso constante en una iglesia de sangre y carne, un dicho del Señor Jesús, por ejemplo, se adaptaba paulatinamente a situaciones nuevas sin traicionar la intención originaria del Señor.

Para ilustrar este proceso en el caso de un milagro, podríamos imaginar al apóstol Andrés contando en el año 60 la historia de Bartimeo el ciego. Como él anduvo predicando, digamos en Asia Menor, y hablaba griego en lugar de arameo (su idioma nativo y el de Jesús), la experiencia originada con Jesús tuvo que transmitirse filtrada por una traducción del arameo al griego. Además, el auditorio de Andrés procedió en su mayoría del paganismo; por ello, algunos detalles del relato que requieren un conocimiento del judaísmo palestiniano (... ¡*Hijo de David, ten compasión de mí!*, p. ej.) necesitarían explicación o modificación, o bien ciertos detalles de la geografía de Palestina. Pero como el propósito de contar el milagro no es el de simplemente describir el poder del taumaturgo Jesús, sino el de lograr la conversión de los oyentes a la persona viviente, el Señor Jesús, Andrés no habrá distorsionado en absoluto el relato.

Marcos, pues, tuvo que hacer una selección entre muchas pequeñas unidades (que llamamos perícopas, porque en muchos casos flotaban independientemente en el ambiente, sin traer mucha indicación del tiempo cuando ocurrieron o el lugar). Parece que la primera sección de la historia de Jesús que tomó forma conexa y coherente fue la Pasión; no es imposible que Marcos encontrara un esbozo ya escrito de esta última semana de la vida del Señor. Al fin, el *kérugma* insiste mucho sobre la centralidad de la crucifixión y resurrección de Jesús, y los acontecimientos en Jerusalén deben haber ocupado un lugar privilegiado en toda predicación. Marcos dedica a ellos nada menos que el 20% del texto de su Evangelio.

Otras unidades se han agrupado posteriormente para facilitar su memorización y comprensión: el "día típico de trabajo en Capernaúm", por ejemplo (1:21-38), y las controversias en Jerusalén (11:27—13:2). No sabemos si la compilación de estos ciclos se debe a los predicadores anónimos o a Marcos. Pero si en algún momento existieron en forma escrita antes de la publicación del Evangelio canónico, tales fragmentos han desaparecido por completo. Hasta donde sabemos, este Evangelio (es decir, Mar. 1:1—16:8), apareció como una obra pionera; aun su género literario es nuevo.

Vale la pena, pues, tratar de reconstruir imaginariamente la motivación teológica y la técnica de composición del primer evangelista. Los cuatro evangelistas, lejos de ser meros recopiladores al azar de tradiciones sueltas, como si trabajaran "con tijeras y goma", son autores; cada uno es un creador de su obra en el sentido pleno, y teólogo también. No sólo tiene razones personales para la selección que hace de unidades —una visión particular de la persona de Jesús, por ejemplo, o el propósito de evangelizar— sino que sus decisiones obedecen a las necesidades e inquietudes de sus destinatarios. Marcos, por su parte, escribe a la iglesia de Roma, compuesta en su mayoría por gentiles. Era una comunidad que hacía poco, bajo Nerón, había sufrido mucho (c. 64 d. de J.C.) y que tendría mucho interés en el mesías sufriente presentado en todo el Evangelio, o que podría identificarse con el gentil que confiesa en la culminación de la crucifixión: ¡*Verdaderamente este hombre era Hijo de Dios!* (15:39). Todas las técnicas que Marcos usa —las órdenes de callar la mesianidad de Jesús, el énfasis sobre la estupidez de los discípulos, la insistencia en los milagros del Señor que paradójicamente subraya su humilde servicio como el Sufriente— se explican mejor bajo esta luz contextual.

Ahora, ¿cómo se puede categorizar un escrito de este tipo? Biografía no es —una "vida de Jesús", digamos—, a pesar de un evidente interés biográfico. Tampoco es un ensayo teológico, aun cuando cada perícopa, pulida por la práctica *kerigmática* de muchas décadas, interpreta teológicamente los acontecimientos narrados y las palabras recogidas de la enseñanza dominical. En Marcos 1:1 se usa la expresión *euanggélion* para caracterizar su obra literaria, sin darle por eso la acepción "género literario 'evangelio' "; parece que el evangelista teme que, si carga el énfasis en *Cristo,* muchos lectores podrían perder el contacto con la figura humana de Jesús, quien vivió en Galilea y fue ejecutado en Jerusalén. ¿Y por qué lo crucificaron los romanos? Porque primero el Sanedrín lo condenó, tras amargas controversias con el judaísmo rabínico. Marcos retoma los relatos formados en Galilea y pregonados en muchas partes, los ordena según un plan vagamente cronológico y geográfico, y los utiliza pastoralmente para consolar a una comunidad en Roma perseguida por ser obediente a Dios. Desde entonces, las páginas de Marcos han instruido existencialmente a miles de iglesias locales a través de los siglos; aun el famoso recurso estilístico del presente histórico parece hablarnos hoy: ¿*Quién es éste, que hasta el viento y el mar le* **obedecen***?* (4:41).

EVANGELIOS CANONICOS Y ESPURIOS

"Evangelio" no se usa con el sentido de género literario antes del fin del siglo I, cuando algunos cristianos lo aplican a Marcos como un título abreviado. Pronto, después, se aplica también a los otros tres libros similares que incluimos en nuestro canon; pero siempre la iglesia aclara que hay un solo evangelio, visto desde cuatro ángulos diferentes (*el* evangelio, según Marcos; *el* evangelio, según Mateo; etc.), y no cuatro evangelios (el Evangelio de Marcos, el Evangelio de Mateo, etc.).

Parece que sólo se han producido cuatro libros de este género. Existen obras con el nombre de Evangelio, pero son de otro género. Por ejemplo, el *Evangelio de los ebionitas* y el *Evangelio secreto de Marcos* son meros fragmentos, los *Evangelios de la infancia* una fantasía romántica, y los evangelios gnósticos *Pistis Sofía*, el *Evangelio de la verdad* y el *Evangelio de Felipe* simples discursos revelatorios. Aun la tradición semi-sinóptica de enseñanza que hallamos en el *Evangelio de Tomás* pertenece al género judío conocido como "Los dichos de los sabios". Y todos carecen de un relato de la Pasión.

¿Existen tradiciones genuinas acerca de Jesús fuera de los cuatro Evangelios canónicos? Los estudiosos han reducido a menos de una decena los dichos de Jesús, denominados *ágrafa*, que se hallan incrustados en otras fuentes: Hechos 20:35, donde Pablo cita una palabra dominical; cierto manuscrito de Lucas 6:4, que atribuye a Jesús el siguiente comentario dirigido a un hombre que trabaja un día sábado: "Oh hombre, si tú sabes lo que haces, bienaventurado eres; pero si no sabes, eres maldito y un transgresor de la ley"; y las palabras de institución de la cena del Señor citadas por Pablo en 1 Corintios 11:24, 25. Además en los papiros Oxirinco, los Padres eclesiásticos y el *Evangelio de Tomás*, encontramos unos cuantos dichos con cierta probabilidad de ser genuinos. Pero los datos sugieren que los cuatro evangelistas recogieron casi la totalidad de las tradiciones referentes a Jesús de Nazaret y recordadas en las comunidades.

"Género literario" es una descripción que depende de la interrelación entre forma, estilo y contenido. Varios géneros muestran algunas características de los cuatro Evangelios pero no todas:

1) Los dichos de los sabios. A este género, que por definición carece de muchos elementos narrativos, puede haber pertenecido el documento hipotético Q, utilizado en Mateo y Lucas y que explicaremos a continuación. Así también muchos dichos en las etapas tardías del *Evangelio de Tomás*.

2) Aretalogía. Este género reporta las hazañas de dioses y milagros de la antigüedad, aparentemente con la intención de mostrar su poder divino. Cada uno merece el nombre de "hombre divino" *(theiós anér)*. Se ha sugerido que fuentes tanto de Marcos como de Juan proceden de este género, pero es menester reconocer que en ambos casos el evangelista ha modificado considerablemente este aspecto de su material.

Es probable que la cultura grecorromana haya atribuido primero cualidades divinas a ciertos *sabios*, antes de llamar divinos a los *taumaturgos*. En las descripciones de los sabios entran rasgos heroicos: un nacimiento milagroso, la posesión de sabiduría extraterrestre, acontecimientos extraordinarios en el momento de su muerte y manifestaciones sobrenaturales.

Seguramente, el género "Evangelio" es un híbrido que Marcos creó para la situación de la iglesia en Roma. Podríamos definirlo como "biografía con rasgos aretalógicos", si explicamos que "biografía" no implica el género moderno del mismo nombre. Al lector moderno los Evangelios le dan la impresión de ser biografías, y sin duda los primeros lectores tuvieron la misma reacción. La descripción "memorias de los apóstoles", acuñada por Justino Mártir (c. 150), sugiere algo biográfico, y Lucas en su prefacio (1:1-4) señala la misma intención en sus precursores. Sin embargo, Marcos enfoca teológicamente los aspectos narrativos de acuerdo con la cristología de los sermones primitivos, y matiza los elementos aretalógicos con su doctrina del Salvador sufriente (ver 10:45). Crea una síntesis paradójica que hace tensa y genial su obra, aun cuando su estilo literario no parezca elegante ni pretenda serlo.

LOS OTROS SINOPTICOS

La publicación del Evangelio de Marcos no cerró la puerta a la producción de libros similares; al contrario, parece haber retado a otras comunidades y a otros autores a "superar", desde el punto de vista de otras vivencias de la fe y otros contextos, la obra pionera. Según el consenso actual entre los estudiosos que hemos seguido en este esbozo, los Evangelios de Mateo y Lucas aparecieron una década más tarde, y sus autores se valieron independientemente de Marcos para elaborar sus nuevos bosquejos, esquemas geográficos, y hasta detalles del texto. Cuando cotejamos en tres columnas de texto los paralelos (este tipo de publicación se llama "sinopsis"), podemos verificar por qué estos Evangelios se llaman "sinópticos"; su punto de vista es compartido, y la semejanza parte del uso común de un texto escrito, y no simplemente de la tradición oral. Ya que según el consenso este texto tiene que haber sido Marcos, en la sinopsis impresa Marcos constituye la columna central para facilitar la comparación, como se nota en la siguiente perícopa: "La curación de la suegra de Simón Pedro":

Mateo 8:14, 15	Marcos 1:29-31	Lucas 4:38, 39
	Cuando salieron de la sinagoga	Jesús salió de la sinagoga
Jesús fue a casa de Pedro, donde encontró a la suegra de éste en cama y con fiebre.	Jesús fue con Santiago y Juan a casa de Simón y Andrés. La suegra de Simón estaba en cama con fiebre. Se lo dijeron a Jesús, y él se acercó,	y entró en casa de Simón. La suegra de Simón estaba enferma, con mucha fiebre, y rogaron por ella a Jesús Jesús se inclinó sobre ella
Jesús tocó entonces la mano de ella, y la fiebre se le quitó, así que ella se levantó y comenzó a atenderlo.	y tomándola de la mano la levantó; al momento se le quitó la fiebre. y comenzó a atenderlos.	y reprendió la fiebre y la fiebre se le quitó. Al momento ella se levantó y comenzó a atenderlos.

Son notables las semejanzas y las pequeñas diferencias. Marcos tiene todas las características de una narración de un testigo ocular; con sólo cambiar de tercera a primera persona ("Cuando salimos de la sinagoga, Jesús fue con Santiago y Juan a la casa mía y de Andrés...") podemos imaginarnos cómo Pedro habrá dado testimonio de una experiencia inolvidable, recogida luego por Juan Marcos. En cambio, Mateo ha abreviado tan severamente el texto que tenía ante los ojos (Marcos) que nosotros, si no tuviéramos el original con que compararlo, casi tendríamos dificultad en comprenderlo; por ejemplo, Mateo concentra nuestra atención exclusivamente sobre Jesús, y cuando la enferma sana de su fiebre, no hay nadie más a quien servir sino al Maestro. Por su parte, Lucas reescribe independientemente el texto modelo (Marcos), simplificándolo y precisando ciertos detalles de la curación (quizá sea significativo que Col. 4:14 sugiere que el autor del Evangelio era médico): la fiebre es *mucha* y Jesús la reprende, como si se tratara de un demonio.

Otro elemento esencial en "la teoría de los dos documentos" que constituye el consenso actual, es que Mateo y Lucas usaron, cada uno a su manera, una colección de dichos del Señor que los estudiosos llaman Q (de *Quelle,* el término alemán para "fuente"). Q designa, pues, un documento hipotético jamás encontrado; habrá abarcado poca narración y nada sobre la Pasión. Esta hipótesis parece explicar mejor los muchos acuerdos entre Mateo y Lucas que no proceden de Marcos (sermones, parábolas, la triple tentación, etc.).

¿Cómo hemos de explicar el material peculiar a Mateo y a Lucas, los dichos y las narraciones que no proceden ni de Marcos ni de Q? Desde luego, aunque el consenso insiste en que los autores de Mateo y Lucas no eran testigos oculares, estos siempre podrían haber escarbado en la tradición oral, una práctica que existía antes, durante, y después de la producción de los Evangelios escritos. Es probable, sin embargo, que descubrieran materiales ya escritos (comp. Luc. 1:1-3), los cuales ellos combinaron hábilmente con tradiciones orales. En el caso de Mateo, llamamos "M" a este contenido escrito y oral que no se encuentra en ningún otro Evangelio, y en el caso de Lucas, lo llamamos "L".

El estudio de los últimos 200 años ha adelantado mucho la solución del "problema sinóptico", pero quedan ciertos fenómenos sin una explicación adecuada. Podríamos diagramar así las relaciones entre las fuentes de los tres primeros Evangelios, según el consenso moderno:

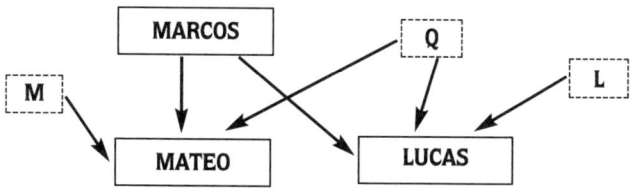

En años recientes, este consenso ha sido impugnado de nuevo por los que creen en la prioridad de Mateo, o bien en la existencia de ediciones primitivas de uno o más de los Evangelios (Proto-Marcos, Proto-Mateo y Proto-Lucas), pero "la teoría de los dos documentos" sigue fuertemente apoyada. Con todo, no se ha dicho la última palabra.

EL EVANGELIO DE MATEO

Quizá la iglesia en Roma quedó satisfecha con su "Evangelio", pero unos 5-15 años más tarde un grupo de iglesias judeocristianas en Siria (¿Damasco? ¿Cesarea?) comenzó a pedir a sus líderes una obra más a tono con sus propias necesidades catequísticas. Por cierto, el Evangelio de Marcos se queda bien corto en cuanto a las enseñanzas de Jesús, y en otros aspectos también (su estilo populista, por ejemplo, que no se presta mucho a la lectura formal en el culto) podría considerarse defectuoso desde ciertos ángulos. Un autor desconocido, tal vez trabajando en equipo al estilo de una escuela rabínica, produjo el Evangelio que nosotros llamamos Mateo. (Vale recordar que todos los cuatro Evangelios son anónimos y que las "etiquetas" tradicionalmente asociadas con ellos ["según Mateo", "según Juan", etc.] se deben, no a la evidencia interna de los Evangelios mismos, sino al testimonio externo de Padres de la iglesia que vivieron décadas después.)

Si la hipótesis expresada aquí interpreta bien los datos, el Evangelio de Mateo apareció en la década del 70 o del 80. Habrá usado como fuente principal el Evangelio de Marcos, ya que reproduce el 90% de este primer Evangelio y sigue de cerca el orden de los acontecimientos en la segunda mitad de su obra. Como corolario de esta dependencia de Mateo con respecto a Marcos (escrito por alguien que no era un testigo ocular), tenemos que concluir que el autor de Mateo no es tampoco testigo ocular del ministerio de Jesús, y por tanto no se llamó Leví (o Mateo) como insiste la tradición recogida por Papías. Quizá los *logia* a que Papías se refiere, lejos de ser un Evangelio completo compuesto en arameo, eran una colección de dichos de Jesús, o de profecías del AT cumplidas durante su ministerio terrenal; en todo caso, una fuente breve pero que permitió que el nombre de un apóstol se relacionara con este Evangelio.

Hemos visto cómo tanto Marcos como Mateo respondieron a las necesidades de sus comunidades. Mateo parece considerarse un "escriba cristiano", un "dueño de casa, que de lo que tiene guardado sabe sacar cosas nuevas y cosas viejas" (13:52). No nos sorprende, pues, que él saque provecho de la ley *y* del evangelio, de la tradición *y* del Espíritu. Pero a pesar de verse como "maestro de la ley" (escriba), sus peores críticas se dirigen contra "los maestros de la ley y fariseos" (23:13-36), porque las iglesias que él representa, basándose en las enseñanzas de Jesús, se creen el verdadero Israel. Por tanto, la rectitud de los cristianos tiene que superar a la de los fariseos (5:20), y Mateo combate en forma radical la infracción de la ley: "¡Aléjense de mí, malhechores!" (ver 7:23, comp. 24:11, 12) dirá Jesús a los que no "hacen la voluntad" del Padre celestial.

Estos énfasis corresponden bien a lo que sabemos de las iglesias en Siria (que nos dieron igualmente la *Didaché*, c. 100; la preocupación por los profetas cristianos y por el orden en la iglesia es común a ambos documentos. Según Mateo, los cristianos nos hemos identificado con Jesús de tal manera que heredamos las designaciones "profetas", "justos" y "los pequeños", y continuamos la misión de quien detenta "toda autoridad en el cielo y en la tierra" (28:18-20).

En ciertas épocas de la historia cristiana, algunos teólogos se han quejado del género literario de los Evangelios. "¿Por qué Dios no nos dio un tratado sistemático sobre la cristología?" decían. Pero hoy día hemos redescubierto el valor de la "teología narrativa". Siglos antes del NT, los israelitas descubrieron, al consignar su Torah por escrito (del Génesis hasta Deuteronomio), que las obligaciones que van jalonando la vida concreta de los creyentes son incomprensibles sin la "memoria" de lo que sirve de base a estas obligaciones: la acción de Dios en la historia de Israel. El relato y la ley forman los dos juntos la Torah. En forma paralela, los evangelios no son una mera expansión del *kérugma*, ni siquiera una simple colección de las palabras de Jesús; son relatos, cuya originalidad consiste precisamente en su mezcla íntima de anuncio y narración. Su género literario afirma que la historia de Jesús representa un papel en la historia presente de nuestra existencia; en los Evangelios el Jesús viviente nos reta, nos interpela constantemente.

EL EVANGELIO DE LUCAS

Aproximadamente en el año 80 Lucas el gentil, oriundo de Antioquía en Siria, tomó su pluma para proveer un Evangelio para iglesias (¿en Roma?, ¿en Siria? estamos reducidos a conjeturar la ubicación de sus destinatarios) de composición gentil. Hemos mencionado ya sus fuentes —Marcos, Q y L—, que podrían sugerir bastante semejanza con Mateo, pero en realidad cada uno de los dos Evangelios mantiene en los detalles una óptica aparte. En cuestiones del orden en que presenta su material, Lucas es más independiente de su modelo común, Marcos. Pero su decisión más sorprendente es la de producir una obra en dos tomos: a) el Evangelio que lleva su nombre y b) Hechos de los Apóstoles, que continúa la historia cristiana más allá de la Semana Santa del año 30, donde el género "Evangelio" deja el relato. Hechos prolonga la historia hasta el 62 aprox., una coyuntura cuando Pablo ha llevado el mensaje de buenas nuevas hasta Roma, la capital del imperio y a los ojos de Lucas "la parte más lejana de la tierra" (Hech. 1:8).

En su Evangelio aparece un elemento relativamente nuevo: la excelencia literaria. Si el griego de Marcos es un poco tosco, procedente del pueblo, y el griego de Mateo, aparte algunos rasgos litúrgicos, sólo un poco más pulido, el estilo de Lucas tiene ciertas pretensiones de satisfacer un auditorio culto, representado por Teófilo (comp. los prólogos, Luc. 1:1-4 y Hech. 1:1, 2a). Los inicios de los tres Sinópticos dicen algo de la intencionalidad de sus autores: 1) Marcos arranca con un título o introducción de un solo renglón: "Principio de la buena noticia de Jesucristo, el Hijo de Dios", y prosigue con el relato a partir del ministerio de Juan el Bautista. 2) Mateo comienza su "libro" (Mat. 1:1) con una genealogía, imitando así un número de modelos tomados del AT, y por tanto relacionándolo con tipos literarios ya conocidos en Palestina. Luego describe el nacimiento y la infancia de Jesús (Mat. 1:18—2:23) antes de hablar de Juan el Bautista, porque la escuela de Mateo da importancia a estos detalles que comprueban la encarnación ("Dios con nosotros", Mat. 1:23). 3) En cambio, Lucas compone un prólogo clásico que consta de un "período" literario formal, en que la prótasis (vv. 1, 2) como la apódosis (vv. 3, 4) constan de tres frases paralelas cuyo equilibrio es llamativo. En esto sigue pautas dejadas en los prefacios a libros clásicos de historia por Herodoto, Tucídides y otros, y por Josefo en su apología judía *Contra Apión*. Luego Lucas, como hábil escritor que es, cambia de estilo (1:5) y nos inserta bruscamente en el mundo judío; nos hallamos en la Jerusalén de c. 6 a. de J.C. y el lenguaje, prestado de la Septuaginta, anuncia que el Mesías es salvador en primer término de judíos, pero también de gentiles. Aquí Lucas se vale de tradiciones sobre la infancia que no son las que usó Mateo; pero independientemente los dos Evangelios relatan el carácter virginal de la concepción, y el nacimiento en Belén. 4) Sobre el prólogo al Evangelio de Juan, ver 21:25.

En cuanto a la enseñanza de Jesús, Lucas conserva no sólo piezas recogidas de Q (en una forma levemente diferente de la forma mateana, comp. Luc. 15:3-7 con Mat. 18:10) o de Marcos, sino piezas halladas en su propia investigación, (las fuentes que llamamos L): parábolas memorables sobre la oración, p. ej., y otros temas preciosos para Lucas, como son el Espíritu Santo, la salvación de los pecadores, y el interés de Jesús en los marginados de la sociedad como los niños, las mujeres y los pobres en general. Particularmente destacadas son las expansiones que Lucas hace del relato de la resurrección, tan escueto y misterioso en Marcos; Lucas nos trae a colación no sólo la tradición de la tumba vacía (como en Mar. 16:1-8) sino las apariciones del Resucitado a los discípulos de Emaús y a los once apóstoles y otros compañeros (24:13-49). Finalmente, añade un énfasis muy particular (Luc. 24:50-53; Hech. 1:6-11): Jesús sube al cielo mientras bendice a los suyos.

EL EVANGELIO DE JUAN

En la última década del siglo apostólico, las iglesias en Asia Menor (que hoy llamamos Turquía) pasaron por una crisis amenazante. Aunque Pablo había establecido muchas congregaciones robustas en el área de la capital Efeso (comp. Hech. 19) y según la tradición, el apóstol Juan había pasado allí sus últimos años, las doctrinas erróneas de los gnósticos se habían infiltrado en muchos grupos cristianos. En el año 95 aprox. un grupo de discípulos de Juan que había escuchado su predicación sobre Jesús decidió escribirla en la forma de un Evangelio, con el fin de contrarrestar las herejías.

Si los tres Sinópticos tienen relativamente "el mismo ángulo de visión", es evidente que el Evangelio de Juan, a veces denominado el cuarto Evangelio, adopta un ángulo diferente. Sigue siendo un Evangelio —no ha variado el género literario, porque sigue presentando a Jesucristo por medio de palabras y obras, y llega a su desenlace por una descripción pormenorizada de la pasión y resurrección— pero sus recursos literarios, históricos y teológicos han variado bastante.

P. ej., 1) literariamente Juan ha reducido el vocabulario de su escrito a escasas mil palabras. Prefiere también el paralelismo del tipo que encontramos en el AT (p. ej., las sentencias tales como: *La ley fue dada por medio de Moisés, pero la gracia y la verdad nos han llegado por medio de Jesucristo,* 1:17). En la estructura de sus escenas Juan integra las actividades del Señor, sus "señales", con los dichos que explican por qué el Hijo "ha venido al mundo", de una manera menos fragmentaria que los Sinópticos. Además, antepone un solemne prólogo, una especie de himno al Verbo, que resume el contenido del Evangelio (1:1-18) en términos comprensibles tanto a lectores judíos como a gentiles.

2) En cuanto a la parte histórica, Juan demuestra buen conocimiento de Palestina y sus costumbres, y del judaísmo practicado en las sinagogas de Galilea. Pero los acontecimientos —los desplazamientos de Jesús, las visitas a Jerusalén y el orden de los sucesos— varían un poco en comparación con los relatos de los Sinópticos. 3) Teológicamente, Juan se concentra mucho en la persona de Jesús. Ya el Maestro no habla tanto del reino de Dios como de su propia persona y la vida eterna que trae de parte del Padre. Y esta vida no es sólo un don del futuro sino una realidad presente, un regalo que Dios nos da cuando respondemos con fe a la invitación de Jesús.

El cuarto Evangelio no suprime, como Marcos, las apariciones del Resucitado. Conoce tradiciones bellas acerca de María Magdalena y el encuentro con su *rabbouní* [4462] (20:16) y acerca de los discípulos varones que dos veces oyen el "¡Paz a ustedes!" de quien entra por puertas cerradas. Y en el cap. 21, que los discípulos de Juan aparentemente agregaron después de la primera edición del Evangelio, hallamos el relato de una tercera aparición a los discípulos. Podemos concluir, pues, que en una forma muy ajustada a su contexto de cultura griega, este último de los cuatro Evangelios responde a nuevas preguntas, a desafíos desconocidos por los Sinópticos, y así ejemplifica la dirección específica que el Espíritu Santo da a la iglesia en su tarea misional (16:12-15).

EL EPILOGO A MARCOS

En las primeras décadas del siglo II (c. 125) la circulación de los cuatro Evangelios en muchas partes de la cuenca mediterránea creó un reconocimiento de que al primero de ellos le faltaba (al menos en la nueva situación) una terminación más parecida a los otros tres. A decir verdad, Marcos 16:8 (el último versículo escrito por Marcos), con su énfasis en el espanto de las mujeres y su desacato al mandato que recibieron, parece dejar inconclusa la "buena nueva" (1:1), aunque hoy se acepta como probable el que Marcos concluyera intencionalmente su obra sobre esta nota abierta y retadora.

Lo cierto es que un autor desconocido complementó el texto de Marcos con los vv. 9-20, utilizando tradiciones ya conocidas en su mayoría pero en todo caso de alta autoridad. Aunque estos cuatro párrafos no se encuentran en los manuscritos más antiguos, a la época de definir el canon formaban ya parte del texto del Evangelio y por tanto son calificados desde entonces como parte integrante de la Palabra de Dios. Subsecuentemente, antes del siglo VII, otro autor compuso su propia terminación breve (sería de 2 o 3 versículos) para agregar después de 16:8, pero la iglesia en general no le ha dado mucha importancia.

LOS HECHOS DE LOS APOSTOLES

Cuando Lucas decidió escribir (en el año 80 aprox.) este segundo tomo de su obra sobre los orígenes de la fe cristiana, existían composiciones históricas de varias índoles que podían haberle servido de modelo. Pero como sucedió en el caso de los Evangelios, el género literario de esta obra que llamamos Hechos es nuevo, o al menos una adaptación de géneros conocidos. Hechos no es una aretalogía, aunque enfoca las carreras ejemplares de adalides como Pedro, Esteban, Felipe el diácono y Pablo, ni es una simple crónica de la primera iglesia, ni un compendio de sermones o de doctrina, sino una combinación de estos y otros modelos. En la primera mitad (caps. 1—12) Lucas se vale de tradiciones de variadas fuentes y las funde con dificultad en un solo relato coherente; en la segunda mitad (caps. 13—28) puede depender en parte de su propia experiencia (en algunas secciones habla de "nosotros") y de conversaciones con testigos oculares.

Ya que Lucas no pretende narrar historia profana sino historia de la salvación, describe las acciones humanas como dirigidas o permitidas por Dios, y atribuye al Espíritu Santo un papel decisivo en la expansión de la joven iglesia. Muestra cómo la pequeña banda de discípulos judíos se transforma gradualmente en una iglesia compuesta también de gentiles, y cómo una "secta" que se reúne en el templo de Jerusalén (2:5-13, comp. Luc. 24:53) hace la transición a un movimiento universal con libertad de difundir su mensaje en la capital del mundo (28:30, 31). Lucas es un investigador asiduo, y su obra, sin dejar de ser una interpretación *teológica* de los años 30-61, nos provee una armazón histórica útil para entender el significado de las epístolas (ver 21:4 a continuación). Curiosamente, nadie siguió las pisadas de Lucas; tenemos obras apócrifas de títulos parecidos que reúnen leyendas edificantes pero no fehacientes (Hechos de Pablo y Tecla, Hechos de Andrés, etc.), pero nadie supo imitar la combinación especial de relato histórico y tratado teológico que logró Lucas por inspiración divina.

A pesar de escribir más de una década después del martirio de Pablo, Lucas termina su obra en una nota optimista: Pablo vive todavía y, tras muchos esfuerzos vanos de convertir a sus paisanos, decide volverse exclusivamente a los gentiles. Lucas ve en este momento una parábola profética acerca del futuro del cristianismo.

EL GENERO LITERARIO "EPISTOLA"

No es gracias a ningún afán de reclamar "originalidad" para la iglesia primitiva, pero tenemos que reconocer que las carta del NT, al igual que los Evangelios y Hechos, constituyen una novedad en cuanto a su forma y propósito. No nos debe sorprender el que un movimiento robusto, y que cuenta con un fundador tan creativo e inigualable como Jesucristo y un mensaje de salvación tan bienvenido, produzca un vocabulario novedoso y cree estructuras jamás vistas. Las experiencias de la iglesia, y sus nuevas ideas, exigen "nuevos odres" para su debida expresión.

Del mundo grecorromano han llegado hasta nosotros unas 14.000 cartas, todas muchísimo más cortas que los 21 escritos que tienen forma de carta en nuestro canon. Pero no sólo en su forma se distinguen estos últimos; su contenido también es nuevo en varios respectos. En general, la carta antigua se define con tres rasgos: se escribe por un motivo determinado; se dirige a una persona o círculo de personas determinado; y sus noticias se destinan únicamente para esa o esas personas. Dada esta definición, no todos los 21 escritos son verdaderamente cartas; en efecto, lo son sólo las que llevan el nombre de Pablo (excepto las pastorales) y el género de las cartas estrictamente privadas, pero todas las mencionadas tienen la meta de aplicar las buenas nuevas a situaciones concretas, y subyace aun en los pasajes más íntimos aquella autoridad apostólica de hombres con un gran sentido de misión y el deseo de instruir, de mostrar cómo las realidades del pasado y del futuro afectan el presente de los creyentes. Estas, pues, son como una extensión de la predicación, impregnadas de *kérugma*.

Ya que las primeras cartas datan del año 50 aprox., el mensaje de la cruz se ha esparcido por tantos países que un pastor como Pablo se ve obligado a viajar constantemente y por ende incapaz de atender en persona todos los casos que piden su atención. Las cartas se presentan como una manera substituta de pastorear a congregaciones lejanas, pero nunca pierden del todo el sabor a mensaje oral. Y aun cuando Pablo no ha visitado una ciudad destinataria como Roma, una carta no es un tratado general de teología, sino un mensaje que responde a las circunstancias locales de los romanos. Porque el Apóstol contextualiza sin excepción el evangelio, tomando en cuenta las situaciones críticas de los lectores: persecución, herejías, tibieza espiritual y moral.

Además de las cartas puramente privadas, había en la antigüedad también otras en las que el autor contaba con que habían de leerle personas extrañas. Su estilo elevado las delata; en este caso la forma de carta es apenas un recurso estilístico. De ahí no hay más que un paso hasta la carta puramente literaria, la epístola, que es un estudio literario que reviste la forma de carta. Ahora, ¿cómo hemos de clasificar las otras nueve "cartas" que de antemano se dirigen a un grupo amplio de lectores o al gran público cristiano (destinatario idealizado)? Casi ninguna merece la designación "epístola", aunque Hebreos se aproxima a la forma del tratado teológico; y 1 Pedro, 1 Juan y 2 Pedro a la de la homilía edificante. Santiago también se ha clasificado como una enseñanza ética o sapiencial (para los aspectos epistolarios de Apoc. comp. 21:5 a continuación). Pero en ninguna es ficticia del todo la apariencia de ser carta. En el caso de las tres pastorales (1 y 2 Timoteo y Tito) la cuestión de la paternidad literaria sigue discutiéndose, pero indudablemente tienen la forma de misivas dirigidas a dos compañeros de Pablo y contienen instrucciones sobre el ejercicio del ministerio pastoral en las comunidades cristianas. No son, por tanto, cartas privadas sino escritos oficiales sobre la organización de la iglesia, la lucha contra los herejes, y ciertas cuestiones particulares de atención congregacional.

Al escribir una carta, Pablo y los demás tienen presente ciertas fórmulas conocidas y un bosquejo rudimentario cuyos elementos no tienen que aparecer en el mismo orden:

1. Salutación
   (1) Remitente
   (2) Destinatarios
   (3) Saludo
2. Acción de gracias
3. Cuerpo (teológico) } Estos dos componentes se relacionan
4. Exhortación ética } íntimamente uno con el otro.
5. Conclusión
   (1) Saludo final
   (2) Doxología (por ejemplo: *Que el Dios paz...*)
   (3) Bendición (por ejemplo: *Que la gracia de nuestro Señor...*)

Todas estas comunicaciones cristianas, llenas de afecto y a veces de ironía y cólera, son documentos aparentemente alejados de la "teología narrativa" que hemos visto hasta aquí; su estilo discursivo atrae mucho a los predicadores evangélicos de Hispanoamérica, tal vez porque refleja el estilo oral de la homilética del siglo I, o facilita (especialmente el punto 4.) la prescripción moral que piden hoy tantas congregaciones. Pero vistas como insertas en su contexto específico de la iglesia del primer siglo, las 21 cartas no carecen de cierta vivacidad y emoción dramática. Nunca deben interpretarse, aun en las secciones del punto 3, más aparentemente abstractas, como divorciadas de su realidad concreta, como "verdades generalizadas" simplemente caídas del cielo; porque sus autores las concibieron como revelación fresca, nacida de experiencias y necesidades históricas, como vemos en el punto 4.

Volvamos al esquema cronológico que dejamos inconcluso en la pág. 10. Se completa así:

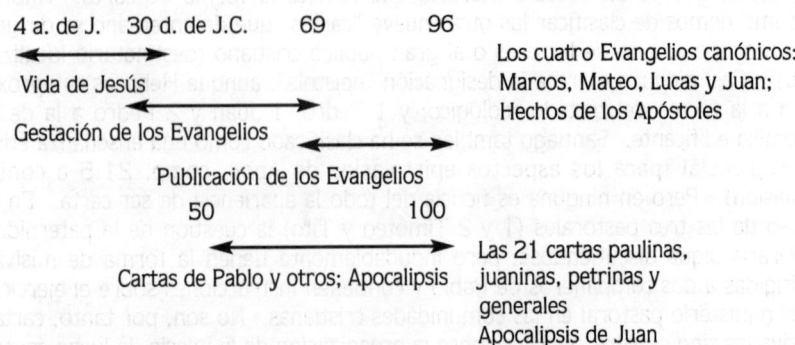

EL GENERO LITERARIO APOCALIPTICO

El último libro del NT presta su nombre a todo un género que viene gestándose por dos o tres siglos. Aunque existen secciones apocalípticas de varios libros del AT (Jer., Eze., Isa. y Dan., p. ej.), y Jesús (Mar. cap. 13 y paralelos),

Pablo (1 Tes. 4:12—5:11, p. ej.) y otros utilizan el lenguaje peculiar de los apocalipsis, el único libro canónico dedicado exclusivamente a este género de revelación es el compuesto por Juan de Patmos al final del primer siglo. Como hemos visto, el joven movimiento cristiano crea un nuevo vocabulario y nuevas formas para comunicar sus buenas nuevas acerca de Jesús el Señor. La teología narrativa llega a su clímax en el Apocalipsis de Juan; sólo que ahora se trata de narrar, no los acontecimientos históricos, sino visiones proféticas. También el ensayo epistolar llega a su apogeo en Apocalipsis, pero la lógica no es la de los griegos ni de los fariseos, sino la de un artista que sabe yuxtaponer estéticamente sus imágenes. Evoca con gran maestría reacciones contrastantes encontradas en sus lectores: terror, éxtasis, admiración y esperanza. Lo hace creando un nuevo universo simbólico, una realidad nueva en la que se puede apreciar claramente la soberanía de Dios y su socorro a la iglesia sufriente. No es tan importante para Juan la interpretación de la historia (es decir, exactamente lo que va a suceder en el futuro) como la interpretación del poder y su relación con la opresión. Por eso, la imagen central del libro es la del trono; el de Dios en primer término, compartido con el Cordero, pero también el trono de Satanás, una imitación mentirosa que tiene su sede histórica en el imperio de turno, el Imperio Romano.

¿De cuál matriz nació este género? Algunos piensan en la literatura de sabiduría, pero el consenso actual busca su origen en el movimiento profético: un profetismo que se ha vuelto pesimista en cuanto a las posibilidades históricas de vencer el mal y que no ve remedio sino en la intervención directa y dramática de Dios. Es de esperar que una iglesia que sufrió en Roma la embestida de la persecución bajo Nerón (año 64 y después) y luego sufre la amenaza de persecución en todo el imperio bajo Domiciano (antes del 96) pensara en términos de martirio casi universal. Necesita la consolación, la seguridad de que Jesús —el que fue ejecutado por el ejército romano a instigación del Sanedrín pero resucitó al tercer día— es el verdadero Soberano del universo, junto con el Padre, y que "reinarán" con él los creyentes que mantengan su testimonio aun frente a los verdugos del estado y de la religión oficial. Los creyentes tendrán que saber representar en el mundo al poder divino, pronto a manifestarse ante la vista de todos, y al mismo tiempo ser súbditos de los poderes políticos de nuestra época. La componenda fácil con el imperio es una tentación diabólica; aun la estrangulación económica (13:17) no debe disuadirnos del camino del Cordero.

Para grupos de cristianos marginados, la revelación desde Patmos es la mejor de las buenas noticias.

Al correr de los tiempos, los 27 libros que hemos considerado, y sólo ellos, fueron reconocidos por las congregaciones y sus dirigentes como Sagrada Escritura, un Nuevo Testamento. Al leer el NT a través de los siglos en miles de lugares, las iglesias han reconfirmado la sabiduría de esta decisión. Estos escritos del siglo apostólico, productos de circunstancias muy humanas y aparentemente casuales, se comprueban ser Palabra inagotable de Dios, preñada de nuevo significado. Tal como el Señor Jesús vivió una verdadera vida humana (plagada de todos los sinsabores y limitaciones que marcan nuestra existencia terrestre) sin dejar de ser Dios, el NT refleja en cada página sus orígenes muy humanos, sin dejar de ser Escritura inspirada. Y tal como Jesucristo (un judío de determinado lugar), cuando Dios le exalta, es reconocido como Salvador por gente de toda cultura y toda época, el NT, presentado como canon, proclama de nuevo en contextos extremadamente variados el plan de Dios y bendice a mujeres y hombres, afluentes y pobres, pigmeos y profesores. Sólo falta que los lectores seamos obedientes.

GALATAS

Exposición

Raúl Silebi

Ayudas Prácticas

James E. Giles

INTRODUCCION

LOS GALATAS

¿Quiénes eran los gálatas?
Los gálatas eran un grupo de bárbaros conocidos como los celtas. Algunos de los celtas invadieron a Macedonia y después a Asia Menor en el tercer siglo a. de J.C. Los celtas, que también eran conocidos como los galos, eran distintos a otro grupo conocido como los galo-europeos del oeste. Los celtas eran más conocidos como los galo-griegos, del cual vino el nombre gálatas. Los galo-griegos fueron vencidos por Atalo I de Pérgamo y limitados a vivir en la parte norte de Galacia. Esta parte se conocía como Galacia (más tarde como Galacia del Norte). Sus ciudades principales eran Ancira (la moderna Ankara) y Tavium. Después de la conquista por los romanos esta región quedó igual hasta que se convirtió en una provincia del Imperio Romano. En esta provincia se incluyeron las ciudades más al sur como Listra, Iconio y Derbe (ver el mapa en la pág. 33). Toda la región, desde el norte hasta el sur, era conocida como Galacia en los tiempos de Pablo.

El carácter de los gálatas
Los gálatas eran conocidos por su inestabilidad. Eran celosos por un asunto espiritual en el presente y después fríos por el mismo asunto más tarde.

LA ESCRITURA DE LA EPISTOLA A LOS GALATAS
La narración bíblica dice que Pablo fundó un grupo de iglesias en la región de Galacia del Sur (o la provincia romana). En su primer viaje misionero Pablo estableció iglesias en la región sur de Galacia, donde predicó el evangelio en las ciudades de Iconio, Listra y Derbe (Hech. 13, 14). En su segundo viaje misionero el Apóstol visitó por segunda vez estas ciudades (Hech. 16:1-6) y después por tercera vez visitó a los hermanos en su tercer viaje misionero (Hech. 18:23). Algunos eruditos piensan que Hechos 16:6 y 18:23 no se refieren a la visita de Pablo a Galacia del Sur (también conocida como Galacia, una provincia romana), sino que Pablo fue más al norte donde estaba la región de Galacia del Norte (que era la Galacia étnica o donde estaba la concentración de los galo-griegos).

El problema que ha traído diferentes opiniones entre los eruditos es determinar a cuáles iglesias estaba escribiendo el Apóstol. Los destinatarios de la epístola eran los gálatas de la región del norte (se llama "teoría de Galacia del Norte") o eran los de Galacia del Sur (se llama "teoría de Galacia del Sur").

Los que creen que Pablo destinó su epístola a Galacia del Norte argumentan que Pablo escribió esta epístola después de haber fundado iglesias en Galacia del Norte (Hech. 16:6 y 18:23). Cuando Pablo escribió la epístola ya el concilio en Jerusalén había pasado. Los que promueven este punto de vista dicen que cuando Pablo escribió el cap. 2:1-10, él tenía en mente el concilio de Jerusalén y su decisión.

Los eruditos que argumentan la teoría de Galacia del Sur dicen que la epístola fue escrita a las iglesias de la región del sur que Pablo y sus compañeros establecieron en el primer viaje misionero (Hech. 13—14). Lo bueno de esta teoría es que se puede decir que Pablo escribió su epístola temprano o que fue escrita antes del concilio en Jerusalén registrado en Hechos 15. También se puede concluir que fue escrita después del concilio en Jerusalén. Esta teoría es flexible acerca del tiempo en el cual fue escrita la epístola. También se puede concluir que Pablo visitó Galacia del Norte según Hechos 16:6 y 18:23. Es muy difícil concluir que Pablo escribió a la región del norte según Hechos 16:6 y 18:23 por la simple razón de que en estos pasajes no se menciona que Pablo haya establecido iglesias en ciudades específicas. Es mejor concluir que Pablo escribió a las iglesias del sur de Galacia que fueron fundadas por él según Hechos 13—14.

El otro problema que tenemos que considerar brevemente es la cronología de Gálatas 2:1-10 con la narración de Lucas en el libro de Hechos.

Algunos piensan que Gálatas 2:1-10 se refiere a la visita que Pablo hizo para llevar ayuda a los pobres en Jerusalén según Hechos 11:27-30.

Otros piensan que Gálatas 2:1-10 representa la misma visita que Lucas menciona en Hechos 15. El autor de este comentario favorece este punto de vista, reconociendo que no hay una solución fácil y que hay unos buenos argumentos para apoyar el primer enfoque. Algunas de las razones por las que el autor está de acuerdo con este punto de vista son:

1. Similaridades. Hay varias similaridades entre Gálatas 2:1-10 y Hechos 15. Algunas son:
   a. Los lugares. Los dos pasajes incluyen visitas desde Antioquía a Jerusalén.
   b. Los participantes son los mismos. Pablo y Bernabé son prominentes en las dos narraciones.
   c. El problema es el mismo. En los dos pasajes el tema de más discusión es el de la circuncisión a los gentiles.
2. Suplementario. Los detalles en que hay diferencias entre Gálatas 4 y Hechos 15 se pueden armonizar viendo los dos pasajes como suplementarios. No necesariamente tienen que ser exactos en palabras.
3. Orden de sucesión. La sucesión de eventos en Hechos argumenta en favor de esta posición. El orden de sucesión de los *tres años* (1:18) y los *catorce años* (2:1) encaja mejor con Hechos 15. Más se dirá en el comentario de Gálatas 2.

LA OCASION PARA ESCRIBIR LA EPISTOLA
Un estudio del libro muestra que por lo menos hay tres razones por las que Pablo escribió esta epístola.
1. La razón más obvia del propósito de escribir esta epístola fue la presencia de las enseñanzas legalistas. El libro de Hechos testifica que las enseñanzas legalistas seguían al Apóstol como un grupo de lobos salvajes (Hech. 15:1). Los judaizantes enseñaban a los convertidos recientes a sujetarse a la circuncisión y a los criterios legalistas como parte de la salvación.
2. Los legalistas también negaban el apostolado de Pablo. Esta es la razón por la que Pablo se defiende extensamente.

LA FECHA DE LA EPISTOLA
Los eruditos que siguen la teoría de Galacia del Norte mantienen una fecha algo tardía. Ellos testifican que la epístola fue escrita en el tercer viaje misionero de Pablo, alrededor del 55 d. de J.C. (Hech. 20:2, 3).

Los eruditos que mantienen la teoría de Galacia del Sur sostienen que Pablo escribió la epístola antes del concilio de Jerusalén en Hechos 15 y dicen que la epístola fue escrita alrededor del 46 d. de. J.C. Esta fecha nos dice que Pablo escribió la epístola después de ir a Jerusalén para llevar ayuda a los pobres (Hech. 11:27-30). La tercera fecha es la más probable y es después del concilio de Jerusalén en Hechos 15. La carta se tuvo que haber escrito después del concilio de Jerusalén alrededor de los años 48 o 49 d. de J.C. Este punto de vista es más consecuente con los diecisiete años después de la conversión de Pablo según los *tres años* (1:18) y los *catorce años* (2:1) que el Apóstol menciona en su epístola.

ALGUNAS CARACTERISTICAS DE LA EPISTOLA
1. Esta es una epístola que tiene un mensaje duro, severo y solemne. El Apóstol podía tolerar muchas cosas pero no el legalismo. Pablo tiene un mensaje severo debido a que el legalismo desafía los fundamentos del cristianismo. Notemos que la epístola no tiene palabras de alabanza o gratitud para los gálatas. No hay petición de oración ni se menciona a ninguno de los gálatas por nombre. Estas características paulinas son mencionadas en las otras epístolas, pero no aquí.
2. Es una epístola muy emotiva. El corazón del Apóstol es puesto en las manos de los gálatas. La epístola refleja emociones profundas y sentimientos muy fuertes de parte del Apóstol.
3. La epístola es una declaración de emancipación del legalismo. Era la Carta Magna de la iglesia primitiva. Es el Manifiesto de la libertad cristiana. Es la defensa más fuerte en la Biblia de la justificación por la fe. Romanos es la declaración de la justificación por la fe y Gálatas es la defensa. El Apóstol nos dice que el pecador debe ser salvo por la fe y también vivir por la fe.

EL LUGAR QUE EL LIBRO TIENE EN EL NUEVO TESTAMENTO
1. Romanos presenta el aspecto doctrinal de la justificación por la fe.
2. 1 y 2 Corintios confrontan errores prácticos con referencia a la justificación por la fe.
3. Gálatas instruye contra errores que tienen que ver con justificación por la fe.

EL AUTOR
Este es uno de los libros donde no hay mucha controversia en cuanto a su autor. La misma epístola testifica de su autor. Pablo, como su autor, es mencionado en el principio de la epístola (1:1) y también al final (5:2). Igualmente, la epístola relata una autobiografía limitada del gran Apóstol.

Bosquejo de Gálatas

I. LA DEFENSA DE PABLO DE SU AUTORIDAD Y DEL EVANGELIO, 1:1—2:21

1. Introducción, 1:1-9
   (1) Saludo, 1:1-5
   (2) El tema principal, 1:6-9
2. La defensa del evangelio dado a Pablo, 1:10—2:21
   (1) El origen del evangelio, 1:10-12
   (2) La realidad del evangelio dado a Pablo, 1:13—2:21
       a. La conversión de Pablo, 1:13-24
       b. La aceptación apostólica, 2:1-10
       c. La exhortación a Pedro según el evangelio, 2:11-21

II. EL MENSAJE DEL EVANGELIO: JUSTIFICACION POR LA FE, 3:1—4:31

1. La recepción del Espíritu, 3:1-5
2. El evangelio con referencia a las Escrituras, 3:6-18
3. La promesa con referencia a la ley, 3:19—4:7
4. La exhortación de no regresar a la ley, 4:8-31

III. EL EVANGELIO DE GRACIA APLICADO, 5:1—6:18

1. La libertad en mantenerse firmes, 5:1-12
2. La libertad en ser espiritual, 5:13-26
3. La libertad en compartir, 6:1-10

IV. CONCLUSION, 6:11-18

AYUDAS SUPLEMENTARIAS

Allan, John A. *La epístola a los Gálatas*. Buenos Aires: Methopress, 1963.
Barclay, William. "Gálatas y Efesios", en *El Nuevo Testamento Comentado*. Buenos Aires: Editorial La Aurora, 1973.
Bonnet, L. y Schroeder, A. *Comentario del Nuevo Testamento*, tomo III. El Paso: Casa Bautista de Publicaciones / Asociación Bautista Argentina de Publicaciones, 1982.
Carroll, B. H. *Gálatas, Romanos, Filipenses, Filemón*. El Paso: Casa Bautista de Publicaciones, 1941.
Colson, Howard P. *Gálatas: libertad en Cristo*. El Paso: Casa Bautista de Publicaciones, 1972.
Lacy, G. H. *Comentario sobre la epístola a los Gálatas*. El Paso: Casa Bautista de Publicaciones, 1919.
Lenkersdorf, Carlos H. *Comentario sobre la epístola a los Gálatas*. México: Editorial "El Escudo", 1960.
Lund, Eric. *La epístola a los Gálatas*. Chicago: Editorial Moody, s/f.
Mikolaski, Samuel. "Gálatas", en Guthrie, D., Motyer, J. A., Stibbs, A. M. y Wiseman, D. J. *Nuevo Comentario Bíblico*. El Paso: Casa Bautista de Publicaciones, 1977.
Trenchard, Ernesto. *Una exposición de la epístola a los Gálatas*. Barcelona: Cursos de Estudio Bíblico, 1964.

El carácter único del evangelio

6 Estoy asombrado de que tan pronto os estéis apartando del que os llamó por la gracia de Cristo,* para ir tras un evangelio diferente. **7** No es que haya otro evangelio, sino que hay algunos que os perturban y quieren pervertir el evangelio de Cristo. **8** Pero aun si nosotros mismos o un ángel del cielo os anunciara* un evangelio diferente del que os hemos anunciado, sea anatema.* **9** Como ya lo hemos dicho,

---
*1:6 Algunos mss. antiguos dicen *Jesucristo*; otros dicen *Dios*.
*1:8a Algunos mss. antiguos omiten *os*.
*1:8b O sea, *separado*, a veces por consagración, a veces por condenación; aquí equivale a *condenado* o *maldito*.

El apóstol Pablo aclara que hay un solo evangelio (v. 7), pero que algunos tenían en mente hacer cambiar a los gálatas en sus creencias originales (*perturban* tiene la idea de levantar una seducción para estorbar la bendición que los gálatas tenían en el evangelio de gracia). El método de cómo hacer esta perturbación era de cambiar el evangelio. Cuando se cambia el contenido del evangelio (o también la Palabra de Dios en general), la fe es contaminada con otras ideas que no son de Dios. El cambiar el evangelio es la peor tragedia que puede ocurrir.

El apóstol Pablo escribe una exhortación fuerte en base a la gravedad de cambiar el evangelio (v. 8). Notemos que en la exhortación hay dos cosas: Primera, lo más importante no es el mensajero sino el mensaje. Los maestros falsos pueden tener una máscara de piedad pero su mensaje es venenoso. Segunda, no hay otra nueva revelación celestial dada a los hombres para ser salvo. El autor nos dice que ni *un ángel del cielo*, para aclarar la realidad que no hay un nuevo evangelio dado por Dios a los hombres por medio de agentes celestiales. Es interesante que en

---

Semillero homilético
Los asombros en el evangelio
1:6-9

Introducción: En otras epístolas Pablo comienza con una afirmación de los recipientes de la carta, pero aquí entra inmediatamente para referirse al problema que existía en las iglesias de Galacia. Expresa su asombro en forma impresionante.
I. Una palabra de asombro, v. 6.
   1. Por haber desertado el evangelio verdadero.
   2. Por haber abrazado evangelios falsos.
II. Una declaración de asombro, vv. 8, 9.
   1. Anatema es palabra fuerte, de condenación, porque se relacionaba con la práctica de destruir todo el botín al conquistar una ciudad o una tierra.
   2. La aplicación de Pablo abarca las personas que habían abandonado el evangelio verdadero para aceptar los evangelios presentados por maestros falsos.
   3. El asombro vino porque en tiempo corto habían decidido abandonar el evangelio.
III. Una afirmación firme.
   1. El evangelio que recibieron de Pablo era el único verdadero.
   2. Todo otro evangelio es falso.
      (1) Evangelio de obras.
      (2) Universalismo.
      (3) Aniquilación.
Conclusión: A veces estamos asombrados por lo que las personas aceptan como religión. Hay personas que están abiertas a aceptar toda clase de herejías, tales como la Nueva Era, porque dicen que satisface su ser interno. Debemos juzgar los evangelios con la medida de la Palabra de Dios.

ahora mismo vuelvo a decir: Si alguien os está anunciando un evangelio contrario al que recibisteis, sea anatema.*

Pablo defiende su evangelio

10 ¿Busco ahora convencer a los hombres, o a Dios? ¿Será que busco agradar a los hombres? Si yo todavía tratara de agradar a los hombres, no sería siervo de Cristo. **11** Pero os hago saber, hermanos, que el evangelio que fue anunciado por mí no es según hombre; **12** porque yo no lo recibí, ni me fue enseñado de parte de ningún hombre, sino por revelación de Jesucristo.

---

*1:9 O sea, *separado*, a veces por consagración, a veces por condenación; aquí equivale a *condenado* o *maldito*.

---

los tiempos que vivimos muchos ponen su fe en una persona o en experiencias sin tener en mente el contenido bíblico. El veredicto apostólico para aquellos que predican un evangelio falso es de maldición. La palabra *anatema* (*anáthema* [331], v. 8) tiene que ver con la maldición divina. El Apóstol usa esta palabra en Romanos 9:3 donde él desearía ser anatema para la salvación de los judíos. La idea en Romanos 9:3 es separado de la salvación de Cristo, fuera de la gracia de Dios. Podemos decir que la palabra *anatema* tiene la idea de la maldición total de Dios, algo o alguien que es entregado al juicio divino.

¿A quién busca agradar?
1:10-12

1. Algunos buscan agradar a los hombres con sus actos. Cristo condenó a tales personas (Mat. 6:1-4).
2. Algunos quieren agradar a Dios, no importa lo que piensan los hombres (Jos. 24:15).
3. Algunos buscan agradar a Dios y a los hombres (Mat. 22:37-40).

Esta exhortación es tan seria que el autor la repite (v. 9). Hay dos interpretaciones con respecto a la exhortación paulina (*como ya lo hemos dicho*). Algunos piensan que se refiere al versículo anterior (v. 8) donde Pablo menciona la exhortación por primera vez. Otros piensan que fue en persona en una de sus visitas. Cualquiera de los dos puntos de vista con que el lector esté de acuerdo, no cambia el pensamiento que esta exhortación fue repetida por el Apóstol a los gálatas para mostrar la gravedad de cambiar el evangelio que les fue dado.

2. La defensa del evangelio dado a Pablo, 1:10—2:21

Algunos podían decir que el evangelio que Pablo predicaba no era de Dios. El Apóstol argumenta que su evangelio es de Dios. El da dos razones generales: una es el origen del evangelio y otra la realidad del evangelio en la vida del Apóstol. Antes él perseguía a la iglesia de Cristo con la meta de destruir el cristianismo, pero Cristo lo salvó para predicar el evangelio.

(1) El origen del evangelio, 1:10-12. El apóstol Pablo se defiende contra algunas acusaciones de los judaizantes. Según ellos, Pablo agradaba a los hombres con su evangelio. Cuando estaba con los judíos predicaba la circuncisión y la importancia de cumplir la ley. Pero cuando predicaba a los gentiles, el Apóstol ponía el énfasis en la libertad. Podemos entender que sus enemigos interpretaron mal el método del Apóstol para ganar almas. *Me hice débil para los débiles, a fin de ganar a los débiles. A todos he llegado a ser todo...* (1 Cor. 9:22). El Apóstol usaba su libertad como cristiano para ganar almas. El evangelio que fue comisionado por Cristo no fue cambiado. El Apóstol no era siervo de los hombres sino de Cristo. Su Maestro lo comisionó a predicar un evangelio para todos los hombres. El deseo intenso de Pablo era agradar a Dios, el mensaje de él era para agradar a Dios y no a los hombres (1 Tes. 2:4-7). Aquí hay una lección

13 Ya oísteis acerca de mi conducta en otro tiempo en el judaísmo: que yo perseguía ferozmente a la iglesia de Dios y la estaba asolando. **14** Me destacaba en el judaísmo sobre muchos de mis contemporáneos en mi nación, siendo mucho más celoso de las tradiciones de mis

que debemos tener en mente. Los métodos para compartir el evangelio son muchos y diferentes, pero el contenido del mensaje es uno y no cambia. Tenemos que ser fieles en compartir el evangelio que no cambia. Los acusadores de Pablo no podían ver la diferencia entre un método de compartir y el evangelio de gracia.

El evangelio que el Apóstol predicaba no tiene su origen en fuentes humanas sino que vino de Dios (v. 12). Como los apóstoles que estaban en Jerusalén habían recibido el evangelio de Cristo, también Pablo lo recibió directamente por revelación divina (v. 12). Esta verdad es contraria a algunos que decían que Pablo había recibido el evangelio de los otros apóstoles.

(2) La realidad del evangelio dado a Pablo, 1:13—2:21
a. La conversión de Pablo, 1:13-24.
Los judaizantes podían preguntar: ¿Podía Pablo comprobar a los gálatas que su evangelio era de Dios? El Apóstol comienza a argumentar con su propio testimonio. Pablo les recuerda cómo era su vida antes de tener un encuentro personal con Cristo en el camino hacia Damasco (Hech. 9). Pablo antes era conocido como Saulo y era un hombre que tenía una buena reputación en el judaísmo (Fil. 3:5, 6). Saulo perseguía a la iglesia de Dios en gran manera (la palabra *ferozmente* en el v. 13 tiene el significado de un grado extraordinario o más allá de lo normal). Esta persecución era una con un celo fanático para destruir (el verbo *asolar*, es *porthéo* [4199], que tiene el significado de destruir, tratar de destruir, aniquilar. La persecución era una con un celo fanático que tenía en mente destruir por completo el cristianismo (comp. Hech. 8:1-4; 9:1, 2, 13, 14; 22:4, 5).

Después de mencionar su vida como perseguidor de la iglesia de Cristo, el Apóstol continúa con su testimonio en el v. 14. Su persecución estaba vestida con un manto de religiosidad. Pablo, en su vida pasada, era un devoto del judaísmo y se destacaba en él (la palabra griega *prokópto* [4298] que se traduce *destacaba* en el v. 14 tiene la idea de "avanzar", "crecer". Esta palabra fue también usada en Luc. 2:52 para describir el crecimiento de Jesús: El avanzó en sabiduría, estatura y gracia). Tanto fue su amor y celo en el judaísmo que creció más que sus contemporáneos. El Apóstol no solamente conocía y vivía el AT sino que su celo iba un paso más hacia las tradiciones de los padres (las tradiciones tenían que ver con la ley oral que fue dada por la escuela de los fariseos. La base de estas tradiciones eran interpretaciones de la ley mosaica, ver Mat. 15:2, 3, 6; Mar. 7:3, 5, 8, 9, 13). La vida anterior de Pablo era importante para contrarrestar a los judaizantes que querían desacreditar al Apóstol. Saulo fue un perseguidor de la iglesia de Cristo y también era un fariseo que se destacaba entre sus contemporáneos. No fue hasta que Cristo lo confrontó y le encomendó predicar el evangelio a los gentiles que la vida del Apóstol cambió.

> **Joya bíblica**
> **Me destacaba en el judaísmo sobre muchos de mis contemporáneos en mi nación... pero cuando Dios... (1:14, 15).**
> Siempre es Dios el que marca la diferencia en nuestras vidas y experiencias. De perseguidor a un apóstol. ¿Cuál es el cambio que el Señor ha hecho en tu vida?

El Apóstol explica cómo cambió cuando Jesús se le reveló (vv. 15, 16). Su conversión no fue por influencia de hombres sino directamente de Dios (la conjunción adversativa *de* que se traduce *pero* en el v. 15, es una de contraste). Su conversión no se puede explicar en una lógica humana, sino

padres. **15** Pero cuando Dios* —quien me apartó desde el vientre de mi madre y me llamó por su gracia— tuvo a bien **16** revelar a su Hijo en mí para que yo lo anunciase entre los gentiles,* no consulté de inmediato con ningún hombre* **17** ni subí a Jerusalén a

---

*1:15 Algunos mss. antiguos no incluyen *Dios*.
*1:16a Otra trad., *entre las naciones*
*1:16b Lit., *no busqué consejo en carne y sangre*

---

que fue un hecho de Dios. ¿Cómo se puede explicar que un perseguidor y destructor de la iglesia se haya convertido para unirse a ella? Notemos en los vv. 13 y 14 el énfasis de la primera persona; el Apóstol comenta lo que era antes de su conversión. El era una persona que quería agradar a Dios en su religión. En los vv. 15 y 16 el enfoque está en lo que Dios ha hecho por él. Lo que Dios hizo en Pablo fue por su propio deleite (la palabra *dokéo* 1380 que se traduce como *tuvo a bien* tiene que ver con "estar contento o satisfecho; deleitarse en", comp. 1 Cor. 1:21). En el caso de Pablo, Dios se agradó de escogerlo como instrumento para su servicio. Hay tres cosas importantes que Dios hizo por Pablo.

La primera cosa que Dios hizo fue una separación desde el vientre de su madre (v. 15). El verbo *apartar* no significa haberlo hecho en un sentido físico, sino que Dios dedicó a Pablo o lo apartó para un propósito muy especial. El mismo verbo se menciona en Romanos 1:1 y Hechos 13:2. En el AT esta expresión es mencionada por el profeta Jeremías (Jer. 1:5). También Isaías menciona que Dios lo separó para predicar a Israel (Isa. 49:1-6). El ser apartado es un hecho de Dios para un servicio.

La segunda realidad fue que Dios llamó a Pablo cuando él perseguía a la iglesia de Cristo. Este llamamiento tomó lugar en un contexto histórico. Es un llamamiento de salvación. El Apóstol recalca que este llamamiento fue por la gracia de Dios. En verdad la gracia de Dios brilló en la vida de Pablo como un rayo de luz en una noche oscura. La gracia de Dios es la base del amor de Dios hacia Pablo (la palabra griega *cáris* 5485 quiere decir amor inmerecido, bondad, misericordia). Esta palabra aparece en Efesios 2:5-9, en relación con la salvación.

La tercera verdad es que Dios lo comisionó para predicar *entre los gentiles* (v. 16). Jesús se reveló a Pablo (es mejor interpretar *revelar a su Hijo en mí* en el v. 16 en el caso locativo, "en la esfera de mí", que significa una revelación externa). La palabra *revelar* (*apokalúpto* 601) afirma la idea de que fue una revelación personal. Después que el Apóstol menciona su glorioso encuentro con Jesús, escribe acerca del propósito de su ministerio, que es predicar a los gentiles. El llamamiento a la salvación fue acompañado por el llamamiento a servir. Estas tres verdades están

---

Apartado por Dios para el ministerio
1:15

Pablo llenó el requisito más importante para el ministerio: sintió que había sido apartado por Dios para tal tarea. No era el resultado de ambición personal, sino que fue la mano de Dios que le apartó para el evangelio. Seguramente está pensando en las prácticas de contar los animales y apartar cada décimo animal como diezmo que debe ser consagrado a Dios.

Los eruditos han luchado con la cronología de la vida de Pablo después de su conversión. Cuánto tiempo pasó en Damasco antes de partir para Arabia no está muy claro; ni tampoco los detalles de su ministerio antes de subir a Jerusalén. Ni tampoco sabemos si este viaje era el relacionado con lo que llamamos el Concilio de Jerusalén, o fue otro viaje posterior. Lo cierto es que Pablo estaba activo en testificar de la conversión y la transformación que había venido como consecuencia de tal experiencia.

los que fueron apóstoles antes que yo, sino que partí para Arabia y volví de nuevo a Damasco.

marcadas en cada uno de los hijos de Dios. Nosotros fuimos apartados desde el vientre de nuestras madres para un trabajo específico en la grey de Dios. Nacimos con talentos y personalidades diferentes, con el propósito de algún día servir a Dios. Después fuimos llamados para ser salvos. En nuestra salvación el Espíritu Santo nos da dones espirituales para edificar su iglesia. La salvación tiene el propósito de proclamar a Cristo a otros. Como Pablo, nosotros también somos muy especiales a los ojos de Dios y también tenemos un propósito en este mundo.

Después que el Apóstol menciona brevemente su testimonio, aclara que el evangelio no le vino a través de comunicación con otra persona. El Apóstol no consultó a nadie acerca de su evangelio (v. 16b). Tampoco subió a Jerusalén para comparar su evangelio con el de los apóstoles que caminaron con Jesús (v. 17). Cuando Pablo menciona *apóstoles*, él tenía en mente a los doce apóstoles que caminaron con Jesús. La palabra griega *apóstolos* 652 quiere decir "uno que se manda a una misión". Esta palabra se puede usar primeramente para los doce que caminaron con Jesús. A ellos Jesús les dio una autoridad muy especial (Mar. 3:14, 15; 6:30). Los doce eran un grupo muy especial y necesario para la fundación de la iglesia de Cristo (Ef. 2:20). Había dos requisitos para ser parte de este grupo. El primero fue haber tenido un compañerismo personal con Jesús en su ministerio, que se llevó a cabo desde la predicación de Juan el Bautista hasta su ascensión (Hech. 1:21, 22). Segundo, los doce apóstoles eran testigos de la resurrección de Cristo (Luc. 24:45-48; 1 Jn. 1:1-3). Matías tomó el lugar de Judas Iscariote, el que entregó a Jesús (Hech. 1:21-26). El apóstol Pablo, aunque no era parte de los doce, era apóstol en la misma categoría (Gál. 1:1, 16). El Señor Jesús lo comisionó para ser apóstol a los gentiles (Gál. 2:8). La Biblia menciona a otros como apóstoles (Hech. 14:4; 14; 1 Tes. 2:6; Rom. 16:7). Bernabé y Silvano no eran apóstoles de la misma categoría que los doce que edificaron la fundación de la iglesia (Ef. 2:20). Ellos eran apóstoles en el sentido de ser mandados como misioneros. El Apóstol tenía en mente a los apóstoles que caminaron con Jesús.

El Apóstol continúa argumentando acerca de su evangelio que le fue dado directamente por Cristo (v. 17). Después de su conversión, Pablo fue a *Arabia* (v. 17). Arabia aquí puede ser la península que se extiende hacia el sur, que incluye el área de Sinaí donde la ley fue dada a Moisés. Es mejor interpretar Arabia como el desierto cerca de Damasco que era parte de Arabia en el tiempo de Pablo. El punto entonces es que el Apóstol no consultó a los apóstoles ni fue a Jerusalén, sino que fue al desierto probablemente a estudiar y pensar en su experiencia. También fue al desierto a conocer más acerca del evange-

---

Semillero homilético
Pasos en el peregrinaje de un apóstol
1:12-17
Introducción: Las experiencias de Pablo como apóstol ilustran las varias experiencias que tienen todos los ministros del Señor. Consideremos los varios pasos que dio Pablo:
I. Aislamiento para meditar y asimilar el poder del evangelio (v. 17).
II. Involucramiento en servir según el llamado específico (v. 18).
III. Diálogo en buscar entendimiento más claro de los misterios de Dios (vv. 18-20).
IV. Afirmación en escribir a los creyentes en las varias iglesias para aclarar las doctrinas.
Conclusión: No debemos desanimarnos en los momentos de dificultad, porque Dios está a nuestro lado. Tenemos que ser fieles en sembrar la semilla y cumplir con nuestro ministerio, y confiar en el poder de Dios para obrar en las circunstancias.

18 Luego, después de tres años, subí a Jerusalén para entrevistarme con Pedro* y permanecí con él quince días. **19** No vi a ningún otro de los apóstoles, sino a Jacobo,*

---
*1:18 Lit., *Cefas*, nombre arameo que significa *piedra* como *Pedro* en griego; ver Juan 1:42
*1:19 O sea, *Santiago*; comp. nota sobre Stg. 1:1

---

lio que se le había encomendado. Este viaje a Arabia posiblemente se llevó a cabo un tiempo después de su conversión (Hech. 9:10-22). Lucas, en Los Hechos, no menciona esta época en el desierto porque era una etapa del crecimiento espiritual del Apóstol y no tanto de sus viajes misioneros. Después de un tiempo, Pablo regresó a Damasco (no sabemos cuánto tiempo estuvo en el desierto. Algunos eruditos piensan correctamente que fue tres años).

El Apóstol continúa la narración histórica de su vida después de su conversión. La palabra *luego*, en el v. 18, es una que indica progresión. (En griego es *epéita* 1899, que se traduce "después" o "siguiente", y es una palabra que se menciona tres veces en este capítulo para mostrar una progresión en la experiencia paulina. Las otras dos ocasiones en que se encuentra esta palabra están en 1:21 y 2:1.) Pablo escribe que después de tres años fue a Jerusalén. Hay un problema en determinar si los tres años comenzaron después de su conversión o desde el regreso de Damasco que fue mencionado en el v. 17. Es mejor interpretar los tres años después de su conversión, que fue el punto de partida en su argumento para mostrar que el evangelio le fue dado directamente por Dios y no por hombres. Después de tres años, el Apóstol fue a Jerusalén con el propósito de ver a Pedro. En Hechos 9:23-25, Pablo se va de Damasco porque algunos judíos procuraban matarle. De Damasco, el Apóstol fue a Jerusalén como lo afirma el doctor Lucas en Hechos 9:26-31. Fue en esta visita que el Apóstol vio a Pedro y estuvo con él quince días (v. 18).

La pregunta que hay que hacerse es: ¿Por qué fue Pablo a Jerusalén a ver a Pedro? Su visita no fue para recibir el evangelio de Pedro, porque este evento se llevó a cabo después de tres años y ya Pablo estaba predicando el evangelio que Cristo le había dado, después de su conversión. Pablo tampoco fue a Jerusalén porque tuviera dudas en cuanto a su evangelio o para recibir la aprobación apostólica. El Apóstol fue a Jerusalén para conocer a Pedro, que era el principal orador entre los apóstoles (comp. Hech. 2:14-40; 3:11-26; 4:8-20; 5:3-32; 8:20-25). Vemos aquí a dos grandes hombres con ministerios diferentes pero con un mismo evangelio y un mismo propósito. Pablo decide ver a Pedro para tener compañerismo. Aquí hay una lección muy importante para los obreros en la viña del Señor. Aunque tengamos diferentes ministerios, el evangelio es el mismo. Es necesario humillarse y buscar el compañerismo de otro sabiendo que en la unidad hay fortaleza (comp. Juan 17:21-26).

En este compañerismo, el apóstol Pablo quería saber más acerca de la vida de Jesús cuando estaba con los apóstoles en la tierra. Posiblemente fue en esta visita que Pablo aprendió acerca de cómo Jesús se apareció a Cefas y a los doce apóstoles. (1 Cor. 15:5), y que también se apareció a más de quinientas personas a la misma vez (1 Cor. 15:6). La palabra griega que Pablo usa en el v. 18 es *istoréo* 2477 que se traduce *entrevistarme*. Es la misma palabra que usamos como *historia*. Esta palabra es mejor traducida como una narración o informe. En el compañerismo, el apóstol Pablo quería saber más acerca de Jesús en su encarnación. Los quince días que Pablo estuvo con Pedro fue tiempo suficiente para conocerlo y conocer más de su Maestro cuando caminó por Israel.

Pablo comenta que en su estadía en Jerusalén no vio a los otros apóstoles excep-

el hermano del Señor; **20** y en cuanto a lo que os escribo, he aquí delante de Dios, que no miento. **21** Después fui a las regiones de Siria y de Cilicia. **22** Y yo no era conocido de vista*

---

*1:22 Lit., *no fui conocido por la cara*

---

to a Jacobo (v. 19). Hay tres preguntas que contestar antes de seguir en este comentario. Primero, ¿dónde estaban los apóstoles? Segundo, ¿era Jacobo un apóstol? Y, tercero ¿cómo se puede correlacionar lo que escribió Pablo, que no vio a los apóstoles, con Hechos 9:27 donde dice que Bernabé trajo a Pablo a los apóstoles? (esta es la primera visita de Pablo que se menciona en Hech. 9:26-31). La primera pregunta se puede contestar suponiendo que los otros apóstoles podían haber estado en una misión de supervisar otras iglesias de Judea, Galilea o Samaria, como Pedro lo estuvo haciendo en Hechos 9:32-43 cuando visitó a los hermanos en Lida.

La segunda pregunta demanda determinar si Jacobo era un apóstol. Antes de contestar esta pregunta necesitamos saber quién era Jacobo. El Jacobo aquí era el hermano de Jesús. Jacobo fue identificado como uno de los cuatro hermanos de Jesús (Mar. 6:3 y comp. con Mat. 13:55). También Pablo menciona los hermanos de Jesús con los apóstoles (1 Cor. 9:5). Algunos comentaristas interpretan el v. 19 como que Pablo, aparte de Pedro, no vio a ninguno de los apóstoles excepto a Jacobo el hermano de Jesús (pero Jacobo no era apóstol). Si esta interpetación es correcta entonces hay un problema con la narración de Hechos 9:27 que dice que *Bernabé... le llevó a los apóstoles*. Notemos que la palabra apóstoles está en el plural y si Jacobo no era apóstol Pablo sólo vio a Pedro. Es mejor interpretar este versículo afirmando que Jacobo era un apóstol en el sentido general de la palabra y no como los doce apóstoles. El apóstol Pablo usa en otras epístolas el sentido general de la palabra (1 Cor. 15:5-7; 1 Tes. 2:6). Cuando Pablo menciona a los apóstoles probablemente incluye a Silvano y Timoteo que fueron mencionados en 1 Tesalonicenses. Dado que había apóstoles fuera del círculo de los doce, se proveía la oportunidad para los falsos apóstoles de ponerse el título de apóstoles (2 Cor. 11:13; Apoc. 2:2). En su primer viaje a Jerusalén Pablo vio a Pedro y a Jacobo quienes eran considerados como apóstoles en el sentido general de la palabra. Estos dos siervos forman la palabra plural *apóstoles* mencionada en Hechos 9:27.

En su defensa, el Apóstol les asegura por medio de un juramento que él está diciendo la verdad (v. 20). Recordemos que Pablo se está defendiendo de acusaciones falsas que fueron inventadas por los judaizantes. Específicamente, él está defendiendo su evangelio que no fue transmitido por medios humanos, sino que fue dado directamente por el Señor. Según Hechos 9:20-22, el apóstol Pablo estaba predicando el evangelio que le fue encomendado por el Señor después de su bautismo en agua. Cuando visitó a Pedro y Jacobo, Pablo ya había estado predicando el evangelio por un largo tiempo.

Pablo continúa su narración en el v. 21 y les explica qué pasó después de su visita a Jerusalén (aquí se menciona por segunda vez la palabra griega *epéita* [1899] que se traduce *después* y tiene que ver con una progresión cronológica). El Apóstol fue primeramente a Cilicia, que es la región donde está Tarso. (No fue la intención de Pablo el escribir sus visitas a las regiones de Siria y Cilicia en manera cronológica, sino en orden de importancia, siendo Siria de más importancia). Según Hechos 9:29, 30, la partida de Pablo de Jerusalén fue motivada por un grupo que estaba contra Pablo y procuraba matarle. Los hermanos en Jerusalén lo sacaron de la ciudad por el puerto de Cesarea rumbo a Tarso (región de Cilicia), donde predicó un tiempo hasta

por las iglesias de Judea, las que están en Cristo. **23** Solamente oían decir: "El que antes nos perseguía ahora proclama como buena nueva la fe que antes asolaba." **24** Y daban gloria a Dios por causa de mí.

que Bernabé lo invitó a venir a Siria según Hechos 11:19, 20 (Antioquía está en la región de Siria). El Apóstol se quedó como maestro en Antioquía y fue allí donde por primera vez los discípulos de Cristo se llamaron cristianos (Hech. 11:20-26). Después de enseñar un tiempo, el Espíritu Santo lo separó con Bernabé para emprender su primer viaje misionero (Hech. 13:1-3). Lo que el Apóstol insinúa al mencionar dos regiones lejanas de Jerusalén es su independencia de los apóstoles y de Jerusalén; su ministerio estuvo totalmente separado de las regiones donde prevalecía el ministerio apostólico de Jerusalén.

La ausencia de Pablo de las regiones de Palestina fue tan prolongada que las iglesias de Judea no conocían a aquel hombre transformado (v. 22). Las iglesias en Judea fueron formadas por la fuga de algunos cristianos en Jerusalén hacia Judea por la persecución que se llevó a cabo después de la muerte de Esteban (Hech. 8:1, 2). Ellos no habían visto a Pablo después de su conversión pero sí oían que la misma persona que estuvo involucrada en la persecución de Hechos 8 ahora predicaba el nombre de Jesús que antes asolaba (v. 23). Las iglesias de Judea glorificaban el nombre de Dios al oír esta noticia. Era un testimonio que exaltaba el poder de Dios (v. 24). El punto que el Apóstol quería dejar claro es que después de su gran conversión, él no había dado su testimonio alrededor de Jerusalén, excepto las visitas a esa ciudad que mencionó. El era totalmente independiente de los apóstoles y de Jerusalén y totalmente dependiente de Cristo.

Semillero homilético

Un comentario loable
1:24

Introducción: Y daban gloria a Dios por causa de mí. Este es un comentario loable sobre el Apóstol. Pablo había vivido y dado tal ejemplo que los demás podían reconocer que su ejemplo despertaba el deseo de darle gracias a Dios y glorificar su nombre. Esto es ejemplo para todo cristiano. ¿Por qué era loable?
 I. Era loable porque relataba la conversión milagrosa del Apóstol.
   1. Había sido perseguidor de los cristianos.
   2. En forma milagrosa se convirtió al Señor.
 II. Era loable porque afirmaba la fidelidad del Apóstol al evangelio.
   1. Al convertirse, decidió dedicar su vida a compartir el mensaje.
   2. Era fiel frente a la persecución y otras formas de oposición.
 III. Era loable porque testificaba de la transparencia del Apóstol en enfrentar problemas interpersonales.
   1. Reconoció la diferencia entre él y Bernabé sobre la participación de Juan Marcos en el segundo viaje misionero.
   2. Reconoció la existencia de problemas entre los miembros en las varias iglesias.
 IV. Era loable porque glorificaba a Dios y no a los hombres.
   1. La prioridad de Pablo era buscar servir a Dios y ser fiel en el evangelio.
   2. La corona de recompensa para Pablo era dedicar su vida en forma completa a la predicación del evangelio.

Conclusión: El ejemplo de Pablo nos inspira a todos y nos motiva a seguir su ejemplo.

2 Luego, después de catorce años, subí otra vez a Jerusalén, junto con Bernabé, y llevé conmigo también a Tito. **2** Pero subí de acuerdo con una revelación y les expuse el evangelio que estoy proclamando entre los gentiles. Esto lo hice en privado

b. La aceptación apostólica, 2:1-10.

Después de haber argumentado su independencia de los apóstoles en relación con el origen de su evangelio, Pablo comienza a escribir acerca de la unidad que existía entre él y los apóstoles de Jerusalén. En contra de las acusaciones de los judaizantes que decían que el evangelio de Pablo no era igual al dado por Jesús a los doce apóstoles, Pablo argumenta que es el mismo evangelio.

El Apóstol continúa su narración histórica y menciona que después de catorce años él subió a Jerusalén (v. 1. Aquí se menciona por tercera vez la palabra griega *epéita* [1899] que se traduce después). Es lógico asumir que Pablo se refiere a catorce años después de la visita a Jerusalén mencionada en 1:18. Hay dos razones por que tomar este punto de vista. Primera, la palabra griega *epéita* que se traduce después en 1:18 tiene referencia al versículo anterior (v. 17) que incluye la salvación de Pablo y su viaje a Arabia y Damasco. El después en 2:1 tiene que ver con la visita a Jerusalén mencionada en 1:18 y no a su salvación remota. Segundo, la palabra griega *pálin* [3825] (otra vez) en 2:1 tiene referencia a su visita a Jerusalén y no a su conversión.

Es de importancia escribir un poco acerca de la visita de Pablo a Jerusalén según 2:1. Entre los eruditos de las Sagradas Escrituras hay un debate en cuanto a esta visita. Sería de ayuda presentar un esquema de las visitas de Pablo a Jerusalén según Hechos y las que Pablo menciona en Gálatas.

Según Lucas	Según Pablo
Hechos 9:26-30	Gálatas 1:18-24
Hechos 11:27-30	Gálatas 2:1-10
Hechos 15	
Hechos 18:22	
Hechos 27:17 s.	

El argumento entre los eruditos es dónde poner la visita de Pablo a Jerusalén mencionada en Gálatas 2:1-10 con las cinco referencias mencionadas por Lucas en Hechos. Las dos interpretaciones más comunes son: Gálatas 2:1-10 es la misma visita mencionada por Lucas en Hechos 11:27-30 (algunos exponentes de este punto de vista son F. F. Bruce y William Ramsey). El segundo punto de vista es que Gálatas 2:1-10 es la narración de Lucas en Hechos 15 (algunos exponentes de este punto de vista son J. B. Lightfoot y A. T. Robertson). En realidad los dos enfoques tienen sus argumentos fuertes y sus problemas pero es mejor seguir el punto de vista tradicional, que afirma que Gálatas 2:1-10 es la misma visita en Hechos 15. Algunos de los argumentos que hacen esta interpretación más fuerte son los siguientes. Los participantes son los mismos. Pablo y Bernabé son prominentes en Hechos 15 y Gálatas 2. También Pedro y Jacobo estaban envueltos en este evento. Un problema en relación a los participantes es: ¿Por qué Tito no es mencionado en Hechos 15? Este problema se puede contestar diciendo que Tito fue incluido con

---

Subí otra vez a Jerusalén
2:1

Pablo menciona las varias veces que fue a Jerusalén.
1. Fue para dar testimonio de la experiencia salvadora en el camino a Damasco (Hech. 9:26).
2. Fue para entrevistarse con Pedro y Jacobo (Gál. 2:1) y posiblemente Hechos 15.
3. Fue con Bernabé y Timoteo para explicar los resultados de la evangelización de los gentiles (Hech. 15).
4. Fue con ofrendas para los pobres (1 Cor. 16:1-4).
5. Fue con el propósito de seguir a Roma (Hech. 21:15-40).

los otros en Hechos 15:2. Otro argumento que favorece este punto de vista es que el problema es el mismo. En las dos narraciones el problema era el de la circuncisión de los gentiles convertidos. Pablo estaba en un conflicto serio con los judaizantes acerca de la circuncisión, lo que llevó al concilio de Jerusalén en Hechos 15. Finalmente, la cronología apoya este punto de vista. Si sumamos los tres años de 1:18 con los catorce años en 2:1, el resultado encaja mejor con el tiempo del concilio en Hechos 15.

Un argumento fuerte que vale la pena mencionar contra el primer punto de vista (Gál. 2:1-10 es el mismo incidente que Hech. 11:27-30) es que en Hechos 11 Pablo trajo ayuda para los pobres y sería una falta de cortesía que los apóstoles insistieran a Pablo que recordara a los pobres (Gál. 2:10).

Una pregunta que hay que contestar es: ¿Por qué Pablo solamente menciona aquí dos de sus cinco visitas a Jerusalén según Hechos? Esta pregunta se puede contestar diciendo que el propósito de Pablo no era el mencionar todas sus visitas a Jerusalén sino sólo algunas que podían apoyar su argumento contra los judaizantes.

El Apóstol subió a Jerusalén acompañado por Bernabé y Tito (2:1). Bernabé no era su nombre original sino José; los apóstoles le pusieron el nombre de Bernabé, que traducido es "hijo de consolación". Este nombre mostraba su carácter (Hech. 4:36). Bernabé era un levita nacido en Chipre (Hech. 4:36) y su primo era Marcos (Col. 4:10). No sabemos nada acerca de su conversión, pero mucho en cuanto a su naturaleza espiritual. Bernabé era un hombre con una naturaleza muy generosa, y vendió su heredad para ayudar a los pobres (Hech. 4:37). También Bernabé probó en su vida que en realidad era un hijo de consolación. El tomó a Pablo en el comienzo de su vida cristiana y lo llevó a los apóstoles en Jerusalén para que tuviesen compañerismo con él. Fue Bernabé quien también buscó a Pablo para que fuera a Antioquía y ministrara allí por un año (Hech. 11:25, 26). El ministerio de Bernabé y Pablo creció y después la iglesia de Antioquía los envió a Jerusalén con una ayuda para los pobres (Hech. 11:29, 30). Después Pablo y Bernabé fueron comisionados por la iglesia como misioneros (Hech. 13:2-4). Bernabé fue con Pablo en el primer viaje misionero y más tarde regresaron a Antioquía (Hech. 14:24-28). En Antioquía, la iglesia reconoció el liderazgo de Pablo. (Lucas mencionaba primero a Pablo y después a Bernabé según Hech. 15:2, 35.) El trabajo unido de estos dos grandes siervos terminó por una discusión que tuvieron en relación con Marcos, el primo de Bernabé, antes del segundo viaje misionero (Hech. 15:36-41). Pablo no quería llevarlo porque Marcos no quiso seguir en el primer viaje misionero y regresó a Jerusalén (Hech. 13:13). Bernabé quería llevar a Marcos en un programa de discipulado y ánimo, pero Pablo no estuvo de acuerdo. Entonces Bernabé tomó a Marcos y se fue a Chipre. Pablo partió con Silas en su segundo viaje misionero. Bernabé tuvo éxito en el discipulado de Marcos. El apóstol Pablo más tarde reconoció el cambio en Marcos. Personalmente pide que le ayude en su ministerio (Col. 4:10; 2 Tim. 4:11; Flm. 24). Después de esta discusión, Bernabé sale del retrato narrativo de Lucas en Hechos. Si alguien hubiese escrito un libro

---

Compañeros en el ministerio
(Pablo y Bernabé)

Las experiencias de estos dos siervos del Señor nos dan ejemplo de las maneras en que podemos experimentar el compañerismo en la obra del Señor.
1. Ambos habían tenido experiencias dramáticas de conversión.
2. Ambos cambiaron el rumbo de su vida al convertirse, para ser misioneros.
3. Ambos tenían carácter fuerte, que se prestaba para diferencias de opinión en cuanto a la estrategia en la obra (Hech. 13:13).
4. Ambos llegaron a madurar en la fe, para ser más amplios en aceptar los puntos de vista de otros (1 Cor. 9:6).

acerca de la vida de Bernabé, yo creo que tendría muchos relatos de personas que testificarían de la influencia que Bernabé tuvo en ellos; el apóstol Pablo sería uno de ellos. Este desacuerdo no terminó la amistad entre Pablo y Bernabé. En 1 Corintios 9:6 Pablo menciona a Bernabé como colaborador.

Algunos se pueden preguntar: ¿Quién tuvo la razón, Pablo o Bernabé? La respuesta es que los dos la tuvieron. El punto de vista de Pablo era expandir el reino de Dios; en este enfoque no hay mucho tiempo para equipar y animar. El punto de vista de Bernabé era el equipar y animar a los hijos del reino y ésto toma tiempo. Los dos puntos de vista son correctos y deben ser ejercitados en las iglesias. Lo bueno de esta discusión fue que Pablo siguió en lo que el Señor le había llamado y Bernabé siguió en su ministerio. También continuaron como amigos y hermanos en Cristo según 1 Corintios 9:6. Este debe ser un ejemplo cuando hay discusiones entre hermanos; seguir como amigos y hermanos en el Señor y lo más importante es seguir en la obra donde el Señor les ha colocado.

Otra persona que Pablo menciona que fue con él a Jerusalén es Tito. El era un gentil incircunciso (Gál. 2:3). También fue un colaborador con Pablo. Tito era pastor (2 Cor. 8:23; 12:18). No sabemos cuando Tito se juntó con Pablo en las actividades misioneras. La referencia más temprana de Tito está en Gálatas 2:1, 3. Una de las epístolas pastorales fue enviada a Tito, que estaba trabajando como pastor en Creta (vea la epístola de Tito).

El apóstol Pablo explica que subió a Jerusalén de acuerdo a una revelación (v. 2). Algunos eruditos argumentan que Gálatas 2 no es el mismo incidente que el concilio de Hechos 15, porque Lucas no menciona nada acerca de esta revelación. Podemos decir que fue posible que el Espíritu Santo haya podido hablar por medio de los líderes de Antioquía y también por Pablo, como lo había hecho antes cuando comisionó a Pablo y Bernabé a ir a Jerusalén para llevar ayuda a los pobres (Hech. 11:17-30; 12:24, 25). El silencio de Hechos 15 acerca de la revelación de Pablo no la niega, pero sencillamente no fue mencionada por Lucas. Un ejemplo de una exclusión de Lucas es Hechos 9:29, 30 donde Pablo huye de Jerusalén. Aquí no se menciona nada de una revelación pero en Hechos 22:17-21 Pablo explica que fue por una visión que salió de Jerusalén. De la misma manera Pablo subió a Jerusalén porque sabía que era la voluntad de Dios (Dios se lo manifestó por medio de una revelación); aunque Lucas no la menciona, no quiere decir que no ocurrió.

La pregunta en este versículo (2:2) es: ¿Qué quiso decir Pablo cuando escribió: ... no corro ni he corrido en vano? Pablo no quiso decir que él no estaba seguro de su evangelio y por eso fue a Jerusalén para recibir una confirmación apostólica. El estaba totalmente convencido del evangelio y estaba dispuesto a no ceder ni un centímetro de su mensaje (Gál. 2:3-5). Es mejor interpretarlo como que el Apóstol tenía miedo de que el evangelio que él predicaba fuera mal entendido y eliminado públicamente por los líderes de Jerusalén. Si ésto sucedía, su evangelio vendría a estar en la lista negra y los judaizantes ganarían la acreditación para predicar un evangelio contaminado. El ministerio de Pablo sería perjudicado y todo su trabajo vendría a ser en vano. La unidad del evangelio sería dividida entre salvación más la ley o salvación más nada. El Apóstol menciona la misma idea cuando exhorta a los filipenses en cuanto a su carácter cristiano (Fil. 2:16).

Antes del concilio público en Hechos 15, el Apóstol expuso su evangelio previamente. Pablo lo hizo así para conocer la posición de los líderes en Jerusalén y que ellos también supieran más acerca del evangelio que él predicaba entre los gentiles. Además el Apóstol quería evitar conversaciones y decisiones públicas que podían ser de estorbo para la obra entre los gentiles. Algunos podrían preguntarse: ¿Por qué la reunión en privado no es mencionada por Lucas en Hechos 15? Hechos 15:4, 5 nos dice que hubo una reunión en la cual Pablo y Bernabé dieron un informe de su ministerio y más tarde en los vv. 6-12 comenzó la reunión más formal.

Otra pregunta que se puede hacer en este punto es: ¿Por qué Pablo no resolvió este problema cuando fue a Jerusalén por primera vez? Posiblemente el problema de los judaizantes no había sido de una gran oposición en el ministerio temprano de Pablo. También la naturaleza de la primera visita era de conocer a los apóstoles y saber más acerca de Jesús cuando estuvo en el mundo.

Pablo continúa diciendo que Tito (que era un gentil incircunciso) no fue obligado a ser circuncidado, mas fue recibido como hermano en la fe. Posiblemente Pablo llevó a Tito para mostrar lo que el Espíritu Santo estaba haciendo entre los gentiles. Pablo menciona a Tito en este punto para argumentar contra la pretensión de los judaizantes que querían que los gentiles fuesen circuncidados para ser salvos. Si la circuncisión es importante, entonces: ¿Por qué Tito no fue forzado a hacerlo por los de reputación en Jerusalén?

Sería buena idea explicar brevemente qué es la circuncisión. Circuncidar quiere decir "cortar" circularmente una porción del prepucio. La circuncisión en el AT era una señal del pacto que Dios tuvo con Abraham (Gén. 17:10, 11). Este rito externo era observado por el pueblo de Dios en el AT (Gén. 17; Exo. 4; Jos. 5) y debía ser una señal de un cambio interno hecho por Dios (Deut. 10:16; 30:6). En el NT este rito externo no tenía ningún significado en la vida espiritual de una persona (Rom. 4:10, 11; Gál. 5:6). Sabiendo la influencia tremenda que la circuncisión tenía en el pueblo de Israel por siglos, podemos entender el celo ferviente que los judaizantes tenían por la ley y la circuncisión.

Una pregunta que algunos lectores se pueden hacer es: ¿Por qué Pablo animó a Timoteo a circuncidarse (Hech. 16:3) y también defendió a Tito para que no se circuncidara (Gál. 2:5)? ¿Era Pablo inconsecuente? La contestación es que Pablo no fue inconsecuente. El caso de Timoteo es diferente al de Tito. Timoteo se circuncidó para evitar pleitos entre los judíos no salvos en Jerusalén; Timoteo no quería ser piedra de tropiezo para ellos. Se hizo como ellos para ganarlos para Cristo. En el caso de Timoteo la circuncisión no era para salvación sino para evitar pleitos, siendo él en parte judío (Hech. 16:1). El caso de Tito era totalmente diferente. Pablo se opuso a la enseñanza de que hay que circuncidar a los cristianos gentiles para salvación. Pablo quería mostrar que los gentiles eran salvos sin la circuncisión. El caso de Tito tenía más que ver con el mensaje de salvación y la ley.

Los judaizantes, a quienes Pablo se refiere en el cap. 2, eran falsos hermanos. El Apóstol no estaba diciendo que ellos eran hermanos en la fe sino al contrario, eran hombres que se hacían pasar como hermanos pero en realidad eran falsos. Estos hombres falsos se infiltraron secretamente (v. 4). La idea aquí es que estos

Pablo ante los judaizantes

ante los de reputación, para asegurarme de que no corro ni he corrido en vano. **3** Sin embargo, ni siquiera Tito quien estaba conmigo, siendo griego, fue obligado a circuncidarse, **4** a pesar de los falsos hermanos quienes se infiltraron secretamente para espiar nuestra libertad que tenemos en Cristo Jesús, a fin de reducirnos a esclavitud. **5** Ni por un momento cedimos en sumisión a ellos, para que la verdad del evangelio permaneciese a vuestro favor.

6 Sin embargo, aquellos que tenían reputación de ser importantes —quiénes hayan sido en otro tiempo, a mí nada me importa; Dios no hace distinción de personas— a mí, a la verdad, los de reputación no me añadie-

---

falsos hermanos eran puestos en las congregaciones por algún grupo de afuera. Pablo no dice quiénes eran pero los gálatas sabían quiénes eran los responsables. Posiblemente el grupo que investigaba esta clase de actividad eran ex fariseos o ex sacerdotes judíos que se llamaban cristianos en Jerusalén. Estos falsos hermanos tenían un lema que era: Si no os circuncidáis de acuerdo con el rito de Moisés, no podéis ser salvos (Hech. 15:1). Según Pablo, los falsos hermanos tenían dos objetivos. El primero era de espiar la libertad que los cristianos gentiles tenían en Cristo. Cuando Pablo menciona la palabra libertad (v. 4), él no se está refiriendo a una libertad de hacer lo que le venga en gana, sino a una libertad de los ritos y reglamentos de la ley que eran impuestos por los líderes judíos. El segundo objetivo era de esclavizar a los cristianos más débiles a observar las leyes y ceremonias del AT.

El Apóstol explica que esta clase de enseñanza no fue tolerada ni practicada en su ministerio para que el evangelio de libertad se siguiera proclamando (v. 5). Algunos eruditos piensan que Tito sí fue circuncidado. Ellos argumentan que en algunos manuscritos las palabras *ni por* no aparecen (en el griego son las palabras *hois oude* y no aparecen en el texto occidental); la lectura de este versículo sin las palabras "ni por" tiene el significado de que Tito se circuncidó para no traer problema. Tito no fue forzado pero aceptó la circuncisión y así el Apóstol y Tito accedieron por un tiempo. Este punto de vista es inconsecuente con la firmeza de Pablo acerca de su evangelio de libertad. También el tono de la epístola es totalmente contrario a la idea de la circuncisión para los gentiles. Es mejor interpretar este versículo como que Tito no se circuncidó.

"Los importantes"
2:6

Hace unos años un líder en la obra cristiana en un país se jactó de estar entre los importantes, cuando se señaló a sí mismo y dijo: "Aquí está uno de los 'big wig' (más importantes) de la obra." Desgraciadamente, después de unos años, se descubrió que este mismo hermano estaba involucrado en actos de deshonestidad que causaron tristeza para todos los cristianos. No debemos pensar que somos los "importantes" en la obra; Dios nos llama a servir con fidelidad, y él se encargará de dar la recompensa. Nuestro llamado es a ser fieles en servir, no buscar los títulos de importancia.

El apóstol Pablo regresa a lo que dijo en el v. 2 acerca de exponer su evangelio a aquellos con reputación en Jerusalén y llega a la conclusión de que ellos no agregaron nada nuevo a su evangelio dado directamente por Cristo (v. 6). El Apóstol no tenía falta de respeto para los apóstoles en Jerusalén, al contrario, él fue para que ellos escucharan su evangelio. Pablo estaba reaccionando contra aquellos judaizantes que ponían a los apóstoles de Jerusalén como la máxima autoridad y a Pablo como un apóstol falso, que tenía un evangelio inventado por él. Estos grandes hombres tenían una reputación de haber caminado con Jesús y de ser apóstoles en Jerusalén, donde se originó el mensaje verdadero y el cristianismo. Posiblemente los judaizantes usaban estas credenciales para mezclar el evangelio con la ley. Pablo

ron nada nuevo. **7** Más bien, al contrario, cuando vieron que me había sido confiado el evangelio para la incircuncisión* igual que a Pedro para la circuncisión* **8** —porque el que actuó en Pedro para hacerle apóstol de la circuncisión actuó también en mí para hacerme apóstol a favor de los gentiles—, **9** y cuando percibieron la gracia que me había sido dada, Jacobo, Pedro* y Juan, quienes tenían reputación de ser columnas, nos dieron a Bernabé y a mí la mano derecha en señal de compañerismo, para que nosotros fuésemos a

---

*2:7a Es decir, los gentiles
*2:7b Es decir, los judíos
*2:9 Ver nota para 1:18

---

reacciona contra tales hombres (no contra los apóstoles) y menciona que el hecho de que estos apóstoles hubieran caminado con Jesús en otros tiempos no les daba más favor ante Dios que a él, que llegó a ser apóstol más tarde. Los judaizantes sabían que Dios no hace acepción de personas. En el concilio de Jerusalén Pedro confirmó esta verdad (Hech. 15:9).

El Apóstol regresa al concilio de Jerusalén y menciona una de las decisiones que se tomó (v. 7). Se reconoció que el evangelio dado a Pablo venía de Cristo y se tomó la decisión de que a Pablo se le había encomendado el evangelio por Cristo para ser predicado a los gentiles (Hech. 15:12) y a Pedro, que era un líder destacado entre los apóstoles en Jerusalén, el evangelio para los judíos (Hech. 15:7-11). Cuando Pablo menciona el evangelio para la incIrcuncisión y para la circuncisión, él no se está refiriendo a que hay dos evangelios, sino que el mismo evangelio se predicase a dos grupos diferentes. El mismo Espíritu Santo que actuó en Pedro también actuó en Pablo (v. 8). En otras palabras, el evangelio tenía que ser uno porque el autor es uno y es el mismo Espíritu Santo que llamó a estos dos grandes siervos a un ministerio diferente. Cuando se dice que Pablo es apóstol a los gentiles y Pedro a los judíos, no necesariamente se eliminaba la evangelización a los otros grupos, sino que en general el ministerio de Pablo era para los gentiles y el de Pedro para los judíos.

El Apóstol continúa su defensa contra los judaizantes y menciona a tres personas que los judaizantes usaban para combatir el evangelio de gracia que Pablo predicaba. Les dice que ellos (Jacobo, Pedro y Juan) aprobaron el ministerio del apóstol Pablo (v. 9). No sabemos de seguro por qué Pablo menciona a Jacobo primero. Posiblemente Jacobo llegó a ser el más prominente en la iglesia de Jerusalén. Pedro y Juan también fueron mencionados. Pablo escribe liberalmente el nombre de Cefas en vez de Pedro; posiblemente Pablo usaba los dos nombres intercambiadamente. El Juan que Pablo menciona es probablemente el hijo de Zebedeo (Mat. 10:2-4). Esta es la única oportunidad en que el nombre Juan es mencionado en las epístolas paulinas. Según el libro de Hechos, Juan estuvo con Pedro en diferentes ocasiones (Hech. 3:1—4:22; 8:14-25). Estos apóstoles eran pilares en la obra de Jerusalén. El término columna (v. 9) es simbólico de una persona que muestra apoyo y defensa (en el sentido de enseñanza) por los suyos. Entre los judíos, la palabra columna tenía que ver con un gran maestro. Apocalipsis 3:12 menciona la palabra columna para aquellos que son vencedores. Fueron estos hermanos de gran prestigio en Jerusalén los que dieron la mano de compañerismo a Pablo y Bernabé. La mano derecha *(déxios* [1188], "la mano"), tenía que ver como un acto simbólico que representaba un acuerdo o amistad entre dos grupos o personas. Estos líderes estaban de acuerdo con el ministerio de Pablo para los gentiles. Lo único que los hermanos le pidieron fue el recordar a los pobres, lo cual Pablo estaba haciendo. En la reunión no hubo ninguna indicación de que el evangelio paulino tenía defectos

los gentiles y ellos a los de la circuncisión.
10 Solamente nos pidieron que nos acordásemos de los pobres, cosa que procuré hacer con esmero.

Pablo y Pedro en Antioquía

11 Pero cuando Pedro* vino a Antioquía, yo me opuse a él frente a frente, porque era

*2:11 Ver nota para 1:18

sino al contrario hubo unidad entre los líderes de Jerusalén y Pablo.

La petición de recordar a los pobres por los líderes de Jerusalén no es mencionada por Lucas en Hechos. Tenemos que concluir que aunque no fue mencionada por Lucas, esta fue una petición que los apóstoles hicieron, posiblemente en la reunión privada en Hechos 15:4. Esta petición no cambiaba nada en el evangelio de Pablo, al contrario lo apoyaba.

> Semillero homilético
> **Llamados para ser apóstoles**
> 2:6-10
> *Introducción:* Los llamados de Dios siempre buscan lugares para servir. En el caso de Pablo el lugar no era importante. Sintió que su misión era a los gentiles, que en este pasaje se llama la incircuncisión. Pedro y otros apóstoles concentraron su ministerio en los judíos, que aquí abarca a los de la circuncisión.
> I. La fuente del llamado es Dios.
>   1. El llamado fue dado a Pedro y los otros apóstoles.
>   2. El llamado fue dado también a Pablo.
> II. El propósito del llamado de Dios.
>   1. El llevar el evangelio a los judíos primeramente (de la circuncisión).
>   2. El llevar el evangelio a los gentiles (incircuncisos).
> III. El alcance del llamado de Dios, v. 10.
>   1. Enfocar en lo esencial del evangelio y no en los aspectos periféricos.
>   2. Acordar las obras sociales para ayudar a los pobres.
> *Conclusión:* La aplicación práctica del pasaje hoy en día nos lleva a enfocar a los grupos étnicos en distintas partes del mundo, que nunca han escuchado el evangelio. No importa su raza; lo importante es que son personas por las cuales Cristo murió y Dios quiere que entren en su reino.

Una pregunta que se puede hacer en este punto es: ¿Por qué el Apóstol no incluyó el contenido del decreto en Hechos 15 en su argumento contra los judaizantes? Tenemos que entender que una de las cosas que Pablo quería argumentar era su independencia de los apóstoles de Jerusalén y que su evangelio era dado totalmente por Cristo. Al mencionar el decreto, su evangelio perdía credibilidad. Es interesante que en 1 Corintios 8, que se refiere a comidas sacrificadas a los ídolos, el Apóstol tampoco menciona el decreto de Hechos 15 para reforzar su argumento.

c. La exhortación a Pedro según el evangelio, 2:11-21. Hemos visto que el evangelio dado a Pablo por Cristo en realidad es genuino. Este evangelio fue dado a Pablo por revelación directa y fue totalmente independiente de la autoridad apostólica en Jerusalén. También fue por el evangelio que su vida fue transformada para predicar a los gentiles. El evangelio predicado por Pablo fue también aceptado por los apóstoles en Jerusalén. Ahora el apóstol Pablo da un ejemplo de la autoridad de su evangelio y es en ocasión de la confrontación que tuvo con Pedro. Esto pasó después del concilio de Jerusalén relatado en Hechos 15; Pedro decidió visitar a los hermanos en Antioquía (v. 11). Fue en esta visita que Pedro fue resistido por Pablo (el verbo griego *anthístemi* [436] tiene que ver con un ataque inicial del otro lado y así ser resistido. En la mente de Pablo, Pedro era culpable de un acto original de agresión contra el evangelio de la gracia). Pablo menciona que lo que Pedro hizo era reprensible. El ser reprendido por Pablo no significa que éste era superior sino que los hechos de Pedro no eran según el evangelio. El Apóstol explica lo

reprensible. **12** Pues antes que viniesen ciertas personas de parte de Jacobo, él comía con los gentiles; pero cuando llegaron, se retraía y apartaba, temiendo a los de la circuncisión. **13** Y los otros judíos participaban con él en su simulación, de tal manera que aun Bernabé fue arrastrado por la hipocresía de ellos. **14** En cambio, cuando vi que no andaban

que pasó (v. 12). Pedro *comía con los gentiles* (eran gentiles cristianos convertidos por medio del evangelio predicado por Pablo). Cuando Pedro estaba teniendo compañerismo con ellos, algunos de parte de Jacobo vinieron a ellos, (posiblemente en el tiempo de la comida también participaban del partimiento del pan y el vino, para recordar la muerte del Señor). *Ciertas personas de parte de Jacobo* (v. 12): Estos judíos eran cristianos, y venían de parte de Jacobo. Este es el mismo Jacobo que Pablo mencionó en 1:19. Posiblemente fueron a Antioquía para llevar luego un informe a Jacobo. Estos no eran los falsos hermanos que el apóstol menciona en el v. 4. Pero eran hombres de prestigio en la iglesia en Jerusalén y por ello Pedro tuvo temor. Estos hombres que venían de parte de Jacobo eran judíos estrictos que se habían convertido al cristianismo.

Es importante mencionar que a Pedro y a los judíos cristianos, especialmente los de Jerusalén, no les era cosa fácil dejar atrás una enseñanza que había predominado anteriormente en sus vidas. La tradición de sus padres era algo que predominaba en su sociedad. Pedro tuvo problemas en la transición de la ley a la gracia. Un ejemplo clásico de esto fue la visión que Pedro tuvo de parte de Dios para enseñarle que ya no hay diferencia entre judíos y gentiles (Hech. 10).

Cuando llegaron los de Jerusalén, Pedro *se retraía y apartaba, temiendo...* (v. 12). Estas palabras juntas describen a una persona tímida que se aparta cuidadosamente para no ser observada. El verbo "retraer" (*upostéllo* [5288]) se usaba para cuando un ejército planeaba retirarse para ir a buscar protección. Por miedo a los de la circuncisión Pedro comenzó a separarse de los hermanos gentiles. Pablo los menciona como los de la circuncisión (v. 12). La idea aquí es la misma que en el v. 7, en el cual se menciona que el ministerio de Pedro era para aquellos de la circuncisión o judíos. Estos hermanos eran judíos cristianos. El temor de Pedro era como en Hechos 11:1, 2 donde los cristianos judíos conocidos como los de la circuncisión argumentaban con Pedro y le reclamaban su compañerismo con los gentiles.

Una pregunta que puede estar en algunos de los lectores es: ¿Por qué tenía Pedro temor de estas personas si el concilio (Hech. 15) claramente había dado a los judíos "luz verde" para el compañerismo? Simplemente que el decreto de Hechos 15 fue anunciado en teoría y no en práctica. Lo que le pasó a Pedro fue un error suyo en la práctica. La tensión de la ley predominaba entre los cristianos judíos en Jerusalén. No fue algo que desapareció totalmente después del decreto. Con su manera de actuar, Pedro influyó en otros, para hacer lo mismo (los otros judíos eran judíos cristianos que vivían en Antioquía). Tanta fue su hipocresía que hasta Bernabé lo siguió en sus hechos (v. 13). El apóstol Pablo llama hipocresía a esta acción de parte de Pedro y sus seguidores, porque representaban una comedia que no estaba de acuerdo con sus convicciones. Esto sucedió por un período de tiempo, seguramente durante la estadía de los de la circuncisión.

El apóstol Pablo vio que *no andaban rectamente* (v. 14; *orthopodéo* [3716] tiene que ver con seguir un camino derecho en contraste con una línea torcida). Con su testimonio, ellos se estaban alejando de la verdad del evangelio. Aquí hay una lección muy importante que tenemos que considerar y es que a veces sabemos la verdad del evangelio (en teoría) pero por presiones externas actuamos en forma contraria a la

rectamente ante la verdad del evangelio, dije a Pedro* delante de todos: "Si tú que eres judío vives como los gentiles y no como judío, ¿por qué obligas a los gentiles a hacerse* judíos?"*

Todo hombre es justificado por la fe

15 Nosotros somos judíos de nacimiento* y no pecadores de entre los gentiles; **16** pero sabiendo que ningún hombre es justificado por las obras de la ley, sino por medio de la fe en Jesucristo, hemos creído nosotros también en Cristo Jesús, para que seamos justificados por la fe en Cristo, y no por las obras de la ley. Porque por las obras de la ley nadie* será justificado.*

---

*2:14a Ver nota para 1:18
*2:14b O: *a vivir como*
*2:14c Algunos editores estiman que la cita continúa hasta fines del v. 16, 18, 19 o 21.
*2:15 Lit., *por naturaleza*
*2:16a Lit., *ninguna carne*
*2:16b Ver Sal. 143:2

---

verdad de lo que la palabra nos indica. El saber de la Palabra y el vivirla debe ser una sola cosa. Pablo exhortó a Pedro cara a cara delante de todos (v. 14). La razón por la que Pablo lo exhortó en público fue que, como líder, estaba siendo piedra de tropiezo a muchos hermanos. Esta no fue una ofensa personal, sino que involucraba a muchos hermanos.

Pablo comienza su exhortación con una pregunta (v. 14b). No sabemos de seguro en qué versículo terminó la exhortación de Pablo. Algunos piensan que terminó en el v. 14, pero es mejor concluir que su exhortación siguió hasta el final del capítulo. La pregunta de Pablo era: Si Pedro, que era judío, vivía como gentil, (tenía la libertad de vivir en la manera de los gentiles, como lo estaba haciendo en Antioquía) ¿cómo podía él obligar a los gentiles a vivir como los judíos? Con su testimonio, Pedro estaba diciendo a los gentiles que hasta que ellos se conformaran a las prácticas judías no podían tener compañerismo con él y sus compañeros judíos. En esencia, ésto era una obligación para que los gentiles se judaizaran.

La respuesta de Pedro no está registrada; él era culpable delante de la acusación de Pablo, pues sus acciones no eran iguales a sus convicciones.

El apóstol Pablo continúa su argumento basado en la acción de Pedro (vv. 15-21). La refutación del Apóstol va dirigida a los judíos de nacimiento (incluyendo a Pedro y sus seguidores). Aunque tuvieron privilegios por ser judíos, ellos tienen que venir a Cristo por la fe como los gentiles. Pablo menciona un pensamiento que prevalecía entre el judaísmo y era que los judíos de nacimiento eran parte del pacto de Dios y no los gentiles que eran pecadores por naturaleza (v. 15). Aunque Pablo y Pedro sabían que al haber nacido judíos tenían una bendición y algunas ventajas en ello, sin embargo esto no incluía la salvación (v. 16). Las obras de la ley (que eran importantes para los judaizantes) no traen salvación. La palabra "justificar" en el v. 16 (*dikaióo* [1344]) no tiene que ver con un cambio ético o hacer que alguien viva una vida santa, sino que es una declaración judicial de Dios por la cual la persona se cuenta como justa y aceptable delante de Dios. Las obras de la ley no producen esta justificación. La fe en Cristo trae justificación, sea para judíos o gentiles. La palabra fe (*pístis* [4102]) tiene que ver con aceptar lo que ella misma acredita como verdad. En este caso es Jesucristo. Es esta verdad que se cree y domina las vidas y conductas de los cristianos. Lo que Pablo dice aquí (v. 16) es que los judíos no pueden ser justificados por la ley sino solamente por la fe. Entonces, ¿por qué dar la impresión a los gentiles de que algo más allá de tener fe en Jesús (como la ley de los judíos) trae salvación?

17 Pero si es que nosotros, procurando ser justificados en Cristo, también hemos sido hallados pecadores, ¿será por eso Cristo servidor del pecado? ¡De ninguna manera! **18** Pues cuando edifico de nuevo las mismas cosas que derribé, demuestro que soy transgresor. **19** Porque mediante la ley he muerto a la ley, a fin de vivir para Dios.

El v. 17 es una porción del cap. 2 que no es fácil de entender. Hay dos explicaciones que son las más lógicas a la luz del contexto. Algunos eruditos sugieren que Pablo estaba contestando una objeción hipotética que toma dos proposiciones correctas y una conclusión incorrecta.
1. Objeción correcta: Pablo dice que los judíos son justificados en Cristo aparte de la ley.
2. Pablo dice que al abandonar la ley para ser salvo por medio de la fe, los judíos tienen que reconocer que ellos mismos están en la misma categoría de pecadores como los gentiles (lo cual es correcto).

Conclusión incorrecta: Entonces Cristo es el servidor o el promotor del pecado. El requiere que los hombres abandonen la ley para ser justificados. El abandonar la ley de Dios que es buena y moverse hacia los principios sin la ley es pecar.

El Apóstol trae a luz este pensamiento totalmente equivocado y horrorizado, exclama: ¡*De ninguna manera!* (v. 17).

La segunda manera en que se puede explicar este versículo es que Pedro había dejado la ley y dependía de la fe solamente para ser justificado al tener compañerismo con los gentiles. Después vaciló y regresó a la ley cuando vio a los judíos de Jerusalén. En esta manera él estaba insinuando que la ley era necesaria para la salvación. Al regresar a los principios de la ley, en esencia estaba diciendo que él había pecado por haber dejado la ley judía. Esto implicaba que Cristo estuvo equivocado (estaba animando el pecar) al presentarse como el único que justifica fuera de la ley. Cristo engañó a los judíos al enseñarles que no necesitaban la ley; por ello es un servidor del pecado al animarles a dejar la ley. En esencia Pablo estaba diciendo: nosotros buscamos ser justificados por Cristo pero nos hicimos pecadores al dejar la ley; entonces, Cristo es el servidor del pecado. La respuesta es: ¡*De ninguna manera!* (v. 17).

El Apóstol continúa con el mismo pensamiento del v. 17 y aclara que la culpa no es de Cristo. Entonces, ¿de quién es la culpa? Es de la misma persona (v. 18). El se incluye, por cortesía a Pedro y expone su caso como judío. Lo que Pablo dice aquí (v. 18) es: Si yo dejé la ley y vine a Cristo sólo por la fe y después quiero regresar a aquello que dejé, me hago un transgresor. La palabra griega *parábates* [3848], que se traduce transgresor, es más específica que la palabra pecadores en los vv. 15 y 17. Quiere decir "uno que quebranta la ley", no tanto un estatuto de ella sino el significado verdadero o la intención de la ley. La razón por la que una persona se hace un transgresor es por el propósito de la ley. La ley no salva pero confirma que el hombre es pecador (comp. Rom. 6—8).

El apóstol Pablo sigue explicando su relación con la ley cuando vino al conocimiento de Cristo (v. 19). En el plan redentor de Dios, la ley tenía un trabajo legítimo y era el de mostrar que el hombre es pecador y señala hacia Cristo. El Apóstol menciona que él ha muerto a la ley. Esto quiere decir que el propósito de la ley terminó en su vida cuando él aceptó a Jesús. En la analogía de la muerte, el Apóstol no responde más a ella porque el propósito de la ley no es de salvar. En su vida nueva Pablo responde a Dios para servirle en espíritu y verdad.

Pablo explica cómo él vive en la nueva vida (v. 20). Lo primero que Pablo dice acerca de esta nueva vida es que él está *juntamente crucificado* con Cristo (v. 20). (El tiempo del verbo es perfecto, que significa una acción en el pasado y que continúa en el presente. También la voz del verbo es pasiva, que significa "yo no lo

20 Con Cristo he sido juntamente crucificado; y ya no vivo yo, sino que Cristo vive en mí. Lo que ahora vivo en la carne, lo vivo por la fe en el Hijo de Dios, quien me amó y se entregó a sí mismo por mí. **21** No desecho la gracia de Dios; porque si la justicia fuese por medio de la ley, entonces por demás murió Cristo.

---

hago ahora; ya lo han hecho por mí", lit. se puede traducir, "yo he sido crucificado y sigo siendo crucificado en Cristo".) El verbo "crucificar" explica por qué Pablo había muerto a la ley y se identifica con la muerte del Salvador (él tomó nuestros pecados y no la ley); es la muerte de Cristo la que todo cristiano experimenta (Rom. 6:1-6; 1 Cor. 12:13). El resultado de esta unidad con Cristo es que no se vive para uno mismo, ya no se vive para tratar de obtener méritos por observar la ley; pero el vivir, en la vida de Pablo, era que Cristo vivía en él. Todo lo que el Apóstol hacía en la carne lo vivía agradando a Cristo. La palabra *carne* no tiene que ver con la vida de pecado que Pablo menciona en otras epístolas (Rom. 8:8 ss.), sino que tiene la idea del cuerpo mortal (ver 2 Cor. 10:3). El oxígeno en la nueva vida en Cristo es la fe en el Hijo de Dios (Pablo usa este título para hacer hincapié en la nueva revelación de Dios en contraste con el AT). Fue el Hijo de Dios que amó y se entregó a morir en una cruz por Pablo. (El Apóstol usa la primera persona singular, lo que muestra el afecto profundo que él tenía por su Señor. Esto no significa que él estaba excluyendo a otros, si así fuese, el caso iría contra sus enseñanzas del cuerpo de Cristo.)

Pablo explica el propósito de la ley; la ley no tiene nada que ver con la vida eterna. El caminar con el Señor va más allá que los preceptos externos, es una nueva vida en el espíritu y somos motivados a servirle por el amor que Jesús nos tiene.

El apóstol Pedro con su conducta de vacilación eliminaba la gracia de Dios. En sus hechos de apartarse de sus hermanos gentiles, él estaba diciendo que la ley suplementa la justicia alcanzada por Cristo. El apóstol Pablo comenta que él no ha puesto a un lado la gracia de Dios (v. 21). Si una persona puede tener justicia delante de Dios por guardar la ley, entonces la muerte de Cristo fue en vano. Cualquier persona que agregue un requisito más a la muerte de Cristo, en esencia está diciendo que el sacrificio de Cristo no fue suficiente para la salvación.

Semillero homilético

Crucificado con Cristo
2:20

Introducción: Pablo explica en este versículo lo que significa para el cristiano estar en relación con Cristo. Representa un nivel de consagración que pocos cristianos alcanzan, pero ofrece una recompensa especial. ¿Qué efecto tiene el estar crucificado con Cristo?
 I. Trae perdón del pecado.
   1. La cruz hace posible nuestro perdón, porque así Cristo pagó por nuestros pecados.
   2. La cruz fue necesaria para expiar los pecados de la humanidad.
 II. Trae poder para vivir frente a las dificultades.
   1. En tiempos de persecución abierta.
   2. En tiempos de experimentar pruebas en la vida.
 III. Trae propósito en vivir día tras día.
   1. Podemos identificarnos con la misión mundial de compartir este mensaje.
   2. Podemos vivir la vida en el espíritu y no en la carne.
 IV. Trae seguridad y tranquilidad en cuanto a la eternidad.
Conclusión: Pablo no apela a otros a entrar en este nivel de consagración. Simplemente testifica que él ha alcanzado este nivel de sentir una relación especial con Cristo y de poder vivir la fe en la seguridad del amor de Cristo. Esto apela a los cristianos y los motiva a buscar esta experiencia.

No por la ley sino por la fe

3 ¡Oh gálatas insensatos, ante cuyos ojos Jesucristo fue presentado como crucificado! ¿Quién os hechizó? **2** Sólo esto quiero saber de vosotros: ¿Recibisteis el Espíritu por las obras de la ley o por haber oído con fe? **3** ¿Tan insensatos sois? Habiendo comenzado en el Espíritu, ¿ahora terminaréis en la

II. EL MENSAJE DEL EVANGELIO: JUSTIFICACION POR LA FE, 3:1—4:31

En los primeros dos capítulos de la epístola Pablo estableció su argumento acerca del origen divino de su apostolado y de su evangelio. Ahora Pablo regresa a los gálatas que estaban siendo influenciados por algunos judaizantes, quienes enseñaban que la salvación completa incluía también la ley. El Apóstol les escribe cuatro argumentos para confirmar que la justificación no es por las obras de la ley sino por la fe. Esta porción doctrinal es de mucha importancia para confrontar a muchos que quieren agregar más requisitos para la salvación, que es solamente por medio de nuestro Señor Jesús.

1. La recepción del Espíritu, 3:1-5

La primera pregunta que el Apóstol hace a los gálatas para exhortales acerca de la verdad de que la justificación es por la fe y no por las obras, es: ¿Cómo recibieron el Espíritu? Pablo comienza su exhortación en el cap. 3 con un tono algo serio (no les llama hermanos sino que usa un nombre impersonal, *gálatas* (v. 1). El Apóstol los llama *insensatos* (v. 1). Esta palabra tiene el significado de una persona que puede pensar pero tiene falta de percepción (la palabra griega *anóetos* [453], que se traduce *insensatos*, aparece también en Luc. 24:25; Rom. 1:14; 1 Tim. 6:9; Tito 3:3). Eran como una persona con miopía; esa persona piensa, pero no puede percibir los objetos que la rodean. Los gálatas podían pensar pero no podían percibir el evangelio verdadero, que es por la fe.

Pablo sigue su admonición con una metáfora (comparación por medio de representaciones). El Apóstol les pregunta quién los hechizó para no obedecer la verdad.

Semillero homilético
La tragedia del hechizo
3:1-5

Introducción: ¿Han conocido a una persona embrujada o hechizada? Seguramente es un panorama triste, porque la persona está caminando en forma equivocada, controlada por poderes satánicos que conducen a uno a la condenación. Pablo llama esto una tragedia.
  I. Una acusación grave, v. 1.
    1. El ser hechizado quiere decir que han sido engañados o desviados del camino correcto.
    2. El ser hechizado quiere decir que han perdido lo que anteriormente poseían.
  II. Una implicación grave, vv. 2, 3.
    1. Que recibieron el Espíritu por medio de las obras y no la fe.
    2. Que principiaron en el Espíritu pero ahora terminan con la carne.
  III. Una afirmación grave, vv. 3-9.
    1. Abraham fue justificado por la fe, v. 6.
    2. Los descendientes de Abraham, aunque judíos, son salvos por medio de la fe y no por medio de las leyes ceremoniales del judaísmo.
Conclusión: Pablo está tremendamente entristecido con las noticias de que algunos cristianos en las iglesias de Galacia han abandonado el evangelio de la gracia para aceptar la enseñanza que había que cumplir con las obras de la ley para ser salvo. Consideró que tal paso era una tragedia, porque era ser engañado o hechizado. ¿Hay hoy personas que han sido hechizadas? Sí. Las mismas condiciones existen hoy, porque hay personas que son engañadas con las enseñanzas falsas.

La palabra *hechizar* (*baskáino* 940) tiene que ver con una creencia popular acerca de un poder maligno. La práctica de echar un conjuro a otra persona era común entre los gentiles. La idea, entonces, es que el Apóstol les pregunta quién les ha echado un conjuro o hechizo para no obedecer a la verdad del evangelio. Recordemos que Pablo les habla en una manera figurada para poner énfasis en su punto. Es como decir: ¿Quién te embrujó para hacer eso? La palabra "hechizar" es usada por Pablo para traer más luz a su exhortación. Jesucristo fue presentado claramente por Pablo a los gálatas. Pablo usa la frase preposicional *cuyos ojos* (v. 1) para recordarles la manera clara en que fue presentado el mensaje. El verbo "presentar" (*prográfo* 4270) tiene que ver con el mensaje proclamado por el Apóstol cuando estaba con ellos. Pablo sólo menciona aquí una parte de todo lo que les dijo, ésto es "Jesús crucificado". Este era el centro del mensaje de Pablo. Contrario a la ley, es la muerte de Jesús la que trae salvación a un pecador. No hay una escalera de méritos humanos para ir al cielo, sino sólo la sangre de Cristo sin agregarle más, es lo que hace que el hombre obtenga salvación. Los mismos ojos de los gálatas, que vieron el mensaje claro de Pablo, habían sido fascinados para ver (o creer) otro evangelio. Pablo hace una pregunta, que regresa al tiempo de su salvación (v. 2). ¿Cómo recibieron el Espíritu Santo? ¿Fue acaso *por las obras de la ley*? Si los gálatas en verdad eran salvos, ellos tenían que responder negativamente. El Espíritu Santo se recibe cuando alguien escucha el mensaje de salvación y lo cree (Rom. 10:16, 17; 1 Tes. 2:13). La salvación y el recibir el Espíritu Santo es como una moneda con dos caras, es un evento que pasa en la vida de una persona cuando cree en el evangelio. Es el Espíritu Santo que da al creyente la prueba de su salvación (Rom. 8:16; 1 Jn. 4:13). Toda persona que ejercita su fe en Cristo es sellada con el Espíritu de Dios aparte de cualquier obra (Ef. 1:13, 14).

Esta es la pregunta que Pablo hace a los gálatas con respecto a la recepción del Espíritu Santo: ¿Fue por las obras o por fe en el evangelio? Si sus lectores eran cristianos tenían que estar de acuerdo con Pablo. El Espíritu Santo se recibe por fe cuando una persona cree en Cristo como su Salvador. En base a la respuesta a la pregunta que Pablo hace en el v. 2 (que debiera ser por fe en Cristo), el Apóstol les llama *insensatos* (es la misma palabra griega que mencionó en el v. 1). La vida cristiana es por medio del poder del Espíritu Santo y continúa en un crecimiento por el poder de Dios. La vida espiritual de un cristiano viene desde adentro (el corazón) hacia lo externo. Es en realidad necedad el comenzar en el Espíritu y terminar en la carne. La carne tiene que ver con los ritos físicos, como el de la circuncisión para obtener el favor de Dios. Este fue el error de los fariseos que practicaban ritos que eran sólo para la carne. Eso era contrario al caminar de Jesús, que era en el Espíritu. Es interesante que los dos verbos en el v. 3 ("comenzar" y "terminar") son también mencionados por Pablo en Filipenses 1:6, que dice: *Estando convencido de ésto: que*

Padeciendo en vano
3:4

Cuando Belarmino era joven en la escuela primaria, le tocó padecer persecución porque asistía a una iglesia evangélica en el pueblito donde vivían sus padres. El profesor del colegio le hizo arrodillarse y caminar de rodillas alrededor de los patios recreativos, mientras los demás alumnos se burlaban. Pero él seguía asistiendo a los cultos, aceptó al Señor como Salvador personal, y años más tarde sintió el llamado de Dios para predicar. Terminó los estudios secundarios y se graduó del seminario. Ahora ha pasado años de su vida predicando el evangelio como pastor, evangelista y maestro. Su testimonio es que su padecimiento no fue en vano, porque determinó ser fiel al que sufrió por él. Su fidelidad está en contraste con los de Galacia, quienes, después de padecer, decidieron abandonar el evangelio.

carne? **4** ¿Tantas cosas padecisteis en vano, si de veras fue en vano? **5** Entonces, el que os suministra el Espíritu y obra maravillas entre vosotros, ¿lo hace por las obras de la ley o por el oír con fe? **6** De la misma manera, Abraham *creyó a Dios, y le fue contado por justicia.**
7 Por lo tanto, sabed que los que se basan en la fe son hijos de Abraham. **8** Y la Escritura,

---

*3:6 Gén. 15:6; ver Rom. 4:3, 22

---

el que en vosotros comenzó la buena obra, la perfeccionará (es el mismo verbo en el griego que en Gál. 3:3, que se traduce "terminar") hasta el día de Cristo Jesús. Según Filipenses 1:6 es Dios quien comienza su obra en el Espíritu y la terminará en el poder del Espíritu, lo cual no deja lugar para que la carne se gloríe.

Al caminar en el Espíritu hay padecimientos. No sabemos exactamente cuales eran los sufrimientos de los gálatas. Posiblemente Pablo se refería a cristianos verdaderos que sufrían por el nombre de Cristo. Aunque estos cristianos tenían libertad espiritual, eran perseguidos por los gentiles y aun por algunos de los judaizantes. La situación de los cristianos en Galacia era la misma situación que la de los tesalonicenses, cuando Pablo les recuerda: *... vosotros, hermanos, llegasteis a ser imitadores de las iglesias de Dios en Cristo Jesús que están en Judea; pues también vosotros habéis padecido las mismas cosas de nuestros propios compatriotas, como ellos de los judíos* (1 Tes. 2:14). Pablo continúa en este versículo (v. 4) y les pregunta si este padecimiento fue realmente en vano. El les da una esperanza de que posiblemente no lo fue, si recapacitan en esta falsa doctrina y siguen caminando en la libertad a la que Cristo los ha llamado.

El Apóstol regresa a la pregunta hecha en el v. 2 y continúa con el tema del Espíritu (v. 5). En el v. 2, la pregunta que Pablo hace es desde el punto de vista de los gálatas. Aquí (v. 5), es desde el punto de vista de Dios. Es Dios quien provee el Espíritu Santo. En Hechos 1:4, Jesús mandó a sus discípulos que esperaran la promesa del Espíritu Santo que vendría de Dios Padre. Es el Espíritu Santo que *obra maravillas entre vosotros*. La palabra *maravillas* es *dúnamis* [1411] y tiene el significado de milagros que el Espíritu hizo en medio de los gálatas como lo testifica Hechos 14:3, 8-11. Esta manifestación del Espíritu Santo es diferente de los frutos internos que son evidentes en un cristiano cuando se deja controlar por el Espíritu (Gál. 5:22, 23). El Apóstol les pregunta si todas las manifestaciones del Espíritu Santo fueron hechas por las obras de la ley o por la fe. Fue por el evangelio de fe que Dios confirmó a los gálatas de su autenticidad con maravillas. Entonces, ¿por qué regresar a otro mensaje como era el de los judaizantes? Si en realidad los gálatas habían aceptado a Cristo, por fe tenían que estar de acuerdo con Pablo.

2. El evangelio con referencia a las Escrituras, 3:6-18

Los judaizantes usaban el AT para confirmar la importancia de la ley y la circuncisión. Posiblemente ellos se referían a Abraham quien era el padre de los judíos a quien también se le prometió que por medio de él las naciones iban a ser bendecidas (Gén. 12:2, 3). Dios mandó a este gran siervo que se circuncidara (Gén. 17:10, 11). También su descendencia; judíos o gentiles, quienes forman parte de la familia espiritual de Abraham por medio de Jesús, deben circuncidarse como Abraham lo hizo. Posiblemente los judaizantes corroboraban más su argumento con Moisés y la ley que ponía énfasis en la circuncisión.

Con esto en mente, Pablo se refiere al AT para argumentar el principio básico de la salvación que es por medio de la fe en Cristo. Abraham creyó a Dios. Dios se reveló a Abraham y él depositó su fe en su palabra. Si estudiamos la vida de Abraham tenemos que llegar a la conclusión de que

habiendo previsto que por la fe Dios había de justificar a los gentiles, anunció de antemano el evangelio a Abraham, diciendo: "*En ti serán benditas todas las naciones.*"* **9** Desde luego, los que se basan en la fe son benditos junto con Abraham, el hombre de fe.

---

*3:8 Gén. 12:3; *naciones* significa también *gentiles*.

él se caracterizaba por su fe en Dios. Dios llamó a Abraham a salir de su tierra para ir a un territorio extraño, donde Dios le prometió que lo iba a bendecir. Abraham obedeció porque creyó en la palabra de Dios (Gén. 12:1-4). Dios también prometió un hijo a Abraham en su vejez y además una gran descendencia. Abraham creyó a Dios (Gén. 15:1-6). Génesis 15:6 específicamente dice que *creyó a Jehovah, y le fue contado por justicia*. La de Abraham fue una vida de fe. Pablo cita esta porción de Génesis para mostrar que no fue la ley, ni la circuncisión que justificó a Abraham, sino su fe en las promesas de Dios. La palabra "justificar" en este contexto tiene que ver con la aceptación de Abraham por Dios. La base de esta aceptación fue la fe y no la circuncisión.

Un principio básico en la vida de Abraham (v. 7) fue la fe en la palabra de Dios. Los gálatas tenían que saber que el principio es igual en la nueva dispensación. Todos los que ejercitan su fe, son los que tienen fe como Abraham, y son ellos los verdaderos hijos de Abraham y no los de la circuncisión. Pablo no menciona específicamente en el v. 7 el objeto de la fe, solamente dice *los que se basan en la fe*. La razón por la que dice *fe* es que quería dar énfasis al principio de la fe y no a la revelación. La revelación dada por Dios en los tiempos de Abraham era distinta a la revelación definitiva del Hijo de Dios.

El Apóstol personifica las Escrituras (*la Escritura, habiendo previsto...*, v. 8), porque él ve las Escrituras como si Dios estuviese hablando. Otro ejemplo en que el Apóstol hace ésto es en Romanos 9:17, cuando dice: *Porque la Escritura dice al Faraón...* Para Pablo las Escrituras eran las mismas palabras de Dios. Las Escrituras no hablaron, sino Dios. La Escritura en este punto es la Palabra de Dios y en la mente de Pablo no hay diferencia. La referencia que Pablo hace de Génesis 15 es con referencia a una promesa que Dios hizo a Abraham acerca de dos cosas. Primero, que los gentiles serían justificados. La bendición de Dios iría más allá de los judíos. Segundo, la base de esta bendición es la fe en Jesucristo que nacería de la descendencia de Abraham para salvar a la humanidad (ver la genealogía en Mat. 1).

La fe de Abraham

1. Abraham respondió a la voz de Dios en su llamado (Gén. 12:1-4).
2. Abraham manifestó confianza en las promesas de Dios (Gén. 15:1-21).
3. Abraham obedeció el mandato de Dios (Gén. 22:2-10).

El Apóstol concluye su argumento acerca de la importancia de la fe para la salvación (v. 9). Son los de la fe quienes serán bendecidos junto con Abraham, quien también depositó su fe en Dios. Otra referencia que el lector puede buscar acerca de la fe de Abraham es Romanos 4:7-12 donde Pablo da casi el mismo argumento acerca de la fe de Abraham que le fue contada por justicia antes de la circuncisión. También en Hebreos 11 Abraham fue puesto como uno de los muchos ejemplos en el AT de personas que tenían fe en Dios.

Después de argumentar la importancia que la fe tuvo en la vida de Abraham, el Apóstol examina el pensamiento erróneo de los judaizantes acerca de la ley. Pablo explica cuál es el propósito de la ley.

Es importante explicar un poco acerca de la ley. Cuando Pablo menciona la palabra ley, se está refiriendo al cuerpo de códigos

10 Porque todos los que se basan en las obras de la ley están bajo maldición, pues está escrito: *Maldito todo aquel que no permanece en todas las cosas escritas en el libro de la Ley para cumplirlas.** **11** Desde luego, es evidente que por la ley nadie es justificado delante de

---

*3:10 Deut. 27:26 (LXX)

---

que Dios dio a Moisés (Exo. 20—23:33). Recordemos que antes que Dios les diera la ley, Israel era un pueblo que estaba en esclavitud y que fue primeramente redimido por Dios por medio de la sangre de un cordero (Exo. 12). El pueblo creyó a Dios por medio de su siervo Moisés, al poner la sangre de un cordero en los postes de la entrada de la casa para que fuesen salvos de la muerte (Heb. 11:28, 29). Dios redimió a Israel para que como nación le sirviera (Isa. 43:1). Este gran evento debía ser recordado y celebrado por Israel (Exo. 12:14) hasta que el Hijo de Dios viniese a este mundo como el Cordero de Dios para dar su sangre por todos. El entonces sería nuestra pascua eterna (1 Cor. 5:7). Después que el pueblo redimido por Dios salió de Egipto fue al monte Sinaí, donde recibió los mandamientos de Dios (conocidos como la ley). El propósito de la ley no fue para salvar al pueblo de Dios, sino para que el pueblo de Dios viviera en santificación.

> **Joya bíblica**
> **Porque todos los que se basan en las obras de la ley están bajo maldición (3:10).**

Otros propósitos generales que se encuentran en la ley de Moisés son los siguientes: La ley de Dios fue dada al pueblo de Israel para mostrar la santidad de Dios. Dios es un Dios santo y para tener compañerismo con él hay que ser santo (1 Ped. 1:15, 16). La ley también fue dada para exponer el pecado del hombre. La ley trae a la luz la santidad de Dios y también el pecado del hombre (Gál. 3:19-22). Otro propósito de la ley es que es *nuestro tutor para llevarnos a Cristo* (3:24). La ley fue dada para que la nación redimida de Israel pudiera, como nación, seguir los principios dados por Dios en unidad (Exo. 19:5-8). La ley también fue dada a Israel para proveer una provisión temporal para el perdón de sus pecados (Lev. 1—7). Como nación redimida de Israel, la ley les decía lo pecador que es el hombre y lo santo que es Dios; también les daba la provisión para seguir en un compañerismo con Dios. Moisés recibió de Dios dos ofrendas que deberían ser instituídas en la nación de Israel para cubrir el pecado de una persona (Lev. 4:1—5:13; 6:24-30). La ley fue dada para proveer a la nación redimida de Israel el camino de aprender cómo alabar a Dios. Esto se hacía por medio de los días festivos, donde la nación se unía para recordar a Dios y sus grandes eventos (Lev. 23).

La ley era buena y tuvo un propósito santo en el programa de Dios (Rom. 7:12). Pero la ley no fue dada para salvación como algunos judaizantes enseñaban.

Con este transfondo histórico acerca del propósito de la ley, entremos al argumento de Pablo sobre la doctrina errónea de los judaizantes acerca de que la ley justifica. Después que Pablo explicó que la justificación delante de Dios es por medio de la fe como fue argumentado en la vida de Abraham (vv. 6-9), él se dirige al tema de la ley y a aquellos judaizantes que incitaban a las personas a seguir la ley para salvación. Pablo les dice que al estar bajo la ley es todo al contrario: El estar en la ley trae maldición (v. 10).

Otra vez Pablo regresa al AT para probar su punto sobre la ley. En los vv. 10-12, Pablo hace tres referencias al AT para argumentar su punto. La primera referencia que Pablo usa se encuentra en Deuteronomio 27:26 que dice: ¡Maldito el que

Dios, porque *el justo vivirá por la fe.**
12 Ahora bien, la ley no se basa en la fe; al contrario, *el que hace* estas cosas *vivirá por ellas.** **13** Cristo nos redimió de la maldición

*3:11 Hab. 2:4
*3:12 Lev. 18:5; ver Rom. 10:5

no cumpla las palabras de esta ley, poniéndolas por obra! Y todo el pueblo dirá: "¡Amén!" Esta parte de Deuteronomio fue la porción de maldiciones para aquellos que no cumplen los mandamientos de la ley (Deut. 27:11-26). Pablo da esta referencia para explicar que la ley no justifica, sino que trae maldición para el que la quebranta. En cualquier tiempo de la vida de una persona, si fallaba en un punto de la ley se hacía un transgresor (Stg. 2:10). El obedecer toda la ley externamente era muy difícil, pero no imposible. Pablo fue *irreprensible* en relación con la ley (Fil. 3:6). Pero en el contexto de Filipenses, Pablo menciona que la justicia delante de Dios era la fe en Cristo (Fil. 3:9). Pablo seguía la ley externamente (era irreprensible), pero en su corazón era un pobre pecador (Rom. 7:14-25). Jesús explicó el problema a los judíos religiosos en el Sermón del monte (Mat. 5-7). Por ejemplo, Jesús se dirigió a aquellos que decían que no adulteraban (externamente) y les dijo: *Pero yo os digo que todo el que mira a una mujer para codiciarla ya adulteró con ella en su corazón* (Mat. 5:28). Podemos decir que la justicia perfecta de Dios no está sólo en lo externo sino en las virtudes internas. Pablo reconoció este problema en su propia vida, él era pecador (Rom. 7:14-25). Otro ejemplo que trae a luz el problema interno del hombre fue el del hombre rico que vino a Jesús. El no fue aceptado en base a los méritos externos en cumplir la ley. El tenía un problema interno y Jesús lo trajo a la luz. Este problema era el amor al dinero (Luc 18:18-30). Uno de los propósitos de la ley no era justificar al hombre, pero sí demostrar lo pecadora que es la humanidad y lo santo que es Dios. Los que se sujetaban bajo la ley iban a confirmar la realidad de la ley, la cual es mostrar la condición pecaminosa del hombre. Esta condición es la que trae la maldición de Dios.

La ley no trae el favor de Dios para los hombres pero sí lo hace la fe en él. La segunda cita que Pablo usa es Habacuc 2:4, que dice: *He aquí, aquel cuya alma no es recta dentro de sí está envanecido, pero el justo por su fe vivirá.* El contexto histórico en el tiempo de Habacuc era uno de sufrimiento por la invasión de los babilonios; el justo esperará en la salvación (literal). Pablo toma el concepto de la fe en un sentido más espiritual. Sea en un contexto histórico o espiritual, es por medio de la fe que el hombre obtiene o llega a tener una buena relación con Dios y vive delante de él en este mundo. Esta porción de Habacuc es también mencionada en Romanos 1:17 y Hebreos 10:38 para mostrar la importancia de la fe en Dios.

Algunos judaizantes podían argumentar que la fe y la ley podían ser combinadas para salvación. Pablo responde con una cita en Levítico 18:5, que dice: *Por tanto, guardaréis mis estatutos y mis decretos,*

La liberación de la condenación
3:10-14

1. El ser humano queda condenado por la ley, porque no puede cumplirla en forma perfecta, v. 10.
2. El ser humano puede llegar a ser justo solamente por medio de la fe en la obra redentora de Cristo, v. 11.
3. Cristo hace posible la liberación porque se hizo maldición por nosotros, v. 13.
4. Por medio de la fe en Cristo todos, judíos y gentiles, podemos recibir la bendición del Espíritu Santo, v. 14.

de la ley al hacerse maldición por nosotros (*porque está escrito: Maldito todo el que es colgado en un madero**), **14** para que la bendición de Abraham llegara por Cristo Jesús a los gentiles,* a fin de que recibamos la promesa del Espíritu por medio de la fe.

---

*3:13 Deut. 21:23
*3:14 O sea, *las naciones*

---

los cuales el hombre que los cumpla, por ellos vivirá. Con este versículo en Levítico, Pablo responde que la rey no se basa en la fe (v. 12) sino que la persona que depende de su justicia para hacer todo lo que está en la ley a perfección, tiene que vivir en ella. Esto es contrario a la gracia de Dios. El hombre responde a la gracia por medio de la fe.

Después de argumentar el propósito de la ley y lo imposible que es el obtener justificación por medio de la ley, Pablo escribe el lado positivo de la maldición en que el hombre cae bajo la ley. La condición del hombre bajo la ley es una sin esperanza; pero en Cristo hay redención (v. 13). El verbo "redimir" es *exagorazo* 1805. Es un verbo que tiene la idea de comprar. Se usaba comúnmente en la compra de esclavos para la libertad. Tenemos que recordar el precio que Jesús pagó. Fue lo más alto y valioso en este mundo: su sangre (1 Ped. 1:19). *Cristo nos redimió de la maldición de la ley* (v. 13). La palabra *katára* 2671, que se traduce *maldición*, tiene que ver con una sentencia de reprobación. La ley trae maldición al hombre por no poder seguirla en su totalidad. Jesús tomó el castigo de la maldición que le correspondía al hombre. Jesús no murió en la cruz porque él era pecador, al contrario, él no conoció pecado pero tomó nuestros pecados (1 Cor. 5:21).

Pablo se refiere a una cita en el AT para mostrar que la circunstancia de la muerte de Jesús lo trajo a una maldición. El Apóstol cita Deuteronomio 21:22, 23 donde se menciona el castigo de muerte para aquellos que cometen pecados dignos de muerte. Los judíos no crucificaban a una persona para que muriese, pero el que era digno de muerte, moría apedreado (Deut. 17:5-7). También las personas que adoraban ídolos deberían ser ejecutadas por medio de la espada (Deut. 13:12-15; Exo. 32:27). La Escritura menciona la ejecución de seres vivos por medio del fuego (Lev. 20:14 y 21:9). Otro estilo de ejecución mencionado en el AT fue por medio de la horca (Núm. 25:4; 2 Sam. 21:6). El crucificar a una persona viva no era la práctica de los judíos pero sí de los romanos. Los judíos ejecutaban a un criminal y después de su muerte lo colgaban para exponer su cuerpo a la sociedad y para mostrar al pueblo la maldición de Dios. El cuerpo no se podía dejar colgado durante la noche de ese mismo día, sino que debía ser enterrado inmediatamente (Deut. 21:22, 23). Encontramos un ejemplo en el AT en donde Josué capturó a los reyes cananeos, los mató y colgó en un madero (Jos. 10:26). Concluimos entonces que en la sociedad judía el que era colgado en un madero representaba la maldición de Dios. Esta es una de las razones por la cual la crucifixión de Jesús es una piedra de tropiezo para los judíos (1 Cor. 1:23). La mentalidad de los judíos no podía entender cómo el Mesías era maldito por Dios. Lo que los judíos no entendían es que Jesús murió no porque él era maldito, sino porque él tomó nuestra maldición del pecado. La maldición que la ley trae (porque no se puede cumplir en su totalidad) la tomó Cristo. Nuestra maldición fue tomada por Cristo en el madero.

En el v. 14, Pablo explica el propósito de la redención de Cristo (la preposición *hina*, que se traduce *para* y *a fin de*, es mencionada dos veces en este versículo y tiene como significado el propósito de la redención mencionada en el versículo anterior). El primer propósito que Pablo menciona

GALATAS 3:6-18

La verdadera descendencia de Abraham

15 Hermanos, hablo en términos humanos: Aunque un pacto sea de hombres, una vez rati-

ficado, nadie lo cancela ni le añade. **16** Ahora bien, las promesas a Abraham fueron pronunciadas también a su descendencia.* No dice: "y a los descendientes", como refiriéndose a mu-

*3:16 Lit., *semilla*

es que la bendición que fue impartida a Abraham, que fue la justificación por medio de la fe (ver el v. 6), también sea experimentada por los gentiles. El segundo propósito es el recibir el Espíritu Santo por medio de la fe. Los judíos y gentiles reciben la bendición del Espíritu Santo, no por la ley, sino por lo que Jesús hizo en la cruz. Lo que Pablo dice es que la salvación y la santificación por medio del Espíritu viene no por las obras externas de la ley sino por medio de la fe.

Aunque algunos de los judaizantes podían estar de acuerdo con Pablo acerca de que Abraham fue justificado por la fe, ellos podían argumentar que la ley vino más tarde para así cambiar el método de salvación. La fe pudo haber sido el primer medio para obtener la salvación que después dio paso a la ley.

Pablo argumenta esta idea en los vv. 15 al 18. El Apóstol se refiere a los gálatas con un tono más afectuoso y les llama *hermanos* (v. 15). Es un tono totalmente opuesto al del v. 1, donde les llama *insensatos*. Después de captar la atención de los gálatas, Pablo comienza a refutar la deducción errónea de los judaizantes. Su refutación comienza con una ilustración de la vida cotidiana (él habla en términos humanos), acerca de un pacto. La palabra pacto es *diathéke* 1242 y se puede traducir generalmente como un acuerdo de compromiso. La palabra es usada a veces como testamento y también como pacto. Sea un testamento o un pacto, la intención de Pablo era mostrar que cuando ese testamento o pacto era ratificado (cuando es aprobado o confirmado) entonces era imposible añadirle o invalidarlo. Si ésto era una realidad en la ley antigua de los hombres, mucho más la era en el pacto que

Dios tuvo con Abraham.

En los días de Abraham, cuando dos personas querían hacer un pacto entre sí, tomaban unos animales, los cortaban en dos y hacían dos filas con los pedazos de los animales muertos para que cada fila estuviese frente a la otra. En medio de las dos filas dejaban un caminito por el que cada persona caminaba y daba su promesa o pacto. Este rito era sagrado porque era hecho con sangre. En Génesis 15, Dios hizo un pacto con Abraham; éste pregunta a Dios: *¿Cómo sabré que yo la he de poseer?* (Gén. 15:8.) Dios hizo un pacto con Abraham con el rito conocido en su tiempo. Dice Génesis 15 que Abraham tomó una becerra, una cabra, una ternera, una tórtola y un palomino y los partió por la mitad, uno enfrente del otro y esperó a Dios para hacer el pacto. Dios le mandó un sueño profundo y Jehovah dijo su pacto y pasó a través de los animales. La razón por la que Dios no quiso que Abraham pasara a través de los animales es que aunque la promesa fue hecha a Abraham y a su descendencia, Dios mismo se obligaba a hacerlo y nadie lo iba a invalidar por medio de la muerte. El Dios eterno haría todo lo prometido a Abraham (Gén. 15:1-

---

La bendición de Abraham
3:14

1. El origen de la bendición está en la promesa que Dios dio a Abraham en Génesis 12:1, 2.
2. El mediador de la bendición es Cristo Jesús.
3. La bendición está destinada a toda la humanidad, gentiles y judíos.
4. El fin de la bendición es recibir el Espíritu Santo.

chos, sino a uno solo: *y a tu descendencia,** que es Cristo. **17** Esto, pues, digo: El pacto confirmado antes por Dios no lo abroga la ley, que vino 430 años después, para invalidar la promesa. **18** Porque si la herencia fuera por la ley, ya no sería por la promesa; pero a Abraham Dios ha dado gratuitamente la herencia por medio de una promesa.

*3:16 Gén. 12:7; 13:15; 17:7, 8; 24:7

21). Es imposible que la ley haya anulado el primer pacto que Dios hizo con Abraham, el hombre que fue justificado por la fe.

Pablo continúa con un paréntesis para explicar más el alcance que las promesas de Dios tuvieron para Abraham (v. 16). Algunos podían decir que las promesas a Abraham se hicieron durante el tiempo antes de la ley y que no tienen nada que ver con el presente. Pablo explica que las promesas que fueron hechas a Abraham y a su simiente eran superiores a las de la ley, porque estaban centradas en Cristo. Pablo usa la palabra *descendencia* (*spérma* ⁴⁶⁹⁰) la que mayormente tiene el sentido colectivo. Inspirado por el Espíritu Santo, Pablo usa la palabra *descendencia* con un significado singular, para mostrar que el Mesías saldría de la descendencia de Abraham y es por Cristo que la bendición vendría por la fe y no por medio de la ley. Las promesas a Abraham no fueron para el tiempo antes de la ley, sino que son eternas por medio de la descendencia de Abraham, que es Cristo Jesús.

El Apóstol resume el argumento comenzando en el v. 15. Pablo aplica el principio de la permanencia de la fe que estuvo presente mucho antes de la ley; la ley vino 430 años después de la promesa (v. 17). Pablo toma los números de los años de Exodo 12:40, que dice: *El tiempo que los hijos de Israel habitaron en Egipto fue de 430 años.* La verdad es que desde que Abraham salió de Harán a la edad de 75 años (Gén. 12:1-4) hasta que Dios dio la ley a Moisés en el monte Sinaí hay un período de cerca de 645 años, que hace una diferencia de 215 años. Según la cronología de Génesis y lo que dijo Pablo (que desde el pacto que Dios hizo con Abraham hasta la ley hay un período de 430 años, en el v. 17) hay una discrepancia. Según Exodo 12:40 fueron 430 años que Israel estuvo en Egipto y no el tiempo de la promesa a Abraham. Esta aparente discrepancia se puede aclarar en que Pablo no se estaba refiriendo históricamante al pacto que Dios tuvo con Abraham, sino a la promesa de Dios que también fue repetida a Isaac, el hijo de Abraham (Gén. 26:24). También la promesa fue reafirmada a Jacob (Gén. 46:2-4). Fue aquí donde Jacob y su descendencia fueron a Egipto y es esta ocasión a la que se refería el apóstol Pablo. Después que Dios habló a Jacob y reafirmó el pacto de Abraham, Jacob fue a Egipto, donde él y sus descendientes permanecieron 430 años. Podemos entonces concluir que no hay ninguna discrepancia. Lo que Pablo quería decir en este versículo es que el pacto con Abraham y su descendencia fue por la fe y que la ley que vino 430 años después no elimina la bendición por medio de la fe.

Pablo continúa y explica por qué la ley no cambia la promesa que fue dada por la fe (v. 18). El Apóstol explica que si la herencia era por la ley, entonces ya no era bajo la promesa. La promesa y la ley son

---

¿Por qué es superior la promesa a la ley?
3:15-18

1. Porque la promesa por medio de Abraham fue dada 430 antes de la ley, v. 17.
2. Porque la promesa tuvo su cumplimiento completo y final en Cristo, v. 16.
3. Porque la promesa es irrevocable e incambiable, v. 15.
4. Porque la promesa es completa; suple las necesidades espirituales.

19 Entonces, ¿para qué existe la ley? Fue dada por causa de las transgresiones, hasta que viniese la descendencia a quien había sido hecha la promesa. Y esta ley fue promulgada por medio de ángeles, por mano de un mediador. **20** Y el mediador no es de uno solo, pero Dios es uno.

---

opuestas en su naturaleza y no se pueden unir ni mezclar. La herencia fue dada por Dios como un regalo incondicional para aquellos que creen. Este principio era contrario a los judaizantes y su concepto de la ley. La salvación de Dios ha sido por gracia por medio de la fe.

3. La promesa con referencia a la ley, 3:19—4:7

Algunos judaizantes algo indignados podían decir que si la ley no puede dar el Espíritu Santo (vv. 1-5), ni traer justificación (vv. 6-9), ni tampoco puede eliminar el principio de la fe (vv. 15-18), si trae maldición (vv. 10-12); entonces, ¿para qué sirve la ley?

Pablo explica que la ley *fue dada por causa de las transgresiones* (v. 19). La palabra *dada* tiene que ver con que la ley fue añadida en el programa histórico de la humanidad con un propósito. La ley fue como una lupa. El pecado ha estado con el hombre desde que Adán y Eva pecaron, pero con la ley las transgresiones contra Dios son traídas a la luz o mostradas claramente a los ojos del hombre. La ley prohíbe las transgresiones contra Dios y las aumenta en la conciencia del hombre. El mismo pensamiento acera del propósito de la ley se encuentra en Romanos 4:15, que dice: *Porque la ley produce ira; pero donde no hay ley, tampoco hay transgresión*. La ley trae a la luz los estatutos de Dios y también muestra la transgresión. Sin la ley, entonces, no hay mandamientos que prohíban el pecar. El lector puede leer Romanos 5:12-21 donde Pablo también menciona el propósito de la ley. El propósito de la ley vino al pueblo de Israel mucho después de la promesa que fue dada por Dios a Abraham y a su descendencia. Terminó cuando vino la descendencia. El convenio de la ley pasó, pero los principios básicos siguen a través de los tiempos. Jesús mencionó estos principios eternos en Mateo 22:34-40, que son el amar a Dios sobre todas las cosas y al prójimo. Cuando Pablo menciona *la descendencia*, él se está refiriendo a Cristo a través del cual Dios había prometido a Abraham que vendrían las bendiciones (Gén. 12:3).

El resto del v. 19 y el 20 es muy difícil de interpretar. El resto del v. 19 dice: *...y esta ley fue promulgada por medio de ángeles, por mano de un mediador.* Algunas versiones de la Biblia no tienen *esta ley*. Entonces la pregunta que se puede hacer aquí es: ¿a qué se estaba refiriendo Pablo? No se puede estar refiriendo a la promesa, porque si fuese así no tiene ningún sentido. Sería mejor interpretar esta porción como que Pablo se está refiriendo a la ley. La RVA correctamente incluye las palabras *esta ley* para darle un significado más claro. Esta interpretación tiene validez según el contexto. Pablo estaba mostrando el propósito de la ley. Lo primero que el Apóstol menciona es que la ley trae transgresión. En segundo lugar, Pablo dice que el convenio de la ley es temporal. Después, argumenta la inferioridad de la

---

La ley y las transgresiones
3:19

1. La ley estableció las pautas para el comportamiento y declaró los actos que serían delitos.
2. La ley decretó el castigo que se había de imponer sobre los que la violaban, cometiendo delitos.
3. La ley abrió las posibilidades de excepciones en casos especiales, para suavizar lo severo de sus normas. (Ilustración: las ciudades de refugio fueron establecidas para amparar a los que habían matado por accidente, hasta que pudiera establecer la inocencia o la culpabilidad.)

21 Por consecuencia, ¿es la ley contraria a las promesas de Dios?* ¡De ninguna manera! Porque si hubiera sido dada una ley capaz de vivificar, entonces la justicia sería por la ley. **22** No obstante, la Escritura lo encerró bajo pecado, para que la promesa fuese dada por la

---

*3:21 Algunos mss. antiguos no incluyen *de Dios*.

---

ley. La ley fue administrada por medio de ángeles. La actividad angélica en dar la ley es sobreentendida en otros pasajes bíblicos. En Deuteronomio 33:2, Moisés dijo: *Jehovah vino de Sinaí y de Seír les resplandeció. Apareció desde los montes de Parán y vino con miríadas de santos* (la palabra *santos* en la LXX aparece como ángeles). En el gran sermón de Esteban delante de los judíos, él dice ésto acerca de la ley: *¡Vosotros que habéis recibido la ley por disposición de los ángeles, y no la guardasteis!* (Hech. 7:53.) Otras citas que apoyan la idea de ángeles que administraron la dádiva de la ley son el Salmo 68:17 y Hebreos 2:2. La ley no solamente fue administrada por los ángeles sino también fue dada por medio de un mediador que fue Moisés para que él diera la ley al pueblo de Dios, contrario a la promesa que se dio a Abraham directamente por Dios.

El v. 20 continúa el pensamiento del v. 19. Lightfoot, en su comentario sobre Gálatas, menciona que hay más de 250 interpretaciones acerca de este versículo. Es el versículo más difícil de interpretar en esta epístola. Con ésto en mente es mejor interpretarlo según el contexto en que se encuentra. De las muchas interpretaciones, la siguiente es la más lógica. Pablo está diciendo que la promesa se debe considerar superior, porque la ley es la responsabilidad de un solo lado. La ley fue dada por un mediador, ésto quiere decir que el hombre tiene parte en este pacto. Por el contrario, el hombre no tuvo parte en la promesa. La promesa cae sólo en la responsabilidad de Dios y no en la de los hombres. Por esta razón la promesa es superior. Este punto refuerza el argumento de Pablo acerca de la promesa que es incondicional y unilateral.

Los judaizantes podían hacer otra pregunta para tratar de invalidar el argumento de Pablo. Ellos podían decir: Entonces, ¿la ley es mala porque está en oposición a la gracia, que es el único camino para la salvación? Pablo responde con una pregunta retórica: *Por consecuencia, ¿es la ley contraria a las promesas de Dios?* (v. 21). Pablo trata de pensar cómo los judaizantes iban a argumentar su proposición sobre la fe en las promesas de Dios y hace esta pregunta para aclarar su punto sobre la ley. La contestación a esta pregunta retórica es un no. Dios dio la ley y la promesa, y cada una de estas verdades tiene un propósito. Si la ley pudiera *vivificar* (esta palabra tiene que ver con la vida espiritual) entonces la justicia (justificación) sería por la ley. Si ésto fuera verdad entonces Cristo murió en vano. Pero la Escritura por medio de la ley encerró a todo hombre como pecador (v. 22). La palabra *encerró* es sugkléio [4788] y tiene que ver con un encarcelamiento sin escape. Pablo dijo: *...pero cuando vino el mandamiento, el pecado revivió; y yo morí* (Rom. 7:9). La ley en sí es buena y no hay mal en ella, pero el problema no es la ley, sino el hombre. El es pecador y la ley trae esta verdad a la luz. La ley encierra al hombre sin escape, pero Cristo libra al hombre de la maldición. Esta es la promesa que es por medio de la fe para todos los que creen. La ley tiene su propósito y es importante para que la promesa de Dios por medio de Jesucristo brille en la situación pecaminosa del hombre. El hombre tiene que reconocer que es pecador (este es el propósito de la ley según esta porción) y después por la fe aceptar la promesa de Dios, que es por medio de Jesús.

fe en Jesucristo a los que creen. **23** Pero antes que viniese la fe, estábamos custodiados bajo la ley, reservados para la fe que había de ser revelada. **24** De manera que la ley ha sido nuestro tutor para llevarnos a Cristo, para que seamos justificados por la fe. **25** Pero como

El apóstol Pablo continua explicando el propósito de la ley en el v. 23. Pablo comenta que ... *antes que viniese la fe*... En la mente de Pablo era la fe cristiana la que vendría después de la ley. La palabra fe en este versículo tiene el artículo definido *la*, que tiene ver con una fe en particular, y era la fe que vendría después de la ley. Según la cronología bíblica, es la fe cristiana la que vino después de la dispensación de la ley. Los cristianos, como Abraham, ejercitan la fe; pero la diferencia está en la revelación. Pablo se está refiriendo a la nueva revelación de Dios que es por medio de Jesucristo. Pablo comenta más acerca de la revelación última de Dios en Gálatas 4:4. Antes que viniese la revelación del Hijo de Dios, la ley sirvió en su propósito. La ley confinó a aquellos que estaban bajo ella. El ser *custodiados* es la palabra griega *frouréo* ^{5432}, que tiene el significado de mirar con un ojo de protección. También se puede traducir como "guardar", para prevenir un escape. La palabra *custodiados* con *reservados* tiene el mismo significado. La ley no pudo retener el pecado ni tuvo el poder para traer la justicia. La ley nos condena a la realidad de que somos pecadores. Es como la persona que quebranta la ley en una sociedad; por esa ley, el delincuente es encerrado en su culpabilidad. Históricamente los judíos aceptaron la ley de Dios por medio de Moisés y estuvieron encerrados en ella hasta la venida de Cristo. Cuando la persona deposita su fe en Cristo es libre de la maldición de la ley.

El Apóstol pinta otro cuadro para mostrar el propósito de la ley. La ley es nuestro tutor (v. 24). La palabra *tutor* es *paidagogós* ^{3807}. Este término se usaba para mostrar la tarea que un esclavo desempeñaba en familias romanas y griegas. El esclavo era el tutor de un niño entre los seis y dieciséis años. El esclavo era como un supervisor de las acciones del niño y lo acompañaba en toda ocasión cuando salía de casa. Muchas veces el tutor era un esclavo de alta estima y le confiaban la supervisión moral del niño. El tutor no era un instructor, no era un maestro de escuela. El tutor disciplinaba al niño para que hiciera su tarea y obedeciera. El tutor estaba ligado a la vida del niño hasta que éste llegaba a ser un adulto, momento en el cual el tutor terminaba su tarea de disciplinar o instruir al niño. De este concepto paulino podemos deducir dos cosas. Primero que la ley como un *tutor* es inferior en naturaleza a la promesa de Cristo Jesús. Segundo, la ley como *tutor* encerraba una disciplina para algo mejor, en este caso Cristo. El propósito de la ley fue llevarnos a Cristo para que seamos justificados por la fe. Es interesante que el templo y los sacrificios del AT señalaban a Cristo. El autor de los Hebreos corrobora esta verdad (Heb. 8—10).

Pablo explica que en estado presente en Cristo ya no hay necesidad de un tutor (v. 25). La ley fue temporal y cumplió su tarea de mostrarnos la necesidad moral y espiritual de un salvador.

Los beneficios de la ley
3:19-29
I. El propósito de la ley.
  1. Sirve para convencer de la imposibilidad de cumplirla.
  2. Sirve para hacerles buscar, anticipar y esperar algo mejor.
II. Los mediadores de la ley.
  1. Los ángeles.
  2. Los profetas.
III. Los logros de la ley.
  1. Sirvió para encaminarnos a Cristo.
  2. Sirvió de tutor para prepararnos para algo más completo.
  3. Sirvió para crear en nosotros el anhelo de algo mejor.

ha venido la fe, ya no estamos bajo tutor.
26 Así que, todos sois hijos de Dios por medio de la fe en Cristo Jesús, **27** porque todos los que fuisteis bautizados en Cristo os habéis revestido de Cristo. **28** Ya no hay judío ni griego, no hay esclavo ni libre, no hay varón ni mujer; porque todos vosotros sois uno en Cristo Jesús. **29** Y ya que sois de Cristo, ciertamente sois descendencia* de Abraham, herederos conforme a la promesa.

*3:29 Lit., *semilla*

Toda persona llega a ser un hijo de Dios cuando deposita su fe en Cristo (v. 26). Cuando Pablo menciona *todos*, él se está refiriendo a que judíos y gentiles pueden gozar de una relación muy personal con Dios. El ser hijo de Dios tiene la idea de libertad, de hijos maduros que gozan la libertad como hijos y no más bajo la supervisión cercana de un tutor. Los romanos tenían una ceremonia que llamaban *toga virilis*. Por ella se demostraba que el niño había llegado a la edad de madurez (que era entre los 14 y 17 años) y se convertía en un ciudadano romano con todos los privilegios. Como hijos de Dios en Cristo Jesús, las personas tenían un privilegio que la ley no les podía dar.

Esta relación muy especial con Dios no viene naturalmente por ser hombre. Algunas personas piensan que todos los hombres son criaturas y así hijos de Dios. Pablo explica que los hijos de Dios son aquellos que son *bautizados en Cristo* (v. 27). La palabra *baptízo* [907] no se puede interpretar aquí como el bautismo en agua. Si Pablo está hablando de un bautismo en agua entonces está yendo contra su argumento de que la salvación en Cristo es aparte de cualquier rito. El uso paulino del bautismo es casi siempre el no literal. Es mejor interpretar la palabra "bautismo" aquí en el sentido espiritual. La posición espiritual como hijos de Dios está basada en la unidad que un cristiano tiene en Cristo Jesús. Esta unidad viene por medio del Espíritu Santo. Pablo menciona en 1 Corintios 12:13 que *por un solo Espíritu fuimos bautizados todos en un solo cuerpo, tanto judíos como griegos, tanto esclavos como libres; y a todos se nos dio a beber de un solo Espíritu*. El Espíritu Santo es el que une a todos los creyentes con Cristo. Es en esta posición espiritual (cuando una persona cree en Cristo) que el creyente es revestido con la justicia y la personalidad de Cristo y no de la ley. Cuando esto pasa en el creyente, él quiere agradar a Dios no para ser recompensado sino por su nueva naturaleza.

En la posición espiritual de un creyente no hay diferencia de raza, sexo o posición social (v. 28). Esto era contrario al pensamiento de los judíos que creían que los gentiles y las mujeres eran inferiores al hombre judío. El evangelio de fe en Cristo Jesús es para todos.

Todos aquellos que creen en Cristo también forman parte de la *descendencia de Abraham* (v. 29). Fue por la descendencia de Abraham que vino el Mesías (vv. 16, 19). Un creyente es parte de la descendencia porque está en Cristo y es heredero

---

Una herencia rica
3:26, 27

Hace un tiempo apareció en el periódico la noticia de que un rico había muerto y había dejado una herencia tremenda a un sobrino que estaba lejos de la casa. Cuando el sobrino se dio cuenta de su fortuna, abandonó el trabajo en el lugar en que vivía para llegar a cuidar los bienes que había heredado. Así es con nosotros. Por medio de la fe en Cristo tenemos una herencia tremenda, pero tenemos que tomar posesión de ella y administrarla. Por eso, tenemos que abandonar las actividades mundanales y personales para poder dedicarnos a la herencia eterna.

El bautismo es la señal externa de que hemos aceptado esta herencia y tenemos el propósito de vivir de acuerdo con las enseñanzas de Jesús.

Nuestra adopción en Cristo

4 Digo, además, que entre tanto que el heredero es niño, en nada difiere del esclavo, aunque es señor de todo; **2** más bien, está bajo guardianes y mayordomos hasta el tiempo señalado por su padre. **3** De igual modo nosotros también, cuando éramos niños, éramos esclavos sujetos a los principios elementales del mundo. **4** Pero cuando vino la

---

de la promesa. Aunque los creyentes tengan parte en la promesa de Dios en Cristo Jesús, la simiente física de Abraham, que son los judíos, tendrán como nación parte de las bendiciones que fueron profetizadas en el AT (ver Rom. 11:25-36). La promesa para aquellos que creen no incluye la tierra que Dios prometió a Abraham (Gén. 12:1; 13:14, 15; 17:8) sino que tiene referencia a las bendiciones espirituales para aquellos que como Abraham creyeron en Dios (Gén. 15:6; Rom. 4:3-11).

El Apóstol comienza a ilustrar la inmadurez espiritual de aquellos que viven bajo la ley (4:1, 2). Pablo escribe acerca de un *niño* que es un heredero pero que por su inmadurez como niño no tiene el poder de hacer decisiones, no tiene libertad. Aunque potencialmente es el heredero de todo, el niño es como uno de los esclavos, sin ningún poder para ejercitar la libertad como un adulto. El niño estaba bajo la tutela de *guardianes*. La palabra griega *epítropos* ^{2012} es diferente a tutor, mencionada en 3:24, 25. El significado aquí era el del guardián de un niño huérfano. Esta persona era un representante legal del niño. Era uno que cuidaba al niño. La otra palabra que Pablo usa es *mayordomos (oikonómos* ^{3623}*)* y se usaba para un siervo al que se daba la tarea de administrador de la propiedad del niño. La palabra mayordomo en castellano viene del latín *maior* (mayor) y *domus* (casa). Es un criado principal que gobierna una casa. Es mejor interpretar esta palabra como un administrador de una propiedad. Estos cargos de los siervos eran impuestos por el padre por un tiempo limitado, generalmente hasta que el niño llegara a ser un

---

Semillero homilético

El poder transformador del evangelio
3:28, 29

Introducción: Nuestra civilización ha estado adorando a los pies de la potencia. En los automóviles nos interesa el número de caballos del motor. Hasta la capacidad de las computadoras determina si compramos o no cierta marca o cierto modelo. Pero hay un poder que es aún de mayor significado; es el poder del evangelio. Vamos a enfocar los varios aspectos de su poder.
  I. El evangelio tiene poder para borrar las diferencias de nacionalidad.
    1. El mundo de Pablo fue marcado por prejuicios nacionales.
    2. Nuestro mundo también manifiesta prejuicios intensos, pero entre cristianos podemos regocijarnos que estas barreras se disuelven. En los congresos mundiales de cristianos de varios grupos se conmueve uno cuando reconoce que en Cristo "no hay judío ni griego".
 II. El evangelio tiene poder para borrar las diferencias sociales.
    1. Todos estamos en el mismo nivel cuando nos arrodillamos alrededor de la cruz.
    2. Todos estaremos en el mismo nivel cuando muramos y nos encontremos frente a Cristo.
III. El evangelio tiene el poder para borrar las diferencias de género.
    1. Históricamente las civilizaciones han guardado a las mujeres en un nivel inferior al de los hombres, y con derechos más limitados.
    2. En Cristo desaparecen estas diferencias, porque la mujer necesita de Cristo tanto como los hombres. Gracias a Dios en los últimos años estamos viendo la extensión de la igualdad en las esferas del trabajo, los sueldos y las vocaciones.
Conclusión: Todavía nos queda mucho terreno para llegar al ideal que Pablo nos da en este pasaje. Aún existen los prejuicios nacionales, raciales, sociales y de género.

adulto y ciudadano.

La aplicación de la ilustración en el versículo anterior es: *De igual modo nosotros también...* (v. 3). Como el heredero en un tiempo era un niño debajo de tutores *de igual modo nosotros también, cuando éramos niños...* Esta frase no quiere decir inmadurez en el sentido de crecimiento sino en un período donde la herencia no es totalmente experimentada por estar bajo la ley.

El Apóstol continúa en el v. 3 con una exhortación que ha causado mucha controversia entre los eruditos de la Biblia. ¿Qué quiso decir Pablo con *éramos esclavos sujetos a los principios elementales del mundo?* Algunos eruditos de la Biblia interpretan este pasaje como que los rudimentos del mundo son los elementos físicos, como la tierra, el mar, el fuego y las estrellas. Esto señala a la astrología. Otros lo interpretan como que está hablando de demonios. Es mejor interpretar esta porción como que Pablo se está refiriendo a la esclavitud de los rudimentos del judaísmo (la palabra *stoicéion* [4747] tiene que ver con rudimentos básicos como el aprender el alfabeto, o lo fundamental de algo). Se refiere a las cosas externas del judaísmo o de otra religión que el hombre trata de hacer para agradar a Dios. Estos ritos no traen salvación sino esclavitud. En Colosenses 2:8, Pablo menciona el concepto de elementos básicos de las religiones: *Mirad que nadie os lleve cautivos por medio de filosofías y vanas sutilezas, conforme a la tradición de hombres, conforme a los principios elementales del mundo, y no conforme a Cristo.* Pablo les exhorta a no dejar la salvación por medio de la fe para regresar a elementos básicos del judaísmo que solamente traen esclavitud. En Cristo Jesús los rudimentos de cualquier religión (que pueden ser filosofías de hombres) son eliminados; no hay nada que tome el lugar de una relación personal con Cristo.

La intervención de Dios trajo esperanza y libertad para los hombres (v. 4). Todos los hombres están bajo la maldición del pecado (Rom. 3:23) y la ley trae a la luz esta verdad. Dios en su tiempo mandó a *su Hijo, nacido de mujer*. Esto indica su nacimiento virginal (Mat. 1:18). También Jesús nació *bajo la ley*. La referencia aquí es que Jesús nació como judío y que él cumplió la ley perfectamente (Mat. 5:17) y murió para pagar su maldición (Gál. 3:13).

Dios envió a Jesús por dos razones generales (v. 5). La primera fue *para que redimiese a los que estaban bajo la ley.* Pablo no incluye el sacrificio de Cristo por toda la humanidad (2 Ped. 2:1) porque la referencia aquí es la esclavitud que trae la ley. Cristo libró a aquellos que estaban bajo la esclavitud de la ley. En Gálatas 3:13, Pablo usa la palabra redimir en relación con la maldición de la ley. Aquí usa la palabra redimir en relación con la esclavitud que trae la ley. Segundo, Cristo rompió las cadenas de esclavitud de la ley

---

Habilidad para el mal

Hace años conocí el caso de una pareja joven que tenía una niña linda de dos años de edad. Los abuelos de la niña eran gente rica. Pero por dificultades matrimoniales la pareja joven se divorció. La niña quedó bajo la custodia de la madre, y el padre desapareció de la escena familiar. Ni visitaba ni llamaba en los días de cumpleaños ni festivos. Posteriormente la madre de la niña y los abuelos ricos perecieron cuando se estrelló el avión privado en que viajaban. Inmediatamente apareció el padre de la niña, y manifestó mucho amor y deseo de ser guardián de su hija. Su interés se debió al hecho de que la niña ya quedaba heredera de una fortuna, y no podría manejarla sino hasta después de varios años, cuando llegara a ser mayor de edad. El padre, que anteriormente había mostrado poco interés en asuntos académicos, se matriculó en la universidad y estudió abogacía. Logró ante los jueces la custodia de la hija y disfrutó de su fortuna hasta que la joven llegó a la edad de administrar sus bienes.

Pablo dice que antes de conocer a Cristo éramos como hijos ricos pero sin la capacidad de disfrutar de la herencia. Pero al aceptar a Cristo, ya tenemos la libertad de disfrutar de esta riqueza.

plenitud del tiempo, Dios envió a su Hijo, nacido de mujer y nacido bajo la ley, **5** para que redimiese a los que estaban bajo la ley, a fin de que recibiésemos la adopción de hijos. **6** Y por cuanto sois hijos, Dios envió a nuestros corazones el Espíritu de su Hijo, que clama: "Abba, Padre." **7** Así que ya no eres más esclavo, sino hijo; y si hijo, también eres heredero por medio de Dios.*

---

*4:7 Algunos mss. antiguos dicen *heredero por medio de Cristo*.

---

para llevarlos a una relación superior, que es la *adopción de hijos*, una adopción con privilegios completos. Aunque Pablo se está refiriendo a la ley, el concepto es igual para los judíos y gentiles. El pecado del hombre trae maldición y esclavitud y fue Cristo quien murió para librarnos de la maldición y la esclavitud para hacernos hijos de Dios.

Hemos visto que Dios fue el que envió a Cristo (v. 4); también Cristo murió para librarnos de la maldición del pecado (la ley muestra lo pecadores que somos, v. 5). Ahora Pablo menciona la tercera persona de la Trinidad, el Espíritu Santo, que también tiene parte en la salvación del hombre (v. 6). La razón por la cual Dios mandó el Espíritu Santo a nuestros corazones es porque somos hijos de Dios (la partícula griega *hoti* está en un sentido causal y se traduce porque o por). Esto no quiere decir que primero somos hijos de Dios y después en un período de tiempo viene el Espíritu Santo. Si así fuera, entonces Pablo se contradice con lo que mencionó en 3:2. Pero cuando una persona se convierte (es hijo de Dios), Dios le da el Espíritu Santo. Pablo menciona al *Espíritu de su Hijo*. Este título no aparece en otra parte del NT; pero algunos de los versículos paralelos que tienen la misma idea son Filipenses 1:19 y Romanos 8:9. En estas referencias podemos ver que el apóstol Pablo no hace distinción entre el Espíritu Santo y el Espíritu de Cristo. Podemos deducir que Pablo se refiere al Espíritu Santo, que es la tercera persona de la Trinidad. El Espíritu Santo que viene a la vida del creyente *clama: "Abba, Padre."* El mismo Espíritu nos da testimonio de que somos hijos de Dios y con él, podemos clamar *Abba, Padre* (comp. Rom. 8:15, 16). La palabra *Abba* es un diminutivo arameo que se puede traducir "papito". Jesús usó esta expresión cuando se refería a su Padre celestial (Mar. 14:36). Como hijos de Dios también podemos usar esta expresión.

Pablo resume lo que ha dicho anteriormente (v. 7). En la ley hay esclavitud pero en el evangelio hay libertad. Como hijos, fue señalado por nuestro Padre Dios que somos herederos de todas las bendiciones espirituales. Esta posición en Cristo no fue por nuestros méritos, sino por el sacrificio de Cristo en la cruz.

Semillero homilético
En la plenitud del tiempo...
4:4

Introducción: Algunos piensan que el ser humano es autónomo; otros, que todo hecho está predestinado por Dios y que nosotros somos títeres. Creo que la verdad está en el medio entre estos dos extremos.
I. Dios es soberano sobre la historia.
  1. Dios controla los asuntos diarios de las naciones.
  2. Dios actúa en forma soberana sobre cada persona.
II. Dios supo que el mundo necesitaba un redentor.
  1. Por la enseñanza de esperar al Mesías.
  2. Por el sentido de necesidad espiritual.
III. Dios tuvo capacidad de proveer un redentor, mediante su propio Hijo, Jesucristo, para redimir a los que estaban bajo la ley.
IV. Dios escogió el tiempo propicio y el lugar preciso para traer a su Hijo al mundo.
Conclusión: El mundo estaba preparado para el Mesías. Fue "la plenitud del tiempo".

GALATAS 4:8-31

Contra la esclavitud de la ley

8 Sin embargo, en otro tiempo, cuando no habíais conocido a Dios, servisteis a los que por naturaleza no son dioses. 9 En cambio, ahora que habéis conocido a Dios, o mejor dicho, ya que habéis sido conocidos por Dios, ¿cómo es que os volvéis de nuevo a los débiles y pobres principios elementales? ¿Queréis volver a servirlos otra vez? 10 ¡Vosotros guar-

4. La exhortación de no regresar a la ley, 4:8-31

El Apóstol regresa de un argumento formal a una petición a los gálatas: no regresar a la ley que esclaviza de la misma manera que las religiones paganas, a las cuales ellos antes servían.

Pablo se refiere a los cristianos que habían sido paganos, para mostrarles lo erróneo que es el regresar a una religión de esclavitud (v. 8). Antes, los gálatas habían sido paganos que servían a otros dioses que en realidad no eran tales (1 Cor. 12:2). Los dioses de los gentiles eran ídolos que los llevaban a una adoración a demonios (Deut. 32:17; 1 Cor. 10:20, 21). Satanás y sus demonios buscan la adoración de los hombres en diferentes maneras. Los gentiles eran ignorantes a esta verdad y creían en sus dioses.

Luego que llegaron al conocimiento del Dios verdadero, sus vendas fueron removidas y vieron el error tan grande en que habían estado (v. 9). Pablo aclara que la iniciativa para la salvación no es de los hombres, sino de Dios. La fe en Cristo los ha traído a una posición sublime y sería locura dejar esta posición en Cristo para regresar a una religión pagana. En la religión judía, se aplica el mismo principio. La posición de libertad en Cristo es superior a los rudimentos impuestos por la ley. El Apóstol hace una pregunta para aquellos que querían regresar a una antigua religión (Pablo tenía en mente a los judaizantes que querían imponer la ley). Sería una locura también dejar la posición de libertad en Cristo para ser esclavizados en la religión de los judaizantes que en realidad está en bancarrota.

El Apóstol menciona algunas cosas que posiblemente los gálatas estaban practicando o a punto de practicar, como requisitos que envolvían el paquete del judaísmo (v. 10). ¿Cómo sería posible haber dejado las bendiciones celestiales por ritos externos que no tienen nada que ver con las riquezas espirituales? *Los días* se refiere a los días sagrados en el judaísmo, el sábado era uno de ellos (Rom. 14:5). *Los meses* eran aquellas celebraciones que caían en el ciclo de los meses, como la luna nueva mencionada en Números 28:11-15. Las

---

Semillero homilético
De millonario a mendigo
4:8-10

Introducción: Leemos de personas que han perdido todos sus bienes en el colapso de la bolsa o en un juego de azar. Sería un golpe duro pasar de millonario a mendigo en un solo paso. Pero esto es lo que está pasando en el sentido espiritual a los cristianos de Galacia, según Pablo. Traza los pasos que han dado los cristianos cuando abandonaron el evangelio para volver al judaísmo. Consideremos estos pasos:
I. Eran pobres, siervos de dioses falsos antes de conocer a Cristo, v. 8.
 1. Estaban en esclavitud al pecado.
 2. Estaban en las tinieblas de las religiones paganas.
II. Al aceptar a Cristo, abandonaron la idolatría y los dioses falsos; son millonarios en sentido espiritual.
III. Ahora, algunos están inclinados a volver a la pobreza, porque están pensando en volver al judaísmo con sus requisitos de la ley.
 1. Tendrían que observar ciertos días y reglas concernientes a las comidas, según la ley.
 2. Tendrían que someterse a la circuncisión.

Conclusión: Según Pablo, si deciden volver a las prácticas relacionadas con el judaísmo, su trabajo parecía haber sido en vano.

dáis los días, los meses, las estaciones y los años! **11** Me temo por vosotros, que yo haya trabajado en vano a vuestro favor. **12** Os ruego, hermanos, que os hagáis como yo, ya que yo me hice como vosotros. No me habéis hecho ningún agravio. **13** Sabéis que fue a causa de una debilidad física que os anuncié el evangelio la primera vez; **14** y lo

estaciones eran aquellas celebraciones que duraban más de un día. Eran las fiestas como la de los tabernáculos, la pascua, etc. *Los años* tenía que ver con el año de jubileo (Lev. 25:11). Pablo no estaba contra la práctica de estos días festivos, pero sí en que se impusieran estas actividades como parte de la salvación y así parte del cristianismo.

Pablo refleja una preocupación por las iglesias de Galacia (v. 11). El Apóstol temía por los gálatas que él hubiese *trabajado en vano*. La palabra "trabajar" es *kopáo* ^{2872} y se traduce lit. "haber trabajado hasta el punto de agotamiento total." Toda la labor que Pablo puso para llevarles el evangelio sería en vano. La palabra *vano* es *eiké* (ver 3:4). No podemos deducir en este versículo que Pablo estaba diciendo que ellos podían perder la salvación si regresaban al judaísmo. La teología paulina acerca de la salvación va en contra de perder la salvación. En Romanos 8:35-39, el Apóstol comenta que nadie nos puede separar del amor de Cristo. También confiamos en que el trabajo redentor de Cristo será perfeccionado hasta el día de Jesucristo (Fil. 1:6). Pablo se refería aquí a su labor entre ellos, la que sería en vano en el sentido de que su mensaje no fue aceptado en sus corazones genuinamente. Seguramente, no recibieron el mensaje de gracia que fue predicado por Pablo. No es posible que después de haber probado el Espíritu Santo de Dios quisieran regresar a cosas externas de una religión. Si este es el deseo de los gálatas entonces hay algo mal en sus vidas espirituales y la labor de Pablo fue en vano. Notemos que Pablo no está diciendo que su labor fue en vano en el sentido real, pero la posibilidad estaba allí.

Con un tono de súplica, Pablo ruega a los hermanos que sean como él. El testimonio de Pablo fue uno que no buscaba los ritos externos para la salvación, como él mismo lo dice: *Sabiendo que ningún hombre es justificado por las obras de la ley, sino por medio de la fe en Jesucristo, hemos creído nosotros también en Cristo Jesús* (2:16). Pablo había sido un hombre celoso en el judaísmo (1:14), pero cuando Cristo lo salvó, él reconoció que lo externo no tenía nada que ver con la salvación (Fil. 3:5-7). Pablo caminaba en el evangelio de libertad. Este fue el testimonio de Pablo cuando estuvo con los gálatas. El se hizo como ellos en el sentido que no los judaizó y después les expuso el evangelio. Fue a ellos y se puso en el mismo nivel de ellos para ganarlos para Cristo. Este era el método de Pablo para evangelizar (1 Cor. 9:19-22).

La última parte del v. 12 que dice: *No me habéis hecho ningún agravio*, es mejor incorporarla con el v. 13. Los gálatas no le habían hecho ningún mal a Pablo, al contrario, lo recibieron con amor y compasión por una enfermedad del cuerpo. Fue en esa circunstancia que el Apóstol fue a Galacia y les predicó el evangelio. Entre el Apóstol y los gálatas había existido una relación muy especial y sincera y Pablo apela a esta relación para mostrarles que lo que ha compartido no es con motivos egoístas sino para su bien. No sabemos de seguro cuál fue la enfermedad en el cuerpo del Apóstol que lo hizo ir a Galacia. Hay varias interpretaciones. Algunos piensan que fue malaria. Otros que fue el producto del abuso físico que sufrió en Listra (Hech. 14:9; 2 Tim. 3:11). Otros comentaristas piensan que la enfermedad de Pablo tuvo que ver con el *aguijón en la carne* (2 Cor. 12:7). Sabemos por estos pasajes que Pablo sufrió en la carne, pero no podemos concluir si estas referencias están relacionadas con la enfermedad del cuerpo mencionada en Gálatas. Es mejor

que en mi cuerpo era prueba para vosotros, no lo desechasteis ni lo menospreciasteis. Al contrario, me recibisteis como a un ángel de Dios, como a Cristo Jesús. **15** ¿Dónde está, pues, vuestra bienaventuranza? Porque os doy testimonio de que si hubiera sido posible, os habríais sacado vuestros ojos para dármelos. **16** ¿Resulta que ahora me he hecho vuestro enemigo por deciros la verdad? **17** Ellos tienen celo por vosotros, pero no para bien; al contrario, quieren aislaros para que vosotros tengáis celo por ellos. **18** Bueno es ser siempre celosos del bien, y no solamente cuando estoy presente con vosotros. **19** Hijitos míos, por quienes vuelvo a sufrir dolores de parto

---

interpretar esta enfermedad en el contexto de Gálatas. En el v. 15 se nos dice que era un problema de sus ojos. Uno de los problemas del Apóstol parece haber sido que no podía ver muy bien (6:11). Posiblemente era una forma de oftalmía. Podemos decir que Pablo tuvo una enfermedad en los ojos que era muy molesta.

La apariencia del Apóstol no era muy agradable cuando fue a Galacia. Los gálatas pudieron haber despreciado y rechazado a Pablo por su apariencia pero no fue así. Ellos lo recibieron como *un ángel de Dios, como a Cristo Jesús* (v. 14). Ellos lo recibieron como se recibe a un ángel con gozo y respeto y aun más como a Cristo Jesús. Ellos recibieron a Pablo como mensajero del evangelio y creyeron su mensaje sin ninguna reserva. Es interesante ver como en una circunstancia difícil en la vida del Apóstol, Dios se manifestó en una manera muy especial.

> **Aprecio por los siervos de Dios**
>
> Los hermanos de Galacia fueron un ejemplo digno de imitar en su aprecio por el trabajo de Pablo. A veces se escucha que alguna madre dice, ante la enfermedad de su hijo: "Me sacaría los ojos y se los daría si lo pudiera curar." ¿Estamos dispuestos a una actitud de sacrificio en favor de los que nos ministran la Palabra de Dios?

Pablo les pregunta dónde está ese gozo y el agradecimiento profundo que tenían por él cuando les predicó el evangelio (v. 15). Tanto era el agradecimiento y amor que los gálatas sentían por Pablo, que ellos darían sus propios ojos a Pablo para que él viera mejor. Ahora se habían hecho enemigos de Pablo por haberles dicho la verdad (v. 16). Era tanta su inconsistencia que el amor y aprecio que tenían por el Apóstol ahora se había convertido en enemistad. Ellos estaban dejando el mensaje genuino y al mensajero para seguir a unos engañadores con sus falsas doctrinas.

Los judaizantes tenían *celo* por los gálatas pero no era para el bien (v. 17). La palabra griega que se traduce *celo* es *zélos* y significa "estar celoso, ser envidioso; poner el corazón en, esforzarse por; tener o mostrar gran interés en". La palabra *celo* en sí no es mala pero el contexto indica a qué clase de celo se está refiriendo el autor. El celo de los judaizantes era negativo. Ellos querían apartar a los gálatas de Pablo y en realidad del mismo Jesucristo. A los ojos de Pablo, el aceptar estos ritos externos era un desligamiento de Cristo (5:4). El pensamiento paulino de aquello que los judaizantes estaban haciendo en separar a los gálatas para ellos era el mismo que en 2 Corintios 11:2 donde él da la metáfora de un matrimonio. La acción de los judaizantes se podía comparar a una persona que seduce a la novia para separarla de su novio o de su prometido. Pablo aclara que es bueno mostrar celo, pero que sea bueno, la clase de celo que el Apóstol les mostró cuando estaba con ellos (v. 18). No como los judaizantes que tan pronto Pablo les dio la espalda vinieron, los cortejaron y los separaron del Apóstol. Las gálatas debían siempre mostrar esta clase de actitud que les fue enseñada en el evangelio y no solamente en la presencia del Apóstol.

El Apóstol ha argumentado su evangelio como un abogado, ha expuesto su mensaje contra un jurado algo escéptico. Pablo ahora les habla como una madre que ama

hasta que Cristo sea formado en vosotros, **20** yo quisiera estar ahora con vosotros y cambiar el tono de mi voz, porque estoy perplejo en cuanto a vosotros.

Alegoría de Sara y Agar

21 Decidme, los que queréis estar bajo la ley:

¿No escucháis la ley? **22** Porque escrito está que Abraham tuvo dos hijos: uno de la esclava y otro de la libre.* **23** Pero mientras que el de la esclava nació según la carne, el de la libre nació por medio de la promesa. **24** En estas cosas hay una alegoría, pues estas mujeres son dos pactos: Agar es el pacto del monte Sinaí

---

*4:22 Ver Gén. 21:8-14

> **Joya bíblica**
> ... por quienes vuelvo a sufrir dolores de parto hasta que Cristo sea formado en vosotros (4:19).

a su hijo amado, quien quiere irse de sus brazos hacia un camino no correcto. Fue por medio de Pablo que los gálatas nacieron en un nacimiento espiritual. Con dolor en su corazón Pablo les llama *hijitos míos* (v. 19) y les explica que otra vez está sufriendo dolores como una mujer en parto. Pablo sufrió por primera vez cuando fue a ellos por las circunstancias personales (v. 19). Ahora, el Apóstol sufre por las circunstancias en que se encuentran los gálatas. Ellos estaban yendo en una dirección que era contraria al evangelio de Cristo. El Apóstol deseaba ver a Cristo visible en la vida de los gálatas. Es el mismo pensamiento que expresó en 2 Corintios 3:18: *Por tanto, todos nosotros, mirando a cara descubierta como en un espejo la gloria del Señor, somos transformados de gloria en gloria en la misma imagen, como por el Espíritu del Señor.* La palabra griega *morfóo* 3445 que se traduce *sea formado* tiene la idea de la formación de un embrión. La idea entonces es el crecimiento espiritual que es interno. A la luz de los frutos de los gálatas, había pocos frutos o mucho que crecer en la vida espiritual o posiblemente el Apóstol no estaba totalmente convencido de su salvación.

No sabemos de seguro por qué Pablo no podía visitar a los gálatas en este punto (v. 20) pero él comparte el deseo que tenía de verlos y de cambiar de tono. El cambiar de tono no quiere decir que él iba a cambiar de opinión acerca de su evangelio ni modificar sus argumentos. Pero es mejor interpretarlo como que si estuviese presente su estilo hubiese sido diferente. El hubiese hecho preguntas para saber más del problema. Aunque no puede estar con ellos Pablo expresa su sorpresa en cuanto a la decisión de regresar a la esclavitud de la ley.

Sin ninguna introducción, Pablo regresa al argumento de la gracia y la ley. Posiblemente Pablo se dirige a los judaizantes y a las personas que cayeron en la red de la exégesis judía. Pablo les hace una pregunta a aquellos que demandaban estar bajo la ley y a los que querían estar bajo la ley (v. 21). Aquellos que desean ser encarcelados por la ley, ¿no has oído lo que la ley dice? Si quieren caminar por la ley (la ley de Moisés) entonces escuchen lo que la ley enseña.

Pablo comienza con una parte de la vida de Abraham en la cual los judaizantes basaban la mayor parte de su argumento (v. 22). Abraham tuvo dos hijos. El primer hijo se llamó Ismael y nació de una esclava egipcia que se llamó Agar, la esclava de Sarai, esposa de Abraham (Gén. 16). Después de un tiempo, Sara tuvo un hijo que fue prometido por Dios a Abraham. Isaac nació de Sara que era libre (Gén. 21). El hijo de la esclava nació con un nacimiento normal según la carne en el v. 23. Pero el hijo de Sara nació según la promesa de

que engendró hijos para esclavitud. **25** Porque Agar representa a Sinaí, montaña que está en Arabia y corresponde a la Jerusalén actual, la cual es esclava juntamente con sus hijos. **26** Pero la Jerusalén de arriba, la cual es nuestra madre, es libre; **27** porque está escrito:

Dios. Dios, a través de un milagro, permitió que Sara y Abraham en su vejez tuvieran un hijo (comp. Rom. 4:18-21).

Después de narrar este evento histórico, Pablo lo usa como una alegoría para mostrar un contraste entre la ley que esclaviza y la promesa que es libre (v. 24). La palabra *alegoría* es *allegoréo* [238], que es una interpretación de un documento en lo cual algo particular o escondido es introducido en el significado del texto. Notemos que Pablo no niega el contenido histórico de la Escritura pero da un significado adicional o escondido de la historia sagrada. Algunos maestros de la Biblia que creen en la interpretación alegórica de la Biblia usan este pasaje como apoyo para alegorizar. Estos maestros siguen los pasos de Orígenes en el segundo siglo después de Cristo. También Agustín fue influenciado por el concepto alegórico de Orígenes. El problema de interpretar la Biblia alegóricamente es que su historia es de un significado mínimo y el significado escondido es de más importancia. Pablo alegorizó las esposas de Abraham y sus hijos pero no eliminó el contexto histórico. Las dos mujeres son dos pactos. El primero proviene del monte Sinaí donde la ley fue dada al pueblo de Israel. Lo que Pablo quería decir es que Agar era una esclava y la ley que fue recibida por Israel también esclaviza. Como el hijo de Agar fue esclavo, los hijos de la ley serán también esclavos.

Pablo continúa su alegoría de un pacto que es Agar y el monte Sinaí donde la ley fue recibida por Moisés (v. 25). Del monte Sinaí, Pablo se refiere a la Jerusalén física donde la ley era observada y enseñada por los religiosos y posiblemente los judaizantes se referían a Jerusalén como el centro de la religión verdadera.

El segundo pacto es el de la promesa y es el pacto de gracia por medio de Jesucristo. Pablo no menciona a Sara ni su hijo Isaac, pero menciona la antítesis de la Jerusalén física que es la celestial, la madre de todos los que están en el pacto de la gracia. La palabra *madre* (v. 26) tiene que ver con los creyentes que son sus ciudadanos. El mismo pensamiento se encuentra en el Salmo 87:5 cuando el salmista menciona a Sion y dice: *De Sion se dirá: "Este y aquél han nacido en ella."* La *Jerusalén de arriba* es la misma Jerusalén que Abraham esperaba que era *la ciudad que tiene cimientos, cuyo arquitecto y constructor es Dios* (Heb. 11:10). Es interesante que en el AT Dios le dijo a Moisés cómo construir un tabernáculo terrenal. También Dios edificará una ciudad para la morada eterna de sus hijos como lo testifica el apóstol Juan en Apocalipsis 21. En general la alegoría de dos pactos se puede visualizar en el siguiente resumen:

Agar, la mujer en esclavitud	Sara, la mujer libre
Ismael, el nacimiento natural	Isaac, el nacimiento sobrenatural
Jerusalén terrenal	Jerusalén celestial
Judaísmo	Cristianismo

Pablo escribe una cita de Isaías 54:1 en el v. 27. Cuando Isaías escribió esta porción, Israel estaba en la cautividad en Babilonia. Estas palabras fueron parte de una profecía para confortar a Israel en su cautividad y tenía que ver con la restauración futura de Israel (Isa. 54—56). Pablo escribe este versículo de Isaías para mostrar que aunque Israel en la cautividad no tenía sus hijos, sin embargo Dios le da una promesa de regocijo la cual era su restauración futura. También a Sara, que no tenía hijos, Dios le dio una promesa de regocijo y era que daría a luz un hijo, Isaac

*Alégrate, oh estéril,
que no das a luz;
prorrumpe en grito de júbilo
y levanta la voz,
tú que no estás de parto;
porque más son los hijos de la desolada
que los de la que tiene marido.*

28 Ahora bien, hermanos, vosotros sois hijos de la promesa tal como Isaac. **29** Pero como en aquel tiempo, el que fue engendrado según la carne perseguía al que había nacido según el Espíritu, así es ahora también. **30** Pero, ¿qué dice la Escritura? *Echa fuera a la esclava y a su hijo; porque jamás será heredero el hijo de la esclava con el hijo de* la libre.* **31** Así que, hermanos, no somos hijos de la esclava, sino de la libre.

*4:27 Isa. 54:1
*4:30 Gén. 21:10

(Gén. 21:6). Fue por la descendencia de Isaac que se originó el pueblo de Israel y Jesucristo se encarnó como judío y por medio de él hay muchos hijos (judíos y gentiles) que son parte de la promesa de Dios.

Pablo compara el nacimiento de Isaac con el del cristiano (v. 28). Isaac experimentó un nacimiento sobrenatural, así también los cristianos experimentan un nacimiento que es un milagro de Dios (Juan 3:3, 5). Como Isaac, los cristianos son hijos de la promesa y de la bendición de Dios.

En el v. 29 el Apóstol continúa aplicando su alegoría que comenzó en el v. 22. Ismael persiguió a Isaac cuando se le hizo un banquete en el día que fue destetado. Ismael se burlaba de Isaac. Posiblemente Ismael pensaba que él era el heredero de los bienes de su padre porque era el mayor y se burlaba de su hermano menor. La tensión entre Ismael (los árabes) e Isaac (los judíos) permanece hasta hoy. Pablo lo aplica a la persecución que había en su tiempo entre los judaizantes que exaltaban la ley que traía la esclavitud y los hijos de la promesa que eran nacidos según el poder del Espíritu. Pablo regresa a la ocasión cuando Ismael se burló de Isaac y pregunta qué dijo la Escritura acerca de este incidente (v. 30). Pablo cita lo que Sara le dijo a Abraham: *Echa a la esclava y a su hijo, porque jamás será heredero el hijo de la esclava con el hijo de la libre* (comp. Gén. 21:10). No había campo para que Ismael se convirtiera en un coheredero con Isaac. Dios permitió la petición de Sara (Gén. 21:10, 12). Esto les recuerda a los lectores en Galacia que el observar la ley no trae una herencia en la familia de Dios. Hay una separación en el sentido que no tienen la herencia en común entre la religión externa y el nacimiento interno que es por el Espíritu.

Pablo concluye su argumento entre Ismael e Isaac diciendo que los cristianos no son los hijos de la esclava y no tienen nada que ver con la esclavitud sino son hijos de la libre o de la promesa y herederos de Dios (Rom. 8:17).

Paralelos y contrastes

Hagar — esclava	Sara — libre
Ismael, hijo de Satanás	Isaac, hijo de la promesa
Acto de la carne	Acto de fe
Sinaí, hijos de esclavitud en la ley	Jerusalén, pueblo libre
Perseguidor	Perseguido
Arabia	Ciudadanía celestial
Ira	Misericordia
Rechazo	Herencia
Condenación	Salvación

Estad firmes en la libertad de Cristo

5 Estad, pues, firmes en la libertad con que Cristo nos hizo libres, y no os pongáis otra vez bajo el yugo de la esclavitud. 2 He aquí yo, Pablo, os digo que si os dejáis circuncidar, de nada os aprovechará Cristo. 3 Y otra vez declaro a todo hombre que acepta ser circuncidado, que está obligado a cumplir toda la ley.

III. EL EVANGELIO DE GRACIA APLICADO, 5:1—6:18

Después de defender su autoridad como apóstol y la doctrina de la justificación por la fe, el Apóstol ahora defiende la vida cristiana que es de libertad.

1. La libertad en mantenerse firmes, 5:1-12

Parte del v. 1 resume el cap. 4 donde se menciona el tema de la libertad. También el mismo pensamiento sirve para introducir esta porción de mantenerse firme en libertad. Cristo es el gran libertador de la esclavitud del pecado. Pablo pide a los gálatas que se mantengan firmes en el sentido de su fe en el evangelio que fue proclamado por el Apóstol. El mismo pensamiento está en 1 Corintios 16:13, donde Pablo recuerda a los corintios: *Vigilidad, estad firmes en la fe; sed valientes y esforzaos* (comp. Fil 1:27; 4:1; 1 Tes. 3:8; 2 Tes. 2:15). También el Apóstol les exhorta a no tomar de nuevo el yugo de la esclavitud con el cual los judaizantes querían atraparlos para esclavizarlos en el judaísmo. Los gálatas habían sido libres de una religión pagana o judía (si eran judíos); ¿para qué regresar al yugo de una esclavitud que una religión trae? Las cosas externas no tienen nada que ver con la libertad del Espíritu. Pedro recordó a los líderes de Jerusalén en el concilio de Hechos 15:10 acerca del yugo del judaísmo cuando dijo: *Ahora, pues, ¿por qué ponéis a prueba a Dios, colocando sobre el cuello de los discípulos un yugo que ni nuestros padres ni nosotros hemos podido llevar?*

El Apóstol toma la doctrina clave de los judaizantes que era la circuncisión para exhortar a los gálatas a no circuncidarse (v. 2). Pablo no quería decir aquí que si ellos hacían este acto automáticamente perdían la salvación. El Apóstol les dice que si se circuncidan para obtener favor con Dios, ellos están escogiendo un camino falso donde los ritos externos son practicados para agradar a Dios. Si este es el caso, de nada les sirve el sacrificio vicario de Cristo. Una cosa es hacer buenas obras en Cristo pero es otra cosa hacer obras como parte de la salvación.

La obligación de la ley arruina la gracia y es más, la persona que se somete al yugo de la ley tiene que vivir en ella (v. 3). Pablo testifica que todo hombre que se circuncida tiene que guardar toda la ley. La palabra *declaro* es *martúromai* [3143], que se puede traducir como juntarse como testigo. También se traduce "protestar contra algo." El significado aquí es que Pablo protesta severamente a que todo hombre que toma el yugo de la circuncisión está obligado a seguir toda la ley. Santiago concuerda con Pablo cuando dice: *Porque cualquiera que guarda toda la ley pero ofende en un solo punto se ha hecho culpable de todo* (Stg. 2:10). Una persona que decide ser justificada por la ley tiene que seguirla perfectamente toda su vida y si en un caso quebrantare un punto de la ley es culpable de toda la ley. Alguien

---

Libertad o esclavitud
5:1-12

1. Pablo apela a los gálatas a permanecer en la libertad y no volver a la esclavitud.
2. El volver a observar la ley ceremonial implica que han abandonado el evangelio.
3. El perdurar hasta terminar la carrera es la meta del atleta.
4. Poca herejía (levadura) puede contaminar a toda la comunidad cristiana.

4 Vosotros que pretendéis ser justificados en la ley, ¡habéis quedado desligados de Cristo y de la gracia habéis caído!* **5** Porque nosotros por el Espíritu aguardamos por la fe la esperanza de la justicia. **6** Pues en Cristo Jesús ni

---

*5:4 O sea, *habéis dejado de vivir por la gracia*

---

puede decir entonces: ¿Por qué Dios dio la ley que nadie puede seguir? Tenemos que tener en mente que el propósito de la ley no fue de salvar al hombre sino de mostrar lo pecador que él es. Esta es la razón por la que Pablo se opone rotundamente a las enseñanzas de los judaizantes.

Cuando una persona confía en la ley y piensa que su labor en ella trae salvación entonces es desligada de Cristo (v. 4). La palabra griega *dkatargéo* 2673 tiene el significado de eliminar o hacerlo inválido. Esta palabra aparece en Romanos 7:2 donde la mujer casada queda libre de la ley del marido (comp. Rom. 7:6). Lo que Pablo dice es que el hombre que busca la justificación por la ley no está viviendo en la esfera de Cristo. Así que el sacrificio perfecto de Cristo no es suficiente para la salvación. El hacer las obras de la ley basados en méritos de esfuerzos humanos, no deja cabida para la gracia (que es el regalo inmerecido de Dios por medio de Jesucristo). Pablo no está hablando de perder la salvación sino del método de salvación que los gálatas estaban escogiendo. Los que enseñan que hay que hacer algo más que el solamente aceptar a Cristo están en realidad diciendo que el sacrificio de Cristo no fue completo y así se divorcian del sacrificio completo y también de la gracia de Dios. El cristiano hace buenas obras pero no para salvación sino porque ama a Cristo y tiene el Espíritu Santo.

El atleta que corre bien la carrera busca terminarla

la circuncisión ni la incircuncisión valen nada, sino la fe que actúa por medio del amor. **7** Corríais bien. ¿Quién os estorbó para no obedecer a la verdad? **8** Tal persuasión no proviene de aquel que os llama. **9** Un poquito

El contraste con las enseñanzas legalistas era el caminar *por el Espíritu* (v. 5). Los cristianos (Pablo usa *nosotros* para referirse a todos los que participan en la esfera de Cristo) esperan con gran anticipación, por fe, la esperanza de la justicia. Es importante ver que la fe está en contraste con la ley. La circuncisión está basada en la carne pero la fe está basada en la esfera del Espíritu. La fe espera en la esperanza de justicia. Pablo no quiere decir la justicia que fue imputada cuando una persona cree en Cristo sino cuando la justicia de Dios sea completamente realizada en su venida (comp. 1 Ped. 1:3, 4, 13). Es cuando, en la venida de Cristo, el creyente será totalmente conformado a la voluntad perfecta de Dios. Será entonces cuando la justicia interna que comenzó en la salvación se manifestará por completo en esa segunda venida de Cristo. Podemos decir que hay tres cosas que continúan en el cristiano cuando acepta a Cristo y son: La vida cristiana es vivida en el poder del Espíritu Santo; el cristiano ejercita su fe en Cristo y tiene la esperanza en la glorifiación futura de su vida en vez de la ansiedad que ocurre porque no hay seguridad de la salvación.

> **Joya bíblica**
> **Pues en Cristo Jesús ni la circuncisión ni la incircuncisión valen nada, sino la fe que actúa por medio del amor (5:6).**

Si el cristiano camina en el Espíritu y en la esfera de Cristo, entonces ni la circuncisión ni la incircuncisión tienen ningún provecho porque son factores externos que no tienen nada que ver con la fe y la justificación (v. 6). Pero lo que sí tiene provecho es la fe que se expresa en el amor (comp. Gál. 5:13). Pablo expresa el mismo pensamiento cuando dice: *Porque somos hechura de Dios, creados en Cristo Jesús para hacer las buenas obras que Dios preparó de antemano para que anduviésemos en ellas* (Ef. 2:10). Las obras de la ley son como una mesera en un restaurante. Ella trata de agradar a su cliente por la propina que él dejará, su sonrisa y buen servicio es algo externo y con un propósito egoísta. A diferencia de la mesera de un restaurante está la dueña de casa. Ella prepara una comida para su esposo y lo recibe con alegría porque está enamorada. Sus obras son producto del amor que tiene para su marido y lo que hace es para agradarlo. Así también el cristiano, sus obras son por amor y por la relación íntima que tiene con Cristo.

Pablo usa la imagen de una carrera para describir la vida cristiana (v. 7). Esta imagen de una carrera era una de las ilustraciones más favoritas del apóstol Pablo. Para él es una carrera que demanda seguir las reglas y disciplina para poder terminar y así obtener un galardón (1 Cor. 9:24-27; Gál. 2:2; Fil. 3:13, 14; 2 Tim. 4:7). Los gálatas estaban corriendo la carrera espiritual muy bien. Cuando Pablo los dejó, ellos estaban siguiendo el evangelio que se les encomendó pero enseguida que el Apóstol se fue, vinieron los maestros falsos para estorbarlos. La palabra griega *egkópto* [1465], que se traduce *estorbó*, era una palabra que se usaba en el ejército antiguo y tenía el significado de poner un estorbo o de destruir una carretera o camino. En el contexto que Pablo usa esta palabra es cuando un corredor ilegalmente se pone al frente del otro para causar un tropiezo. Por causa de este estorbo algunos de los gálatas habían caído a otra clase de evangelio y otros estaban a punto de ser tropezados. Pablo hace una pregunta retórica (*¿Quién os estorbó...*) para hacerlos pensar en el error en que habían caído.

de levadura leuda toda la masa. **10** Yo confío en el Señor con respecto a vosotros que no pensaréis de ninguna otra manera; y el que os inquieta llevará su castigo, sea quien sea. **11** Pero con respecto a mí, hermanos, si todavía predico la circuncisión, ¿por qué aún soy perseguido? En tal caso, se habría quitado el tropiezo de la cruz. **12** ¡Ojalá se mutilasen* los que os perturban!

---

*5:12 Juego de palabras en griego con el término *circuncisión* del v. 11

Pablo se dirige a la autenticidad de los maestros falsos y menciona tres cosas muy importantes acerca de ellos. La primera cosa que los maestros falsos tienen es que su doctrina no proviene de Dios, quien llamó a los gálatas (v. 8). Fue Dios que los llamó por medio de Jesucristo (Gál. 1:6). La salvación es una obra totalmente hecha por Dios cuando mandó a su hijo a morir por los pecados del hombre (Rom. 8:28-30). El poner las obras u otras cosas en el regalo de Dios pone al hombre como parte con Dios en el hacer la salvación y el sacrificio de Cristo no es perfecto ni completo. La segunda característica de los maestros falsos fue mencionada en el versículo anterior (v. 7) y es que son piedra de tropiezo para los creyentes. Ellos son estorbo en la carrera cristiana con su falsa doctrina.

También los maestros falsos son como la levadura que tiene una influencia negativa en la congregación (v. 9). La levadura es una substancia que se usaba en la masa del pan para ser leudado. La levadura se usa en la Biblia como ilustración positiva. Jesús usó la ilustración de la levadura para ilustrar el reino de Dios (Mat. 13:33; Luc. 13:21). La levadura también se usaba para ilustrar las enseñanzas falsas que creaba y el efecto negativo que producía. Un poco de levadura puede contaminar toda la masa. Así también las enseñanzas falsas. Un poco de falsedad cambia el significado del mensaje y puede influenciar el modo de pensar de mucha gente. Jesús usó la ilustración de la levadura para referirse a las enseñanzas de los fariseos (Mat. 16:6, 12).

El Apóstol confía en Cristo en cuanto a los gálatas. Había esperanza en que los gálatas regresaran a su sentido espiritual y recapacitaran en el evangelio que fue predicado por el Apóstol (v. 10). En cuanto a *el que os inquieta llevará su castigo* (v. 10): Pablo usa el singular porque posiblemente había una persona que era la figura principal entre otros maestros falsos. Cualquiera que fuera esta persona, él llevaría la sentencia de Dios. Lo mismo dijo Pablo a los profetas falsos que infiltraron la iglesia de Corinto: ... *cuyo fin será conforme a sus obras* (2 Cor. 11:15).

Posiblemente los judaizantes ponían a Pablo como ejemplo de la circuncisión. Él pidió a Timoteo que se circuncidara (Hech. 16:3). También pudieron interpretar mal el punto de vista de Pablo: *¿Fue llamado alguien ya circuncidado? No disimule su circuncisión...* (1 Cor. 7:18). En cualquier caso, Pablo fue acusado de promover la circuncisión. Contra esta acusación, el Apóstol se defiende con una pregunta (v. 11). Si Pablo predicaba la circuncisión entonces, ¿por qué era perseguido por los judaizantes? Y si el Apóstol enseñaba que la circuncisión formaba parte de la salvación, entonces él ha *quitado el tropiezo de la cruz* (v. 11). La palabra *tropiezo* es *skándalon* [4625] y tiene que ver con una "piedra de tropiezo o tropezadero". Para los judíos la muerte en una cruz era abominable. La cruz de Cristo era un tropezadero. Al predicar la circuncisión para la salvación entonces la cruz es removida y no tiene nada que ver en su ministerio. La crucifixión de Cristo es el regalo más grande que Dios pueda dar al hombre pero para el religioso es un tropezadero y para los filósofos locura. Pablo dijo: *Nosotros predicamos a Cristo crucificado: para los judíos tropezadero, y para los gentiles locura. Pero para los llamados, tanto*

Frutos de la carne y del Espíritu

13 Vosotros fuisteis llamados a la libertad, hermanos; solamente que no uséis la libertad como pretexto para la carnalidad. Más bien, servíos los unos a los otros por medio del amor, **14** porque toda la ley se ha resumido en un solo precepto: *Amarás a tu prójimo como a ti mismo.** **15** Pero si os mordéis y os coméis los unos a los otros, mirad que no seáis consumidos los unos por los otros.

---

*5:14 Lev. 19:18; ver Mat. 22:39; Mar. 12:31; Luc. 10:27.

---

judíos como griegos, Cristo es el poder de Dios y la sabiduría de Dios (1 Cor. 1:23, 24).

Pensando en el celo de los judaizantes por la circuncisión que obscurecía el evangelio de gracia, el Apóstol les habla rudamente (v. 12). Si ellos estaban tan entusiasmados acerca de la circuncisión entonces por qué no ir al extremo y castrarse. Para algunos esta expresión de Pablo no suena muy bonita. Pero el Apóstol estaba defendiendo a sus hijos en la fe, a la iglesia que le había costado mucho. Su celo por la obra de Cristo era grande. Aquí podemos ver un ejemplo muy bueno para nosotros y es que los líderes de la iglesia de Cristo no deben tolerar las herejías.

2. La libertad en ser espiritual, 5:13-26

En su epístola, el Apóstol no ha definido la libertad espiritual. El ha mencionado la libertad que el cristiano tiene (2:4; 4:26, 31; 5:1), pero no la ha aplicado prácticamente a la vida cristiana. En esta porción, Pablo menciona la naturaleza de la vida en el Espíritu y es por el poder del Espíritu que el cristiano puede vivir para Dios y no para la carne. La libertad del cristiano no es para pecar sino para servir a Dios.

Pablo recuerda a los hermanos en Galacia que ellos fueron llamados con el propósito de ser libres (v. 13). Ellos salieron de la esclavitud del pecado para una libertad en Cristo. La libertad que un cristiano tiene en Cristo es limitada en el sentido que no se puede usar para la *carnalidad.* Esta es la palabra *sarx* [4561] y es el elemento corrupto de la naturaleza humana. Su apetito son las cosas que no le agradan a Dios. La carne es mencionada por Pablo como la naturaleza pecaminosa (5:13, 16, 17). Parece que algunos de los enemigos de Pablo podían argumentar que la vida de la libertad espiritual según el evangelio de Pablo podía guiarlos a los caminos del pecado. Por esta razón era importante seguir la ley para que ésto no sucediera. El argumento del Apóstol era que la ley tenía el propósito de esclavizar. Pero en el Espíritu, el cristiano sirve a otros en amor. Es el amor de Dios que hace un servicio y es totalmente diferente a la esclavitud externa de la ley. Jesús dio este ejemplo en su vida y en sus enseñanzas (Fil. 2:5-7; Luc. 22:24-27).

> **Joya bíblica**
>
> **Más bien, servíos los unos a los otros por medio del amor, porque toda la ley se ha resumido en un solo precepto:** *Amarás a tu prójimo como a ti mismo* **(5:13, 14).**

Si los gálatas querían seguir a través de un guía en su caminar en la vida espiritual, ese guía es el amor. En el amor se cumple toda la ley (v. 14). Pablo cita Levítico 19:18b. El amor no hace el mal a su prójimo, por ésto toda la ley se cumple en el amor. Jesús citó Levítico 19:18b como el segundo mandamiento junto con el primero que fue el amar a Dios sobre todas las cosas y que se encuentra en Deuteronomio 6:4 (Mar. 12:28-31). El amor es el cumplimiento del espíritu de la ley y es el amor de Dios que el cristiano experimenta en su relación personal con Cristo. El Apóstol explica más acerca del amor del

16 Digo, pues: Andad en el Espíritu, y así jamás satisfaréis* los malos deseos de la carne. **17** Porque la carne desea lo que es contrario al Espíritu, y el Espíritu lo que es contrario a la carne. Ambos se oponen mutuamente, para que no hagáis lo que quisierais. **18** Pero si sois guiados por el Espíritu, no estáis bajo la ley. **19** Ahora bien, las obras de la carne son evidentes. Estas son: fornicación,* impureza,

---

*5:16 Otra trad., *y así no satisfagáis nunca los* . . .
*5:19 Algunos mss. antiguos dicen *adulterio, fornicación* . . .

---

cristiano en el cumplimiento de la ley en Romanos 13:8-10. El cristiano que es salvo por gracia sin ningún mérito recibe el Espíritu de Dios y trabaja y ama a su prójimo porque tiene el amor de Dios. Este es el cumplimiento de la ley en la nueva dispensación de la gracia.

Esta es la clase de amor que las iglesias en Galacia debían estar experimentando. Las palabras *os mordéis y os coméis* (v. 15) tienen que ver con animales salvajes que peleaban hasta morir. No sabemos de seguro la razón de estos pleitos. Posiblemente, eran pleitos parecidos a los de Corinto por sus carnalidades (1 Cor. 1:10-12; 3:1-4). Los pleitos podían ser por parte de los judaizantes y sus seguidores. Esto no es el ejemplo de hermandad cristiana, al contrario se estaban destruyendo unos a otros.

La respuesta al testimonio que estaban dando en la carne era caminar en el Espíritu (v. 16). Pablo había dicho a los cristianos de Galacia que por fe habían recibido el Espíritu Santo (Gál. 3:2, 5), ahora les dice que anden por el poder del Espíritu Santo. *Andad* está en el tiempo presente que indica algo continuo o un estilo de vida que es habitual. El camino del Espíritu es uno de libertad y de amor. El contraste al caminar en el Espíritu es el satisfacer la carne.

Pablo explica la necesidad de caminar en el espíritu (v. 17). Los deseos de la carne son contra el Espíritu. Todo cristiano tiene dos naturalezas, la pecaminosa que recibimos de Adán y la espiritual que recibimos de Dios cuando se cree, y viene por el Espíritu Santo (2 Ped. 1:4). Estas dos naturalezas se oponen en deseo y propósito. La carnal quiere satisfacer sus deseos carnales. La espiritual quiere agradar a Dios. El apóstol Pablo mencionó estas dos naturalezas en conflicto en su propia vida (Rom. 7:7-25, el Apóstol se refiere a la naturaleza espiritual como el deseo interno de hacer el bien). Para el cristiano, hacer lo que la naturaleza espiritual pide es experimentar la vida que tiene en Cristo (Rom. 8:2). El cristiano es libre pero su libertad es limitada a no hacer lo malo.

Una libertad disciplinada
5:13-15

En vez de pensar en la libertad como licencia para dar rienda suelta a las personas, Pablo recalca que es para actuar con responsabilidad.

1. Debemos utilizar la libertad para obedecer al espíritu y no a la carne, v. 13.
2. Debemos utilizar la libertad para servir con amor, vv. 13b, 14.
3. Debemos utilizar la libertad para andar en el Espíritu, v. 16.

Alberto Schweitzer dijo: "Hay dos clases de personas en el mundo: los que ayudan a otros y los que no lo hacen." El pasó su vida sirviendo a la humanidad, pero sintió una libertad profunda en hacerlo.

Pablo resume su argumento y concluye que el cristiano debe ser guiado por el Espíritu Santo y no está bajo la ley (v. 18). El Apóstol está diciendo que la vida en el Espíritu no es legalismo ni da licencia para vivir una vida en la carne. El vivir en el Espíritu no significa que la persona sea pasiva sino dejar que el Espíritu la guíe. La respuesta al Espíritu se puede interpretar en tres palabras que aparecen en esta epístola y son: *Andad, guiados, vivimos* (Gál.

desenfreno, **20** idolatría, hechicería, enemistades, pleitos, celos, ira, contiendas, disensiones, partidismos, **21** envidia,* borracheras,

*5:21 Algunos mss. antiguos agregan *homicidios*.

5:16, 18, 25).
El caminar en la carne es evidente por sus frutos (v. 19). Cuando Pablo menciona la palabra *evidentes* no necesariamente se está refiriendo a los pecados cometidos en público donde se puedan ver, sino que todos estos hechos son producto de la naturaleza pecaminosa del hombre. No sabemos de seguro si el Apóstol escribió esta lista de pecados en orden de gravedad. Al leer esta lista podemos ver que hay cuatro divisiones obvias. Los primeros tres pecados son violaciones a la moralidad sexual. Los siguientes dos pecados mencionados en el v. 20 tienen que ver con el dominio de la religión. Los siguientes ocho pecados mencionados en los vv. 20, 21 tienen que ver con la relación con otros humanos. Finalmente, los pecados que tienen que ver con el alcohol en el v. 21.

El primer pecado sexual es la *fornicación*. La palabra griega que se traduce *fornicación* es *pornéia* [4202] y tiene que ver con cualquier actividad sexual ilícita. De esta palabra viene la palabra pornografía y es mejor traducirla *inmoralidad*. Esta palabra encierra la idea de adulterio, fornicación, homosexualidad, bestialidad y prostitución. La segunda palabra que Pablo escribe es *impureza*, *akatharsía* [167], y tiene un significado general de una impureza moral en pensamiento, palabras y hechos. Esta palabra, correctamente traducida como *impureza*, tiene el significado contrario a ser limpio y se usaba para referirse a una llaga podrida. También se usaba esta palabra para referirse a una persona que estaba ceremonialmente impura y no podía acercarse a Dios. El adulterio/fornicación y la inmundicia se aclaran aún más por el Apóstol cuando usa la palabra *desenfreno*. En el griego es *asélgeia* [766] y tiene que ver con mostrar abiertamente y sin vergüenza estos pecados sexuales. Es una indulgencia sin restricción sexual donde no hay vergüenza ni interés de lo que los otros piensen ni las consecuencias que sus pecados traen a otros. El ser desenfrenado es típico a la actitud de hoy acerca del sexo y la inmoralidad.

El Apóstol continúa con los pecados de la religión. El primero es *idolatría* (v. 20). La palabra es *eidololatría* [1495] y tiene que ver con la alabanza a las criaturas en vez de al Creador. En los tiempos de Pablo, los gentiles alababan a otros dioses que no eran como el Dios viviente. Una parte de las obras de la carne es poner personas o cosas arriba del Dios viviente, esto es idolatría. En Colosenses 3:5, Pablo menciona la avaricia como idolatría por la simple razón de que el objeto que se desea intensamente se convierte en el objeto de alabanza. La segunda palabra que tiene que ver con los pecados de la religión es *hechicería*. En el griego es *farmakéia* [5331] y se traduce lit. como "farmacia". En los tiempos antiguos, cuando se alababan los poderes malignos, esto se acompañaba con el uso de drogas que creaban un trance. El significado de la palabra entonces es negativo y es el uso de drogas para la brujería o en ritos paganos. Las drogas no solamente eran tomadas por los participantes sino también se usaban para crear algún tipo de brujería. En Exodo 7:22, la LXX menciona la palabra *farmakéia* para describir a los hechiceros en la corte del faraón. Otras referencias en el NT a esta palabra son: Apocalipsis 9:21; 18:23; 21:8; 22:15.

Después de mencionar los pecados de la religión, el Apóstol menciona ocho pecados contra el prójimo o pecados sociales (comenzando con el v. 20 hasta el v. 21). El

orgías y cosas semejantes a éstas, de las cuales os advierto, como ya lo hice antes, que los que hacen tales cosas no heredarán el reino de Dios.

primer pecado es *enemistades*. La palabra es *écthra* [2189] y tiene que ver con enemistad y hostilidad. Esta enemistad u hostilidad puede ser entre individuos o entre comunidades políticas, raciales y religiosas. Las enemistades son promovidas por el odio que alguien tiene por otra persona. El resultado del odio son los *pleitos* (*éris* [2054]). El pleito está opuesto a la paz y posiblemente los gálatas estaban experimentando algunos pleitos en sus iglesias. Una de las preocupaciones de Pablo era mantener los pleitos fuera de las iglesias (1 Cor. 1:11; 3:3). Los pleitos entre cristianos destruyen las iglesias. La tercera palabra es *celo* (*zélos* [2205]) y no tiene el significado de un celo positivo por las cosas de Dios sino por la clase de celo que es pecaminoso y egoísta. El contexto de un pasaje puede determinar de qué clase de celo está hablando el autor. La siguiente palabra es *ira* (*thumos* [2372]) y tiene que ver con iras incontrolables como cuando una persona se enoja tanto que hace cosas fuera de lo común. También se usa cuando una persona tiene un celo negativo que actúa sin pensar. La quinta palabra es *contiendas* (*erithéia* [2052]). Esta palabra se puede entender como ambiciones egoístas que traen rivalidades. Es cuando sólo se piensa en el grande "yo" y no en los demás y se usa a las otras personas como escalones para que el "yo" suba a cuenta de los otros. La siguiente palabra es *disensiones* (*dicotasía* [1370]) y tiene el significado de divisiones o disensiones. Esta palabra fue usada por Pablo en Romanos 16:17 donde él les advierte contra los falsos maestros que causan divisiones con sus falsas doctrinas. El significado aquí es personas que causan divisiones o disensiones. La siguiente palabra es *partidismos* (*áiresis* [139]) y tiene el significado similar a las divisiones o disensiones. Esta palabra tiene el significado de riñas sobre temas o personalidades que traen una división peligrosa en un grupo. También tiene el significado de herejía que es contraria a las enseñanzas apostólicas (2 Ped. 2:1). La misma palabra aparece en 1 Corintios 11:19. En los partidismos se ve cuales son los verdaderos cristianos y cuáles son los herejes. La palabra *envidia* en el v. 21 es de la misma categoría que la palabra *celo* mencionada en el versículo anterior y no es una descripción nueva de la carne. En el griego es *fthónos* [5355] y tiene el significado de un deseo negativo de ambición a poseer lo que pertenece a otra persona. La palabra *homicidio* no aparece en algunos buenos manuscritos. La RVA omite *homicidio* porque sigue estos manuscritos (ver la nota de RVA). En todo caso, esta palabra no cambia nada en el contexto.

Las dos últimas palabras que el Apóstol menciona son con relación al tomar bebidas alcohólicas. La primera palabra es *borracheras* (*méthe* [3178]) y tiene que ver con el tomar bebidas alcohólicas de una manera excesiva. La segunda palabra es *orgías* (*kómos* [2970]) y tenía que ver más con las orgías que caracterizaban los cultos paganos. Las borracheras y las orgías estaban relacionadas en algunos cultos paganos y también lo están en el presente. Cuando una persona se embriaga se desmoraliza y queda totalmente controlado por el pecado.

Esta lista de los frutos de la carne no es exhaustiva, pero es representativa. Por esta razón el Apóstol dice: *Y cosas semejantes a éstas* (v. 21). Pablo hubiera podido seguir con la lista de pecados pero con lo dicho era suficiente para mostrar como la carne se opone al Espíritu. Después de concluir con los frutos de la carne, Pablo les exhorta como ya lo había hecho antes a no seguir en estos pasos (v. 21b). Y les advierte que los que practican tales cosas no entrarán en el reino de los cielos. La pregunta que se puede hacer aquí es: ¿Está Pablo enseñando que la salvación se

GALATAS 5:13-26

22 Pero el fruto del Espíritu es: amor, gozo, paz, paciencia, benignidad, bondad, fe,

---

pierde? Si notamos el tiempo del verbo "hacer" en el griego, está en el tiempo presente y se puede traducir "el que continúa practicando estas cosas". Lo que Pablo está diciendo es que cuando una persona no cambia después de aceptar a Cristo y continúa con su estilo de vida anterior practicando continuamente los frutos de la carne, en realidad no ha aceptado el regalo de Dios y no es digno de su reino. Si asumimos que un cristiano pierde la salvación cuando cae en estos pecados, entonces caería todo el argumento de Pablo contra los judaizantes. Especialmente el cap. 3, donde el Apóstol argumenta que la fe de Abraham le fue contada como justicia.

Pablo continúa el contraste entre los frutos de la carne y el del Espíritu. Este contraste comenzó en el v. 19. Ahora, el Apóstol comienza a explicar el fruto del Espíritu Santo. Hasta este punto Pablo ha hablado de las obras de la ley que no pueden justificar a un pecador (2:16; 3:2, 5, 6). Ahora menciona las obras que vienen por el Espíritu de Dios y son producto del mismo Espíritu Santo y no del hombre. Esta lista del fruto del Espísritu Santo se puede dividir en la siguiente manera. Las primeras tres verdades tienen que ver con el cristiano en una relación con su Dios. La segunda parte de las virtudes tienen que ver con el cristiano en relación con otros en su vida social. Finalmente, la tercera parte de virtudes tiene que ver con el cristiano en su relación consigo mismo.

Pablo comienza con las primeras tres verdades que tienen que ver con la relación con Dios (v. 22). La palabra *fruto* está en singular. Las manifestaciones de la carne que están en plural son contrarias al fruto del Espíritu que está en singular. La

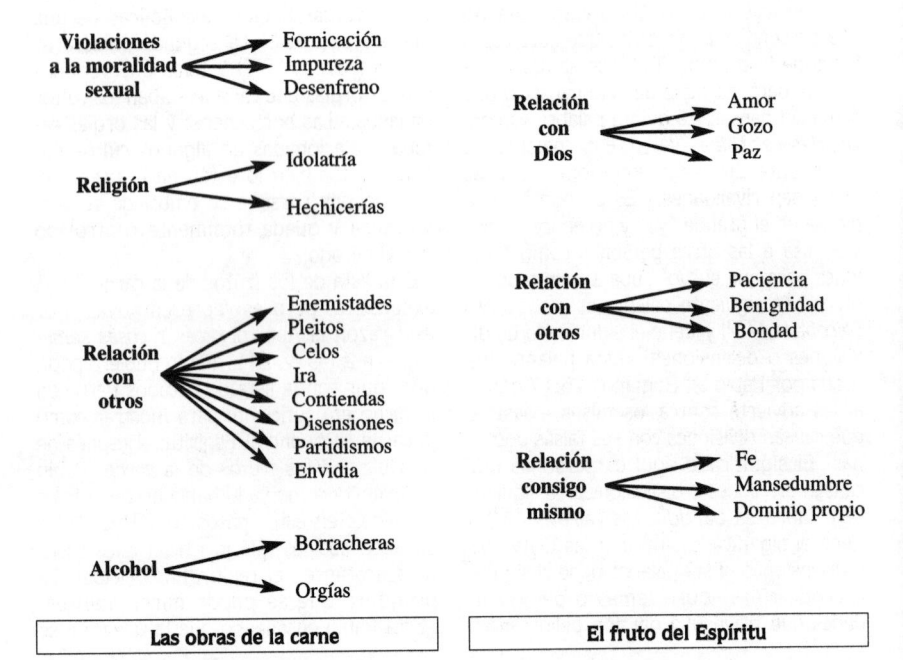

Las obras de la carne

- Violaciones a la moralidad sexual → Fornicación, Impureza, Desenfreno
- Religión → Idolatría, Hechicerías
- Relación con otros → Enemistades, Pleitos, Celos, Ira, Contiendas, Disensiones, Partidismos, Envidia
- Alcohol → Borracheras, Orgías

El fruto del Espíritu

- Relación con Dios → Amor, Gozo, Paz
- Relación con otros → Paciencia, Benignidad, Bondad
- Relación consigo mismo → Fe, Mansedumbre, Dominio propio

razón por la que Pablo menciona la palabra *fruto* es que como un racimo de uvas, todos los frutos son parte de una sola unidad y todas estas virtudes deben estar en unidad en la vida de un creyente. El fruto del Espíritu es la evidencia de la llenura del Espíritu Santo (1 Cor. 12). La Biblia menciona muchas veces el concepto de frutos. La palabra se menciona 106 veces en el AT y 70 veces en el NT. El creyente da frutos no por su propio esfuerzo pero por el poder de Dios que está basado en una relación entre el cristiano y Dios (Juan 15:1-17).

La primera virtud es *amor* (*agápe* [26]). Es la primera virtud que el Apóstol menciona porque es el fundamento para las otras virtudes. Dios es amor y ama al mundo (1 Jn. 4:8; Juan 3:16). Fue por el amor no egoísta de Jesús que él vino a morir por la humanidad y debe ser el amor que el creyente debe manifestar cuando está lleno del Espíritu Santo. La segunda virtud es *gozo* (*cará* [5479]) y tiene que ver con un gozo interno que es profundo y permanente, que fue prometido para aquellos que permanecieran en Cristo (Juan 15:11). El gozo del Señor es completo y no hay ninguna circunstancia humana que pueda quitar este gozo excepto el mismo cristiano cuando permite que Satanás se lo arrebate. La tercera virtud es *paz* (*eiréne* [1515]). El gozo es un río de alegría que corre de nuestro corazón y que fluye por tener una relación correcta con Dios. La paz tiene que ver con la tranquilidad de mente que viene por la relación salvadora con Cristo. Como el gozo, la paz no depende de lo externo sino de Dios que trabaja todo para el bien (Rom. 8:28). Dios tiene un propósito y está en control de todas las cosas. Este es el testimonio que el Espíritu Santo nos da respecto a nuestro Dios y esto trae paz. La condición de paz que un cristiano tiene con Dios (Rom. 5:1) es afirmada por el Espíritu Santo en su corazón cuando el cristiano está lleno del Espíritu Santo.

La segunda clase de virtudes que tienen que ver con el prójimo y están fortificadas por el amor, gozo y paz son las siguientes: *Paciencia* (*makrothumía* [3115]) que tiene que ver con una tolerancia o un sufrimiento prolongado que aguanta heridas que son infligidas por otros (v. 22). El Señor nos ha exhortado a que tengamos paciencia para con otros cuando nos dice: *Vestíos... de paciencia* (Col. 3:12). La virtud de la paciencia es necesaria en el discipulado de los nuevos convertidos al evangelio.

Semillero homilético

Caminando en el Espíritu
5:16-26

Introducción: Pablo afirma que el cristiano vive con más felicidad porque tiene la paz en el corazón y un sentido de satisfacción en la vida, sin tener el remordimiento de conciencia por las prácticas de mundanalidad que dejan a uno vacío y solo. Si uno camina en el Espíritu tendrá los siguientes resultados:
  I. Así no se busca satisfacer los deseos de la carne. No responde en la sociedad con una actitud mundana, v. 16.
     1. Los deseos de la carne menguan paulatinamente.
     2. Las reacciones carnales a otros se ablandan.
  II. Así se tendrá disponible la iluminación espiritual para orientarse, vv. 19-21.
     1. El Espíritu Santo nos enseña al leer la Biblia.
     2. El Espíritu Santo nos guía al tener que tomar decisiones.
  III. Así su vida producirá los frutos del Espíritu Santo, v. 22-24.

Conclusión: Alguien que había practicado muchos vicios en la vida, al llegar a conocer a Cristo testificó que siempre pensaba de la vida cristiana como algo muy insípido, sin mucha diversión. Pero al convertirse descubrió que los cristianos se divierten más, porque sus diversiones son sanas y no dejan a la persona con los efectos negativos de tales vicios.

23 mansedumbre y dominio propio. Contra tales cosas no hay ley, **24** porque los que son de Cristo Jesús* han crucificado la carne con sus pasiones y deseos.

*5:24 Algunos mss. antiguos omiten *Jesús.*

El que tiene paciencia sabe sufrir y esperar por la liberación de Jehovah. La siguiente palabra es *benignidad* (*crestótes* ^{5544}) y significa tener bondad, como la bondad de Dios para los hombres. La palabra no tiene el significado de ser débil o tener falta de convicciones sino de ser de genio apacible. Es una persona que muestra benevolencia a otros. El apóstol Pablo pinta un cuadro de benignidad que él tuvo por los tesalonicenses cuando los visitó: *Más bien, entre vosotros fuimos tiernos, como la nodriza que cría y cuida a sus propios hijos* (1 Tes. 2:7). La siguiente palabra que tiene que ver con la relación con el prójimo es *bondad* (*agathosúne* ^{19}). Esta palabra tiene dos significados. Uno es ser justo en alma y segundo, una acción que impulsa a hacer el bien a los otros sin que se lo merezcan. Es mejor traducir la palabra *bondad* como *hacer el bien*. Pablo les exhorta más adelante en la epístola a hacer bondades o el bien: *Por lo tanto, mientras tengamos oportunidad, hagamos el bien a todos, y en especial a los de la familia de la fe* (6:10).

Las tres últimas virtudes tienen que ver con el hombre cristiano en relación consigo mismo. La primera virtud es *fe* (*pístis* ^{4102}). Esta palabra puede tener el significado de fe o confianza en Dios pero es mejor traducida como *fiel* en el sentido de que la persona es de confianza por su fidelidad. El significado de fe en el sentido de creer (no necesariamente en la salvación pero como un don de fe) es mencionada en los dones espirituales (1 Cor. 12:9; Rom. 12:3, 6). La palabra *fe* en el contexto es parte del fruto del Espíritu Santo y es la clase de fidelidad en las cosas de Dios que demostró Jesús en su ministerio (Fil. 2:7-9). También se puede ilustrar esta virtud en la parábola de nuestro Señor Jesús acerca del siervo fiel (Luc. 16:10-12). La segunda palabra es *mansedumbre* (*praútes* ^{4240}) que se encuentra en el v. 23. Esta palabra se usaba cuando un animal salvaje era domado. Pensemos en el caballo salvaje que tiene su propia voluntad cuando es salvaje, pero cuando es domado entonces hace la voluntad de su jinete. Moralmente, el cristiano es domado por el Espíritu Santo y es manso en que es controlado por Dios y no hace lo que la carne quiere sino la voluntad de Cristo. Es un cristiano que es sumiso a la palabra de Dios (Stg. 1:21). Un ejemplo clásico de una persona mansa fue Moisés que no intervino en los problemas de Israel con enojo sino con el control total de Dios (Núm. 12:3). El manso tiene un temperamento espiritual y acepta la voluntad de Dios en su vida. La siguiente palabra es *dominio propio* (*egkráteia* ^{1466}). Es el control personal hacia los deseos carnales. Este dominio propio no viene sin el poder de Dios. Esta palabra se menciona dos veces más en el NT (Hech. 24:25; 2 Ped. 1:6). El cristiano que manifiesta el fruto del Espíritu no está bajo una ley. La ley no tiene nada que ver con estas virtudes que son buenas. La naturaleza de la ley es mostrar el aspecto pecador del hombre. El fruto del Espíritu no cae en el aspecto pecaminoso del hombre y por esto no tiene nada que ver con la ley. Estas virtudes no pueden ser reguladas por la ley. El Apóstol lo expresa más claramente cuando dice: *La ley no ha sido puesta para el justo, sino para los rebeldes* (1 Tim. 1:9).

El Apóstol explica que el creyente tiene la responsabilidad de no seguir la inclinación de la naturaleza carnal (v. 24). Todos los que son de Cristo *han crucificado la carne* (v. 24). El crucificar tiene que ver con matar o ejecutar a una persona. Todas las

25 Ahora que vivimos en el Espíritu, andemos en el Espíritu.* 26 No seamos vanidosos, irritándonos unos a otros y envidiándonos unos a otros.

*5:25 Otra trad., *conduzcámonos según las normas del Espíritu*

referencias de crucifixión tienen que ver con la muerte de Jesús excepto en cuatro ocasiones. La primera de éstas se encuentra en Romanos 6:6 donde Pablo afirma que al ser justificados, *nuestro viejo hombre fue crucificado juntamente con él*. Las otras tres referencias son mencionadas en el libro de Gálatas (2:20; 5:24; 6:14). Lo que Pablo quiere decir es que la ley y la carne no tienen nada que ver en la vida del creyente por la simple razón que la cruz de Cristo salva al hombre y mata o crucifica la carne y así elimina el dominio de la ley sobre el cristiano. Las pasiones y deseos están muertos en el sentido que ya no tienen dominio de mantenernos esclavizados como antes de aceptar al Señor. Es importante aclarar que la analogía paulina de la crucifixión de la carne no quiere decir que los deseos carnales hayan muerto (comp. Rom. 7:14-21). La crucifixión de la carne quiere decir que el poder de la carne o del viejo hombre ha sido quebrantado. El poder del Espíritu en Cristo Jesús puede mantener el dominio de la carne sin ningún poder en el creyente, si él camina en el poder del Espíritu. Para el creyente, el poder de la carne ya no es como antes que estaba esclavizado en su dominio.

Joya bíblica
Ahora que vivimos en el Espíritu, andemos en el Espíritu (5:25).

Dado que el creyente tiene una nueva vida en Cristo, debe caminar según esta nueva vida. La vida antigua de la carne y la ley ya pasaron con el sacrificio de Cristo, ahora está por delante la nueva vida del Espíritu (v. 25). El vivir en el Espíritu es la raíz o el corazón de la vida cristiana. El andar en el Espíritu es la manifestación de esa vida espiritual. El fruto del Espíritu es la evidencia del carácter espiritual del cristiano. El Espíritu da vida nueva y el cristiano debe mostrar esa nueva vida en el caminar en este mundo.

El Apóstol menciona algunos problemas que los gálatas estaban experimentando para desanimarlos de estas clases de acciones y animarlos a caminar en el Espíritu (v. 26). La palabra *vanidosos* (*kenódoxos* 2755) tiene que ver con alguien que se gloría por algo en que no hay por qué gloriarse. Pablo menciona esta palabra en Filipenses 2:3 para exhortales a no hacer nada por vanagloria. La vanagloria viene cuando hacemos algo para exaltar el yo y no a Cristo. El verbo "irritar" (*prokaléo* 4292) tiene que ver con llamar a alguien para un debate o para un desafío en un evento atlético. Posiblemente el Apóstol se estaba refiriendo a debates teológicos que no traían bendiciones sino irritación. Los gálatas se desafiaban unos a otros a estos debates teológicos. Cuando se argumentan asuntos bíblicos en la carne se llega a la irritación, pero cuando se hace con el fruto del Espíritu trae bendición. Otra vez Pablo menciona la envidia, que fue mencionada en los frutos de la carne en el v. 21. La envidia trae divisiones y pleitos. El Apóstol quería mantener la unidad y paz en las iglesias. Estas tres verdades negativas que los gálatas estaban experimentando son manifestaciones típicas en una religión que camina en las obras de la carne y no en el poder del Espíritu que manifiesta el fruto del Espíritu. Es de suma importancia que cualquiera organización cristiana se guarde de este mal. Un cristiano puede caer en esta tragedia espiritual. Esto pasa cuando hacemos la labor cristiana en la carne y no en el Espíritu y hay iglesias que están sufriendo por este mal.

GALATAS 6:1-10

La solidaridad cristiana

6 Hermanos, en caso de que alguien se encuentre enredado en alguna transgresión, vosotros que sois espirituales, restaurad al tal con espíritu de mansedumbre, considerándote a ti mismo, no sea que tú también seas tentado. **2** Sobrellevad los unos las cargas de los otros y de esta manera cumpliréis* la ley de Cristo. **3** Porque si alguien estima que es algo, no siendo nada, a sí mismo se engaña. **4** Así que, examine cada uno su obra,

---

*6:2 Algunos mss. antiguos dicen *y de esta manera cumplid la* . . .

---

3. La libertad en compartir, 6:1-10

El Apóstol ya ha mencionado el contraste que hay entre las obras de la carne y el fruto del Espíritu Santo y concluye que hay que andar en el Espíritu. Pero, ¿qué significa andar en el fruto del Espíritu? Algunos podían interpretarlo de una manera mística. Podían razonar que eran experiencias personales que alguien podía tener y no tenían nada que ver con relaciones con otras personas. Pablo escribe esta porción para argumentar todo lo contrario. El fruto del Espíritu tiene mucho que ver con el caminar en este mundo y también con el trato que manifestamos hacia los demás.

La restauración
6:1
1. Con un espíritu de mansedumbre.
2. Con un espíritu de gratitud.
3. Con un espíritu de oración.

Pablo comienza esta porción con el caso hipotético de un cristiano que es sorprendido en una falta (v. 1). Es mejor traducir el verbo *enredado* (*prolanbáno* [4301]) como que la persona fue atrapada por el pecado. Tiene la idea de alguien que está corriendo del pecado pero siendo el pecado más rápido, éste lo alcanzó y lo atrapó. Tenemos la idea de alguien que trató de huir del pecado pero fue atrapado. ¿Cómo podían los legalistas responder a esta persona? Podemos leer en otras referencias la actitud del legalismo a alguien en pecado (Juan 8:3-5; Hech. 21:27-29). Contrario al hombre espiritual, el legalismo no tiene misericordia ni trata que haya restauración. Después de planteales el problema hipotético, Pablo dice a los gálatas que ellos siendo *espirituales* deben restaurar a esa persona. La palabra espiritual significa alguien cuya vida y conducta está gobernada por el Espíritu Santo. Bíblicamente, el que debe exhortar es el espiritual y no el legalista. La palabra "restaurar" (*katartízo* [2675]) era usada en el griego secular para poner un hueso dislocado en su lugar. En el NT se usaba para componer una red de pescar. El restaurar a un cristiano en pecado es traerlo a un arrepentimiento y a una nueva relación con Cristo. Esta es la meta de una confrontación. El espiritual que va a restaurar al hermano debe hacerlo con un *espíritu de mansedumbre*. La palabra *mansedumbre* es la misma que Pablo menciona en 5:23. Esta palabra tiene que ver con el control de Cristo. Es interesante que Pablo usa esta palabra como una necesidad para aquel que confronta a algún hermano en la fe que ha caído. Muchas veces los cristianos confrontan en la carne, con una actitud de vanagloria, de irritación (5:26). Esta clase de confrontación no cabe en el reino de Dios pero sí exhortamos con un espíritu controlado por la persona del Espíritu

---

Una autoimagen sana
6:3, 4
1. Abarca la autocomprensión y la capacidad de autoexaminarse.
2. Abarca la autoestima, con la capacidad de ejercer un orgullo sano por la propia persona.
3. Abarca la autoafirmación, cuando es apropiada. Hay una tendencia de compararnos con otros en forma desfavorable.

y entonces tendrá motivo de orgullo sólo en sí mismo y no en otro; **5** porque cada cual llevará su propia carga.

Santo, la confrontación va a ser para restauración. En una exhortación o confrontación siempre puede entrar el mal del orgullo. ¿Vamos a confrontar a alguien que ha caído en una falta donde nosotros nunca caeremos? Es una arrogancia que opaca a Dios y su misericordia. El problema del orgullo se resuelve cuando pensamos que nosotros podemos también caer cuando somos tentados. Cuando estemos convencidos de esta verdad tendremos misericordia. Las personas más misericordiosas son aquellas que han pasado por la misma experiencia.

El legalismo o la religión pone carga tras carga sobre una persona. Jesús dijo de los líderes del judaísmo en su tiempo: *Atan cargas pesadas y difíciles de llevar, y las ponen sobre los hombros de los hombres; pero ellos mismos no las quieren mover ni aun con el dedo* (Mat. 23:4). Contrario al legalismo, el hombre espiritual debe ayudar a su hermano en sus conflictos contra las tentaciones (v. 2). Las *cargas* tienen que ver con tentaciones y opresiones de esta vida. El Apóstol regresa al concepto del amor que es la ley de Cristo (Mar. 12:30, 31; Juan 13:34). Es en el amor que se cumple la ley de Cristo. Si los gálatas querían ponerse cargas, entonces ¿por qué no ayudarse unos a otros en amor?

La responsabilidad de ayudarse el uno al otro con sus cargas puede ser eliminada por personas que creen ser algo (v. 3). Es la clase de vanagloria que Pablo mencionó en el v. 1. Como los fariseos, sus deseos no derivan de la justicia de Dios que viene cuando hay humillación (Mat. 5:3-8) sino por su propia justicia que no tiene nada que ver con el reino de Dios. En los ojos de Dios nuestra justicia no es nada pero lo es todo cuando recibimos la justicia de Cristo. Estas personas se engañan a sí mismas. Todo aquel que piensa que por sus buenas obras, aparte de Cristo, está agradando a Dios se engaña él mismo.

Son aquellos que creen ser algo por sus propios méritos que no tienen mucha tolerancia por las cargas de los otros.

Llevando las cargas
6:1, 5

1. Debemos llevar la carga de perdonar y restaurar al hermano caído, v. 1 (1 Cor. 12:26 y Rom. 15:1).
2. Debemos llevar la carga de apoyar a los que están atravesando dificultades, v. 2. Esto abarca (1) escuchar el relato de sus problemas y (2) estar disponible el uno para el otro.
3. Debemos llevar la carga que nadie más puede llevar, v. 5, "una carga menos pesada" en el griego.

El remedio de creerse algo es poner a prueba su labor (v. 4). El ácido que prueba la labor del cristiano es la ley de Cristo que es el amor. Es el amor de Dios que fluye en el corazón del creyente. Si la labor es digna, entonces el cristiano se puede gloriar por su propia obra. El gloriarse no es en el sentido de lo que la persona ha hecho por Dios, sino de lo que Dios ha hecho por medio de él. Pablo dijo que de lo que él tenía que gloriarse era aquello que Cristo había hecho por medio de él (Rom. 15:17, 18). El cristiano no debe comparar su labor con la de otros. El comparar su labor con la de otros puede ser dañino en el sentido de que se piense que se está actuando mejor que el otro y así vanagloriarse. También puede ser negativo en el sentido de que esté haciendo menos que el otro y de esa manera se deprima. Lo mejor es evaluar su obra delante del Señor sin compararla con otras. El éxito de una labor es cómo fue hecha, con el amor de Dios o en la carne.

Cada cristiano es responsable de llevar *su propia carga* (v. 5). Viendo la palabra *carga* y comparándola con el v. 2 parece que hay una contradicción. El v. 2 dice

6 El que recibe instrucción en la palabra comparta toda cosa buena con quien le instruye.

7 No os engañéis; Dios no puede ser burlado. Todo lo que el hombre siembre, eso mis-

que sobrellevemos *los unos las cargas de los otros.* El v. 5 afirma que cada uno lleve *su propia carga.* Esta aparente contradicción se puede aclarar por la palabra *carga* en el griego. En el v. 2 *cargas* es *báros* [922] y tiene el significado de una carga pesada que es muy difícil de llevar. En algún tiempo de nuestra vida vendrán tentaciones o problemas que serán muy difíciles. Por esta razón, como creyentes tenemos que estar dispuestos a buscar ayuda y que los hermanos nos ayuden. La palabra griega en el v. 5 es *fortíon* [5413] y tiene el significado de un paquete pequeño que un soldado romano llevaba cuando marchaba. El significado en este versículo es que todo cristiano tiene una responsabilidad con Dios que no puede compartir con otros. Jesús dijo: *Porque mi yugo es fácil, y ligera mi carga* (Mat. 11:30).

El Apóstol menciona el asunto del apoyo físico de un cristiano que enseña la palabra de Dios (v. 6). Posiblemente, los judaizantes estaban desanimando a algunos a no ayudar en las necesidades físicas a aquellos que dedicaban todo su tiempo a la administración de la palabra de Dios. Lo que dice Pablo aquí es el mismo principio mencionado por Jesús cuando dijo: *Porque el obrero es digno de su salario* (Luc. 10:7). Otros estudiosos de la Biblia interpretan este pasaje diciendo que Pablo no se está refiriendo al asunto de apoyo físico sino de compañerismo. La palabra griega para "compartir" es *koinonéo* [2842] y tiene que ver con compañerismo. El contexto también apoya este punto de vista. Entre los cristianos debe haber un compañerismo que estimule el compartir en la palabra de Dios.

En el contexto de andar en el Espíritu en una manera práctica Pablo escribe dos verdades universales (v. 7). La primera es que *Dios no puede ser burlado.* Los gálatas no deben seguir siendo engañados por los falsos maestros en pensar que hay cosas externas que pueden traer justificación. Pero Dios, que ve lo que hay en el corazón del hombre, no puede ser burlado. La palabra *burlado* (*mukterízo* [3456]) lit. tiene el significado de alzar la nariz a alguien con arrogancia y también tiene la idea de burla. Es una persona que piensa que es muy piadosa pero su corazón dice otra cosa. La persona se vanagloría con su religión. Ningún hombre puede vanagloriarse delante de Dios ni burlarse. La Biblia dice que Dios sabe todas las cosas del hombre, sean externas o internas (Sal. 139:16; Heb. 4:13). El segundo principio en el andar en el Espíritu o en la carne es que *lo que el hombre siembre, eso mismo cosechará.* Cada sembrador decide qué clase de cosecha tendrá. No se pueden sembrar mangos y esperar manzanas. El

Sembrando para segar

mo cosechará. **8** Porque el que siembra para su carne, de la carne cosechará corrupción; pero el que siembra para el Espíritu, del Espíritu cosechará vida eterna. **9** No nos cansemos, pues, de hacer el bien; porque a su

---

mismo principio se aplica en el reino espiritual. Hay dos campos donde el creyente puede sembrar, en la carne o en el espíritu. Si siembra en la carne recogerá los frutos de la carne pero si siembra en el Espíritu tendrá una siega espiritual.

> **Joya bíblica**
> Porque el que siembra para su carne, de la carne cosechará corrupción; pero el que siembra para el Espíritu, del Espíritu cosechará vida eterna (6:8).

Pablo explica más acerca de la carne y del Espíritu (v. 8). El que *siembra para su carne, de la carne cosechará corrupción.* En esta epístola, el Apóstol ha mencionado la palabra *carne* muchas veces para mostrar que el pecado está muy relacionado con la carne y la ley que lo condena. Los judaizantes querían poner la justificación en el campo de la carne con sus mandamientos externos. Pero en realidad en la carne no hay esperanza de agradar a Dios, sino que la carne esclaviza al creyente a su poder, que en verdad es débil para agradar a Dios (Gál. 5:19-21; 6:1). La palabra *corrupción* es *pthorá* [5356] y tiene el significado de una degeneración, de ir de mal en peor. Esta palabra a veces se usaba para describir una comida que era buena para comer, pero a través del tiempo se pudría. Las obras de la carne son corruptibles y llevan al hombre a una pudrición espiritual y sus frutos no son agradables a Dios. Contrario al sembrar en la carne, es el sembrar en el Espíritu. La salvación comienza en el reino del Espíritu (3:2, 3), se anda en el poder del Espíritu (5:16) y se llega al cielo por el poder del Espíritu (6:8). La vida eterna se recibe cuando una persona cree y se experimenta cuando anda en el Espíritu (manifiesta el fruto del Espíritu). También la vida eterna será segada por completo para aquellos que fueron salvos por la fe en el Espíritu.

Algunos comentaristas consideran que en esta porción Pablo está hablando de sostener materialmente a los que se dedican todo el tiempo a enseñar el evangelio. El sembrar en la carne quiere decir que gastan el dinero o las cosas materiales para causas carnales en vez de usarlas para el evangelio. Pero el que invierte en el Espíritu segará galardones espirituales en el cielo. Pablo no está hablando del carácter cristiano sino de suplir las necesidades materiales.

Pablo anima a los que andan en el Espíritu a no cansarse de hacer el bien (v. 9). La palabra "cansarse" (*egkakéo* [1573]) tiene que ver con un agotamiento que lleva a la persona a dejar su labor. Es importante pensar y confiar en que el que trabaja segará bendiciones en esta tierra y posteriormente galardones en la vida venidera (2 Jn. 8; 1 Cor. 3:8). Pablo sabía lo que era seguir en la labor del Señor sin desmayar cuando dijo: *Sin embargo, no estimo que mi vida sea de ningún valor ni preciosa para mí mismo, con tal que acabe mi carrera y el ministerio que recibí del Señor Jesús, para dar testimonio del evangelio de la gracia de Dios* (Hech. 20:24).

El Apóstol explica que el cristiano tiene la responsabilidad de hacer el bien para con todos (v. 10). La palabra *oportunidad* (*kairós* [2540]) tiene que ver con *tiempo* en el v. 9 y con *oportunidad* en el v. 10, una oportunidad es cuando el tiempo es correcto para algo. La idea aquí tiene que ver con oportunidades en su totalidad que vienen al cristiano en el andar de esta vida. Se puede decir en otras palabras que mientras el cristiano tenga la oportunidad de hacer el bien debe hacerlo. La idea aquí no es que de vez en cuando haya una oportunidad de hacer el bien y el cristiano

tiempo cosecharemos, si no desmayamos. **10** Por lo tanto, mientras tengamos oportunidad, hagamos el bien a todos, y en especial a los de la familia de la fe.

Conclusión

11 Mirad con cuán grandes letras os escribo con mi propia mano. **12** Aquellos que quieren

lo haga, sino que en la vida del cristiano hay muchas oportunidades para servir. El hacer el bien envuelve las buenas obras que pueden ser de ayuda económica a cualquier labor social que involucre lo bueno. El hacer el bien no es para una gratificación personal sino para servir a la humanidad (a todos) y especialmente a los cristianos. Pablo menciona la comunidad cristiana como *la familia de la fe*. La familia tiene la idea de hermanos y hermanas en la fe que comparten el mismo nacimiento espiritual (2 Ped. 1:1). La responsabilidad de hacer el bien cae aún más en aquellos de la familia de Dios. Posiblemente, Pablo tenía en mente el apoyo material para los hermanos cristianos en Jerusalén. Pablo no quería desanimar a los gálatas en ayudar a los hermanos en Jerusalén por la confrontación que él tenía con los judaizantes.

**El apoyo económico de la iglesia
6:6-10**

1. El maestro merece el sostenimiento, v. 6.
2. El uso del dinero para edificar la condición espiritual es justo, v. 9.
3. El ayudar a los necesitados es céntrico en el evangelio, v. 10.
4. El ayudar a los de la familia de Dios es una responsabilidad especial, v. 10.

IV. CONCLUSION, 6:11-18

Al cerrar su epístola, otra vez el Apóstol menciona los temas de más importancia que él mencionó a través de la epístola. Podemos decir entonces que en su conclusión, el Apóstol hace un resumen de algunos temas mencionados y cita algunos asuntos que eran de suma importancia para él.

En este punto el gran Apóstol toma la pluma de mano del escriba y él mismo escribe el resto de la epístola (v. 11). Esta era una práctica que Pablo seguía algunas veces (1 Cor. 16:21; Col. 4:18; 2 Tes. 3:17). El Apóstol escribió el resto de esta epístola con *grandes letras*. Hay varias interpretaciones acerca de lo que Pablo quizo decir. Lutero y Calvino interpretaron las *grandes letras* como lo extenso que era la epístola, las muchas letras que se tomó para escribirla. Otros piensan que fue la mano de Pablo que estaba disfigurada por el mucho trabajo que hacía. Otros eruditos dicen que Pablo escribió con letras grandes para dar énfasis a su argumento resumido en esta porción. Es mejor interpretar lo dicho por Pablo como que él sufría de los ojos. Por esta razón el Apóstol necesitaba un escriba. Podemos entender más acerca de este problema en la referencia del *aguijón en mi carne* en 2 Corintios 12:7. Posiblemente este aguijón era una enfermedad en los ojos. Otra referencia más clara es 4:15 donde Pablo los visitó por causa de una enfermedad y ellos hubiesen querido darle sus propios ojos si fuese posible. No sabemos de seguro cuál es la interpretación correcta pero las dos últimas tienen más lógica según el contexto general de la epístola.

Pablo regresa a sus adversarios, los judaizantes, para prevenir a los gálatas de lo que ellos estaban tratando de hacer y por qué lo estaban haciendo (v. 12). La doctrina de los judaizantes era externa y el deseo de ellos era impresionar a otros externamente. La palabra para *visto bueno* es *emprosopéo* [2146] y tiene la idea de hipocresía. Ellos no estaban tan preocupados en agradar a Dios con su justicia interna sino en impresionar a otros por medio del legalismo. Esto es hipocresía, cuando una persona se llama cristiano pero su deseo es agradar e impresionar a otros y no a Dios. Jesús dijo acerca de este error:

tener el visto bueno en la carne os obligan a ser perseguidos, solamente para no ser perseguidos a causa de la cruz de Cristo. **13** Pues ni los que son circuncidados guardan la ley; sin embargo, quieren que vosotros seáis circuncidados para gloriarse en vuestra carne. **14** Pero lejos esté de mí el gloriarme sino en la cruz de nuestro Señor Jesucristo, por medio de quien el mundo me ha sido crucificado a mí y yo al mundo. **15** Porque* ni la circuncisión

*6:15 Algunos mss. incluyen *en Cristo Jesús*.

Guardaos de hacer vuestra justicia delante de los hombres, para ser vistos por ellos. De lo contrario, no tendréis recompensa de vuestro Padre que está en los cielos (Mat. 6:1). Ellos querían agradar a la carne. La *carne* (*sárx* 4561) es mencionada por Pablo a través de la epístola y la idea es que en la carne no hay algo bueno para agradar a Dios sino en el Espíritu. Por esto la circuncisión, que era de suma importancia para los judaizantes, no tiene nada que ver en el cristianismo. No solamente había hipocresía en querer agradar a los hombres, sino que también huían de la persecución que la cruz trae en el judaísmo. El problema no era tanto Cristo, pues el judaísmo podía decir que fue un maestro. Pero, ¿qué podían decir de la cruz? Como se mencionó anteriormente, la cruz fue donde Cristo murió para salvar al pecador de todos sus pecados o para pagar por completo la justicia de Dios. El hombre no se puede salvar por obras externas sino por gracia por medio de la muerte de Cristo. Esto era muy difícil de aceptar por los judaizantes y aún más difícil que su religión no sirve para nada o mucho sino para postrarse ante el Salvador. Al contrario, el judaísmo persiguió al cristianismo como testifica el libro de Hechos. Estos falsos maestros querían evitar la persecución de sus hermanos, los judíos.

También los judaizantes eran tan celosos de que todos se pusieran el yugo del legalismo que ni ellos mismos pueden seguirlos (v. 13). Pedro testificó sobre el yugo del judaísmo cuando dijo: *Ahora, pues, ¿por qué ponéis a prueba a Dios, colocando sobre el cuello de los discípulos un yugo que ni nuestros padres ni nosotros hemos podido llevar?* (Hech. 15:10). La razón de judaizar a los gálatas externamente es que ellos pudieran seguir el camino de gloriarse en los ritos externos que no tienen nada que ver con Dios.

> **Gloriándonos en la cruz**
> **6:14**
> 1. Es nuestro privilegio más alto.
> 2. Es nuestra base única de gloria.
> 3. Es nuestro recurso más seguro.

Contrario a los judaizantes, el Apóstol declara que su gloria está *en la cruz de nuestro Señor Jesucristo* (v. 14). La palabra *gloriarme* es *kaucáomai* 2744 y quiere decir una clase de gloria que hace una buena demostración. En este caso sería la circuncisión que muestra externamente una buena demostración para el hombre pero no para Dios. Pablo se gloriaba en la cruz, porque el Salvador murió para librarlo del sistema malo del mundo. La palabra *mundo* es *kósmos* 2889 y tiene que ver con el orden del sistema maligno en el que reina Satanás (Juan 12:31; 14:30; 1 Cor. 2:6, 8; Ef. 2:2). La idea es que el creyente está crucificado al mundo y el mundo al creyente y tiene que ver con que los dos están muertos el uno al otro. El cristiano es un ciudadano del reino celestial y no del sistema maligno del mundo (Fil. 3:20, 21). Esto no quiere decir que un cristiano no puede ser influido por el mundo sino que en Cristo el sistema del mundo no tiene poder ni autoridad sobre el cristiano porque él está en Cristo. El poder del Espíritu Santo está en el creyente para vencer al mundo, como testifica el apóstol Juan: *Porque todo lo que ha nacido de Dios vence al mundo* (1 Jn. 5:4).

ni la incircuncisión valen nada, sino la nueva criatura.*

16 Para todos los que anden según esta regla, paz y misericordia sean sobre ellos, y sobre el Israel de Dios.

---

*6:15 Otra trad., *nueva creación*

A la luz de que el creyente está muerto para el mundo y que él vive para Cristo, no hay ningún rito que pueda servir para poner al creyente en una mejor relación con Cristo (v. 15). El resumen de Pablo es que *ni la circuncisión ni la incircuncisión valen nada*. Pero el poder que la cruz representa (la muerte de Cristo) hace que un pecador sin esperanza, o un religioso con falsas esperanzas, sea una nueva criatura. Jesús dijo a Nicodemo: *De cierto, de cierto te digo que a menos que uno nazca de nuevo, no puede ver el reino de Dios* (Juan 3:3). La vida antigua o en la carne no se puede arreglar porque no tiene nada bueno para agradar y servir a Dios (Rom. 7:18). Por esta razón es importante que el hombre tenga una nueva naturaleza o una creación nueva para tener un compañerismo con Dios y gozar las bendiciones espirituales. Pablo dijo que esta creación sólo era hecha en el poder de Cristo (2 Cor. 5:17).

El Apóstol invita a todo aquel que no conoce a Jesús como su Salvador a caminar en la nueva regla del evangelio de la gracia. Posiblemente el Apóstol tenía en mente a los judaizantes (v. 16). Ellos podían tener una relación personal por medio de Jesucristo si solamente comenzaban a caminar en la nueva revelación de Dios que es espiritual. Para los hermanos que andan en el evangelio, hay paz en el sentido de tener una nueva relación con Dios y la misericordia de Dios en ellos. Ya no están bajo la maldición de Dios, sino que están cubiertos por el manto de su misericordia.

La segunda parte del v. 16 plantea un problema. El problema es: ¿Qué quiso decir Pablo con *el Israel de Dios*? Algunos eruditos creen que la iglesia es Israel y que no hay una futura restauración de Israel como nación. Todas las promesas y bendiciones que Dios prometió a Israel en el AT ya no son para Israel sino para la iglesia que es *el Israel de Dios* en un sentido espiritual. Este versículo no apoya la posición de que Israel es la iglesia por las siguientes razones: Primera, el Apóstol está mencionando dos grupos, *ellos* y *el Israel de Dios*. Si la iglesia es Israel entonces ¿quiénes son *ellos*? Segunda, la palabra *Israel* casi siempre tiene en mente el significado de judíos y sería algo extraño que el Apóstol usara la palabra para referirse a gentiles. Tercera, en otras referencias, el apóstol Pablo se refiere a dos clases de judíos, los creyentes y los que no son creyentes (Rom. 9:6).

Algunos interpretan *el Israel de Dios* como un grupo que no es parte de la iglesia de Cristo. Según el contexto, la paz es para *ellos*, los que andan en el evangelio. La misericordia es para aquel grupo de judíos (*Israel de Dios*) que todavía no ha aceptado el evangelio pero que posiblemente acepte a Cristo y venga a ser uno con los del primer grupo.

Es mejor interpretar *el Israel de Dios* como un grupo de la iglesia de Cristo, los judíos cristianos. Las razones que apoyan esta interpretación son las siguientes: La conjunción *y* tiene que ver con enlazar dos grupos: *ellos* y *el Israel de Dios*. Cuando Pablo menciona a Israel él casi siempre tenía en mente al grupo étnico de los judíos. En el contexto parece que Pablo está condenando todo lo que tiene que ver con Israel, parece que Pablo estaba contra el judaísmo. En su conclusión, el Apóstol no quiere ser mal entendido. El quería mostrar su amor para sus hermanos en la carne, los judíos, que eran cristianos. El verdadero Israel, en la dispensación de la

17 De aquí en adelante nadie me cause dificultades,* pues llevo en mi cuerpo las marcas de Jesús.

18 La gracia de nuestro Señor Jesucristo sea con vuestro espíritu, hermanos. Amén.

---

*6:17 O sea, *nadie me sea molesto*

gracia, son los judíos que vienen al conocimiento de Cristo. Esto no quiere decir que Dios no tiene un programa futuro para la nación de Israel. Otra razón por la cual posiblemente Pablo mencionó a los judíos cristianos es para que los gentiles no tomaran una mala actitud contra los judíos, se volvieran orgullosos y rompieran el compañerismo con los hermanos judíos.

El apostolado de Pablo y su mensaje habían sido puestos en duda por los judaizantes. Pablo les pide que no le molesten más y les recuerda que él tiene *las marcas de Jesús* en su cuerpo (v. 17). La palabra *marcas (stígma 4742)* tiene que ver con una marca de propiedad que se ponía a un animal o a un esclavo. Contrario a los judaizantes que llevaban la marca de la circuncisión, Pablo llevaba en su cuerpo las cicatrices de las persecuciones que padeció por el nombre de Cristo (1 Cor. 4:11; 2 Cor. 4:10, 11; 6:5, 9; 11:24, 25). Muchas de las persecuciones que Pablo sufrió fueron causadas por los judíos que no querían que Pablo predicase la cruz de Cristo. Como cristianos debemos preguntarnos, todos los días, si nuestras cicatrices están en nuestros cuerpos, mentes o circunstancias por causa de complacer la carne o por causa del evangelio de Cristo.

Las últimas palabras del Apóstol son importantes (v. 18). Les llama *hermanos* para mostrarles el amor que él tiene por ellos. Aunque él tuvo que hablarles muy fuerte, en su corazón había un sentimiento muy cariñoso hacia ellos. También el Apóstol menciona las palabras *gracia de nuestro Señor Jesucristo* que debería ser el lema que debe permanecer en ellos (comp. 1:3).

Semillero homilético

Las marcas del cristiano
6:17

Introducción: ¿Cómo comunicamos a otros que somos cristianos? Pablo llevaba en su cuerpo las marcas que testificaron de tal hecho. Posteriormente, los cristianos utilizaban el símbolo del pescado para identificarse entre sí. Hoy algunos llevan una cruz en el cuello o en la ropa. Pero las marcas más convincentes del cristiano son la manifestación del amor, el perdón, la misericordia, la honestidad y las otras virtudes en nuestra vida diaria. Miremos las marcas de que Pablo habla.
 I. ¿Cuáles son las marcas?
   1. Para Pablo eran las marcas de la persecución física que le había tocado sufrir.
   2. Para nosotros hoy significa el dar evidencia abierta de que somos cristianos.
 II. ¿Cómo se adquieren las marcas?
   1. En los días de Pablo la marca del esclavo fue puesta en medio de dolor y creó estigma de por vida.
   2. En el día de hoy los cristianos toman decisiones de vivir con un testimonio que les marca como distintos de la gente inconversa.
 III. ¿Qué efecto tienen las marcas?
   1. Para Pablo, eran marcas de oprobio ante los paganos; pero personalmente eran marcas de orgullo por la oportunidad que había tenido para sufrir por Cristo.
   2. Para nosotros las marcas afirman nuestro deseo de compartir el mensaje del amor de Dios.
Conclusión: ¿Estamos dispuestos a llevar las marcas de Cristo de tal manera que el mundo nos reconozca como cristianos?

EFESIOS

Exposición

Stanley Stamps

Ayudas Prácticas

Oscar Pereira

INTRODUCCION

EFESIOS: LA GLORIA DE DIOS EN LA IGLESIA

PROLOGO

La epístola a los Efesios es la exposición más elocuente sobre la obra que hizo Dios en Cristo Jesús en beneficio de la humanidad pecadora. En ella el apóstol Pablo sube hasta la cumbre de la alabanza con palabras elocuentes que revelan un concepto claro y panorámico del propósito eterno de Dios realizado en Cristo Jesús. Este propósito se está llevando a cabo por medio de la iglesia, la cual es el cuerpo de Jesús, la cabeza de ella.

El autor provoca con su pluma ágil sentimientos de éxtasis al conducir al lector por lugares celestiales, o sea por esferas espirituales. Con la misma destreza trae al lector de regreso a la tierra, a la realidad de la vida actual. Como artista, dibuja magníficos cuadros de la gracia divina manifestada en Jesús y hecha realidad por medio de la fe en nosotros, los creyentes.

La epístola es una experiencia completa de adoración. En ella hallamos un himno de alabanza con tres estrofas y el coro. Hay plegarias. El autor proclama la verdad divina y la aplica a los oyentes a quienes exhorta con consejos prácticos y amplios para una vida santa y victoriosa. Leer esta epístola es una experiencia sublime en la cumbre de los pensamientos del apóstol Pablo.

Vale la pena detenernos un poco para examinar este discurso fecundo y elocuente emitido a todos los santos y fieles en Cristo Jesús en todos los lugares y para todos los tiempos. Pero antes, conviene que consideremos algunos asuntos pertinentes a esta epístola, tales como el autor, los destinatarios, las condiciones que originaron la carta y algunas de las características de ella.

AUTOR

Esta epístola indudablemente fue escrita por el apóstol Pablo. Siguiendo el estilo de las cartas de aquella época, el autor se identifica al comienzo como *Pablo, apóstol de Jesucristo* (1:1). Emplea su propio nombre otra vez en 3:1 como identificación. Se refiere a su persona como *prisionero de Cristo Jesús* (3:1), *prisionero en el Señor* (4:1) y *embajador en cadenas* (6:20). Alude así a la condición actual en que se encuentra en Roma. A la vez, se refiere en forma figurativa a su ánimo espiritual, como prisionero encadenado por Jesús, opuesto al estado anterior como un individuo encadenado por el pecado y sujeto a Satanás.

La epístola a los Efesios pertenece a un grupo de cuatro cartas que Pablo escribió mientras estuvo encarcelado en Roma, probablemente entre los años 62 y 63. Estas son Efesios, Filipenses, Colosenses y Filemón. Según lo que aprendemos por Hechos 28:16 y 30, Pablo había sido conducido como prisionero a Roma para apelar su caso ante el César. Vivía allí en una casa alquilada que le servía como cárcel durante dos años. Así que esta carta tuvo su origen en una cárcel romana y fue el producto literario del apreciado Apóstol a los gentiles. Es paulina en estilo y muy parecida a la epístola a los Colosenses.

DESTINATARIOS

Según el texto, los destinatarios fueron *los santos y fieles en Cristo Jesús que están en Efeso* (1:1b). Esto nos presenta con un problema, pues hay evidencia contundente de que la carta original no fuera escrita exclusivamente a la iglesia en Efeso. El contenido de la propia carta crea esta duda. En primer lugar, ella carece de los saludos íntimos y los mensajes personales que caracterizan los demás escritos de Pablo. W. Barclay opina que Efesios es la carta más impersonal que escribió Pablo.

En segundo lugar, Pablo da la impresión (1:15) de sólo haber conocido a los destinatarios por referencia y que ellos probablemente desconocieron muchos de los antecedentes del ministerio de él (3:2). Esto, a pesar de que Pablo estuvo en Efeso por lo menos en dos ocasiones. La primera vez fue cuando pasó por allí en su segundo viaje misionero (Hech. 18:19, 20). En otra ocasión tuvo contacto con los ancianos de la iglesia de Efeso mientras se detuvo temporalmente en Mileto. Este puerto servía a Efeso, la ciudad principal del área, que se hallaba a pocos km. hacia el interior, alejado de la costa insalubre. Esta visita fue al final de su último viaje misionero, porque se encaminaba hacia Jerusalén y su eventual encarcelamiento y juicio. La breve visita se destaca por la intimidad del encuentro y la intensidad de los sentimientos expresados (Hech. 20:17-38). Por estas razones, nos parece muy raro que a Pablo le hubiera faltado la cortesía de saludar personalmente a los compañeros íntimos de la obra en Efeso. Allí es donde había permanecido más tiempo que en cualquier otra ciudad que visitara en sus viajes misioneros.

Complicando el problema de los destinatarios se agrega el hecho de que no todos los manuscritos antiguos existentes de esta epístola contienen las palabras *que están en Efeso* en 1:1 (ver la nota de RVA). Dos de los más antiguos, conocidos como Sinaítico y Vaticano, no las contienen. En cambio, otro manuscrito importante, el Alejandrino, sí contiene la frase. Los Padres más primitivos, comentando sobre esta carta, decían que la expresión *en Efeso* no estaba en las copias que ellos tenían.

Nos parece correcto deducir que la epístola no fue escrita originalmente con *los santos y fieles... que están en Efeso* específicamente en mente. Siendo este el caso, uno se pregunta: ¿Para quiénes, pues, fue escrita?

Lo más probable es que los destinatarios originales fueron los santos de la iglesia en Laodicea, ciudad próxima a Colosas, que se menciona en la epístola a los Colosenses: *Cuando esta carta haya sido leída entre vosotros, haced que se lea también en la iglesia de los laodicenses; y la de Laodicea leedla también vosotros* (Col. 4:16). Esto nos da a entender que a la vez que escribe a los colosenses, Pablo escribe una a los laodicenses. Las dos misivas fueron llevadas a sus destinos respectivos en manos de Tíquico a quien se menciona en 6:21,

22, y en Colosenses 4:7-9. Acompañando a Tíquico va Onésimo portando una preciosa carta de libertad espiritual a su amo Filemón, a quien había perjudicado, habiéndole robado antes de conocer a Cristo por medio de Pablo en la prisión en Roma.

El criterio aceptado por la mayoría de los estudiosos de la Biblia es que esta epístola fue escrita como una carta circular. Similar a la carta a los colosenses, debiera ésta ser leída primero en una iglesia y luego en otra (Col. 4:16). De esta manera circulaban las dos cartas entre todas las congregaciones del valle del río Lico, en donde se hallaban las ciudades de Colosas y Laodicea, y también la de Efeso. Estas ciudades pertenecían a la provincia romana de Asia que hoy en día forma parte de Turquía.

Es muy probable que una copia de esta carta sin destinatario definido fuese hecha específicamente para la iglesia en Efeso. Posteriormente ésta fue copiada y circulaba entre las congregaciones vecinas, lográndose conservar algunas copias. De igual manera, fueron conservadas copias del manuscrito original sin destinatario nombrado, dejándonos con este dilema. No obstante estos problemas, fueron afortunadas las iglesias que recibieron esta epístola, obra maestra del pensamiento espiritual del apóstol Pablo.

Otro testimonio a favor de este argumento referente a la falta de un destinatario específico de la epístola es que no se menciona ningún problema moral ni doctrinal que el autor tenga que considerar. No hay conflicto que resolver, ni individuo que corregir. Esto deja en libertad al autor para afirmar la grandeza de la obra de Dios en la redención por medio de Cristo, la unidad de la iglesia con él como cabeza, la unidad de toda la humanidad por fe en Cristo y la belleza de la vida bajo el dominio de Cristo. Con ella, el autor da testimonio afirmativo del evangelio en contraste con el gnosticismo incipiente en esa época y de las religiones paganas prevalecientes en Efeso y en el valle del río Lico.

CONDICIONES QUE ORIGINARON LA EPISTOLA

Esta carta es la obra maestra del Apóstol a los gentiles; es como una sinfonía majestuosa que armoniza varios conceptos grandes. Pero, como en una pieza musical, siempre se puede sentir la vibración de un tema específico que se entreteje por toda la obra. El tema fundamental de esta epístola es: La gloria de Dios en la iglesia. Pablo presenta a Dios como el arquitecto divino y a Cristo como el fundador y constructor de la iglesia. Si es así, podemos decir que Pablo es el mejor intérprete de la iglesia de Cristo, y esta epístola es uno de sus mejores tratados. Este intrépido embajador de Cristo se dedicaba a establecer iglesias en Asia y Europa. Las confirmaba en la fe y la doctrina de Cristo por medio de visitas personales y correspondencia (Hech. 15:41; 16:5). Se preocupaba por el crecimiento y bienestar de ellas. Esta carta es evidencia de esta preocupación pastoral.

Cristo había anunciado su plan de edificar su iglesia sobre la roca de la fe de los creyentes en él (Mat. 16:16). Aunque la Biblia no nos dicta el momento preciso cuando tuvo lugar este acontecimiento, bien podríamos concluir que la iglesia de Cristo se iba formando de los apóstoles y demás discípulos entre la ascensión de Cristo y el día de Pentecostés, culminándose en ese día glorioso. Los 120 creyentes reunidos en el aposento alto constituyeron el núcleo de esta iglesia en formación. La venida del Espíritu Santo sobre ellos fue el sello de autenticación tanto de la fe como del mensaje y la misión de la iglesia.

Estamos seguros de dos hechos, entre otros: la intención divina de establecer la iglesia y la venida del Espíritu Santo sobre ella. Este último acontecimiento sucedió en el día de Pentecostés, la fiesta en que los judíos fieles adoraban a Dios con las primicias de sus cosechas. Pocos días después de haber ascendido Jesús, él cumplió la promesa que había hecho a sus discípulos de enviarles el Espíritu Santo y capacitarlos para testificar de él en todo el mundo (Juan 14:15-18; 16:7-15 y Hech. 1:5 y 8). El cumplimiento de esta promesa se relata en Hechos 2, cuando vino el Espíritu Santo sobre la iglesia reunida en Jerusalén durante una de las fiestas más concurridas de los judíos. Estaban presentes en la ciudad miles y miles de los fieles procedentes de todo el mundo conocido de aquel tiempo.

Nos parece que el acontecimiento más importante y espectacular en esa ocasión fue 3.000 almas de entre la multitud que oyó en su propio idioma el evangelio proclamado, creyeron en Cristo, fueron bautizados y se juntaron al pequeño grupo con que comenzó la iglesia. En esta ocasión la iglesia diseñada por Dios, edificada y gobernada por Cristo y saturada con y movilizada por el poder del Espíritu Santo, tomó cuerpo e inició su marcha al través del mundo y la historia.

Sus primeros éxitos se registraron en Jerusalén y Judea. Pero allí se quedó porque los primeros líderes todavía no habían comprendido el propósito misionero de la iglesia, que era alcanzar a todas las naciones (grupos étnicos) con el misterio del evangelio de salvación por medio de la fe en Jesucristo. No salieron de los límites fronterizos de Jerusalén y Judea hasta que Dios permitió que una ola de persecución azotara a la tierna iglesia cristiana. Esta provocó una dispersión rápida de los creyentes a diferentes partes. Hizo que los creyentes recién convertidos, pero llenos del Espíritu Santo, hablasen de Cristo, su vida, muerte y resurrección dondequiera que fueran, con el resultado consecuente de la salvación de almas arrepentidas. Por ejemplo, Felipe en el desierto de Gaza con el etíope y en Samaria; Pedro, en Cesarea con un oficial del ejército romano, después de haber sido convencido por el Espíritu Santo de que Dios no hace distinciones y que el evangelio era para el oficial romano al igual que para el judío; y los creyentes que llegaron a Antioquía de Siria, donde un gran número de gentiles creyó también en Cristo. La iglesia joven estaba saliendo paulatinamente del molde cerrado y estrecho del mundo del judaísmo. Estaba mudándose de un capullo que la restringía, tomando una forma madura que se movía con libertad como la bella mariposa que apenas se libra de su capullo.

Antioquía fue la base de lanzamiento de la primera empresa misionera hacia países lejanos, de la cual Pablo fue uno de los socios principales. Este hombre que antes había participado en la persecución de la iglesia, que encarcelaba a los creyentes y aprobaba su muerte, se había convertido en un seguidor de Cristo de manera singular y espectacular (Hech. 9:1-19). Siendo una persona preparada en la Palabra del Señor, o sea lo que conocemos como el AT y los escritos tradicionales de los judíos, al convertirse a la fe en Cristo llegó a ser el mejor intérprete de su evangelio. Siendo fariseo y ex discípulo de Gamaliel, el respetado maestro de Jerusalén, Pablo pudo defenderse con agilidad y astucia contra los argumentos de los mismos fariseos entre quienes había militado en otro tiempo. Siendo también ciudadano romano por nacimiento él pudo movilizarse con facilidad por el imperio romano y aprovecharse de los derechos que correspondían a un ciudadano.

Pablo se valía de estas ventajas a medida que avanzaba a través de Asia, Macedonia, Acaya y ahora en Roma, predicando el evangelio, estableciendo y confirmando iglesias en los mayores centros poblados del Imperio Romano. Había cumplido bien y fielmente la misión con la cual había sido encargado aquel día cuando el Cristo resucitado se le apareció en el camino para darle un nuevo rumbo en la vida. Hasta inclusive había logrado su ambición de anunciar el evangelio en Roma en la propia casa de César, después de haberlo proclamado ante los gobernadores importantes en Judea. Había acabado la jornada. El final de la carrera estaba a la vista. Sus días sobre la tierra eran contados. Había tiempo para meditar, orar y reflexionar.

De repente recibió noticias de las iglesias en Asia. Es probable que Epáfras acababa de llegar de Colosas con noticias de la iglesia de ese lugar (Col. 1:7, 8). Esto hizo que Pablo escribiera a esa iglesia que no había conocido personalmente. Eleva una oración de gratitud al Señor por los hermanos (Col. 1:3-14), afirmando *la esperanza que os está guardada en los cielos*. Afirma la doctrina de Cristo y estimula la fe de los creyentes (Col. 1:15-29). Puesto que había recibido noticias de los colosenses por medio de Epáfras, el Apóstol aprovechó para enviarles una carta de regreso. Había mucho movimiento entre Roma y las provincias debido al sistema de caminos que el gobierno había construido para el fácil movimiento de sus ejércitos, las autoridades consulares y el comercio, y debido al régimen de paz que predominaba en aquella época.

Puesto que Pablo estuvo preso en un lugar de Roma, los creyentes que llegaron allí fácilmente podrían comunicarse con él. Uno de ellos fue Tíquico, que ahora regresaba a Colosas junto con Onésimo. Conmovido por las noticias recibidas de Colosas y la preocupación pastoral que él sentía por ellos, les escribe. Aprovecha la misma ocasión del viaje de Tíquico y el mismo sentido de urgencia para escribir a otras iglesias vecinas del valle del río Lico, incluyendo la de Laodicea (Col. 4:7-9, Ef. 6:21, 22).

CARACTERISTICAS DE LA EPISTOLA

Parece que el Apóstol quiere aclarar y solidificar a la vez el concepto de la iglesia de Cristo como el verdadero reflejo del propósito divino. En Efesios Pablo concentra toda su teología para afirmar una vez por todas la primacía de la iglesia bajo el señorío de Jesucristo. Nos hace ver cuál ha sido el propósito eterno de Dios, cómo lo logró en Cristo Jesús y cómo lo está manifestando en el mundo actual por medio de la iglesia. Es un vistazo completo que nos presenta en forma de panorama el plan divino concebido en la mente de Dios en lugares celestiales desde antes del comienzo. Traza el desarrollo de este plan por medio de Cristo Jesús. Presenta la iglesia como una nueva humanidad y la agencia escogida para comunicar a los gentiles el mensaje de salvación por fe en Cristo. También describe a la iglesia como el pueblo de Dios y la morada del Espíritu Santo. Está siendo preparada como *una iglesia gloriosa que no tenga mancha ni arruga ni cosa semejante* (5:27) para la venida de Cristo en gloria, cuando ésta será recibida como su esposa ideal. ¡Qué pensamientos tan grandes y profundos!

La epístola a los Efesios presenta la gloria de Dios en la iglesia como cuerpo del cual Cristo es la cabeza. El doctor B. H. Carroll dice que se enfatiza la relación de Cristo con la iglesia, haciéndose más énfasis en la iglesia que en la persona de Cristo. En cambio, Colosenses enfatiza la grandeza de Cristo en relación con el Padre. Las dos cartas son complementarias y a veces paralelas. En muchos casos lo que dice Pablo en la una, lo repite en la otra. Hasta los vocabularios son similares. Se afirma que hay por lo menos 32 versículos paralelos entre Efesios y Colosenses. Este hecho fortifica la idea de que Pablo, después de haber escrito a los colosenses, decidió escribir una carta que circulara entre las demás iglesias del área, siendo Efeso la ciudad principal. El quiere confirmarles en la gloriosa tarea de vivir victoriosamente sobre la tierra para lo que es, ha sido y siempre será el propósito de Dios: su gloria eterna.

Esta gloria ha sido revelada en Cristo y se ha manifestado en la iglesia, la cual Pablo describe como cuerpo (1:22, 23), edificio o templo (2:19-22), esposa (5:22-31) y finalmente como ejército vigilante y vencedor (6:10-18). Además, el doctor Carroll sugiere que en esta epístola se encuentran los tres grandes sentidos neotestamentarios de la palabra *iglesia:* La iglesia concebida en la mente de Dios como una unidad, todos los escogidos; la iglesia como una institución; y la iglesia como una congregación particular.

Sin duda esta epístola es el "manifiesto de la iglesia". Estamos de acuerdo con lo que dice Barclay en su comentario sobre Efesios: "Nadie tuvo jamás una visión tan grande de Cristo como la que lo conciba centro único en el cual todas las desuniones de la vida se resuelven en unidad. Nadie jamás tuvo una visión más grande de la iglesia que la que ve en ésta el instrumento de Dios para la reconciliación universal."

Dicho todo esto, estamos listos para embarcar en la nave que nos levantará hasta lo más alto del pensamiento paulino y nos hará explorar hasta lo más profundo de su concepto de la gloria de Dios. Pero, no antes de orar juntos con el anciano Apóstol a los gentiles:

Pido que el Dios de nuestro Señor Jesucristo, el Padre de gloria, os dé espíritu de sabiduría y revelación en el pleno conocimiento de él; habiendo sido iluminados los ojos de vuestro entendimiento, para que conozcáis cuál es la esperanza a que os ha llamado, cuáles las riquezas de la gloria de su herencia en los santos, y cuál la inmensurable grandeza de su poder para con nosotros los que creemos, conforme a la operación del dominio de su fuerza (1:17-19).

Bosquejo de Efesios

LA GLORIA DE DIOS EN LA IGLESIA

I. EL SALUDO APOSTOLICO, 1:1, 2

II. SECCION DE VERDADES DOCTRINALES: LA GLORIA DE DIOS REVELADA POR CRISTO EN LA IGLESIA, 1:3-23

1. Himno de alabanza por la obra redentora de Cristo, 1:3-14
2. Acción de gracias y rogativa pastoral por la iglesia, 1:15-23

III. PABLO DESCRIBE A LA IGLESIA COMO UNA NUEVA COMUNIDAD EN CRISTO, 2:1-22

1. Una comunidad salvada por gracia, 2:1-10
2. Una comunidad reconciliada con Dios, 2:11-22

IV. PABLO EXPLICA EL MINISTERIO QUE DIOS LE HABIA DADO, 3:1-21

1. La misión de gracia hacia los gentiles, 3:2-13
2. Una intercesión para fortalecer a los santos, 3:1, 14-19
3. Una bendición apostólica, 3:20, 21

V. SECCION DE VIRTUDES PRACTICAS: LA GLORIA DE DIOS REFLEJADA EN LA IGLESIA POR MEDIO DE UNA VIDA SANTA Y VICTORIOSA, 4:1—6:20

1. El ideal divino: La iglesia como cuerpo de Cristo, 4:1—5:5
   (1) Características de la iglesia: su unidad corporal y espiritual, sus capacidades y su propósito, 4:1-16
   (2) La conducta moral de la iglesia como nuevo hombre en Cristo, 4:17—5:5
2. La conducta pública y privada de los miembros del cuerpo de Cristo, 5:6—6:9
   (1) La vida ejemplar de los hijos de luz, 5:6-21
   (2) Virtudes cristianas en la vida doméstica, 5:22—6:9
3. Precauciones para una vida victoriosa, 6:10-20
   (1) Fortalecidos en el Señor contra el diablo, 6:10-12
   (2) Debidamente armados y vigilantes para el combate, 6:13-18
   (3) Una petición personal del Apóstol, 6:19, 20

Conclusión: Asuntos personales y conclusión de la epístola, 6:21-24

AYUDAS SUPLEMENTARIAS

Barclay, William. *El Nuevo Testamento Comentado*, tomo 10, *Gálatas y Efesios*. Buenos Aires: Ediciones La Aurora, 1984.
Bonnet, L. y Schroeder, A. *Comentario del Nuevo Testamento, Epístolas de Pablo*, tomo 3. El Paso, Texas: Casa Bautista de Publicaciones, 1970.
Carroll, B. H. *Comentario Bíblico*, tomo 9, *Colosenses, Efesios y Hebreos*. Barcelona, España: Libros CLIE, 1987.
Erdman, Carlos R. *La Epístola a los Efesios, Una Exposición*. Grand Rapids, Michigan: T.E.L.L., 1966.
Martin, Alfred. "Efesios" en *Comentario Bíblico Moody* (redactado por Everett F. Harrison). El Paso, Texas: Casa Bautista de Publicaciones, 1987.
Martin, Ralph P. "Efesios" en *Nuevo Comentario Bíblico* (redactado por Guthrie, D. y otros). El Paso, Texas: Casa Bautista de Publicaciones, 1977.
Morgan, Campbell. *Los Grandes Capítulos de la Biblia*, Tomo II. San José, Costa Rica: Editorial Caribe, 1958.
Moule, H. C. G. *Estudios sobre Efesios*. Terrassa, España: Libros CLIE, 1984.
Smith, J. A. "Epístola a los Efesios" en *Comentario Expositivo sobre el Nuevo Testamento*, Tomo V (redactado por Alvah Hovey). El Paso, Texas: Casa Bautista de Publicaciones, 1973.
Smith, Hoke. *Efesios, el Propósito Eterno de Dios*. El Paso, Texas: Casa Bautista de Publicaciones, 1976.
Stott, John R. W. *La Nueva Humanidad. El Mensaje de Efesios*. Downers Grove, Illinois; Ediciones Certeza, 1979.
Tolbert, Malcolm O. *Efesios; El Nuevo Pueblo de Dios*. El Paso, Texas: Casa Bautista de Publicaciones, 1979.
Vaughan, Curtis. *Efesios: Comentario Bíblico*. Miami, Florida: Editorial Vida, 1987.
Wickham, Pablo. *La Biblia y Su Mensaje, Efesios a Colosenses*. Barcelona, España: Unión Bíblica de España, 1982.

EFESIOS

TEXTO, EXPOSICION Y AYUDAS PRACTICAS

1 Pablo, apóstol de Jesucristo por la voluntad de Dios; a los santos y fieles en Cristo Jesús que están en Efeso:* **2** Gracia a vosotros y paz, de parte de Dios nuestro Padre y del Señor Jesucristo.

*1:1 Algunos mss. antiguos no incluyen *en Efeso*.

I. EL SALUDO APOSTOLICO, 1:1, 2

La epístola a los Efesios comienza de la misma manera que las otras cartas paulinas, con lo que llamaremos el "saludo apostólico." El autor se identifica por nombre (**Pablo**) y rango (**apóstol**), siguiendo la forma de encabezar una carta de aquella época en contraste con la práctica moderna de poner el nombre del escritor al final de la carta. Se identifica como *Pablo, apóstol de Jesucristo por la voluntad de Dios* (v. 1).

El único título que se atreve atribuir es el de *apóstol*, aunque bien podría haber usado otros, como alude en Filipenses 3:5. En cambio, prefiere identificarse sencillamente como *apóstol* y considera todos los demás títulos que podría usar como *pérdida a causa de Cristo* (Fil. 3:7). El único privilegio que Pablo estimaba de valor fue el de ser *apóstol de Jesucristo*. Lo consideraba un alto honor y defendía tenazmente su apostolado al escribir a los cristianos de Corinto en sus dos cartas (1 Cor. caps. 4 y 9 y 2 Cor. 10).

Con esta expresión, indica a quién pertenece como apóstol y de quién proviene su autoridad: Jesucristo. Señala, además, que fue hecho apóstol por voluntad divina y no humana. La palabra *apóstol* (*apóstolos* 652) significa uno que ha sido enviado o despachado con un mensaje. Un apóstol, pues, es un mensajero. Este término tiene el significado de "representante con la comisión y autoridad de actuar en el nombre y de parte de aquel quien lo ha enviado; no es simplemente uno que entrega un mensaje y nada más" (Bratcher y Nida, *A Translator's Handbook on Paul's Letter to the Ephesians*, p. 3).

Respecto a esto, Pablo conocía bien la práctica del Sanedrín, la corte de los judíos. Al llegar éste a una decisión, despachaba a un *apóstolos* (mensajero) para transmitir el mensaje al interesado y verificar su cumplimiento. Esto lo hacía con la plena autoridad y respaldo del Sanedrín mismo. Así que, al identificarse como *apóstol de Jesucristo*, Pablo está declarando a los que leen esta carta que ha sido enviado con la autoridad de Cristo y que el mensaje que transmite tiene urgencia divina.

> **Joya bíblica**
>
> **Gracia a vosotros y paz, de parte de Dios nuestro Padre y del Señor Jesucristo (Ef. 1:2).**

Pablo se consideraba apóstol con una satisfacción humilde. Se refería a sí mismo como *apóstol* no con jactancia, sino contándolo como un privilegio de ser mensajero al mando de Jesús. Al decir *por la voluntad de Dios*, enfatiza que él fue escogido y colocado en el ministerio apostólico por Dios mismo y no por elección propia, ni por la de otros seres humanos (ver 1 Tim. 1:12).

En seguida, identifica a los destinatarios

de la carta: *A los santos y fieles en Cristo Jesús que están en Efeso.* El texto en el idioma original en que fue escrito esta carta, el griego, dice lit.: *A los santos que están en Efeso y fieles en Cristo Jesús.* Nos parece que a Pablo le gustaba reiterar sus pensamientos con expresiones dobles y paralelas, casi como lo hallamos en los Salmos. Menciona tanto el estado como la condición espiritual de los destinatarios. Estos fueron primeramente *santos (ágios* [39] y [40]*)* apartados por Dios y consagrados a su servicio. Esto se refiere al estado espiritual en que se hallaron por la gracia de Dios y desde el punto de vista de Dios. La palabra *santos* se refiere al hecho inicial y el estado actual del creyente como apartado por Dios y consagrado continuamente a su servicio. Como dicen Bonnet y Schroeder: "Santos es la designación del carácter de los cristianos como miembros del pueblo de Dios y de su destino final."

En segundo lugar, se refiere a la condición espiritual activa de los destinatarios desde el punto de vista de los hombres como *fieles en Cristo Jesús.* Los *fieles (pistós* [4103]*)* son los que han puesto su fe en él como Salvador y lo demuestran a través de su vida. Todo creyente es un santo, apartado, hecho santo por la obra y gracia de Dios, e íntimamente relacionado con él por medio de la fe activa en Cristo

---

EFESIOS: Epístola de una nueva cultura

La literatura es comprobación de la madurez cultural de un pueblo. En la época de Pablo, en cuyo cerebro se entrecruzaban hilos culturales hebreos, greco-helenísticos y romanos, la literatura romana mostraba sus obras maestras con brillantez. La ciencia de la naturaleza y la conducta moral eran los énfasis de los escritores que eran contemporáneos del Apóstol. La literatura griega tiene al geógrafo Estrabón, al médico Dioscorides, al biógrafo Plutarco y al moralista Epicteto. Este último entregaba enseñanzas morales y Plutarco ofrecía caracteres humanos, para motivar conductas mejores.

La prosa latina muestra al geógrafo Pomponio Mela y al médico Celso; la ciencia romana tiene a Plinio el Viejo. Pero hay que fijarse en el destacado Séneca, contemporáneo exacto de Pablo, y en Plinio el Joven, quienes fueron maestros del género literario epistolar y a la vez maestros clásicos de las relaciones humanas.

La cultura madre de Pablo, la judaica, brinda al historiador Josefo, que entre otros tópicos narra las dolorosas guerras de los judíos entre los años 66 y 70 d. de J.C. Los judíos lucharon contra sus dominadores romanos. En el trasfondo de estas guerras yacía la dolorosa esperanza y la emocionante búsqueda del Mesías anunciada por Moisés y los profetas. La sinagoga rabínica rechazó a Jesús como el Mesías o el Cristo.

La iglesia de Jesucristo, recién asomándose a la historia, tiene a un puñado de autores desconocidos de Evangelios, a Lucas, el *médico amado* y a Pablo, anteriormente Saulo de Tarso. Pablo es el Séneca de la iglesia cristiana. Toda su prosa es epistolar, y todo su énfasis es un tema moral: La reconciliación universal y la realización de "las buenas obras..." en la conducta diaria de los hombres. La semejanza entre algunas enseñanzas de Pablo y de Séneca ha inducido a pensar que hubo correspondencia escrita entre ambos. Pero lo que nosotros debemos subrayar es la naturaleza última de las culturas que representan aquellos colosos. Hablando de comunicadores de principios morales (como, por ejemplo, los profetas bíblicos) el Señor de la iglesia dice: *Por sus frutos los conoceréis.* Apliquemos este principio a las culturas de los tiempos paulinos: Algún estudiante universitario puede que conozca la Geografía de Estrabón; el discípulo más famoso conocido de Séneca, el emperador Nerón, incendió Roma y acabó con la vida de su maestro, ordenándole cortarse las venas para morir. Pablo, con sus ideales y doctrinas morales de raíz espiritual, escritos en epístolas como la de los Efesios, ha llenado los paisajes humanos *hasta lo último de la tierra.*
¿Dónde está la explicación? Según Efesios, está en que Pablo escribe de parte de *el Dios y Padre de nuestro Señor Jesucristo, quien nos ha bendecido en Cristo con toda bendición espiritual en los lugares celestiales* (1:3). El buen éxito de esta "epístola moral" de Pablo radica en que somos *creados en Cristo Jesús para hacer las buenas obras* (2:10). En pocas palabras, Efesios es la epístola de una nueva cultura: La cultura celestial, historizada en Jesucristo; ésa es la cultura de la iglesia cristiana.

Jesús que se manifiesta en una lealtad de servicio activo. Estas dos son características esenciales de los seguidores de Jesús y, por consiguiente, de los destinatarios de esta carta.

Ya hemos considerado la expresión *en Efeso* en la Introducción. Algunos manuscritos, incluyendo los antiguos, omiten la referencia a un lugar, mientras que otros la incluyen. Aunque seguimos considerando esta epístola como destinada para Efeso, la mayoría de los comentaristas están de acuerdo que *en Efeso* no estuvo en el original. Esta conclusión se debe a la evidencia que hallan en la mayoría de los manuscritos más antiguos. Es probable que estas palabras fueron insertadas por algún copista en una copia hecha para la iglesia en Efeso.

A la vez, es probable que esta epístola fuese escrita como una carta circular. Bien podría ser ésta la epístola perdida a los laodicenses mencionada en Colosenses 4:16. Esta es una buena posibilidad, puesto que Pablo no había visitado Laodicea tampoco, y faltan menciones de personas conocidas, saludos y recados personales.

Aunque nos pueda quedar un poco de duda en cuanto al lugar geográfico específico, no cabe duda alguna con respecto a la esfera espiritual donde se encontraban los lectores: *en Cristo Jesús*. Esta expresión se refiere al hecho de que los lectores son salvos por fe en Cristo Jesús, la que los ha unido a él en una unión vital y santificadora. El hecho que son santos y fieles depende de su fe en Cristo.

Después del saludo, Pablo pronuncia una bendición doble sobre los que reciben la epístola: *Gracia a vosotros y paz, de parte de Dios nuestro Padre y del Señor Jesucristo* (v. 2). *Gracia y paz* es una bendición compuesta de los mejores sentimientos que Pablo podría sentir y los más altos deseos que podría tener para los creyentes. Refleja las raíces judeocristianas de la fe. *Gracia* (*cáris* [5485]) es una expresión que refleja la cultura griega y es la esencia de la fe cristiana; y *paz* (*eiréne* [1515]) fue el saludo tradicional entre los judíos y es una expresión que refleja la condición que es el resultado de la fe de los creyentes.

La gracia es la obra bondadosa de Dios en Cristo Jesús, un favor amoroso en beneficio del hombre, aunque no lo merezca. La paz es el resultado de ésta. Según Vaughan, paz es la consecuencia de haber

---

Efeso, sede del templo de Diana y el misterio de la diosa madre

La arqueología ha recuperado datos interesantes sobre el templo de Diana en Efeso, una de las grandes maravillas del mundo antiguo:

"El templo mismo tenía 55 mts. de ancho y 115 mts. de largo. El techo estaba sostenido por 117 columnas de 18 mts. Estas columnas tenían 2 mts. de diámetro y 36 fueron esculpidas en su base con figuras de tamaño normal. El templo se edificó sobre una plataforma de 73 mts. de ancho y 127 mts. de largo. El lugar santísimo era aparentemente abierto al cielo y contenía un altar de 38 mts. cuadrados, detrás del cual estaba sin duda la estatua de Artemisa. Artemisa o Diana era comparada con la Cibeles de Asia Menor, la diosa madre... la diosa era una deidad de la fertilidad considerablemente orientalizada. Su estatua era una figura con muchos pechos (o como algunos piensan, con una fachada de huevos de avestruz que significaban fertilidad)." El teatro desde donde Pablo oía gritar: "¡Grande es Diana de los efesios!" (Hech. 19), estuvo al oeste del monte Pión, medía 151 metros de diámetro y tenía capacidad para unos 25.000 espectadores (datos y cita de *Diccionario Bíblico Arqueológico*).

El sentido religioso enraizado en el hecho sublime de la maternidad natural ha jugado un papel cardinal en el hecho religioso de la humanidad. María de Nazaret, madre de Jesús según el plan divino de poner la carne natural al servicio del Espíritu, convertida filosóficamente hablando en "Madre de Dios" por un gran sector de la cristiandad, es exaltada de modo monumental en Hispanoamérica y España. El fenómeno mariano se da muy parecido a lo que se hizo con "Diana de los efesios".

Bendiciones de Dios en Cristo

3 Bendito sea el Dios y Padre de nuestro Señor Jesucristo, quien nos ha bendecido en Cristo con toda bendición espiritual en los lugares celestiales. 4 Asimismo, nos escogió

---

experimentado el favor de Dios. Significa no sólo la ausencia de conflicto, sino la presencia de bendiciones positivas.

Las dos palabras siempre van unidas y siempre se encuentran en este orden en los escritos de Pablo. La gracia produce paz y no viceversa; la paz procede de la gracia. La una es la obra y la otra es el resultado. Las dos juntas en el saludo apostólico constituyen una doble bendición, reuniendo así lo mejor de los dos mundos en que vivía la comunidad cristiana: el grecocristiano y el judeocristiano. Según Barclay, gracia significa "encanto" y siempre se refiere a un don, algo recibido. Se refiere al origen y la calidad de la vida cristiana. La vida cristiana tiene su fuente en Dios y produce un encanto inmensurable en la vida del que cree.

Ambos, la gracia y la paz, son *de parte de Dios nuestro Padre y del Señor Jesucristo*. Uniendo a estas dos personas de la divinidad de esta manera, el Apóstol presupone una relación íntima y única entre ellas, que son de la misma esencia. Así, la doble bendición de la gracia y la paz provienen igualmente del Padre y del Hijo.

II. SECCION DE VERDADES DOCTRINALES: LA GLORIA DE DIOS REVELADA POR CRISTO EN LA IGLESIA, 1:3-23

Habiendo expresado este breve saludo, el apóstol se eleva a las alturas celestiales con un cántico de alabanza que no tiene igual en las Escrituras. Prorrumpe en una declaración elocuente sobre el maravilloso y eterno propósito de Dios. Esta declaración consiste en un himno de alabanza (vv. 3-14) y una acción de gracias con un rogativo pastoral (vv. 15-23). El tema de esta meditación devocional podría ser: La gloria de Dios en la iglesia.

1. Himno de alabanza por la obra redentora de Cristo, 1:3-14

Parado en la cima de sumo gozo y admiración, Pablo con una sola mirada vislumbra hacia atrás hasta la eternidad infinita y hacia adelante hasta la eternidad venidera. Señala en una sola alocución el panorama admirable del propósito divino de proveer en Cristo Jesús una salvación completa, gratuita y eterna para toda la humanidad. Expresa sus sentimientos profundos en una oración larga, que en el griego se extiende desde el v. 3 hasta el 14. En la RVA esta oración larga ha sido dividida en siete oraciones más breves.

Comienza con una doxología que celebra las múltiples bendiciones de Dios en Cristo Jesús para con nosotros: *Bendito sea el Dios y Padre de nuestro Señor Jesucristo, quien nos ha bendecido en Cristo con toda bendición espiritual en los lugares celestiales* (v. 3). Esta declaración es como un resumen de todo lo que sigue. Emplea tres formas de la misma palabra (*eulogéo* 2127) para dar énfasis sobre la grandeza de estas bendiciones.

Con esta declaración Pablo indica que Dios debe ser alabado, o merece ser alabado por lo que ha hecho a través de la historia, culminando en la persona y la obra de Jesucristo. Establece la relación íntima que existe entre Dios y Jesús. Indica que Dios es a la vez "el Padre de Jesucristo (quien es nuestro Señor) y su Dios" (Bratcher y Nida, p. 9). Señala que Dios mismo es el autor de todas las bendiciones espirituales que son nuestras en Cristo. Estas bendiciones son de carácter espiritual y no deben ser confundidas con bendiciones materiales. Bonnet dice que "bendecir a Dios es alabarle, glorificarle en un sentimiento de adoración, de reconocimiento, de amor".

En lugares celestiales (v. 3) puede

referirse a la esfera de las operaciones divinas, donde mora Dios por la eternidad en contraste con lo terrenal. Dios en consejo celestial decidió hacer todo lo que la Biblia nos revela que hizo. A la vez, puede entenderse por esta expresión que el creyente en Cristo ya es ciudadano del cielo y que las bendiciones espirituales en lugares celestiales pueden referirse a la cualidad de las bendiciones que disfrutamos aun en esta vida por medio de Jesucristo. La expresión *bendición espiritual* indica que las bendiciones provienen del Espíritu.

Es interesante notar que la expresión *en lugares celestiales* se halla solamente en esta epístola (1:3, 20; 2:6; 3:10 y 6:12). ¿Será que la *bendición espiritual en los lugares celestiales* describe la experiencia presente del creyente en compañerismo con los demás cristianos que forman la iglesia? ¿Podrá esto sugerir que la Iglesia como la conocemos en la tierra es un anticipo ideal de cómo ha de ser en la eternidad?

Semillero homilético
Las marcas de una iglesia apostólica
1:1, 2

Introducción: Una pretensión eclesiástica sana de nuestro tiempo es el ser una iglesia "apostólica", tanto en doctrina como en forma. En algunos países de América Latina hay denominaciones evangélicas que llevan el adjetivo "apostólica" junto con su nombre propio. La iglesia tradicional de la América española, la llamada "católica, apostólica y romana", trae ese nombre desde antaño.

La iglesia apostólica es una iglesia:
I. Relacionada con un apóstol de Jesucristo (v. 1a).
  1. Pablo es un apóstol de Jesucristo.
    (1) Jesucristo lo convirtió en su siervo (Hech. 9; Fil. 1:1).
    (2) Pablo recibió el apostolado de Jesucristo (Rom. 1:5; Gál. 2:8).
  2. Pablo es apóstol por la voluntad misma de Dios.
    (1) Dios tomó la iniciativa de revelarle a Jesús (Gál. 1:15, 16).
    (2) Dios concentra su buena voluntad en Cristo (Ef. 1:9).
II. Constituida por personas relacionadas con Jesucristo (v. 1b).
  1. Tales personas son apartadas para Dios por medio de Cristo *(santos... en Cristo Jesús)*.
    (1) No son perfectos ahora, pero avanzan con la esperanza de ser cada vez mejores (1:18).
    (2) La calidad de su santidad no radica en ellos mismos, sino en el carácter de Jesucristo (*son santos... en Cristo Jesús*).
  2. Los miembros de tal iglesia son fieles en Cristo Jesús.
    (1) Esto significa que han hecho de Jesucristo el objeto absoluto y único de su fe (1:13).
    (2) Esto significa que son auténticos creyentes en Jesucristo (1:13).
  3. La militancia de la iglesia apostólica es histórica *(que están en Efeso)*.
    (1) La iglesia apostólica existe en el tiempo presente *(santos y fieles que están...)*.
    (2) Esta iglesia está en el espacio *(... en Efeso)*.
III. Participantes de la gracia y la paz divinas (v. 2).
  1. Los miembros de la iglesia participan como receptores de la gracia y de la paz.
    (1) La gracia y la paz son: el favor inmerecido de parte de Dios, y la reconciliación con Dios y con los hombres (2:8, 14-18).
    (2) La gracia y la paz para la iglesia son *de parte de Dios... y del Señor Jesucristo*.
  2. La iglesia participa como instrumento de Dios en el plan misionero mundial.
    (1) El plan de Dios es extender su gracia y paz *en Cristo* a todo el mundo y en todo el universo (1:9, 10).
    (2) El plan de Dios está en acción y enrola a la iglesia apostólica como medio de proclamación de la gracia y de realización de la paz (1:12, 19; 3:10).

Conclusión: Estas son las marcas de una iglesia apostólica según Efesios. ¿Muestra su iglesia evidencias de estas marcas apostólicas? Su iglesia debe y puede adquirir, o hacer más notables, tales marcas de fidelidad a la Palabra apostólica del Espíritu Santo.

en él desde antes de la fundación del mundo, para que fuésemos santos y sin mancha delante de él. **5** En amor nos predestinó*

*1:5 Otra trad., *de antemano fijó los horizontes de nuestro destino*

El autor procede a enumerar estas bendiciones por medio de un himno de alabanza. Señala claramente la obra del Padre, del Hijo y del Espíritu por medio de una estrofa cada uno, seguido con el refrán *para la alabanza de su gloria* (vv. 6, 12, 14). Señala el pasado, el presente y el futuro de la salvación que tiene el creyente en Cristo.

La primera estrofa de este himno de alabanza se halla en los vv. 4-6, donde señala lo que ha hecho Dios. *Nos escogió en él desde antes de la fundación del mundo* (v. 4). Esto habla de un acto soberano del Dios eterno quien no conoce límites ni de tiempo ni de espacio. Efectuando el propósito eterno y divino en la elección, Dios inició una cascada de bendiciones espirituales en lugares celestiales. Esta primera bendición consiste en la elección divina:

Las formas culturales de la iglesia

Uno de los desafíos ineludibles para la iglesia en misión ha sido y es el hecho de las formas culturales (y los contenidos) de los pueblos. Casi todas las iglesias cristianas contemporáneas han tomado conciencia de esto. Las formas culturales son los modos en que las diversas naciones expresan o grafican sus ideas religiosas, morales y artísticas.

La misión de la iglesia, hoy y siempre, nos exige una investigación respetuosa de las variadas formas y contenidos culturales de los pueblos a evangelizar (o reevangelizar, como lo dicen los misionólogos católicos y protestantes de la actualidad). No se trata del respeto por el respeto mismo; más que eso, se trata de una estrategia respetuosa, con el fin de comunicar el evangelio, organizar y fortalecer nuevas iglesias locales y rendir culto a Dios. Esta riqueza de formas de expresión cultural se da, y de modo notable, en las culturas autóctonas de las tres Américas, o en las subculturas de las sociedades criollas, rurales y urbanas del continente.

Dios nos escogió para sí en Cristo. La elección es un hecho. Fue objetivo y con un propósito definido. Este acto corresponde a la amorosa voluntad de Dios manifestada en Cristo Jesús y es para la salvación del escogido. No depende de la capacidad para escoger de los escogidos, ni de los méritos que estos tuviesen. En cambio fue una expresión independiente de la libre voluntad divina. La elección constituye la base de todas las demás bendiciones espirituales.

Con la palabra *escogió* (*eklégomai* [1586]) Pablo comienza a definir quiénes son los que componen la verdadera iglesia de Cristo, el pueblo escogido de Dios. Aunque la palabra *iglesia* (*ekklesía* [1577]) no aparece hasta el v. 22, el autor va gradualmente descubriendo palabra por palabra el propósito divino al formar en la iglesia a un pueblo particular para rendirle a Dios la gloria. Es importante recordar esta palabra y otras en forma acumulativa para comprender lo significativo de la iglesia en el propósito de Dios.

¿Quiénes son los bendecidos? Son los elegidos en Cristo; nosotros los creyentes, tanto los judíos como los gentiles. *Nos escogió en él* aclara los objetos de la elección divina y el medio por el cual se realizó. *Nos* se refiere a todo el pueblo de Dios, los cristianos. Hemos sido escogidos *en Cristo*, el Mesías, el ungido de Dios. *En él* es una expresión favorita de Pablo y aparece más de veinte veces en esta epístola y expresa la relación especial que existe entre el creyente y Cristo. Es una unión íntima y mutua. Las bendiciones espirituales se fundamentan en él y dependen de una relación vital. Dios es el gestor de las bendiciones espirituales, Cristo el mediador y nosotros los beneficiarios.

En la expresión *desde antes de la fundación del mundo*, Pablo manifiesta el carácter eterno de Dios, y su soberanía y

por medio de Jesucristo para adopción como hijos suyos, según el beneplácito de su voluntad,

---

poder para tomar decisiones. Dios es eterno y no conoce límite de tiempo. Por esto, esta frase señala que la decisión fue tomada por el Dios soberano antes de la creación, sabiendo bien todas las implicaciones y consecuencias, los resultados y también el veredicto final de tal decisión. Nuestra salvación en Cristo Jesús es el resultado de una decisión que data desde la prehistoria humana. Es tan segura como Dios es eterno: *En quien no hay ni cambio ni sombra de variación* (Stg. 1:17).

La razón de esta elección se expresa con la frase *para que fuésemos santos y sin mancha delante de él*. Esta expresión nos recuerda las palabras de Dios al pueblo de Israel: *Porque tú eres un pueblo santo para Jehová tu Dios; Jehová tu Dios te ha escogido para que le seas un pueblo especial, más que todos los pueblos que están sobre la faz de la tierra* (Deut. 7:6). Nuestra elección ha sido con el propósito de poner a los elegidos aparte del resto del mundo y dotarlos de cualidades espirituales que los distinguen de éste e identificarlos como pertenecientes a Dios.

Sin mancha nos hace recordar la condición perfecta que debía tener un animal traído para el sacrificio. Estas palabras también aparecen en 5:27 con referencia a la iglesia. Así, podemos concluir que los elegidos han sido escogidos para formar la iglesia de Cristo. Los que forman parte de este cuerpo selecto tienen que ser *santos y sin mancha delante de él*. Dios nos ha elegido en Cristo con un propósito muy especial y la única forma de ser santo y sin mancha es estar "en Cristo".

Habiendo señalado la bendición de la elección divina, el Apóstol procede a explicar cómo Dios la hizo: *En amor nos predestinó por medio de Jesucristo para adopción como hijos suyos, según el beneplácito de su voluntad* (v. 5). Utiliza dos términos descriptivos del proceso, *predestinó* y *adopción*; y otros dos para describir la motivación divina, *amor y beneplácito de su voluntad*.

Revolución cultural versus cultura celestial

China es la nación más grande de la tierra. En 1966 el comunismo implantó la llamada "revolución cultural". El manual literario de dicha revolución fue el "Libro Rojo", de Mao Tse-tung. Con inteligencia política, el régimen marxista se lanzó contra los líderes y misioneros cristianos. De modo especial realizó una cruzada de destrucción de literatura cristiana, a la cabeza de la cual estaba la Biblia. Jonathan Chao, en la revista Misión, dice: "En Amoy, los Guardias Rojos juntaron todas las Biblias que encontraron e hicieron con ellas un montón en la plaza central. Luego obligaron a los cristianos a arrodillarse frente al montón y prenderle fuego. La hoguera quemó severamente los rostros y los cuerpos de los creyentes... algunos de los cuales huyeron a los edificios contiguos. En Pekín a una asidua lectora de la Biblia se la mató a golpes en una de las iglesias... La China se transformó en una 'sociedad no religiosa'. "

Ahora, más de veinte años después, sabemos que los cristianos nunca dejaron de reunirse para adorar a Dios, incluso durante el clímax de la "revolución cultural". La Biblia, aunque mutilada y escasa, y la oración, no dejaron de palpitar en el corazón de la fe en reuniones secretas. Mao murió, la política ha sufrido fuertes cambios, y desde 1979 unas 300 iglesias locales adoran a Dios con permiso estatal. La misión de la iglesia continúa siendo difícil, pero un hermano chino afirma que "la iglesia evangélica ha crecido allí casi cincuenta veces. En 1950 había casi un millón de evangélicos... Hoy el Centro de Investigación de la Iglesia China calcula que hay cerca de cincuenta millones de creyentes".

Casi al terminar la década de 1980 los cristianos de Occidente están empeñados en reunir una gran cantidad de ayuda financiera para poner en China millones de ejemplares de las Sagradas Escrituras. ¿Cuál será el impacto del mensaje reconciliador de Efesios hacia el siglo XXI? Sólo Dios lo sabe.

Tanto la RVA como la RVR incluyen las palabras *en amor* como parte del v. 5, mientras otras versiones las toman como parte del v. 4. Según Bratcher y Nida el sentido puede ser interpretado igualmente junto con lo que precede o junto con lo que sigue. Si se interpreta con lo que precede podrá significar amor humano, o el amor mutuo de los cristianos. Si se toma con lo que sigue, el significado tiene que ver con el amor de Dios. Bonnet y Schroeder lo toman junto con lo que sigue: *Habiéndonos predestinado en amor para la adopción.* Puesto que no había divisiones de versículos en el texto original, nos quedamos con este problema, aunque de ningún modo se quita valor del mensaje que Pablo quiere transmitir.

Es más razonable que *en amor* se refiere al amor divino que se revelaba en todo el hecho descrito. Dios estaba mostrando su amor al ejercer su soberanía al predestinarnos para la adopción como hijos.

Nos predestinó explica el proceso de la elección. La palabra "predestinar" es *proorízo* [4309], y significa "definir o decidir de antemano". Lit. quiere decir "determinar los horizontes de antemano". Dios en su sabiduría perfecta ha predeterminado los horizontes de nuestra salvación en Cristo. Los límites y las condiciones han sido demarcados en Cristo Jesús. Bratcher y Nida dicen que esta palabra se usa solamente con referencia a Dios y sirve para enfatizar la iniciativa y la autoridad que le compete ejercer única y completamente a Dios en relación con la experiencia de la salvación. La independencia de acción de Dios se basa en una decisión ya hecha en el pasado.

El propósito de Dios fue destinarnos *como hijos suyos,* adoptándonos por medio de Jesucristo en el nuevo nacimiento. La expresión *para adopción como hijos suyos* traduce el verbo *uiothesía* [5206], que representa un proceso legal característico

---

La herencia
1:5

La valoración de bienes y beneficios es algo tan antiguo como la humanidad. El libro de Génesis nos relata la lucha por la subsistencia y la dignidad sociales de los patriarcas de Israel. Jacob y Labán lucharon por tales valores. Raquel, la primera esposa en los afectos de Jacob, hurtó los ídolos (los terafim) que desde la milenaria cultura sumeria se usaban también como documentos notariales que garantizaban el derecho a posesiones adquiridas por contrato (Gén. 31:17-42). Para tener derecho a heredar el gobierno del clan y de sus posesiones materiales, los patriarcas adoptaban a una persona estimada digna por el jefe de familia, si es que no tenía un hijo de sangre. El adoptado pasaba a ser considerado un hijo (Gén. 15:1-4).

La ley de Moisés legisló el derecho de las familias hebreas a la herencia de la propiedad inmueble (la *najaláh:* Núm. 27:1-11). Si dicha heredad se hipotecaba, había varias maneras de recuperarla. Una de éstas era "la redención". Cuando se realizaba el proceso redentor de la propiedad, el redentor, o el nuevo poseedor, recibía una sandalia de manos del tenedor de la tierra, como sello de garantía de la posesión adquirida de hecho más tarde. Un caso muy gráfico es el de Booz, redentor de Rut (ver Rut 4:1-10).

La adopción

El derecho romano elaboró de modo muy acabado la adopción de personas notables o muy estimadas del *Pater Familias,* como hijos. La ley romana daba reglas bien precisas para que el padre escribiera o hiciera escribir su testamento. Como regla era post mortem y, como excepción, antes de morir el testador. Hubo emperadores que fueron hijos adoptivos de un padre-emperador. Un famoso hijo adoptivo fue Josefo, hijo de Matatías. Se hizo adoptar como hijo de la familia imperial de los Flavios, los que destruyeron el templo de Jerusalén en el año 70 d. de J.C. Las tablillas del testamento que entregaba herencia y gloria o prestigio político o social, eran selladas como garantía del derecho al beneficio.

6 para la alabanza de la gloria de su gracia, que nos dio gratuitamente en el Amado. **7** En él tenemos redención por medio de su sangre, el perdón de nuestras transgresiones, según

del derecho romano. En este proceso el hijo de un padre podría ser adoptado por la familia de otro como hijo con todos los derechos y privilegios de un hijo natural. Hasta las deudas de la antigua familia se cancelaban y el hijo adoptivo se convertía en heredero legítimo del padre adoptivo. *Hijos suyos* traduce la forma reflexiva que significa para sí mismo, como hijos propios.

Esta adopción ha sido completamente intencional y voluntaria de parte de Dios, no dependiendo de los méritos del adoptado. *Según el beneplácito de su voluntad* demuestra la magnanimidad y bondad de Dios al elegirnos, predestinándonos y adoptándonos como hijos de Cristo. Como dice Vaughan: "La elección de Dios es un acto de parte de su bondad pura, de su soberanía benevolente."

La primera estrofa del himno de alabanza celebrando la obra del Padre llega a su final con el coro: *Para la alabanza de la gloria de su gracia* (v. 6). El Apóstol declara que todo lo que ha hecho Dios merece el elogio del hombre. Pablo canta loores o alabanzas a la magnificencia de Dios. Celebra la bienaventuranza de la bondad y el favor gratuito o gracia concedido *en el Amado* (Jesús).

De esta manera vemos que el plan de Dios desde antes del comienzo ha sido formar un pueblo particular que cumpla con este gran propósito. En Cristo Jesús él ha elegido a este pueblo especial, lo ha bendecido en manera particular y lo ha preparado específicamente para su alabanza y su gloria. Sólo Dios es digno de nuestra alabanza y merece nuestra adoración por quien es y lo que nos ha hecho. La alabanza es una expresión de adoración a Dios, y la adoración a Dios es la primera responsabilidad del hombre. El fin principal del hombre es glorificar a Dios. Este es el sentido de este estribillo que se repite en los vv. 12 y 14.

La gloria de su gracia se puede interpretar como la manifestación de su favor (amor) no merecido. *Gloria (dóxa [1391])* representa el resplandor de la presencia divina y su excelencia manifestada. *Gracia (cáris [5485])* es el favor inmerecido de Dios hacia el hombre. "El ejemplo supremo de ello se halla en el amor redentor de Dios hacia el género humano" (Erdman).

La frase *que nos dio gratuitamente en el Amado* se refiere a la gracia que es la obra de Dios en Jesucristo en nuestro beneficio. Expresa la generosidad de esta obra y señala el medio divino por el cual fue manifestada *en el Amado*, o sea Cristo. El título *el Amado* se halla sólo aquí en el NT. Este traduce *agapáo* [25] que significa amor. Nos recuerda la relación íntima que existe entre el Padre y el Hijo. De esta manera comprendemos que la obra de gracia del Padre consiste en habernos escogido en Cristo desde antes del comienzo del mundo, predestinándonos en amor para ser adoptados como hijos por medio de Jesucristo. Este pensamiento provoca al apóstol Pablo a elevarse con una alabanza gloriosa.

La segunda estrofa de este himno de alabanza (vv.7-12) se refiere a la obra del Amado. Con respecto a ésta W. O. Carver sugiere que en este punto el pensamiento de la epístola señala "la mayordomía de la historia por medio de la obra redentora del Hijo Amado". Esta obra de Jesús se describe con varias expresiones que merecen nuestra atención.

La estrofa comienza con *en él* (v. 7), que se refiere a *el Amado*, o sea aquel quien es la fuente de nuestras bendiciones. Este es Jesús, el Hijo de Dios ya mencionado en vv. 5 y 6. La condición necesaria para gozarse de ellas es estar *en él*. Continúa señalando que *tenemos redención por medio de su sangre*. Es decir, en el Amado nosotros (todos los creyentes en Jesús, inclusive) poseemos redención por su muerte en la cruz. La redención es nuestra posesión por la muerte de Jesús.

La palabra traducida *redención* (*apolútrosis* 629) señala el resultado del acto libertador de Jesús al derramar su sangre. Se refiere tanto a lo que hizo Jesús, como al resultado de ello. Según Bratcher y Nida la palabra hace énfasis en el resultado de la acción de liberación de Jesús. Por ello, nuestra redención es una posesión experimentada, procurada para nosotros y experimentada por nosotros por medio de su sangre. La palabra redención, como adopción, es un término legal y se refiere a un aspecto externo de nuestra salvación. Jesús cumplió todos los requisitos necesarios para nuestro rescate.

Algunos estudiosos de la Biblia piensan que esta palabra significa el precio que pagó Jesús y lo que compró con ello; esto es, el precio de nuestro rescate. Este concepto se encuentra en Levítico 25:47-52, y se refiere a lo que debiera ser pagado por un pariente de un hombre que se había

---

Semillero homilético
La alabanza cristológica de la iglesia
1:3-14

Introducción: El culto a Dios es la principal y más santa actividad de la iglesia. La epístola a los Efesios, que contiene el evangelio de Jesús cual sinfonía ejecutada para todos los rincones del universo, comienza con el corazón del servicio de adoración. En la iglesia latinoamericana la alabanza a Dios tiende a darse con más énfasis en "el espíritu" (en lo emotivo) que en "el entendimiento" (en lo inteligente). En este pasaje, el Espíritu Santo entrega una palabra de corrección. La iglesia alaba a Dios:

I. Porque nos ha bendecido *en Cristo* (v. 3).
   1. La extensión de su bendición es sin límites *(Con toda bendición...)*.
   2. La naturaleza de su bendición es de origen celestial *(... en los lugares celestiales...)*.
II. Porque nos ha escogido *en Cristo* (vv. 4-8).
   1. Desde antes de la fundación del mundo fundamentó en Cristo nuestra plena santidad (v. 4).
     (1) Así sabemos que su plan es eterno.
     (2) Así entendemos que el fundamento del universo es espiritual y moral, no material.
   2. De antemano decidió adoptarnos, según su amorosa y soberana voluntad (v. 5).
     (1) Si fue por su voluntad soberana, nada ni nadie le obligó.
     (2) Si fue por amor, a nadie obliga: *Y habiendo creído* (voluntariamente) *en él...* (v.13).
     (3) Esto resulta en *la alabanza de la gloria de su gracia* (ver Mat. 3:17).
   3. Para agraciarnos con la redención o la libertad total (vv. 7, 8).
     (1) Hecha posible por la sangre expiatoria de Jesucristo (v. 7a; ver Heb. 9:22 y Juan 8:36).
     (2) Ofrecida *según las riquezas de su gracia* (v. 7c).
     (3) Su acto de gracia redentora sobreabunda en sabiduría y fe (ver 1 Cor. 1:18-30).
III. Porque nos ha revelado el misterio de su voluntad *en Cristo* (vv. 9-14).
   1. Lo que sólo Dios sabe y puede hacer para salvar al hombre, es dado a conocer a los hombres (v. 9; ver 6:19c).
   2. Su voluntad hace que la iglesia sea heredera de las riquezas de la gracia hecha eficaz en la persona de Jesucristo (v. 11: *en él*) .
   3. Su voluntad es que la iglesia exista *para la alabanza de su gloria* (v. 12).
   4. "El misterio de su voluntad" se cumple en la misión de la iglesia, por el don del Espíritu Santo (vv. 13, 14).

Conclusión: Como bien señala el autor del comentario expositivo, los vv. 3-14 son "un himno de alabanza". La alabanza áurea para Dios es la de la iglesia de los sellados con el Espíritu Santo. No se alaba con legitimidad a Dios en "comunión" con el público electrónico de un programa extemporáneo de televisión; la alabanza auténtica es la expresión "en vivo y en directo" hacia el Señor, por la iglesia de carne y hueso en un lugar de la tierra (ver 1 Cor. 14:23).
¡Aleluya! ¡Qué grandeza espiritual y doctrinal hay en la alabanza de la iglesia!

las riquezas de su gracia **8** que hizo sobreabundar para con nosotros en toda sabiduría y entendimiento. **9** El nos ha dado a conocer

---

vendido a la esclavitud por causa de alguna deuda que no podría pagar. En un sentido más amplio se refiere a la liberación de los hijos de Israel de la esclavitud en Egipto. W. Barclay dice que el hombre es redimido y libertado de una situación de la que era incapaz de liberarse por sí mismo o de una deuda que jamás hubiera podido pagar por sus propios medios.

En vista de esto, pues, nuestra redención es el precio de nuestro rescate pagado por Jesús, librándonos de la esclavitud del pecado. Este precio fue su sangre. No se debe pensar que Jesús tuvo que pagar esto a alguien como Satanás, sino que es lo que le costó librarnos de las garras de Satanás.

En el NT la sangre es un símbolo bíblico que representa la muerte de Jesús sobre la cruz. Esta idea también se encuentra en Levítico 17:11: *Porque la vida del cuerpo está en la sangre, la cual os he dado sobre el altar para hacer expiación por vuestras personas.* Jesús dio su sangre para expiar nuestros pecados. Esto recuerda lo que dice Hebreos 9:22b: *Sin derramamiento de sangre no hay perdón.*

En nuestro texto va unida estrechamente a la idea de nuestra redención la expresión *el perdón de nuestras transgresiones,* pero no son conceptos idénticos. Este último concepto significa la remisión de nuestros pecados en el sentido de despedirlos. *Transgresiones (paráptoma 3900)* aquí son todos nuestros actos pecaminosos tales como errores y ofensas acumulados junto con su culpa. Estos son remitidos, despachados por completo por medio del acto redentor de Cristo. En una sola obra bondadosa Jesús despidió nuestros pecados junto con su culpa, y rescató nuestras almas de las manos del diablo. Vemos así las acciones paralelas y simultáneas del perdón y la redención.

La medida de esta redención está expresada con la frase *según las riquezas de su gracia.* Esto significa que la gracia de Dios es abundante, amplia y más que suficiente, y que no depende de los méritos de los hombres. Es inmensurable e inmerecida.

La alabanza

Pablo enseña a la iglesia a recibir los magnos beneficios divinos no con codicia sino con alabanza, cuya fuente es la gratitud. Al escuchar con fe la lectura del testamento eterno afirmado por el testigo fiel y redentor al precio de su sangre (Apoc. 1:5), los antes desheredados del reino de Dios, *sin esperanza y sin Dios en el mundo,* reciben el Espíritu Santo como sello de fuego. Así viven o mueren absolutamente seguros de ser herederos de *toda bendición espiritual en los lugares celestiales.* La iglesia responde siempre confiando y alabando la gloria y la gracia de Dios.

Esta gracia divina es la *que hizo sobreabundar con nosotros en toda sabiduría y entendimiento* (v.8). Pablo trata de comunicar el sentido profuso con que Dios nos ha proporcionado los componentes intelectuales y prácticos necesarios para una vida correcta y una conducta apropiada de acuerdo a su propósito. *Hizo sobreabundar* sugiere una cantidad prodigiosa, con profusión, o rebosante. La consecuencia de esta gracia divina obrando en nosotros resulta *en toda sabiduría y entendimiento* que nos capacita "para comprender algo del propósito de Dios para el universo" (Vaughan). *Sabiduría (sofía 4678)* y *entendimiento (frónesis 5428)* son palabras que nos hacen recordar la preocupación con la filosofía en el mundo griego en que vivía la comunidad cristiana de aquel tiempo. Pero Pablo señala que la fuente de ello (sabiduría y entendimiento) no es humana, sino divina.

Por *sabiduría* podemos entender *conocimiento,* "el objeto de la mente que busca, de la mente que cuestiona, de los alcances

el misterio de su voluntad, según el beneplácito que se propuso en Cristo,*

---

*1:9 Otra trad., *se propuso en sí mismo*

---

del pensamiento humano" (Barclay). Conoce la sustancia y penetra al corazón de las cosas. Es conocimiento intelectual; mientras *entendimiento* significa prudencia, discernimiento, sabiduría práctica. Podríamos decir que el sabio conoce, mientras que el prudente sabe por qué. El entendimiento es la aplicación prudente de lo conocido. Se trata del qué y el porqué del propósito de Dios. Barclay resume este pensamiento de la siguiente manera: "Pablo afirma que Jesús nos trajo *sofía*: el conocimiento de las cosas eternas, el conocimiento intelectual que satisface la mente; y que nos trajo *fronesis*: el conocimiento práctico que nos capacita para tratar y resolver diariamente los problemas de nuestra vida diaria."

Con la sabiduría y el entendimiento Cristo nos ha capacitado para comprender las verdades últimas de la eternidad y resolver los problemas de cada día. De esta manera somos habilitados por él para comprender su propósito.

Con esto llegamos al corazón de esta epístola. Además de esto, es quizás el pasaje más difícil de entender, como dicen Bratcher y Nida: "Es éste uno de esos pasajes de Pablo difíciles de entender porque la inmensidad del pensamiento hace que los términos sean un poco vagos, a fuerza de generalizarlos." El autor expresa verdades eternas y profundas con palabras sencillas que a la vez vibran con sentido. En los vv. 9 y 10 Pablo expone la tesis de este tratado circular: La unidad de todas las cosas en Cristo para la gloria eterna de Dios. Lo que no había sido posible a través de la historia antigua, ni con el pueblo de Israel, en Cristo ha sido logrado de acuerdo con el plan que Dios se había propuesto. Esto es lo que Pablo está celebrando y explicando en esta carta. A la vez, amplifica las implicaciones de todo ello a manera de aplicación.

La expresión *él nos ha dado a conocer* (v. 9) indica lo que Dios nos ha revelado; Dios nos ha permitido saber el contenido de algo muy importante. Pablo reconoce este algo importante como *el misterio de su voluntad*. Este misterio encierra el propósito eterno de la voluntad divina que ha sido revelado en Cristo. No es algún secreto escondido y oscuro, dado a conocer sólo a los iniciados como en las religiones secretas y de misterio del Medio Oriente de aquel tiempo. Al contrario, es la verdad divina que, hasta ahora, ha sido revelada en Cristo y ha de ser divulgada por todos lados y para toda gente. Para Pablo lo maravilloso es que Dios nos lo ha dado a conocer, nos lo ha permitido saber.

Según el uso de la palabra *misterio* (*mustérion* 3466) se refiere a lo que era secreto y que podría ser conocido solamente por medio de revelación. De modo que el misterio de la voluntad de Dios antes fue un secreto, escondido del conocimiento popular y sólo dado a conocer por

---

La seguridad de la herencia en Cristo

En la época de Pablo, un poeta llamado Horacio aconseja un paliativo para la codicia de los posibles herederos: "Cuando te quedas a leer un testamento, acuérdate de rechazarlo y de apartar lejos de ti las tablillas, de tal modo, empero, que comprendas, mirando a hurtadillas la cera (o el sello, paréntesis nuestro), la voluntad expresada (ver Ef. 1:9) en el segundo renglón; reléelo rápidamente para saber si tú eres único heredero o si hay varios." Carcopino aporta un comentario interesante: "El poeta quiso simplemente desacreditar, ridiculizándola, la hipocresía interesada del heredero que fingía fiarse de la buena fe del testador con los ojos cerrados, pero que, pese a sus aparentes protestas, se las arreglaba para sondear sus disposiciones."

10 a manera de plan* para el cumplimiento de los tiempos: que en Cristo sean reunidas bajo una cabeza todas las cosas, tanto las que están en los cielos como las que están en la tierra.

---

*1:10 Gr., *oikonomía*; otra trad., *para el plan del*

---

revelación a los profetas y patriarcas, y ésto aun parcialmente. Ahora, este misterio ha sido dado a conocer de manera general en Cristo Jesús. Ya no es un secreto guardado; es un hecho, una verdad expuesta y divulgada como Pablo explica más adelante (3:3-9). Este misterio revelado se refiere a la obra redentora en su totalidad. Es la explicación de todo lo que Dios propuso hacer en Cristo ejerciendo su propia voluntad. Es lo que no podía ser explicado ni comprendido hasta que en el propósito de Dios fuese sacado a la luz por medio de la revelación divina. Así es el carácter de la gracia que Dios extiende a los pecadores.

Esto, la revelación del misterio, Dios lo hizo *a manera de plan para el cumplimiento de los tiempos* (v. 10). Desde antes de la creación Dios había venido desarrollando un plan específico a través de la historia; al comienzo por medio de la primera familia, Adán y Eva, luego con Abraham y sus descendientes; y por último por medio del pueblo de Israel, pero sin lograr el objetivo de su gloria. Este plan secreto ahora ha sido dado a conocer en Cristo para toda la humanidad. Algunas versiones como la RVR incluyen en el v. 9 las palabras *según el beneplácito...* mientras otras contienen la frase *se propuso en sí mismo* (ver nota de RVA). La revelación de este plan corresponde a la bondad del corazón de Dios. El plan de Dios expresa su voluntad y refleja su propósito que ahora alcanzan en Cristo su perfecta expresión.

Aquí hay un pequeño giro en el pensamiento del autor entre lo que dice en el v. 9 y en el v. 10. El uno se refiere a lo hecho ya en el pasado reciente, mientras que el otro mira hacia adelante y anticipa el cumplimiento de los tiempos. Identifica a Cristo como aquel alrededor de quien este plan ha de ejecutarse. Mas bien, es él quien lo ha de dirigir. Cristo, como el "custodio de los tiempos" y "el gran administrador" de la casa del Padre, "conducirá toda la operación a una meta fijada y fechada por la misma presciente sabiduría de Dios" (Moule). Así entendemos *el cumplimiento de los tiempos*, que traduce una expresión que significa administración, mayordomía o dispensación. Cristo es el administrador o el mayordomo de la historia, la que ahora halla su plenitud y logra su último destino en él. Con el cumplimiento de los tiempos en Cristo como cabeza, el último destino del universo queda en las manos de él y ha sido encomendado a los cristianos, los que forman su iglesia. Dios es Dios de la creación y de la historia, del presente y del futuro, y en Cristo ha de ser glorificado por medio de su iglesia.

El cumplimiento de los tiempos habla de cuando fuese apropiado el tiempo, sea este pasado, presente o futuro. De la manera que Cristo vino cuando fue apropiado el tiempo, así será cuando venga por segunda vez. Con la venida de él toda administración previa se acabará en el sentido de que han alcanzado en él su clímax.

La cruz de Cristo no fue el fin del plan divino, sino el inicio del plan eterno revelado y puesto al alcance de toda la humanidad. Así que, este plan "se extiende más allá de la cruz hasta el propósito último de Dios en el sentido absoluto" (Summers). La cruz y la tumba vacía marcan el fin de una administración anterior y señalan el inicio de una nueva administración que se proyecta hacia el futuro. Mientras tanto, este plan ha sido puesto en acción por Dios por medio de la iglesia (v. 22) con Jesucristo a la cabeza. Esta sigue adelante hasta la venida de Cristo en el futuro cuan-

11 En él también recibimos herencia, habiendo sido predestinados según el propósito de aquel que realiza todas las cosas conforme al consejo de su voluntad,* **12** para que

---

*1:11 Ver Rom. 8:28

---

do todo será culminado. Con Cristo al frente, la iglesia sigue su marcha a través de la historia actual rumbo a su destino último que ha de alcanzar con la venida gloriosa de su Señor. Así podemos entender la expresión *para el cumplimiento de los tiempos.*

El autor inspirado continúa expresando una verdad profunda con las palabras *que en Cristo sean reunidas bajo una cabeza todas las cosas.* Esta verdad habla de la unidad y la reconciliación en Cristo. *Sean reunidas... todas las cosas* significa ser resumidas o recopiladas en Cristo. De acuerdo con Summers, la idea es lo mismo que sucede después de una batalla cuando el capitán recoge a los diferentes integrantes de su ejército. Es decir, en Cristo todos los aspectos esparcidos del universo entero serán reunidos bajo una sola administración, tanto lo celestial como lo terrenal. Con Dios esto ya es una realidad actual; el cristiano sólo debe esperar el futuro cuando todo esto sea manifestado en victoria y gloria.

El ideal de Dios de juntar todas las cosas en Cristo no se refiere a una redención universal en la cual todos hayan de lograr la salvación. Más bien, se refiere a recuperar bajo la administración de una sola autoridad la armonía y la concordia que habían sido interrumpidas por la rebelión entre los seres angelicales y por la entrada del pecado al mundo terrestre y humano con todas sus tristes consecuencias. Cristo, como Señor de la iglesia, es también el soberano del universo. Como dice Stott: "Pablo parece estar refiriéndose a la renovación cósmica, aquella rengeneración del universo, aquella liberación de la creación que gime que ya había mencionado en Romanos."

Así, la reunificación de todas las cosas tanto en el cielo como en la tierra bajo Cristo como cabeza contempla también la reconciliación entre los judíos y los gentiles en la iglesia. Descubrimos esta idea en los pronombres usados en los vv. 11, 12 y 13 donde se refiere a *nosotros* (los judíos creyentes) y *vosotros* (los gentiles creyentes). Pero antes de explorar esta idea, continuamos con la estrofa que recuenta la maravillosa obra de Cristo (vv. 11 y 12).

Ya hemos descubierto que en Cristo tenemos una redención maravillosa y que en él nos ha sido revelado el misterio bondadoso de las edades que Dios se había propuesto. *En él,* es decir en Cristo, quien es la Cabeza unificadora *recibimos herencia* como hijos adoptivos (v. 5). Esta idea traduce *kleróo* 2820, que se halla solamente aquí en el NT. Significa ser escogido como (su) heredad o porción y se deriva del concepto en el AT (Deut. 9:29; 32:9, 10; Sal. 74:2) de las tribus de Israel que fueron escogidas por Jehová para ser su pueblo.

Algunos comentaristas lo interpretan en el sentido pasivo como lo hacen Bonnet y Schroeder: "En el cual también fuimos hechos herederos." Como hijos adoptivos heredamos todo lo que el Padre dispone. Esta herencia es una posesión presente y recíproca. Con todo, si fuimos hechos herederos o si fuimos escogidos como herencia de Dios, como hijos adoptivos somos igualmente herederos de las bendiciones divinas y somos la porción escogida. Es una relación bienaventurada de cualquier modo. Esto ha sido hecho posible por medio de aquel en quien todas las cosas son reunidas, Cristo. La iniciativa y la acción son exclusivas de parte de Dios.

Esta idea está reforzada con el pensamiento que sigue, *habiendo sido predestinados.* La *herencia* (porción) ha sido definida y determinada de antemano y nosotros hemos sido demarcados como sus recipientes. Los límites y las condicio-

nosotros, que primero hemos esperado en Cristo, seamos para la alabanza de su gloria.

13 En él también vosotros, habiendo oído la palabra de verdad, el evangelio de vuestra

nes habían sido predeterminadas en el consejo celestial antes de la creación del mundo. Los que responden de acuerdo a lo que ya ha sido determinado son los que se gozan de esta herencia y son ya la porción escogida de Dios, aunque en parte, hasta que se realice plenamente este plan divino cuando venga Cristo en el cumplimiento definitivo de los tiempos.

Aquel que realiza se refiere a Dios, quien hace todo de acuerdo al propósito que determinó en Cristo (v. 9). Dios propone y dispone; hizo planes y los lleva al cabo. Nuestra condición como herencia y herederos depende del cumplimiento último y absoluto de todo lo que Dios ya propuso y ahora se esta llevando a cabo en Cristo por medio de la iglesia. Todo esto Dios lo realiza *conforme al consejo de su voluntad.* Esta expresión contiene dos palabras neotestamentarias básicas relacionadas con la voluntad de Dios: *consejo* (*boulé* ^{1012}) y *voluntad* (*thélema* ^{2307}). "La primera lleva la idea de un plan; la segunda lleva la idea de un deseo" (Summers). En resumen, todo lo logrado en Cristo es la realización de un plan divino y la satisfacción de un deseo santo. Podríamos llamar a esto el libre albedrío de Dios. Todo ha sido hecho por un ser autónomo que hace todo de acuerdo con un plan que él propuso llevar a cabo y porque él quiso hacerlo con un fin específico. A continuación veremos este fin.

Este fin contempla a dos grupos de personas. En primer lugar, Pablo habla de *nosotros, que primero hemos esperado en Cristo* (v. 12). Se refiere a los de extracción judía que habían oído el evangelio y creído en Jesús como el Mesías prometido a quien había esperado tantos siglos el pueblo judío. Ellos vieron cumplidas en Jesús sus esperanzas mesiánicas. Este grupo incluye a los que fueron añadidos a la iglesia en el día de Pentecostés y durante la primera etapa de la extensión de ella en toda Judea y Samaria. A ellos vino primero el evangelio y Pablo reconoce que sobre ellos descansa la responsabilidad de transmitirlo también a los gentiles para la gloria de Dios (3:3-13).

Termina aquí la segunda estrofa del himno (vv. 7-12) que relata la obra redentora de Jesús con el refrán *para que nosotros... seamos para la alabanza de su gloria.* Este refrán se halla también en los vv. 6 y 14. La alabanza de Dios es el primer deber del ser humano, y fue el propósito principal del pueblo de Israel. La gloria de Dios es el motivo y el objeto de esta adoración. Relacionando esta doxología con la obra redentora de Cristo, Pablo la eleva al mismo nivel de la obra soberana de Dios (vv. 3-6).

Algunos piensan que este estribillo formaba parte de algún himno cantado entre las congregaciones de Asia y Roma. Otros escritores sugieren que debe haber formado parte de la liturgia u orden del culto de la iglesia del primer siglo. Sea así o no, nadie dudará que da expresión elocuente y profunda al sentimiento del autor y provee al lector de Efeso, Asia y aun de hoy mismo un vehículo bello para rendir su alabanza a Dios.

A continuación el Apóstol elogia la obra del Espíritu Santo y señala su papel salvífico como tercera persona de la Trinidad. Aunque el término *Trinidad* no se halla mencionada como tal, es el consenso de los estudiosos de la Biblia que este pasaje nos presenta uno de los enfoques más claros de la Trinidad: su composición, su relación mutua y su obra complementaria. La obra de Jesús depende de la del Espíritu Santo y viceversa. Esto se ilustra en el v. 13: ...*habiendo creído en él* [Jesús], *fuisteis sellados con el Espíritu Santo...*

Algunos comentaristas dicen que una característica distintiva de Efesios es la estructura trinitaria de su pensamiento. Esta incluye la participación de las per-

salvación, y habiendo creído en él, fuisteis sellados con el Espíritu Santo que había sido prometido, **14** quien* es la garantía de nues-

*1:14 Algunos mss. antiguos dicen *lo cual.*

sonas de la Trinidad en la obra de la redención: La determinación de parte del Padre de reconciliar a los hombres consigo (vv. 3-6), la redención lograda por medio de lo que hizo el Hijo (vv. 7-12) y la aplicación de esta obra por el Espíritu Santo (vv. 13, 14). Lane dice que el pensamiento clave de Efesios es "que Dios ha reconciliado a ambos los judíos y los gentiles por medio de la cruz de Cristo". Este es el sentido del v. 11.

La tercera estrofa del canto de alabanza comienza con la expresión *en él también vosotros...* En él ubica al creyente en Cristo, designa su estado espiritual y una nueva relación estrecha y vital de fe. Hasta aquí hemos encontrado esta expresión por lo menos diez veces en una forma u otra (vv. l, 3, 4, 6, 7, 9, 10, 11, 12 y 13). Habla de la condición esencial y el requisito indispensable para la vida cristiana, esto es, estar en Cristo Jesús. Fuera de él no hay vida. Pero ahora observamos que esta relación se extiende al segundo grupo mencionado arriba, más allá de los judíos.

También vosotros se refiere a los recipientes de esta carta. Estos son los creyentes que vivían en Laodicea, Efeso y otras ciudades del valle del río Lico: los gentiles. Esta frase implica el alcance universal e inclusivo del evangelio. Además de los judíos, los gentiles pueden ser salvos también. Pablo indica la manera en que éstos habían sido salvos. Habían *oído la palabra de verdad, el evangelio de vuestra salvación* y habían creído en él. La *palabra de verdad* es el evangelio. Jesús dijo: *Conoceréis la verdad, y la verdad os hará libres* (Juan 8:32). También dijo: *Santifícalos en la verdad; tu palabra es verdad* (Juan 17:17). Los gentiles habían recibido el evangelio de la salvación al oír la palabra libertadora de Cristo. Habían

creído esta buena noticia. Tal como Pablo escribió a los cristianos en Roma: *La fe es por el oír, y el oír por la palabra de Cristo* (Rom. 10:17); así fue con aquellos a quienes Pablo escribe ahora. El evangelio había sido proclamado en esa zona y muchos habitantes creyeron y fueron libertados por esta palabra de verdad.

En este v.13 tenemos los ingredientes esenciales para la evangelización mundial: La proclamación del evangelio, la recepción del mismo por el oír, la afirmación de él por fe (creer) y la confirmación del hecho por la obra selladora del Espíritu Santo.

Dos verdades se destacan en el pensamiento siguiente: *Fuisteis sellados con el Espíritu Santo que había sido prometido.* La primera es que al ser salvos por creer en Cristo recibieron al Espíritu Santo. La segunda es que esto había sido conforme a lo prometido por Cristo. Jesús dijo a sus apóstoles: *He aquí yo enviaré el cumplimiento de la promesa de mi Padre sobre vosotros* (Luc. 24:49a). Esta promesa se reitera en Hechos 1:8 cuando dice: *Pero recibiréis poder cuando el Espíritu Santo haya venido sobre vosotros* y se cumple en los acontecimientos en el día de Pentecostés (Hech. 2). Pablo reconoce que los creyentes que recibieran esta carta daban evidencia de la presencia del Espíritu Santo en sus vidas, de acuerdo con la promesa de Cristo.

F. B. Meyer opina que "el Espíritu Santo es la promesa especial del Padre a aquellos que pertenecen al Hijo por medio de una fe viva". Dios cumple sus promesas. La promesa del Espíritu Santo imprime en el creyente en Cristo la imagen de Cristo en quien cree, marcándolo, identificándolo como suyo, apartándolo del mundo y separándolo para el cielo. Ser sellado con el Espíritu Santo es ser declarado como uno

tra herencia para la redención de lo adquirido, para la alabanza de su gloria.

que pertenece a Dios. Con razón dice Pablo: *Si alguno no tiene el Espíritu de Cristo, no es de él* (Rom. 8:9b).

El sello usado en el tiempo del Apóstol significa una marca de identidad, de autenticación, de propiedad. Fue la costumbre de un monarca o una persona de autoridad fijar su sello sobre documentos y artículos de valor. Mateo nos da un ejemplo de esta práctica cuando menciona que Pilato mandó sellar la tumba de Cristo (Mat. 27:66). En círculos legales y diplomáticos de hoy en día el sello oficial se usa de la misma manera. Pensar en ser sellados con el Espíritu Santo significa que hemos sido identificados y autenticados como pertenecientes a Dios por fe en Cristo. La presencia del Espíritu en los creyentes es la garantía de este hecho.

No debemos pensar que ser *sellados con el Espíritu Santo* es algo aparte de y en adición a la experiencia de la redención. Al contrario, debemos considerarlo como una prima o un depósito en anticipación de todo que ha de ser cumplido en nosotros por la gracia de Dios. El ser sellados con el Espíritu Santo es el mero comienzo en nosotros de aquella obra buena que siendo la obra de Dios ha de ser perfeccionada en Cristo Jesús en su debido tiempo (Rom. 8:23). Coincide con el hecho de creer y es las primicias de la presencia divina en nosotros en la persona del Espíritu Santo. El hecho de *ser sellados con el Espíritu Santo* al creer en Cristo cumple la promesa hecha por Jesús en Juan 14 y Hechos 1:8 y es el anticipo de lo que ha de ser en el futuro.

Esta idea se amplía con las palabras *quien es la garantía de nuestra herencia para la redención de lo adquirido* (v. 14a). La persona del Espíritu en nosotros es el depósito divino como anticipo de aquella plena herencia que hemos de recibir en su debido orden y tiempo. El hecho de ser sellados con el Espíritu Santo por ser creyentes es como el primer pago o el anticipo que se deposita para asegurar la compra de algo. Este asegura la intención del comprador de pagar por completo lo que así ha separado. La palabra *garantía* (*arrabón* [728]) se traduce en otras versiones con la palabra *arras* que es un término legal y comercial que representa un depósito o pago inicial. Es como un anticipo *de nuestra herencia para la redención de lo adquirido.*

El uso de la palabra *nuestra* es inclusivo tanto de los judíos como de los gentiles, todos reunidos en Cristo por una fe común y salvadora. El propósito divino siempre había sido que todos se gozaran de la salvación. Compare el v. 11, donde dice: *En él también recibimos herencia,* con el v. 13 donde dice: *En él también vosotros...* Ambos se incluyen en la herencia de Dios. *Herencia* es un concepto que nos hace recordar de la tierra prometida al pueblo de

Sellos para documentos antiguos, 1:13

Acción de gracias e intercesión

15 Por esta razón, yo también, habiendo oído de la fe que tenéis en el Señor Jesús y de vuestro amor para con todos los santos, 16 no ceso

---

Israel, que aquí representa lo que Dios tiene preparado para dar a los que creen en él.

Para la redención se trata del cumplimiento eventual de la redención de la posesión propia de Dios (de lo adquirido). Pertenecemos a él por derecho de creación y también porque nos ha redimido comprándonos por la sangre de Jesús. Por esto hemos sido redimidos, pero aún hemos de ser redimidos. Como dice Vaughan: "En el presente nuestra redención es incompleta" (Vaughan, p. 34). Continúa con la siguiente explicación: "No se completará hasta que cada uno de nosotros tenga un cuerpo resucitado y glorioso, y esté delante de Dios sin mancha alguna. Es precisamente en este punto donde el pasaje en consideración da una gran seguridad. La presencia del Espíritu en nuestra vida es una garantía de que lo que Dios ha comenzado, lo cumplirá a su debido tiempo."

El haber sido sellados con el Espíritu es la garantía que el creyente tiene de que algún día recibirá plena y completamente la herencia que Dios le ha preparado. Lo que ahora tenemos es sólo un anticipo de lo que hemos de tener y conocer eventualmente, pero es un anticipo seguro.

El Apóstol termina con la frase que ya ha usado dos veces y que parece ser un refrán que canta la alabanza de la gloria de Dios por la obra complementaria del Espíritu Santo. El pensamiento grande respecto a la obra maravillosa de Dios en Cristo es un motivo de alabanza. Así termina este pasaje majestuoso dando la gloria debida a Dios quien nos eligió en su amor, nos redimió por su gracia y nos identificó con su Espíritu.

Lo que no logró hacer el pueblo de Israel se está realizando por medio de la iglesia que advierte su misión (v. 10). El propósito de Dios para Israel fue que publicara sus alabanzas (Isa. 43:21). *Para la alabanza de su gloria* (v. 14) expresa este propósito divino para el pueblo de Dios. Para esto existe la iglesia. Alabarle es dar la gloria debida a su persona y su nombre. Stott lo expresa elocuentemente: "La gloria de Dios es la revelación de Dios, y la gloria de su gracia es su autorrevelación como Dios de gracia. Vivir para alabanza de la gloria de su gracia es adorarlo con nuestras palabras y obras como el Dios de gracia. También significa hacer que otros lo vean y lo alaben."

Pablo había comenzado bendiciendo a Dios y termina alabándolo. Lo que se halla entre estas dos acciones encierra la verdad asombrosa de que pertenecemos a Dios por su amor, que figuramos en su propósito eterno por su gracia y que tenemos la seguridad de una herencia gloriosa. Así termina un pasaje que incluye en su pensamiento una estructura trinitria, o sea la participación de las personas de la Trinidad en la obra de la redención. Lane habla de la cooperación mutua en la reconciliación de los hombres de parte de las tres personas de la Trinidad: La determinación de parte del Padre de reconciliar a los hombres consigo (vv 3-6), la redención lograda por medio de lo que hizo el Hijo (vv. 7-12) y la aplicación de esta obra a nosotros por el Espíritu (vv. 13-14).

2. Acción de gracias y rogativa pastoral por la iglesia, 1:15-23

Después de alabar a Dios tan elocuentemente, el Apóstol procede a elevar una acción de gracias (vv.15, 16) y una plegaria (vv. 16-23) a favor de los efesios. Una parte importante en las epístolas de Pablo son las oraciones que expresan profundos sentimientos y encierran grandes verdades. Esta intercesión no es una excepción. Comienza haciendo referencia a lo que provoca la oración: había recibido noticias de los hermanos de Asia.

de dar gracias por vosotros, recordándoos en mis oraciones. **17** Pido que el Dios de nuestro

---

Por esta razón (v. 15) relaciona lo que sigue a lo que se ha dicho en los versículos anteriores. Podría expresarse con la frase "por causa de todo lo que Dios ha hecho" (Bratcher y Nida). Se refiere a lo que acaba de expresar respecto a las bendiciones de Dios en Cristo. Estas ocasionan que él sienta una profunda gratitud, *habiendo oído de la fe que tenéis en el Señor Jesús y de vuestro amor para con todos los santos.* Esta frase sugiere que Pablo acaba de recibir noticias desde Efeso o del sector del río Lico en Asia. Estas noticias le dieron motivo de regocijarse y le movieron a escribirles la presente carta en la cual da gracias a Dios, la fuente de toda bendición. Menciona dos razones por las que dar gracias: *La fe que tenéis en el Señor Jesús y el amor para con todos los santos.* Estas les identifican como miembros de la familia de Dios. *La fe que tenéis en el Señor Jesús* es lo que les une a esta familia y se expresa por medio de una fidelidad absoluta al Señor. *El amor para con todos los santos* resulta de esa fe. Aquí, *todos los santos* identifica a los creyentes en Cristo como una gente apartada por Dios y para su servicio. Los santos son los fieles creyentes en el Señor.

Podemos sentir algo del corazón de pastor que Pablo tenía, alegrándose de la fidelidad de los creyentes y del amor fraternal que ellos manifiestan. Estas cosas son evidencias de su crecimiento espiritual. Fe y amor son dos características complementarias y esenciales de la vida cristiana. Como pastor que era, Pablo se regocija en el crecimiento de los hermanos. Fue una oración de gratitud.

Además, fue una oración continua: *No ceso de dar gracias por vosotros, recordándoos en mis oraciones.* Dar gracias es una característica de las oraciones de Pablo. Se señala que esta expresión se

---

"Hay algo que no puedo comprender"

Este autor tuvo como profesor-guía en una titulación académica a un notable profesor de Historia y Literatura Antiguas en la Universidad de Chile. Junto con otro compañero de aulas trabajamos el tema de Jesús como maestro en el género de la parábola, y la incidencia de la cultura helenística en San Pablo. En un diálogo ocasional, el insigne intelectual me comentó su admiración por Pablo como "el más grande propagandista de ideas en la historia universal". También me habló, conmovido, de su admiración por Jesús de Nazaret. De él me dijo: "Admiro a Jesús, comprendo algo de su originalidad como maestro y de su sabiduría práctica y profunda a la vez, en relación con la vida cotidiana de la gente. Pero hay algo en él, según me informo en los Evangelios, que aún no puedo comprender."

Mi respuesta fue: "Señor... ¿recuerda al gran rector de la Universidad de Salamanca, España, don Miguel de Unamuno? El dijo una vez que el Dios de la filosofía (es decir, la primera causa no causada, etc.) en el fondo de las cosas no sirve para nada. Dijo además que a Jesucristo sólo lo entienden los que se ponen 'de rodillas' delante de él." Luego agregué: "No sabemos si Unamuno se arrodilló definitivamente delante de Jesús, pero nosotros podemos hacerlo mientras tengamos oportunidad." La respuesta del profesor fue: "Puede ser... puede ser..."

Este recuerdo me vino a la mente mientras leía los motivos de oración de Pablo por los hermanos de Efeso (1:15-23), especialmente cuando afirma: *Habiendo sido iluminados los ojos de vuestro entendimiento.* Y en 3:14, cuando, de rodillas ante el Padre celestial, solicita más comprensión del misterio de Cristo de parte de la iglesia, compuesta de gente de muy variado coeficiente intelectual y de muy diverso nivel académico. El catedrático chileno tiene razón: es imposible comprender, con la mente natural, la persona de Jesucristo. Sin el auxilio de Dios los *ojos del entendimiento* permanecen ciegos; cuando el hombre se vuelve a Dios y pone su fe en Jesucristo, el Espíritu Santo le da luz a esos ojos para ver a Dios en la faz de Jesucristo (2 Cor. 4:3-6).

Señor Jesucristo, el Padre de gloria, os dé espíritu de sabiduría y de revelación en el pleno conocimiento de él; **18** habiendo sido ilu-

---

encuentra veintiséis veces en sus escritos. ¡Qué noticia tan alentadora!

En una ocasión este autor tuvo la oportunidad de visitar una iglesia donde hacía más de treinta años había sido miembro. Durante el breve espacio entre la hora de la escuela bíblica dominical y la hora del culto de adoración se encontró en el pasillo con una ancianita que le abrazó y le dijo con emoción: "He estado orando por ti todos los días desde que saliste de aquí para ir a la universidad para prepararte para el ministerio." ¿Quién no quisiera tener un ejército de intercesores como ella orando por él todos los días? Pablo fue el intercesor por excelencia.

Recordándoos... significa hacer mención de ellos en sus oraciones. Los nombra cada vez que ora. El cuerpo de Pablo estuvo en prisión; sus viajes misioneros habían terminado. Sin embargo, su misión no había acabado. Aun en sus prisiones él llevó a cabo un ministerio activo de testimonio, consejos e intercesión. El viejo guerrero de Cristo continuó su lucha, utilizando el arma más poderosa que tuviera a su alcance, la oración.

La substancia de esta oración consiste en una petición específica a favor de los receptores (vv. 17-20). Se dirige al *Dios de nuestro Señor Jesucristo, el Padre de gloria* (v. 17). Este es un título de respeto y reverencia y reconoce que toda oración válida se conduce a través de la persona de Jesús. *Padre de gloria* reconoce que Dios "es el Padre que posee gloria (esplendor), el Padre cuya gloria es una de sus características" (Vaughan). En la oración pide para los lectores que Dios les *dé espíritu de sabiduría y de revelación en el pleno conocimiento de él* (v. 17). Los traductores han puesto *espíritu* con minúscula. Algunos piensan que significa una actitud de mente o disposición y por esto sugiere una actitud mental mediante la cual puedan comprender la verdad divina.

Otros comentaristas opinan que es más probable que la mención del *espíritu* se refiere al mismo Espíritu Santo, el espíritu que da Dios. Si este es el caso, podemos notar otra vez que este versículo tiene una estructura trinitaria. A la vez, reconoce al Espíritu de Dios como la fuente de sabiduría y quien nos da a conocer plenamente a Dios.

El deseo fervoroso de Pablo para los efesios es que conozcan en verdad quién es Dios como se revela en Jesucristo. Pide una cosa en particular con dos características, o sea el *espíritu* que se caracteriza por *sabiduría* y que revela *pleno conocimiento* de Dios. Para *sabiduría* Pablo emplea la palabra *sofía* [4678], que aquí significa "la sabiduría de las cosas profundas de Dios" (Barclay).

La idea de *revelación* (*apokálupsis* [602]) conlleva la idea de dar a conocer o descubrir algo o alguien antes no conocido. Aquí significa que ellos puedan descubrir nuevos conocimientos para conocer más y más de la verdad divina revelada en Cristo Jesús. Pablo reconoce que el verdadero conocimiento de Dios viene del Espíritu y resulta en un cambio de vida. Por esto, ora que Dios los haga sabios en las cosas espirituales, y que ellos tengan pleno conocimiento de él. Sin la ayuda del Espíritu no es posible conocer a Cristo. Esta no es una experiencia secundaria o de poca importancia. Es el resultado y la extensión de una experiencia primaria, la de creer en Cristo (v. 13) y de ser sellado con el Espíritu Santo (v. 14b). Teniendo al Espíritu Santo como garantía de una herencia eterna nos lleva a un conocimiento más pleno y completo de Cristo cada día.

Esta no es una oración frívola. Con toda sinceridad Pablo pide los más ricos tesoros espirituales para los efesios. A continuación el Apóstol señala la manera que el objeto de esta oración sea posible: *Habiendo sido iluminados los ojos de vuestro*

minados los ojos de vuestro entendimiento,* para que conozcáis cuál es la esperanza a que os ha llamado, cuáles las riquezas de la gloria de su herencia en los santos, **19** y cuál

---

*1:18 Lit., *corazón*

---

entendimiento (v. 18a). La palabra *entendimiento* se usa en la RVA en vez de la palabra literal que es *corazón* (*kardía* 2588; ver la nota de RVA). Se habla de todo el entendimiento, todas las "facultades interiores, a la vez de afectos, pensamiento y voluntad, de modo que sobre todo el 'hombre interior' brille la sonrisa del 'Padre de Gloria' " (Moule).

Con el Espíritu viene iluminación espiritual; con el crecimiento espiritual entendemos mejor las cosas de Dios. Ahora

---

Semillero homilético

Un modelo apóstolico de oración
1:15-23

Introducción: Si trazáramos la historia de la oración o del rezo a Dios en Hispanoamérica, descubriríamos tres cosas: a. Ha predominado el pedir; b. el sector más religioso de la iglesia pide milagros de socorro divino; y c. el sector más secularizado de la iglesia pide cosas antes que valores. Incluso muchos pastores de iglesias estamos presionados a pedir, por ejemplo, trabajo, y mejores trabajos, para nuestros miembros.

En Efesios, Pablo ofrece más de un ejemplo de oración. Aquí está el primero de ellos. ¿Cuáles son los contenidos modelo de esta oración? Nos hará mucho bien el conocerlos.

I. Contiene teología.
   1. Se dirige a Dios, manifestado en Jesucristo (v. 17a; ver 1 Tim. 3:16a).
   2. Se dirige a Dios como *el Padre de gloria* (v. 17b; ver Mat. 6:9 y Ef. 3:14).
II. Contiene agradecimiento.
   1. Da gracias a Dios por la fe cristocéntrica de la iglesia (v. 15a: las buenas nuevas y un buen presupuesto son fruto de tal fe).
   2. Da gracias por el amor universal entre los creyentes (v. 15b: este amor evita ser exclusivista o sectario).
   3. No da gracias por bendiciones materiales, sino por personas amadas en Cristo (v. 16a).
III. Contiene peticiones.
   1. Pide espíritu de sabiduría y de revelación para un conocimiento más profundo y completo de Dios (v. 17b).
   2. Pide que el iluminado entendimiento de los creyentes comprenda con profundidad el significado de la esperanza del evangelio (v. 18a, b; ver Ef. 1:7, 11; Col. 1:12).
   3. Pide que el iluminado entendimiento de los creyentes comprenda cuáles son las riquezas de la herencia de los santos (v. 18c; ver Ef. 1:7, 11; Col. 1:12).
   4. Pide que el iluminado entendimiento de los creyentes comprenda más del gran poder de Dios que actúa en la historia (v. 19).
IV. Contiene doctrinas.
   1. La doctrina del Dios que actúa poderosamente en el mundo (v. 19).
   2. La doctrina de la resurrección de Jesús (v. 20a).
   3. La doctrina del señorío universal de Jesucristo (vv. 20b-22a).
   4. La doctrina del señorío especial de Jesucristo: El es la cabeza de la iglesia (v. 22b).
   5. La doctrina de la naturaleza y el papel de la iglesia: Ella es el cuerpo pleno y activo de Cristo en el mundo (v. 23).

Conclusión: Las iglesias contemporáneas, junto con sus pastores, debieran volver a pedir al Señor Jesús lo que solicitaron sus novatos apóstoles: *Señor, enséñanos a orar*. Jesús nos enseñó el nivel primario sobre cómo orar en Mateo 6 (el Padrenuestro). El Espíritu Santo guió a Pablo a orar en el nivel superior, en la epístola a los Efesios. Traigamos nuestras oraciones públicas y privadas a la luz de este modelo paulino; aprenderemos que orar no es sólo pedir, sino tambien es dar gracias.

Pablo hace tres peticiones en particular que representan tres dimensiones de esta nueva experiencia espiritual con Dios. El Apóstol ora: *Para que conozcais...* y a continuación especifica tres elementos de este conocimiento, cada uno iniciado con la palabra "cuál".

Cuál es la esperanza a que os ha llamado, es el primer objetivo pedido. *Esperanza (elpis* [1680]*)* puede tener un significado objetivo con respecto a las cosas anticipadas. En el caso del creyente éstas son las cosas que se esperan como consecuencia o resultado de la redención, tal como la herencia que recibimos en Cristo (1:11). También la palabra puede tener un significado subjetivo como una actitud expectativa. Vaughan sugiere que en el caso actual hay una combinación de los dos sentidos, que es a la vez una esperanza objetiva consecuente de nuestra relación con Dios en Cristo y una actitud consciente del corazón que espera en Dios. Esta esperanza nace en el hecho de nuestra vocación cristiana, habiendo sidos llamados por Dios. El nos ha llamado a algo y este "algo" es la expectación del creyente que ha respondido al llamamiento de Dios. Esta idea se expresa otra vez en 4:4.

El segundo elemento grande del *pleno conocimiento de él* es *cuáles las riquezas de la gloria de su herencia en los santos.* Para entender mejor esta frase debemos dividirla en tres partes: *Cuáles las riquezas, de la gloria de su herencia, en los santos.* Ya hemos visto estos conceptos en la primera parte del cap. 1. El pensamiento central de esta breve porción es *la gloria de su herencia. Riquezas (plóutos* [4149]*)* es una palabra calificativa y *en los santos* ubica la gloria de su herencia riquísima en los creyentes. *Riquezas* se menciona en el v. 7, donde se habla de la gracia. Aquí se habla de la gloria maravillosa de Dios en abundancia rebosante. La *gloria* de Dios es su resplandor. Esta expresión se halla repetida en los vv. 6, 12 y 14. *Herencia* también se menciona en v. 14.

Ruinas de Efeso

EFESIOS 1:15-23

la inmensurable grandeza de su poder para con nosotros los que creemos, conforme a la operación del dominio de su fuerza. **20** Dios la ejerció en Cristo cuando lo resucitó de entre los muertos y le hizo sentar a su diestra en los lugares celestiales, **21** por encima de todo principado, autoridad, poder, señorío y todo nombre que sea nombrado, no sólo en esta edad sino también en la venidera. **22** Aun

---

Surge la pregunta: ¿De quiénes son esas riquezas de tal herencia gloriosa? ¿Son de los santos para quienes Dios tiene reservada una herencia gloriosa? O ¿son de Dios para quien los santos son la preciosa posesión adquirida y que constituyen esta herencia riquísima y gloriosa? El texto permite ambas interpretaciones, pero me inclino hacia la segunda. En otras palabras, Pablo está orando que los creyentes puedan lograr comprender qué grande es la estima que Dios ha puesto en los santos creyentes en él por fe en Cristo Jesús.

El tercer elemento de esta petición se halla en las palabras *cuál la inmensurable grandeza de su poder para con nosotros que creemos, conforme a la operación del dominio de su fuerza* (v. 19). Pablo desea que conozcan cuán grande es el poder de Dios. Usa palabras superlativas para expresar esa grandeza. El poder de Dios para con nosotros los creyentes es extraordinario e indescriptible. Excede el pequeño concepto humano. Debido a esta dificultad, Pablo emplea casi todas las palabras que puede para enfatizar esta potencia tan grande.

En primer lugar habla de la *inmensurable grandeza* de este poder. La palabra *poder* (*dúnamis* ^{1411}) significa energía. De esta misma palabra tenemos las palabras "dínamo" y "dinamita". Sugiere una potencia enorme que describe con las palabras *inmensurable* y *grandeza*. *Inmensurable* quiere decir superabundante, que excede toda imaginación y que va más allá de la esperanza. La palabra griega que usa para *grandeza* es *mégethos* ^{3174} que da en nuestro idioma de hoy la palabra "megatón". Es un término que se usa para valorar la potencia de las bombas atómicas. Este poder es el recurso que Dios ha puesto al alcance del creyente *conforme a la operación del dominio de su fuerza*. La palabra *operación* (*enérgeia* ^{1753}) significa fuerza o energía en acción. A la vez, *dominio* (*krátos* ^{2904}) sugiere potencia o imperio, significando el alcance de esta fuerza, que desde luego ha de ser ilimitada. Otro término que utiliza es *fuerza* (*iscús* ^{2479}) que significa a la vez potencia o fortaleza, un baluarte potente. En otras palabras, este poder de que habla y que quiere que conozcan los lectores de esta epístola en su magnitud es una fuerza indescriptible, incalculable e ilimitada siempre en acción en beneficio de los que creen en Cristo. El énfasis es para que sepan bien que el poder de Dios es infinito, seguro y efectivo.

Para que los creyentes de Efeso conozcan mejor este poder grandísimo Pablo procede a citar tres ejemplos de la operación en los versículos siguientes (vv. 20-23). Estos están en forma de cuatro acciones sucesivas: (1) *lo* **resucitó** *de entre los muertos;* (2) *le* **hizo sentar** *a su diestra en lugares celestiales;* (3) *todas las cosas las* **sometió** *Dios bajo sus pies* y (4) *le* **puso** *a él por cabeza sobre todas las cosas para la iglesia.*

Pablo afirma que el soberano y omnipotente Dios demostró terminantemente este gran poder en el acto de la resurrección de Jesús de entre los muertos. Aunque fue increíble para muchos, este fue un hecho testificado por gran número de sus discípulos y que constituye el objeto de fe de los que creen en él para su salvación. Creer en la resurrección de Cristo es clave en la fe cristiana. Aquí, Pablo señala a este hecho como el eje pivotal del evangelio, lo cual anhela que los creyentes de Efeso puedan comprender plenamente. Puesto que la muerte de Jesús puso fin a una etapa triste de la historia humana —el do-

todas las cosas las sometió Dios bajo sus pies y le puso a él por cabeza sobre todas las cosas para la iglesia, **23** la cual es su cuerpo, la plenitud de aquel que todo lo llena en todo.

minio del pecado y la muerte— fue necesaria la resurrección para dar comienzo a una nueva etapa de vida y esperanza por la gracia de Dios.

La segunda acción se refiere a la exaltación y entronización de Cristo, la de hacerle sentar *a su diestra en lugares celestiales* (v. 20). Como consecuencia de la resurrección, Cristo es exaltado a un lugar de honor y poder y como participante de su trono. Casi simultáneamente con la resurrección tenemos el acto de la ascensión. Podemos considerar a estas acciones como complementarias, describiendo la manera en que fue ejercido el poder de Dios en Cristo. Stott dice que estas dos acciones "fueron una demostractión decisiva de poder divino".

La esfera de esta exaltación y entronización está *en los lugares celestiales*. Ya consideramos los lugares celestiales en el v. 3. Basta decir aquí que Cristo ya está reinando en el cielo, lo que sirve como base segura de la esperanza del creyente, tanto este hecho como el de la resurrección.

Consecuente a su exaltación es la sujeción de los demás dominios y poderes, porque el dominio de Cristo esta más arriba de cualquier otro, *por encima de todo principado, autoridad, poder, señorío y todo nombre que sea nombrado, no sólo en esta edad sino también en la venidera* (v. 21). Esto abarca toda potestad concebible y en todos los tiempos. Otra vez el autor agota su vocabulario reuniendo palabras casi sinónimas, pero cada una con un significado particular. Por ejemplo: *Principado* (*arcé* [743]) significa jurisdicción; *autoridad* (*exousía* [1849]) significa potestad o facultad; *poder* (*dúnamis* [1411]) iguala a potencia o fuerza; y *señorío* (*kuriótes* [2963]) se refiere a dominio o potestad. No deja fuera a ningún elemento de fuerza en todo el universo, ni del bien ni del mal. Todos estos han sido sujetados bajo el dominio de Cristo para la eternidad. Los vv. 20 y 21 nos recuerdan las palabras del salmista: *Jehovah dijo a mi señor: Siéntate a mi diestra, hasta que ponga a tus enemigos como estrado de tus pies* (Sal. 110:1).

Complementando el hecho de sentarse a la diestra de Dios está el de someter *todas las cosas... bajo sus pies* (v. 22). En el v. 10 el autor ya mencionó que todas las cosas fuesen reunidas bajo una cabeza, Cristo. *Todas las cosas* se refiere a la totalidad del universo terrenal y celestial. Sobre este dominio universal, es decir las potencias tanto buenas (angelicales) como malas (satánicas) está Jesús como cabeza absoluta.

Ahora, Pablo intoduce el organismo que Cristo encabeza, sobre y por medio del cual ejerce su dominio, la iglesia. Esta idea está introducida por medio de una cuarta acción: *Y le puso a él por cabeza sobre todas las cosa para la iglesia* (v. 22b). La cabeza de cualquier organismo lo controla y da coordinación. Cristo como cabeza gobierna y coordina la iglesia. Esta palabra aparece hasta aquí, pero se sobreentiende en todo el texto anterior. La palabra *iglesia* (*ekklesía* [1577]) significa asamblea o concurrencia y aquí toma un nuevo sentido, reuniendo a todos los creyentes en él como comunidad universal de fe congregados en un solo cuerpo bajo una sola cabeza. *La cual es su cuerpo, la plenitud de aquel que todo lo llena en todo* (v. 23). El cuerpo complementa la cabeza. Cristo reina por medio de la iglesia, y ella es la expresión de su influencia en el mundo. El actúa por medio de ella.

La palabra *cuerpo* se usa como una figura metafórica para la iglesia. Le da el sentido de un organismo que tiene vida, carácter y propósito. Subraya el hecho de la unidad de la iglesia como un cuerpo compuesto de varios y diferentes miembros, cada uno cooperando armoniosamente como una sola unidad. Como tal, es *la plenitud de aquel que todo lo llena en todo*.

Salvos por la gracia

2 En cuanto a vosotros, estabais muertos en vuestros delitos y pecados, 2 en los cuales anduvisteis en otro tiempo, conforme a la corriente de este mundo* y al príncipe de la potestad del aire, el espíritu que ahora actúa

---

*2:2 Lit., *edad* o *siglo*; es decir, conforme a la edad a la cual pertenece este mundo malo

---

Cristo llena con abundancia a la iglesia para todas sus necesidades y para cada oportunidad. Así también la iglesia, representada como el cuerpo del Cristo resucitado, exaltado y soberano sobre todo, se goza de cada uno de estos beneficios como un anticipo en la tierra de su reinado celestial. La figura de la iglesia como un cuerpo pone énfasis en una relación orgánica, vital y complementaria. La iglesia no existiría sin Cristo y si no existiera la iglesia, en vano vivió, murió y resucitó Jesús. La relación mutua e íntima que existe entre cabeza y cuerpo ilustra la interdependencia e interacción vital de su existencia. Este concepto enfatiza la importancia de la iglesia pero como subordinada al Señor.

Con este precepto doctrinal Pablo termina su intercesión a favor de la iglesia. Su deseo es que los creyentes puedan tener una comprensión amplia y profunda con respecto a quién es Dios y qué ha hecho para ellos en Cristo Jesús, a quien ha puesto sobre todo el universo y en particular como soberano sobre la iglesia. Así logramos percibir el glorioso panorama espiritual del propósito de Dios desde antes del comienzo del tiempo y proyectándose hacia la eternidad venidera. Pablo introduce lo que este autor considera como el tema central de la epístola: "La iglesia: expresión máxima del propósito divino"; o, por decirlo de otro modo: "La gloria de Dios en la iglesia."

III. PABLO DESCRIBE A LA IGLESIA COMO UNA NUEVA COMUNIDAD EN CRISTO, 2:1-22

1. Una comunidad salvada por gracia, 2:1-10

Pablo ahora dirige la atención a los creyentes gentiles que forman las iglesias a las cuales escribe con la expresión *en cuanto a vosotros* (v.1a). Con lo que ha dicho en la primera parte de esta epístola como base y trasfondo, procede a describir el proceso divino que los ha traído hasta este punto admirable. En la manera típica de Pablo, los primeros siete versículos del texto en consideración constituyen una sola oración larga y compleja en el original. La RVR (1960) la divide en dos oraciones y la RVA lo hace con cuatro oraciones para ayudar al lector a comprender el verdadero significado. Hay dos pensamientos clave en los vv. 1 al 7: *Estabais muertos* (v. 1) y *Dios... nos dio vida* (vv. 4, 5).

Comienza señalando con una metáfora su estado antes de creer en Cristo como *estábais muertos en vuestros delitos y pecados* (v. 1b). Estas palabras indican una condición anterior y continua. Describen su condición como muertos, que aquí significa no la muerte física, sino la muerte espiritual en cuanto a su capacidad de responder a Dios. Quiere decir, estar separados o alienados de Dios. La muerte espiritual se refiere a un estado de rebeldía en el cual el rebelde se ha separado de la única fuente de vida y está bajo condenación.

La causa de esta muerte espiritual se describe como *vuestros delitos y pecados*. *Delitos* (*paráptoma* [3900]) significa pasos equivocados o faltas cometidas como actos de la voluntad. Barclay dice: "El término significa literalmente resbalón o caída. Se usa para describir al hombre que pierde el camino o se extravía, o de aquel que no logra adquirir la verdad o se aleja de ella." La segunda palabra que Pablo usa para definir la causa de la muerte espiritual es *pecado* (*amartía* [266]) que significa "errar o

en los hijos de desobediencia. **3** En otro tiempo todos nosotros vivimos* entre ellos en las pasiones de nuestra carne, haciendo la voluntad de la carne y de la mente; y por naturaleza éramos hijos de ira, como los demás. **4** Pero

---

*2:3 Otra trad., *nos conducíamos*

---

perder el blanco" como en el tiro al blanco. Pecar significa no alcanzar la meta deseada. Incluye los errores intelectuales y los fracasos morales. Las dos palabras son prácticamente sinónimas y usadas juntamente enfatizan la condición triste y desesperante del pecador.

Los *delitos y pecados* representan las malas obras del viejo hombre en que los lectores antes se ocupaban. El autor usa dos expresiones para describir cómo se ocupaban de ellas. *En los cuales anduvisteis en otro tiempo* (v. 2a) es la primera y se refiere a la conducta moral habitual de ellos, o como diríamos hoy en día, su estilo de vida. "Es un hebraísmo originalmente relacionado con la figura de la vida como una senda en que uno anda" (Vaughan). Incluye las actitudes, relaciones, acciones y metas de uno.

Este estilo de vida rebelde era *conforme a la corriente de este mundo y al príncipe de la potestad del aire* (v. 2b). Es decir, la vida desobediente y pecaminosa de los gentiles seguía las normas pecaminosas de su edad y las costumbres malas de este mundo. Además, estaba bajo la influencia de Satanás, el gobernador del reino del error. Según Bonnet y Schroeder, la expresión "príncipe de la potestad del aire" se encuentra sólo aquí y se usa para "designar el imperio del demonio". Esta expresión refleja el sentir de la época de Pablo que creía que el aire estaba tan plagado de demonios malignos.

Pablo describe a éste mismo príncipe como *el espíritu que ahora actúa en los hijos de desobediencia* (v. 2c). Es un espíritu maligno que ejerce su influencia sobre los que viven en el pecado y se caracterizan por una rebeldía contra Dios. Con esta expresión Pablo señala a Satanás como el que reina sobre los demonios y otros agentes de la maldad. Aun Jesús lo describe en Juan 16:11 como *el príncipe de este mundo*. Este mismo espíritu es el que está actuando en la vida de los *hijos de desobediencia*. De esta manera Pablo da a entender que la influencia de Satanás se manifiesta en las actividades pecaminosas y corruptas de la humanidad de hoy en día. Estos son los que no reconocen a Dios ni lo obedecen. El que influye en el mundo para que reine la maldad, el crimen, las guerras, la corrupción moral, las enfermedades sociales, la destrucción, la desintegración del hogar y todos los demás males que pudiéramos mencionar es Satanás. Los sujetos de él son los ladrones, los estafadores, los mentirosos, los homicidas, los inmorales, y así una lista sin fin.

El cuadro pintado no es nada agradable, pero no se detiene allí. Lo amplía a continuación (v. 3) para hacerlo universal. En los vv. 1 y 2 habla de *vosotros* (los gentiles) pero en el v. 3 habla de *nosotros* (los judíos). La expresión *en otro tiempo todos nosotros vivimos entre ellos...* incluye a los judíos entre los *muertos en... delitos y pecados* y, más específicamente, los *hijos de desobediencia*. La conducta de éstos antes de conocer a Cristo no era nada bueno ni recomendable.

El autor emplea dos expresiones para describir este estado pecaminoso y perdido. La primera de estas es *vivimos... en las pasiones de nuestra carne* (v. 3a). Las *pasiones* (*epithumía* [1939]) son los deseos malos o los impulsos naturales del hombre carnal. Otra palabra que expresa la misma idea es concupiscencias. La segunda expresión caracteriza esta vida como *haciendo la voluntad de la carne y de la mente* (v. 3b). Esta vida anterior estaba sujeta a los impulsos y deseos naturales del cuerpo físico y gobernada por los malos pen-

Dios, quien es rico en misericordia, a causa de su gran amor con que nos amó, **5** aun estando nosotros muertos en delitos, nos dio vida juntamente con Cristo. ¡Por gracia sois salvos!

---

samientos. Fue una vida controlada en cuerpo y mente por los impulsos bajos de la naturaleza. La vida habitual obedecía a los deseos de la naturaleza pecaminosa y los pensamientos pecaminosos. La consecuencia de este estado moral se describe con la expresión *por naturaleza éramos hijos de ira* (v. 3c). Según Vaughn "la ira de Dios representa la hostilidad divina a todo lo que es malo". *Por naturaleza* implica que esta sentencia divina se debe más a lo que uno *es* y no solamente a lo que uno *hace* como pecador. Las obras malas del pecado provienen de una condición natural del ser humano sin Cristo. Los pecados no hacen al pecador; el pecador hace pecados, malas obras. Con las palabras *como los demás* Pablo incluye a los judíos en esta acusación como sujetos a las influencias malignas de Satanás y por consecuencia los objetos de la ira de Dios.

Después de mencionar la situación triste y trágica de la humanidad, el autor cambia el tono de la misiva y habla de lo que Dios ha hecho a pesar del cuadro desolador del hombre. Parece que Pablo vuelve en el v. 4 al pensamiento que quiso iniciar al comienzo de este capítulo, una descipción de lo que Dios ha hecho para nosotros (vv. 4-10). Menciona la solución divina al dilema humano.

Comienza con una descripción de la naturaleza de Dios: *Pero Dios, quien es rico en misericordia, a causa de su gran amor con que nos amó...* (v. 4). Así Pablo introduce a *Dios* en el v. 4, quien es el sujeto del verbo principal *dio vida* en el v. 5. Menciona dos características de Dios, su *misericordia* y su *amor*. En contraste con lo que ofrece el hombre pecador, el autor presenta a Dios como *rico en misericordia a causa de su gran amor*. *Rico en misericordia* sugiere la circunstancia o razón por la que Dios nos dio vida.

El *Diccionario General Ilustrado de la Lengua Española VOX* dice que misericordia es la "virtud que inclina el ánimo a compadecer las miserias ajenas y a tratar de aliviarlas debidamente". Un segundo sentido dado es: "Atributo divino en cuya virtud Dios perdona y remedia los pecados de sus criaturas." Los dos sentidos caben aquí. Dios se compadece de la situación miserable del pecador y toma la iniciativa en perdonar los pecados causantes y los pecadores resultantes. Esta misericordia es grande, abundante y generosa.

Esta misericordia es el resultado de *su gran amor con que nos amó*. El amor es la esencia del carácter divino y Pablo lo repite de dos maneras para énfasis: amor como sustantivo y amor en forma verbal. Este gran amor es el amor compasivo que se da de sí mismo en Cristo (ver 1:5) con que él nos ha amado, en contraste con la ira de Dios mencionada en el v. 3. Este amor es para las mismas personas que éramos los objetos de esa ira divina. El *nosotros* del v. 3 se convierte en *nos* en el v. 4 como el objeto del amor y la misericordia de Dios. Este amor no se ciega al pecado, sino que responde a la altura que demanda la gravedad de la causa de la ira. ¡Qué glorioso es ser amado con un amor tan compasivo que a pesar del estado anterior que merecía la indignación de Dios nos dio otra oportunidad!

Este es el sentido del conjunto de palabras que componen los vv. 4 y 5. El resultado de esta misericordia y amor se da en el v. 5, donde también se menciona la condición del pecador, *estando nosotros muertos en delitos* ante la operación de estas cualidades de Dios. Esta condición o estado moral se describe con la palabra *muertos* dando énfasis a la total incapacidad del hombre y la separación de éste de Dios por causa de sus delitos. A la vez, enfatiza el gran poder de Dios que operó cuando *nos dio vida juntamente con Cristo*. Es el mismo poder de la resurrección de Cristo que resulta en nuestra sal-

6 Y juntamente con Cristo Jesús, nos resucitó y nos hizo sentar en los lugares celestiales, **7** para mostrar en las edades venideras las superabundantes riquezas de su gracia, por su bondad hacia nosotros en Cristo Jesús.

vación. Pablo une nuestra salvación con la resurrección de Jesús. Motivado por la misericordia y el amor, Dios obró nuestra salvación por medio de y junto con la resurrección de Jesús. El mismo poder que operó para levantar a Jesús de la muerte ha operado en nosotros para vivificarnos juntamente con él.

Las palabras *nos dio vida juntamente con Cristo* interpretan una expresión griega compuesta por Pablo que significa "nos vivificó juntamente con Cristo". Según Taylor este verbo compuesto fue acuñado por Pablo para dar "más énfasis a que la salvación es el resultado de la unión con Cristo. La resurrección de Cristo no es nada más la seguridad de la regeneración espiritual; también es el medio de la regeneración". Esta fue la obra de Dios en el Espíritu Santo, la regeneración espiritual de los pecadores muertos. La muerte espiritual responde positivamente al Espíritu de Dios quien obró en la resurrección de Cristo, dándonos vida espiritual. Pablo inserta aquí una exclamación: *¡Por gracia sois salvos!*, anticipando el pensamiento que trata más extensamente más adelante. Recalca que la salvación viene de una fuente fuera del hombre y no corresponde a ningún mérito ni valor que tuviese. Tanto la resurrección de Jesús como la regeneración de nuestras almas es obra de la gracia de Dios, la que se manifiesta por medio de su misericordia y amor. Uno de los temas favoritos del apóstol Pablo es la gracia y no se cansa de mencionarla (ver 1:2, 7, 8). Todo lo que Dios hace y el creyente recibe es por gracia.

Complementando la idea de la vivificación, o sea la regeneración espiritual, Pablo continúa diciendo: *Y juntamente con Cristo Jesús, nos resucitó y nos hizo sentar en los lugares celestiales* (v. 6). Como en el versículo anterior encontramos aquí dos verbos compuestos que lit. quieren decir: *Nos resucitó con él y nos sentó con él*. La regeneración espiritual sigue con dos acciones divinas más: la resurrección espiritual y la unificación espiritual juntamente con Cristo Jesús. Acto seguido de ser resucitado, Jesús salió de la tumba. Así, al recibir nueva vida el creyente se levanta de su lecho entre los muertos, sale de ellos y entra en una nueva relación y una nueva comunión con Cristo Jesús. Esta referencia nos recuerda lo que Pablo escribe en 1:20, donde menciona la resurrección poderosa y victoriosa de Jesús. Todo esto confirma la obra completa de la salvación por fe en Jesucristo. Tenemos una salvación totalmente terminada y segura. Esto describe el nuevo estado en el cual se halla el creyente en contraste con el estado pasado descrito en los vv. 1-3.

Clave en esta nueva relación y estado del creyente es la expresión *juntamente con Cristo Jesús*. Para dar más énfasis a esta relación *La Biblia de las Américas* interpreta estas acciones de la siguiente manera: "Con él nos resucitó y con él nos sentó." Donde está Jesús, allí está el creyente gozándose de la victoria y los beneficios logrados por él. *En los lugares celestiales* sugiere que espiritualmente ya disfrutamos del cielo. En un sentido podemos decir que el cielo ha venido a nosotros en Cristo quien mora en nosotros. Y esto a pesar de las limitaciones temporales y terrenales que aún experimentamos en este cuerpo físico.

Las palabras que siguen (v. 7) son una explicación de la razón divina y del propósito eterno de Dios en la obra salvadora que hizo en Cristo Jesús. Resume lo que Pablo ha descrito tan elocuentemente en la primera división de esta carta (1:3-14). *Para mostrar* señala propósito y podría ser interpretado como "con el fin de demostrar" o "como evidencia de". Se refiere a las tres acciones mencionadas en

vv. 5 y 6, las cuales darán evidencia de o demostrarán *en las edades venideras las superabundantes riquezas de su gracia, por su bondad hacia nosotros en Cristo Jesús* (v. 7).

En las edades venideras, lit. *por los siglos*, habla del futuro y podría entenderse con "por todo el tiempo venidero". Lo que Dios ha hecho (vv. 4-6), lo ha hecho para poder continuar demostrando su gracia

---

Semillero homilético

Los tiempos de la iglesia
2:1-10

Introducción: En este párrafo epistolar tenemos un resumen de la historia de la salvación de los seres humanos. Pablo habla aquí del pasado, del presente y del futuro de los hechos de salvación del Señor en favor de la iglesia. Se justifica, entonces, que hablemos de "los tiempos de la iglesia". ¿Cuáles son, precisamente, esos tiempos?

I. El tiempo de la muerte: el pasado sin Cristo (vv. 1-3).
  1. Los efesios estaban muertos, porque estaban separados de Dios a causa de su conducta pecaminosa (v. 1).
     (1) "Muerte" significa separación. El pecado enajena al hombre de su creador y Señor (Isa. 59:2).
     (2) El efecto real del pecado es la muerte moral del pecador.
  2. Los efesios estaban condenados a muerte por causa de la culpa (vv. 1 y 3): *muertos en vuestros delitos*.
     (1) Los delitos determinan culpabilidad (Rom. 1:32).
     (2) Las transgresiones requieren castigo (Rom. 3:5).
  3. Los efesios manifestaban su estado de muertos en su conducta diaria (vv. 2 y 3).
     (1) Una conducta rebelde contra Dios por estar bajo el señorío de lo demoníaco (v. 2).
     (2) Una conducta impulsada por bajos deseos sensuales según una voluntad carnal envilecida (v. 3a).
     (3) Una conducta merecedora de la ira o castigo de Dios (v. 3b).
II. El tiempo de la vida: el presente con Cristo (vv. 4-6a, 8, 9).
  1. Tiempo concedido por la misericordia (compasión) y el amor de Dios (v. 4).
     (1) Porque Dios es rico en misericordia (compasión).
     (2) Porque Dios ama con un amor muy grande.
  2. Vida concedida solidariamente con Cristo (vv. 5a, 6).
     (1) Juntamente con Cristo sufrieron el justo castigo por los delitos (v. 5a; 1:7; Cristo murió por asumir la culpa de los que estaban muertos en sus delitos y pecados).
     (2) Juntamente con Cristo los creyentes han vencido la muerte (v. 6a).
     (3) Juntamente con Cristo comparten la gloria celestial (v. 6b).
  3. Vida donada por gracia y recibida por medio de la fe (vv. 5b, 8, 9).
     (1) La gracia es igual para todos (vv. 5b, 8a ; de iguales en su indignidad de la gracia [Rom. 3:23], a iguales en la opción a la vida eterna por la sola gracia).
     (2) Si es por gracia no puede ser por obras (v. 9b; Rom. 11:6).
     (3) Si es por las obras no puede ser por la fe (vv. 8a, 9a; Gál. 3:10-12; Rom. 4:4, 5).
III. El tiempo de la acción: el futuro con Cristo (vv. 7 y 10).
  1. Dios actúa "para mostrar en las edades venideras las superabundantes riquezas de su gracia" (v. 7a).
  2. La iglesia actúa las buenas obras para llevar adelante el plan del reino de Dios bajo el señorío de su cabeza, Jesucristo (v. 10a, b; 1:20-23).
  3. En este presente en acción futura, Dios muestra que su inmensa bondad es concedida en Cristo Jesús y se concentra en los que son de Cristo (v. 7b).

Conclusión: Es impresionante la valorización que Dios hace de la iglesia. La notable historia espiritual de la iglesia, sin embargo, deriva de la historia de la salvación "en Cristo". El tiempo pasado debiera mover en gratitud a la iglesia; pero los tiempos presente y futuro son los de la evangelización creadora con el Espíritu Santo, y tiempos del servicio en beneficio de todos los hombres, mayormente aquellos de "la familia de la fe".

8 Porque por gracia sois salvos* por medio de la fe; y esto no de vosotros, pues es don de Dios. **9** No es por obras, para que nadie se gloríe. **10** Porque somos hechura de Dios, crea-

*2:8 Lit., *habéis sido salvados*

---

abundante a través de las edades venideras. Vaughan sugiere que "los creyentes son trofeos de la gracia de Dios, y su designio es exhibir en ellos la incomparable riqueza de esa gracia". Esta frase contiene un mensaje misionero y señala el propósito misionero que Dios tiene para su iglesia.

No pudiendo contenerse, Pablo prorrumpe en palabras superlativas para describir *las superabundantes riquezas de su gracia*. *Superabundante* (*uperbállo* 5235) significa una abundancia que sobrepasa, y usado con *riquezas* implica una riqueza que no tiene medida ni límites. Pablo ya había mencionado *las riquezas* de Dios respecto a su gracia en 1:7, la gloria de su herencia en 1:18 y de su misericordia en 2:4. Esta gracia tan abundante es una manifestación de *su bondad hacia nosotros en Cristo Jesús*. Podríamos entender la *bondad* de Dios como su benevolencia o su buena voluntad para con nosotros en Cristo Jesús.

La voluntad de Dios siempre ha sido hacernos el bien. Esto lo ha hecho en Jesús. Cada nuevo creyente es un trofeo glorioso que exhibe esta bondad divina que nos vivifica (da vida), nos resucita y nos sienta en victoria y gloria juntamente con Cristo. El avance misionero del evangelio aumenta la perspectiva de esta exposición maravillosa.

Uno de los pasajes bíblicos más queridos y que a la vez sirve como base para la evangelización es el que sigue: *Porque por gracia sois salvos por medio de la fe; y esto no de vosotros, pues es don de Dios. No es por obras, para que nadie se gloríe* (vv. 8, 9). Con estas palabras Pablo resume todo lo que ha dicho hasta este punto, señalando que la salvación es la obra soberana de Dios y sólo depende de la fe del pecador para hacerla suya. No depende de nada más que el ser humano pueda hacer. Moule llama a este pasaje "esa gran formula de bendición". La gracia es la provisión que Dios ha hecho para la salvación del pecador, pues la situación de éste es tan grave. La fe, y nada sino la fe, es lo que corresponde al pecador como respuesta a la gracia de Dios, pues es la única condición que Dios acepta. La gracia es la fuente divina de la salvación y la fe es el medio por el cual se efectúa.

Cuatro palabras se destacan en el v. 8: *gracia, salvos, fe* y *don*. Por *gracia* (*cáris* 5485) entendemos la merced, el favor y bondad amorosa de Dios; mientras *fe* (*pístis* 4102) es aquella confianza que cree en esta gracia. La salvación es el resultado de estas dos, gracia y fe, y viene como un don gratuito de parte de Dios y no por ningún mérito o esfuerzo del pecador. Las palabras traducidas *sois salvos* también pueden ser traducidas *habéis sido salvados*, porque la estructura verbal en el griego da a entender un hecho consumado pero en que el beneficiario continúa y continuará gozando de sus beneficios.

Esto no de vosotros a primera vista sugiere la fe, como parece lógico y correcto pensar que aun la fe proviene de Dios. La mayoría de los comentarios concluyen sugiriendo que "esto" se refiere a toda la obra salvadora, "salvos por gracia por medio de la fe", como don de Dios. Pablo añade *no es por obras, para que nadie se gloríe*. La obra salvadora de Dios, dada la condición desesperada del pecador, no deja lugar para la jactancia ni el orgullo. Enfáticamente el Apóstol ha repetido *y esto no de vosotros* y *no es por obras* para demostrar que la salvación no viene como resultado de los esfuerzos ni méritos humanos. Sólo hay que creer, tener fe, confiar en Dios.

Cualquier obra, mérito, esfuerzo humano, o aun cualquier jactancia anula la gracia y niega la fe; deja la obra salvadora completa y adecuada de Dios en Cristo expuesta a dudas y abusos; da lugar a muchas doctrinas y prácticas equivocadas que sugieren que el hombre tiene que hacer su parte. Tenemos el caso clásico de los gálatas que cayeron víctimas de los judaizantes que insistían que era necesario circuncidarse para ser salvo, además de creer. Este peligro se extiende en nuestro tiempo hasta aquellos que insisten en que hay que tener otra experiencia posterior a convertirse a Cristo, como "una segunda obra de gracia" para ser verdaderamente salvo. Insisten en que hay que tener tal o cual experiencia (hablar en lenguas, p. ej.)

Filosofía bíblica de la historia

En Efesios, Pablo entrega el corazón de la filosofía bíblica de la historia, enraizada en el AT y sistematizada en Jesucristo. Para medir el sentido de la historia del evangelio en Jesús, y para aplicarlo a nuestra América Latina, conozcamos algo de los sentidos de la historia y el lugar del hombre en ella, del mundo de Pablo y del nuestro:

1. El mundo helenístico de la época de Pablo pensaba en la historia de modo fatalista. Todo ocurría como moviéndose en un sentido circular; todo era recurrente; no ocurría nada nuevo debajo del sol. La calidad moral y el destino al nacer, son como una pieza con candado cuya llave no está en el mundo del hombre. Ni la persona ni el destino de ella admite cambios. Había sí religiones de "esperanza" (las llamadas "religiones de misterio"), pero una esperanza apenas rasguñada por una elite de iniciados. El optimismo de la época paulina lo brindaba el mundo romano con su éxito político y técnico. Y además con la filosofía estoica. Pero tal optimismo incubaba el fatalismo por medio del despotismo de los señores del poder público, la desigualdad social, la deslealtad creciente al genio y culto romanos, y por la franca debilidad de la mayoría de los ciudadanos para "hacer" los ideales morales dictados por la conciencia natural y enseñados por los grandes maestros de la época (ver Rom. 1:18—2:15).

2. En Hispanoamérica, desde los días de la conquista, ha cristalizado un sentido mestizo de la historia: Un sentido optimista dominado por el fatalismo. Como prueba nos referiremos al sentido de la historia de una de nuestras altas culturas, la maya-mexicana, mezclada con el sentido histórico-religioso del cristianismo hispanoamericano católico, apostólico y romano. En la cultura maya-mexicana hay dos símbolos centrales: La serpiente enroscada en espiral con la cabeza en el centro y la pirámide escalonada. La espiral maya-mexicana sugiere una concepción más avanzada que el círculo repetidor de los griegos. Los círculos de la espiral, siendo semejantes entre sí, son también diferentes; se desenvuelven de modo indefinido, pero en círculos ascendentes de diferente nivel. Aquí hay cambio en el movimiento de la historia, y el hombre participa en cierta medida de los cambios. Incluso el destino del hombre, según algunos pensadores mayas, puede aspirar a encontrarse con el dios tenido como principal. La pirámide escalonada con su templo en la cumbre, sugiere el modo en que ocurre la historia del mundo: El hombre, que vive sometido a la naturaleza, guiado por sus tradiciones y por el calendario de buen nivel astronómico, va ascendiendo con el ritmo de la historia, escalón por escalón, hacia el ideal divino. Lo divino es distinto de lo humano, así como el templo de la cumbre lo es de la pirámide. Hay una jerarquía rectora en la estructura espiritual del mundo: Muy arriba, lo divino casi indefinido y misterioso; hacia abajo siguen los señores, los sacerdotes, los potentados, hasta llegar al hombre común. Este, de todos modos, es semejante al hombre de más arriba, pues son solidarios en la caminata hacia el templo celestial.

La esperanza de cambio, mayúscula para el orden elitista sacerdotal, estuvo amarrada a la conducta moral. En verdad, como nos lo ha revelado el traductor de la literatura náhuatl, don Miguel León Portilla, la moral de esa gente compite, como la moral de Séneca con la de Pablo, de modo notable con la moral representada por la mayoría de los cristianos de Hernán Cortés. Con emocionante tesón religioso, los maya-mexicanos vivían de sortilegios, sacrificios hasta humanos, oraciones, buenas obras y heroicas, etc. Se proponían ayudar con sus buenas obras no sólo al ascenso personal, sino más bien comunitario. También buscaban ayudar al cambio histórico universal, cuyos modelos eran sus dioses, personificadores de los valores morales.

dos en Cristo Jesús para hacer las buenas obras que Dios preparó de antemano para que anduviésemos en ellas.

---

para dar evidencia de haber recibido al Espíritu Santo. Los que insisten en esto se escudan detrás de una interpretación equivocada de la obra del Espíritu Santo en la salvación. El gloriarse de lo que uno hace o podría hacer para salvarse disminuye la importancia de la gracia de Dios, rebaja el sacrificio de Cristo y pone al hombre en un plano similar al de Satanás quien quiso imponerse en el lugar de Cristo y abolir la obra de Dios.

El autor inspirado concluye explicando el propósito de todo esto en el v. 10. Este versículo "es para corroborar la gran verdad de los vv. 8 y 9, y para dar razón de ella" (Vaughan). No es *por* obras que uno se salva, sino *para* hacer buenas obras que uno es salvo. En primer lugar, señala que somos *hechura de Dios, creados en Cristo Jesús*. Hechura (*póiema* [4161]) significa "cosa que es hecha" o sea obra de las manos, en este caso de Dios. Como tal, hemos sido *creados en Cristo Jesús* o sea hechos en él. El alma salva es de creación divina. Pablo describe esta idea en otra epístola más ampliamente cuando dice: *De modo que si alguno está en Cristo, nueva criatura es; las cosas viejas pasaron; he aquí todas son hechas nuevas* (2 Cor. 5:17). El propósito divino es hacer del hombre pecador una nueva criatura completamente de su agrado y que hace las obras que a él le agradan. Que Dios nos ha hecho lo que somos depende de una nueva relación en Cristo con un propósito más elevado. Este propósito se define como *las buenas obras que Dios preparó de antemano para que anduviésemos en ellas* en lugar de las malas obras de Satanás mencionadas en los vv. 1-3.

El hombre viejo bajo la influencia de Satanás y sujeto al estilo de vida de esta edad no podría hacer las buenas obras que agradarán a Dios. Nada menos que una nueva creación hecha al estilo de Jesús podría satisfacer este propósito eterno y lograr la voluntad de Dios. Dios ha hecho (*preparó de antemano*) las provisiones necesarias para un nuevo estilo de vida (*para que anduviésemos en ellas*). La palabra "andar" en el v. 10 es la misma que se usa en el v. 2 al referirse al andar en los delitos y pecados en otro tiempo, antes de creer en Cristo. Las buenas obras "no son meros accesorios de la vida cristiana, sino parte del plan eterno de Dios para su pueblo" (Vaughan). Como las obras malas formaron parte de la vida anterior del pecador, las buenas obras forman parte íntegra de la vida nueva del creyente. Como antes anduvo el pecador *conforme a la corriente de este mundo* ahora el creyente anda en una nueva manera de vida.

Así termina Pablo el ciclo de la transformación de la muerte a la vida, de las obras malas a las obras buenas. Vemos el cuadro completo de lo que era uno antes de Cristo, lo que hizo Dios en él, el resultado de ésto en aquel que cree, y el porqué de todo esto. De esta manera Pablo acaba de describir la obra de Dios al convertir a una humanidad pecadora en una nueva comunidad salvada por su gracia.

2. Una comunidad reconciliada con Dios, 2:11-22

El autor prosigue describiendo esta nueva comunidad en Cristo como una comunidad completamente reconciliada con Dios. Lo hace en tres párrafos: el primero (vv. 11-13) que recuerda lo que fueron los gentiles antes de conocer a Cristo y ahora lo que son en él y presenta la obra salvadora de Jesús. El segundo (vv. 14-18) presenta la obra pacificadora de Jesús, lo que hizo él para derrumbar todo obstáculo entre los gentiles y los judíos. El tercero (vv. 19-22) explica el glorioso resultado de esta pacificación y presenta a Jesús en su capacidad de edificador.

La expresión *por tanto* (v. 11) conecta los pensamientos que siguen con lo que

Nueva comunidad en Cristo

11 Por tanto, acordaos de que en otro tiempo vosotros, los gentiles en la carne, erais llamados incircuncisión por los de la llamada circuncisión que es hecha con mano en la carne. **12** Y acordaos de que en aquel tiempo estabais sin Cristo, apartados de la ciudadanía de Israel

---

acaba de expresar respecto a la obra salvadora de Cristo. Usando ésta como fundamento, llama a los lectores gentiles a recordar su pasado no tan halagador: *Acordaos de que en otro tiempo vosotros, los gentiles en la carne, érais llamados incircuncisión por los de la llamada circuncisión que es hecha con mano en la carne* (v. 11). Pablo llama la atención de sus lectores al hecho de que antes eran considerados por los judíos, los fariseos en particular, como inferiores a ellos porque no habían recibido el rito de la circuncisión y por esto fueron llamados despectivamente *los de la incircuncisión*. Este hecho fue el motivo de una gran discriminación contra los gentiles en la mente de los judíos, quienes consideraban despectivamente a los gentiles como incircuncisos, inmundos y fuera del alcance de la gracia de Dios.

La incircuncisión era como una "cortina de la carne", una muralla, un estorbo que separaba a los gentiles de los judíos. *Los gentiles en la carne* se refiere a su condición natural como no judíos. *Gentiles* es *éthnos* 1484, que significa "las naciones" o sea las otras naciones que no conocieron a Jehovah como Dios. Estas eran consideradas como paganas y aborrecidas por los judíos. Antes de la venida de Cristo este aborrecimiento fue tal que los judíos consideraban que los gentiles "habían sido creados por Dios para ser combustible para el fuego del infierno. Dios sólo amaba a Israel de entre todas las naciones que había hecho" (Barclay). ¡Tan lejos estuvieron de la verdad! La única diferencia entre los judíos y los gentiles fue una cosa *hecha con mano en la carne* pero que había recibido un significado desproporcionado.

A continuación Pablo menciona la condición espiritual anterior de los efesios. La describe con tres frases: (1) *Sin Cristo*, (2) *apartados de la ciudadanía de Israel y ajenos a los pactos de la promesa*, y (3) *estando sin esperanza y sin Dios en el mundo* (v. 12).

Al decir que estaban *sin Cristo* señala que los gentiles no conocían a Jesús ni sabían nada acerca de la promesa de Dios de enviar al Mesías al mundo. La palabra *Cristo* es *Cristós* 5547, que es sinónima con la palabra hebrea para Mesías y las dos significan el "ungido de Dios", el Hijo prometido de Dios. Tanto la condición de pertenecer a la incircuncisión, lo que les aislaba de las promesas de Dios, como su condición natural como seres humanos caídos en el pecado los calificaban como *sin Cristo*. La consecuencia de esta condición fue que no tenían ninguno de los beneficios que son el resultado de conocer a Jesucristo y de su obra salvadora. Además de no contar con la señal en la carne (la circuncisión) que les identificara como pertenecientes al pueblo de Dios (según el pensar de los judíos), los gentiles (desdichados sin Cristo) no tenían salvación.

Pablo agrega a esta situación la de estar *apartados de la ciudadanía de Israel y ajenos a los pactos de la promesa* (v. 12b). Esta es una expresión doble que enfatiza el hecho de que los gentiles no fueron del pueblo de Dios ni fueron contemplados dentro de su promesa en la cual se amparaban los judíos. De esta manera Pablo describe el estado perdido de los gentiles. Al no pertenecer los gentiles al pueblo escogido de Dios ni conocer nada de la promesa que éste tenía, fueron considerados como enajenados o desposeídos de la ciudadanía de Israel. No se gozaron de los privilegios que pensaban tener los judíos. La palabra griega que se traduce *apartados* significa alguien que es un extranjero o que es se-parado de los demás, en este caso, de los judíos. *Ajenos* (*xénos* 3581) se puede traducir "extranjeros" y significa

y ajenos a los pactos de la promesa, estando sin esperanza y sin Dios en el mundo. **13** Pero ahora en Cristo Jesús, vosotros que en otro tiempo estabais lejos habéis sido acercados por la sangre de Cristo.

que no fueron incluidos en la promesa de Dios con el pueblo escogido. Israel fue el pueblo de los *pactos*. La palabra "pacto" (*diathéke* 1242) quiere decir acuerdo, contrato o promesa. *La promesa* se refiere a la que hizo Dios directamente con Abraham (Gén. 17:1, 2) y había repetido a Isaac y su descendencia en varias ocasiones. Esta promesa abarcaba a la descendencia de Abraham y la identificaba con Jehovah. Los gentiles no fueron contemplados en esta relación íntima y vital.

Como resultado de estar sin Cristo, desposeídos espiritualmente y ajenos a la promesa de Dios los gentiles estaban *sin esperanza y sin Dios en el mundo*. Aparte de Cristo no había remedio en el mundo para ellos. Esta es la tercera frase que Pablo usa para describir la situación desesperante de los gentiles. No les quedó ninguna salida ni aliento y estaban sin el Dios verdadero que les podría ayudar. Como paganos tenían sus propios dioses pero éstos no tuvieron ningún poder para salvarlos. La expresión *sin Dios* traduce *athéos* que también nos da la palabra "ateo". Aunque tuvieron muchos dioses, éstos no eran el Dios verdadero. El resultado fue que aunque tenían muchos dioses no conocieron al verdadero Dios. Quedaron desprovistos absolutamente de Dios.

Teniendo presente este recordatorio triste, Pablo procede a señalar en el v. 13 que aquel estado lamentable había sido cambiado en Cristo: *Pero ahora en Cristo Jesús*. Antes estaban fuera de Cristo, ahora están *en Cristo Jesús:* Expresión favorita de Pablo que usa para señalar el lugar actual donde está el que cree. Significa que el creyente vive por fe en unión con Cristo en contraste con la situación anterior de estar sin Cristo, muy lejos de Dios y fuera de comunión con él. Los que antes estaban *lejos* ya han *sido acercados por la sangre de Cristo* (ver Isa. 57:19). La clave reconciliadora es la sangre de

---

La esperanza

El padre de todos los dioses, Zeus, regaló a un piadoso rey una caja preciosa y terrible: la Caja de Pandora, llamada así por su relación con la hija del rey que tenía ese nombre. El honor del rey quedó sujeto al hecho de no abrir jamás dicha caja. Un día, la princesa, no pudiendo contener su curiosidad, entró en la cámara secreta y la abrió. Su espanto fue grande, porque de la caja salían monstruos indeseables como: la mentira, el odio, la deslealtad, el adulterio, el rencor, la venganza, la gula, etc. En otras palabras, de allí salieron todos los males que aquejan a la humanidad. Aclaremos aquí que la palabra pandora significa "todos los dones"; por lo tanto todos los dones de Zeus son sólo males. Sigamos con el mito: Horrorizada, Pandora tapó de nuevo la caja o el don divino. Pero adentro quedó algo, un solo mal, el menor: *Elpís*.

Con éste término Pablo afirma, con entusiasmo, la esperanza cristiana: ... *para que conozcáis cuál es la esperanza (elpís) a que os ha llamado...* (Ef. 1:18). Y más adelante presenta la fortísima prueba del sentido positivo de dicha esperanza cristiana: *Por gracia sois salvos* (2:5); *porque somos hechura de Dios, creados en Cristo Jesús...* (2:10). Podemos afirmar, entonces, que la esperanza cristiana es radicalmente distinta a "la esperanza" de la mayoría de los contemporáneos de Pablo. También es así de distinta respecto de ciertas filosofías contemporáneas nuestras. La esperanza cristiana no es una doctrina de lo absolutamente abstracto y futuro; es relativamente concreta y presente. Se da la mano con la fe que hoy podemos poner en Jesús; se hace evidente en la vivencia de regeneración del pecador actual; se da la mano con el amor real con el que amamos al prójimo y al hermano en la fe de Jesús (1 Jn. 3:14). Un teólogo lo expresa así: "Ya, pero todavía no." La esperanza tiene su razón de ser desde el presente de gracia y fe con Jesucristo (Ef. 1:13, 14).

> **Semillero homilético**
>
> **Jesús reconcilia**
> **2:11-18**
>
> *Introducción*: En este pasaje hay tres palabras clave. La primera es *hostilidad* o *enemistad* (vv. 14 y 16). La segunda es *paz,* que en griego es *eirene* y en hebreo y arameo es *shalom* y *shelom,* respectivamente. Este término tiene muchos y positivos significados; por ejemplo: Estar bien, bienestar completo, buena salud, felicidad, prosperidad, PAZ, relación pacífica, unión, concordia, paz como opuesto a la guerra, etc. La tercer palabra clave es "evangelizó" (v. 17); la frase *anunció las buenas nuevas* se lee lit. evangelizó la paz. Es decir, que la cosa anunciada como buena nueva es la paz que Jesús hizo.
>
> Conviene tener en cuenta estos términos y sus significados para entender mejor el mensaje de este párrafo de Efesios. Pablo aclara aquí el impacto de la obra salvadora de Jesús en medio del paisaje histórico y social humanos. Veamos qué dice Pablo sobre que Jesús *es nuestra paz:*
>
> I. Cómo se daba la hostilidad entre los pueblos (vv. 11, 12, 14b, 15a).
>   1. De modo racial y cultural: Los griegos llamaban "bárbaros" a los no griegos; los judíos llamaban "perros" a los no judíos; los romanos llamaban "hijos de asno" a los judíos; los samaritanos no se saludaban con los judíos; los de la circuncisión llamaban "incircuncisos" —comunes, impuros— a los demás (vv. 11, 14; ver Mar. 7:27, 28).
>   2. De modo socioeconómico: La práctica ritual del sábado estorbaba las relaciones laborales entre judíos y no judíos (v. 15a).
>   3. De modo social: La regla de trato entre judíos y gentiles era el no saludarse ni ayudarse entre sí. El silencio era una barrera de división (v. 14; ver Juan 4:9).
>   4. De modo religioso: Si bien los judíos evangelizaban a los gentiles, sus leyes y ordenanzas rituales exigían a éstos saltar altas barreras sabáticas, de comidas, bebidas, fiestas y peregrinaciones a Jerusalén. La barrera religioso-racial de la circuncisión era una barrera de sangre que producía creyentes en Dios de segunda clase: Los temerosos de Dios (vv. 11, 12, 15a).
> II. Cómo hizo Jesús la paz (vv. 13, 14a, 15-18).
>   1. Con su palabra golpeó las barreras de división.
>   (1) Dijo que *el sábado fue hecho para el hombre, y no el hombre para el sábado* (Mar. 2:27).
>   (2) Dijo que *todo lo que entra en la boca va al estómago y sale a la letrina* (Mat. 15:17, 18).
>   (3) Dijo que un samaritano que practica la justicia por amor a un judío es mejor que un judío piadoso en reglas rituales (Luc. 10:25-37).
>   (4) Dijo que cuando fuera crucificado, atraería hacia él a griegos y judíos por igual (Juan 12:20-24, 32, 33; ver Rom. 15:7-9).
>   2. Con su muerte en la cruz derribó las barreras de división.
>   (1) Judíos y gentiles se unieron para crucificarlo (v. 13; Hech. 3:15).
>   (2) Dando su sangre-vida y orando en favor de sus "enemigos", Jesús anuló el poder de toda clase de hostilidad (vv. 13, 14)
>   (3) Con su muerte en sacrificio, Jesús cumplió y agotó el propósito final de toda clase y forma de sacrificios rituales de la revelación bíblica.
>   (4) Por medio de su muerte reúne a judíos y no judíos en la común reconciliación con Dios (vv. 15, 16).
> III. Cómo realiza Jesús la evangelización (vv. 17, 18).
>   1. Anunciando la paz de la cruz a judíos y gentiles por igual (vv. 13, 17; ver Hech. 11:15-18).
>   2. Haciéndose el único mediador de judíos y gentiles en su acceso a Dios (v. 18; un solo Dios, un solo pueblo, un solo culto, un solo bautismo, un solo Espíritu; ver Ef. 4:1-6).
>
> *Conclusión*: "Reconciliación" sigue siendo el concepto clave para el destino comunitario eterno de toda persona y de todo pueblo. Pero también lo es para el destino histórico de las naciones y tribus de nuestro superpoblado planeta. El mensaje de Efesios es un mensaje de "primera necesidad" en todas las plataformas de intentos de paz social, nacional e internacional.

EFESIOS 2:11-22

14 Porque él es nuestra paz, quien de ambos nos hizo uno. El derribó en su carne la barrera de división, es decir, la hostilidad; **15** y abolió*

---

*2:15 Otras trads., *hizo que cesara*; o, *destruyó*

Cristo. Podemos entender que la expresión "ser acercado" significa ser atraído a, reunido con, o reconciliado con. En otras palabras, la sangre de Cristo obra para quitar de en medio nuestro estado pecaminoso y demoler todos los obstáculos que nos han separado de Dios en el pasado.

La frase *la sangre de Cristo* es una referencia a la muerte de Jesús en la cruz para conseguir para todos los que creen en él la remisión de sus pecados. Esta obra vicaria quitó lo que nos separaba de Dios y nos acercó de nuevo en una magna obra reconciliadora. Solamente de esta manera ha sido posible que el gentil, tanto como el judío, sea salvo. Comenzamos así a darnos cuenta de cómo Dios ha estado preparando una nueva comunidad espiritual y santa en Cristo. Hemos visto a Jesús en esta porción como el agente reconciliador entre Dios y los gentiles que estábamos lejos de él.

Pablo describe la obra pacificadora de Jesús en la porción que contiene los vv. 14 al 18. En estos identifica a Jesús como *nuestra paz quien de ambos nos hizo uno* (v. 14). Cristo unificó a los dos pueblos antagónicos, gentil y judío, en uno solo. Moule describe esta acción de la siguiente manera: "Pagano y fariseo nos abrazamos, pues Dios nos ha abrazado a ambos en su amado Hijo." La palabra *nuestra* incluye a ambos en la reconciliación uniendo en paz a los dos enemigos.

Jesús no sólo es el mediador de la paz, El *es* la sustancia de esta paz. Esta verdad se expresa en la frase que sigue: *El derribó en su carne la barrera de división, es decir,*

Cinco adalides en el hecho de la paz

Paz es un concepto muy rico entendido de un modo muy pobre.

1. Julio César representa la pobreza de significado, por causa de definir la paz sólo como ausencia de guerra. El dijo: "Si quieres la paz, prepárate para la guerra." El era pagano. Sin embargo, casi todos los líderes de nuestros países se consideran cristianos y gobiernan sus pueblos según la definición de Julio César.

2. Saliendo de una guerra terrible, la llamada Primera Guerra Mundial, Woodrow Wilson guió la creación de la Liga de las Naciones. Fue un intento por mantener la paz en contra de la guerra. El era cristiano.

3. Mahatma Gandhi, con principios y conducta no violentos, consiguió la emancipación política, social y económica de más de 300 millones de indios que estuvieron bajo el régimen inglés. El era un "pagano" hindú que pudo ser cristiano. Cuando estuvo en la Sudáfrica "cristiana", quiso asistir a un culto cristiano, pero se lo impidieron porque no era blanco de piel y de costumbres. ¿Podríamos decir que las barreras raciales, culturales y religiosas le impidieron conocer mejor a Jesús? (Ver Ef. 2:14, 15.) En Gandhi, paz es reconciliación en justicia.

4. Martin Luther King, mucho menos blanco que Gandhi, proclamó, vivió y murió por la paz en justicia entre negros y blancos; su sueño por una nueva tierra prometida lo puso en práctica sobre la base del principio evangélico de la "no violencia". El era cristiano.

5. El cardenal Samoré fue el delegado del Papa de la Iglesia Católica Romana como mediador, de "paz en contra de la guerra", entre Argentina y Chile. Dos naciones "cristianas" enemistadas por motivos geopolíticos. Samoré se entregó sin reservas a su labor de reconciliación. Poco tiempo después de cumplir con éxito su misión, falleció. El era cristiano.

Los cinco tuvieron que ver, en alguna manera, con Jesús. Meditemos en cada caso... pero, sobre todo, traigamos al corazón a Jesucristo, para ofrecerle nuestras vidas como "instrumentos de paz".

EFESIOS 2:11-22

la ley de los mandamientos formulados en ordenanzas, para crear en sí mismo de los dos hombres un solo hombre nuevo, haciendo así la paz. **16** También reconcilió con Dios a am-

la hostilidad (v. 14b). El mismo efectuó esta paz por medio de su muerte vicaria en la cruz ofreciéndose a sí mismo. La acción de derribar significa destruir, quebrantar o desatar. Aquí se refiere a que Jesús en su encarnación y su muerte había destruido la barrera de división que separaba a la humanidad de Dios. El mismo se acercó a la humanidad por medio de la encarnación y venció toda oposición del enemigo por su muerte y resurrección.

Es posible que el autor haya tenido en mente la pared que separaba, en el área del templo de Jerusalén, el atrio o patio exterior de los gentiles de los atrios o patios interiores de los judíos (Bratcher y Nida, p. 55). Esta pared midió 1.6 m. de alto y, según Josefo, a cada trecho había avisos para que los gentiles no pasasen. Era una barrera que representaba la hostilidad que sentían los judíos hacia los gentiles. Representaba también en la mente de Pablo la enemistad que había existido en el hombre rebelde hacia el Dios justo. Jesús derrumbó figurativamente esta barrera con su muerte. Lit. fue destruida cuando el ejército romano tomó la ciudad de Jerusalén en el año 70 d. de J.C. y tiró abajo toda la estructura del templo de los judíos.

En nuestra propia época, el mundo entero se quedó a la expectativa y observaba con regocijo cuando en el año 1989 los alemanes orientales derribaron ladrillo por ladrillo y alambre por alambre el infame muro de Berlín que dividía en dos aquella ciudad por más de cuarenta años, Berlín Oriental y Berlín Occidental. Semejante acontecimiento histórico queda muy pequeño ante lo que logró Jesús al quitar de en medio toda pared de división que no sólo nos separa al uno del otro sino que también nos separa de Dios.

Otra acción pacificadora de Jesús se expresa con la frase *y abolió la ley de los mandamientos formulados en ordenan-*

zas... (v. 15a). Esta acción se refiere también a lo que hizo *en su carne* o sea en su crucifixión (v. 14), la cual derribó completamente la barrera divisoria. El había preparado el camino por medio de una vida perfecta y de sus enseñanzas superiores y preceptos más elevados. Culminó éstas con su muerte en la cruz. Por ella anuló lo que para el judío fue el baluarte de su religión, *la ley de los mandamientos formulada en ordenanzas.*

En el tiempo de Jesús la ley de Moisés había sido expandida hasta incluir más de 500 ordenanzas y reglas que hacían imposible que uno las cumpliera. Jesús dejó sin efecto la ley de los judíos en cuanto a los cristianos. En cambio, dio un nuevo mandamiento, el del amor hacia el prójimo basado en el amor de Dios (Juan 13:34). El sustituyó en lugar del legalismo un principio más alto, el del amor. El sistema de leyes tendía a separar al hombre de Dios en vez de acercarlo y dividía los hombres entre sí. En cambio, el nuevo sistema implantado por Jesús tiende a juntarlos en el amor de Dios. El resultado de esto es la unidad, *para crear en sí mismo de los dos hombres* (gentil y judío) *un solo hombre nuevo* (v. 15b). La muerte de Jesús sirvió para juntar al pueblo judío y las naciones gentiles en un solo pueblo con Dios. En un solo hecho Jesús hizo posible la reconciliación entre toda la humanidad y Dios. Pablo habla de esto como *crear en sí mismo... un solo hombre nuevo,* es decir una nueva comunidad, un nuevo pueblo. Así, hizo la paz.

La muerte de Cristo en la cruz fue la que logró la reconciliación e hizo la paz. Este es el sentido del v. 16 que dice: *También reconcilió con Dios... por medio de la cruz.* Esta reconciliación fue hecha *a ambos en un solo cuerpo. Ambos* se refiere a los dos partidos de la humanidad, los judíos y los gentiles, antes enemigos. *Un solo cuerpo* se refiere al concepto de la iglesia

bos en un solo cuerpo, por medio de la cruz, dando muerte en ella a la enemistad. **17** Y vino y anunció las buenas nuevas: paz para vosotros que estabais lejos y paz para los que estaban cerca,* **18** ya que por medio de él, ambos tenemos acceso al Padre en un solo Espíritu.

*2:17 Ver Isa. 57:19; Zac. 9:10

ya mencionado en 1:22b, 23a (*la iglesia, la cual es su cuerpo*). El objetivo de esta reconciliación fue formar la iglesia en un solo cuerpo y la manera de lograrlo fue *dando muerte en ella a la enemistad*. En la iglesia los que antes fueron enemigos ahora son amigos. Por medio de su muerte Cristo puso fin a la enemistad que existía hacia Dios de parte de la vieja humanidad y simultáneamente estableció el reino de la paz mediante la reconciliación. De esta manera creó una nueva humanidad.

Habiendo efectuado su obra salvadora y reconciliadora en la cruz, Jesús vino anunciando el evangelio, el mensaje de la paz. El texto del v. 17 es una cita de Isaías 57:19, lo que usa Pablo aquí para poner énfasis en el contenido del mensaje de Jesús y el propósito de su misión sobre la tierra, traer paz. Este mensaje es *paz para vosotros que estabais lejos y paz para los que estaban cerca*. Vosotros que *estabais lejos* se refiere a los gentiles (v. 13), mientras *los que estaban cerca* contempla a los judíos que tenían la ventaja por ser el pueblo de Dios. El mismo mensaje de paz es para ambos, equitativamente y sin discriminar. No hay dos evangelios, uno para los gentiles y otro para los judíos. Hay uno solo y este es accesible para todos, porque como Pablo escribe *ambos tenemos acceso al Padre en un solo Espíritu* (v. 18). Podemos acercarnos al Padre por medio de la ayuda del Espíritu Santo (ver 3:12). Esto fue hecho posible por lo que hizo Cristo, nuestro pacificador. El *Padre* es el mismo Dios de ambos en contraste con los muchos dioses locales que antes adoraban los moradores del valle del río Lico.

Cabe notar aquí que en los vv. 17 y 18 tenemos una referencia clara a las tres personas de la Trinidad, Jesús, el Padre y el Espíritu. Hallamos otra referencia simi-

---

La salvación

El motivo de "salvación" está en el centro de la historia. Esto está confirmado entre los contemporáneos helenísticos del tiempo de Pablo, entre los maya-mexicanos y entre los cristianos. Efesios es una prueba cardinal del punto de vista cristiano de la historia, que en el fondo es historia de la salvación. Pero el sentido bíblico neotestamentario de la historia no es optimista, porque la historia la hacen reyes y plebeyos *muertos en sus delitos y pecados;* el hombre histórico es un pecador inhabilitado para ser el señor de la naturaleza y para obrar su propia salvación moral y eterna; por eso la salvación *no es por obras,* para que ni siquiera una pequeña elite pueda gloriarse. El sentido bíblico de la historia no es fatalista, porque la historia cambia definitivamente. El pecador puede llegar a ser un santo; la injusticia puede ser eliminada por la justicia; las tinieblas pueden desaparecer con el resplandor de la luz. El hombre común puede dejar su miserable morada histórica y llegar a *la casa de mi Padre* (Juan 14).

¿Qué es lo que hace posible el antifatalismo cristiano? Esto: *Porque somos hechura de Dios, creados en Cristo Jesús para hacer las buenas obras que Dios preparó de antemano para que anduviésemos en ellas* (Ef. 2:10). Es de esperar que con la fidelidad a las Escrituras, fidelidad en recuperación en la Iglesia Católica Romana, especialmente después del Concilio Vaticano II, la cristiandad hispanoamericana recupere, enseñe y practique en todos los planos de la vida histórica el sentido histórico de gracia y fe de la epístola a los Efesios.

19 Por lo tanto, ya no sois extranjeros ni forasteros, sino conciudadanos de los santos y miembros de la familia de Dios. **20** Habéis sido edificados sobre el fundamento de los

lar en los vv. 21 y 22 con el énfasis sobre la obra de Cristo Jesús en las palabras *en él*.

Pablo concluye su reflexión sobre la nueva comunidad en Cristo con una serie de figuras que describen a los creyentes como *conciudadanos, familia* y *edificio* (vv. 19-22). Las palabras *por lo tanto* (v. 19a) relacionan lo que sigue con lo que acaba de decir con respecto a la obra redentora, reconciliadora y unificadora de Jesús. Presenta ahora la obra edificadora de Jesús.

Comienza señalando a los creyentes en Cristo que *ya no sois extranjeros ni forasteros, sino conciudadanos de los santos y miembros de la familia de Dios* (v. 19b). La palabra griega traducida *extranjeros* (*xénos* [3581]) se encuentra también en el v. 12, donde se refiere a los *ajenos a los pactos de la promesa*. La alusión es a la

---

Semillero homilético

Un poema paulino de la iglesia
2:19-22

Introducción: "Poema" no es necesariamente una composición literaria en verso, sino también es una obra sublime en otras áreas de la literatura o de la plástica. Entre otras distinciones, Efesios nos motiva a distinguir a Pablo como "el maestro admirador de la iglesia". En estos versículos Pablo elabora unas figuras de lenguaje casi plásticas, en prosa, para enseñarnos lo que es la iglesia de Dios. Pienso que la iglesia fue una especie de "mujer", rival de la posible mujer que el gran Apóstol pudo tener (si hubiera sido un apóstol casado, como Pedro), la legítima esposa de su Señor. Pablo fundó iglesias, enseñó iglesias, pastoreó iglesias, sufrió y lloró por ellas, y fue llorado por pastores e iglesias antes y después de su muerte en Roma.

En este pasaje se trasuntan entusiasmo y amor por la iglesia, que aparece como un precioso género de estructura tornasolada. ¿Cómo ve y describe Pablo a la iglesia?
I. La ve como el nuevo pueblo de Dios (v.19).
  1. Donde no hay extranjeros ni forasteros (v. 19a).
    (1) Los extranjeros son discriminados en todo.
    (2) Los forasteros (o peregrinos) son residentes de segunda clase.
  2. Donde todos son conciudadanos (v. 19a).
    (1) Las diversas etnias están igualadas: Son conciudadanos.
    (2) Los conciudadanos del pueblo de Dios son santos (apartados o distinguidos por Dios mismo).
II. La ve como el hogar de Dios (vv. 18b, 19c).
  1. Es el lugar donde Dios mora como el Padre (v. 18b; el Espíritu Santo hace posible la paternidad de Dios en nosotros; ver Gál. 4:6).
  2. Es el ambiente que crean las personas hechas miembros de *la familia de Dios* (v. 19).
III. La ve como el edificio de Dios (vv. 20-22; ver 1 Cor. 3: 9, 10).
  1. En el cual cada miembro es una piedra sobreedificada en los apóstoles y profetas (v. 20a).
  2. En el cual los apóstoles, profetas y demás componentes están edificados sobre Jesucristo, que es la piedra fundamental (v. 20b).
  3. En Cristo, este edificio viviente crece de modo ordenado (v. 21a; ver 1 Cor. 3:10, 11).
  4. El fin del proyecto arquitectónico es que el edificio vaya siendo un templo santo *para morada de Dios en el Espíritu* (vv. 21b, 22).

Conclusión: Si usted, estimado lector, es poeta, ¿cómo describiría la iglesia? Si usted es misionero en un país extranjero, ¿cómo la graficaría? Si usted es pastor, obispo, diácono, anciano, etc., ¿cómo perfilaría la iglesia? Y si usted es un miembro de ella, sin los calificativos precedentes, ¿qué agregaría a la frase: "Mi iglesia es..."? Para el apóstol-maestro, la iglesia es un pueblo universal, hogar filial y templo para Dios.

apóstoles y de los profetas, siendo Jesucristo mismo la piedra angular. **21** En él todo el edificio,* bien ensamblado, va creciendo hasta ser un templo santo en el Señor.

---

*2:21 Algunos mss. antiguos tienen *todo edificio*.

---

nacionalidad de uno, o la falta de ella en el caso de los refugiados y expatriados. Podríamos entender a un forastero como peregrino o transeúnte que no tiene paradero o país fijo. Estas dos palabras describen una condición lamentable, sin privilegios ni oportunidades. Políticamente están sin amparo.

Esta condición es similar a la de los gentiles bajo el antiguo sistema de la ley de los judíos, que fueron considerados como extranjeros y forasteros, viviendo, como fuera, en un país pero sin ningún derecho ni privilegio. Esta situación se puede ilustrar con la de los miles y miles de expatriados que viven en países extranjeros sin documentación legal.

A estos que antes fueron excluidos Pablo les otorga la ciudadanía espiritual en Cristo, llamándolos *conciudadanos de los santos*. Gozan de todos los derechos y privilegios como "legales" igual que cualquier otro. Ya no son solamente tolerados, son ciudadanos plenos. Ejemplo de esta condición sería algún latinoamericano que hubiera logrado ir a los Estados Unidos de América ilegalmente para trabajar. Este pudiera acogerse de la amnistía que se declaró en 1989, y conseguir una documentación provisional que le concediese ciertos privilegios limitados. Con el paso del tiempo y después de algunos trámites este residente temporal podría lograr nacionalizarse, haciéndose ciudadano legítimo de su país adoptivo. Pablo declara que nosotros somos ciudadanos legítimos del reino de Dios.

Difícilmente podría un gentil hacerse ciudadano del pueblo escogido de Dios (Israel), pero ahora en Cristo éstos tienen plena ciudadanía con los demás santos. *Santos* (*ágios* 39 y 40) en este contexto se refiere a los santos escogidos (1:4) de entre los judíos y los gentiles que han sido apartados en Cristo para la gloria de Dios. Así, los creyentes son identificados como pertenecientes al nuevo pueblo de Dios formado en Cristo; no son más ni judíos ni gentiles.

La expresión *miembros de la familia de Dios* enfoca una relación aún más íntima y estrecha. Pablo Bessón, en su traducción *El Nuevo Testamento de Nuestro Señor Jesucristo* traduce esta idea con la expresión *domésticos de Dios*. Esta idea da a entender el domicilio particular del ciudadano. Pertenecemos a la familia de Dios por derecho de haber sido escogidos *para adopción como hijos suyos* (1:5) y por esto cohabitamos con los demás miembros de la familia con iguales privilegios como hermanos en Cristo. Esta relación de ciudadanía y familiaridad enfatiza la paz que tenemos con Dios en Cristo Jesús.

> **Joya bíblica**
> Habéis sido edificados sobre el fundamento de los apóstoles y de los profetas, siendo Jesucristo mismo la piedra angular (2:20).

La figura de una edificación se introduce en el v. 20. Pablo comienza diciendo: *Habéis sido edificados*. Estas palabras traducen una sola en el griego que podría ser traducida con la palabra *sobreedificados* (Lacueva, *Nuevo Testamento Interlineal Griego-Español*). Da a entender la nueva situación de los lectores: miembros plenos del reino y de la familia de Dios. Se refiere al resultado de haber sido salvados y reconciliados por Jesús; y ahora hemos sido situados efectivamente como parte integral del nuevo edificio que se está levantando por Dios para ser un *templo santo en el Señor* (v. 21). El autor inspirado utiliza dos figuras del oficio de la construcción para relacionar a los creyentes íntegramente con esta edificación: el fundamento y la piedra angular. Indica que esta edificación ha sido hecha *sobre el fundamento de los apóstoles y de los profetas* (v. 20). Esto significa que la edificación se funde en las enseñanzas de éstos, no como fundamento propio, sino las enseñanzas que éstos habían dado acerca de Jesús, quien en 1 Corintios 3:11 es identificado como el único fundamento. Moule sugiere que esta figura significa "el fundamento que consiste de ellos, por cuanto su doctrina es la base de vuestra fe". Es decir, que ellos fueron los maestros inspirados y portadores de la autoridad divina. Ellos fueron los que fraguaron el concepto del fundamento de la iglesia, el cual es Jesús.

Los apóstoles, sin duda, fueron aquellos que Jesús comisionó y que la iglesia primitiva reconoció como tales. Había también en la iglesia del primer siglo un grupo especial de personas que tenían la capacidad espiritual de profetizar (3:4; 4:11). Estos fueron los que, en adición a los apóstoles, testificaron a las iglesias del período inmediatamente después del día de Pentecostés de Jesús y de su obra de gracia. Con referencia a esto Moule dice: "Es asunto bien claro que el 'profeta' cristiano ocupó un lugar de impresionante importancia en la iglesia primitiva, segundo, pero sólo segundo al apóstol, aparentemente, en que no era necesariamente 'un testigo de la resurrección', y en que no ocupaba un lugar prominente en el gobierno." Ellos pusieron las bases doctrinales tomando a Cristo, su obra y sus enseñanzas como fuente principal y lo que contiene el AT como trasfondo y respaldo autoritativo.

La segunda figura tomada de la construcción es la de la *piedra angular* (v. 20). Una vez puesto el fundamento, el constructor procede a poner la piedra del ángulo de la cual todo lo demás del edificio parte y toma su forma. En nuestro tiempo los albañiles usan bloques de concreto o ladrillos de arcilla cocida. Colocan uno de estos en la esquina principal y a veces como parte del fundamento, y de allí comienzan a tirar cuerdas para guiarlos al colocar los demás. Cuando es un edificio público o un templo, a veces se celebra la ocasión de colocar este bloque o piedra como el inicio oficial de la construcción. Pablo señala a Jesús como esta piedra o bloque principal que funciona como el punto céntrico del cual toda la edificación se alínea y toma su forma.

Pedro en su defensa ante el Sanedrín, citando el Salmo 118:22, declara: *El es la piedra rechazada por vosotros los edificadores, la cual ha llegado a ser cabeza del ángulo* (Hech. 4:11). Este mismo apóstol en su primera epístola cita a Isaías diciendo: *He aquí, pongo en Sion la Piedra del ángulo, escogido y preciosa...* (1 Ped. 2:6). Así, tanto Pablo como Pedro identifican a Jesús como la piedra del ángulo del templo nuevo de Dios (v. 21). De igual manera, los dos identifican a los creyentes, incluyendo a los de Efeso, como parte integral de esta nueva edificación.

Al decir *habéis sido edificados* (v. 20a) Pablo ubica a los creyentes como integrantes de este edificio y los relaciona íntimamente con Jesucristo al decir en el v. 21: *En él todo el edificio, bien ensamblado, va creciendo hasta ser un templo santo en el Señor.* Pedro llama a los creyentes *piedras vivas* (1 Ped. 2:5), idea que está implícita en los vv. 20 y 21. Estas piedras vivas están unificadas orgánicamente *en él* en un edificio *bien ensamblado.* Estas palabras sugieren la firmeza y estabilidad para permanecer de este edificio, teniendo un buen fundamento en la enseñanza de los apóstoles y profetas, con Cristo como la piedra principal y unificadora y los creyentes salvos por la fe en él como las piedras integrantes. Recuerdan las palabras de Jesús mismo cuando dijo: *Sobre esta roca edificaré mi iglesia, y las puertas del Hades no prevalecerán contra ella* (ver Mat. 16:18a).

Hay dos características que tiene este

22 En él también vosotros sois juntamente edificados para morada de Dios en el Espíritu.

edificio. Está *bien ensamblado;* no hay ningún punto débil ni material falso en él, pues, todo ha sido seleccionado, preparado e inspeccionado por el Maestro Constructor quien supervisa la colocación de cada pieza en su debido lugar. La segunda característica es que *va creciendo.* Cada vez que una nueva alma se convierte al Señor ésta se incorpora en el edificio espiritual en construcción como parte integral de él. Estas dos frases hablan de la unidad y del crecimiento de la iglesia, a las cuales alude este pasaje. La unidad de la iglesia en Cristo es un factor esencial de la naturaleza de ella. Igualmente, la naturaleza de la iglesia es crecer. Como dice Stott: "La unidad y el crecimiento de la iglesia van unidos, y Jesucristo es el secreto de ambos."

El objetivo de este edificio se revela en la frase que sigue: *Hasta ser un templo santo en el Señor* (v. 21). Tiene una misión sagrada, la de servir como templo santo *para morada de Dios* (v. 22). Esto evoca el significado que el templo tenía para los judíos, simbolizando la presencia de Dios en su medio, aunque bien sabían que Dios no se reduce para caber en un edificio hecho con manos, ni se limita a un lugar. Pero como el templo en Jerusalén fue el lugar donde la gloria (*shekinah*) de Dios se hizo presente en el santuario interior, la gloria de Dios ha de hacerse sentir en el nuevo edificio espiritual que representa la iglesia. Las tres personas de la divina trinidad coinciden en la construcción de la iglesia (v. 22) de igual manera que lo hacen en la salvación del alma de cada creyente. El arquitecto es Dios, el constructor maestro es Jesús, y el residente principal es el Espíritu Santo, y nosotros los creyentes somos los participantes y beneficiarios de todo esto para la alabanza de la gloria de Dios.

Con mucha destreza Pablo describe la obra maravillosa de Dios en Jesucristo al redimir y habilitar a los gentiles, igual que a los judíos, para que formasen parte de la obra maestra que está levantando en la iglesia. Esta ha de ser la morada terrenal de Dios por medio del Espíritu Santo quien vive en el corazón de cada creyente. Este es el sentido de la declaración con la cual concluye esta parte de la epístola: *En él también vosotros sois juntamente edificados para morada de Dios en el Espíritu* (v. 22). Pablo declara que en Cristo los gentiles y los judíos creyentes están siendo unidos en una nueva comunidad espiritual, con una ciudadanía celestial y eterna, y como familia selecta para servir de morada permanente de Dios en el Espíritu. Dios vive en su iglesia por medio del Espíritu Santo quien ha sido dado como sello de garantía (1:13b, 14) a cada uno que cree en Jesús. La tarea de la iglesia como morada de Dios es reflejar su gloria en la vida de los santos que la forman y que han sido redimidos por fe en Jesús y viven por el Espíritu.

Así concluimos que la iglesia de Cristo es la máxima expresión de la gloria de Dios en la tierra y la será en el cielo cuando Cristo venga para llevarla al lugar que está preparando *para que donde yo esté, vosotros también estéis* (Juan 14:3b). Juan también captó el significado de esta promesa en su visión del cielo nuevo y la tierra nueva donde vislumbra: *He aquí el tabernáculo de Dios está con los hombres, y él habitará con ellos, y ellos serán su pueblo, y Dios mismo estará con ellos como su Dios* (Apoc. 21:3). Este tabernáculo es la iglesia, la obra maestra de Dios en Jesús. Aun con sus defectos y deficiencias humanas, la iglesia sigue siendo la obra de Cristo y la morada de Dios en la presencia del Espíritu Santo en cada creyente y en el conjunto de todos los creyentes santos y salvos por la fe en Jesús.

Ministerio de Pablo para los gentiles

3 Por esta razón yo Pablo, prisionero de Cristo Jesús a favor de vosotros los gentiles... *
2 Sin duda habéis oído de la administración de la gracia de Dios que me ha sido conferida en vuestro beneficio. **3** Por revela-

---

*3:1 Aparentemente esta oración elíptica continúa en el v. 14

IV. PABLO EXPLICA EL MINISTERIO QUE DIOS LE HABIA DADO, 3:1-21

1. La misión de gracia hacia los gentiles, 3:2-13

Este capítulo contiene una oración interrumpida (vv. 1 y 14-21) y un paréntesis (vv. 2-13), provocado por el recuerdo de *vosotros los gentiles*. Es el testimonio de Pablo con respecto al ministerio particular que él tuvo entre y a favor de ellos.

El Apóstol a los gentiles, aprovechando el momento sublime mientras reflexionaba sobre la participación de los gentiles en la familia de Dios, la iglesia, siente el deseo de orar por ellos, de dar gracias por ellos (v. 1). Pero el pensamiento que inicia como una plegaria se desvía momentáneamente para considerar el ministerio que Pablo tenía para con los gentiles mismos (vv. 2-13). No regresa a la oración hasta más adelante cuando inicia de nuevo la intercesión a favor de ellos en el v. 14. La construcción gramatical de esta porción (vv. 1-13) en el texto griego está en forma de una sola oración. El primer versículo es una oración elíptica, un pensamiento incompleto que no vuelve a completarse hasta el v. 14. No hay verbo en el v. 1, para completar la estructura gramatical. Hay que saltar hasta el v. 14 para descubrir alguna palabra que supla esta necesidad. Entre tanto, Pablo da una explicación clara y reverente de cómo él comprendía el ministerio sagrado que Dios le había dado.

Las palabras *por esta razón* conectan lo que piensa decir y hacer en favor de ellos con el pensamiento que acaba de elaborar con relación a la obra de gracia de Cristo y los gentiles (vv. 11-22) y especialmente con lo dicho en los últimos versículos del cap. 2 (2:19-22). La misma frase se usa al comienzo del v. 14, al regresar Pablo a la oración, con el trasfondo del pensamiento parentético que ahora elabora.

Momentáneamente, el autor cambia el enfoque de la epístola que hasta este punto señala a los gentiles. "Ahora, abruptamente, distrae su atención de ellos mismos para situarla sobre él" (Stott). Ya que había explicado (cap. 2) el alcance del evangelio hacia los gentiles y los múltiples aspectos de ello, se detiene para decirles que a él le había tocado la buena fortuna de ser el portador de tan gloriosa noticia.

La porción que contiene los vv. 2 al 13 nos da un vistazo íntimo de Pablo como el mensajero escogido de Dios para los gentiles y el mensaje precioso que él portaba. En primer lugar, Pablo consideraba su ministerio particular como *la administración de la gracia de Dios* que le había sido conferida (v. 2). Había recibido ésta *por revelación* directa (v. 3) que le fue dada a conocer por el Espíritu Santo (v. 5). El mensaje recibido fue *este misterio* (v. 3), *el misterio de Cristo* (v. 4), lo que él expone con un *a saber* en el v. 6. Este pasaje se caracteriza por un vocabulario poderoso que comunica el alto concepto que él mismo tenía de su ministerio y mensaje.

El autor se identifica por nombre y con una descripción de su estado físico y espiritual: *Yo Pablo, prisionero de Cristo Jesús* (v. 1). No hay duda de que quien escribe es Pablo. Aquí y en 1:1 usa su nombre. Dos veces, también se identifica como prisionero, en 3:1 y 4:1. Al escribir estos pensamientos él se encuentra en una prisión romana, encadenado a un soldado que lo guardaba día y noche. Aguardaba la oportunidad de defenderse ante la autoridad máxima, el César. Estaba allí debido

EFESIOS 3:2-13

a su propia apelación (Hech. 25:10-12). Aunque físicamente estaba bajo la autoridad romana, él sabía que estaba bajo una autoridad más alta, la de Cristo Jesús, no la del César. Lo que más le importaba era el hecho que él, Pablo, estaba en esta condición porque había llevado el evangelio a los gentiles y no por algún delito que había cometido contra Roma (ver Hech. 25:7, 8).

La acusación original contra Pablo se halla en Hechos 21:28. Fue de carácter religioso y no civil. La prisión física que resultó y que ahora guardaba fue inconsecuente con su verdadera relación con Cristo. Esta se describe con las frases *prisionero de Cristo Jesús, a favor de vosotros los gentiles* (v. 1). La palabra que emplea aquí para *prisionero* (*désmios 1198*) significa lit. que estaba preso y da la impresión que estaba encadenado. La palabra *désmios* proviene del sustantivo *desmós* que significa "ligaduras", palabra que se usa para referirse a "prisiones". Por esta razón, ha de entenderse en forma literal.

El prisionero identifica a su "carcelero" no como un soldado romano, ni el gobierno romano, y menos los que le acusaban; sino, es Cristo Jesús. De esta manera, da a entender que su vida estaba ligada a Cristo y sujetada completamente a él. Desde la experiencia gloriosa que tuvo en el camino hacia Damasco, Pablo se consideraba cautivo de Jesús y se refería a sí mismo como *siervo, esclavo* y *prisionero*, todas palabras que implican un estado de sujeción al dominio de otro, en este caso Cristo Jesús. Adicionalmente, señala a los beneficiarios de esta situación con las palabras, *a favor de vosotros los gentiles*.

Los gentiles fueron los beneficiarios principales de esta relación que llevaba Pablo con Cristo. No los culpa, ni los acusa, sino quiere hacerlos conscientes de que lo que él estaba experimentando redundaba en bien de ellos por el evangelio que él les había llevado. Fue por haber hecho esa cosa precisa, predicar el evangelio entre los gentiles, que Pablo ahora sufre prisiones.

El Apóstol reconoce que esta fue la obra que Cristo le había asignado al prenderlo por causa del evangelio. Fue por haber cumplido esta comitiva que se halla ahora en la situación en que se encuentra.

Al contemplar esta verdad que siempre le conmovía, Pablo se olvida de la intercesión que apenas comenzaba y se pierde en una digresión larga, profunda e íntima (vv. 2-13). Abre su corazón con respecto al ministerio que Dios le había dado, el misterio que le había sido revelado y su mayordomía de los dos. Vaughan sugiere que esta sección (3:1-13) es "la sección más intensamente personal de la epístola a los Efesios". Sus pensamientos alcanzan una admiración profunda de lo que le había sido encomendado.

Otra característica del estilo literario del autor es el uso de oraciones largas y estructuras gramaticales complicadas. Esta porción (vv. 2-13) consiste de dos de éstas, vv. 2-7 y 8-13 en el texto griego y en muchas versiones antiguas como la de Pablo Besson, la de Bonnet y Schroeder y en la RVR-1960. Las versiones modernas

---

Efeso

Era una ciudad grande en lo político, en lo económico-social y en lo religioso. Unos 150.000 habitantes de conciencia grecorromana convivían con intensidad entre la riqueza, la pobreza y el misterio. Todos debían creer que la ciudad fue fundada por las misteriosas amazonas. Todos debían creer que Zeus había lanzado desde el cielo un meteorito que consideraron la "imagen caída del cielo" de la gran diosa Diana o Artemisa. Era la diosa patrona de la metrópolis de Asia. Entre los cultos de misterio helenísticos, los efesios observaban el culto a Diana, diosa de la fertilidad universal (naturaleza y hombre). Ciudad, templo, teatro y ágora o plaza pública..., todo era monumental. La experiencia evangelizadora de Pablo fue también fenomenal. Allí casi fue despedazado por la fanática multitud. De seguro que jamás olvidó el misionero Pablo la frase desafiante, gritada durante dos horas por miles de enfurecidos adoradores de la diosa de racimos de senos maternales: *¡Grande es Diana de los efesios!*

ción me fue dado a conocer este misterio, como antes lo he escrito brevemente.

4 Por tanto, leyéndolo, podréis entender cuál es mi comprensión en el misterio de Cristo.

---

han tratado de facilitar la lectura dividiendo el discurso en frases y oraciones más fáciles de manejar. Así lo ha hecho la RVA. El vocabulario que usa Pablo, también merece mención. El movimiento cristiano del primer siglo, como en los siglos sucesivos ha tenido que confrontar a otras religiones y más que todo, un sincretismo religioso que tiende a mezclar conceptos religiosos diversos. El gnosticismo había comenzado a influir en la filosofía de la gente del valle del río Lico donde abundaban las religiones orientales. Pablo era consciente de estas tendencias peligrosas y trata de alertar a los lectores de las cartas que envía a este sector (Colosenses y Efesios). Por esta razón él toma ciertas palabras clave que usaban esas sectas y las emplea con una aplicación netamente cristiana. Habla de la *revelación* que él había recibido de Dios, en contraste con las que pregonaban los profetas de tantas religiones extrañas. Otra palabra que usa con sentido cristiano es *misterio* al referirse al mismo como el secreto de Dios dado a conocer a los gentiles en Cristo y el evangelio, que "ahora debe de ser expuesto públicamente para que penetre al mundo" (Lane).

Dicho esto, pasemos ahora a examinar este famoso y profundo paréntesis. Este nos da un vistazo de cómo conceptualizaba Pablo su ministerio. No es una jactancia egoísta, sino es una exposición reverente de lo que él mismo consideraba un encargo divino y un privilegio sagrado. El señala tres aspectos de su ministerio: una dádiva de Dios que administrar (vv. 2-6), un servicio que rendir (vv. 7-12), y un sacrificio personal en bien de los gentiles (v. 13).

Las palabras *sin duda habéis oído de la administración de la gracia de Dios que me ha sido conferida en vuestro beneficio* (v. 2) suponen que algunos de los lectores de esta carta no conocían a Pablo directamente y probablemente no tuvieron ningún conocimiento de su ministerio. A pesar del largo ministerio que tuvo en la ciudad de Efeso y el hecho que fue bien conocido en esa región, si esta carta fuese escrita para circular entre otras iglesias habría muchos que sabían de segunda mano del ministerio especial de Pablo. De manera que Pablo se sintió en la necesidad de dar una explicación de su misión a los gentiles.

En esta declaración Pablo describe su ministerio singular como la administración de un encargo sagrado. *Administración* (*oikonomía* 3622) equivale a mayordomía o dispensación. Como un mayordomo tiene responsabilidad y cuidado de los bienes de su amo, Pablo se sintió mayordomo de un encargo sagrado. El encargo en este caso es *la gracia de Dios que me ha sido conferida*. En este pasaje la palabra *gracia* significa más que un don o un favor de Dios. La gracia se refiere en este contexto a la comisión de proclamar el evangelio a los gentiles. El consideraba que el ministerio que ejercía era una dádiva divina y no algo que él había logrado por algún mérito o esfuerzo. No había buscado ni pedido este ministerio; más bien, había sido llamado abruptamente para ello. La mano de Dios intervino en su vida, apartándolo para este ministerio especial. Pablo reconoce que la gracia conferida fue el acto del Dios soberano y correspondía a un propósito definitivo que tenía como objetivo el ministerio del evangelio entre los gentiles.

Todo esto, la administración de la gracia dada por Dios, fue para el beneficio de los gentiles. Pablo fue el principal portador del evangelio a los gentiles; para esto había sido llamado *instrumento escogido para llevar mi nombre ante los gentiles* (Hech. 9:15). Así como había sido escogido y llamado, fue fiel al cumplir la comisión sagrada. En la expresión que abarca el v. 2 podemos palpar algo del sentimiento tierno y la satisfacción que tenía al desempeñar su labor misionera entre los gentiles. A continuación elabora este concepto (vv. 3-11).

El Apóstol afirma en v. 3 que *por revelación me fue dado a conocer este misterio.* Aquí tenemos dos palabras que describen cómo la recibió y el contenido de esa gracia mencionada en v. 2. Estas son *revelación (apokálupsis* [602]*) y misterio (mustérion* [5466]*).* Este misterio se refiere directamente a *la gracia de Dios que me ha sido conferida en vuestro beneficio* (v. 2). *Por revelación,* puede ser una referencia a la experiencia que tuvo en Damasco y

---

Semillero homilético
El evangelio como misterio
3:1-12

Introducción: Pablo inició la evangelización de Efeso. Cuando adoctrina a la valiente iglesia de Efeso, inspirado por el sabio Espíritu de Dios, utiliza como figura de lenguaje el concepto de "misterio" (ver Hech. 19). Veamos cómo presenta "el evangelio como misterio":
I. Es un misterio de fuertes contrastes (vv. 1a, 3, 5-9, 13).
  1. Siendo un secreto en Dios, se hizo revelación para todos (vv. 9, 5, 3).
     (1) Escondido en Dios desde la eternidad; aclarado a los hombres en el tiempo (vv. 9, 5).
     (2) Revelado a los gentiles por mediación de Pablo (v. 3).
  2. Los que no tenían nada, ahora lo poseen todo (vv. 5, 6).
  3. El predicador sirve entre la exaltación conferida por gracia y la autohumillación (vv. 7, 8).
     (1) Pablo fue hecho diácono o servidor, de pura gracia (v. 7).
     (2) Pablo se siente el menor de todos los creyentes testigos del misterio (v. 8).
  4. Las tribulaciones del ministerio en favor de la iglesia producen gloria (vv. 1, 13).
     (1) Pablo fue hecho prisionero por anunciar el evangelio a los gentiles (v. 1).
     (2) Pablo alienta a la iglesia: *Mis tribulaciones ... son vuestra gloria* (v. 13).
II. Es un misterio de gracia (vv. 1b, 2, 6-8, 11, 12).
  1. La gracia es a favor de la iglesia (vv. 1b, 2).
     (1) Pablo es mayordomo de esta gracia de Dios (v. 2a).
     (2) Pablo es diácono del evangelio (v. 7a, b; *ministro* traduce el griego *diákonos).*
  2. El énfasis de esta mayordomía del evangelio está puesta en los gentiles, (vv. 1b, 2b, 6).
     (1) El ministerio de Pablo tiene ese énfasis (vv. 1b, 2b).
     (2) Es un énfasis de estrategia, no de gracia exclusiva o excluyente de los judíos (v. 6).
  3. La suficiencia del servicio en el misterio de gracia radica en el poder de Dios (vv. 7c, 8).
     (1) La gracia y el poder de Dios empequeñecen incluso al más grande evangelista de la historia (vv. 7c, 8a; ver 1 Cor. 15:10).
     (2) Por gracia es hecho evangelizador de las riquezas de Cristo (v. 8b).
  4. El misterio de gracia se centraliza en Cristo Jesús (vv. 11, 12).
     (1) En él se realiza el propósito eterno de Dios (v. 11).
     (2) Por medio de él los pecadores tienen libre acceso a Dios con mucha confianza (v. 12a).
     (3) Se accede a la gracia de Dios por medio de la fe en él (v. 12b).
III. Es un misterio de sabiduría.
  1. Sabiduría de revelación divina entendible por los creyentes y por el Apóstol (vv. 3, 4).
     (1) Fue dada a conocer a Pablo por revelación especial (v. 3a).
     (2) Pablo la comparte por escrito con la iglesia (v. 3b).
     (3) La iglesia puede entender la especial comprensión en el misterio de Cristo (v. 4; ver 1 Cor. 2:6-9).
  2. Sabiduría revelada por el Espíritu Santo (v. 5).
     (1) No fue entregada antes a los filósofos (v. 5a; ver 1 Cor. 1:19 y sigs.).
     (2) Ha sido dada ahora a los apóstoles y profetas de la iglesia (v. 5b; ver 1 Cor. 2:10, 12).
  3. Sabiduría multiforme, porque es de Dios (v. 10).

Conclusión: Si como predicadores y maestros de la Palabra recuperamos el sentido del evangelio como misterio, los púlpitos y las cátedras abundarán en emoción, en inteligencia espiritual y en sabiduría práctica. ¡Grande es el evangelio del misterio de Cristo!

luego en el desierto. No fue una fabricación de su mente, ni fue el resultado del tiempo que había pasado con los otros apóstoles; le fue revelado directamente por Aquel que lo llamó. Pablo no lo buscó, ni lo había descubierto por coincidencia. Tampoco fue porque Pablo fuese alguien especial, sino que fue un acto soberano de Dios en el desarrollo de su plan eterno para darse a conocer a todas las naciones. Bien podría haber recibido esta revelación durante el tiempo que pasó en el desierto después de su conversión. Este retiro al desierto (Gál. 1:16, 17) fue un tiempo contemplativo; le dio una oportunidad de reflexionar y meditar, de tener comunión con Dios. Hay que recordar que Saulo de Tarso (Pablo) fue un hombre preparado, instruido en las Escrituras. Este conocimiento de las Escrituras en una mente fecunda y completamente entregada al Espíritu Santo pudo captar cuál era la intención divina al detenerlo en el camino a Damasco. No obstante, el apóstol a los gentiles reiteraba que él había recibido tanto el llamamiento como el mensaje del evangelio para los gentiles por revelación directa de Dios.

Revelación es una traducción de *apokálupsis* [602] que significa quitar el velo para dar a conocer o exponer algo que de otro modo no podría ser conocido. Esta revelación fue por intervención divina, dando a conocer el ministerio singular que fue el propósito y la voluntad de Dios para Pablo. El *misterio* fue el contenido de ella. Pablo fue el instrumento escogido a quien Dios había revelado el misterio divino y por medio de quien Dios lo hacía saber a los gentiles.

El contenido de esta revelación fue *este misterio* que elabora específicamente en el v. 6. Según el *Nuevo Léxico Griego Español del Nuevo Testamento* (McKibben, Stockwell y Rivas) *misterio* significa "verdad divina que se va revelando". No es algo oscuro, perplejo, ni difícil de comprender, sino algo que fue antes escondido y desconocido, pero ahora ha sido dado para conocimiento de todos. Se distingue este misterio revelado de los "misterios" de muchas religiones prevalecientes en el tiempo de Pablo y los efesios. Se refiere a algo que Dios había guardado en su corazón desde la eternidad hasta el momento dado en que lo hizo conocer primero en la vida de Jesús y luego en el ministerio de Pablo. Este misterio consiste en la incorporación al mismo cuerpo a los gentiles junto con los judíos como coherederos en Cristo Jesús (v. 6) por medio de la iglesia (v. 10), verdad que Pablo ahora proclama. Esta verdad que fue escondida en el tiempo pasado, hasta ahora se está dando a conocer. Pablo fue testigo de primera mano de este hecho histórico-espiritual.

La palabra *misterio,* según Stott, es "clave para nuestra comprensión del apóstol Pablo". Señala que en el idioma griego la palabra *mustérion* [5466] significa un "secreto" que ya no está celosamente guardado sino está a la vista. En cambio, en el castellano es algo inexplicable y hasta incomprensible. Por esta razón es importante interpretar la palabra según el uso de Pablo y no según el significado común.

La expresión *como antes lo he escrito brevemente* es una referencia a algo que ya mencionó antes en la misma carta, probablemente lo que dice en 1:9 y ss. Varios comentaristas opinan que no es necesario entender que se refiere a otra carta escrita antes, sino que es una referencia a algo mencionado temprano en esta misma carta. Sugiere en el v. 4 que *leyéndolo* de nuevo los lectores captarían lo que él mismo comprendía con respecto a este *misterio de Cristo* que él ahora tiene el privilegio y la responsabilidad de proclamar. De esta manera los destinatarios podrían discernir cómo Pablo percibió no sólo su llamamiento, sino también el mensaje de su misión. Tres veces en esta porción menciona el *misterio* (vv. 3, 4 y 5), el cual explica en v. 6.

Antes de explicar en qué consiste *este misterio* Pablo da a entender que el contenido *en otras generaciones* (v. 5) no había sido dado a conocer en su plenitud a los hombres. Es decir que en otros tiem-

5 En otras generaciones, no se dio a conocer este misterio a los hijos de los hombres, como ha sido revelado ahora a sus santos apóstoles y profetas por el Espíritu, **6** a saber: que en Cristo Jesús* los gentiles son coherederos, incorporados en el mismo cuerpo y copartícipes de la promesa por medio del evangelio. **7** De

---

*3:6 Algunos mss. omiten *Jesús*.

---

pos ya pasados *los hijos de los hombres*, o sea el género humano, no había podido conocer plenamente lo que había *sido revelado... por el Espíritu...* a los *apóstoles y profetas*, y que Pablo ahora procede a anunciar. Estos últimos (apóstoles y profetas) constituyeron las columnas de la iglesia del primer siglo y fueron los próceres del avance misionero. Los apóstoles fueron aquellos que *habían estado con Jesús*, que habían visto al Cristo resucitado. Fueron los primeros misioneros, a quienes Cristo envió al mundo con el evangelio. Los profetas fueron creyentes en Cristo que aunque no fuesen testigos de su muerte y resurrección, habían sido capacitados por el Espíritu para proclamar la palabra de Dios. Fueron los predicadores de la iglesia primitiva. Pablo les da el calificativo de *santos*, refiriéndose a la condición de estar apartados o consagrados para el servicio de Dios. De esta manera el Apóstol refleja un elevado concepto de los siervos de Dios.

La palabra *como* en el v. 5 sirve para hacer un contraste entre lo que no habían podido conocer los de otras generaciones y lo que ahora se revela por el Espíritu Santo.

El contenido de este misterio revelado, aclarado y ahora comunicado consiste en que los gentiles han sido incluidos en el plan divino al igual que los judíos (v. 6). *El mismo cuerpo* es una obvia referencia a la iglesia. En esto consiste el misterio, el mensaje que ahora Pablo tiene el privilegio y la satisfacción de proclamar, "lo que no reveló ni el AT ni Jesús" (Stott). Pablo usa tres expresiones compuestas para describir esta nueva condición: *coherederos* (*sugklerónomos* [4789]), *incorporados* (*súsomos* [4954]) y *copartícipes* (*summétocos* [4830]). Cada una de estas palabras en el griego comienza con el prefijo *sun* que denota que hay algo en común entre aquellos a quienes se refiere. Tienen mucho en común: la misma herencia, el mismo cuerpo y la misma promesa, lo que Moule llama "los caudales espirituales de un Padre común". Esta declaración triple enfatiza que los gentiles ahora comparten completa e igualmente con los judíos todos los beneficios del evangelio, sin tener que hacerse judíos por la misma puerta de la justifi-

---

El misterio del evangelio

El racionalismo postivista, aliado de modo involuntario con el anticatolicismo clerical de los evangélicos (que por evitar todo lo que huele a catolicismo hispanoamericano evitamos usar palabras y conceptos bíblicos que los católicos usan; p. ej. "eucaristía", "sacerdote", "misterio") han empobrecido la conciencia religiosa y la predicación cristiana evangélica del sentido de misterio respecto al contenido de los hechos de salvación. Nuestro comportamiento ético, muchas veces, carece de la profunda sabiduría que viene del ministerio del Espíritu, quien aplica la Palabra bíblica.

Pablo no sólo usó los términos *misterion* (misterio) y *sofía* (sabiduría) como estrategia de comunicación del evangelio, sino que también, y principalmente, nos expone al evangelio como un auténtico "misterio": "el misterio de Cristo". Este misterio desafía la razón de los griegos y la nuestra, la pone cautiva bajo el señorío de Cristo. El evangelio como misterio nos ofece en Jesucristo una salvación muy grande, que es posible por gracia y se hace efectiva por la fe. Dicho evangelio nos impresiona al revelarnos que el ministerio de la predicación, realizado como acto de fe obediente, es un trabajo sublime que nos debe mantener humildes y que también es un don de la gracia de Dios.

éste llegué a ser ministro, conforme a la dádiva de la gracia de Dios que me ha sido conferida, según la acción de su poder. 8 A mí, que soy menos que el menor de todos los santos, me ha sido conferida esta gracia de anunciar entre los gentiles el evangelio de las inescrutables riquezas de Cristo 9 y para aclarar a

cación por la sola fe (Wickham). Todas estas bendiciones fueron hechas posibles como resultado de la proclamación del evangelio del cual Pablo llegó *a ser ministro* (v. 7). El poder y el alcance universal del maravilloso evangelio está manifestado en esta triple bendición. Pablo mencionó la herencia del creyente en 1:11: *En él recibimos herencia*. La idea de ser *incorporados en el mismo cuerpo* está mencionada en 2:16 como el resultado de la obra reconciliadora de la cruz de Cristo. *Copartícipes de la promesa* es una referencia a lo que se menciona en 2:12, 13. Todo esto, pues, es lo que Pablo llama "este misterio", lo que Stott describe en resumen como "la unión completa de judíos y gentiles unos con otros a través de la unión de ambos con Cristo".

A continuación el Apóstol declara que él llegó *a ser ministro* (v. 7) de éste. La palabra *ministro* (*diákonos* 1249) significa "servidor". El llegó a ser ministro del misterio *conforme a la dádiva de la gracia de Dios*. Dadiva (*doreá* 1431) es un don, un regalo, y en este caso algo gratuito, un gran favor. El nombramiento de Pablo para este ministerio fue obra de la gracia divina y no el resultado de alguna consideración de favoritismo ni de mérito intelectual o político. A pesar de lo que le había costado en sufrimiento, sacrificios y persecución, se sentía muy afortunado y agradecido. Además, reconoce que este nombramiento al ministerio había venido de Dios *según la acción de su poder*. Esta es una referencia al hecho de que su llamamiento a este servicio especial fue el resultado de la actuación del poder divino en su vida y que él lo ejercería de la misma manera, como *acción de su poder*. Es posible que tuviera en mente la experiencia en el camino hacia Damasco que resultó en un cambio radical y drástico en su vida y

en el rumbo de ella. Pablo se halla sumamente maravillado por este hecho.

No sólo se quedó maravillado. Se sintió humillado por el mismo hecho, porque se daba cuenta de lo indigno que era para tal responsabilidad (v. 8). Se considera *menos que el menor de todos los santos* al lado de los demás santos y de la grandeza de la gracia de Dios y de la riqueza del evangelio que le había sido encomendado. Stott sugiere que esta expresión puede ser un juego "con el significado de su nombre. Porque su apodo romano 'Paulus' es en latín 'pequeño' y la tradición dice que era un hombre pequeño de estatura". No hay en esta declaración nada de orgullo, tampoco de humildad fingida. Refleja una sinceridad y gratitud profundas de que Dios lo hubiera tomado en cuenta para tan elevada misión, la que describe como una gracia (don) que le había sido conferida. Enfoca su misión otra vez como la de *anunciar entre los gentiles el evangelio de las inescrutables riquezas de Cristo*. Anunciar el *evangelio* traduce *euaggelízo* 2097, que significa "anunciar buenas nuevas", la misma que nos da la palabra evangelizar. Describe este evangelio con la expresión *las inescrutables riquezas de Cristo*. Estas son las que acaba de enumerar en la primera parte de la epístola y las considera insondables y sublimes. Esta expresión enfatiza la plenitud y abundancia de los beneficios que tenemos por fe en Cristo. Son inagotables e interminables.

Su misión no fue sólo anunciar entre los gentiles el evangelio, incluía también el deber de *aclarar a todos* (v. 9) el sentido de éste. *Aclarar* (*fotízo* 5461) significa echar luz sobre algo; en otras palabras, iluminar o esclarecer. Su tarea fue hacer más fácil de comprender *cuál es la administración del misterio* ahora revelado. Enfatiza otra vez en este versículo lo que había men-

todos* cuál es la administración del misterio* que desde la eternidad había estado escondido en Dios, quien creó todas las cosas. **10** Todo esto es para que ahora sea dada a conocer, por medio de la iglesia, la multiforme sabiduría de Dios a los principados y las autoridades en los lugares celestiales, **11** conforme al propósito eterno que realizó en Cristo Jesús, nuestro Señor.

---

*3:9a Algunos mss. antiguos no incluyen *a todos.*
*3:9b Otra trad., . . . *a todos como se ha dispensado el misterio que* . . .

---

cionado en 1:3-14 y en 3:2-6 como el propósito divino desde la eternidad. Este propósito guardado en lo íntimo del corazón de Dios, *quien creó todas las cosas,* ahora es de conocimiento amplio y de fácil comprensión para todos. Pablo autentica su evangelio como procedente del creador de todas las cosas.

En el v. 10 el Apóstol indica cuál es la misión de la iglesia con respecto a lo que él había recibido como misterio revelado y ministerio conferido. *Todo esto* se refiere al contenido de esta porción (vv. 2-9) hasta este punto, a saber: la administración, la revelación, el misterio, el ministerio y el evangelio. Ya que Pablo había sido fiel en el cumplimiento de su misión, él ahora señala a la agencia que ha de continuar divulgando el evangelio. En esto constituye el misterio, que *la multiforme sabiduría de Dios* sea *dada a conocer... por medio de la iglesia.* Dada a conocer traduce *gnorízo*[1107], que significa "manifestar o hacer notorio". El papel céntrico y exclusivo de la iglesia se descubre en esta declaración. Para esto había sido constituída la iglesia, no sólo para ser receptora del evangelio y todos sus beneficios, sino para ser transmisora de los mismos. Este hecho nos da suficiente razón de pensar en la preeminencia de la iglesia, con Cristo como cabeza, en el orden presente y hasta que él venga. Decir esto no quita ninguna importancia de Cristo, pues la iglesia es su cuerpo.

Pablo refleja un alto concepto de la iglesia. Esta ha sido designada como el vehículo por el cual sean dadas a conocer ante el universo entero las más elevadas y sublimes intenciones divinas. La iglesia como cuerpo de Cristo figura prominentemente en el *propósito eterno* (v. 11) realizado en Cristo Jesús. Ella existe para ser el escaparate que exhibe la sabiduría de Dios ante el mundo y particularmente aquellos poderes destructivos que se oponen a los propósitos de Dios.

La palabra traducida *multiforme* (*polupóikilos* [4182]) es compuesta y significa "grande diversidad". Se usa solamente aquí en el NT. Usada junto con la sabiduría de Dios, expresa la amplitud, profundidad y diversidad de esta sabiduría incomparable. Este es el mensaje que la iglesia ha de dar a conocer de manera poderosa y convincente *a los principados y las autoridades en los lugares celestiales.* Estos últimos, *principados* y *autoridades,* ya han sido mencionados en 1:20, 21, y se refieren a los seres angelicales que son las fuerzas espirituales que reinan y tienen dominio en los cielos, sobre los cuales Dios ha exaltado a Cristo y su iglesia. Estos representan los diversos rangos y órdenes de seres angelicales. Ellos han de tener sumo interés en el desarrollo de la iglesia y los resultados victoriosos de sus esfuerzos.

Por medio de la iglesia compuesta de seres redimidos de entre la multitud variada de gentes y culturas, la bella historia de la redención se está exhibiendo y proclamando aun ante los ángeles. De este modo ellos pueden comprender mejor y claramente cuál ha sido el propósito de Dios por las edades. Se dan cuenta de la obra redentora de Cristo y de la misión salvadora que Dios ha encomendado a la iglesia. Por si acaso estos principados y autoridades incluyesen a las fuerzas malignas, quienes son los enemigos de la iglesia,

12 En él tenemos libertad y acceso a Dios con confianza, por medio de la fe en él. **13** Por tanto, os pido que no os desaniméis por mis tribulaciones a vuestro favor, pues ellas son vuestra gloria.

---

podemos también pensar que es una advertencia elocuente a ellos del poder redentor del evangelio. El arma más potente que la iglesia tiene contra el enemigo es la palabra de verdad, la multiforme sabiduría de Dios. Este versículo podría ser considerado como una declaración de victoria, la que ganó Jesús en la cruz y que ahora él comparte con todos los que creen en él, tanto gentiles como judíos.

La *multiforme sabiduría de Dios* comprende el amor divino, la obra redentora de Cristo, la gracia que ha traído este evangelio aun hasta los oídos de los gentiles y, ahora, la misión evangelizadora victoriosa de la iglesia. Todo esto corresponde *al propósito eterno que realizó en Cristo Jesús* (v. 11). Con esta frase Pablo identifica la misión como parte del propósito eterno de Dios. La iglesia siempre ha sido comprendida dentro del propósito de Dios, y es el último eslabón en una larga serie de eventos al través de la historia que Dios ha supervisado dándose a conocer y revelando su plan divino. La iglesia como cuerpo de Cristo es clave en este plan. Cristo como cabeza de la iglesia es el Señor que corona este plan. Cristo encabeza esta jornada triunfal de proclamar su victoria sobre el adversario y el mal, y nuestra victoria sobre el pecado y la muerte. En ésto percibimos la gloria de Dios en la iglesia.

Además, podemos apreciar la posición favorable del creyente y los beneficios que goza *por medio de fe en él* (v. 12). *En él* es una expresión favorita de Pablo. Esta y *en Cristo* aparecen repetidas veces en esta epístola. No se cansa de expresarla porque ubica al creyente como en Cristo por fe y describe la fuente de los beneficios que él da. Esta situación favorecida del creyente le hace acreedor de un beneficio doble: libertad y acceso a Dios. Este beneficio representa la eliminación de cualquier restricción u obstáculo que antes impedía a los hombres relacionarse con Dios. En el idioma original los sustantivos traducidos *libertad* y *acceso* tienen un solo artículo que implica una sola acción, la que podemos entender como acceso libre o franco a Dios. El creyente puede presentarse con audacia en la presencia de Dios con toda confianza. Esto es ejercer el sacerdocio del creyente. Las restricciones antiguas ya no existen en Cristo. Los obstáculos de la ley y de los rituales de los judíos han sido demolidos.

Las tres palabras clave de este versículo son *libertad* (*parresía* [3954]), *acceso* (*prosagogé* [4318]) y *confianza* (*pepóithesis* [4006]) y dan fuerza al concepto del estado nuevo y cambiado del cristiano *por medio de la fe en él.* Hay una apertura sin límites y una

---

Semillero homilético
Una herencia gloriosa
3:10-13

Introducción: Hay personas que buscan tesoros que han estado escondidos por muchos años en cuevas, montañas y en barcos hundidos en las profundidades del mar. Muchos buscan durante años sin encontrar el tesoro. En cambio, Pablo se refiere a un tesoro que cada persona puede tener con seguridad. Es el tesoro de una salvación eterna.

I. La libertad es el resultado de nuestra conversión por medio de la fe en Cristo, v. 11.
II. El privilegio que tenemos se relaciona con el acceso a Dios, v. 12.
III. Esta relación es una de confianza porque Dios nos ha aceptado en su familia, v. 12.
IV. Esta herencia nos refuerza en momentos de tribulación, v. 13.

Conclusión: Para gozarnos de esta herencia gloriosa tenemos que confesar los pecados y creer en Cristo como Salvador personal.

Para conocer el amor de Cristo

14 Por esta razón doblo mis rodillas ante el Padre,* **15** de quien toma nombre toda familia en los cielos y en la tierra, **16** A fin de que,

---

*3:14 Algunos mss. antiguos agregan *de nuestro Señor Jesucristo.*

---

seguridad continua entre Dios y el hombre que cree. En Cristo tenemos ventajas y privilegios que sin él no se pueden tener. Este es el punto que Pablo ha querido hacer con esta digresión de la oración que empezó en el v. 1. Gracias a Dios por ésta, porque pone en claro una doctrina importante en cuanto a nuestra relación con Dios, el sacerdocio del creyente. Además, nos ayuda a comprender mejor el ministerio singular de Pablo.

Habiendo dicho esto y con un *por tanto* (v. 13), el apóstol a los gentiles llega a la conclusión de este paréntesis con una palabra de consuelo para los que recibieron esta carta. Los alienta con un ruego: *Os pido que no os desaniméis por mis tribulaciones a vuestro favor, pues ellas son vuestra gloria.* Los efesios no deben desmayar o afligirse por lo que Pablo experimenta. La palabra "tribulación" (*thlípsis* 2347) significa "aflicción o angustia" y describe lo que el Apóstol está sufriendo por causa del evangelio para el bien de ellos. Este sufrimiento fue el sacrificio personal de Pablo en beneficio de los lectores. Por esta razón deben sentirse honrados y orgullosos por lo que Pablo padece en su favor. Estas tribulaciones pierden importancia a la luz de la gloria que es de la iglesia como resultado del evangelio que Pablo les ha comunicado a pesar de muchas pruebas.

2. Una intercesión para fortalecer a los santos, 3:1, 14-19

De esta manera termina la digresión que hizo de la oración que apenas comenzó en el v. 1. A partir del v. 14 vuelve a ella y nos deja escrita una de las intercesiones más profundas. Comienza de nuevo con la frase *por esta razón* (v. 14), dando a entender que semejante idea como la de la misión que tenía y el mensaje que comunicaba le lleva a sus rodillas para orar por la iglesia. Al recordar a los que han sido alcanzados por este ministerio y su mensaje, incluyendo a los gentiles, ora por ellos y la tarea que les corresponde. No es una oración ligera ni pasajera. Es un pensamiento profundo que a la vez sube a la cumbre de la intercesión. Pablo hace uso del libre acceso a Dios que acaba de mencionar en el v.12 y audazmente pide por los creyentes. No pide pequeñeces. Sus peticiones son para bendiciones espirituales que no tienen medida material. Esta oración es considerada por muchos como la más sublime, trascendente y majestuosa de las oraciones que se encuentran en las epístolas de Pablo. Es una oración pastoral a favor de los efesios en particular, y la iglesia en general que había señalado en el v. 10 como la responsable de dar a conocer la *multiforme sabiduría de Dios.*

Pablo comienza la oración con la frase *doblo mis rodillas ante el Padre* (v. 14). El lector puede imaginarse al valiente guerrero espiritual ocupando su puesto de batalla. Con las cadenas que le unen con el guardia romano que le vigila, el Apóstol se pone de rodillas y eleva su corazón en plegarias. La costumbre de los judíos era orar puestos en pie. La expresión *doblo mis rodillas* enfatiza más la actitud solemne y urgente con que Pablo ora que la posición física en que se halla. Con actitud humilde y voz urgente se dirige hacia el Padre e intercede por la iglesia. Toda oración debe ser dirigida al Padre celestial. Así nos enseñó a orar Jesús y así lo hizo Pablo. No hay necesidad de intermediarios y el que ora va directamente a Dios, a quien describe como *de quien toma nombre toda familia en los cielos y en la tierra* (v. 15).

El Padre da su nombre a los que le

conforme a las riquezas de su gloria, os conceda ser fortalecidos con poder por su Espíritu en el hombre interior; **17** para que Cristo

---

pertenecen, tanto aquellos en el cielo como en la tierra. Estos son identificados como *familia*, que en este texto significa de la misma paternidad, el mismo clan, la misma tribu. *Toda familia* incluye a los hijos nacidos de él y que lo consideran Padre, tanto los que están *en los cielos*, como los que están *en la tierra*. Pablo usa ese término para designar "familias espirituales, la de los ángeles, la de los israelitas fieles, la de los gentiles llamados a la fe" (Bonnet y Schroeder). Padre (*patér* ^{3962}) tiene la misma raíz que la que se traduce como *familia* (*patriá*^{3965}), o sea "patria". El Apóstol emplea un juego de palabras para enfatizar la íntima relación que existe entre Dios y los que son sus hijos por adopción en Cristo y el absoluto derecho que tienen estos de acercarse a él. Pablo tiene todo derecho de dirigirse al Padre por sus hermanos. Además, funda su petición en una fuente inagotable, *conforme a las riquezas de su gloria* (v. 16). Esta es la tercera vez que Pablo menciona las riquezas de Dios. En 1:7 habla de *las riquezas de su gracia*; en 1:18 menciona *las riquezas de la gloria de su herencia*. En esta ocasión menciona *las riquezas de su gloria*. Bratcher y Nida indican que la frase significa "recursos espirituales o bendiciones del cielo". Estos son inagotables, lo que le da confianza al dirigirse a Dios.

En la oración Pablo hace tres peticiones en forma progresiva, cada una dependiendo de la que le antecede. Los comentarios difieren en cuanto a si hay tres o cuatro peticiones. Stott señala que son cuatro: *fortalecidos con poder, arraigados y fundamentados en amor, conocer el amor de Cristo* y *llenos de toda la plenitud de Dios*. Vaughan sugiere que la estructura gramatical del griego con respecto a la conjunción griega *jina* (*para que*) designa las tres peticiones como "para tener poder interior" (vv.16, 17a), "para tener comprensión" (vv.17b-19a), y "para tener la plenitud de Dios" (v. 19b).

He optado por otra división tomando como base las referencias a las personas de la Trinidad, de manera que la primera petición se halla en el v. 16 y se pide poder en el hombre interior por el Espíritu. La segunda petición incluye los vv. 17, 18 y 19a y tiene que ver con la presencia amorosa de Cristo en el creyente y las múltiples dimensiones de este amor. La última petición está en el v. 19b, y se relaciona con la llenura del creyente de la plenitud de Dios. Esta es la bendición múltiple que pide Pablo por sus hermanos. Es un modelo de perfección espiritual y una meta digna de aspirarse. Es una oración que eleva a los sujetos de ella (los cristianos) hacia el trono de gracia con las mejores intenciones. Pablo pide que Dios colme a la iglesia con las más ricas y sublimes bendiciones para que ésta pueda ser lo que debe ser. Examinemos estas peticiones.

La primera petición (v. 16) es poder espiritual. Creo que podríamos cambiar el orden de las frases que componen el v. 16 para leer de la siguiente manera (sin violar el sentido): "A fin de que os conceda ser fortalecidos con poder por su Espíritu en el hombre interior, conforme a las riquezas de su gloria." Esta última frase, *conforme a las riquezas de su gloria* se refiere a la fuente o sea el recurso inagotable de donde ha de venir lo que pide. Ora que la iglesia sea fortalecida en el ser interior con potencia proveniente del Espíritu de Cristo, quien reside en el interior del creyente. La palabra traducida *fortalecidos* (*krataióo* ^{2901}) significa "ser vigorizado o corroborado". El agente vigorizante o corroborador es el *poder* (*dúnamis* ^{1411}) de Dios mismo en la presencia y la persona del Espíritu Santo residente en los creyentes desde el momento de su nacimiento espiritual. El poder de la iglesia es el Espíritu de Dios quien está presente en cada creyente y actúa y opera por

habite en vuestros corazones por medio de la fe; de modo que, siendo arraigados y fundamentados en amor, **18** seáis plenamente capaces de comprender, junto con todos los santos, cuál es la anchura, la longitud, la altura y la

---

medio de ellos que son la iglesia. La presencia del Espíritu Santo en la iglesia la vigoriza, activa su poder y renueva continuamente sus fuerzas. Dios fortalece a la iglesia con su poder de caudal inagotable por medio de su Espíritu quien radica en el hombre interior. No es una presencia ni potencia superficial. Es el vivo Espíritu de Cristo "interiorizado" dentro del creyente y por ende, de la iglesia.

Pablo no pide que la iglesia reciba al Espíritu como un acto complementario a su conversión, sino que ella (los creyentes) sea continuamente corroborada y fortalecida por este Espíritu ya presente en ella ante la desafiante tarea que tiene, la que acaba de señalar en la porción anterior.

La segunda petición de Pablo por la iglesia tiene que ver con la presencia amorosa de Cristo en el creyente y las múltiples dimensiones de este amor. Tiene dos aspectos: Que Cristo habite en sus corazones por la fe y que los creyentes firmemente establecidos en amor puedan ser capaces de comprender todas las dimensiones de este amor de Cristo y puedan conocer el amor de Cristo.

La cláusula *para que Cristo habite en vuestros corazones por medio de la fe* (v. 17) quiere decir que Cristo haga su morada permanente en los corazones de los creyentes, que él tome posesión de los corazones de los que tienen fe en él. Si el corazón del hombre es el asiento de sus sentimientos y pasiones, el corazón del creyente debe de ser el asiento o trono permanente de Cristo. Esto es posible solamente por fe en Cristo. No es que Cristo no esté en ellos todavía, sino que este Cristo en quien han creído sea entronizado como Señor en sus corazones por la fe, que sea el ocupante predominante de estos corazones. Por fe en Cristo creemos y somos salvos, por fe recibimos al Espíritu Santo, y por fe cedemos nuestros corazones para que Cristo ocupe esta sede de nuestra conciencia y centro operacional de nuestro ser.

Simultáneamente con esta petición que la sede de nuestras pasiones y sentimientos sea ocupada por Cristo, el Apóstol pide que los creyentes sean afianzados y bien fundamentados en amor. Stott sugiere que el deseo de Pablo era que los creyentes fueran fortalecidos para amar porque el amor es la virtud preeminente. *De modo que* (v. 17) se refiere al resultado esperado de la residencia permanente de Cristo en los corazones de los cristianos, y este resultado es que la presencia de Cristo en los hermanos produzca el amor y ayude a éstos a ponerlo en práctica. *Arraigados y fundamentados* (v. 17) forman una metáfora tomada de la experiencia cotidiana de la gente. La primera palabra, *arraigados* (*rizóo* [4492]), se refiere a las raíces de una planta bien sembrada, y la otra, *fundamentados* (*themelióo* [2311]) implica la buena base que un constructor pone para que la casa que edifica permanezca en pie.

Como las raíces de una planta y la base de un edificio están normalmente escondidas de la vista y dan firmeza a lo que soportan, el amor en los cristianos es el elemento esencial para la estabilidad de éstos como iglesia. Este no es un amor superficial, es un amor que proviene del corazón propio de Dios y está transmitido al creyente por fe en Jesús quien es la expresión máxima de este amor divino (Juan 3:16). Con él en el corazón por medio de la fe, el amor de Cristo será la tierra fértil y firme en la cual las raíces y los cimientos del creyente y la iglesia se establecen. De este modo no serán movidos. Además, tendrán suficiente poder para asirse de o agarrar este amor multidimensional (v. 18). Este es el sentido de la cláusula *seáis plenamente capaces de comprender*.

Con Cristo en el corazón y las bases

profundidad, **19** y de conocer el amor de Cristo que sobrepasa todo conocimiento; para que así seáis llenos de toda la plenitud de Dios.

20 Y a aquel que es poderoso para hacer todas las cosas mucho más abundantemente de lo que pedimos o pensamos, según el poder

plantadas en el amor, el creyente será *plenamente capaz* o estará en óptimas condiciones de comprender todas las dimensiones del amor de Cristo y de conocer verdaderamente este amor. El poder del Espíritu y la presencia de Cristo en el creyente lo habilitan para amar en verdad y lo capacitan para profundizar todas las implicaciones de este amor y para tener un conocimiento íntimo del amor de Cristo. Pablo describe este amor con términos de medida como *anchura, longitud, altura* y *profundidad* de tal manera que da a entender que es inmensurable e infinito. Aunque podemos medir cosas materiales, el tiempo y el espacio, el amor de Cristo está más allá de las capacidades humanas para ser medido. Esto requiere la ayuda divina en la forma de la presencia de Cristo y el poder del Espíritu, en compañía con todos los santos. *Junto con todos los santos* se refiere a todos los creyentes que forman la iglesia de Cristo, e implica que esta capacidad espiritual se desarrolla en compañía con los redimidos, quienes han sido separados del mundo y apartados para con Dios. El ideal cristiano no se puede realizar en aislamiento. La vida del creyente no se vive fuera de contacto con otros creyentes que mutuamente se abastecen en el mismo caudal de bendiciones espirituales. La experiencia cristiana se comparte con los demás que se benefician mutuamente. Como es imposible ser cristiano sin pertenecer al cuerpo de Cristo, es imposible vivir una vida cristiana sin tener contacto íntimo con y ser parte integral de una iglesia local formada de creyentes obedientes a Cristo en un lugar dado.

"La quinta dimensión" (Vaughan) del amor de Cristo se expresa con las palabras *que sobrepasa todo conocimiento* (v. 19). Este amor es tan inmenso que ni las medidas materiales ni la capacidad mental del hombre pueden sondearlo. No hay facultad humana, ni mental ni intuitiva, que pueda comprenderlo. Pablo desea que los efesios experimenten la presencia de Cristo, aprendan a amar y dejen que Cristo ame a través y por medio de ellos.

La tercera parte de la intercesión de Pablo para la iglesia es *para que seáis llenos de toda la plenitud de Dios* (v. 19b). El deseo ardiente del Apóstol para la iglesia es que sea tan llena de todas las cualidades, las características y la pura naturaleza de Dios que sea el reflejo de él en el mundo. Será una llenura que llegue hasta el tope, sin faltar ni sobrar y una de la que los demás se darán cuenta. Con el poder espiritual que proviene de la presencia del Espíritu en el hombre interior y el amor que resulta de la habitación de Cristo en el corazón del creyente, la llenura de la plenitud de Dios es el resultado que tiene que seguir. No podrá ser de otro modo, porque tener Cristo es tener al Espíritu Santo, y tener a éstos es tener a Dios en todo sentido. Los tres existen en la iglesia en unión y trabajan a través de ella en armonía para la expansión del evangelio en todo el mundo.

3. Una bendición apostólica, 3:20, 21

Esta oración paulina está a la par de la doxología hallada en 1:3-14 y es para la iglesia lo que la oración de Cristo fue para sus discípulos (Juan 17), una intercesión para confirmarla, estimularla y fortalecerla. Termina con una recomendación y una bendición. Pablo encomienda a los hermanos *a aquel que es poderoso para hacer todas las cosas mucho más abundantemente de lo que pedimos o pensamos* (v. 20). Ora al Dios poderoso que todo lo puede. No duda de la voluntad de Dios ni de su capacidad de colmar a su iglesia de toda bendición espiritual. Estas no tienen límites, y hasta sobrepasan cualquier solicitud y aun nuestros mayores sueños. Lo único que lo condiciona es *el poder que actúa en nosotros* (v. 20). Este poder proviene del Espíritu, quien actua en nosotros y que se activa con nuestra fe y capacidad de creer en Dios. Nuestro Dios es grande y poderoso sin lugar a duda alguna. ¿Hasta dónde podemos arriesgarnos? A este Dios a quien Pablo llama "Padre" se dirige audaz y confiadamente. ¡Si así fuesen nuestras oraciones!

Cabe una nota adicional con respecto a esta oración. No tiene absolutamente nada que ver con lo material. Todo es de carácter espiritual. Usar esta oración como modelo podría librarnos de una mentalidad materialista y mundana en nuestras

---

Semillero homilético
El amor de Cristo: un templo colosal
3:17-19

Introducción: Los efesios convertidos a Jesús estaban permanentemente amenazados por el culto de amor erótico rendido a Diana, diosa de la fertilidad animal y humana. El templo de Diana era símbolo y orgullo de toda el Asia Menor, habitación de la gran estatua de la diosa. Es notable la incidencia del lenguaje arquitectónico de Pablo en la epístola a los Efesios. Pienso que los inmensos edificios (templo, teatro, etc.) y su impacto en la imaginación popular, también impresionaron al culto apóstol a los gentiles. Con sabiduría pastoral oraba por la iglesia y la fortalecía con doctrina usando figuras sacadas del contexto cotidiano de los efesios.

No creemos que sea forzar el texto bíblico el ver en este lugar el amor de Cristo compararado con el templo de la "fecunda" diosa madre de la vida natural. Procedamos a constatarlo:

I. La iglesia es como una planta y como un templo (v. 17).
  1. Por medio de la fe es habitada de modo permanente por Cristo (v. 17a; notemos que el asentamiento de Cristo en la iglesia lo prepara el Espíritu Santo: v. 16b).
  2. Como una planta viva, la iglesia arraiga en amor *agape* y como un templo fundamenta en amor *agape* (¡No en amor *eros* o erótico!; v. 17b).
II. La iglesia universal necesita ser capacitada para comprender las dimensiones del amor de Cristo, amor semejante a un templo colosal (vv. 18, 19).
  1. La anchura.
    (1) Alcanza "hasta lo último de la tierra".
    (2) Se extiende hasta abarcar a judíos y a gentiles.
  2. La longitud.
    (1) Su comienzo: Desde *antes de la fundación del mundo* (1:4a, 5a, b).
    (2) Su duración: Todas las edades, hasta más allá de los siglos de la historia (1:10a; 3:21; ver Juan 3:16: *...vida eterna*).
  3. La profundidad.
    (1) Se hizo cimiento de salvación en los niveles infrahumanos (4:9; ver Luc. 1:48a, 52, 53; 2: 8, 16; Fil. 2:6-8a, b).
    (2) Se manifestó humillado y triunfante en el Hades, el nivel inferior del universo (*infernus*, en latín, significa "lugar inferior; 4:9; ver 1 Ped. 3:18 y sigs.; Apoc. 1:18).
  4. La altura.
    (1) *El Amado* se exalta, con los creyentes, desde el Hades hasta los lugares celestiales.
    (2) Por amor redentor descendió hasta los infiernos, pero fue exaltado *por encima de todos los cielos* (4:10b; ver Heb. 12:2; Fil. 2:8-11; *los cielos* es una figura de lenguaje para indicar la visión cósmica que los contemporáneos tenían: a. el cielo de los pájaros; b. el cielo de los astros; y c. el cielo trascendente, angélico y divino. Note la expresión: *por encima de todos los cielos*).

Conclusión: Los creyentes, gentiles y judíos, son los que Dios *amó primero* (1 Jn. 4:19) y son aceptos *en el Amado* (Ef. 1:6). Pablo advierte que en el hecho de la conversión a Cristo la iglesia apenas se inicia en el conocimiento del misterio del amor de Cristo. Por eso dobla sus rodillas para pedir crecimiento en tal ministerio. Dice que las dimensiones de ese amor sobrepasan las dimensiones del templo de Diana; más aún, ese amor sobrepasa las dimensiones de una catedral del tamaño del universo creado.

que actúa en nosotros, **21** a él sea la gloria en la iglesia y en Cristo Jesús, por todas las generaciones de todas las edades, para siempre. Amén.

---

peticiones y testimonios. Sería como buscar primeramente el reino de Dios y su justicia. Lo demás vendría como añadidura. Nada nos faltará.

Al llegar al final de esta oración, que es una doxología, llegamos al clímax de la epístola. Es la cumbre del pensamiento paulino sobre nuestra redención y la iglesia expresado ya en los primeros tres capítulos. En resumen, ellos nos aseguran de que Dios es capaz de llevar a cabo sus planes. Pero, gloria a Dios, estos planes nos incluyen.

Prorrumpe del corazón de Pablo un canto de alabanza. Este canto, *a él sea la gloria en la iglesia y en Cristo Jesús* (v. 21), expresa el sentimiento más elocuente y sublime del Apóstol y refleja la comprensión máxima que había conceptualizado sobre qué es la naturaleza de la iglesia, cuál es su tarea y quién es su Señor. El esplendor, la refulgencia y la magnificencia de Dios deben de ser expresados en la iglesia con Cristo como su cabeza en toda la tierra por cada generación en todas las etapas de la historia hasta que venga Cristo. Esta es una orden muy grande; pero es el propósito eterno de Dios: la gloria de Dios en la iglesia. Pablo bendice a Dios por la visión clara y brillante que había captado de la iglesia como Dios la conceptualiza.

¡Qué conclusión tan emocionante para la primera parte de esta epístola! Pablo ha expresado su tesis doctrinal sobre la maravillosa obra redentora de Dios en Cristo y la misión de la iglesia de difundir este mensaje. Esta sirve como base para hacer las aplicaciones prácticas en la segunda y última parte de la epístola, caps. 4—6.

Cristología, matrología y sexualidad

Los efesios de ayer y los católicos romanos de hoy apelan al hecho maternal, a la figura preciosa de la madre, para cimentar una cristología mariana como la quintaesencia del amor divino. La cristología paulina lucha por sacar a los hombres de ese prisión de naturalismo y de sicología de la religión. Desde la idea de la "maternidad" es fácil reforzar el fundamento de tal "prisión" con la idea de "la sexualidad de Dios", o sea "la sexualidad teológica". Varios teólogos contemporáneos, católicos y protestantes, lo están intentando. Dos signos gráficos contemporáneos son: La lucha de la reivindicación femenina y la caída del siglo en una especie de neurosis sexológica.

Una cosa es ver en la Biblia la preciosa dimensión de la sexualidad, como creación especial *(varón y hembra los creó),* y como misteriosa modalidad de la encarnación redentora de Dios; pero otra cosa es llevar tan lejos el concepto de la "imagen y semejanza" que desemboquemos en el sexualismo teísta griego-helenístico de los efesios.

Por otra parte, la extensión piadoso-filosófica o intelectiva en la interpretación de la verdad bíblica de que Dios hizo mediar una madre natural para darnos la naturaleza humano-corporal de Jesucristo, ha creado una Madre de Dios, justificada a todo nivel, especialmente a nivel popular con los argumentos del naturalismo religioso y de la sicología de la maternidad. En América Latina se dice: "¿Cómo Jesús se va a negar a escuchar un ruego en mi favor de su propia madre?"

¡Salid del templo de Diana!, dice Pablo a los efesios. ¡Entrad en el templo del amor de Cristo! ¡Salid de la prisión de la religión natural! ¡Entrad en la libertad de la religión revelada en Cristo! ¡Mirad lo que Dios ha hecho en el plano de la revelación a sus apóstoles y profetas! ¡Fijaos en el amor de Cristo: Sobrepasa todo conocimiento! Pues, es como un templo de dimensiones infinitas. El amor de Dios en Cristo no brota ni siquiera de las más sublimes fuentes de la naturaleza creada (como son el amor *eros,* o el amor *mater).* No se justifica de modo alguno en la sicología de la maternidad. El hecho de Cristo Jesús vino del Dios SANTO. Jesucristo es Dios humillado en forma de Hijo (Heb. 1:2); la maternidad cristológica es una etapa mediadora; la meta es poder decir: *Este es mi Hijo amado... A él oíd* (Mat. 17:2-5).

EFESIOS 4:1-16

La unidad, los dones y el crecimiento

4 Por eso yo, prisionero en el Señor, os exhorto a que andéis como es digno del llamamiento con que fuisteis llamados: **2** con toda humildad y mansedumbre, con paciencia, soportándoos los unos a los otros en amor;

V. SECCION DE VIRTUDES PRACTICAS: LA GLORIA DE DIOS REFLEJADA EN LA IGLESIA POR MEDIO DE UNA VIDA SANTA Y VICTORIOSA, 4:1—6:20

Con la majestuosa oración al final del cap. 3 Pablo concluye la exposición doctrinal que hace en esta epístola. La siguiente parte refleja un giro de énfasis para tocar algunas aplicaciones prácticas y éticas. Al igual que hizo el autor en otras epístolas, ésta contiene dos divisiones principales. La primera parte es un enfoque doctrinal o teológico de la enseñanza que quiere impartir con respecto a la iglesia. La segunda parte, basada en esta enseñanza, es una exhortación a una conducta ética y práctica dentro de la iglesia, la nueva comunidad cristiana. Una teología, por buena y correcta que sea, no tiene sentido si no hay una aplicación lógica en la vida del creyente o si no se pone en práctica. Pablo ha manifestado el ideal de la iglesia como la expresión máxima de la gloria de Dios en la tierra al través de la historia subsecuente. Ahora, habla de la vida y el comportamiento de la iglesia.

Hay que recordar que cuando el Apóstol escribió esta carta no la dividió con capítulos y versículos. La escribió tal como escribimos una carta en nuestro día, pasando de un pensamiento a otro en forma lógica y progresiva. Aun, el uso de puntuación y párrafos no fue tan desarrollado en el tiempo de Pablo como lo es ahora. Por esta razón, los estudiosos de la Biblia han señalado primero las divisiones de capítulos y versículos y luego los párrafos. La RVA procura reunir los pensamientos del autor en porciones breves conforme al movimiento del pensamiento que se expresa. Se han agrupado en párrafos los versículos en el orden que tratan del mismo tema. Además, los redactores de esta versión han facilitado la comprensión procurando usar oraciones cortas que captan el mismo sentido que quiso dar el autor en lugar de algunas de las oraciones extensas que aparecen en el idioma griego.

La continuidad del pensamiento del escritor y la conexión que existe entre los párrafos se señalan con el uso de frases como *por eso, por tanto, por lo demás* u otra expresión que sirve como conjunción. Por esta razón, hay que entender cualquier porción como parte del todo y a la luz de lo que se dice antes y después, y del sentido general de toda la epístola.

1. El ideal divino: La iglesia como cuerpo de Cristo, 4:1—5:5

(1) Características de la iglesia: su unidad corporal y espiritual, sus capacidades y su propósito, 4:1-16. Con esto dicho pasemos ahora a considerar la sección de virtudes prácticas. Consideraremos dos características de la iglesia: su unidad corporal y espiritual, sus capacidades y su propósito (4:1-16), y la conducta moral de la iglesia como nuevo hombre en Cristo (4:17—5:5).

Si bien en la primera parte de la epístola Pablo trata del propósito eterno de Dios de reunir en Cristo todas las cosas, el autor procede ahora a hacer un llamado a la fidelidad de parte de los creyentes. Esta fidelidad será expresada por medio de una conducta digna como respuesta a la vocación cristiana (4:1-6). La fidelidad de los miembros de la iglesia es esencial para que haya unidad en el cuerpo.

Con un *por eso* Pablo señala todo lo que ha dicho hasta este punto como base para lo que sigue. El sentido de lo que dice a continuación depende del concepto espiritual expresado antes en los caps. 1—3. Otra vez se identifica con el título *pri-*

3 procurando con diligencia guardar la unidad del Espíritu en el vínculo de la paz.

---

sionero en el Señor (v. 1). Emplea la misma palabra que usó en 3:1, con la diferencia que aquí (4:1) es *prisionero en el Señor* y en aquel es *prisionero de Cristo Jesús.* Bonnet y Schroeder llaman la atención al uso en el griego del artículo definido *el* con la palabra *prisionero* que lit. debe leerse *el prisionero.* Sugieren ellos que Pablo usa esta expresión "a fin de dar a entender que tiene derecho a ese título doloroso en un sentido especial, que él es por excelencia 'el prisionero en el Señor'". De esta manera el Apóstol llama la atención a su condición para inspirar a sus lectores. Tanto la situación física como la actitud mental y espiritual de Pablo bajo las condiciones en que se hallaba le daban un nuevo grado de autoridad para exhortar a sus hermanos. En verdad él fue un prisionero en el servicio del Señor. Su ministerio consagrado trasciende las cadenas que le amarran.

Habiendo establecido así su autoridad, el autor procede a exhortar a sus lectores: *Os exhorto a que andéis como es digno del llamamiento con que fuisteis llamados.* En este versículo corto usa tres formas distintas de la misma palabra, "llamar" con una cuarta forma en mente. A saber: *parakaléo* 3870 (llamar), *klésis* 2821 (llamamiento), *kauléo* 2564 (fuisteis llamados), y la cuarta insinuada es *ekklesía* 1577 (iglesia, 3:21). Este uso repetido al estilo paulino establece el hecho de la vocación cristiana, que es la respuesta humana al llamamiento divino. El llamado cristiano es una vocación sagrada que compete a cada creyente todos los días. Corresponde a la respuesta individual al llamado de Jesús en Lucas 9:23: *Si alguno quiere venir en pos de mí, niéguese a sí mismo, tome su cruz cada día y sígame.*

La idea de exhortar es la misma de suplicar, rogar o llamar. Pablo exhorta a los cristianos de Asia con respecto a su conducta cristiana. No tiene ningún sentido negativo de acusar o regañar como algunos equivocadamente piensan cuando usan las palabras exhortar o exhortación. Por lo que dice a continuación la exhortación de Pablo tiene que ver con la conducta cristiana en respuesta a la vocación divina. El implora a los creyentes *a que andéis como es digno del llamamiento* (v. 1b). Ya hemos visto el concepto de "andar" en 2:2 y 10, y lo encontraremos más adelante en este capítulo y en el cap. 5. Como vimos antes, tiene que ver con el estilo de vida del cristiano, cómo vive éste y qué hace. Este estilo de vida debe alcanzar la medida elevada del llamamiento a que responde. No sólo tiene que ver con ¿quiénes son los llamados?, tiene que ver también con ¿quién ha llamado? Aquí está en juego no sólo el creyente, sino aquel de quien los cristianos toman su nombre, Cristo. La conducta cristiana debe alcanzar la altura de la persona que nos ha amado, escogido, redimido y unido, Dios mismo.

Además, esta conducta y el llamamiento a que responde tienen que ver con la iglesia. Los llamados son los miembros de la iglesia y el que hizo el llamamiento es Cristo, la cabeza de la iglesia. No sólo es la conducta del creyente individual y por separado, sino es la conducta de cada creyente como parte integral del cuerpo que ya describió. El andar cristiano en el mundo es el único testimonio que éste puede ver de la iglesia en su medio. La conducta cristiana, por buena o mala que sea, es lo que el mundo ve de la iglesia. Pablo exhorta a los creyentes de Efeso y de Asia a que su comportamiento cristiano esté a la altura de la vocación cristiana que profesan.

A continuación, el Apóstol nos da una receta para ello (vv. 2-4). Esta receta contiene dos pares de ingredientes íntimamente relacionados: *Con toda humildad y mansedumbre* y *con paciencia, soportán-*

doos los unos a los otros en amor (v. 2). El elemento que une o consolida estos cuatro ingredientes en uno es el esfuerzo diligente de *guardar la unidad del Espíritu en el vínculo de paz* (v. 3).

La naturaleza nos da una ilustración apropiada de esto. Cerca de la ciudad de Tela, en Honduras, está el reconocido parque botánico llamado *Lancetilla*, donde se han reunido muestras de plantas y árboles tropicales de todo el mundo. Al visitar este bello lugar los guías conducen a las visitas por los senderos entre los árboles y plantas señalándoles las características de las muchas plantas, y explicando el uso de sus variados productos. Entre las plantas hay un árbol mirística originario de la India que produce dos condimentos distintos dentro de la misma cáscara, la nuez moscada y la macis. Nacen y crecen juntas dentro del mismo ambiente pero son distintas. La una es la semilla y la otra es el arilo, o sea una membrana que se forma alrededor de la nuez misma, ambos dentro de la cáscara de la fruta del árbol. Las cocineras expertas en la confección de pasteles y otros bocaditos sabrosos saben que cada uno de estos condimentos tiene su propio sabor y que se puede usar por separado. Saben también que sin condimentos la comida es simple. Se agrega un condimento y el sabor cambia. Con más condimentos el sabor es exquisito.

La vida cristiana representada en el v. 1 como un andar digno del llamamiento es una combinación de varios ingredientes complementarios que resultan en algo que da buen gusto al mundo en donde se halla y se desarrolla. La falta de cualquiera de los ingredientes hace más simple el gusto que da la iglesia al mundo. Mientras hay más de ellos y adecuadamente combinados hacen que el testimonio de la iglesia de Cristo sea más aceptable.

Consideremos ahora estos ingredientes que dan buen gusto a la iglesia en el mundo donde se desarrolla. *Con toda humildad y mansedumbre, con paciencia* son los primeros ingredientes de este "andar digno" o el comportamiento cristiano. La palabra *toda* significa "sumo" o "completo" y aquí pone énfasis sobre la importancia de humildad y mansedumbre completas. Estas son las virtudes cristianas básicas. La *humildad* (tapeinofrosúne [5012]) describe la actitud de una justa estimación de sí mismo sin orgullo ni arrogancia en relación con los hermanos. Estima a los demás de igual valor y derecho delante de Dios. Jesús es nuestro ejemplo de la humildad. Como dice Stott "hasta la venida de Jesucristo no se conoció la humildad verdadera." La humildad va acompañada de la *mansedumbre* (praútes [4240]) que es la dulzura de espíritu. Tiene que ver con la gentileza con que uno se trata con otros y está vinculada con la humildad.

La *paciencia* (makrothumía [3115]) es la capacidad de aguantar hasta lo último y complementa la humildad y mansedumbre. Según el *Nuevo Léxico Griego Español del Nuevo Testamento* (p. 178) se puede interpretar también como mansedumbre, tolerancia y paciencia.

Esta paciencia se manifiesta con una actitud de tolerancia amorosa hacia los demás: *Soportándoos los unos a los otros en amor.* Este otro ingrediente es la capacidad de aguantar las pruebas en las relaciones humanas en la iglesia sin contrariarse o impacientarse. El *amor* (agápe [26]) es la característica cristiana clave y significa "una benevolencia invencible". Sin el amor no se pueden tolerar las imperfecciones que aún preservan los demás hermanos en la iglesia por ser éstos todavía humanos e imperfectos, aunque son regenerados y redimidos en vía hacia la santificación igual que uno mismo. El amor cristiano es la predisposición de aceptar y querer a los demás "con verrugas y todo" tales como ellos son y no como "yo" pienso que deben ser. Este tipo de amor no viene por nacimiento, viene como el resultado del encuentro personal que uno haya tenido con Cristo y la presencia permanente de su Espíritu.

Este andar cristiano no sólo refleja un carácter o actitud cambiada de uno que antes fuera impulsivo, impudente y orgu-

4 Hay un solo cuerpo y un solo Espíritu, así como habéis sido llamados a una sola esperanza de vuestro llamamiento. **5** Hay un

---

lloso, también representa un esfuerzo positivo. Este esfuerzo resulta en una unidad corporal caracterizada por la *paz* (v. 3). *Procurando con diligencia* describe la búsqueda afanosa y el esfuerzo constante de lograr el objetivo de la unidad espiritual. *Guardar la unidad del Espíritu* equivale a conservar la unidad. Se supone que la iglesia como un cuerpo ya representa una unidad corporal y espiritual. Ya hay unidad en Cristo y por el Espíritu. Ahora, compete a cada individuo y a todos en unión preservar esta unidad. Esta unidad depende del aporte de cada miembro y es el resultado del comportamiento apropiado de cada uno.

No está hablando de una unidad ecuménica organizacional y visible como algunos piensan. Está hablando de la unidad que viene de ser los discípulos de Cristo unidos a él y de este modo juntados el uno al otro por el mismo Espíritu. El deseo ferviente de Pablo es el mismo que Jesús expresó en su oración pastoral (Juan 17). El oró al Padre: *Guárdalos en tu nombre que me has dado, para que sean una cosa, así como nosotros lo somos* (Juan 17:11). Esta unidad depende de la paternidad de Dios, la obra de su gracia en Cristo Jesús, y la fe única que nos relaciona con Dios en Cristo por medio de la salvación y sellada por el Espíritu. No depende de ninguna estructura filosófica, política ni ecuménica que los hombres puedan negociar.

Esta unidad se mantiene *en el vínculo de la paz*. *Vínculo (súndesmos 4886)* es el ligamento que junta o consolida. Nuestra paz con Dios por fe en Cristo se manifiesta en paz con y entre los hermanos en la iglesia. La paz espiritual es el pegamento que junta a todos en la unidad espiritual y tiene que ser conservada con todo ahínco.

A continuación Pablo expone las bases del andar digno al cual el creyente ha sido llamado y la unidad del Espíritu que la iglesia debe preservar. Lo hace usando una fórmula bien ordenada alrededor de la esencia de la Trinidad (vv. 4-6). Quizá estos versículos forman parte de un credo o fórmula bautismal antigua. Si es así, tenemos otro coro posiblemente usado en la iglesia en el tiempo de Pablo como aquel que mencionamos en 1:3-14. O bien cantado o recitado, es una confesión que expresa la esencia de la fe cristiana. Se la puede comparar con la confesión judía *(Shema)* que se halla en Deuteronomio 6:4: *Escucha, Israel: Jehovah nuestro Dios, Jehovah uno es.* Lane así la identifica y dice que "la confesión de la iglesia, la cual forma un contrapunto exacto a la confesión de Israel, amplifica el 'shema' para hablar del único Espíritu, el único Señor, el único Padre".

La importancia de la unidad de que habla el Apóstol está enfatizada por la repetición de la palabra *un* o *una*, que aparece siete veces en los vv. 4-6. Cada uso señala las facetas que corresponden a la misma esencia de la Trinidad. El carácter único del trino Dios de más fuerza a la unidad espiritual que tiene el cuerpo de Cristo y pone una responsabilidad grande sobre los creyentes que formamos parte de la iglesia.

Hay un solo cuerpo (v. 4) se refiere aquí a la iglesia en general y no una congregación en particular. Este concepto que introdujo usando la figura del cuerpo en 1:22 y 23 y mencionó en 2:16 y 3:6 implica que es un organismo vivo. El uso de esta expresión junto con la que sigue, *y un solo Espíritu,* sugiere que el cuerpo está integrado por y recibe su vida del Espíritu que lo habita y vivifica. Aparte del Espíritu, el cuerpo no tiene vida; sin la iglesia, el Espíritu estaría desincorporado. En el milagro del Pentecostés Cristo dotó definitivamente a su iglesia con el poder y la presencia vivificante para que ella pudiera cumplir con su divina misión. Esta presencia espiritual en el cuerpo lo sella con *una sola esperanza,* la cual es el objeti-

solo Señor, una sola fe, un solo bautismo, 6 un solo Dios y Padre de todos, quien es sobre todos, a través de todos y en todos. 7 Sin embargo, a cada uno de nosotros le ha

vo del llamamiento o la vocación cristiana. La única esperanza eterna para la humanidad es la que aguarda el cuerpo de Cristo en el Espíritu. Fuera del cuerpo de Cristo, sin el Espíritu no hay esperanza. En el v. 4 Pablo presenta a la iglesia de Cristo como incorporada por el Espíritu, moviéndose en una sola dirección hacia la esperanza a la cual ha sido llamada, la gloria de Dios (1:18).

En forma progresiva y ascendente el Apóstol habla luego del único Señor (*hay un solo Señor*), la única manera de pertenecer a él (*una sola fe*) y la forma en que uno se identifica con él (*un solo bautismo*). El único Señor de la iglesia es Jesucristo (1:20-23) y como tal es el objeto de nuestra fe. Los cristianos que forman la iglesia son los que han recibido el mensaje de Jesús y le han reconocido por fe como Señor. Aquí *fe* representa por un lado el único mensaje cristiano, o sea el evangelio apostólico, y por otro lado la única respuesta del creyente a ello. Fe, pues, equivale a creer y lo que se cree; el acto de creer y el objeto creído. Esta fe se simboliza en el acto del bautismo en agua en obediencia a Jesús. Representada en forma gráfica por la inmersión habla de la realidad espiritual de haberse sumergido por fe en Cristo. El bautismo es el acto o rito público en el cual uno toma el paso inicial de seguir a Cristo. Es el testimonio público del resultado de la fe en el Señor y de la decisión de pertenercer a él. Hemos sido bautizados en el nombre de Cristo porque hemos oído su mensaje y hemos creído en él como Señor.

Con la expresión *un solo Dios y Padre de todos* (v. 6a) Pablo llega al clímax de esta lista de unidades espirituales. Dios es único (Deut. 6:4b) y esta verdad era repetida muchísimas veces por los judíos devotos. Ahora vale la pena afirmarla de nuevo, pero con un nuevo sentido. No sólo es el Dios soberano de los judíos, es también el Dios de los gentiles creyentes. Además es el Padre *de todos*. La paternidad de Dios se extiende a incluir a los gentiles creyentes al igual que incluye a los judíos creyentes que lo reconocen como soberano y han sido adoptados por él como hijos (1:5). Esta idea sugiere otra figura que usa Pablo para describir a la iglesia, la familia de Dios (2:19).

El autor concluye esta afirmación de fe señalando las dimensiones de la relación de Dios con su iglesia. Lo hace con tres frases preposicionales: *sobre todos, a través de todos y en todos* (v. 6b). La primera de estas se refiere a Dios como la autoridad máxima que reina sobre todos (*¡Jehovah reina!*, Sal. 97:1a). Como el Dios creador, reina soberano sobre toda la creación. Como Padre amante, es él quien da orden y unidad a su familia. La segunda frase, *a través de todos*, representa la "inmanencia de Dios, de su presencia que penetra, controla y sustenta todas las cosas" (Vaughan). La influencia de Dios se expresa a través de todos y en todo lugar. El obra a través de todos sus hijos. La iglesia es su esfera de acción y los que componen la iglesia son los instrumentos de Dios por los cuales él opera. Finalmente, *en todos* indica que Dios mora en los creyentes por su Espíritu en una relación personal e íntima. Es esta presencia divina la que da a los creyentes una cohesión indestructible por pertenecer a Cristo por la fe y ser vivificados por su Espíritu. La unidad de la iglesia toma las características de la unicidad del Dios trino que adora y sirve.

En medio de hablar de la unidad de la iglesia el autor cambia de tema. Pasa de hablar de *todos* (v. 6) a hablar de *cada uno* en el v. 7, de hablar de la unidad de la iglesia a hablar de la diversidad de los miembros. Señala la particularidad de cada miembro, especialmente con respecto a lo que ha recibido de Dios para servirlo y ser una bendición para la iglesia. Se refiere primero a lo que cada uno ha recibido para este fin (v. 7). Lo identifica como una gracia que *le ha sido conferida*. Cada uno, cada creyente sin excepción, ha sido el recipiente de alguna gracia de parte de Cristo. Cristo es el que la confiere. Lo conferido es *la gracia* que entendemos

---

Semillero homilético
Las virtudes de la vocación celestial
4:1-6

Introducción: Según la epístola a los Efesios, el carácter cristiano es una novedad ética en el mundo. La novedad radica en que la motivación de la conducta es *la alabanza de la gloria de su gracia* (1:6, 12). Con plena propiedad de lenguaje afirmamos que es en virtud del llamamiento ("vocación" significa también "llamamiento") celestial, o divino, que un cristiano posee y pone en actividad social . Consideremos esto de "las virtudes de la vocación celestial":
I. Son virtudes para las relaciones fraternales (vv. 1, 2; 2:19).
   1. El cristiano posee un carácter familiar (2:19).
   2. La humildad y la mansedumbre (4:2a).
      (1) La humildad es una actitud de pobreza ante el hermano: "Hermano, que yo no te cause amargura alguna."
      (2) Humildad y mansedumbre son las cualidades del carácter del Señor de la iglesia: Jesucristo (Mat. 11:29).
   3. La paciencia (4:2b).
      (1) Es lo opuesto de la intolerancia.
      (2) Es el "aguante" o es la cualidad salvadora de Dios (2 Ped. 3:9).
   4. La tolerancia activa (4:2c: *soportándoos... en amor*) .
      (1) Soportar al hermano es pagar el costo en favor suyo (implica el sufrimiento).
      (2) A esto lo llamamos la tolerancia activa, producto del amor.
II. Son virtudes para la unidad de la iglesia (4:3-6).
   1. La diligencia (*procurando con diligencia*, v. 3).
      (1) Una disposición firme y hasta vehemente por la unidad y la paz del cuerpo de Cristo.
      (2) Una cualidad al servicio de la voluntad de unidad del Espíritu de Cristo (ver Rom. 8:9).
   2. El sentido doctrinal de la unidad (vv. 4-6).
      (1) Tal sentido se adiestra con la enseñanza apostólica (note la autoridad con que Pablo enuncia las virtudes doctrinales que siguen; se implica en la palabra *Hay...*).
      (2) La unidad de la iglesia se mantiene con las siguientes doctrinas respecto a unicidad:
         a. Para el creyente hay un único cuerpo (la iglesia de Cristo) al que incorporarse (v. 4a).
         b. Para el creyente hay un único Espíritu Santo (v. 4b).
         c. Para los creyentes hay una misma y única esperanza, determinada por el llamamiento de Dios (v. 4c).
         d. Para los creyentes hay un mismo y único Señor Jesucristo (v. 5a; ver 1 Cor. 8:6).
         e. Para los creyentes hay una misma y sola fe: la fe cristocéntrica (v. 5b).
         f. Para los creyentes hay un mismo y único bautismo (v. 5c; ver Ef. 1:13; 4:30; 1 Cor. 12:12; Rom. 6:3, 4).
         g. Para los creyentes hay un mismo y único Dios y Padre, soberano universal (v. 6)
III. Son virtudes de la vocación celestial (3:20, 21).
   1. Tienen a Dios todopoderoso y generoso (v. 20a).
   2. Cuentan con el poder activo de Dios en el carácter cristiano real (v. 20b: ... *según el poder que actúa en nosotros;* incluye a los miembros de la iglesia en Efeso y a los apóstoles; por eso el carácter cristiano es "virtuoso").
   3. La creciente y activa realización de la vocación celestial (el llamado a la salvación y al servicio) tiene como fin glorificar a Dios (v. 21).
Conclusión: ...*Que andéis como es digno del llamamiento* (vocación) *con que fuisteis llamados*. Esa dignidad, hemos visto, se recibe por gracia (como la vocación misma). Pero se adquiere por la iniciativa personal y grupal de los miembros de la iglesia.

sido conferida la gracia conforme a la medida de la dádiva de Cristo. **8** Por esto dice: *Subiendo a lo alto, llevó cautiva la cautividad y dio dones a los hombres.** **9** Pero esto de que subió, ¿qué quiere decir, a menos que hubiera descendido* también a las partes más bajas de la tierra? **10** El que descendió es el

---

*4:8 Sal. 68:18 (LXX); ver Col. 2:15
*4:9 Algunos mss. antiguos agregan *primero*.

---

mejor como alguna capacidad o algo especial y apropiado *conforme a la medida de la dádiva de Cristo*. La palabra *gracia* es la misma que se encuentra en 2:3, 7 y 8 y se refiere a un acto de la bondad y generosidad divinas. Es una dotación de acuerdo con la capacidad y la voluntad del dador y no del recipiente. Esta ha sido conferida de acuerdo con el servicio o los ministerios que cada uno ha de realizar.

En los vv. 7-10 el Apóstol describe al Cristo ascendido como el dador de dones y lo compara con el Dios triunfante subiendo al monte Sinaí. Pablo cita una versión antigua del Salmo 68:18, que según Lane (p. 16) fue una traducción al arameo hallada en el Targum, versión aramea de las Escrituras que usaban los hebreos. Esto puede explicar en parte la diferencia entre la lectura en 4:8 y la del Salmo 68:18. Con esta cita presenta a Cristo como el rey que asciende: *Subiendo a lo alto, llevó cautiva la cautividad y dio dones a los hombres.* El Salmo 68 presenta a Dios como un rey que ha sido victorioso en la conquista de su enemigo y que regresa a su reino llevando los cautivos y tomando el botín de guerra (tributo) de los súbditos. En cambio, Cristo ascendió llevando consigo a un gran séquito de almas cautivas de su gracia que había libertado del cautiverio del pecado. En vez de tomar tributo, repartió dones a los hombres.

Los vv. 9 y 10 hablan de la humillación y la exaltación de Cristo. Son una explicación parentética en la cual Pablo prueba que Cristo es aquel a quien se refiere el Salmo 68:18. *Esto de que subió* implica que éste mismo *hubiera descendido también a las partes más bajas de la tierra.* Para Pablo, es Cristo el que ha ascendido en victoria, el mismo que había bajado hasta la tierra. No se refiere necesariamente a algún movimiento espacial, sino al hecho de la encarnación y la humilliación de Cristo al bajar a lo mas bajo de la tierra. El se despojó de su gloria, tomó la forma de hombre, vivió en su medio y murió en su lugar. Aunque algunos intérpretes opinan que *las partes más bajas de la tierra* se refiere al infierno, nos parece que Smith está en lo acertado: "Puede tener referencia a aquella condición de bajeza y humildad en que nació nuestro Señor, y especialmente las condiciones en que su vida terrenal llegó a su fin."

Este mismo que descendió es el que ascendió victorioso y glorioso a los cielos

---

Europa lo aconseja, Israel lo afirma, América Latina lo necesita

Arnold Toynbee, un filósofo de la historia de Inglaterra, visitó varios países de América Latina en la década de 1960. Impresionado por la notable cantidad de monumentos a la guerra y sus héroes dijo que, si él pudiera, haría fundir todos los monumentos bélicos, para con el mismo material fabricar estatuas de la Virgen de Guadalupe. ¿Qué quiso sugerir? Que lo que más necesitamos para salvarnos, históricamente hablando, son los valores espirituales.

David ben Gurión, padre del Israel moderno, que a los sesenta años de edad aprendió griego para leer a Platón, afirmó: "... nosotros tenemos la Biblia, que no es nada inferior a Platón... creo que la hora actual necesita mucha espiritualidad; es demasiado materialista..." Según él, "se trata de combinar los altos valores éticos, sin los cuales no puede existir ninguna sociedad humana". ¡Que la iglesia reaccione con eficacia ético-espiritual!

mismo que también ascendió por encima de todos los cielos, para llenarlo todo.* **11** Y él mismo constituyó a unos apóstoles, a otros profetas, a otros evangelistas, y a otros pas-

---

*4:10 Otra trad., *cielos para cumplir todas estas cosas*

para llenarlo todo (v. 10). Su misión en la tierra cumplida, Cristo volvió al cielo que había abandonado por un tiempo y fue exaltado para tomar de nuevo el lugar y la gloria que son suyos. Al hacer esto, Cristo equipó a su iglesia con los dones que ella necesitaba para cumplir la tarea que se le había dejado. Con el equipamiento de la iglesia Cristo asumió de nuevo su lugar debido en los cielos. Ahora, la iglesia así equipada y auxiliada por el Espíritu Santo puede cumplir su misión y servirlo hasta que él venga otra vez.

Los vv. 11-13 nos dan una idea de las provisiones que Cristo hizo para dotar a la iglesia con el liderazgo específico que necesitaba. Pablo menciona cuatro oficios o cargos que ejercían miembros de la iglesia debidamente dotados. Los dones del v. 8 que Cristo dio a su iglesia son estos hombres equipados para cargos dentro de la iglesia. Además de mencionar estos cargos (v. 11), señala cuál fue su propósito (v. 12) y la meta que esto tenía (v. 13).

El mismo (v. 11) se refiere al Cristo ascendido y glorificado que confirió a cada uno una gracia (v. 7), o sea una capacidad espiritual. Este Cristo ascendido por encima de todas las cosas *constituyó a unos* para ciertas funciones o ministerios dentro de su iglesia. El verbo *constituyó* (*dídomi* 1325) equivale a "dar". Coincide con *dadiva* en el v. 7 y *dones* en el v. 8. Otra vez vemos el énfasis de Pablo en que estos ministerios son obra de la gracia de Dios.

El primer cargo en la iglesia fue aquel de los *apóstoles*, un grupo pequeño, pero muy significativo. Estos fueron en primera instancia los doce, incluyendo a Matías, nombrado en lugar de Judas y fueron escogidos, entrenados y enviados por Cristo. Además, Pablo y varios otros fueron identificados como apóstoles: Bernabé, Hechos 14:14, 17; Jacobo, 1 Corintios 15:7 y Gálatas 1:19; Silvano, 1 Tesalonicenses 2:6; Andrónico y Junias, Romanos 16:7. Todos tenían dos cosas en común, habían visto al Cristo resucitado y habían recibido su comisión directamente de él (ver Hech. 1:21, 22). Estos daban testimonio de Cristo e instruyeron a los primeros creyentes en las enseñanzas de él (Hech. 2:42; 6:4). Fueron los primeros maestros de la iglesia del primer siglo. Sus enseñanzas dieron sustancia a la fe de los creyentes y por consiguiente contribuyeron a la formación del cuerpo doctrinal de la iglesia. Aunque pocos, ellos tuvieron la autoridad y la responsabilidad de guiar la formación de la iglesia naciente.

El segundo cargo en la iglesia primitiva fue el de los *profetas*. Los profetas fueron aquellas personas inspiradas que no sólo predijeron acontecimientos que Dios les reveló; ellos dieron expresión contemporánea a la voluntad de Dios. Fueron ambulantes e itinerantes entre las iglesias. Similares a los profetas del AT, los del NT fueron los voceros de Dios que habían recibido su palabra por revelación y que hablaban bajo la impresión del Espíritu Santo. Estos son mencionados en 3:5 junto con los apóstoles como aquellos que durante la vida formativa de la iglesia concretaron la revelación divina como dada en Cristo Jesús y dieron orden a las enseñanzas de ella. Fueron hombres y mujeres santos escogidos por Dios para hablar en su nombre bajo el impulso del Espíritu Santo. Su papel, igual al de los apóstoles fue durante los años formativos de la iglesia mientras ésta todavía no tenía los escritos que ahora componen el NT.

Estos dos oficios parecen haber sido limitados a la primera generación de cristianos. Poco a poco disminuyeron en

tores y maestros, **12** A fin de capacitar a los santos para la obra del ministerio, para la edificación del cuerpo de Cristo. **13** Hasta que

importancia e influencia y eventualmente desaparecieron de las páginas históricas de la temprana iglesia. Al comienzo de la iglesia del primer siglo funcionaban los primeros dos, pero gradualmente y con el paso de la historia fueron desapareciendo. W. Barclay señala tres razones para esto en cuanto a los profetas. Fueron perseguidos y entre los primeros en morir por su fe, se convirtieron en problemas para la iglesia, y este ministerio fácilmente se prestaba al abuso. Otra explicación parece tener validez, también. Estos dos cargos cumplieron su misión inicial al establecer la iglesia y solidificar su doctrina durante el primer siglo antes que existieran los escritos del NT. Hecho esto, surgió la necesidad de otros oficios que perpetuaran lo que ellos habían comenzado.

A continuación Pablo los menciona: *a otros evangelistas, y a otros pastores y maestros.* Los *evangelistas* fueron los que anunciaban las buenas nuevas o sea el evangelio. Estos también iban de un lugar a otro, particularmente a lugares nuevos donde no había sido anunciado el evangelio. Equivaldrían en función a los misioneros de nuestro tiempo. Al usar la palabra *evangelistas,* Pablo enfoca la función que cumplían, la de ser portadores del evange-

---

Semillero homilético
El ministerio y los ministerios
4:7-16

Introducción: Nos parece que en Hispanoamérica el mundo cristiano evangélico, influido por el diccionario y la alta política, ha entendido por "ministro" sólo a un obispo o pastor, o solamente a un alto funcionario del Estado. Lo mismo sucede con "el ministerio": se piensa sólo en "el ministerio pastoral" (con extensión al "ministerio de la música").

En la eclesiología efesina de Pablo, "el ministerio" es "la obra" o "el trabajo" de la iglesia como cuerpo de Cristo, y "el ministro" es cada uno de los miembros de la iglesia que sirve al Señor con su "ministerio" calificado según los dones que ha recibido del Espíritu Santo. Por lo cual "los ministerios" son el conjunto de servicios, carismáticamente diversificados, que la iglesia realiza en el mundo. Este pasaje de Efesios enseña con gran claridad sobre el noble ministerio de la iglesia.

I. El ministerio es un regalo de Cristo a la iglesia (vv. 7-10).
 1. Conferido a cada uno de los miembros (v. 7a).
 2. Es un regalo de pura gracia y de acuerdo a la medida que ha dado Cristo (v. 7b).
 3. Es el regalo de un soberano victorioso (vv. 8-10a).
 4. Es el don del soberano del universo (v. 10b: *para llenarlo todo).*
II. Los ministerios han sido históricamente constituidos (v. 11).
 1. Cristo mismo preparó y constituyó a algunos como apóstoles (v. 11a; para recordar los requisitos históricos del apostolado ver Hech. 1:21 y sigs; y 1 Cor. 9:1c).
 2. Cristo mismo constituyó a algunos como profetas (v. 11b). Este fue un servicio necesario en la etapa en que se estaba formando la palabra escrita de Jesucristo (el NT); los profetas comunicaban mensajes de Dios, para edificación y para advertencias orientadoras de los hermanos (ver Hech. 2:17; 21:9; 1 Cor. 14:22b, 24, 29-32).
 3. Cristo dio a otros el ser evangelistas (v. 11c; un ejemplo del ministerio de evangelista lo vemos en Felipe: se ve dotado de la especial destreza para evangelizar a grupos masivos y a individuos; ver Hech. 8).
 4. Cristo concedió a otros miembros el ser pastores y maestros (v. 11d; es decir: pastores-maestros; el obispo, o el presbítero, apacienta el rebaño del Señor dotado con la aptitud de "enseñar" la palabra de Dios; ver 1 Tim. 3:2: "apto para enseñar", y 1 Ped. 5:1-3).

(Continúa en la página siguiente)

lio. En este sentido serían apóstoles de segunda instancia, enviados con el encargo de anunciar las buenas nuevas de salvación. Fueron evangelistas que buscaban nuevos horizontes e iban abriendo brecha en el mundo que no conoció el evangelio. Pablo completa esta breve lista con un oficio de función doble, el de *pastores y maestros*. El hecho que hay sólo un artículo definido en este texto en el griego "implica que la misma persona ha de desempeñar ambas funciones" (Bratcher y Nida). Entendemos este oficio como uno que tiene doble responsabilidad *(pastores-maestros)*, la de cuidar el rebaño como pastor y la de instruirlo en la verdad divina como maestro. El cuidado pastoral de la iglesia incluye la enseñanza. El pastor debe ser un buen discipulador de su rebaño. Esta función implica una estabilidad en cierto lugar, firme y fijo, en vez de ser itinerante. Puesto que las iglesias en diversos lugares iban creciendo y sus miembros representaban diferentes necesidades espirituales, el papel de pastor-maestro iba aumentando en importancia. Su tarea fue la de defender al rebaño de los enemigos y de las doctrinas dañinas, y de instruir a su grey en la doctrina pura del evangelio recibido de los apóstoles y profetas.

No debemos pensar que la lista del v. 11 es exhaustiva ni restrictiva en cuanto a los dones dados a la iglesia. Acaso menciona a cuatro de entre un total de más de 20 que Pablo menciona aquí y en otros dos lugares (Rom. 12:6-8 y 1 Cor. 12:8-10, 28). Aquí ha sido selectivo para señalar a aquellos que aseguraran la consolidación de la iglesia y los que contribuyesen a su extensión. Aun así, podemos ver que hay una diversidad de las capacidades espirituales que el Señor dio a su iglesia en medio de la unidad espiritual que ella representa por fe en él.

(Continuación de la página anterior)

III. Los fines del ministerio dado a la iglesia (vv. 12-16).
  1. El fin general: Crecimiento de la iglesia como el cuerpo de Cristo (vv. 12b, 15, 16).
     (1) Crecimiento en magnitud y calidad, como un cuerpo desarrollado en fortaleza (v. 12b; el verbo "edificar" significa también "fortalecer": griego *oikodomeo*; la iglesia, como cuerpo, es la residencia de Dios).
     (2) Como cuerpo, la iglesia adquiere su magnitud de crecimiento integral conforme a su cabeza: Cristo (v. 15).
     (3) Un cuerpo vivo cuyo crecimiento en magnitud y en calidad se produce gracias a la actividad proporcionada a cada miembro (quien la proporciona es la cabeza: Cristo; la esencia del crecimiento es el amor-*agape*; v. 16).
  2. El fin especial: La plena madurez de cada miembro, hacia la medida de madurez según la plenitud de Cristo (vv. 12-14, 15a).
     (1) Cada miembro, capacitado para la obra del ministerio en vista a la edificación del cuerpo de Cristo (v. 12).
     (2) Cada miembro capacitado para aportar su parte hacia la unidad de la fe y del conocimiento del Hijo de Dios hasta lo máximo según Cristo (v. 13; la acción y el efecto son correlativos entre "cada uno" y "todos" los miembros; la meta es llegar a ser *un hombre de plena madurez, hasta la medida de la estatura de la plenitud de Cristo*). El miembro individual necesita del cuerpo, y el cuerpo necesita del miembro individual.
     (3) Cada miembro y todos los miembros, con adultez doctrinal, deben librarse de *las artimañas del error* (v. 14).
     (4) La plena madurez se consigue practicando *la verdad con amor* (v. 15a).

Conclusión: Reiteramos: (1) El ministerio de la iglesia es un regalo del Señor de ella; (2) los diversos ministerios han sido dados según su necesidad en el proceso histórico del desarrollo de la iglesia. Algunos fueron irrepetibles (el apostolado, los profetas de la época apostólica pre-revelación escrita del Nuevo Testamento); otros han sido permanentes (evangelistas; pastores-maestros); (3) los grandes fines del ministerio dado a la iglesia son: a. El crecimiento en magnitud y calidad moral-espiritual; y b. El crecimiento en madurez.

todos alcancemos la unidad de la fe y del conocimiento del Hijo de Dios, hasta ser un hombre de plena madurez, hasta la medida de la estatura de la plenitud de Cristo. **14** Esto,

La razón de esta provisión divina para la iglesia se expresa muy claramente en los vv. 12 y 13. Tiene una finalidad doble: *A fin de capacitar a los santos para la obra del ministerio* y *para la edificación del cuerpo de Cristo*. El ha dotado a algunos en particular para que éstos capaciten a todos en general. El efecto de esto se hace sentir directamente en la vida de los santos y en el crecimiento de la iglesia. Todos los santos (miembros de la iglesia) deben ser equipados para algún aspecto de *la obra del ministerio*, o sea, para el servicio cristiano. Además, este servicio de parte de miembros equipados resultará en la edificación o el crecimiento del cuerpo de Cristo.

La palabra *capacitar* (*katartismós* [2677]) significa hacer apto o perfeccionar. Barclay dice que viene de un verbo que tiene dos usos en los documentos del tiempo de Pablo. En primer lugar se usa con relación a un procedimiento quirúrgico para atender a un miembro del cuerpo que ha sido fracturado. También se usa en el área política para señalar un acuerdo entre diferentes facciones del gobierno para asegurar su buena marcha. En el NT se refiere al hecho de remendar las redes (Mar. 1:19) y a una amonestación para corregir algún miembro que haya cometido un error que afecta la armonía (Gal. 6:1). En el v. 12 se trata de la tarea de hacer que los miembros que habían salido de una vida equivocada sean acondicionados y equipados adecuadamente para servir al Señor. ¡Qué trabajo tan importante!

El fiel cumplimiento de estos oficios (apóstoles, profetas, evangelistas y pastores-maestros) resulta en un continuo proceso de acondicionar y equipar a los miembros para servir en la obra. Esto redunda a la vez en la edificación del cuerpo de Cristo en cuanto a lo espiritual tanto como lo numérico. La meta de ésto se expresa con tres cláusulas progresivas (v. 13) que comienzan con la palabra *hasta*. La primera faceta de esta meta es la unidad espiritual que resulta de una sola fe, la cual es la doctrina común de la iglesia, o sea el contenido del evangelio creído. No se refiere a la fe inicial de creer por primera vez, sino aquella fe que resulta de abrazar a Cristo y todo lo que él representa. El conocimiento del Hijo de Dios es el resultado de una relación íntima y cada vez más profunda con Cristo y en su palabra.

Estos conducen hacia la madurez espiritual que es la segunda faceta de la meta. *Hombre de plena madurez* quiere decir una persona completa en todo sentido, una persona cabal. El ideal de la iglesia como un solo organismo es avanzar hacia una madurez espiritual cada vez más completa. No se refiere aquí al crecimiento espiritual del individuo, sino aquella madurez corporal de todo el cuerpo. Esta madurez no se mide con reglas ni criterios humanos, sino la *estatura de la plenitud de Cristo*. *Estatura* aquí traduce *elikía* [2244], que se usa para pedir o calcular la edad de alguien. Usada aquí en relación con la plenitud de Cristo implica una medida enorme e incalculable. La plenitud de Cristo ha sido mencionada en 1:10, 23 y 3:19, y se refiere a la abundancia y las riquezas de las cualidades de carácter que hay en él que son perfectas, inagotables e inmensurables.

Además de la unidad y madurez espirituales, el efecto de la obra de gracia de Cristo en la vida de su iglesia resulta en la estabilidad doctrinal. Este es el enfoque del v. 14. La madurez espiritual del v. 13 se contrasta con el niño fluctuante en el v. 14. La frase *para que ya no seamos niños* es un advertencia contra la inmadurez. Esta falta de madurez se ilustra con una experiencia común de la naturaleza, *sacudidos a la deriva y llevados a dondequiera por todo viento de doctrina*. Como el niño que no ha logrado una madurez es ines-

EFESIOS 4:1-16

para que ya no seamos niños, sacudidos a la deriva y llevados a dondequiera por todo viento de doctrina, por estratagema de hombres que para engañar, emplean con astucia las artimañas del error; **15** sino que, siguiendo la verdad con amor, crezcamos en todo hacia aquel que es la cabeza: Cristo. **16** De parte de él todo el cuerpo, bien concertado y entrelazado por la cohesión que aportan todas las coyunturas, recibe su crecimiento de acuerdo con la actividad proporcionada a* cada uno de los miembros, para ir edificándose en amor.

---

*4:16 Otra trad., *por*

---

table, así son aquellos creyentes que no demuestran una madurez espiritual; son fluctuantes y víctimas fáciles de las maniobras de los maestros del error, en este caso, los maestros del gnosticismo que se habían infiltrado en la iglesia. Pablo usa una ilustración gráfica de unos botecitos sueltos en un mar agitado y sacudido por vientos huracanados que los ponen en peligro. Se refiere a aquellos que no tienen convicciones firmes. En cambio, tienen conceptos e ideas errados y egoístas y son fácilmente influidos por cualquier doctrina novedosa.

El autor usa otra expresión gráfica para enfatizar el peligro de la inestabilidad doctrinal. Es *por estratagema de hombres que para engañar, emplean con astucia las artimañas del error*. Estrategema (*kubéia* 2940) viene de la práctica de jugar a los dados y significa astucia o artimaña. Artimañas (*methodéia* 3180) quiere decir artificios o asechanzas. La idea es que los maestros del error son muy ágiles y sutiles en los métodos que usan para disfrazar su doctrina mala y para engañar a los desprevenidos. Uno de los propósitos de los diferentes oficios (ministerios) en la iglesia es precisamente conducirla hacia una estabilidad doctrinal.

Ante semejante peligro de ser arrastrados por doctrinas equivocadas y de ser seducidos por los maestros engañosos, el Apóstol sugiere un solución: *seguir la verdad con amor* (v. 15a). La verdad del evangelio de Cristo junto con la cualidad más alta, el amor, deben ser el afán del cuerpo de Cristo. La verdad y el amor son esenciales para que la iglesia crezca *en todo hacia aquél que es la cabeza: Cristo* (v. 15b). La verdad (el evangelio) es la sustancia y el amor es el ambiente que contribuye al crecimiento espiritual. La verdad sin amor no es suficiente; el amor sin verdad es decepción. Doctrina sin amor llega a ser rígida, y amor sin doctrina sana resulta insípido. Unidos los dos contribuyen a un crecimiento sano. La meta de este crecimiento es ser perfectamente como Cristo en todo sentido de la palabra, porque él es la cabeza del cuerpo. En él la iglesia llega al ideal de unidad y madurez espirituales, estabilidad doctrinal y crecimiento pleno.

El autor usa una metáfora (v. 16) para describir la unidad del cuerpo con Cristo como la cabeza y el funcionamiento de éste como la iglesia. *De parte de él todo el cuerpo* hace énfasis en que el cuerpo depende de la cabeza y recibe el poder y la dirección que necesita para su existencia. Los miembros debidamente juntados (*concertado y entrelazado por la cohesión*) también aportan al cuerpo los elementos necesarios para su desarrollo. Esto es una referencia al empleo apropiado de los dones con que han sidos dotados. Para esto cada miembro, cada órgano, cada parte del cuerpo es importante y tiene que estar en su lugar debidamente unido y entretejido con los demás, y cada uno contribuyendo a esta unión lo que le corresponde para que pueda funcionar y crecer sanamente. Mientras los miembros no estén unidos, no estarán en posición de recibir de Cristo la provisión que él da para mantener el funcionamiento y el crecimiento de todo el cuerpo. Tampoco pueden contribuir lo que potencialmente ofrecen. El amor es aquella fuerza unificadora. En Cristo y en amor parece ser la formula del éxito de la iglesia.

La vida del nuevo hombre en Cristo

17 Esto digo e insisto en el Señor: que no os conduzcáis* más como se conducen los gentiles, en la vanidad de sus mentes, 18 teniendo el entendimiento entenebrecido, alejados de la vida de Dios por la ignorancia que hay en ellos, debido a la dureza de su corazón.

*4:17 Lit., *andéis*

---

(2) La conducta moral de la iglesia como nuevo hombre en Cristo, 4:17—5:5. Con esta descripción de la unidad del cuerpo Pablo termina la exhortación a la iglesia a un andar digno del llamamiento que obedece. Pasa ahora a considerar el tema de la nueva vida que tiene en Cristo. La unidad de la iglesia (vv. 1-16) depende esencialmente de la calidad de la vida de los miembros (4:17—5:5). La primera parte trata de la armonía en el cumplimiento de las diversas responsabilidades dentro de la iglesia, mientras la segunda enfatiza la importancia de una conducta moral y correcta de parte de todos los miembros, especialmente con relación al mundo. Un andar digno (v. 1) del hombre cristiano resultará en una conducta cambiada (v. 17) y esta conducta será distinta de la de los no creyentes. La sección que sigue introduce un nuevo énfasis en la epístola sobre el comportamiento de los cristianos, en forma de un contraste entre ellos y los gentiles incrédulos.

La mente renovada

Mente se usa en los vv. 17 y 23, en un caso hablando de la mente vacía y en el otro de la mente renovada. La única forma de "convertir" la mente es rendirla a Cristo y vivir en una renovación constante de nuestra manera de pensar (Rom. 12:2). ¡Demanda esfuerzo!

Comienza con las palabras: *Esto digo e insisto en el Señor*. Así, Pablo se dirige a los efesios con insistencia, invocando su autoridad como Apóstol junto con la del nombre del Señor Jesús (*en el Señor*) para implorarles que no continúen conduciéndose como los gentiles (vv. 17, 18). Las palabras *que no os conduzcáis más* hablan de una conducta que refuerza la exhortación del v. 1: *A que os andéis como es digno*. La palabra *conduzcáis* usa una forma del mismo verbo que se traduce en v. 1 con *andéis*. Esta misma expresión se halla en 2:2 y 10 y la encontraremos de nuevo en 5:2, 8 y 15. En cada lugar se refiere a la conducta del individuo, o su comportamiento personal. El autor hace hincapié sobre un estilo de vida completamente cambiado. Indica que éste debe ser radicalmente diferente de aquel de los inconversos. Esta exhortación tiene tres divisiones: una exhortación general (vv. 17-24), algunas cualidades que el creyente debe cultivar en lugar de aquellas que son del viejo hombre (vv. 25-32) y una serie de recomendaciones (5:1-5).

En la exhortación general (vv. 17-24) Pablo describe la conducta de los gentiles sin Cristo que los creyentes deben evitar. Esta conducta incluye la vanidad de la mente, el entendimiento entenebrecido, la alienación de Dios, la ignorancia, la dureza de corazón, la sensibilidad perdida, la sensualidad y toda clase de impureza. Esta lista es un catálogo progresivo y feo de las faltas y errores de la vida de aquellos que no tienen a Cristo. Resultan en la confusión (vanidad de la mente y entendimiento entenebrecido), el enajenamiento (alejados de Dios e ignorancia), y la callosidad (sensibilidad perdida, sensualidad e impureza). Así fue la vida anterior de los lectores de esta carta (2:1-3) que recientemente habían salido del paganismo al convertirse en cristianos. Suena muy parecida a la descripción de la conducta de los impíos que Pablo hace en Romanos 1:18-31. Tal estilo de vida ya no conviene más al creyente.

La vanidad de sus mentes (v. 17) significa una mente que abriga pensamientos vacíos, sin valor e indignos. *Vanidad* es igual

19 Una vez perdida toda sensibilidad, se entregaron a la sensualidad para cometer ávidamente toda clase de impurezas. **20** Pero vosotros no habéis aprendido así a Cristo, **21** si en verdad le habéis oído y habéis sido enseñados en él, así como la verdad está en Jesús.

a presunción, vanagloria o fatuidad. Mente (*nóus* **3563**) significa también sentido o entendimiento, o sea la facultad intelectual del ser humano. Andar en la vanidad de la mente es estar sin sentido moral ni espiritual. Tiene un resultado trágico, un entendimiento opacado o entenebrecido que produce pensamientos cada vez más bajos y actitudes inmorales. Van junto con esta confusión intelectual la ignorancia y la dureza de corazón que alejan a uno del ideal que Dios ha diseñado para la humanidad. *La vida de Dios* (v. 18) es la vida que Dios da. La ignorancia es la consecuencia de una mente vacía y envanecida y de un corazón sin sensibilidad moral. La fatuidad de la mente y la terquedad del corazón producen una vida que no conoce a Dios ni da cabida a sus cosas.

Así es la descripción de la conducta de los gentiles que Pablo amonesta a los efesios a abandonar definitivamente, porque resulta en la pérdida de toda sensibilidad moral y conduce a un fin vergonzoso (v. 19). No hay sentido ni conciencia de moralidad. Al contrario, y peor aún, hay un abandono completo a la disolución y la desvergüenza. *Se entregaron a la sensualidad para cometer ávidamente toda clase de impurezas* expresa la inclinación insaciable y con avaricia hacia una conducta muy baja de lascivia y libertinaje.

La clase de vida que todo esto describe (vv. 17-19), la cual Pablo condena (v. 17), no es la que uno aprende como cristiano (v. 20). Es ajena a las enseñanzas de la iglesia: *Pero vosotros no habéis aprendido así a Cristo* (v. 20) indica que al recibir a Cristo en la experiencia de la conversión lo habían creído a él como Maestro y sus enseñanzas como la verdad (v. 21). Las enseñanzas del Maestro son diametralmente opuestas a las de los gentiles que anteriormente ellos habían seguido. La mención de esto sugiere que en las iglesias que recibieron esta carta se habían introducido ciertas nociones de los gnósticos que fomentaban un desenfreno moral. Ellos enseñaban que lo que uno hacía en el cuerpo no era de alguna consecuencia para el espíritu, que la vida moral no tenía nada que ver con la vida espiritual.

Pablo quiere aclarar el asunto, señalando que tal comportamiento no cabe ni en la vida individual ni en la de la iglesia. El conocimiento a Cristo como Salvador (como objeto conocido) proscribe tales pensamientos y actos ya mencionados. Conocer a Cristo es ser un discípulo atento para oír sus enseñanzas y ávido para seguir sus instrucciones, y no vivir como los gentiles. La verdad de Cristo (v. 21) en la vida de uno y uno en Cristo excluyen la conducta disuelta que caracterizaba a los gentiles inconversos (vv. 18 y 19). El haber oído a Cristo y sido instruidos en él es haber sido enseñados en la verdad. Con la expresión *si en verdad le habéis oido y habéis sido enseñados en él* (v. 21) Pablo no está sugiriendo que no habían oído a Cristo y sido enseñados en él, y que así estuvieran desprovistos de la verdad. Al contrario, está afirmando con cierta ironía que sí lo habían oído y habían sido enseñados en él y por esto tenían mayor razón de no hacer las cosas vergonzosas. Podríamos decir enfáticamente: *Puesto que sí han oído y han sido enseñados en él tienen la verdad*. Siendo poseedores de la verdad como creyentes en Cristo ellos tienen mayores razones por las que abandonar una conducta contradictoria a la fe que profesan y que, más bien, caracteriza la de los gentiles.

En vista de este dilema espiritual, el conflicto entre la *antigua manera de vivir* y la nueva vida que poseen en Cristo, Pablo sugiere tres acciones (vv. 22-24) que describen lo que sucede cuando alguien se convierte al Señor: abandonar la vieja forma de vida, renovar la mente en el

22 Con respecto a vuestra antigua manera de vivir, despojaos del viejo hombre que está viciado por los deseos engañosos; **23** pero renovaos en el espíritu de vuestra mente, **24** y vestíos del nuevo hombre que ha sido creado a semejanza de Dios en justicia y santidad de verdad.
25 Por lo tanto, habiendo dejado la mentira, *hablad la verdad cada uno con su prójimo,** porque somos miembros los unos de los otros.

*4:25 Zac. 8:16

---

espíritu y adoptar un nuevo y verdadero estilo de vida apropiado para el nuevo hombre en Cristo. La primera acción tiene que ver con *vuestra antigua manera de vivir.* Con respecto a ella, Pablo emplea una metáfora que sugiere la acción de quitarse la vieja ropa para poder ponerse la nueva. *Despojaos del viejo hombre* sugiere la acción de rechazar o deshechar lo viejo que no sirve, en este caso el viejo hombre *viciado por los deseos engañosos.* Viciado quiere decir corrupto. Esta corrupción se alimenta de los deseos engañosos, la codicia y la concupiscencia seductora. La relación que tiene el nuevo hombre en Cristo resulta en un despojo del viejo hombre sin Cristo junto con todos los vicios y la corrupción que éste tuvo.

Además, los regenerados demostrarán una nueva disposición mental y espiritual: *Pero renovaos en el espíritu de vuestra mente* (v. 23). Esto representa más que un sencillo cambio de parecer, representa un cambio profundo de corazón. Es una completa renovación intelectual y espiritual. Representa no sólo un cambio del modo de pensar, es un cambio del contenido de los pensamientos. Esta es la segunda acción de los que conocen a Cristo, que han oído y han sido enseñados en él; una renovación espiritual de todas las facultades intelectuales. Sería como un lavado positivo del cerebro que antes estuvo ocupado con pensamientos bajos y vacíos, sustituyendo en lugar de ellos pensamientos dignos y elevados que edifican a la persona y glorifican a Dios. La mente del creyente debe ser la sede de pensamientos constructivos que iluminan y no oscurecen.

La tercera acción es opuesta a la que mencionó en el v. 22. Habiéndose despojado de los harapos del viejo hombre, sigue el hecho de vestirse de nuevo. El despojarse del viejo hombre y vestirse del nuevo hombre es el acto decisivo y terminante de cambio espiritual. Es un acto acabado. En cambio, la renovación de la mente en el espíritu debe ser comprendida como una experiencia continua, de acuerdo con el verbo que expresa en tiempo presente el hecho de estar renovándose. Todo esto habla de una renovación espiritual. Este hombre nuevo *ha sido creado a la semejanza de Dios en justicia y santidad de verdad* (v. 24). El creyente así renovado por la regeneración ya es una nueva criatura con las características principales de Dios, la justicia y la santidad. El nuevo hombre es obra de Dios, verdaderamente justo y santo, el resultado de la obra creadora de Dios y no de uno mismo. Donde antes andaban en la rebeldía y la corrupción, ahora caminan en la justicia y la santidad. Estos son el fruto de haber abrazado la verdad en Cristo y están en contraste con los frutos de una vida sin Cristo.

Pablo pasa ahora a mencionar algunas cualidades que el creyente debe cultivar en lugar de aquellas que son del viejo hombre (vv. 25-32). Señala algunas cosas del viejo hombre que no convienen en la vida del creyente, tales como la mentira, el enojo, el robo y la obscenidad (vv. 25-29). Hay otra lista en el v. 31. No constituyen una lista completa, pero son suficientes para destacar el comportamiento que el creyente debe dejar. En cambio, destaca la clase de comportamiento que conviene, como la verdad, la cordura, el trabajo honesto, la limpieza en el hablar (vv. 25-30) y otras tres cualidades selectas que menciona en el v. 32 que sí son propias del

26 *Enojaos, pero no pequéis;*** no se ponga el sol sobre vuestro enojo, **27** ni deis lugar al diablo. **28** El que robaba no robe más, sino que trabaje esforzadamente, haciendo con sus

---

*4:26 Sal. 4:4 (LXX)

---

nuevo hombre. Con el despojo del viejo hombre uno también se despoja de la mentira. *Habiendo dejado* en el v. 25 traduce una forma del mismo verbo usado en el v. 22 para *despojaos*. En otras palabras, la mentira que fue un atavío del viejo hombre ya no lo es del nuevo. Mentira *(pséudos 5579)* significa seudo o falso. De modo que la imitación superficial y la falsedad no deben formar parte del carácter del cristiano. En cambio, los creyentes deben ser conocidos como aquellos que siempre hablan la verdad sin engaño y decepción tanto entre los hermanos como con los del mundo. Esta es una cita de Zacarías 8:16. El contexto de hablar la verdad es la propia iglesia. Esto es lo que implica al decir que *somos miembros los unos de los otros*. Esta última frase es una alusión a la composición de la iglesia como un cuerpo físico que depende de la unión entre los miembros y el funcionamiento armonioso de éstos. La mentira rompe la unidad de la iglesia. Pablo menciona este pecado en primer lugar posiblemente porque es la falta humana más prevaleciente y más fácil de cometer.

Oí a un pastor decir en una ocasión: "Nosotros, los... (usó aquí el término popular para los naturales de ese país), pedimos algo prestado, sabiendo que no tenemos intención de devolverlo. Esperamos hasta que el dueño venga a reclamarlo." El cristiano debe ser conocido como una persona honesta que habla la verdad y cumple su palabra, incluyendo lo prestado, en vez de ser mentirosa.

Otra característica viciada de la que hay que tener cuidado es el enojo. Al decir *enojaos, pero no pequéis* (v. 26a) Pablo reconoce que el enojo puede ser una reacción natural en la vida de todos y que uno puede enojarse con justificación. Pero aquí condiciona esta reacción tan natural con la advertencia de no permitir que el enojo conduzca al pecado. El enojarse sin causa, airarse con vehemencia o venganza, el llenarse de rabia y el desquite conducen al pecado, y esto debe evitarse. Es posible enojarse con cordura y justicia, pero el enojo incontrolado abre la puerta a una sucesión de males. Pablo brinda dos sugerencias para no dejar que el enojo nos domine. La primera es *no se ponga el sol sobre vuestro enojo* (v. 26a). Quizá este dicho sea un adagio de su tiempo para recordar que no es saludable prolongar el enojo y peor es acostarse a dormir con ello. Los científicos médicos han comprobado que el enojo incontrolado contribuye a la alta presión y muchas enfermedades cardíacas. Además, esta actitud de vivir enojado no da lugar al perdón. El cristiano debe ser presto en perdonar las ofensas de su prójimo. Si no, uno está abrazando algo peligroso para su vida espiritual, el enojo no perdonado.

La otra recomendación es *ni deis lugar al diablo* (v. 27). El enojo es como una puerta abierta por la que, si uno no tiene cuidado, Satanás entra sigilosamente como huésped indeseable y provoca caos y vergüenza para el cristiano descuidado. El dar rienda suelta al enojo es dar lugar al diablo quien es un calumniador y adversario.

Otro atavío repugnante de la vida antigua es el robo. En su lugar, el Apóstol insta a que cada uno debe trabajar honesta y diligentemente para ganarse la vida. Esta composición sugiere que el robo es el hijo de la pereza. La indigencia económica con frecuencia es el producto de la pereza y contribuye a una ética muy baja que conduce al hurto. Hay muchas maneras de robar además de ser ladrón o atracador,

propias* manos lo que es bueno, para tener qué compartir con el que tenga necesidad.
29 Ninguna palabra obscena salga de vuestra boca, sino la que sea buena para edificación según sea necesaria, para que imparta gracia a

---

*4:28 Algunos mss. antiguos no incluyen *propias*.

---

tales como el "tortuguismo", los brazos cruzados, los descansos o recreos indebidos durante el horario de trabajo, el hacerse chapucero, el despilfarro de los bienes ajenos, y mucho más. El cristiano no vive de lo ajeno, sino se esfuerza para trabajar cumplidamente. Da pena cuando se oye de un hermano que uno haya recomendado que no rindió honestamente en el trabajo. Al contrario, alegra saber que ciertos empresarios buscan a los creyentes por poder confiar en ellos en hacer bien y honestamente su trabajo.

En el v. 28 Pablo agrega un valor más a la buena ética del trabajo honesto, y es que resulta ésto en la capacidad humanitaria cristiana de *tener qué compartir con el que tenga necesidad* (v. 28). Posiblemente Pablo está recordando el ministerio que había tenido hacia la iglesia de Jerusalén al recibir ofrendas para ayudar a los necesitados (1 Cor. 16:1-3).

La obscenidad hablada es un atavío más que es indeseable y que no debe caracterizar al cristiano (v. 29). La palabra traducida *obscena* (*saprós* [4550]) también significa torpe, corrupta o podrida. Traduce la misma palabra que usó Jesús para describir

---

Semillero homilético

Dos retratos de un mismo hombre
4:17-32

Introducción: "Retrato" llamaban nuestros antepasados a las fotografías. Con razón, pues los fotógrafos de aquella época re-trataban la foto ya sea para mejorarla, ya sea para dejar una mejor imagen del fotografiado (re es una partícula que significa "otra vez" o "de nuevo": Retratar es retocar para arreglar).

Pablo dice que una misma persona puede presentarnos un doble retrato moral con sus respectivos títulos: El viejo hombre y El nuevo hombre. Dice, además, que el fotógrafo es Dios, y que los presenta así: Elimina el retrato viejo y crea un nuevo retrato. Contemplemos, pues, "los dos retratos de un mismo hombre":

I. Retrato del viejo hombre (vv. 17-19, 22, 25a, 26b, 27, 28a, 29a, 31).
  1. Rasgos mentales.
     (1) Una mente vacía de instrucciones divinas (v. 17).
     (2) Una mente entenebrecida y endurecida; que denota un ateísmo práctico, por la ignorancia de la voluntad y poder de Dios (v. 18).
  2. Rasgos sensoriales.
     (1) Carencia de sensibilidad moral (v. 19a).
     (2) Avidez sensual por la impureza moral (v. 19b).
     (3) Perversión en deseos engañosos (v. 22).
  3. Rasgos sociales.
     (1) Hábito de la mentira (v. 25a).
     (2) Hábito del rencor (v. 26b).
     (3) Gusto por los chismes y la malicia, bajo el señorío del diablo (v. 27).
     (4) Hábito del robo, hermano de la pereza (v. 28a).
     (5) Hábito del hablar obsceno (v. 29a).
     (6) Un carácter habituado al trato amargo, al enojo, a la ira, al griterío, a la calumnia y a toda clase de maldad (v. 31).

(Continúa en la página siguiente)

los que oyen. **30** Y no entristezcáis al Espíritu Santo de Dios en quien fuisteis sellados para el día de la redención.

---

los frutos malos de un árbol malo (Luc. 6:43). Podemos incluir las vulgaridades y palabras soeces que son las acostumbradas de la gente de baja moralidad que ofenden al oído como las aguas negras ofenden al olfato. Estas no edifican. La conversación del creyente, en cambio, debe ser apropiada y edificante a los oyentes: *Para que imparta gracia a los que oyen* es la norma del habla del creyente. Esta agrada y beneficia al oyente. El lenguaje del creyente debe ser apropiado para la ocasión y debe satisfacer las necesidades de aquellos con quienes habla. La boca del creyente no debe ser usada para el mal, sino para el bien; no para rebajar, sino para edificar.

El comportamiento indecoroso y las obscenidades en la boca de un creyente entristecen al Espíritu Santo de Dios y en efecto contradicen el hecho de que uno ha sido sellado *para el día de la redención* (v. 30). El creyente que vive así causa tristeza al Espíritu de Dios quien es santo y nulifica la presencia de él en su vida. La mentira refleja una valorización baja de la dignidad del prójimo. El robo refleja una

---

(Continúa de la página anterior)
II. Retrato del nuevo hombre (vv. 20, 21, 23, 24, 25b, 26a, 27, 28b, 29b, 30, 31, 32).
  1. Rasgos mentales.
    (1) Una mente enseñada por la verdad que está en Jesús y cuyo modelo es el carácter de Cristo (vv. 20, 21 ver Mat. 11:29).
    (2) Una mente renovada en la raíz misma del espíritu o de la conciencia moral personal (v. 23; ver Sal. 51:10; Eze. 36:26).
  2. Rasgos sensoriales.
    (1) Presencia de una nueva sensibilidad moral-espiritual: Es la sensibilidad moral *del nuevo hombre* (v. 24a).
    (2) Un carácter nuevo, creado por Dios y semejante a él; revestido de justicia y santidad de verdad (v. 24).
  3. Rasgos sociales.
    (1) Hábito de la verdad con sentido de solidaridad (v. 25b).
    (2) Práctica de la reconciliación que deshace el enojo (v. 26a).
    (3) Rechazo firme del chisme y la malicia diabólicos (v. 27).
    (4) Rechazo del robo y hábito del trabajo abnegado que provee para la generosidad con el necesitado (v. 28b).
    (5) Práctica de un lenguaje limpio, inteligente y generoso con el interlocutor (v. 29b).
  4. Rasgos espirituales.
    (1) Sensibilidad obediente al Espíritu Santo (v. 30).
    (2) Un carácter alerta en contra de toda clase de amargura, de rencor, de la ira neurótica, de la calumnia y de toda clase de maldad, en la iglesia y en la sociedad (v. 31).
    (3) La bondad o benignidad fraternal (v. 32a).
    (4) La tierna compasión fraternal (v. 32b).
    (5) La semejanza con el carácter perdonador de Dios (v. 32c).

Conclusión: En medio de estos dos retratos morales-espirituales de una misma persona está, según Efesios, la explicación de la radical diferencia entre el retrato del "viejo hombre" y el retrato del "hombre nuevo": *pero vosotros no habéis aprendido así a Cristo* (v. 20). Todo ser humano, cuyo "retrato de hombre viejo" es enfocado por *la verdad que está en Jesús* (v. 21c), puede ser cambiado por el "retrato del nuevo hombre". La misma persona, reconociendo la necesidad del cambio y decidiendo entregarse al tratamiento espiritual de su ser, debe "escuchar" el llamado de Jesús (Juan 7:37-39) y rendirse por fe a él como el Maestro transformador y formador del Nuevo Hombre, parecido a Dios *en justicia y santidad de verdad* (v. 24; ver Mat. 11:28-30).

31 Quítense de vosotros toda amargura, enojo, ira, gritos y calumnia, junto con toda maldad. **32** Más bien, sed bondadosos y misericordiosos los unos con los otros, perdonándoos unos a otros, como Dios también os perdonó a vosotros en Cristo.

---

actitud netamente materialista hacia los bienes de otros. La inmoralidad refleja un concepto rebajado de uno mismo y los demás. Son vicios que promueven la discordia en la iglesia. Ni la deshonestidad, ni la pereza y el robo, ni la inmoralidad convienen en la vida cristiana que ha sido marcada con la identidad de su nuevo dueño, el Espíritu Santo de Dios. Pablo termina esta admonición recordando que el creyente ha recibido al Espíritu Santo como la garantía para el día esperado cuando Cristo venga para redimir a los salvos. Usa la misma figura de un sello autenticador que usó en 1:13.

En medio de estas recomendaciones (vv. 25-30) recalca algunas actitudes indecorosas que hay que eliminar: *amargura, enojo, ira, gritos y calumnia, junto con toda maldad* (v. 31). Estos son como prendas desagradables que distraen y desfiguran al carácter del creyente. Vamos a examinarlas brevemente. *Amargura* (*pikría* 4088) significa disgustos y resentimientos que difícilmente se reconcilian o despiden. *Enojo* (*thumós* 2549) es el enfado o disgusto intempestivo. *Ira* (*orgé* 3709) es igual a la cólera o la furia habitual y destructiva. *Gritos* (*kraugé* 2906) son los insultos y argumentos clamorosos. *Calumnia* (*blasfemía* 988) se refiere a la difamación del carácter que algunos equivalían al asesinato del carácter. *Maldad* (*kakía* 2549) es la malicia intencional o la perversidad moral. Estos demuestran una disposición egoísta y tienen que ser quitados del carácter y comportamiento del creyente porque no caben en una nueva vida.

En lugar de ellos Pablo recomienda tres virtudes cristianas: la bondad, la misericordia y el perdón (v. 32). Ellas describen el carácter regenerado del creyente y reflejan una disposición altruista hacia los demás. La bondad y la misericordia son parte de la naturaleza de Dios y se expresaron en el perdón que Dios manifestó a los pecadores. Ahora, éstas deben ser parte de la naturaleza del cristiano.

Pablo continúa esta sección de consejos prácticos para los hermanos de las cercanías de Efeso con una serie de recomendaciones (5:1-5). Las palabras conectivas *por tanto* (v. 1) toman en cuenta lo que ha dicho en los vv. 17-32, y señalan hacia lo que ahora quiere recomendar. La primera recomendación es afirmativa y consta de dos imperativos. El primer imperativo es *sed imitadores de Dios como hijos amados* (v. 1). Esto llama la atención al hecho ya asentado en 1:5, 6: Dios es nuestro Padre

---

El reverso del retrato de Dorian Gray

Oscar Wilde, famoso novelista inglés, creó una representación clásica de lo que Pablo llama "el viejo hombre". En su novela "El retrato de Dorian Gray", presenta al apuesto joven con este nombre, quien consigue con malas artes permanecer joven y hermoso, a pesar de llevar una vida entregada "a la sensualidad para cometer ávidamente toda clase de impurezas". Pero la procesión de corrupción de su retrato moral iba dentro de su imagen física. Un día, Dorian (quien había cubierto con un paño oscuro su retrato físico, porque iba adquiriendo rasgos de corrupción y fealdad) quitó el paño que cubría su bello retrato. ¡Estaba destilando materia putrefacta! Así, el retrato del viejo Dorian sufrió el proceso de un retoque diabólico según la fórmula "de mal en peor". Satanás es el técnico de este laboratorio. Pero, volviendo a Efesios 4:17 y sigs., Pablo presenta "el reverso del retrato" de Wilde: Es el retrato vivo de una persona creada *a semejanza de Dios en justicia y santidad de verdad* (v. 24), que va retocando el Espíritu Santo (v. 30), según la fórmula "de bueno a mejor", o como el mismo Pablo lo dice en 2 Corintios: ...*somos transformados de gloria en gloria en la misma imagen* (imagen de la "gloria del Señor"), *como por el Espíritu del Señor* (3:18).

5 Por tanto, sed imitadores de Dios como hijos amados, **2** y andad en amor, como Cristo también nos amó y se entregó a sí mismo por nosotros como ofrenda y sacrificio en olor fragante a Dios. **3** Pero la inmoralidad sexual y toda impureza o avaricia no se nombren más entre vosotros, como corresponde a

y nosotros somos sus hijos amados. Somos el objeto del amor de Dios. Puesto que existe esta relación paternal y amorosa, ésta debe determinar el modelo de vida que debemos imitar. La palabra "imitar" (*mimetés* 3402) viene de una expresión del teatro para los mimos, pero significa más que imitar los movimientos físicos. Aquí incluye expresar en carne propia el carácter y el espíritu del modelo imitado. Como en la vida actual, el niñito normalmente desea ser como su padre, y el padre bueno desea que su hijo crezca en ser como él, así deben ser los hijos de Dios.

El segundo imperativo es *andad en amor, como Cristo también nos amó y se entregó por nosotros* (v. 2). Como hijos amados imitando a Dios la naturaleza de nuestra conducta debe ser el amor, aquel amor *agápe* que no conoce ningún límite ni precio. Dado que somos el objeto del amor de Cristo y la razón de su muerte debemos aprender cómo andar en amor como acción habitual. Pablo cita el ejemplo del amor de Cristo que lo llevó a entregarse a sí mismo *por nosotros como ofrenda y sacrificio en olor fragante a Dios*. El amor encarnado y ejemplificado en Cristo agradó a Dios en gran manera. La muerte vicaria y expiatoria de Cristo fue como una ofrenda voluntaria por nosotros y un sacrificio agradable a Dios. Las palabras *olor fragante* se encuentran también en Filipenses 4: 18 y Levítico 4:31 y se refieren a los sacrifios como algo agradable a Dios. Así que nuestro comportamiento debe de ser como una ofrenda de amor de uno mismo y un sacrificio que agrada a Dios.

> **Joya bíblica**
>
> **Y andad en amor, como Cristo también nos amó y se entregó a sí mismo por nosotros como ofrenda y sacrificio en olor fragante a Dios (5:2).**

Después de recomendar una vida modelada según el modelo ideal, Dios, y un comportamiento de autosacrificio continuo en el amor, Pablo menciona varias actitudes y acciones que deben ser evitadas (vv. 3, 4). Son inapropiadas porque representan una autoindulgencia. Tienen que

---

La diferencia entre Séneca y Pablo

Leed estas citas textuales de los dos grandes autores de "epístolas": Séneca, maestro estoico, y Pablo, maestro cristiano, ambos contemporáneos:

"¿Ves ese Rey de los Scitas ó de los Sármatas que lleva la diadema en la frente? Si quieres conocerlo bien y saber su verdadero precio, despójale de esa venda y encontrarás debajo muchos vicios. Pero, ¿á qué hablar de los demás? Si quieres apreciarte tú mismo, prescinde de tu dinero, casas y dignidad, y en seguida mírate por dentro: sino te conformes con lo que digan de ti los demás" (Epístola LXXX de Séneca en "Epístolas Morales", edición muy antigua).

Pero cuando son denunciadas, todas las cosas son puestas en evidencia por la luz; pues lo que hace que todo sea visible es la luz. Por eso dice:
¡Despiértate, tú que duermes, y levántate de los muertos, y te alumbrará Cristo! (Pablo, en Ef. 5:13, 14).

¿Descubrís la diferencia? La vemos en dos aspectos: a. Séneca pide al hombre culto y acomodado que se perfeccione a sí mismo; Pablo pide a toda clase de hombres que busquen conocerse a sí mismos y conocer a Dios, afuera de sí mismos; y b. La diferencia en Pablo es Jesucristo: El es el resplandor de Dios en nuestros corazones (2 Cor. 4:6).

santos; **4** ni tampoco la conducta indecente, ni tonterías ni bromas groseras, cosas que no son apropiadas; sino más bien, acciones de gracias. **5** Porque esto lo sabéis muy bien: que ningún inmoral ni impuro ni avaro, el cual es idólatra, tiene herencia en el reino de Cristo y de Dios.

ver con la vida moral de los gentiles, como *la inmoralidad sexual y toda impureza o avaricia*. Estas ni siquiera deben ser mencionadas más en la compañía de los cristianos. La *inmoralidad sexual (pornéia 4202)* significa la fornicación y cualquier relación sexual ilícita e inapropiada. La *impureza (akatharsía 167)* equivale a la perversidad tanto de pensamientos como de actos. En conexión con estos actos sexuales desenfrenados Pablo menciona la *avaricia (pleonexía 4124)*, que posiblemente se refiere a los deseos lujuriosos y disolutos. Estas cosas abundaban en el ambiente social de donde habían salido los cristianos de Efeso. Ellos practicaban esta clase de vida anteriormente (2:2, 3) y por esta razón Pablo les recuerda que *no se nombren más entre vosotros*. Apela al hecho que ellos son santos y entre los santos estas cosas ni se hablan ni se hacen. Es un llamado a la pureza moral y la santidad.

El autor agrega algunas cosas que no son apropiadas, como *la conducta indecente* que es sucia, vulgar y ofensiva; *tonterías* o sea necedades; y *bromas groseras* que son chistes pornográficos que chocan la sensibilidad y el pudor de uno. Estas cosas no son apropiadas en la vida del cristiano e impiden la actitud que sí debe ocupar la mente y el tiempo del creyente, *acciones de gracias*. Las indulgencias sexuales y la autogratificación son características de la vida pagana, y están en contraposición con la actitud de sacrificio y gratitud que debe ocupar al creyente en Cristo. El cristiano tiene su mente en otras cosas mucho más altas y muchas razones por las que dar gracias, incluyendo el sexo debidamente disfrutado dentro del contexto que Dios ordenó. Por esta razón el sexo no debe ser el objeto de bromas ni chistes imprudentes. Pablo no está condenando el sexo como algo malo; pero sí está condenando los pensamientos malos, las actitudes incorrectas y los deseos sexuales desordenados. El sexo, por ser don de Dios al hombre para el bien de la humanidad, ha sido victimizado lastimosamente por Satanás y rebajado a lo más vano en cualquier ambiente que no disfruta del conocimiento de Cristo. Son los actos dentro de este contexto pervertido que Pablo censura.

El Apóstol concluye con una declaración oportuna y bien sabida (v. 5). Se trata de que el que continúa cometiendo actos inmorales, impuros y licenciosos no puede tener *herencia en el reino de Cristo y de Dios*. Además, los deseos licenciosos los describe como *avaricia*, la que para Pablo equivale a la idolatría. Es posible convertir al sexo en un dios para adorarlo. Las religiones paganas de los tiempos bíblicos incluyeron muchas prácticas y orgías sexuales. Fue por esta razón que Jehovah acusaba de fornicación a su pueblo rebelde que se volvió a la idolatría. La disolución moral acompañaba la idolatría. Así que la obsesión sexual fácilmente se puede identificar como idolatría.

Continuar en esta práctica y otras parecidas es evidencia de que uno no ha conocido a Cristo, y el que no conoce a Cristo, no puede tener herencia en él. De esta manera Pablo traza la línea de demarcación entre los que son de Cristo y aquellos que son del mundo gentil (4:17). Ha presentado una aplicación práctica y ética de la doctrina de la santidad de los que pertenecen a Cristo. Los que no siguen una vida santa y obediente no tendrán parte en la herencia real preparada para los que están en Cristo. *El reino de Cristo y de Dios* es un solo reino porque los dos son uno (Juan 10:30). Este reino es el dominio santo donde el poder y la autoridad divinos se sientan y son obedecidos. Por esta razón las cosas inmundas mencionadas no tienen parte en este reino presente, ni en el futuro.

La conducta de los hijos de luz

6 Nadie os engañe con vanas palabras, porque a causa de estas cosas viene la ira de Dios sobre los hijos de desobediencia. **7** Por eso, no seáis partícipes con ellos; **8** porque si bien en otro tiempo erais tinieblas, ahora sois luz en el Señor. ¡Andad como hijos de luz!

2. La conducta pública y privada de los miembros del cuerpo de Cristo, 5:6—6:9

Pablo continúa la aplicación práctica de esta epístola dirigiendo su atención a la conducta pública y privada de los miembros del cuerpo de Cristo en 5:6-21. A continuación en 5:22-6:9 el autor trata las virtudes cristianas en la vida doméstica. En cierto sentido es una ampliación de lo que acaba de exponer pero, al estilo de Pablo, siempre con nuevos conceptos.

(1) La vida ejemplar de los hijos de luz, 5:6-21. Esta división comienza alertando a los hermanos que *nadie os engañe con vanas palabras* (v. 6). Advierte que hay el peligro de quienes quisieran presionarlos a seguir la corriente popular haciéndolos creer en mentiras. Engañar significa hacer caer en un error y es sinónimo con mentir. *Vanas palabras* son palabras huecas que carecen de verdad y que atrapan a los incautos, especialmente a aquellas personas tímidas e inestables en su fe. Es muy probable que el Apóstol está refiriéndose a algunos hermanos que habían sido influidos por los gnósticos que enseñaban actitudes y prácticas inmorales. Un concepto de moda en aquel tiempo, como en el nuestro, es que hay una distinción antibíblica entre la satisfacción de los apetitos del cuerpo, que para ellos era algo completamente normal y natural, y los goces del espíritu en su búsqueda de Dios.

La razón de esta advertencia tiene que ver con una consecuencia más grave, *porque a causa de estas cosas viene la ira de Dios*. Estas cosas tienen su antecedente en las prácticas vergonzosas que se mencionan en los vv. 3 y 4, que son las mismas que los maestros falsos querían justificar. *La ira de Dios* (v. 6 y 2:3) expresa el repudio de Dios y su jucio y castigo contra tal comportamiento y aquellos que lo ejecutan. La expresión *hijos de desobediencia* se encuentra también en 2:2. Es una expresión de origen hebreo que significa "los desobedientes". Son los que conocen la ley de Dios y la desobedecen voluntariamente.

Con firmeza Pablo manda *no seáis partícipes con ellos* (v. 7). Partícipes (*summétocos* ^{4830}) es la misma palabra que en 3:6 se traduce con *copartícipes*. Es una amonestación de no tener nada que ver con ellos (*los hijos de desobediencia*) ni con lo que hacen. La razón por la que no deben hacerlo es obvia (v. 8). Hacía poco, los que leían esta carta habían vivido como aquellos pero ahora han sido cambiados. Pablo contrasta su condición anterior con la presente: *En otro tiempo érais tinieblas, ahora sois luz en el Señor.* Tinieblas (*skótos* ^{4655}) representa la oscuridad, la vida anterior sin Cristo, y *luz* (*fós* ^{5457}) caracteriza la nueva vida en Cristo, quien es la luz del mundo. Los que han salido de las tinieblas a la luz no deben volver atrás. Afirma que los creyentes son luz en el Señor y tienen la responsabilidad de andar en luz. Pablo los exhorta enfáticamente: *¡Andad como hijos de luz!* y no como hijos de desobediencia (v. 6). Su conducta debe ser un reflejo de la luz del evangelio y no de la oscuridad del pecado. El andar de uno está en relación directa con la luz que tiene. Estos habían recibido la luz de Cristo. Su comportamiento debe ejemplificar este hecho y no incluir cosas de las tinieblas.

Otra responsabilidad del creyente es dar evidencia de esa luz en su vida. El autor usa dos metáforas: fruto y luz. *El fruto de la luz* (v. 9a) consiste de tres cualidades éticas: *bondad, justicia y verdad* (v. 9b). *Fruto* (*karpós* ^{2590}) en este contexto se refiere al resultado que produce la luz, y

9 Pues el fruto de la luz* consiste en toda bondad, justicia y verdad. **10** Aprobad lo que es agradable al Señor **11** y no tengáis ninguna participación en las infructuosas obras de las

---

*5:9 Algunos mss. antiguos dicen *del Espíritu*.

---

es una forma de la misma palabra que usaba Jesús en Juan 15:2 cuando hablaba de la vid verdadera. La idea es que la luz produce fruto apropiado en la vida de un creyente. La luz trae una buena cosecha. Donde se carece de luz no hay fruto; donde hay luz, hay fruto abundante (*toda*) y de buena calidad. La *bondad* (*agathosúne* [19]) es todo lo que es bueno, benigno o benevolente. Otro sentido de bondad es caridad. Es lo opuesto absoluto de la maldad y la malicia. La *justicia* (*dikaiosúne* [1343]) es la rectitud, la equidad, y sugiere lo que es correcto y equitativo, sin error o falla. La *verdad* (*alétheia* [225]) es la veracidad, la certeza, la honestidad y aun la sinceridad.

La mayoría de las versiones, incluyendo la RVA, favorecen *fruto de la la luz* por representar el mejor texto en el griego de este versículo. Sin embargo, la RVR-1960 lo traduce "fruto del Espíritu" porque unos manuscritos así lo tienen, debido a lo parecido de este versículo con Gálatas 5:22 (ver la nota de RVA).

La vida que resulta en estas cualidades será una que compruebe (saborea) las cosas que agradan a Dios. Este es el sentido de lo que dice en v. 10: *Aprobad lo que es agradable al Señor*. El que anda en luz y su vida produce estas cualidades disfrutará de las cosas que complacen a Dios y por ende no provocará la ira de Dios (v. 6). La fórmula para agradar a Dios se halla en los vv. 9-11. La cosecha de luz en la vida cristiana es una que contrasta con la cosecha infructuosa y estéril de las tinieblas (v. 11). Pablo amonesta que el hijo de luz no debe tener *ninguna participación en las infructuosas obras de las tinieblas*. Las obras de la oscuridad son ocultas, corruptas y dañinas. El creyente no debe participar en ellas. Es más, debe huír de ellas y aun denunciarlas. La palabra traducida *denunciadlas* (*elégco* [1651]) también quiere decir redargüir, corregir y reprender. La Versión Popular traduce esta idea con "sáquenla a la luz" y la RVR usa el término "reprendedlas". Hay que exponer a la luz la conducta inmoral y corrupta, no sólo para condenarla, sino también para advertir del peligro y la destrucción que arrastra. Además, cabe incluir en esta denuncia a los que enseñan tales doctrinas corruptas, los que engañan *con vanas pa-*

La luz y las tinieblas
5:8-14

Pablo hace un contraste entre la luz y las tinieblas. Sabemos que la luz ilumina y purifica, mientras las tinieblas producen el menoscabo y el desarrollo de los microbios. La mayoría de los trabajadores del mundo trabajan de día, cuando hay luz, porque pueden rendir más. En cambio, la mayoría de los crímenes se cometen durante la noche. Los clubes nocturnos y otros lugares de diversión carnal atienden a la mayoría de los clientes de noche. Pablo dice que los frutos de la luz son bondad, justicia y verdad. Después, dice que ni quiere mencionar los frutos de las tinieblas, pero podemos saber que está refiriéndose a la maldad y los vicios que producen el engaño, la injusticia y la mentira.

Parece que Pablo cita de Isaías 60:1: *¡Levántate! ¡Resplandece! Porque ha llegado tu luz, y la gloria de Jehovah ha resplandecido sobre ti*. Este versículo ha sido el lema de las organizaciones misioneras que se han dedicado a orar por los misioneros y dar sus ofrendas para el sostenimiento de ellos, mientras llevan el evangelio a los lugares más recónditos del mundo.

Pablo apela a que seamos hijos de luz, para arrojar la luz del evangelio a todas las personas que andan en las tinieblas. Cristo es la luz del mundo, pero tenemos que esparcir esa luz por medio de nuestro testimonio y vida.

tinieblas; sino más bien, denunciadlas. **12** Porque da vergüenza aun mencionar lo que ellos hacen en secreto. **13** Pero cuando son denunciadas, todas las cosas son puestas en evidencia por la luz; pues lo que hace que todo sea visible es la luz.* **14** Por eso dice:

" ¡Despiértate, tú que duermes, y levántate de entre los muertos, y te alumbrará Cristo!"*

---

*5:13 Otra trad., *porque todo lo puesto en evidencia es luz*
*5:14 Ver Isa. 26:19 y 60:1

---

labras (v. 6). La obligación del creyente es advertir a los que no conocen a Cristo de las consecuencias de continuar en la oscuridad y las obras malas que se hacen en ella, siguiendo filosofías equivocadas. La luz del cristianismo señala y expone las obras malas y las enseñanzas torcidas de las tinieblas para corregirlas y purificarlas con el poder revelador y limpiador que viene de la verdadera luz del mundo.

En medio de su pensamiento con respecto al efecto de la luz sobre las obras infructuosas de las tinieblas al ser estas expuestas (vv. 11 y 13), Pablo incluye un pensamiento parentético (v. 12). Dice que *da vergüenza aun mencionar lo que ellos hacen en secreto.* Algo que da vergüenza significa una abominación o algo que se repudia. Son tan detestables esas cosas hechas a escondidas que Pablo se siente avergonzado de mencionarlas. *Lo que hacen en secreto* se refiere a las obras de las tinieblas que uno hace en privado o bajo la sombra de la noche cuando no puede ser detectado ni visto por nadie. Jesús habló de esta clase de conducta en Juan 3:19 y 20: *Y ésta es la condenación: que la luz ha venido al mundo, y los hombres amaron más las tinieblas que la luz, porque sus obras eran malas. Porque todo aquel que practica lo malo aborrece la luz, y no viene a la luz, para que sus obras no sean censuradas.*

Una vez denunciadas y así expuestas a la luz, por abominables y secretas que sean, todas las obras de maldad están a la vista, bajo el escrutinio y la influencia de la luz que las alumbra. Expuestas a los rayos correctivos y sujetas al poder purificador de la luz que las alumbra el verdadero carácter de ellas está revelado. Están visibles y transparentes. De igual manera, Pablo podría estar refiriéndose a las doctrinas malas (*vanas palabras*) que se habían infiltrado en la iglesia, que al ser denunciadas quedan expuestos sus errores a la luz de la verdad de Cristo. Los errores doctrinales producen errores graves en la conducta privada, y muchas veces son la razón de la falta de ética y moralidad en la vida de muchos. Estas también deben ser expuestas a la luz y escrutinio de la verdad en Cristo.

El autor concluye esta porción citando un refrán (v. 14) que fue aparentemente bien conocido en aquella epoca. Algunos comentarios sostienen que viene de Isaías 61:1, y bien podría haber sido inspirado por ese versículo. Robertson observa que es una adaptación libre de Isaías 29:19 y 61:1, lo que me parece muy probable. Otros sugieren que fue una estrofa de un himno bautismal aludiendo a lo que representa el bautismo, la resurrección de entre los muertos del alma regenerada por Cristo, cuya luz ha resplandecido en ellos. Es un cuadro apto de la experiencia de la salvación y bien podría servir como parte del formulario que se pronuncia en el momento de bautizar a un nuevo creyente. Se sugiere que fue un himno cantado en la iglesia al celebrar el día de la resurrección y fue como una invitación a los incrédulos presentes en la congregación.

Los hijos de luz no sólo deben ser vigilantes y evitar las obras de las tinieblas, tienen la responsabilidad de denunciarlas y exponerlas a la luz limpiadora y salvadora del evangelio. Después de esta advertencia, el autor pasa a dar algunos consejos

15 Mirad, pues, con cuidado, cómo os comportáis; no como imprudentes sino como prudentes, **16** redimiendo el tiempo,* porque los días son malos. **17** Por tanto, no seáis insen-

---

*5:16 Otra trad., *aprovechando el momento oportuno*

---

pertinentes. El primer consejo tiene que ver con un comportamiento prudente (v. 15): *Mirad, pues, con cuidado, cómo os comportáis* es un llamado a la prudencia en cómo viven los cristianos. Mirar es función de los ojos. Aquí parece que Pablo tiene en mente los ojos del intelecto. El cuidado requiere todas las facultades mentales como físicas. El cristiano debe ser muy cuidadoso y sensato en cuanto a su comportamiento. La vida santa requiere inteligencia y responsabilidad, prudencia y sensibilidad. Se contrasta con la de los imprudentes, o sea los necios, que no se comportan con inteligencia ni responsabilidad. El necio niega a Dios y vive aparte de su mando. Como consecuencia, se corrompe y hace cosas abominables (Sal. 14:1), sustituyendo dioses falsos y siguiendo enseñanzas equivocadas.

El cristiano no debe ser así. Al contrario, vive sabiamente *redimiendo el tiempo*, sabiendo que *los días son malos*. La palabra *redimiendo* (*exagorázo* 1805) significa el pago completo del rescate, el precio necesario para conseguir plena posesión. *Tiempo* (*kairós* 2540) se refiere a la oportunidad específica que uno tiene y no tanto a un lapso de tiempo marcado por calendario o reloj. La idea es utilizar bien y hasta lo máximo cada oportunidad que uno tiene para hacer el bien y servir al Señor. La nota de la RVA sugiere una lectura opcional, *aprovechando el momento oportuno*, que da a entender que el cristiano sabio aprovecha el momento preciso para sacar el mejor provecho posible de cada oportunidad que se le presenta. Lo que motiva este vivir con provecho en el tiempo presente es que *los días son malos*. "Los tiempos son malos" es una expresión muy trillada en la actualidad debido a la situación sociopolítica que vivimos. La corrupción, la inmoralidad y la criminalidad abundan. Hay desesperación, frustración y caos en todos lados. Parece que la situación va de mal en peor. Hay más que suficiente evidencia que nos convence que los días son malos. Por esta razón el

---

Dos desafíos
5:15, 16

1. El desafío de comportarnos en forma correcta.
   (1) Debemos ser estrictos en nuestro comportamiento, no dejando causa de crítica. Esto quiere decir que vamos a obedecer los mandamientos que Dios nos ha dado desde el AT inclusive lo que nos enseña del NT.
   (2) Debemos ser sabios en nuestro comportamiento, dándonos cuenta de los efectos de un testimonio negativo. Esto se necesita mucho hoy en día, porque el mal testimonio de algunos cristianos puede perjudicar mucho de lo bueno que se hace.
2. El desafío de redimir el tiempo.
   (1) Porque nos damos cuenta del valor de la oportunidad que existe. La idea es de aprovechar haciendo una inversión pequeña que nos dará una ganancia extraordinaria.
   (2) Porque el tiempo puede ser corto para testificar a otros. Pablo esperaba la segunda venida de Cristo y el fin del mundo dentro de poco tiempo, durante su propia vida. Por eso, sintió la compulsión de obrar en forma diligente.
   (3) Porque las fuerzas del mal son poderosas y pueden causar enfriamiento en el cristiano. Por las tentaciones muchos que expresaron un interés en el evangelio se enfriaron y abandonaron el camino con el tiempo.

satos, sino comprended cuál es la voluntad del Señor. **18** Y no os embriaguéis con vino, pues en esto hay desenfreno. Más bien, sed llenos del Espíritu, **19** hablando entre

creyente debe tratar de vivir una vida sana y santa, hacer el bien que puede, utilizar cada oportunidad que tiene de vivir como verdadero hijo de luz, produciendo el fruto de la luz en su vida.

En el v. 17 Pablo amonesta a los creyentes que no sean insensatos, sino *comprended cuál es la voluntad del Señor*. El cristiano sensato aprenderá qué quiere Dios que haga y lo que agrada a Dios. Procurará con ahínco hacerlo, porque hacerlo requiere esfuerzo diligente. El sabio conocerá y hará la voluntad de Dios para andar como Dios quiere que ande y hacer lo que a él le agrade. Es posible conocer la voluntad de Dios y andar como hijo de luz haciendo el fruto de la luz.

El autor cita un ejemplo de la falta de inteligencia al no buscar la voluntad de Dios, el abuso del vino que embriaga. El *desenfreno* al tomar mucho vino produce un descontrol de uno mismo, la embriaguez, y un comportamiento lamentable. Tal abuso está condenado en Proverbios 23:29-35. Es bien sabido que la intemperancia en el uso de las bebidas alcohólicos resulta en fuerzas violentas, acciones criminales, deseos carnales, actitudes antisociales, trastornos emocionales, pérdida racional y el olvido de Dios. Tales cosas no son compatibles con la fe cristiana y atentan contra el testimonio del creyente. Además de la consideración de los resultados vergonzosos de la embriaguez, es posible que Pablo está asociando la intemperancia en el uso del vino con algunas prácticas religiosas en ciertas religiones paganas de esa época. Por esta razón fue apropiado que él advirtiera a los efesios y otros que leyeran esta epístola que tuviesen cuidado de no emborracharse ingiriendo el vino como sus vecinos que lo hacían para entrar en comunión con los dioses paganos.

Los rituales de ciertas religiones paganas incluían la borrachera y orgías para lograr una experiencia extática y el contacto con los espíritus de sus dioses. Aún en nuestro tiempo y medio hay ciertos grupos, especialmente entre ciertas tribus indígenas y los de la cultura tipo *hippie* que usan elementos estupefacientes y alucinógenos en sus prácticas religiosas. Pablo advierte contra tal práctica (la borrachera) desde el punto de vista práctico porque no conviene y desde el punto de vista espiritual porque contradice el testimonio cristiano. Siendo este el caso, este mandato tiene una relación íntima con la advertencia hallada en el v. 6 en cuanto a las vanas palabras de los consejeros engañosos y la aludida conducta licenciosa mencionada en el v. 11. Tanto la intemperancia como la inmoralidad son el resultado de la insensatez en el comportamiento de uno y no caben en la vida cristiana. Pablo advierte al creyente tierno y débil de los peligros de caer víctimas de enseñanzas religiosas que conducen a prácticas dañinas y vergonzosas.

En contraste con éstas, Pablo enseña a los creyentes dónde y cómo hallar el verdadero secreto del andar cristiano prudente, limpio y obediente: *Sed llenos del Espíritu* (v. 18). No sólo es imperativo que los cristianos no se embriaguen llenándose de vino, es imperativo que se llenen de algo más. Este "algo más" es el Espíritu Santo. Este produce una "embriaguez" completamente diferente y constructiva. En vez de estar bajo la influencia del alcohol, los creyentes deben estar bajo la influencia del Espíritu Santo continuamente. Su vida estará bajo el control de esta presencia divina y santa. En este estado hay fuerza espiritual, gozo racional, cordura, deseos limpios y ordenados, repudio a la maldad, conciencia de lo correcto y la inclinación hacia la voluntad de Dios.

Esta exhortación fue dada a toda la iglesia en forma imperativa, no como una opción y no al individuo solo. La estructura gramatical de este versículo es tal que

vosotros con salmos, himnos y canciones espirituales;* cantando y alabando al Señor en

*5:19 Comp. Col. 3:16, 17.

nos da a entender que el deber de toda la iglesia es ser llena del Espíritu en forma progresiva y constante, no una vez no más, ni por ocasiones esporádicas. Esta llenura viene a los creyentes como el objeto llenado y no como el sujeto que procura ser llenado. Tenemos que desear y permitir que el Espíritu nos llene y no hacerlo el objeto de un esfuerzo humano o de una búsqueda como para apropiarse uno de él.

Con esta metáfora comparativa Pablo quiere demostrar que como el vino posee y domina al que lo ingiere, así el Espíritu posee y controla la vida de los que lo permiten llenar. No creo que se debe tomar esta ilustración como una licencia para "embriagarse" en el espíritu (humano) a tal grado que uno pierda el control o esté fuera de sí. La presencia del Espíritu no causa una intemperancia en el comportamiento ni la disolución del carácter. Los que hablan de embriagarse del Espíritu dan lugar a un concepto equivocado de la llenura del Espíritu Santo. Hay espíritus que producen ebriedad y relajo emocional que no son de Dios. Hay que cuidarse de ellos con la misma diligencia que uno se cuida contra los espíritus intoxicantes del alcohol. Nótese que Pablo no dice que seamos embriagados (intoxicados al punto de perder el control) sino que seamos *llenos* del Espíritu. Donde está el Espíritu en control habrá orden, armonía y paz. El desorden, las divisiones y la intranquilidad del alma resultan, más bien, donde se carece del Espíritu. El ambiente y la vida de la iglesia deben ser completamente infundidos e influidos por el Espíritu.

Esta condición espiritual resulta en cinco acciones agradables y edificantes: *hablando, cantando, alabando, dando gracias* y *sometiéndoos* (vv. 19-21). Estos versículos dan una mirada breve y escueta al formato de los cultos religiosos que se celebraban en las iglesias del primer siglo. En vez de hablar cosas vergonzosas, las conversaciones de los hermanos cristianos serán *salmos, himnos y canciones espirituales*, todo lo que habla del Señor. Los creyentes cantarán al Señor y de su gloria, en lugar de cantar de los deseos licenciosos y las ambiciones vulgares de la carne. Alabarán en sus corazones al único Dios en lugar de elogiar las hazañas de los héroes mundanos. En lugar de quejarse y criticar, los creyentes serán conocidos por su sentido de gratitud a Dios por todo lo que él les concede y en toda circunstancia. Además, serán reconocidos como gente que considera el uno al otro en amor antes de a sí mismo. De esta manera marcada la iglesia se distingue claramente del mundo que la rodea y en medio del cual vive.

Como la luz produce una cosecha agradable en la iglesia y sus miembros, el Espíritu da amplia evidencia de su presencia. Es muy probable que Pablo tiene en mente la conducta de los creyentes dentro del contexto de la adoración pública. En estas ocasiones había comunión entre los hermanos presentes, indicada aquí con la expresión *hablando entre vosotros*. Había una conversación santa que alternaba entre exhortacion mutua y testimonios que inspiraban incorporando éstos algunas expresiones de los salmos, himnos y canciones que expresaban el sentido de su fe y alegría.

Cantar era también parte de la expresión espontánea de su fe y lo hacían como parte de sus servicios religiosos. Como Bonnett y Schroeder comentan, "todo gozo del Espíritu divino, llegado a cierto grado, se expresa por el canto". La iglesia del primer siglo fue una iglesia que cantaba. Sin duda, no hacían falta instrumentos de cuerda y tambores para acompañarlos. Como en los tiempos bíblicos cantaban los salmos al compás de varios instrumentos, así lo hacemos hoy en día al cantar. Pablo

vuestros corazones; **20** dando gracias siempre por todo al Dios y Padre, en el nombre de nuestro Señor Jesucristo; **21** y sometiéndoos

---

menciona tres tipos musicales: *salmos* (los del AT), *himnos y canciones espirituales* (composiciones cristianas que daban expresión a su fe y sentimiento fervoroso). Estos coinciden con la práctica de nuestro tiempo de también cantar salmos, coros, cánticos, canciones alegres e himnos más solemnes, usando una variedad de instrumentos y estilos de interpretación. Cada uno llena una necesidad específica como parte del culto para mantener un balance entre la alabanza subjetiva y una adoración objetiva.

Lamentablemente en nuestro ambiente algunos caen en el error de repetir las mismas "alabanzas" de siempre sin son ni razón, ni pensar en lo que hacen ni por qué lo hacen. La plenitud del Espíritu en la iglesia dará curso a una amplia y variada forma de expresar la alabanza y la adoración que hay en el corazón del pueblo de Dios en medio de una comunión espiritual y una actitud de gratitud. Hay una marcada diferencia entre una iglesia llena del Espíritu y un borracho lleno de vino. Este está enloquecido por los efectos del alcohol y balbucea tonta e incoherentemente; mientras aquélla da expresión inteligente, entendible y coherente a un sentir profundo que radica en el corazón cambiado por el poder regenerador del Espíritu de Cristo.

Cantando y alabando al Señor en vuestros corazones son formas de expresar el gozo que prorrumpe de los corazones llenos del Espíritu. La adoración verdadera dará lugar a exteriorizar este gozo. El gozo nace en el corazón regenerado y es acompañado por la gratitud, que también surge del corazón del creyente agradecido. *En vuestros corazones* también podrá significar la sinceridad con que uno canta y alaba. Es parecido a *con todo el corazón*.

Otra evidencia de la plenitud del Espíritu en la iglesia es la oración que expresa la gratitud. Pablo lo expresa así: *Dando gra-*

cias siempre por todo al Dios y Padre, en el nombre de nuestro Señor Jesucristo (v. 20). En esta frase corta nos da cinco elementos esenciales para la oración que agrada a Dios. En primer lugar la gratitud, *dando gracias*. El corazón sincero será un corazón agradecido. *Siempre* expresa el contexto temporal de esta actitud como perpetua, todo el tiempo y en todos los tiempos, sin límites. *Por todo* es inclusivo y habla de cualquier cosa bajo cualquier circunstancia. Aunque no entendamos algunas cosas que nos suceden en el momento dado, debemos reconocer que Dios está consciente y obrando su voluntad aun en la adversidad, y debemos darle gracias. La gratitud es positiva y optimista, capaz de ver la mano de Dios en todo.

Otro elemento importante tiene que ver con a quién va dirigida nuestra acción de gracias, *al Dios y Padre* como el creador, sustentador y gobernador de todo. Dirigir la oración a otro o por medio de otro es un error, especialmente para el creyente que ya tiene pleno acceso al trono de la gracia (Heb. 4:16) y ha sido enseñado por Cristo a orar al Padre (Mat. 6:6, 9). No hay que invocar ninguna fórmula trinitaria ("en el nombre del Padre, del Hijo y del Espíritu Santo") como algunos suelen hacer para iniciar la oración ni antes de leer un pasaje bíblico. Tenemos permiso de dirigirnos directamente a él y pleno acceso a su trono.

El último elemento de la buena oración tiene que ver con la autoridad que tenemos de dirigirnos al Padre: *En el nombre de nuestro Señor Jesucristo*. El nos ha autorizado a pedir en su nombre (Juan 14:13, 14; 15:16; 16:23). En él tenemos nuestra identidad que nos da derecho a pedir en su nombre sagrado. No pedimos en nuestro propio nombre, ni menos en nuestros méritos. El es quien ha abierto el camino al Padre, ha quitado el muro que antes nos separaba de él y nos ha hecho

EFESIOS 5:6-21; 5:22—6:9   192

unos a otros en el temor de Cristo.

Conducta en la familia cristiana*

22 Las casadas estén sujetas* a sus propios esposos como al Señor, **23** porque el esposo es cabeza de la esposa, así como Cristo es cabeza de la iglesia, y él mismo es salvador de su cuerpo. **24** Así que, como la iglesia está sujeta a Cristo, de igual manera las esposas lo estén a sus esposos en todo.

---

*5:22t Comp. Col. 3:18—4:1 y 1 Ped. 3:1-7
*5:22 Los mss. más antiguos omiten *estén sujetas*, en cuyo caso habría que suplir *sean*.

---

aceptos delante de Dios. La oración correcta se hace en el nombre único y exclusivo de nuestro Señor Jesucristo. El y solamente él es nuestro intercesor (Rom. 8:34). Finalmente, tenemos otra evidencia del Espíritu. Esta es una actitud de sumisión mutua entre los hermanos (v. 21). Esta Idea introduce un nuevo concepto cristiano, contrario al popular de los gentiles. Esta actitud considera a los demás y sus necesidades como más importantes que uno mismo. Es el hecho de subordinarse a otros en vez se elevarse sobre ellos. La sumisión y la consideración mutuas desplazan la soberbia, la rudeza, el egoísmo y la terquedad con respecto a las opiniones o preferencias propias. Esta sumisión está templada por una reverencia a Cristo y es el producto de la llenura del Espíritu Santo. Esta actitud de sumisión mutua en el amor fraterno y el temor santo de Cristo contribuye a la unidad de la iglesia y facilita el funcionamiento armonioso de todos los miembros en el ejercicio de sus responsabilidades sagradas. Es la prueba suprema de andar cristianamente y de ser llenos del Espíritu. Por ser tan importante, quizá es lo más difícil de poner en práctica. Atenta contra el egoísmo personal y la importancia personal. Requiere una actitud de humildad y bondad que no es natural en muchos.

Algunos comentarios incluyen el v. 21 como parte del tema que próximamente se tocará en esta epístola, el de las relaciones interfamiliares e interpersonales. Bien cabe allí, pero también está relacionado con estar lleno del Espíritu Santo como una de las muchas evidencias de ello. La sumisión mutua es parte del comportamiento y de la identidad de los hijos de luz.

(2) Virtudes cristianas en la vida doméstica, 5:22—6:9. Aparentemente Pablo usa lo que expresa en el v. 21 como un eje sobre el cual hacer una transición de una aplicación general al comportamiento cristiano hacia el comportamiento cristiano en las relaciones domésticas. Estas representan las relaciones clave de la vida cotidiana y ejemplifican la iglesia descrita antes como una familia (2:19). La sujeción mutua en la iglesia halla su mejor expresión en el ideal familiar. Hay dos instituciones divinas: La familia, instituida por Dios al comienzo de la historia humana; y la iglesia, instituida por él en Cristo al comienzo de la historia cristiana. Las dos siguen el mismo modelo en cuanto a las relaciones internas. El Apóstol continúa la comparación entre el estilo de vida cristiano con el de los paganos con una mirada a la familia cristiana. Esta también debe manifestarse diferente en el medio pagano en donde se desarrolla. Para este efecto describe una serie de relaciones que deben existir en el hogar cristiano que deben ser diferentes de aquellas de los incrédulos.

Después de prestar atención a la composición, la naturaleza y el comportamiento de la iglesia, es natural que Pablo se dirija hacia la familia que la ejemplifica. Es lógico que Pablo se preocupe de la familia cristiana, pues la estructura de la iglesia refleja en un sentido la de la familia. La forma en que Pablo aborda el tema nos hace preguntar si está hablando de la familia o de la iglesia. La realidad es que habla de las dos de manera que lo que tiene que enseñar de la una refuerza lo que enseña de la otra. La familia es una figura apropiada de la iglesia, porque todos formamos parte de una familia y sabemos la importancia de una relación y participación apropiadas como miembros de ella para garantizar su armonía y éxito. En toda institución o relación humana el orden de las relaciones es un camino de doble vía, la una de autoridad y la otra de sujeción. Pablo respeta el orden establecido por Dios en la naturaleza para aplicar la verdad de la sujeción mutua. Es muy importante tomar esta porción como parte de todo el contexto de la epístola y no como un comentario aislado sobre la familia. Como ejemplo cardinal de la sujeción mutua cristiana y su papel como evidencia de ser llenos del Espíritu, Pablo compara la familia y la iglesia en cuanto a sus relaciones esenciales. Lo hace utilizando seis pares de relaciones: esposas a esposos, esposos a esposas; hijos a padres, padres a hijos; obrero al patrón, patrón al obrero.

Apela primero a que *las casadas estén sujetas a sus propios esposos como al Señor* (v. 22). Es lo único que requiere de ellas. Las casadas son las mujeres en su papel u oficio como esposas. Lit. las palabras que forman este versículo en el griego no contienen un verbo y se leerían así: "Las casadas a sus propios esposos como al Señor." Uno tiene que mirar más adelante (v. 24) o hacia atrás (v. 21) para hallar el verbo que da sentido a esta expresión. En cada caso el verbo es alguna forma del verbo sujetar o estar sujeto. La acción que este verbo implica es la de subordinarse bajo o sujetarse a la autoridad de otro, en este caso las esposas a la de los esposos. Es el hecho de renunciar los derechos de uno a otro, de la esposa al esposo. La sumisión de la esposa cristiana a su esposo halla su sentido en la misma manera que la esposa creyente se sujeta a Cristo como su Señor. Para entenderlo mejor, podríamos parafrasear este versículo para decir: "Las casadas estén sujetas a sus propios esposos como ellas mismas están sujetas al Señor."

El esposo, como el representante de Dios frente a la familia, merece la misma consideración en el nivel humano que la esposa da al Señor en el área espiritual. Pablo solamente está reiterando algo que Dios ordenó al comienzo de la historia humana. Este orden reconoce la naturaleza y las características esenciales tanto de la mujer como del hombre. El caos y la destrucción son el resultado de desobedecer este orden divino.

Vaughan señala que esta sumisión tiene tres condiciones: el amor, la voluntad y el deber cristiano. El amor generoso del esposo provee el ambiente que evoca y garantiza la sumisión de la esposa. La buena voluntad de la esposa es la respuesta de ella a la autoridad benigna que él ejerce sobre ella. La esposa cristiana, consciente de la relación que tiene con Cristo como Señor de su vida, se somete a su esposo en amor recíproco, reconociéndolo como el que Dios le ha dado como compañero y protector para que mutuamente se complementen.

La sumisión de la esposa al esposo se debe *porque el esposo es cabeza de la esposa, así como Cristo es la cabeza de la iglesia, y él mismo es salvador de su cuerpo* (v. 23). En primer lugar podemos ver esto como una interpretación lógica del orden establecido por Dios en la formación de la primera pareja. Toda institución u organización tiene una sola cabeza o autoridad principal; en el caso de la familia es el esposo. Esta es una autoridad delegada o una responsabilidad ordenada por Dios y nadie debe cambiarla o abrogarla. A la vez no es una autoridad despótica para dominar o explotar, sino es una responsabilidad sagrada que ha sido otorgada por Dios para ordenar la familia y así gobernar la sociedad. En segundo lugar esta sumisión en el matrimonio ilustra la relación íntima y vital entre Cristo como cabeza de la iglesia y la iglesia como su cuerpo. Esta relación halla su máxima expresión en la obra salvadora de Cristo en favor de la iglesia.

25 Esposos, amad a vuestras esposas, así como también Cristo amó a la iglesia y se entregó a sí mismo por ella, **26** a fin de santificarla, habiéndola purificado en el lavamiento del agua con la palabra, **27** para presentársela a sí mismo, una iglesia gloriosa que no tenga mancha ni arruga ni cosa semejante, sino que sea santa y sin falta. **28** De igual ma-

---

Cristo como cabeza también es salvador. En él la iglesia realiza su existencia y halla sentido. De igual manera, en el orden divino de la creación, la mujer se halla realizada en la unión conyugal con su esposo.

El modelo de la sujeción en el matrimonio se halla en la relación de la iglesia con Cristo, una sumisión absoluta. *Así que, como la iglesia está sujeta a Cristo, de igual manera las esposas lo estén a sus esposos en todo* (v. 24). La iglesia depende de Cristo en todo para su existencia, su sustento y su esperanza. De igual manera las esposas cristianas dependen de sus esposos *en todo* con respecto al contexto doméstico. Esta sumisión es el ideal que la esposa cristiana procura imitar, siempre sujeta a Cristo como su salvador y Señor en su vida espiritual y a su esposo en su vida conyugal.

> **Joya bíblica**
> **Esposos, amad a vuestras esposas, así como también Cristo amó a la iglesia y se entregó a sí mismo por ella (5: 25).**

Pablo considera ahora el segundo par de relaciones, de esposo a esposa. Es interesante notar que dedica más espacio a esta relación que a cualquier otra. ¿Será porque la responsabilidad del esposo es la más grande? Tiene mucho que decir en cuanto a la responsabilidad del hombre, pero nada en cuanto a sus derechos. Comienza con una recomendación fuerte para los esposos: *Amad a vuestras esposas* (v. 25a). Es el mismo amor que da de sí mismo para beneficio del amado. Esto introduce el concepto cristiano del amor *agápe* en el matrimonio, en constraste con el amor *filéo* y *éros* del matrimonio mundano. Para ilustrar qué clase de amor el esposo debe demostrar a su esposa, Pablo lo compara con el amor de Cristo por su iglesia.

Comienza con un consejo a los esposos y termina con una emocionante descripción de la iglesia. Usa el amor de Cristo como modelo: *Así como también Cristo amó a la iglesia y se entregó a sí mismo por ella* (v. 25b). De hecho, es un amor sumisivo: Así como Cristo se negó a sí mismo y fue sacrificado para redimir a su iglesia, el hombre se entrega en amor para el bien de su esposa. Este amor gobierna las actitudes y las acciones del esposo hacia su cónyuge y desplaza cualquier tendencia áspera, egoísta o caprichosa.

Para ilustrar el tipo de amor que los esposos deben mostrar a sus esposas el Apóstol emplea cinco formas verbales para describir el amor de Cristo por su iglesia: la amó, se entregó, la santificó, la purificó, y se la presentó. Es un amor completo e inclusivo. La razón de este amor sacrificial de Cristo hacia su iglesia fue su santificación: *A fin de santificarla, habiéndola purificado en el lavamiento del agua por la palabra* (v. 26). La santificación de la iglesia, por un lado, fue el hecho de consagrarla, apartándola del resto del mundo para un propósito sagrado. Este hecho, por otro lado, fue el resultado del proceso purificador *en el lavamiento del agua por la palabra*. En la santificación y el lavamiento tenemos dos acciones complementarias. La santificación de la iglesia es hacerla santa, mientras su purificación podrá referirse al perdón de los pecados, que acompaña a la regeneración y se simboliza en el bautismo. Stott sugiere que la referencia al lavamiento pueda ser una referencia al baño nupcial practicado por la novia antes de la boda en aquella época. El lavamiento (v. 26) es una alusión al bautismo en agua como respuesta a una decisión tomada al oír el evangelio.

nera, los esposos deben amar a sus esposas como a sus propios cuerpos. El que ama a su esposa, a sí mismo se ama. **29** Porque nadie aborreció jamás a su propio cuerpo;* más

*5:29 Lit., *carne*

El objetivo de todo este proceso de amor es *para presentársela a sí mismo* en matrimonio celestial (v. 27). Jesús, el novio, propone recibir a su novia, la iglesia, gloriosa, radiante, esplendorosa e ideal con una perfección física, *que no tenga mancha ni arruga*, santa y sin falta. Con este amor tan perfecto en mente, Pablo vuelve el pensamiento hacia el esposo con respecto al amor que él proporciona a su esposa (v. 28). Este amor apela al cuidado afectuoso que uno mismo da a su propio cuerpo. La pauta para este pensamiento está en el hecho de que nadie abusa de su propio

---

Semillero homilético
La iglesia: modelo y recurso de la familia cristiania
5:22—6:9

Introducción: Hispanoamérica está padeciendo también, aunque de modo retardado respecto a Europa y Angloamérica, el deterioro moral y social de su corazón histórico: la familia. La epístola a los Efesios ofrece una ayuda eficaz para la sanidad de las familias enfermas y para el fortalecimiento de las familias sanas. Pablo nos entrega aquí un modelo y un recurso para la familia.
  I. Cristo es el modelo perfecto para el esposo (vv. 23, 25-29, 32).
   1. Cristo es el modelo de "dueño de casa" (ver vv. 23, 25-29).
     (1) Es la cabeza que gobierna y representa a la iglesia (v. 23b).
     (2) Como cabeza de la iglesia, piensa y realiza la salvación (incluye la salud, la seguridad) de la iglesia (vv. 23c, 29b).
     (3) Así es el esposo de la iglesia; así debe ser el esposo de la familia cristiana (vv. 23a y 29a).
   2. Cristo es el modelo de marido afectuoso (vv. 25, 28).
     (1) Ama a la iglesia; no siente por ella una pasión egoísta (v. 25b).
     (2) Se entregó a sí mismo a la muerte por la iglesia; esa es la prueba más grande de amor auténtico (v. 25c).
     (3) Así ama Cristo a la iglesia; así debe amar el esposo cristiano (vv. 25a, 28a).
   3. Cristo es el modelo de esposo honorable y justo (vv. 26-28).
     (1) Procuró y consiguió la purificación y belleza integral de su novia: la iglesia (v. 26).
     (2) Consiguió (y se cuidó de) el honor y dignidad de la iglesia, identificándolos con su honor y gloria propios (v. 27; ver 2:6; 1 Cor. 15:48b).
     (3) Así ha sido Cristo como novio y como esposo de la iglesia; así deben ser el novio y el esposo cristianos (v. 28).
  II. La iglesia es el modelo perfecto para la esposa (vv. 21-24).
   1. La iglesia es el modelo de sujeción "política" (ver v. 23; la iglesia tiene una cabeza que la gobierna y representa; la esposa acepta al esposo como la cabeza de su vida y familia).
   2. La iglesia es el modelo de fidelidad conyugal (vv. 21, 22).
     (1) El esposo extraño determina el adulterio.
     (2) El esposo propio asegura la fidelidad en justicia (v. 22).
     (3) El principio de sujeción y fidelidad es recíproco entre el esposo y la esposa (v. 21: *sometiéndoos unos a otros en el temor de Cristo*, y v. 33).
   3. La iglesia es modelo de sujeción sin reserva alguna (v. 24). Así como la iglesia respeta a Cristo como su cabeza, le guarda fidelidad y se le somete sin reservas como Señor, así debe comportarse la esposa cristiana con su esposo. La síntesis de todo para ambos está en el v. 33: *Por tanto, cada uno de vosotros ame a su esposa como a sí mismo, y la esposa respete a su esposo.*

(Continúa en la página siguiente)

bien, lo sustenta y lo cuida, tal como Cristo a la iglesia, **30** porque somos miembros de su cuerpo.* **31** *Por esto dejará el hombre a su padre y a su madre y se unirá a su mujer, y serán los dos una sola carne.** **32** Grande es

*5:30 Algunos mss. antiguos tienen . . . *cuerpo de su carne y de sus huesos.*
*5:31 Gén. 2:24; ver Mat. 19:5

---

cuerpo, sino que lo cuida y sustenta, *tal como Cristo a la iglesia* (v. 29). Otra vez Pablo apela al cuidado que Jesús da a su iglesia como el modelo del cuidado que el esposo da a su esposa.

La expresión *porque somos miembros de su cuerpo* (v. 30) se refiere a que los creyentes pertenecen al cuerpo de Cristo, la iglesia, la que a la vez es aludida aquí como su novia amada. Este amor es tan poderoso que el novio está dispuesto a separarse de su padre y de su madre para unirse a su esposa (v. 32). Como alguien ha dicho "casados se puede escribir casa dos". La atracción conyugal es más fuerte que los vínculos paternales. El amor que el esposo siente hacia su novia es más poderoso que el amor para los padres y resulta en una unión íntegra. *Y serán los dos una sola carne* es una cita que recuer-

---

(Continúa de la página anterior)
  III. Cristo y la iglesia son un modelo de unión conyugal (vv. 28-32).
    1. El amor hacia su cónyuge coincide con el amor hacia sí mismo (v. 28).
    2. La preocupación práctica por su esposa corresponde al cuidado sustentador de Cristo por la iglesia: Es la unión existencial (de la existencia cotidiana, v. 29).
    3. El desprendimiento del esposo de su seno paternal para unirse a la esposa, corresponde al desprendimiento de Cristo de su gloria celestial para unirse a la iglesia histórica: Es la unión total (v. 30; Juan 1:14; 17:5; Ef. 4:9, 10).
    4. El modelo perfecto de unión conyugal en la familia cristiana es un misterio grande, porque se trata de la unión mística y práctica de Cristo y de la iglesia (v. 32).
  IV. La iglesia posee enseñanza apostólica, como un recurso valioso para la familia (6:1-9).
    1. La enseñanza para los hijos:
      (1) Deben honrar con obediencia a sus padres, según la voluntad del Señor (v. 1).
      (2) El honrar a los padres es un mandato con promesa en la vida presente (vv. 2, 3).
    2. La enseñanza para los padres:
      (1) Deben educar a sus hijos evitando el método de la violencia represiva (v. 4a).
      (2) Deben educar a sus hijos con el método y las instrucciones ofrecidos por el Señor de la iglesia (v. 4b; Mat. 11:29, 30; Heb. 12:5-11; 1 Tes. 2:7).
    3. La enseñanza para los trabajadores de la familia.
      (1) Cristo desea que tomen su papel laboral con justicia, respeto y sinceridad (v. 5).
      (2) No deben trabajar sólo para sacar provecho de los patrones, ni menos con una conducta engañosa; deben trabajar como ante la presencia de Dios, y esperar de él la justa recompensa a los que practican la justicia (vv. 6-8).
    4. La enseñanza para los patrones cristianos.
      (1) No deben emplear el método de "las amenazas" (v. 9a en América Latina, entre las formas de amenaza, está la del "despido").
      (2) Deben recordar lo que saben: Que el patrón común, del trabajador y del empresario, es Dios, y que Dios ama y juzga por igual a ambos (v. 9b).
Conclusión: Esposos, esposas, hijos, padres, obreros, profesionales y patrones o empresarios: Prestad atención a la familia. Prestad atención a la iglesia de Jesucristo: Ella, con la Biblia abierta, y su consiguiente programa de enseñanza bíblica, es y tiene el modelo de un matrimonio amoroso y fiel, de una paternidad sabiamente responsable y de hijos obedientes y temerosos de Dios. Trabajadores y empresarios cristianos: Trabajad con lealtad recíproca, sed justos, reverenciad a Dios.

este misterio, pero lo digo respecto de Cristo y de la iglesia. **33** Por tanto, cada uno de vosotros ame a su esposa como a sí mismo, y la esposa respete a su esposo.

6 Hijos, obedeced en el Señor* a vuestros padres, porque esto es justo. **2** *Honra a tu padre y a tu madre* (que es el primer mandamiento con promesa) **3** *para que te vaya*

---

*6:1 Algunos mss. antiguos no incluyen *en el Señor.*

---

da lo que sucedió en Edén (Gén. 2:24) y lo que ratificó Jesús (Mat. 19:5). Describe la unidad que caracteriza al matrimonio y que a la vez se usa para señalar la íntima y vital unión de la iglesia en Cristo y el amor que él tiene por ella. Esta unión entre hombre y mujer lleva al Apóstol a describirla como un gran *misterio* (v. 32). Esta es la quinta vez de seis que emplea esta palabra en esta epístola. En 3:3, 4 y 9 habla del *misterio* en Cristo que le fue revelado con respecto a la iglesia y su misión sagrada. Ahora, al contemplar la unidad íntima del matrimonio, Pablo halla en ella una analogía para describir la unión de la iglesia con Cristo. Para él (y nosotros) esto sí es un gran misterio; pero no es un secreto escondido, es una verdad que ha sido revelada. De esta manera Pablo concluye la comparación entre la iglesia y el matrimonio.

Termina esta porción reiterando el deber matrimonial entre los esposos con una recomendación final a los dos en el v. 33: *Por tanto* se refiere a lo dicho hasta aquí con respecto al amor de Cristo para la iglesia como modelo del amor que cada esposo debe tener a su propia esposa y la sumisión respetuosa de la esposa hacia su esposo. Aunque el papel de cada cónyuge es distinto, hay una igualdad de responsabilidad mutua y complementaria para cada uno. De esta manera contribuyen a la armonía y unión familiar y fortalecen la unidad de la iglesia. Más que todo, honran a Dios.

Aunque el v. 33 es el último del cap. 5, no es el final de la sección que estamos considerando (5:22—6:9). Esta continúa hasta el v. 9, después del cual hay un cambio del tema. Siguiendo el orden de responsabilidades en el seno familiar, Pablo dirige algunas palabras a hijos y padres con respecto de sus relaciones mutuas (6:1-4). Estas relaciones entre hijos y padres e hijos son naturales, pero en el terreno espiritual dependen de y reflejan una relación personal con Cristo como Señor en ambos casos.

El deber incuestionable de los hijos cristianos es obedecer a sus padres: *Hijos, obedeced en el Señor, a vuestros padres, porque esto es justo* (6:1). Además de ser propio y lógico en el orden establecido por Dios, es apropiado como hijos cristianos obedecer a sus padres para practicar así el principio de la sumisión que fue dado en 5:21. Expresa la fe que tienen en Cristo y demuestra el amor que ésta produce. Es más, *esto es justo.* Es natural esperar la obediencia de los hijos porque es correcto en cualquier sociedad que estos obedezcan a sus padres. Este principio forma parte de la ley de Dios dada en lo que conocemos como los diez mandamientos (Exo. 20:12; Deut. 5:16). El Apóstol lo cita en los vv. 2 y 3, añadiendo el comentario *que es el primer mandamiento con promesa.* La obediencia cumple el mandato de Dios que dice: *Honra a tu padre y a tu madre.* Honrar significa respetar y considerar a los padres en amor, y se manifiesta en la obediencia. El mejor ejemplo de esto que tenemos se halla en Lucas 2:51, que dice de Jesús: *estaba sujeto a ellos.* El niño Jesús obedecía a José y María. De todo lo que puede hacer el hijo, no hay nada que iguale a la obediencia.

La obediencia filial contribuye a un ambiente en el hogar que promueve al bienestar de la familia y prolonga la vida. Además, honra a Dios y respeta lo que él ha establecido. A la inversa, la desobediencia de los hijos destruye la unidad familiar y

bien y vivas largo tiempo sobre la tierra.*
4 Y vosotros, padres, no provoquéis a ira a vuestros hijos, sino criadlos en la disciplina y la instrucción del Señor.

5 Siervos,* obedeced a los que son vuestros amos en la tierra* con temor y temblor, con sinceridad de corazón, como a Cristo; 6 no

*6:3 Exo. 20:12; Deut. 5:16
*6:5a O: *esclavos*
*6:5b Lit., *son vuestros señores según la carne*

---

afecta en cadena la unidad eclesiástica.

Pablo tiene también un consejo oportuno para los padres con respecto a como tratan a sus hijos y el ejemplo que deben ser delante de ellos (v. 4). El Apóstol aborda el tema del trato paternal primero desde un punto de vista negativo. Dice: *No provoquéis a ira a vuestros hijos* (v. 4a). Pablo estuvo bien consciente de la ley romana que concedió al padre el derecho de vida o muerte sobre sus hijos (ver el comentario sobre 1:5). En esta porción introduce una ética cristiana en la arena del hogar. Los padres en su trato con los hijos deben cuidarse de ser ásperos y rígidos al grado que hagan que los hijos se enojen o llenen de ira. "Provocar a ira" también significa causar exasperación. Los padres no deben conducirse despóticamente con sus hijos y descargar sobre ellos sus frustraciones y hostilidades. Un trato que sea inconsistente y cruel de parte del padre confunde a los hijos, causa problemas emocionales y despierta resentimientos. Trae consecuencias lamentables, especialmente para la unidad de la familia y aun de la iglesia. Uno de los problemas más graves de nuestra época es el del abuso físico y emocional de los niños de parte de los padres.

El aspecto positivo de este consejo tiene que ver con la crianza de los hijos *en la disciplina y la instrucción del Señor* (v. 4b). Aquí significa más la enseñanza verbal o formación que el padre da al hijo continuamente y no tanto el castigo que le dispensa. El padre cristiano como cabeza y guía espiritual de la familia instruirá a su hijo cristiano en las cosas del Señor y en su Palabra, siendo guiado por el contenido de la fe mutua que abrazan y por el mismo Espíritu que los guía.

Las relaciones domésticas no se limitan a las matrimoniales y filiales. Incluyen las relaciones laborales entre trabajadores y patrones. En la época neotestamentaria habían dos instituciones humanas que existían dentro del marco del hogar: La esclavitud o servidumbre y la industria hogareña que dependía de la primera. A partir del v. 5 el Apóstol elabora una serie de recomendaciones para los trabajadores cristianos. Consisten principalmente de dos acciones; obedecer y servir.

Siervos es *dóulos* [1401], que algunos traducen como esclavos. La esclavitud prevalecía en los tiempos bíblicos porque la ética cristiana todavía no se hacía sentir como en los últimos dos o tres siglos. Los esclavos fueron hombres, mujeres y niños de las ciudades y naciones conquistadas por los ejércitos invasores y llevados para ser vendidos a la esclavitud. Llegaron a ser propiedad del que los comprara. Los niños nacidos en esta condición se criaron como esclavos para servir a su amo. Además, hijos e hijas que el padre no quería tener fueron rechazados y condenados a ser vendidos como esclavos. A veces las personas que adeudaban grandes cantidades que no podían pagar fueron vendidas a la esclavitud para satisfacer la deuda. Fue una institución inhumana caracterizada por la humillación, la brutalidad y otros abusos, tanto de parte del amo como de parte del esclavo listo e inescrupuloso. Estos representaban un alto porcentaje de la población en algunos lugares del Imperio Romano. Algunas veces los esclavos gozaban de un buen trato y hasta fueron apre-

sirviendo sólo cuando se os esté mirando, como los que quieren quedar bien con los hombres, sino como siervos de Cristo, haciendo la voluntad de Dios con ánimo. **7** Servid de

ciados y considerados con confianza. Ejemplo de esto es el caso de Onésimo, esclavo inútil de Filemón que aparentemente había robado a su amo y fue capturado y encarcelado en Roma. Fue allí que conoció a Pablo y fue convertido al evangelio. Al lograr su libertad regresó al hogar de su dueño, portando una preciosa carta de recomendación. Es probable que acompañó a Tíquico, el portador de la carta que estamos estudiando y otras para las iglesias vecinas.

Entre los creyentes del primer siglo había muchos que fueron sirvientes o esclavos. Algunos atendían los quehaceres domésticos, otros trabajaban en la producción agrícola o industrial que generalmente estaba vinculada con el hogar. Algunos siervos ocupaban puestos de confianza como mayordomos y maestros. Todos estos representaban la fuerza laboral de su época. En nuestro medio, ya que la esclavitud está abolida, estos representarían a la clase trabajadora, los empleados de empresas, tanto públicas como privadas. Por esta razón tenemos que comprender "empleados" o "trabajadores" en lugar de siervos o esclavos. Para ellos y éstos Pablo tiene una exhortación cristiana. Les dice: *Siervos, obedeced a los que son vuestros amos en la tierra* (v. 5). Pablo no recomendó ninguna acción que agitara el orden o fomentara la rebelión. En cambio les instruye a continuar obedeciendo sin interrupción a sus amos terrenales en el mismo espíritu de sumisión expuesto en 5:21. La palabra "obedecer" es la misma empleada en el v. 1 con respecto a los hijos. Legal y moralmente los siervos estaban sujetos a los amos. Estos tenían autoridad de vida o muerte sobre la vida de sus esclavos, un derecho que estaba garantizado por la ley romana. Obedecer fue el deber incuestionable e invariable de un esclavo.

Los que son vuestros amos en la tierra,

según la nota de RVA significa *los que son vuestros señores según la carne.* Esta frase representa la condición temporal de la relación amo-siervo que se expresa como autoridad-sumisión. El creyente sabe que esta situación es provisional y reconoce que él tiene a un Amo más allá de esta tierra a quien está sujeto espiritualmente y a quien sirve.

Al deber de obedecer Pablo añade tres condiciones: *con temor y temblor, con sinceridad del corazón* y *como al Señor.* La primera de estas habla del respeto y la solicitud del trabajador responsable que se afana por cumplir lo que se le pide hacer y desea hacerlo bien. Esta es la actitud cristiana hacia el trabajo en contraste con una actitud no cristiana que trabaja más por temor a las exigencias y regaños del patrón. Otra condición que caracteriza al trabajador cristiano es la sinceridad de corazón, que significa la sencillez y la integridad. El trabajador cristiano siempre trabaja de buena gana, con entusiasmo y honradez, y no fingiendo, aun cuando las condiciones sean adversas. La tercera condición sirve como una motivación cristiana, *como al Señor,* como esclavos del Señor, tal como Pablo se sentía (Rom. 1:1; 1 Cor. 9:19). Todo lo que haga el cristiano debe ser influido por la nueva relación que tiene ahora en Cristo. Considera al trabajo responsable y bien hecho como un tributo al Señor. Su vida es consagrada a Jesús, por esto su trabajo también es consagrado. Esto es parte de su testimonio, especialmente delante de un amo incrédulo.

En el v. 6, Pablo amplía lo que quiere decir, instando a los siervos a que obedezcan y trabajen conscientemente todo el tiempo, no sólo cuando esté presente y mirando el amo, para impresionarlo y así engañarlo. En cambio, deben ser conscientes, constantes y cumplidos en el trabajo como siervos del Señor y como su deber cristiano delante de sus amos. El

buena voluntad, como al Señor, no como a los hombres, **8** sabiendo que el bien que haga cada uno, eso recibirá de parte del Señor, sea siervo o libre.

9 Y vosotros, amos, haced con ellos lo mismo, dejando las amenazas; porque sabéis que el mismo Señor de ellos y vuestro está en los cielos, y que no hay distinción de personas delante de él.

motivo supremo de esta obediencia es agradar a Dios: *haciendo la voluntad de Dios con ánimo* (v. 6). El obrero cristiano fiel, obediente y de buen ánimo hace la voluntad de Dios *de buena voluntad* (v. 7) y no por obligación. El obrero cristiano se caracteriza por su ánimo voluntario y sirve como que el trabajo que está haciendo lo hace para el Señor y no como que lo está haciendo para los hombres. Sabe bien que su recompensa no es de este mundo, el reconocimiento de los hombres; sino que recibirá en la eternidad una recompensa aún mayor de parte del Señor a quien obedece y sirve y de quien el amo a quien sirve en la tierra es solamente una figura. Con estos preceptos Pablo describe una ética cristiana del trabajo radicalmente distinta del concepto popular sostenido en su tiempo (y también en el nuestro).

Joya bíblica

Servid de buena voluntad, como al Señor, no como a los hombres, sabiendo que el bien que haga cada uno, eso recibirá de parte del Señor, sea siervo o libre (6:7, 8).

Este es un principio que puede ser equiparado a la famosa "regla de oro" de Mateo 7:12. Si cada cristiano cumple así su trabajo, entonces podremos ver un mundo cambiado.

Pero, el peso de la responsabilidad de buenas relaciones laborales no descansa solamente sobre el siervo-trabajador. Pablo señala la obligación del amo cristiano en el v. 9: *Y vosotros, amos, haced con ellos lo mismo.* O sea que el amo ha de brindar al obrero la misma consideración que él demanda. El principio de la sumisión mutua se aplica también en el área de las relaciones entre patrón y obrero. El comportamiento del patrón cristiano debe estar al nivel de aquel del obrero cristiano. Pablo señala que los amos deben abstenerse de amenazar a sus obreros. Las amenazas injustas, los abusos físicos y el desprecio que imperaba en esa época rebajaban a los esclavos a un nivel subhumano. Esta situación social impuso un conflicto sobre el amo cristiano. Por un lado, la ley y la práctica común permitió un trato brusco e inhumano a los siervos-esclavos de parte de sus amos. Por otro lado, los principios cristianos dictaron un trato humano y digno hacia los obreros, como a iguales.

La justificación del argumento de Pablo es que ambos, el amo y el obrero, tienen el mismo Señor y amo celestial, Jesucristo. Además, delante de él, el alma del siervo es tan preciosa como la del amo. Con Dios no hay favoritos ni inferiores. Los dos son el producto espiritual del mismo evangelio, salvados por la misma sangre. La misma gracia basta para salvar al siervo como al amo. Sin embargo, preguntamos: ¿Cómo deben ser las relaciones dado el caso que no sea creyente una parte, ya sea esposa o esposo, hijo o padre, siervo o amo? El que es creyente tiene mayor razón todavía de acatar esta enseñanza de Pablo. Una actitud contraria o una ética menos elevado será contradictoria con la fe que profesa y manchará el testimonio del cristiano. El ideal cristiano sigue siendo la pauta aunque las condiciones no sean ideales.

Con esta nota Pablo concluye la sección que trata las relaciones domésticas y sociales de los creyentes. Estas demandan una ética elevada y un comportamiento ejemplar. Así demostrarán que son llenos del Espíritu (5:18), imitadores de Dios (5:1), y que están andando de una manera digna de la vocación cristiana (4:1).

La armadura que Dios ha provisto

10 Por lo demás,* fortaleceos en el Señor y en el poder de su fuerza. **11** Vestíos de toda la armadura de Dios, para que podáis hacer

*6:10 Algunos mss. antiguos incluyen *hermanos míos*.

3. Precauciones para una vida victoriosa, 6:10-20

(1) Fortalecidos en el Señor contra el diablo, 6:10-12. Al comienzo de este estudio indicamos que el tema de esta epístola es: **La gloria de Dios en la iglesia.** Desde el primer capítulo hemos visto cómo Dios ha tenido un propósito eterno que se cumplió en la vida y ministerio de Cristo, particularmente en su muerte y resurrección. Hemos palpado cómo este propósito divino alcanza hasta nosotros, reuniéndonos en Cristo en un solo cuerpo, la iglesia. Sabemos por la historia bíblica que desde la creación ha habido una contienda de parte de Satanás contra Dios y su propósito. Los campos de batalla se ven en el Edén, en el desierto durante el éxodo, en medio del pueblo de Israel y aún en el palacio del rey David. Satanás hizo todo lo que pudo para destruir y frustrar el plan de Dios. Máximo, trató de destruirlo en la persona de Jesús por medio de la furia del rey Herodes, las tentaciones en el desierto, la debilidad de los apóstoles, en Getsemaní y aun en la cruz. Pero Satanás no pudo contra Dios; Cristo fue victorioso. Como resultado estableció su iglesia y la comisionó como su representante personal para extender su reino en la tierra. Siendo este el caso, la iglesia está continuamente bajo un asalto diabólico sin tregua. Por esto, necesita ser consciente del peligro y debe mantenerse preparada en el Señor para poder vencer en la lucha que libra Satanás contra ella.

Hasta aquí el apóstol Pablo ha tocado el comportamiento de los cristianos solamente en el terreno humano y físico de la vida cotidiana. Ahora pasa a considerar otro frente de lucha. La vida espiritual es una lucha continua en dos frentes de combate. Tenemos el frente visible en el contexto de nuestros contactos y conflictos diarios en el mundo en el cual vivimos. Como cristianos vivimos en constante tensión y potencial conflicto con el ambiente social en que nos desarrollamos. Está también el frente invisible y beligerante que se describe en 6:10-20. Este frente, aunque invisible, es formidable y temeroso. Requiere fibra moral y armamento espiritual apropiado para la contienda. En esta sección nos da la formula para ser vencedores: depender del poder del Señor (vv. 10-12), ser debidamente vestidos (armados) para la contienda (vv. 13-18), y amparados por la oración (vv. 19, 20).

Con la expresión *por lo demás* (v. 10) Pablo señala que está llegando a la conclusión y al clímax de la epístola. Antes de terminarla quiere llamar la atención de sus lectores al peligro que asecha a la iglesia de Cristo y a cada uno de ellos como creyentes. Para esto se basa en la obra maravillosa de Dios que abarca la eternidad pasada y se extiende a la eternidad futura. Toma en cuenta la obra redentora de Cristo en favor del hombre pecador, incluyendo hasta los gentiles. No ignora la presencia y el poder del Espíritu Santo operando en los creyentes en una vida cambiada. Incluye la unidad de la iglesia en medio de la diversidad de los que la componen, y recuerda la vida radicalmente diferente de los creyentes. Ahora, alerta a esta iglesia y a los creyentes a tomar medidas preparatorias y preventivas para defenderse en la lucha contra el adversario que se opone a todo lo que Dios ha hecho en Cristo y su iglesia desde antes del comienzo del tiempo.

Pablo llama a los creyentes a fortificarse en dos sentidos, primero *en el Señor* y luego *en el poder de su fuerza* (v. 10). A pesar de la perfecta salvación del creyente,

frente a las intrigas del diablo; **12** porque nuestra lucha no es contra sangre ni carne, sino contra principados, contra autoridades, contra los gobernantes de estas tinieblas, contra espíritus de maldad en los lugares celestiales.

---

la preciosa unidad de la iglesia y la bella armonía de la familia, todos estos estarán siempre expuestos a las amenazas del maligno y en peligro de un combate mortal. Requiere preparación para confrontar al enemigo y poder para resistir sus asaltos. Tanto el creyente como la iglesia serán el blanco constante de los ataques de Satanás. Para estar preparado para esta eventualidad inminente el cristiano necesita una defensa adecuada y una fuente de fuerza confiable.

Pablo los urge diciendo: *Fortaleceos en el Señor y en el poder de su fuerza* (v. 10). Esto significa robustecerse en Cristo y tomar su energía de él. Es decir que el creyente debe hacerse fuerte en Cristo, porque aparte de él no tiene fuerza. La fuente de nuestro poder es el Señor mismo. Para estar debidamente preparados para el combate con Satanás, los creyentes tienen que escudarse en el Señor como fortaleza segura y depender de él como la fuente única de fuerza. Pablo usa una variedad de palabras con casi el mismo significado pero con suficiente diferencia para dar más énfasis a lo que quiere decir. En el v. 10 hallamos la forma verbal *fortaleceos* (ponerse en forma espiritual), el sustantivo *poder* (aquel poder inherente y activo en Dios) y también *fuerza* (la habilidad de Dios de actuar). Combinados en esta declaración enfatizan que el cristiano debe depender absolutamente de Dios y su poder. La primera necesidad para la contienda es el poder que proviene de Dios.

Otra parte de la fórmula para ser vencedores como soldados cristianos es la vestidura apropiada. De igual manera que Dios es la fuente de poder para el cristiano en la contienda contra Satanás, él ha provisto la armadura necesaria. Pablo instruye a los creyentes: *Vestíos de toda la armadura de Dios* (v. 11a). El cristiano debe estar preparado en todo tiempo. Al decir *vestíos* Pablo implica que el creyente debe vestirse de una vez y luego mantenerse siempre preparado. *Toda la armadura de Dios* significa la armadura completa de Dios. No es un armamento ordinario porque es de Dios; ni es opcional, porque cada pieza complementa a la otra y cumple una función importante. Será descrita en más detalle en los vv. 13-17.

Mientras tanto, Pablo explica la razón de este estado de preparación: *Para que podáis hacer frente a las intrigas del diablo* (v. 11b). Hay un enemigo formidable, identificado aquí como el diablo, el acusador o calumniador que siempre está en pie de guerra, agitando y molestando. El diablo es identificado en la Biblia como Satanás, el detractor o adversario. No hay cómo evitarlo. *Hacer frente* significa aquella actitud de preparación constante que el soldado mantiene para estar firme frente al enemigo para resistirlo. Este enemigo es sutil y astuto; sabe usar muchos métodos para enredar a los creyentes y derrotar a la iglesia. La palabra *intrigas* (*methodéia* 3180) significa engaño o decepción. Al cristiano le compete estar siempre preparado y listo para hacer frente al diablo, contando con el poder del Señor y vestido con la armadura que Dios provee.

La guerra que hace el diablo no es una guerra convencional, sino es una lucha subversiva en terrenos tramposos con tácticas cada vez novedosas. Pablo explica esto en el v. 12a: *Porque nuestra lucha no es contra sangre ni carne*. La palabra *lucha* (*pále* 3823) aparece solamente aquí en el NT y significa un tipo de combate cuerpo a cuerpo que no termina hasta que uno de los combatientes esté vencido o herido mortalmente. En este caso, el asaltante no es un adversario humano que se pude ver y sentir, ni físico como la carne propia del creyente que por su cuenta le da suficientes problemas. Además,

13 Por esta causa, tomad toda la armadura de Dios, para que podáis resistir en el día malo, y después de haberlo logrado todo, quedar firmes. **14** Permaneced, pues, firmes, ceñidos

no es un sólo combatiente, son muchos. Pablo los describe como *principados... autoridades... gobernantes de estas tinieblas... espíritus de maldad en lugares celestiales.* Como que un enemigo físico y humano no fuese suficiente, esta lucha monta un ejército asombroso de enemigos contra el creyente y contra la iglesia. Esta lista repite algunas fuerzas mencionadas en 2:2 con adiciones y alude a las tinieblas mencionadas en 5:8 y 11.

Pablo describe un reino espiritual organizado y operando en una esfera aparte del mundo natural que el cristiano conoce y en el cual se desarrolla la iglesia. Los términos usados para describir esta esfera y sus huestes implican una jerarquía antagonista bien organizada. Cada término está precedido por la palabra *contra*, dando a entender que cada uno representa una categoría de actividad demoníaca o nivel de autoridad diferente. Estas no son clases diferentes de enemigos, sino fuerzas contra Dios y su pueblo. Son las fuerzas bajo el control de su jefe, Satanás, estructurado de tal modo que cada categoría describe diferentes aspectos de una estrategia global, como rango, autoridad, control y estación de batalla.

Principado (arcé [746]) es la jurisdicción de un príncipe, que aquí incluye a Satanás y todos sus subalternos. Las *autoridades* (exousía [1849]) son potencias que tienen poder e influencia sobre alguna jurisdicción específica. El tercer rango son *los gobernantes de estas tinieblas*, los dominadores del mundo de las tinieblas o los poderes cósmicos de las tinieblas que gobiernan en este mundo pecador. Estos serán aquellos demonios que se han infiltrado en muchos sistemas políticos y humanistas aun en nuestro tiempo que pretenden dominar el sistema mundial y consolidarlo bajo un solo y nuevo orden sociopolítico. Ejemplo de esto es el movimiento contemporáneo de la Nueva Era.

La cuarta categoría se compone de los *espíritus de maldad en lugares celestiales.* Estos son las hordas de espíritus malignos que habitan y actúan en el mundo invisible. *Lugares celestiales* no es sinónimo aquí con el cielo, sino representa aquella esfera o mundo espiritual que trasciende lo físico y temporal. Con mayor razón tenemos que tener cuidado y estar prevenidos los cristianos que estamos gozándonos de *toda bendición espiritual en los lugares celestiales* (1:3b). Las huestes antagónicas y diabólicas han invadido la esfera donde se desarrolla la vida espiritual del creyente y donde habita la iglesia universal e invisible de Cristo, y están librando un combate tenaz contra nosotros, la iglesia.

(2) Debidamente armados y vigilantes para el combate, 6:13-18. En vista de tal realidad, Pablo ordena a la iglesia en general y a los creyentes en particular que tomen *toda la armadura de Dios* (v. 13a). Es un mandato de tomar las armas que Dios nos ha provisto para defendernos. Nuestro Dios no nos ha olvidado ni abandonado. El ha provisto precisamente el armamento completo y adecuado para nuestra defensa y el creyente tiene que emplear cada pieza, sin faltar ninguna. Nótese que entre el armamento la mayoría es de carácter defensivo y solamente hay una que se puede calificar como ofensiva. Y ésta se emplea también para la protección y no sólo para la agresión. En esta armadura el cristiano tiene todo lo que necesita para cuidarse contra el diablo y resistirlo. Pablo explica que la razón de esta armadura es *para que podáis resistir en el día malo, y después de haberlo logrado todo, quedar firmes* (v. 13b). Aquí hay dos deberes del cristiano debidamente armado: Resistir los asaltos diabólicos y permanecer firmes.

El día malo representa las veces cuando parece que hay más tentaciones, pruebas y crisis espirituales que en cualquier otro

con el cinturón de la verdad, vestidos con la coraza de justicia **15** y calzados vuestros pies

tiempo, cuando Satanás parece atacarnos con más furia. Son ocasiones como estas cuando hay que resistir con más diligencia. Pablo agrega que habiendo logrado éxito en tales ocasiones, venciendo a los asaltantes, hay que mantenerse siempre en pie, alertas y preparados (*quedar firmes*). El cristiano vencedor nunca baja la guardia porque en el momento menos esperado el enemigo vuelve. Nunca nos deja en paz, aunque cada victoria sobre él lo deja debilitado. La victoria no está en el haber resistido al diablo una vez, sino en permanecer firmes contra cualquier otra eventual agresión.

Pablo instruye a los cristianos acerca de cómo vestirse para permanecer firmes ante el enemigo y sus huestes. El estado de preparación que él describe requiere que el creyente esté debidamente uniformado y equipado. Hay seis partes que se debe poner o tomar para estar preparado, que son: el cinturón, la coraza, el calzado, el escudo, el casco y la espada. Cada parte cumple con una función estratégica en la protección del soldado. El apóstol Pablo estuvo muy familiarizado con la vestimenta y armadura de un soldado romano porque estaba vigilado día y noche por soldados que tomaron turno para guardarlo. Cada prenda o pieza que Pablo menciona la usa como figura dándole un significado espiritual.

Ceñidos con el cinturón de la verdad (v. 14a) alude al hecho de fajarse bien con un cinto ancho de cuero que servía para ajustar la túnica, proteger la parte posterior del cuerpo (los lomos) y sostener la vaina que portaba la espada. El cinturón también dejaba libres las manos para otras cosas. *Verdad* aquí representa la sinceridad o integridad con que vive el cristiano. También podrá significar la fe del creyente en Cristo quien es la verdad (Juan 14:6) y la verdad de la Palabra de Dios (Juan 17:17) en el creyente que le protegen contra cualquier mentira o engaño que el diablo intente usar en su contra.

Después del cinturón el soldado cristiano se pone *la coraza de justicia* (v. 14b). La coraza era la armadura que protegía el busto y fue hecha de cuero, metal o madera. Cubría el pecho y a veces la espalda donde se encuentran el corazón y otras partes vitales del cuerpo. En este contexto, la coraza es la justicia perfecta de Dios en Cristo Jesús que protege al cristiano al haberlo justificado de sus pecados; ya no hay ninguna condenación contra él (Rom. 8:1, 33, 34). Cuando venga el calumniador con sus acusaciones, la coraza de justicia es la defensa del creyente (Rom. 3:24; 5:1, 9). La justicia de Dios como una coraza cubre y protege las áreas vitales de la vida espiritual del creyente.

Un soldado tenía que tener libertad para moverse. Por esto los pies tenían que

La armadura de un buen soldado

con la preparación para proclamar el evangelio de paz.* **16** Y sobre todo, armaos con el

*6:15 Ver Isa. 11:5; 52:7; 59:17

estar bien calzados. En el caso de los soldados romanos, generalmente llevaban puestas sandalias con suelas de cuero grueso y correas que se amarraban alrededor de los tobillos. Estas facilitaban el movimiento rápido y la agilidad, además de proteger los pies. El calzado del creyente es *la preparación para proclamar el evangelio de paz* (v. 15). Los cristianos tienen que estar preparados con el evangelio de paz y prestos para anunciarlo. La paz interior que viene de conocer a Cristo

---

Semillero homilético
El código militar de la iglesia
6:10-20

Introducción: Según el NT, la iglesia es la vanguardia del reino de Dios, en guerra contra el reino de las tinieblas. Pablo termina la epístola a los Efesios con una magistral instrucción militar para la iglesia de Efeso. Se trata de instrucciones y reglas para la milicia de los cristianos que están en plena batalla campal, una verdadera "guerra mundial" iniciada por Satanás. Pablo instruye sobre la naturaleza de la guerra y la estrategia en la batalla.
I. Sobre la naturaleza de la guerra (vv. 11b, 12).
  1. Es una guerra antidiabólica; de naturaleza moral y espiritual (vv. 11b, 12a).
  2. Es una lucha contra misteriosas estructuras de poder (vv. 12b, c, 20).
    (1) Estos poderes fueron empleados en contra del Señor de la iglesia (ver Luc. 4:5, 6; 1 Cor. 8:5; 2:8; Hech. 3:13, 17).
    (2) Detrás de todo, estos poderes son *espíritus de maldad en los lugares celestiales* (v. 12c).
    (3) Estos poderes tienen a Pablo encadenado en la capital del César anticristo (v. 20).
II. Sobre la estrategia en la batalla (vv. 10, 11a, 13-18).
  1. Gimnasia intensiva para fortalecerse (v. 10).
    (1) Bajo la dirección del Capitán: Jesucristo.
    (2) Adquiriendo fortaleza con el poder de la fuerza del mismo capitán, el Señor.
  2. Armadura para la defensa y el ataque (vv. 11a, 13-17). Las huestes de las tinieblas iniciaron la guerra; la iglesia está obligada a avanzar luchando (ver Mat. 16:18).
    (1) Se requiere la armadura completa (vv. 11a, 13a ver Isa. 59:16 y sigs.).
    (2) Armas defensivas (vv. 14-17a).
      a. El cinturón de la verdad.
      b. La coraza de justicia (ver Rom. 8:33, 34).
      c. Las botas del evangelio de paz (ver Rom. 10:15).
      d. El escudo de la fe.
      e. El casco de la salvación.
    (3) Armas de ofensiva (vv. 15, 17b, 20).
      a. Las botas de avance con el evangelio de paz (v. 15).
      b. La espada del Espíritu: La palabra de Dios (v. 17b; ver Heb. 4:12).
      c. Embajadores valerosos y sufrientes (v. 20; ver 2 Cor. 5:20).
  3. Un método de comunicación con el Cuartel General: la oración (v. 18).
    (1) La oración orientada por el Espíritu Santo (ver Rom. 8:26): *orando... en el Espíritu*.
    (2) La oración mantiene a la tropa en vigilia continua: *vigilando con toda perseverancia*.
    (3) La oración mantiene unidos a los combatientes: *por todos los santos*.
Conclusión: Fortalecimiento, defensa, ataque y comunicación para más fuerza y refuerzos. Este es el resumen de este breve código de guerra de la iglesia. El objetivo final de las batallas palpita en el fondo de las instrucciones: Ganar la victoria con Cristo y para la gloria de tan magnífico Comandante (4:8-10; 1:10).

escudo de la fe con que podréis apagar todos los dardos de fuego del maligno. **17** Tomad también el casco de la salvación y la espada del Espíritu, que es la palabra de Dios, **18** orando

y estar reconciliados con Dios produce en los creyentes el deseo de llevarla a los que no la tienen. El calzado es la prenda misionera de los cristianos y bien podría representar la verdadera ofensiva de esta contienda contra Satanás.

Pablo introduce la próxima parte: *y sobre todo* que puede entenderse "además de todo esto". El resto de la armadura sin la parte que ahora menciona no sería eficaz. El escudo, generalmente hecho de madera cubierta de cuero, era grande y liviano para maniobrarlo fácilmente. Servía para interceptar y apagar los dardos cubiertos de una sustancia inflamble y evitar ser alcanzados por ellos. Era necesario en el combate. De esta misma manera, el escudo de la fe sirve al creyente cuando arrecia la batalla y el enemigo comienza a asaltarlo con armas destructivas. Los dardos de fuego fueron usados para incendiar las puertas y los edificios, y aun la ropa de las personas. El maligno es cruel y pertinaz en su asalto contra el cristiano y procura destruirlo de cualquier modo. El escudo de la fe es una confianza absoluta en Cristo, nuestro adalid. Es el único armamento indicado para la defensa en tales asaltos.

Concluyendo la lista Pablo advierte: *Tomad también el casco de la salvación y la espada del Espíritu, que es la palabra de Dios* (v. 17). El uniforme sería incompleto sin el casco que protege la cabeza, y el armamento insuficiente sin la espada. Con la cabeza descubierta el soldado es vulnerable a los golpes que le propina el enemigo. Pablo urge al creyente a aceptar y llevar puesta la salvación como un casco protector. Hay que confiar en la gracia salvadora de Cristo y no dudarla. El que duda de su salvación o se siente incierto de ella será como un soldado que no ha llevado su casco, expuesto a los golpes que da el diablo. El casco era hecho de algún metal que podría resistir y amortiguar los golpes. La salvación que tiene el creyente en Cristo es una protección que puede resistir los golpes de duda e incertidumbre del adversario.

La única arma ofensiva que Pablo menciona es la espada, pero ésta basta. Las espadas empleadas por los soldados romanos estaban hechas de metales templados y afilados, fuertes y cortantes. Pablo compara la Palabra de Dios con una espada, pero no es una espada común y corriente. Es la espada que el Espíritu suministra al creyente. La Palabra de Dios en las manos del creyente es el arma que el Espíritu le ha dado para ser usada como una espada filosa cuando es atacado por el diablo. Ante ella Satanás huye como hizo cuando Jesús usaba la Palabra de Dios durante las tentaciones en el desierto (Mat. 4:1-11). Tres veces dijo Jesús *escrito está*. La Biblia es la única arma ofensiva que necesitan el cristiano y la iglesia para hacer correr a Satanás y sus huestes. No necesitamos otro libro, ni argumentos humanos, ni ideas brillantes; solamente la Biblia, la Palabra autoritativa de Dios. A la vez, la Biblia es una arma defensiva, porque en ella hay una reserva inagotable de consejos y consuelos para sostenernos en el calor de la batalla. Para ser eficaz en cualquier situación, tiene que ser tomada y usada por el creyente.

Todavía falta algo más, la oración. Hay dos cosas necesarias en esta batalla espiritual: el armamento apropiado y la oración. El soldado, por más que esté equipado y entrenado, si no se mantiene en contacto con su comandante no va a poder luchar bien. La oración es el medio de comunicación del cristiano con su alto comandante, Dios. Por ella recibimos dirección y consejos, y por ella comunicamos necesidades y problemas. Pablo señala dos características de esta comunicación espiritual. Primero dice: *Orando en todo tiempo en el Espíritu con toda oración y ruego*

en todo tiempo en el Espíritu con toda oración y ruego, vigilando con toda perseverancia y ruego por todos los santos. **19** Y también orad por mí, para que al abrir la boca me sean conferidas palabras para dar a conocer con confianza el misterio del evangelio, **20** por el cual soy embajador en cadenas; a fin de que por ello yo hable con valentía, como debo hablar.

Conclusión

21 Ahora bien, para que también vosotros sepáis cómo me va y qué estoy haciendo, todo

---

(v. 18a). Esta manera enfática de Pablo acentúa la importancia de la oración. *En todo tiempo en el Espíritu* significa constantemente y en cualquier circunstancia con la ayuda del Espíritu Santo. Hay veces en que es difícil orar o no sabemos exactamente cómo orar o para qué pedir. El Espíritu interviene y nos ayuda. Pablo emplea dos términos casi sinónimos aquí, pero uno, *oración*, es más general, mientras el otro, *ruego*, es más específico como petición.

Otra característica de la oración se expresa con las palabras: *vigilando con toda perseverancia y ruego por todos los santos* (v. 18b). Esto describe la constancia e intensidad de la oración. Vigilar implica mantenerse atento y no descuidarse. Cuando las cosas van bien es fácil descuidar la oración, pero cuando arrecia la batalla, todos oran. El objeto de esta oración no es uno mismo en su pequeña estación de batalla, sino todos los santos que están ocupando sus puestos fielmente y necesitan el apoyo de la oración intercesora para que no haya brecha en la línea de defensa. Ningún soldado batalla a solas, hay otros compañeros cercanos y lejanos, algunos conocidos y muchos desconocidos, pero todos necesitan de las oraciones de sus hermanos.

(3) Una petición personal del Apóstol, 6:19, 20. Consciente de la situación precaria en que se encuentra y de la eficacia de la oración, el *embajador en cadenas* (v. 20) solicita que oren por él también (v. 19). Es una petición personal para su ministerio. Pablo siente la necesidad de la ayuda de Dios y del mensaje de Dios apropiado para las oportunidades que se le presentan. No pide nada más. Reconoce que este mensaje tiene que venir de Dios con convicción y claridad, *para dar a conocer con confianza el misterio del evangelio.* Quería aprovechar bien las oportunidades que tenía como *embajador en cadenas.* No estaba conmiserándose de sí mismo; más bien, contaba su condición de prisionero como una comisión especial para evangelizar. Para esto quería las oraciones de los hermanos del área de Efeso y el río Lico, *a fin de que por ello yo hable con valentía, como debo hablar.* El consideraba que hablar el evangelio era su deber. Por esto, quería valentía para hacerlo (ver Hech. 28: 30, 31). En el calor del combate no debemos olvidar orar, sino que debemos hacerlo con más razón porque hay otros hermanos que necesitan de nuestras oraciones.

Conclusión: Asuntos personales y conclusión de la epístola, 6:21-24

Llegamos a la conclusión de esta epístola. Pablo tiene algunos asuntos personales que expresar, como siempre era su costumbre. Primero, escribe una nota con respecto a su salud y condición física. Dice que Tíquico les informará. Tíquico probablemente era el portador de la epístola (Col. 4:7), y Pablo lo considera un *hermano amado y fiel ministro en el Señor* (v. 21). Aparentemente fue conocido por los hermanos de las iglesias que recibirían las cartas que portaba. Había sido un colaborador en la obra, posiblemente en Roma. Pablo menciona a Tíquico otra vez en 2 Timoteo 4:12, donde dice: *A Tíquico envié a Efeso.* ¿Será una referencia a la misión de llevar esta carta? Pablo reitera el propósito de mandar a Tíquico para in-

EFESIOS 6:21-24

os informará Tíquico, hermano amado y fiel ministro en el Señor. **22** Por esto mismo, os lo he enviado para que sepáis lo tocante a nosotros y para que él anime vuestros corazones.

23 Paz sea a los hermanos, y amor con fe, de parte de Dios Padre y del Señor Jesucristo. **24** La gracia sea con todos los que aman a nuestro Señor Jesucristo con amor incorruptible.*

*6:24 Algunos mss. tardíos agregan *Amén*.

formar a los hermanos de su situación y *para que él anime vuestros corazones* (v. 22). Las noticias del encarcelamiento de Pablo en Roma habían llegado a oídos de la iglesia en Efeso y ellos habían expresado su preocupación por él.

Pablo termina la epístola con una bendición compuesta de las palabras *paz, amor* y *fe*. *Paz*, el saludo tradicional entre los judíos, viene de una relación íntima con Dios. *Amor* es la expresión habitual de los creyentes en Cristo y la *fe* es el don de Dios, sin el cual no hay cómo conocerlo. Esta bendición viene *de parte de Dios Padre y del Señor Jesucristo* (v. 23). Pablo reconoce así la fuente verdadera de toda bendición. La última palabra que expresa es *gracia*, el saludo cristiano. En esta bendición Pablo expresa su deseo de que el favor bondadoso de Dios *sea con todos los que aman a nuestro Señor Jesucristo con amor incorruptible* (v. 24). Se refiere a la comunidad cristiana, la iglesia verdadera que ama a Cristo con un amor que nunca perece ni se contamina con la corrupción del mundo, un amor santo, puro y duradero.

Así, llegamos a la conclusión de esta epístola. Nos ha llevado hasta la cumbre más elevada del pensamiento del Apóstol que prorrumpe en admiración y gratitud por el privilegio de conocer y ser mensajero del maravilloso misterio del propósito eterno de Dios, la gloria de Dios en la iglesia.

FILIPENSES

Exposición

Samuel Escobar

Ayudas Prácticas

Ananías P. González

INTRODUCCION

AUTOR Y CIRCUNSTANCIAS

Según el texto de las primeras líneas de esta carta su autor es el apóstol Pablo, quien al momento de escribir estaba acompañado de Timoteo, su discípulo y compañero en la tarea misionera de anunciar el evangelio y establecer iglesias. La carta va dirigida a *los santos en Cristo Jesús que están en Filipos.* El propio Pablo había sido quien predicó por primera vez el evangelio en Filipos (Hech. 16:12-40), y al salir de esa ciudad dejó ya una iglesia formada (Hech. 16:40). Esta fundación de la iglesia tuvo lugar aprox. entre los años 49 y 52 de nuestra era. Entre los estudiosos existe un consenso mayoritario que acepta como auténtica la afirmación de la carta de que Pablo es el autor, y no ha habido razones de peso para poner en duda ese dato. Además, los temas y el estilo reflejan algunas de las notas características del resto de la literatura paulina.

En cambio no hay completo acuerdo respecto al lugar desde el cual fue escrita la carta. Pablo afirma que escribe desde una prisión (1:7, 13, 17), en la cual se encuentra por la causa del evangelio. Algunos pasajes de la carta hacen pensar que al escribirla el autor estaba en peligro de muerte inminente (1:21-24), quizás como resultado de un proceso judicial, pero no hay indicaciones precisas sobre el lugar donde se encuentra. Por otra parte, en el texto de la carta se mencionan una serie de viajes entre Filipos y el lugar donde está Pablo cuando escribe, de manera que podemos reconstruir los acontecimientos de la siguiente manera. Hasta Filipos habían llegado noticias acerca de la prisión de Pablo y los filipenses le enviaron una ofrenda o regalo con Epafrodito (2:25; 4:18). En el curso de su visita a Pablo, Epafrodito se enfermó y la noticia de su dolencia llegó hasta los filipenses (2:26). Luego Epafrodito a su vez se enteró de la preocupación de los filipenses por su salud, y ello llegó a causarle angustia (2:26). Al escribirse la carta Epafrodito está a punto de viajar hacia Filipos, y tanto él como Pablo tienen un fuerte sentido de urgencia respecto a ese viaje (2:25, 28). Pablo también tiene planes de enviar a Timoteo hacia Filipos, en cuanto se aclare su propia situación (2:23), en lo que evidentemente aparece como una visita pastoral (2:19, 20). Pablo mismo espera viajar para visitar a los filipenses, si es que llega a salir en libertad.

¿Dónde entonces fue escrita la carta? ¿En qué ciudad estaba la prisión desde la cual Pablo escribió? El Apóstol estuvo preso muchas veces (2 Cor. 11:23) y tenemos en Hechos el relato de tres encarcelamientos: uno en la misma ciudad de Filipos al inicio de la obra misionera allí (Hech. 16:23-40), otro en Cesarea (Hech. 21:32—26:32) y otro en Roma (Hech. 28:16-31), que realmente es continuación del anterior. Hay básicamente tres hipótesis respecto al lugar desde el cual se escribió la carta, y ellas también tienen que ver con la fecha. La teoría más antigua sostiene que Pablo escribió esta carta a los filipenses desde la prisión en Roma, tomando en cuenta las referencias al *Pretorio* (1:13) y a la *casa del César* (4:22). Sin embargo el peligro de muerte al que la carta hace referencia, y la situación difícil que atraviesa el autor, no parecen armonizar con el relato de Lucas (Hech. 28:30, 31), según el cual en su prisión en Roma Pablo disfrutaba de una relativa comodidad y no hay evidencia de un inmediato peligro de muerte. Nada quita que las circunstancias pudiesen haber empeorado como resultado de un cambio político.

La segunda hipótesis sostiene que la carta se escribió en Cesarea, mientras Pablo esperaba el resultado de su apelación al César (Hech. 25:12; 26:32). Sin embargo, el tiempo que duró la prisión del Apóstol en Cesarea, según los datos de Hechos, no habría permitido todos los viajes e informes a los cuales la carta hace referencia. Tampoco había allí una comunidad cristiana numerosa como la que se puede presuponer por las alusiones de Pablo al comienzo de la carta (1:12-14).

La tercera hipótesis señala a Efeso como el lugar de la prisión, pero para ésta no hay evidencia histórica. El libro de Hechos, que cuenta detalladamente el relato de un prolongado período de ministerio de Pablo en Efeso, no dice nada sobre un encarcelamiento en esa ciudad. Tampoco los otros escritos de Pablo lo mencionan. La hipótesis acerca de Efeso se basa fundamentalmente en inferencias de pasajes como 1 Corintios 15:32.

Siguiendo el criterio de varios estudiosos evangélicos nos parece que aunque no hay seguridad absoluta, existen bases más sólidas para la idea de que la carta se escribió desde Roma, ya que además de las razones señaladas arriba, Roma tenía ya una comunidad cristiana numerosa y la duración del cautiverio habría permitido todos los viajes que la carta menciona. Además, las referencias al probable veredicto como algo definitivo (1:20; 2:17; 3:11) sugieren que se trata de la apelación final al César, mencionada en Hechos (25:10-12; 26:32), y no únicamente de un juicio ante una autoridad provincial. Si la carta se escribió desde Roma la fecha sería tardía, entre los años 60 a 62.

ESTILO Y UNIDAD DE LA EPISTOLA

El tono y lenguaje de esta epístola muestran una relación de afecto mutuo y profundo entre el autor y sus destinatarios. Ello se ve confirmado por el material que encontramos en Hechos 16 sobre la forma en que entró el evangelio en la ciudad de Filipos, y las referencias igualmente cariñosas en otras epístolas paulinas (2 Cor. 8:1-5; Rom. 15:26, 27), donde el Apóstol nombra a toda la provincia de Macedonia, que incluye a Filipos y Tesalónica. Esta es una de las pocas iglesias en las cuales aparentemente no había los graves problemas morales o doctrinales que enfrentaban otras comunidades. El tono general de la carta es más bien el de un desafío a que los filipenses sigan siendo excelentes y crezcan hacia la madurez.

La clave del contenido de esta carta es cristológica. El propio autor afirma que su vida gira alrededor de la lealtad a Cristo, que su anhelo es crecer en semejanza a Cristo y participar tanto de las victorias como de los sufrimientos de Cristo. Al mismo tiempo, su descripción de los destinatarios se basa en que éstos tienen una relación particular y personal con Cristo a la cual el autor puede apelar cuando les pide que vivan conforme a ciertos valores fundamentales. Toda esta cristología de la vida misma y de la práctica se relaciona con una visión de Cristo que alcanza su máxima expresión en el hermoso himno cristológico (2:6-11), uno de los pasajes bíblicos más completos y también más ricos en contenido respecto a la persona de Jesucristo.

En vista de lo anterior resulta sorprendente que en medio de un lenguaje tan diáfano y afectivo aparezcan de pronto las referencias a *los perros* a partir de 3:2. Este contraste es uno de los argumentos que lleva a algunos estudiosos a dudar de la autenticidad de esta sección, o a verla como una adición posterior, resultado de un trabajo editorial en el cual quizá se reunieron dos o más cartas del Apóstol. Se aduce también que los oponentes de Pablo a los cuales se refiere en el cap. 3 son diferentes a los que menciona en el cap. 1, que la nota de agradecimiento de 4:10-23 aparece muy tarde en el material de la epístola, y que el tono de la esperanza escatológica de Pablo en 3:20, 21 es diferente al de 1:23 y que éste último sería un desarrollo posterior del pensamiento paulino. Los comentaristas que adoptan una postura crítica (Comblin, Havener) no tienen dificultad en separar estos versículos del resto de la epístola y postulan en realidad la existencia de tres cartas que disponen de la siguiente manera: A) 4:10-20, B) 1:1—3:1a, 4:4-7 y 21-23, y C) 3: 1b—4:3 y 8, 9.

Estudiosos evangélicos como F. F. Bruce y Ralph Martin creen que aun reconociendo el cambio de estilo es posible ver la carta como una totalidad integrada. Las objeciones a la unidad de la carta que se han mencionado responden a un punto de vista, y para cada una de ellas hay respuesta razonable desde otro punto de vista. El material a partir de 3:1b se puede ver como parte de la argumentación que explica la urgencia de enviar a Timoteo y Epafrodito a Filipos, los oponentes mencionados en diferentes partes de la epístola son realmente diferentes y de allí el tono y temas diferentes adoptados por el Apóstol; en 1:3 y 5 ya hay expresiones de gratitud de Pablo hacia los filipenses. Los cambios en la escatología de Pablo a los que se refieren los críticos demandan un estudio más detenido, pero de ninguna manera son irrefutables.

En este comentario adoptamos la perspectiva de que la carta puede verse como un todo unitario, cuyas diferentes partes reflejan diferentes facetas de la personalidad y estilo del Apóstol, correspondientes a sus diferentes estados de ánimo y a diferentes necesidades pastorales de sus destinatarios. Es más, cuando se observa con detenimiento el contenido y tono de la totalidad de la epístola se percibe mejor la situación pastoral a la cual Pablo responde. La iglesia de Filipos está amenazada por la presencia de algunos misioneros judaizantes cuyo énfasis en la circuncisión y cuya arrogancia espiritual (3:2, 3) parecerían vincularlos con los enemigos de Pablo en Corinto (2 Cor. caps. 10—13). Promovían una religiosidad basada en prácticas externas, pero cuyo móvil último era la ambición material (3:18, 19). Su influencia parece haber hecho surgir en la iglesia de Filipos un sector que sostenía cierto perfeccionismo espiritual de tipo individualista en el cual no cabía la idea de sufrimiento, sacrificio o limitación ni tampoco la de solidaridad con los hermanos. Era algo semejante al espiritualismo triunfalista y unilateral de lo que se conoce hoy en día como la "teología de la prosperidad".

El Apóstol responde con un mensaje que regresa a lo fundamental de la enseñanza apostólica sobre Jesucristo, su encarnación, su resurrección y su señorío (2:5-11). Sobre esa base describe la naturaleza de la vida *en Cristo* que él mismo como apóstol ejemplificaba al aceptar el privilegio del sufrimiento (1:29, 30), las limitaciones del presente (1:7, 12-18; 2:17, 18; 3:12, 13; 4:10-14) y la esperanza del futuro (1:7, 19-23; 2:16; 3:10, 11, 20, 21; 4:19, 20). Toda la enseñanza doctrinal y ética de esta carta pasa a tener sentido desde esta perspectiva.

LA ENTRADA DEL EVANGELIO EN FILIPOS

La ciudad de Filipos, como la de Tesalónica, formaba parte de la provincia de Macedonia, nombre que Pablo usa para referirse a ambas ciudades como si formaran un conjunto desde su punto de vista misionero (Rom. 15; 2 Cor. 8). El nombre de Filipos provenía del padre de Alejandro Magno, el famoso rey macedonio Filipo, quien se apoderó de las minas de oro cercanas a la ciudad. Pero la fama e importancia de esta urbe y su papel clave en el cuadro general del Imperio, se los había dado la administración romana. En el año 42 se realizó cerca de la ciudad la batalla en la que Antonio y Octavio (el futuro emperador Augusto) derrotaron a Bruto y Casio, los asesinos de Julio César. En conmemoración de ese hecho los triunfadores convirtieron a Filipos en una importante "colonia romana". Como tal se regía por la ley romana y su constitución estaba modelada de acuerdo a la de la capital del Imperio. Era una especie de "Roma en miniatura" cuyos ciudadanos disfrutaban de privilegios semejantes a los de los ciudadanos de Roma, tales como el de no ser azotados en público o el de apelar al César en procesos judiciales. La conciencia de privilegio ciudadano que caracterizaba a los filipenses, así como las características de la forma de administración política de la ciudad, aparecen con precisión en el trasfondo del relato de Lucas sobre la llegada del evangelio (Hech. 16:6-40) y en el vocabulario de esta epístola. La ruta imperial llamada Vía Ignacia, el principal camino desde Roma hacia el Este, culminaba precisamente en Neápolis, el puerto que servía a Filipos. Si se observa el mapa, se puede notar que para los viajeros que venían de Asia Menor rumbo a Roma, Filipos era la puerta de entrada hacia Europa. Desde la perspectiva misiológica fue también el punto de entrada del evangelio a la región que constituía el centro del Imperio. El relato de Hechos refleja que su autor tenía una clara conciencia de la trascendencia de este momento.

Las características de la iglesia de Filipos que aparecen en la epístola se pueden comprender a la luz del relato de Hechos 16. Algunos aspectos resaltantes de la práctica misionera del Apóstol aparecen con claridad en este pasaje. Para empezar, el relato refleja con la precisión característica del estilo de Lucas lo que podríamos llamar una dialéctica entre la estrategia que está en la mente del misionero y la iniciativa del Espíritu Santo. Ramsay señaló que en la estructura misma del relato en Hechos 16:6-10, hay un recurso estilístico que recalca los tres momentos de la iniciativa divina guiando a Pablo hacia Europa en vez de Asia: *les fue prohibido por el Espíritu Santo...* (v. 6), *el Espíritu de Jesús no se lo permitió...* (v. 7), y *se le mostró a Pablo una visión...* (v. 9). Esta triple manifestación divina lleva al equipo misionero a la conclusión que entendieron como una demanda perentoria: *de inmediato procuramos salir para Macedonia, teniendo por seguro que Dios nos había llamado para anunciarles el evangelio* (v. 10).

Así pues, Pablo y sus compañeros entraron a Filipos por expresa indicación del Espíritu Santo. Varios estudiosos opinan que el varón macedonio que Pablo vio en sueños era precisamente Lucas. A partir de Hechos 16:10 el relato pasa a la primera persona plural, indicando que Lucas se ha unido al grupo. Los acontecimientos de las intensas y dramáticas jornadas que narra este capítulo dejan su marca decisiva en la actitud y la conducta de esta iglesia, la cual iba a ocupar un lugar muy especial en el afecto del Apóstol. En contraste con otras iglesias, los filipenses no se negaron a participar financieramente en la misión paulina, y lo hicieron con generosidad (Fil 4:10-16). En el relato lucano, las personas que resultan afectadas por el evangelio constituyen una variedad representativa de diferentes estratos sociales, y el impacto de su conversión afecta también la estructura de la cual forman parte, de manera que se puede decir que toda la ciudad es tocada por el impacto de este singular comienzo.

El relato de Lucas nos presenta a los misioneros Pablo y Silas usando como punto de contacto la colonia judía o judaizada, es decir el lugar de oración en un día de reposo junto al río (Hech. 16:13). Allí Lidia, una comerciante pudiente y piadosa, de origen gentil, se entregó al Señor, y ofreció su casa para que sirviese de alojamiento a los evangelistas, proveyendo de esa manera una base para la misión (vv.15, 40). La "casa" (*óikos* 3624, raíz griega de la cual deriva la palabra economía) de Lidia no era únicamente su lugar de habitación sino su centro de trabajo, el local de su empresa, y la palabra incluía tanto a los familiares cercanos como a la familia extendida y los esclavos que trabajaban para ella. El comentarista Tidball señala que Lidia es la primera de 40 personas que se mencionan en el NT como sostenedores o posibles sostenedores de Pablo. Este ejemplo de generosidad llegó a ser una marca distintiva de esa iglesia, según se lee claramente en esta epístola a los Filipenses (4:15-19) y en otras (2 Cor. 8:1-7).

Según el relato de Hechos, después de la conversión de Lidia, Pablo curó a una esclava poseída por un espíritu, y él y Silas tuvieron que enfrentar la consiguiente persecución de aquellos cuyos intereses económicos habían sido afectados. En la cárcel mostraron su espíritu de contentamiento aun en medio del dolor (Hech 16:17-25), tema que también aparece en forma destacada en esta epístola. El celo evangelizador y el testimonio de Pablo y Silas llevaron a la conversión del carcelero, cuya actitud también es transformada, de manera que deja de ser el simple funcionario endurecido. Al salir de la cárcel para proseguir su viaje, los misioneros muestran una clara conciencia de las realidades urbanas, civiles y políticas, y de la manera en que pueden afectar su propio trabajo y la vida de las jóvenes iglesias (Hech. 16:35-40). Referencias a la mencionada conciencia ciudadana, tan importante para los filipenses, aparecen en el propio vocabulario de la epístola, bien como exhortación ética (1:27) o como analogía de verdades espirituales (3:20).

TEMAS CLAVE DE LA EPISTOLA

En esta epístola aparecen con toda claridad elementos claves del mensaje apostólico que se pueden considerar característicos de la práctica misionera y de la enseñanza de Pablo. No se debe olvidar nunca que las epístolas paulinas no son fundamentalmente documentos escritos como ensayos teológicos. Son más bien correspondencia misionera, escrita por un apóstol que cruzaba fronteras para anunciar el evangelio y fundar iglesias, y dirigida a los miembros creyentes de estas iglesias. Así en Filipenses hay varias referencias a la práctica misionera de Pablo, sus colaboradores y aun sus rivales. La enseñanza del Apóstol en varios puntos de la epístola está directamente derivada de la práctica misionera a la que hace referencia.

Hay un núcleo cristológico fundamental que como se ha señalado alcanza su máxima expresión en el himno del cap. 2, pero que aparece también en varias referencias a la espiritualidad personal del Apóstol y a cuestiones de comportamiento y de moral. Por medio de esas referencias percibimos una visión del ser humano que sirve de base para diseñar el concepto de la vida cristiana del ser redimido, en la dinámica de sus relaciones. Hay varias referencias éticas en las cuales la fe en aspectos fundamentales del evangelio y de la relación con Cristo es el basamento de la exhortación a un tipo de actitud en la vida y de práctica cotidiana basado en el modelo de Cristo mismo.

La epístola refleja una relación cordial y fraterna muy estrecha entre el Apóstol y los creyentes a quienes escribe. Como en otras epístolas atribuídas a sus últimos años, aquí Pablo no tiene inhibiciones de referirse al mutuo afecto especial que lo une a los filipenses, y a sus propios sentimientos, como un elemento que contribuye a darle fuerza a su enseñanza. Por este medio tenemos un retrato personal y espiritual de cuerpo entero de este gran misionero. La base afectiva a la cual hacemos referencia es la infraestructura espiritual sobre la cual se da el proceso del discipulado. Los misioneros, Pablo y sus colaboradores, encarnan una vivencia de la fe, de la cual se deriva el modelo de vida al cual llaman a sus discípulos. Es posible relacionar esto claramente con la *imitación* como un elemento importante de la espiritualidad cristológica de los propios apóstoles.

Otra nota singular en esta epístola es el desafío al crecimiento para una comunidad que había alcanzado cierto grado de madurez, pero evidentemente necesitaba progresar en muchos aspectos. El movimiento general de la acción es dinámico y esperanzado mirando hacia el frente, pese a las referencias a pruebas y sufrimientos tanto en quien escribe como en los destinatarios. Parte fundamental de esta mirada esperanzada hacia el futuro es el llamado a la alegría —al gozo y regocijo— en el cual insiste el Apóstol. Se ejemplifica en su propio gozo, al cual hay varias referencias, a pesar de las condiciones de prisionero en las cuales se encuentra.

La epístola también se ocupa de predicadores y misioneros rivales de Pablo que parecían amenazar con infiltrarse en la iglesia de Filipos. Un grupo de ellos eran los misioneros judaizantes del llamado partido de la circuncisión que querían obligar a las iglesias gentiles a seguir las exigencias de la ley judía. En esta, como en otras epístolas, Pablo hace referencia a las tergiversaciones del mensaje y a los ataques a su propia persona provenientes de este grupo. También advierte a los filipenses contra la presencia de algunos infiltrados de tendencia gnóstica y vida libertina que podían confundir a la iglesia de Filipos. El lenguaje enérgico y combativo del Apóstol contrasta con el tono cariñoso y paternal de la epístola, pero evidencia la profunda preocupación pastoral que lo mueve a escribir.

Se puede organizar el contenido de la epístola en un bosquejo que presta atención precisamente al contexto misionero dentro del cual está escrita, y a los temas principales que se han señalado, aunque ese bosquejo no siga las divisiones aceptadas en capítulos y versículos. Se puede ver de esa manera la íntima relación entre la pastoral y la misión. La nota pastoral está dirigida a fortalecer a la iglesia para que pueda cumplir su misión en el mundo, y esa misión es el eje central alrededor del cual gira la personalidad del escritor, sus tristezas, alegrías, sufrimientos y esperanzas. En el centro y la base de todo está Cristo y tanto el autor como los destinatarios están *en Cristo*.

BOSQUEJO DE FILIPENSES

I. EL MISIONERO Y SUS DISCIPULOS, 1:1-11
  1. Saludo y definición del ser cristiano, 1:1, 2
  2. Una memoria edificante, 1:3-6
  3. Comunión y añoranza, 1:7, 8
  4. La visión esperanzada del futuro 1:9, 11

II. UNA MISION FRUCTIFERA, 1:12-26
  1. Peripecia del misionero y gloria del Señor, 1:12-20
  2. Vivir y morir por Cristo, 1:21-26

III. LA MISION: COMUNION Y TESTIMONIO, 1:27—2:18
  1. La agenda de la iglesia: unidad y testimonio, 1:27-30
  2. Un estilo de vida para la congregación, 2:1-4
  3. Cristo: modelo de vida y misión, 2:5-11
  4. La agenda: cultivar la riqueza interior, 2:12, 13
  5. La agenda: ser luz en el mundo, 2:14-18

IV. LOS COMPAÑEROS EN LA LABOR MISIONERA, 2:19-30
   1. Timoteo: ejemplo de dedicación, 2:19-24
   2. Epafrodito: el mensajero del amor, 2:25-30

V. DIFICULTADES DE LA CONSOLIDACION MISIONERA, 3:1—4:1
   1. Advertencia contra los falsos apóstoles, 3:2, 3
   2. El misionero de Cristo: ejemplo de entrega, 3:4-9
   3. El misionero de Cristo: ejemplo de crecimiento, 3:10-16
   4. Imitación del ejemplo en esperanza, 3:17—4:1

VI. ARMONIA, REGOCIJO Y GENEROSIDAD EN LA MISION, 4:2-23
   1. Exhortación a la armonía, 4:2, 3
   2. Exhortación a cultivar la bondad, 4:4-9
   3. Generosidad y contentatamiento agradecido, 4:10-20
   4. Despedida y bendición, 4:21-23

AYUDAS SUPLEMENTARIAS

Bruce, F. F. *New International Biblical Commentary. Philippians.* Peabody: Hendrickson Publishers, 1989.
Comblin, José. *Filipenses,* Comentario Bíblico Ecuménico. Traducción por Juan Pedro Schaad. Buenos Aires: La Aurora, 1988.
Legasse, Simon. *La Carta a los filipenses. La carta a Filemón.* Estella (Navarra): Editorial Verbo Divino, 1988.
Martin, Ralph P. *Philippians. The New Century Bible Commentary.* Grand Rapids - London: Eerdmans - Marshall, Morgan Scott, 1976.
Martin, Ralph P. *Carmen Christi. Philippians 2:5-11 in Recent Interpretation and in the Setting of Early Christian Worship* Cambridge: University Press, 1967.
Motyer, J. Alec. *El mensaje de Filipenses: Jesucristo, nuestro regocijo.* Traducción por Jorge S. Somoza. Grand Rapids: Ediciones Hebrón-Editorial Portavoz, 1992.
Tidball, Derek *The Social Context of the New Testament. A Sociological Analysis.* Grand Rapids: Zondervan, 1984.
Weingärtner, Lindolfo. *Em diálogo com a Bíblia. Filipenses.* Belo Horizonte: Missao Editora, 1992.

FILIPENSES
TEXTO, EXPOSICION Y AYUDAS PRACTICAS

1 Pablo y Timoteo, siervos de Cristo Jesús; a todos los santos en Cristo Jesús que están en Filipos, con los obispos y diáconos:*

---

*1:1 Otra trad., *los que presiden y los que sirven*

I. EL MISIONERO Y SUS DISCIPULOS, 1:1-11

La primera sección de Filipenses establece claramente la calidez de la relación entre el autor y los destinatarios, la cual es importante tomar en cuenta para comprender el contenido de toda la epístola.

1. Saludo y definición del ser cristiano, 1:1, 2

Siguiendo las fórmulas literarias de su tiempo Pablo inicia su carta con una referencia a sí mismo como el autor e incluye a Timoteo, quien al momento de escribir lo está acompañando, y quien también había formado parte del equipo misionero que inició la predicación del evangelio en Filipos. En otras cartas Pablo se presenta a sí mismo como "apóstol", pero aquí el término que usa, *siervos de Cristo Jesús* (lit. "esclavos") le permite incluir a Timoteo. Además concuerda con el espíritu de humildad que es un tema que predomina en la carta, y coincide con el hecho de que en Filipos aparentemente no se discute la autoridad apostólica de Pablo.

La carta va dirigida a *todos los santos en Cristo Jesús que están en Filipos*. Para Pablo, todos los creyentes están llamados a la santidad y son hechos "santos" por su relación con Cristo. La enseñanza sobre santidad tiene sus raíces en el AT que insiste en la santidad de Dios (Isa. 6:3) y en el hecho de que el pueblo que pertenece a Dios está también llamado a ser santo (Lev. 11:44; 19:2; 20:26), es decir a llevar un estilo de vida en obediencia a las demandas de Dios. Ese estilo distintivo es señal de una conciencia de pertenecer a Dios, y de estar por ello separado o

La ciudad de Filipos

Sin ser la capital de la provincia de Macedonia, Filipos era su principal ciudad. Su importancia se debía a sus riquezas mineras, de las que sobresalía el oro y la plata. Pero, además, debía su fama a su estratégica situación geográfica, que constituía una verdadera puerta de entrada a Europa.

Estaba situada sobre la famosa Vía Ignacia, a unos 14 km. de la costa del Mar Egeo. Antiguamente su nombre había sido "Ciudad de las Fuentes". Fue más tarde que el rey Filipo, o Felipe, de Macedonia, padre de Alejandro el Grande, hizo en ella muchas mejoras. Y fue en su honor que se le puso el nombre de Filipos.

Tiempo después el emperador Augusto César la distinguió con el privilegio de ser una colonia romana, lo cual la eximía de pagar tributos y le daba una organización parecida a Roma. Así, pues, sus habitantes ostentaban la dignidad de ser ciudadanos romanos con sus consiguientes privilegios.

En respuesta al llamado del "Varón Macedonio", Pablo y sus compañeros de ministerio llegaron a Filipos para establecer una iglesia que amaba y lo amaba, y que lo apoyó y sostuvo en todo su ministerio. Fue, precisamente, una ofrenda enviada por esta iglesia a Pablo, estando él preso en Roma, y por medio de Epafrodito, lo que dio oportunidad al Apóstol de escribir esta singular epístola, de la cual emana profundo amor cristiano y gozo en Cristo.

2 Gracia a vosotros y paz, de parte de Dios nuestro Padre y del Señor Jesucristo.

apartado para vivir conforme al propósito divino. En el NT se describe de la misma manera la relación entre el creyente y Cristo. Esta relación transforma a la persona humana y le asigna una misión en el mundo, para la cual ha sido apartada. La expresión *en Cristo* que Pablo utiliza con mucha frecuencia se refiere precisamente a esa relación básica de salvación gracias a la obra de Cristo y, en consecuencia, de pertenencia a Cristo. Es la relación para la cual el lenguaje de Jesús en Juan 15 utiliza la metáfora de la vid y los pámpanos. Por eso también acierta Dios Habla Hoy cuando da como equivalente de la frase "en Cristo" la expresión "estar unido a Cristo". Estar así en Cristo es entonces lo que define la esencia de la vida cristiana. La otra expresión *en el Señor*, que Pablo utiliza nueve veces en esta epístola, se refiere también a esta relación, pero carga el énfasis en las consecuencias de esta relación en la vida diaria (ver comentario a 1:14).

La referencia a todos los creyentes de Filipos viene antes de la frase *con los obispos y diáconos*. En la carta hay referencias específicas a los líderes de la congregación, sin embargo todos los santos están "con" ellos y no "bajo" ellos. Ya que se trata de una congregación mayormente gentil Pablo no usa aquí la expresión equivalente "ancianos" (*presbúteros* [4245]), de raíz judía. En este punto es importante recordar que en el NT no hay ninguna indicación de que para Jesús o los apóstoles haya habido una idea de jerarquía institucionalizada, con la cual actualmente se asocian las palabras "obispos y diáconos" en algunas iglesias. Lit. las palabras se refieren más bien a la función, y como señala la nota de RVA, una traducción alternativa sería simplemente "con los que presiden y los que sirven".

La salutación tradicional en el mundo grecorromano deseaba salud y alegría para el destinatario, mientras que la salutación judía recalcaba la paz *(shalom)*. En su saludo Pablo combina elementos gentiles y judíos, *gracia a vosotros y paz*, pero le agrega un elemento nuevo y distintivo al

---

Semillero homilético
La descripción de los cristianos
1:1

Introducción: Pablo describe a los cristianos por su relación con Cristo.
I. Siervos de Cristo.
   1. Indica humildad del creyente. Siervos de Cristo Jesús señala la disposición de hacer la voluntad del Señor.
   2. Indica el señorío de Cristo. La palabra griega *douloi* se traduce propiamente por esclavo, como resaltando:
      (1) Ser posesión absoluta de Cristo Jesús.
      (2) Deber obediencia absoluta a Cristo Jesús. Cristo es dueño, soberano y Señor de cada cristiano.
II. Santos en Cristo.
   Ellos son santos por su estrecha relación con el santo Dios. No son difuntos. Son personas vivas que están "en Cristo".
   1. Indica separación del creyente. Apartados para él, como un nuevo pueblo y herederos de las promesas a Israel.
   2. Indica consagración del creyente. Es apartado de lo común, de la maldad del mundo y consagrado, dedicado, a servir a Dios.
Conclusión: Al convertirse cada cristiano, asume una relación con Cristo de siervo y viven en santidad, dedicado sólo a hacer su voluntad.

Acción de gracias e intercesión

3 Doy gracias a mi Dios cada vez que me acuerdo de vosotros, **4** siempre intercediendo con gozo por todos vosotros en cada oración mía, **5** a causa de vuestra participación* en el evangelio desde el primer día hasta ahora; **6** estando convencido de esto: que el

---

*1:5 Gr., *koinonía*; otra trad., *comunión*

---

especificar *de parte de Dios nuestro Padre y del Señor Jesucristo*. Lo que esto significa lo veremos desarrollado en el cuerpo de la carta, donde hay referencias a la paz de Dios (4:7, 9) y también una rica exposición acerca de la persona y la obra de Jesucristo, y su efecto y significado en la vida de los creyentes.

2. Una memoria edificante, 1:3-6

En las tres secciones que siguen Pablo va a mostrar cómo él recuerda a los filipenses (v. 3), lo que siente hacia ellos (v. 7) y el contenido de su oración por ellos (v. 9), ofreciéndonos así un retrato ejemplar de la actitud fundamental de un auténtico misionero. En las largas horas de la prisión, el Apóstol recuerda la iglesia que fundó en Filipos, y puede hacer memoria de personas y rostros que invariablemente lo mueven a gratitud: *cada vez que me acuerdo de vosotros* (v. 3) y a seguir orando por ellos con gozo y entusiasmo en cada oración. Esta memoria que anima, edifica y sostiene al misionero es más que

el resultado de una simpatía afectiva. Pablo siente a los filipenses como compañeros de su labor y describe su relación con ellos usando un término de rico contenido teológico, *vuestra participación en el evangelio*. La palabra que aquí se traduce como "participación" es *koinonía* 2842, que otras versiones traducen "comunión", es decir una relación de afecto y mutua pertenencia que deriva de la fe común en las buenas nuevas de Jesucristo.

Esta mutua pertenencia por la fe no es obra humana sino iniciativa divina (2:13) y se ha mantenido constante *desde el primer día hasta ahora*. El relato de Hechos recalca la iniciativa divina al narrar la conversión de Lidia, la primera creyente de Filipos, cuyo corazón abrió el Señor para que estuviese atenta a lo que Pablo decía (Hech. 16: 14). De esta manera, la referencia a la fidelidad de los filipenses desde aquel día inicial va acompañada de la certeza respecto a la fidelidad de Dios. La convicción respecto a la fidelidad de *el que en vosotros comenzó la buena obra*, lleva

---

El saludo de los cristianos
1:2

En la mayoría de sus cartas, Pablo usa un saludo característico, lleno de significado para los cristianos.

1. *Gracia a vosotros...*

Era la hermosa palabra griega u occidental, pero dando la connotación que esta palabra tenía. *Gracia* es el amor inmerecido de Dios, del que fuimos objeto al ser salvos. La relación del creyente con Dios es una relación de gracia. Pero también la palabra gracia se refiere al encanto, belleza y alegría que Cristo trajo a la vida.

2. *Paz a vosotros*. La palabra paz era usada comúnmente por los hebreos u orientales en el saludo. Pablo no la usa únicamente como saludo de protocolo. Él anhelaba que la paz llenase sus corazones, como él mismo lo había experimentado en medio de las pruebas. Significando paz del alma, del corazón, de la conciencia. Paz que proviene de Dios nuestro Padre. Paz que llega a través de Cristo.

Gracia y paz, siempre en ese orden. Son vigentes aún en el mundo moderno, en medio de las circunstancias tan variadas de la vida actual.

FILIPENSES 1:3-6

que en vosotros comenzó la buena obra, la perfeccionará hasta el día de Cristo Jesús.

a Pablo a afirmar con toda seguridad que esa obra llegará a buen término. La nota de plenitud o completamiento se expresa aquí en la traducción *perfeccionará* para el griego *epiteléo* ^{2005}, cuya riqueza de significado puede también traducirse "la irá llevando a buen fin", como lo hace Dios Habla Hoy. Esa plenitud se relaciona en este versículo con un tema que se repite de diversas maneras a lo largo de la carta: *el día de Cristo Jesús*. El autor parece dar por sentado que sus lectores entienden el término, de manera que no lo explica aquí. Pero hay toda una visión de la historia que ve el pasado, presente y futuro, y la propia vida, desde la perspectiva divina. Aquí como en todo su pensamiento Pablo refleja lo mucho que él depende de la herencia judía del AT dinamizada por la realidad de

> **Joya bíblica**
>
> **Estando convencido de esto: que el que en vosotros comenzó la buena obra, la perfeccionará hasta el día de Cristo Jesús (1:6).**

Jesucristo. Para el AT Dios está en el comienzo mismo de la vida y de la historia humana, del universo y de la creación y sigue activo para completar su obra (Isa. 48:12 ss.). Pablo ha tomado esta visión de la historia y la conecta con la venida de Cristo, quien aparece "en la plenitud del tiempo". Ese Cristo, cuya obra va a ser magistralmente presentada en el cap. 2, es quien en el último día se manifestará como Señor y juez final y definitivo. El tiempo

---

Semillero homilético

Oportunidades de agradecer
1:3-8

Introducción: El agradecimiento no es una virtud que muchos cultiven hoy. Dios se agrada del cristiano agradecido. La cantidad de gratitud que sentimos hacia Dios es un indicador de lo conscientes que somos de todo lo que Dios es y hace para nosotros. Dios merece gratitud. El corazón agradecido es evidencia de un alma sana. Pablo recuerda a los filipenses y estalla en expresiones de gratitud a Dios.
  I. El recuerdo fraternal es oportunidad de agradecer.
     Doy gracias a mi Dios cada vez que me acuerdo de vosotros (v. 3).
     1. Recordar el tiempo de la conversión es provechoso.
        Pablo recordaría cómo, en Hechos 16, varios hermanos de la congregación en Filipos se habían convertido. En oportunidad de su encarcelamiento allí, el carcelero se convirtió.
     2. Recordar el amor fraternal es edificante.
        La iglesia le había expresado su amor varias veces (4:16). Le habían demostrado su interés y cuidado enviándole a Epafrodito (4:18) y ahora esa oportunidad de agradecer origina la epístola. Este espíritu debe entreteger las fibras de nuestras relaciones fraternales.
 II. La intercesión fraternal es oportunidad de agradecer.
     Doy gracias a mi Dios... siempre intercediendo con gozo por vosotros... (v. 4). El dice, rogando "con gozo". Le satisface hacerlo y hacerlo "por todos" sin excepción.
     1. En tiempos de enfermedad podemos orar.
        Epafrodito estuvo muy enfermo (2:25-28). Pablo oró por él.
        Constantemente hay enfermos por quienes hemos de interceder ¡Dios hará maravillas si lo hacemos! Esto será oportunidad de gratitud.
     2. En tiempos de conflictos personales podemos orar.
        Otra razón para esta carta fue el conflicto entre Evodia y Síntique (4:2). Pablo ora por ellas. Los conflictos surgen en nuestras iglesias también y ésta es oportunidad de agradecer.
                                                            (Continúa en la pág. siguiente)

7 Me es justo sentir esto de todos vosotros, porque os tengo en mi corazón. Tanto en mis prisiones como en la defensa y confirmación del evangelio, sois todos vosotros participantes conmigo de la gracia. **8** Pues Dios me es testigo de cómo os añoro a todos vosotros con el profundo amor de Cristo Jesús.

---

actual es tiempo de misión, con sus victorias y sus peripecias pero se vive a la luz de ese día final al cual Pablo alude repetidas veces y de diferentes maneras (1 Cor. 3:13; 4:1-5; 2 Tes. 1:10). Aquí Pablo puede aplicar esa visión al caso particular de los filipenses. Ha recordado el pasado, los comienzos de su vida como creyentes, refiriéndose al primer día, y ahora afirma su confianza en la victoria final del último día, garantizada por la acción de Dios mismo.

3. Comunión y añoranza, 1:7, 8

Pablo pasa ahora a reafirmar sus muestras de afecto por los filipenses al mismo tiempo que afirma cómo la memoria de ellos lo ha sostenido en la prisión. El *sentir* del v. 7 traduce el griego *fronéo* [5426], importante término que Pablo usa unas diez veces en esta carta (ver comentario en 2:5). Su cariño hacia los filipenses se ha ido construyendo como respuesta a las muestras específicas de amor fraterno que ellos le han hecho llegar (ver 4:15, 16) de manera que reafirma esa mutua pertenencia y dependencia de la gracia. Ellos han participado tanto de su sufrimiento como prisionero, como de su tarea misionera que no ha parado pese a su condición de tal. Aun desde su celda está ocupado tanto en un trabajo de proclamación apologética, *defensa*, como en el de discipulado y consolidación, *confirmación del evangelio*. El recuerdo de esta militancia común, hace que sin inhibiciones el Apóstol ponga a Dios como testigo para describir la añoranza que siente por ellos y que brota de

---

(Continúa de la pág. anterior)
III. La participación en la obra es oportunidad de agradecer.
   Doy gracias a mi Dios... por vuestra participación en el evangelio (v. 5).
   1. La participación con fidelidad genera gratitud.
      Cuánta bendición significa la ayuda fiel de hermanos en la causa de Cristo. La evangelización, la educación, el servicio, no serían posibles sin la participación fiel de otros y esto produce gratitud a Dios.
   2. La participación en la continuación de la obra genera gratitud.
      Desde el primer día hasta ahora (vv. 5, 6).
      En ocasiones es más fácil comenzar que continuar. Hay cierta gloria en comenzar, pero cuando el brillo del comienzo desaparece se necesitan esfuerzos para continuar. Por quienes permiten que la obra siga y crezca hemos de agradecer al Señor.
IV. El progreso en las vidas es oportunidad de agradecer.
   Doy gracias a mi Dios... porque el que en vosotros comenzó la buena obra, la perfeccionará (v. 6).
   1. El desarrollo espiritual es oportunidad de agradecer.
      Dios alcanza a los perdidos y nos da oportunidad de participar en su crecimiento y desarrollo. La obra crece espiritual y numéricamente y esto nos hace ser agradecidos.
   2. La defensa del evangelio es oportunidad de agradecer.
      En la defensa y confirmación del evangelio... (v. 7). ¿Cuál es el argumento más fuerte a favor del evangelio? Es la vida transformada del creyente por el poder de Cristo.
Conclusión: El recuerdo de los creyentes, el gozo de interceder por ellos, la participación en la obra del Señor y su progreso espiritual deben llevarnos a un noble sentimiento de agradecer a Dios.

9 Y ésta es mi oración: que vuestro amor abunde aun más y más en conocimiento y en todo discernimiento, **10** para que aprobéis lo mejor,* a fin de que seáis sinceros e irrepren-

*1:10 Otra trad., *para que podáis discernir lo que más vale*

un amor profundo mediado por Cristo Jesús. Esta es la que podríamos llamar una rica base afectiva sobre la cual son posibles tanto la tarea discipuladora como el nuevo desafío a un mayor crecimiento y abundancia. ¡Qué lejos está el Apóstol del frío profesionalismo de tantos ministros del evangelio y de la distancia social que suele separar a misioneros de nacionales!

4. La visión esperanzada del futuro, 1:9-11

La memoria y la añoranza llevan a Pablo a la oración intercesora. Aquí tenemos un resumen de lo que Pablo desea para los filipenses, y que en cierto modo es una síntesis de lo que va a desarrollar en toda la carta. Lo que constituyen sus peticiones en oración por los filipenses viene a ser un

---

Semillero homilético
Los anhelos del pastor
1:9-11

Introducción: Todo pastor tiene sueños que desea ver hechos realidad. Tiene anhelos por los que clama al Señor en oración. San Pablo era un hombre de oración. Todas sus epístolas lo revelan. En este caso él tiene cuatro anhelos para la iglesia que él amaba.

I. Anhelo por un amor abundante.
   Y ésta es mi oración: Que vuestro amor abunde aun más y más... (v. 9). Pablo no pide que la iglesia lo ame a él más y más. Ella ya le había demostrado su amor (4:16; 2 Cor. 11:9). Él desea que el amor entre los hermanos fluya constantemente. En un mundo de rencor y odios la iglesia se debe caracterizar por un abundante y evidente amor fraternal (Juan 13:34, 35).

II. Anhelo por un sentido de lo vital.
   Y esta es mi oración... que aprobéis lo mejor... (v. 10a). ¿Qué significa esto? Sencillamente que uno debe pensar y elegir los valores superiores en la vida. El cristiano debe tener un concepto bien definido de lo que Dios quiere para su vida. Pero también, un sentido de lo vital en los planes de la iglesia. La oración del pastor es que cada creyente desarrolle una madurez que le lleve a tomar decisiones que honren el nombre de Cristo y que las decisiones de la iglesia traigan desarrollo y crecimiento.

III. Anhelo por una vida excelente.
   Y ésta es mi oración... que seáis sinceros e irreprensibles en el día de Cristo... (v. 10b). La vida que Cristo comparte es superior. Es limpia. Es la mejor. Pero esta vida excelente no siempre es vista en todos los santos. Por eso el anhelo que los filipenses vivan esa vida de excelencia que "es sincera", íntegra: sin fisuras, ni con errores disimulados o encubiertos. Sin ofensas, *irreprensibles en el día de Cristo*. ¡Qué anhelo más glorioso!

IV. Anhelo por una vida fructífera
   Y ésta es mi oración... llenos del fruto de justicia... (v. 11). Implica mucho esta frase. Incluye, no solamente, la idea de ganar a otros. Nótese la palabra *llenos*, rebosando, en abundancia. Jesús declaró en Juan 15:8 que Dios el Padre es glorificado de esta forma. Cristo, realmente, es la fuente, el origen y el medio de una vida llena de frutos (Juan 15:5). Pablo no estaba satisfecho con la vida pura e irreprensible de sus hermanos; él deseaba que fueran llenos de las gracias cristianas y que todo lo que anhelaba para ellos, pudiera ser *para gloria y alabanza de Dios*.

Conclusión: Los anhelos de un pastor para con su congregación están en relación a una vida amorosa y gozosa entre los hermanos y que sea desarrollado en ellos un vivir en un plano superior, demostrando madurez y una vida llena de frutos, todo lo cual trae alabanza y gloria a Dios. ¡Qué anhelos!

sibles en el día de Cristo, **11** llenos del fruto de justicia, fruto que viene por medio de Jesucristo, para gloria y alabanza de Dios.

---

desafío a la plenitud y la madurez, un programa de crecimiento espiritual. En primer lugar (v. 9), *que vuestro amor abunde,* porque ya hay evidencia de que esta iglesia de Filipos tiene la marca del amor de Cristo, pero Pablo los desafía a ir más allá. Esto no significa el aumento de un sentimentalismo más efusivo, sino un amor que crece en conocimiento y en todo discernimiento. Usando nuestras imágenes tradicionales podríamos decir que no hay un contraste entre corazón y cerebro. Notemos que la abundacia del amor lleva a mayor sabiduría y claridad mental, capacidad para distinguir. Esa es precisamente la capacidad a la que se hace referencia en el v. 10, que como dice la nota de RVA podría traducirse también "para que podáis discernir lo que más vale". Al comienzo de la vida cristiana se adquiere un discernimiento que permite escoger entre lo bueno y lo malo, pero llega un momento en la vida cristiana en que el gran dilema ya no es tanto entre lo bueno y lo malo, sino entre lo bueno y lo mejor. Eso requiere un discernimiento más agudo, señal de mayor madurez.

Aquí la espiritualidad se relaciona directamente con la ética. La secuencia es clara: un mayor amor dará mayor discernimiento para poder llegar a ser *irreprensibles,* para no tener que temer un juicio adverso, no sólo desde el punto de vista humano, sino ante el juicio de Cristo mismo. Al mismo tiempo la vida no será una peripecia infructuosa sino una existencia fructífera. Como en todas las epístolas paulinas el fruto aquí no es algo cuantitativo que se pueda contabilizar como tantos convertidos o tantas horas pasadas en oración o tantas iglesias fundadas. Es más bien un fruto cualitativo, *fruto de justicia.* Además Pablo vuelve a reafirmar la iniciativa divina en este proceso, porque el fruto viene *por medio de Jesucristo,* y no busca la glorificación y la fama humana, sino la *gloria y alabanza de Dios.*

Una vida superior
1:10

1. Es una vida saturada de Cristo.
Es limpia, es amigable. Ama, perdona y sirve. Aprueba lo excelente y desecha lo inferior. Es fácil decidir entre lo bueno y lo malo. Más difícil es elegir entre lo bueno y lo superior.
2. Es una vida sincera.
Integra. Sin mezcla de impureza. La palabra proviene de los tiempos del Imperio Romano. En Roma se vendían templetes y objetos artísticos de mármol de una sola pieza. Pero algunos objetos tenían fisuras o defectos que se los emparejaba o disimulaba con cera, y una vez pulidos, semejaban ser íntegros pero, al sol, las imperfecciones se hacían visibles, o la cera se derretía. Otros eran "sine-cera", sin cera. Estaban completos, sin faltas. Pablo pide que los cristianos vivamos vidas superiores, genuinas, verdaderas... sinceras.
3. Es una vida irreprensible.
Sin ofensa. Sin ser causa de tropiezo. Transparente. Vivir de tal manera que al llegar al día final no lleven la culpa de haber sido la causa por la cual otros tropezaron y cayeron.

II. UNA MISION FRUCTIFERA, 1:12-26

La sección que sigue conecta con la anterior en forma muy propia del estilo paulino. Lo que enseña a sus discípulos, y espera de ellos, es lo que él mismo practica y ha visto realizarse en su propia vida: la unión indivisible entre práctica y teoría.

1. Peripecia del misionero y gloria del Señor, 1:12-20

En las epístolas de Pablo hay muchas referencias a sus sufrimientos y sus prisiones, pero cuando se las considera con detenimiento se percibe en el estilo que el móvil no es cierto masoquismo vanidoso.

Hacia una obra fructífera

12 Quiero que sepáis, hermanos, que las cosas que me han sucedido han redundado más bien para el adelanto del evangelio. **13** De esta manera, mis prisiones* por la causa de Cristo han sido conocidas en todo el Pretorio y entre todos los demás. **14** La mayoría de los hermanos, tomando ánimo en el Señor por mis prisiones,* se atreven mucho más a hablar la palabra* sin temor. **15** Algunos, a la verdad, predican a Cristo por envidia y contienda, pero otros lo hacen de bue-

---

*1:13, 14a Lit., *mis cadenas*
*1:14b Algunos mss. antiguos agregan que es la *palabra de Dios,* o *la palabra del Señor.*

Ese es en particular el caso en esta sección en la cual la referencia a su prisión lleva una nota de regocijo y gratitud a Dios, y hasta de entusiasmo misionero. El v. 12 resume el efecto de sus peripecias: *han redundado más bien para el adelanto del evangelio.* Por un lado se ha hecho evidente que él no está en prisión como un delincuente común o un agitador social, sino *por la causa de Cristo* (v. 13), como un embajador en cadenas (Ef. 6:20). De ello han tomado nota aun personas del *Pretorio,* término tomado del latín *(praetorium),* y que se refiere a la guardia especial o cuerpo de elite, encargada de cuidar la seguridad del emperador o los gobernadores. Entre todos los demás nos da a entender que la prisión de Pablo ha llegado a ser algo así como una cosa pública, bien conocida.

Por otro lado, y quizás precisamente al ver la indoblegable actitud de Pablo y la fuerza de su testimonio, *la mayoría de los hermanos* han tomado *ánimo en el Señor* y se han atrevido a predicar *sin temor* (v. 14). Que la prisión y el sufrimiento del misionero venga a ser fuente de valor y estímulo para la acción de los discípulos es algo que demuestra el cambio de perspectiva que brota de la relación con Cristo. Aquí aparece por primera vez la expresión *en el Señor,* que en esta epístola Pablo usa más veces que en ninguna otra, para referirse a una variedad de acciones y actitudes vinculadas a la relación fundamental con Cristo (2:19, 24; 3:1; 4:1, 2, 4, 10). Las expectativas y los planes respecto al futuro, la alegría por la riqueza de las relaciones fraternales, la resolución de las diferencias entre los hermanos, todo es posible gracias a esa relación con el Señor.

En este punto Pablo hace algo así como un pequeño paréntesis penoso. Sus sufrimientos no son causados sólo por los enemigos de fuera de la comunidad cristiana, sino también por rivales de dentro. Como para que no tengamos falsas ilusiones o visiones de color de rosa sobre la iglesia primitiva nos encontramos con esta referencia a predicadores que *predican a Cristo por envidia y contienda* (comp. con 2: 3). A éstos Pablo atribuye la intención de añadir mayor aflicción a lo que él ya sufre como prisionero. Sin embargo, así

Ser ciudadano romano

Augusto César hizo de Filipos una colonia romana, adoptando todas las costumbres, estilos y leyes que imperaban en Roma. Aún el idioma era romano. Al derecho de ser ciudadano romano se tenía acceso por haber nacido en Roma o en una de sus colonias. La ciudadanía también se conseguía por honores militares, o se compraba (ver Hech. 22:28). Hechos 16:20, 21 denota el orgullo que este derecho confería a quien lo ostentaba. Pero, además, proporcionaba ventajas en la vida social, por la exención de ciertos impuestos, derechos civiles tales como ser castigado con azotes o ser detenido por la autoridad sin haber sido juzgado (ver Hech. 16:37-40 y 22:25-29). Podían, además, ejercer el derecho de ser juzgados en Roma misma o apelar al César (ver 25:10-12). Una ventaja importante de ser ciudadano romano era la posibilidad de viajar y desplazarse por todo el Imperio sin dificultad y amparado por la ley romana.

na voluntad. **16** Estos últimos lo hacen por amor, sabiendo que he sido puesto para la defensa del evangelio,* **17** mientras aquéllos anuncian a Cristo por contención, no sinceramente, pensando añadir aflicción a mis prisiones.* **18** ¿Qué, pues? Solamente que de todas maneras Cristo es anunciado, sea por pretexto o sea de verdad,* y en esto me alegro. Pero me alegraré aun más, **19** pues sé que mediante vuestra oración y el apoyo del Espí-

---

*1:16 Aunque en versiones tradicionales el contenido de los vv. 16 y 17 aparece en orden invertido, aquí se sigue el texto de los mejores mss. antiguos.
*1:17 Lit., *mis cadenas*
*1:18 Otra trad., *sea fingida* o *sinceramente*

---

como sus cadenas han tenido un efecto beneficioso desde el punto de vista de la misión, así también él busca el lado positivo de esta rivalidad interna, y afirma su regocijo ante el hecho de que *de todas maneras Cristo es anunciado, sea por pretexto o sea de verdad* (v. 18). Nótese que la RVA hace primero referencia a los que predican *por amor* (v. 16) y en segundo lugar a los que lo hacen *por contención* (v. 17). En este aspecto, y a diferencia de otras traducciones, sigue el orden de los manuscritos más antiguos ahora disponibles que corresponde mejor al estado de ánimo de Pablo que el texto comunica.

Hay algo sin embargo que es causa de mayor alegría, y es la esperanza de su liberación. El Apóstol parece tener base para

---

Semillero homilético

Cristo asegura triunfos
1:12-26

Introducción: Dios es soberano. El es Señor de la historia y el Señor de su iglesia. Cuando un creyente o el pueblo de Dios sirve proclamando el evangelio, Cristo asegura triunfos. Pablo da claro testimonio de esta verdad.
I. Triunfos del pasado (v. 12).
   1. Victorias en la adversidad.
   Quiero que sepáis... (v. 12a). Los filipenses debían saber que el avance del evangelio no se había detenido. Las adversidades, como dice el Salmo 76, el Dios Soberano las había usado para bien.
   2. Victorias en cada evento.
   ... las cosas que me han sucedido... (v. 12a). En cada evento ocurrido desde su salida de Filipos narrados a partir del cap. 20 de Hechos hasta su estada en Roma, la mano del Señor estuvo con él. El mira hacia atrás y ve triunfos tras triunfos para el evangelio.
II. Triunfos del presente (vv. 13-18).
   Dios le había enseñado que cada oposición es una oportunidad y que aun la cárcel era una puerta abierta.
   1. Testimonio creciente en la cárcel.
   ... en todo el Pretorio... (v. 13). Toda la guardia imperial. Cada seis horas dos soldados diferentes ¡Todos sabrían de Cristo! ¡El evangelio no se detenía... ni se detiene por la adversidad!
   2. Testimonio creciente en la ciudad.
   ... a todos los demás (v. 13). Por dos años (Hech. 28:30) Pablo discipuló a laicos, a líderes y aun a autoridades civiles.
   3. Testimonio creciente aun con motivos antagónicos.
   ... predican a Cristo por envidia... otros lo hacen de buena voluntad (v. 15). Si el Apóstol predicaba en la cárcel ¡cuánto más los que estaban en libertad! (v. 14). Cristo enviaba el
(Continúa en la pág. siguiente)

ritu de Jesucristo, esto resultará en mi liberación, **20** conforme a mi anhelo y esperanza: que en nada seré avergonzado; sino que con toda confianza, tanto ahora como siempre, Cristo será exaltado en mi cuerpo, sea por la vida o por la muerte. **21** Porque para mí el vivir es Cristo, y el

pensar que su causa judicial, quizá su apelación ante el César, va a tener un resultado positivo. Este sentir lo atribuye tanto a las oraciones de los filipenses como a un apoyo y convicción que viene por obra del Espíritu de Jesucristo. Para Pablo cada fase de la misión cristiana es posible sólo por la acción del Espíritu. Ya hicimos referencia a la dirección del Espíritu en la misión para la entrada en Filipos (ver Introducción). La conversión de personas a Jesucristo es por acción del Espíritu (comp. Hech. 16:14 con 2 Cor. 3:17 y 4:5, 6). Como en la sección anterior aquí también Pablo hace referencia al tiempo y a la fidelidad de Dios para no pasar vergüenza sino más bien tener plena confianza. No es sólo optimismo humano sino seguridad de que lo que acontezca con su cuerpo, su propia vida o su propia muerte, servirá de instrumento para exaltar a Cristo. Pablo está poseído de un realismo optimista, porque aunque la muerte parece rondar en el curso de la epístola y hay varias referencias a ella, lo que está claro es que el Apóstol no le tiene ningún temor; para él es como una serpiente o un escorpión que ya no tienen su aguijón letal (1 Cor. 15:55-57).

2. Vivir y morir por Cristo, 1:21-26

La referencia a sus prisiones y el posible desenlace de su situación como preso del Señor lleva a Pablo a escribir con el corazón en la mano, sacando a luz la riqueza de las convicciones íntimas que dan sentido a su vida. Si la vida está entregada a Cristo y se vive para su gloria, la muerte no es una amenaza ni causa terror (v. 21). Notemos los dos términos de este versículo clásico que ha inspirado a tantos: *para mí el vivir es Cristo, y el morir es ganancia.* Esta es la fibra de la que están hechos los pioneros de Cristo en todas las épocas. No se trata de una actitud de resignación, sino primero de una afirmación gozosa de plenitud de vida en Cristo, desde la cual la muerte se ve con una perspectiva diferente, como una ganancia. Cabe preguntarse: ¿Qué clase de ganancia? ¿En qué

(Continúa de la pág. anterior)
    gozo que significaba que a pesar de todo las Buenas Nuevas eran difundidas ¡La gloria es para Dios!
III. Triunfos para el futuro (vv. 19-26).
    Su esperanza estaba en la victoria final que Cristo traería a su vida.
    1. Confianza en el Señor por su liberación.
        Pues sé que... resultará en mi liberación (v. 19). Confiaba que la última palabra la tenía Cristo; debido a las oraciones de los filipenses y al obrar poderoso del *Espíritu de Jesucristo* ¡dependía del Señor!
    2. Confianza en el Señor sobre la vida o la muerte.
        Porque para mí el vivir es Cristo, y el morir es ganancia (v. 21). La vida es digna de ser vivida sólo si la vida de Cristo se realiza en nuestra vida. Morir es ganancia porque la unión con Cristo se realiza en plenitud.
    3. Confianza en el Señor en el servicio.
        ... Sé que me quedaré... para vuestro desarrollo y gozo en la fe (v. 25). Si Dios aun lo necesitaba le dejaría para provecho de la causa de Cristo.
Conclusión: Aun en circunstancias difíciles Dios nos dará oportunidad de servirle. Nuestra confianza y fe deben estar en Jesucristo y su fidelidad. El ha prometido estar con nosotros hasta el fin (Mat. 28:20).

morir es ganancia. **22** Pero si el vivir en la carne me sirve para una obra fructífera, ¿cuál escogeré? No lo sé. **23** Me siento presionado por ambas partes. Tengo el deseo de partir y estar con Cristo, lo cual es muchísimo mejor; **24** pero quedarme en la carne es más necesario por causa de vosotros. **25** Pues, convencido de esto, sé que me quedaré y que aún permaneceré con todos vosotros para vuestro desarrollo y gozo en la fe, **26** para que en mí haya motivo de aumentar vuestro orgullo en Cristo Jesús a causa de mi presencia otra vez entre vosotros.

sentido se estaría ganando algo? Si una persona ya está "en Cristo" y goza de las bendiciones de esa relación que da sentido a su vida, la muerte no significa el fin de esa relación sino más bien la entrada en la plenitud de la misma. El hilo del pensamiento conecta naturalmente con la afirmación del versículo que sigue. Para Pablo hay una seguridad de que la muerte es sólo una partida que conduce a *estar con Cristo, lo cual es muchísimo mejor* (v. 23).

Sin embargo, Pablo expresa un tremendo deseo de seguir viviendo una vida útil y fructífera, especialmente al servicio de aquellas personas que quiere, como los filipenses (vv. 22, 24). De allí viene su dilema, sintiéndose como tironeado desde direcciones opuestas por ambos anhelos. Esta seguridad final y esta orientación básica de la vida están claras para él. Contra ese trasfondo, sin embargo, afirma su convicción presente de que Dios le va a conceder más tiempo para ministrar entre los filipenses (v. 25). Y una vez más, sin inhibiciones ni falsas modestias, expresa su convicción de que su presencia va a beneficiar mucho a los filipenses (v. 26). La presencia y la ausencia del Apóstol entre los filipenses va a ser un elemento muy importante de su razonamiento en la sección que sigue.

Pablo, predicando en Filipos

Semillero homilético
Para mí el vivir es Cristo
1:21

Introducción: ¿Qué es Cristo para ti, mi hermano? ¿Qué es Cristo para ti, hermana, esposa, amiga, madre? ¿Qué es para ti Cristo, tú que eres padre, esposo, consejero, jefe de familia? Para el apóstol Pablo:

  I. Cristo DEBE SER el origen y centro de la vida.
 II. Cristo DEBE SER la esencia misma de nuestra vida.
III. Cristo DEBE SER el paradigma o modelo del vivir diario.
 IV. Cristo DEBE SER el objetivo o meta a alcanzar.
  V. Cristo DEBE SER el premio o galardón de nuestra fidelidad.

Conclusión: La vida en Cristo no es fácil pero es gloriosa. Vivir con Cristo y para Cristo es la clave de una vida fructífera y gozosa. Con todas las vicisitudes que la vida moderna trae, para el cristiano verdadero la vida es algo precioso, cuando puede decir: *Para mí el vivir es Cristo*.

Cristo, realidad viviente
1:21

Cada cristiano ha de preguntarse: ¿Es Cristo una realidad viva en mi vida? ¿Es él el factor básico en mi ser? ¿Puedo ver su presencia divina en cada tormenta, en cada relámpago, en cada trueno estremecedor? ¿Puedo percibirle en la luz brillante del sol como en la noche oscura iluminada por la luna y las estrellas? ¿Le veo y le palpo a mi lado en las horas de tragedia y en las que la alegría y la belleza me rodean?

Si Cristo es así una realidad viviente, podré cantar gozoso en medio de las crisis y vislumbrar el cielo azul entre las nubes negras de la adversidad, la soledad y la tristeza.

Cuando el corazón está en estrecha relación con el Señor, cuando Jesucristo es el factor principal detrás de todos los detalles de la vida, se puede experimentar alegría y paz en todas las circunstancias de la vida, así como el poeta y el músico se inspiran y motivan en la fiereza de la tempestad o en el susurro del agua que corre y desciende entre las piedras del arroyo al pie de la montaña. Cristo, la realidad viviente, hará la diferencia en la vida que se abre a su llenura y plenitud.

Semillero homilético
Vivir y morir
1:21-24

Introducción: ¡Qué cerca una cosa de la otra! ¡Qué linda es la vida! Sólo anhelamos vivir y vivir en plenitud. Esto sólo es posible cuando se está "en Cristo". En cambio, de la muerte no queremos ni pensar ni hablar. Sólo pensamos en vivir. Pero morir es una realidad que toda persona debe enfrentar. Más aún, la muerte es parte de la vida misma. Dios ha puesto eternidad en nuestro ser y la muerte es parte de esa eternidad.

I. La vida continúa más allá de la muerte
   1. La vida se realiza en Cristo.
      Si alguno está en Cristo... (2 Cor. 5:17).
   2. La vida se la vive en Cristo.
      ... el vivir es Cristo... (Fil. 1:21).
   3. La vida se proyecta hacia los demás.
      ... por causa de vosotros... (Fil 1:24).
II. La vida necesita la muerte para realizarse.
   1. La muerte es una partida.
      ... deseando partir... (v. 23).
   2. La muerte es una presencia.
      ... estar con Cristo... (v. 23).
   3. La muerte es una promoción.
      ... muchísimo mejor (v. 23).
III. La vida: Una oportunidad de prepararnos para morir.
   El cielo es un lugar preparado para los que están preparados (Juan 14:1).
   1. Cristo Jesús es la preparación indispensable (Juan 14:6).
   2. Por Cristo pasamos de muerte a vida (Juan 5:24 y 25).

Conclusión: La vida es linda. La vida es maravillosa cuando se la vive en comunión con Cristo. Pero, ¿saben una cosa? En la presencia misma del Señor es MEJOR. ¡Es muchísimo mejor! ¡Qué precioso es estar en Cristo y vivir para Cristo porque así la muerte es muchísimo mejor!

III. LA MISION: COMUNION Y TESTIMONIO, 1:27—2:18

Esta larga sección constituye el meollo de la epístola. Dentro de ella ocupa un papel central el himno cristológico (2:5-11), pero es importante captar la unidad de todo el pasaje. Esta se advierte si colocamos en columnas paralelas los versículos con los cuales se inicia y se completa esta sección:

5 Haya en vosotros esta manera de pensar* que hubo también en Cristo Jesús:

*2:5 Otra trad., *sentir*

mismo compuso el himno, aunque por varias razones técnicas es más probable que él se haya servido de un poema ya existente. Ya que estas líneas han dado lugar a mucha controversia y a ricas elaboraciones teológicas, es importante recordar el contexto dentro del cual Pablo lo cita. No es que él se haya sentado como teólogo académico a escribir una cristología para la posteridad. Lo que está ofreciendo es consejo pastoral a una iglesia local y para dar base a ese consejo recurre al himno. En el apóstol Pablo, la teología no es un ejercicio académico sino que está al servicio de la vida de la iglesia y de la acción pastoral. Además, en el caso de haber sido de veras un himno, anterior a Pablo o compuesto por él, este pasaje tiene como finalidad la adoración más que la especulación y se cita en un contexto misionero y pastoral.

La frase que introduce la cita (v. 5) reitera el tema del v. 2 y presenta a Cristo como el modelo de la actitud que Pablo espera que caracterice a los filipenses. Sin embargo, no se trata sólo de proponer un modelo de conducta. Nótese que la primera parte (vv. 6-8) se refiere a actitudes que pueden servir como modelo y que los seres humanos pueden imitar, pero la segunda parte (vv. 9-11) se refiere específicamente al señorío de Jesucristo, donde la imitación no cabe. La actitud de la cual Jesucristo es un ejemplo sólo puede ser imitada por el ser humano si la vida está sometida a ese señorío de Jesucristo, y todo en última instancia es obra de Dios mismo (v. 13) quien opera en los humanos.

Este himno que algunos llaman "el salmo

Semillero homilético

Jesucristo: Dios y Hombre
2:5-11

Introducción: No hay otro pasaje de Pablo más sublime sobre la persona de Cristo. Aquí la majestad y la humildad del Salvador se colocan en fuertes contrastes. Toca con un extremo la misma gloria de Dios y con el otro la vergonzosa cruz donde Jesús murió.

I. Su existencia eterna.
   La existencia de Cristo no comenzó en Belén, ni en la creación. El es eterno.
   1. Su existencia eterna implica identidad con Dios (v. 6); Juan 10:30.
   2. Su existencia eterna implica igualdad con Dios (v. 6); Isaías 9:6; Juan 5:18.
II. Su encarnación humana.
   Es el camino que recorrió dejando la gloria del cielo junto al Padre para entrar a este mundo de calamidades.
   1. La encarnación implica la renuncia de la gloria externa y visible (v. 7a).
   2. La encarnación implica su identidad con el hombre (v. 7b).
   3. La encarnación implica su muerte en la cruz (v. 8).
III. Su exaltación suprema.
   Existe una ley en el universo espiritual y que encontramos en la Biblia, que dice: *El que se humilla será exaltado...* El que se humilla como Jesucristo: Ama, perdona y salva.
   1. Su exaltación significa un nombre prominente (vv. 9, 10).
   2. Su exaltación significa adoración universal (v. 11).
Conclusión: Confesémosle nosotros como el Señor de nuestra vida. Entreguémosle el cetro de nuestro corazón y nuestra vida. Entronicémoslo en nuestro ser y digámosle: ¡Señor mío y Dios mío!

6 Existiendo en forma de Dios,
él no consideró el ser igual a Dios
como algo a qué aferrarse;
7 sino que se despojó a sí mismo,
tomando forma de siervo,
haciéndose semejante a los hombres;
y hallándose en condición de hombre,
8 se humilló a sí mismo
haciéndose obediente hasta la muerte,
¡y muerte de cruz!

---

de Cristo" resume la historia de la salvación. Para efectos de predicación o enseñanza se acostumbra dividirlo en tres estrofas que corresponden a la preexistencia de Jesús (v. 6), su encarnación y muerte (vv. 7, 8) y luego su exaltación (vv. 9-11). No hay razón que impida esta división con propósito homilético o pedagógico. Sin embargo, al prestar atención a la estructura morfológica y sintáctica no se encuentra con tanta claridad esa nítida división en tres estrofas. Parece más adecuado dividir el himno en dos partes, una (vv. 6-8) cuyo sujeto es *él* (v. 6, se refiere al pronombre relativo "el cual" [Dios Habla Hoy]) es decir Jesucristo el preexistente; y la segunda parte (vv. 9-11), que tiene a *Dios* (v. 9) como sujeto de la oración principal. Cada parte a su vez está dividida en tres, de manera que tenemos seis partes en verso, cada una de ellas con tres líneas, o quizás con dos líneas que se cantaban antifonalmente. Estas seis partes coinciden casi completamente con la división en versículos, en el formato poético en que se han dispuesto en nuestra traducción.

El himno se inicia con una referencia a la preexistencia de Jesucristo y el hecho de que él compartía la naturaleza divina. En la expresión *existiendo en forma de Dios* la palabra traducida *forma* (griego *morfé* 3444) no se debe entender como "apariencia". Pablo usa esta palabra únicamente en esta carta, y ha sido objeto de mucha investigación. Los comentaristas evangélicos influyentes tales como Trench, Lightfoot y Warfield, prestaron especial atención al uso de *morfé* en el griego clásico, en el cual esta palabra aunque no es sinónimo de "esencia", se refiere a la suma total de características esenciales, aquello que hace que Dios sea Dios. Lo que estaría diciendo esta línea del himno sería entonces que Cristo tenía "participación en la esencia" de Dios, es decir lo que afirma el término paralelo en el mismo v. 6, ser igual a Dios. Sin embargo prestando atención al posible trasfondo aramaico del himno, otros estudiosos han investigado el uso de *morfé* en la Septuaginta, es decir en la traducción del hebreo al griego. En ésta la palabra *morfé* se usa como sinónima de *eikón* [1504] (imagen) y *dóxa* [1391] (gloria) para traducir la palabra hebrea *temunah*. La comprensión adecuada del pasaje debe tomar en cuenta estos dos elementos, porque si bien Pablo está escribiendo a una iglesia mayormente gentil, y por lo tanto a una mentalidad griega, por otra parte la persona de Cristo y el evangelio sólo pueden entenderse plenamente tomando en cuenta su origen hebreo.

Lo que el texto dice es que Jesucristo antes de revelarse en forma humana, tuvo una existencia divina. La idea de que dicha existencia era gloriosa y privilegiada tiene paralelos en otros escritos de Pablo (2 Cor. 8:9) donde también se vincula con la disposición al abandono de los privilegios y la gloria. En otros escritos Pablo hace referencia a esta preexistencia de Cristo, presentándolo como agente de la creación (1 Cor. 8:6; Col. 1:16, 17). Habiéndose afirmado esta igualdad con Dios, la fuerza del pasaje, sin embargo, está en que Jesucristo *no consideró el ser igual a Dios como algo a que aferrarse*. Aferrarse traduce bien el sentido del griego *arpagmós* [725] que no da la idea de que Jesucristo quería apoderarse de la naturaleza divina o usurparla, sino que teniéndola ya, con toda su gloria y esplendor, estaba dispuesto a renunciar a ella. Esa es la actitud de desprendimiento en medio mismo de su grandeza divina a la cual Pablo llama la atención de sus lectores.

9 Por lo cual también Dios
lo exaltó hasta lo sumo
y le otorgó el nombre
que es sobre todo nombre;

El v. 7 hace referencia a la kenosis (de *kenóo* 2758), la acción por medio de la cual Jesucristo se despojó a sí mismo y tomó la forma humana. Recordemos que el contenido del texto no tiene como intención dar respuesta clara a las preguntas teológicas planteadas por los debates posteriores acerca de la persona de Cristo. La mención específica del despojamiento o vaciamiento a fin de asumir la condición humana no entra en detalles sobre la naturaleza y alcances exactos de ese despojamiento. Esta línea no dice que Jesucristo haya renunciado a su naturaleza divina, sino que despojándose de la gloria implícita en esa naturaleza ha adoptado las características de un siervo y la condición humana. Lo que sí señala con claridad es la humillación que estaba involucrada en el hecho de adoptar la forma de siervo y de ir obedientemente hasta la muerte, en una de las formas más vergonzosas de muerte en esa época: la de cruz. Nótese la sincronía entre las dos expresiones *forma de Dios* (v. 6), y *forma de siervo* (v. 7), recordando que no se trata de una "apariencia" únicamente sino de un verdadero asumir la condición de hombre. El descenso ha sido verdadero y ha culminado en la humillación final de la muerte en la cruz. Todo esto es un acto de obediencia a la voluntad de Dios, a la cual Jesucristo se sometió. Esta disposición a despojarse a sí mismo por los demás es precisamente lo que Pablo está proponiendo paradigmáticamente como la manera de pensar que debiera caracterizar también a los filipenses. Si se presta atención a las raíces griegas, se puede advertir que la kenosis (v. 7) de Jesús, quien se despoja a sí mismo, contrasta con la vanagloria (*kenodoxía* 2754, v. 3) que lleva a rivalidades destructivas en la iglesia.

La muerte en la cruz es el preludio de la resurrección que este pasaje no menciona directamente, pero que era un punto central de la predicación apostólica y esencial también en el evangelio que Pablo predicaba (Hech. 2:32-36; 13:27-30; 1 Cor. 15:1-4). Ahora Pablo afirma que a Jesucristo, que fue hasta la cruz en su obediencia, *Dios lo exaltó hasta lo sumo* (v. 9). Nótese ahora una sincronía paralela a la que señalábamos antes: *el nombre sobre todo nombre* que le es dado a Jesús (v. 9) y el poder y señorío vinculado ahora a ese nombre (v. 10). La adoración y sumisión de todo el universo y la raza humana se expresa en el doblar de las rodillas cuando

> **Señor: Nombre sobre todo nombre**
> **2:9, 11**
>
> Por la humildad, abnegación y obediencia, Dios da a su Ungido un nombre muy especial. Era el nombre con el cual él se identificó a Moisés como "YHWH" que con la fusión de "Adonai" se tradujo "YAHWEH", nombre que los hebreos no pronunciaban por temor a blasfemar.
>
> En la Septuaginta, versión griega del AT, "YAHWEH" o Jehovah, fue traducido como "Kúrios", que es el equivalente a SEÑOR. De manera que la palabra Dios y Señor tenían o tienen un mismo significado.
>
> Cristo Jesús, que fue rechazado, traicionado y humillado "hasta la cruz", es ahora exaltado por Dios con el nombre de Señor, nombre que concentra el concepto de soberanía, poder, autoridad, dominio, dignidad en adoración y obediencia plena. Él es el fundamento y el objeto de adoración ante quien "un día toda rodilla se doblará, y toda lengua confesará a Dios".
>
> Por lo tanto nosotros hoy que le tenemos como el Salvador, hemos de proclamarle como el Señor de nuestras vidas. Dios el Padre lo ha hecho el paradigma ideal y nosotros hemos de tomarle como el modelo de nuestras vidas, cuyo ejemplo seguir. Dios le ha puesto sobre la cabeza la corona de Rey; debemos por tanto entregarle el cetro del señorío de nuestra vida a él y sólo a él.

10 para que en el nombre de Jesús
se doble toda rodilla
de los que están en los cielos,
en la tierra y debajo de la tierra;

11 y toda lengua confiese
para gloria de Dios Padre
que Jesucristo* es Señor.

*2:11 Otra trad., *Jesús, el Cristo (Mesías)*

---

se pronuncia el nombre de Jesucristo. Algunos creen que una parte del culto de la iglesia primitiva puede haber sido que la congregación se arrodillaba cuando el nombre del Señor Jesús era mencionado anunciando su resurrección y señorío. "Ante ese nombre" (Dios Habla Hoy) expresa mejor el griego. Las rodillas dobladas y las lenguas que confiesan el señorío de Jesús son las de toda la humanidad, que es lo que quieren expresar las frases *en los cielos, en la tierra y debajo de la tierra* (v. 10). Reaparece la nota escatológica de la epístola mirando por fe hacia ese futuro en el cual todos los seres humanos del pasado, presente y futuro reconocerán el señorío de Jesucristo. Sin duda ese será el "día de Jesucristo", al cual aluden otros pasajes.

En este himno muchos estudiosos han encontrado paralelos del AT, especialmente de pasajes de los cantos del siervo sufriente en Isaías 52 y 53, donde también se encuentran las nociones de gloria, renuncia, humillación y exaltación. Los sermones de Pedro y Pablo en el libro de Hechos ofrecen ejemplos del uso de pasajes del AT para explicar o iluminar la persona y la obra de Cristo, y no es raro encontrar el mismo recurso en otros escritos de Pablo. Para algunos en este pasaje hay una intención de establecer un contraste evidente con la historia de Adán, aquel primer ser humano que cedió a la tentación de usurpar el derecho de Dios y que por eso tuvo una humillante caída. La referencia a ese contraste cabe si se piensa en el uso que hace Pablo de las figuras de Adán y de Cristo. Cristo es el segundo Adán (Rom. 5:12-21), gracias al cual el ser humano es restituído a la comunión con Dios. Sin embargo, es importante recordar que aquí en esta epístola, la evocación de la obra de Jesucristo tiene por objeto que los filipenses aprendan a vivir dentro de la comunidad modelo que debe ser la iglesia, con el mismo desprendimiento, consideración por los demás, obediencia a Dios y disposición al sacrificio que caracterizaron a su Maestro y Señor.

> **Joya bíblica**
>
> **Para que en el nombre de Jesús se doble toda rodilla de los que están en los cielos, en la tierra y debajo de la tierra (2:10).**

4. La agenda: cultivar la riqueza interior, 2:12, 13

De modo que es una frase conectiva que ayuda a seguir el hilo del argumento paulino. Fue así como actuó Jesucristo, así que en vista de ello se espera que los filipenses se esfuercen en mirar a Jesucristo y cultivar un estilo de vida inspirado por él. Las estrofas del himno, lo mismo que el hilo del discurso del Apóstol, invitan en primer lugar a la contemplación, a mirar, a considerar (Heb. 12:1-3). Un himno, como una poesía, es fundamentalmente lenguaje de contemplación y alabanza más que de comunicación de conceptos. Esta contemplación de Jesús es una parte importante de la vida espiritual a la cual la espiritualidad evangélica no siempre presta suficiente atención. Algunos de nosotros podemos recordar cuadros hermosos de Jesucristo que contemplábamos domingo tras domingo en nuestro salón de escuela dominical: Jesús abrazando a niños de todas las razas, el buen pastor arriesgándose al borde del abismo para salvar a la

Resplandecer como luminares

12 De modo que, amados míos, así como habéis obedecido siempre —no sólo cuando yo estaba presente, sino mucho más ahora en mi ausencia—, ocupaos* en vuestra salvación con temor y temblor; **13** porque Dios es el que produce en vosotros tanto el querer como el hacer, para cumplir su buena voluntad.

*2:12 Otra trad., *esforzaos*

---

oveja perdida, Jesús vigoroso y varonil sacando a los mercaderes del templo, Jesús sosteniendo una lámpara y llamando de noche a la puerta. Esa contemplación dejó su marca haciéndonos percibir la obra, el ejemplo y las demandas del Maestro. Los buenos predicadores, escritores o músicos también consiguen a veces recrear las escenas de la vida o la pasión de Jesús para nuestra contemplación.

Una vez dicho lo anterior, sin embargo, hay que recordar que además de la contemplación debe haber actividad: *ocupaos en vuestra salvación* (v. 12b). Nótese todos los otros verbos imperativos que desafían a la acción: *completad mi gozo* (2:2), *no hagáis...* (v. 3), *hacedlo todo* (2:14). Esta actividad, sin embargo, no es un activismo carnal o humano, sino una respuesta a la iniciativa de Dios mismo que brota de nosotros con temor y temblor. La grandeza conmovedora de la obra de Cristo a nuestro favor despierta en nosotros un sentido profundo de temor reverencial como el que tuvo Isaías al ver la visión del Dios vivo (Isa. 6:4), o como el que experimentaron las mujeres la mañana de la resurrección (Mar. 16:8). Aun dentro del mismo hilo del pensamiento viene entonces la verdad complementaria a la cual llama la atención el v. 13. Se reitera esa acción de Dios desde sus inicios en el primer día hasta la plenitud del día de Jesucristo (1:5, 6). Se trata de una acción que no sólo crea la convicción que puede venir del escuchar su palabra, el querer, sino la disposición más íntima y decidida que culmina en el hacer. En resumen: la riqueza espiritual interior viene de la contemplación de Jesús, del esfuerzo humano por vivir de acuerdo a la salvación que Cristo ha dado, y de la gratitud que reconoce y espera la acción de Dios en la propia vida. El propio Pablo va a mostrar más adelante cómo encarna este mensaje en su propia vida y experiencia (3:7-16).

El v. 12 alude también a otro tema con el cual se abre y se cierra esta sección, el de la presencia y la ausencia del Apóstol. Toda la epístola es una invitación a avanzar hacia la madurez y parte de esa madurez es que los filipenses han crecido hasta no necesitar de la mirada vigilante de su maestro espiritual. Aunque Pablo se pone a sí mismo como modelo para los filipenses (3:17) y afirma el profundo afecto que tiene hacia ellos, evidentemente no quiere que tengan una espiritualidad dependiente, que necesita vigilancia constante de otros. En tiempos recientes al-

---

Semillero homilético
La esencia de Dios
2:13

Introducción: No sólo nos alcanzó para salvación sino que su presencia viva por su Espíritu en nosotros trabaja maravillosamente. Pablo habla en este versículo de seis facetas importantes de Dios:
  I. La personalidad de Dios: *Porque Dios es...*
  II. La energía de Dios: *... el que produce...*
  III. La inmanencia de Dios: *... en vosotros...*
  IV. La fuerza ética de Dios: *tanto el querer...*
  V. La eficiencia de Dios: *como el hacer...*
  VI. La satisfacción de Dios: *... para cumplir su buena voluntad.*

Conclusión: Permitamos con reverencia y mansedumbre el obrar de Dios en nosotros. Cuando oigamos su voz que estemos listos a obedecer. El no hará nada sin nuestro consentimiento ¡Permitámosle hacerlo!

FILIPENSES 2:14-18

14 Hacedlo todo sin murmuraciones y contiendas, **15** para que seáis irreprensibles y sencillos, hijos de Dios sin mancha en medio de una generación torcida y perversa,* en la cual vosotros resplandecéis como luminares en el mundo, **16** reteniendo la palabra de vida. Así

*2:15 Ver Deut. 32:5

---

gunos movimientos y denominaciones evangélicos han redescubierto la importancia del ejemplo del pastor o discipulador, y de la relación que lo une con sus discípulos. A veces ello ha dado lugar a prácticas de dirección pastoral intensiva y minuciosa que crean dependencia, al punto que los miembros de esas iglesias o movimientos no toman ninguna decisión sin consultar a su consejero o pastor. No es extraño luego que estos consejeros o pastores cedan a la tentación autoritaria que los lleva a formas peligrosas de abuso y de tiranía espiritual que ejercen sobre ovejas débiles e incapaces de andar, juzgar y pensar por cuenta propia. La pertinencia del estilo pastoral de Pablo reflejado en estas líneas es un buen antídoto contra tales desviaciones.

5. La agenda: ser luz en el mundo, 2:14-18

La finalidad del cultivo de la vida espiritual es la presencia y la acción misionera de la iglesia. Esta sección presenta esa verdad al establecer un contraste entre la luz y las tinieblas. Los *hijos de Dios* sin mancha que resplandecen, vienen a ser *luminares en el mundo*, que se describe como *una generación torcida y perversa*.

Aquí en particular la figura de la luz describe a una comunidad de creyentes caracterizados porque viven en armonía y porque mantienen un alto nivel moral. La vida de una iglesia en armonía demanda buena comunicación entre los miembros, y para ello la clave es *hacedlo todo sin murmuraciones y contiendas*. Pablo vuelve aquí al reservorio de imágenes y vocabulario del AT. Este pasaje tiene reminiscencias de la historia de los israelitas en el desierto y sus continuas murmuraciones contra las durezas de la vida en libertad (Núm. 11:1-6; 14:1-4; 20:2; 21:4, 5). Moisés los describió como una generación torcida y perversa (Deut. 32:5), pero aquí Pablo usa esas palabras para describir a la sociedad en general, dentro de la cual la iglesia de los filipenses debe resplandecer. La luz viene también del testimonio de una vida con un alto nivel moral, de manera que sean *irreprensibles*. Se reitera aquí un tema clave de toda la epístola y es que el estilo de vida propio de la vocación cristiana tiene como finalidad el agradar a Dios pero también el cumplir la misión para la cual él nos aparta y santifica.

La figura que describe la misión del cristiano como luz tiene un rico trasfondo tanto en el AT (p. ej. Dan. 12:3) como en las enseñanzas de Jesús (Mat. 5:14-16). El término griego *fostér* [5458], que usa aquí Pablo, se usa también en la versión griega de Génesis 1:14-19, donde las lumbreras han sido creadas con el propósito específico de alumbrar, no otra es su razón de ser. Para poder ser luz, los filipenses tienen que vivir *reteniendo la palabra de vida*. Aquí retener puede leerse en dos sentidos que no se oponen y que pueden complementarse. Por un lado el de agarrarse de la Palabra y mantenerse asido a ella, y por otro el de sostener en alto la Palabra para que pueda ser vista por todos, en este caso vista en la vida de los creyentes. La fidelidad al evangelio demanda el esfuerzo de aferrarse a él y mantenerlo en su pureza e integridad, lo cual implica una conciencia teológica y docente. Tal vez ese sentido de fidelidad hasta el fin se compagina mejor con la referencia escatológica de Pablo que sigue en la segunda parte del v. 16.

Los escritores de los primeros siglos reconocen el poderoso impacto que tuvo la calidad de vida de la iglesia sobre la sociedad grecorromana. "Mirad cómo se

yo podré gloriarme en el día de Cristo de que no he corrido ni he trabajado en vano. **17** Al contrario, aunque haya de ser derramado como libación sobre el sacrificio y servicio de vuestra fe, me gozo y me regocijo con todos vosotros. **18** De igual modo, gozaos también vosotros y regocijaos conmigo.

La misión de Timoteo y Epafrodito

19 Espero en el Señor Jesús enviaros pronto a Timoteo, para que yo también me reanime al saber de vuestro estado; **20** pues no tengo a nadie que se interese por vosotros con tanto ánimo y sinceridad. **21** Porque todos buscan

---

aman" es la frase que se atribuye a quienes trataban de explicar al atractivo que ejercía la iglesia pese a su sencillez. En los comienzos de la obra evangélica en América Latina el factor de la unidad y el amor mutuo de los creyentes también ha sido un atractivo poderoso, pese a su condición de minoría perseguida.

> **Joya bíblica**
> Así yo podré gloriarme en el día de Cristo de que no he corrido ni he trabajado en vano (2:16).

Si en la sección central (2:5-11) Pablo ha basado la exhortación en el ejemplo de Cristo y la obra de Dios, en esta sección recurre a su propia esperanza y expectativa, que brota de la fe en esa plenitud de la obra de Cristo. Es el discipulador y apóstol que está anciano, quizás próximo a morir (v. 17), y que no quiere ser defraudado en esa hora crucial hacia la cual dirige la mirada: *el día de Cristo* (v. 16). Esta expresión se había usado en 1:6 para hacer referencia a la fidelidad de Dios que completará la obra que inició en los filipenses. En este v. 16 se utiliza para referirse al juicio y la evaluación final de la vida y el servicio que Cristo mismo hará. La perseverancia de los filipenses le dará a Pablo la confianza suficiente como para ser optimista, esperando que su carrera apostólica entre los filipenses no habrá sido en vano. Ello lo lleva a una reafirmación de la nota de gozo que se repite tantas veces en la epístola. Así pues, la larga exhortación a la santidad que se inicia en 1:27 y termina en 2:18, invita a la contemplación e imitación de Cristo, tiene como objetivo la fidelidad a la misión y se ofrece en espíritu de confiada alegría.

IV. LOS COMPAÑEROS EN LA LABOR MISIONERA, 2:19-30

En la sección que sigue Pablo da parte a sus lectores acerca de su plan de acción pastoral y misionero. Como ya se ha visto en el propio caso de la evangelización de Filipos, en su práctica misionera el Apóstol acostumbraba desplazarse con un grupo de colaboradores, posiblemente más jóvenes que él y en una relación de aprendices con el maestro. En estos vv. 19-30 anuncia una vez más su próxima visita a Filipos (comp. v. 24 con las alusiones en 1:27 y 2:12), pero ante la imposibilidad de ir en el momento enviará a sus colaboradores, ya que tiene un fuerte sentido de urgencia por hacer algo frente a la problemátia pastoral que se ha planteado en dicha iglesia (vv. 23, 28). La sección nos ofrece un breve retrato de Timoteo y Epafrodito, nos permite ver la naturaleza de la relación con ellos y el tipo de ministerio que realizaban.

1. Timoteo: ejemplo de dedicación, 2:19-24

Sin teléfono ni correo expreso, la mejor forma de encontrar respuesta a la ansiedad pastoral que Pablo siente por los filipenses será el envío de un mensajero personal especialmente autorizado. El párrafo ofrece una descripción de Timoteo como un hombre de confianza, con tres notas ricas en sugerencias. En primer lugar, se trataba de alguien que había llegado a ser como un hijo para Pablo: *como hijo a pa-*

sus intereses personales, no lo que es de Jesucristo. **22** Ya conocéis la reputación de Timoteo, que como hijo a padre ha servido conmigo en el evangelio. **23** Por lo tanto, es- pero enviarle en cuanto yo vea cómo van mis asuntos; **24** pero confío en el Señor que yo también iré pronto a vosotros.

dre ha servido conmigo en el evangelio (v. 22). El Apóstol acostumbraba referirse a la relación filial con sus colaboradores y discípulos (1 Cor. 4:14; Film 10; Gál. 4:19; 1 Tes 2:11). Había conocido a Timoteo justamente antes de su visita a Filipos (Hech. 16:1-5), y desde entonces se estableció entre ambos una relación sólida. En segundo lugar, Timoteo tiene un interés genuino por los filipenses y una disposición o ánimo a ponerse al servicio de ellos. Esta cualidad de interés en los otros y desinterés personal, y de entrega sin reservas a la tarea, constituye para Pablo la marca distintiva de un verdadero misionero, como se puede ver en la descripción de sí mismo que ofrece en 1 Tesalonicenses 2 y en 2 Corintios 12:14, 15. En tercer lugar, la fidelidad de Timoteo al evangelio está probada, tanto que Pablo lo asocia consigo en el saludo de la carta (1:1) y lo respalda ahora con esta recomendación especial. En el v. 21 hay una nota de contraste que es como un paréntesis con cierto tono de queja sobre todos los otros colaboradores que Pablo tiene cerca. Es difícil decir si el Apóstol se refiere al exceso de ocupaciones de los demás compañeros o hermanos, o a la falta de dedicación específica a Jesucristo. Con un fuerte sentido de urgencia Pablo sólo esperará a que su propia situación se aclare o a que Timoteo le ayude en algunas tareas impostergables, pero tiene prisa en enviarlo y en ir él mismo en cuanto pueda.

Semillero homilético

¿A quién utiliza Dios?
2:19-24

Introducción: ¿Tiene Dios favoritos? ¿Usa en su obra a unos sí y a otros no? ¿Por qué tal o cual hermano tiene más éxito que otro en el servicio? ¡No! Dios no tiene favoritos. Cada creyente tiene su lugar y a cada uno Dios desea utilizar. Quien ha de ser útil en las manos del Señor no será alguien perfecto, pero sí reunirá en sí mismo ciertas características. Timoteo es un buen ejemplo.

I. Dios utiliza al cristiano dispuesto: *Espero en el Señor Jesús enviaros pronto a Timoteo...* (v. 19).
   1. Dispuesto a prepararse para servir al Señor (2 Tim. 3:14, 15).
   2. Dispuesto a servir al Señor en cualquier empresa (v. 22).
II. Dios utiliza al cristiano de buen ánimo: *Pues no tengo a nadie que se interese... con tanto ánimo y sinceridad...* (v. 20).
   1. El buen ánimo contagia y alienta (v. 21).
   2. El buen ánimo y la sinceridad motivan a la victoria (v. 24).
III. Dios utiliza al cristiano con interés en otros: *Pues no tengo a nadie que se interese por vosotros con tanto ánimo...* (vv. 20-23).
   1. El interés por otros revela un espíritu altruista (v. 21).
   2. El interés por otros revela el Espíritu de Cristo (v. 21).
IV. Dios utiliza al cristiano que es fiel: *Ya conocéis la reputación de Timoteo que como hijo a padre ha servido conmigo...* (vv. 22, 23).
   1. La fidelidad nos coloca a veces en segundo lugar.
   2. La fidelidad a veces cuesta mucho.

Conclusión: ¿Deseas tú ser usado por Dios en forma especial? No es cuestión de fama, ni de crédito, ni de preferencia. Es cuestión de disposición, de alegría y gozo, de interés en servir y de fidelidad a Dios y a su causa. ¡El te necesita ahora mismo!

25 Sin embargo, también creí necesario enviaros a Epafrodito, mi hermano, colaborador y compañero de milicia y vuestro mensajero y suministrador de mis necesidades, **26** ya que él os añoraba* a todos vosotros y estaba angustiado porque habíais oído que él estaba enfermo. **27** Pues en verdad estuvo enfermo de muerte, pero Dios tuvo misericor-

---

*2:26 Algunos mss. antiguos dicen *él añoraba veros*.

---

2. Epafrodito: el mensajero del amor, 2:25-30

Este es otro retrato de un colaborador que realmente los propios filipenses le habían enviado a Pablo como mensajero. La descripción es mucho más explícita y abundante en detalles que la de Timoteo. Nótese el rico vocabulario del v. 25, que acumula cinco adjetivos y substantivos para describir a Epafrodito. Al mencionar todo ello, Pablo está expresando también su gratitud y aprecio a los filipenses por la calidad del mensajero que le habían enviado. Las referencias al sentir de Epafrodito, *os añoraba a todos vosotros*, y a su preocupación por los filipenses, son parte de esa desinhibida descripción de la calidad de relaciones afectivas y fraternales que he-

---

Semillero homilético

¿Quién es un cristiano?
2:25, 30

Introducción: El cap. 2 de Filipenses comienza con una profunda, maravillosa y reverente descripción del Señor Jesucristo, pero concluye describiendo con "pincelazos" magníficos la descripción de un cristiano. Cristo se consagró a un servicio obediente a Dios, despojándose a sí mismo para beneficio de otros. Epafrodito, un cristiano, se consagra a Dios de tal manera que se sujeta a vivir y servir a otros cristianos, tomando sobre sí el modelo de Cristo, viviéndolo y proyectándolo hacia los demás. ¿Quién es un cristiano?

I. Un cristiano es un hermano (v. 25).
   Hermano significa lit. "del mismo vientre". Se refiere a un origen común, un nivel igual.
   1. Implica una relación íntima.
   2. Implica una relación de simpatía.
II. Un cristiano es un colaborador (v. 25).
   Pablo es el único que utiliza este término cuatro veces en sus epístolas. *Colaborador* significa uno que trabaja a la par o conjuntamente con otro.
   1. Indica que hay una tarea para todos.
   2. Indica que hay una mejor comunión.
III. Un cristiano es un soldado (v. 25).
   Compañero de milicia. Pablo se coloca al mismo nivel de Epafrodito. "Compañero de milicia" se refiere a dos soldados que tienen el mismo rango en un campo militar.
   1. Ser soldado implica lucha.
   2. Ser soldado implica victoria.
IV. Un cristiano es un ministro.
   ... *suministrador de mis necesidades*. Había traído la ofrenda sirviendo a los hermanos y permaneció sirviendo a Pablo en todo lo que él necesitaba. "suministrador" significa ministrar. Es el verbo de "ministro" y ministerio, lit. significa: servidor.
   1. Ministro implica servir a los demás.
   2. Ministro implica servir a Dios.
Conclusión: Epafrodito es el hermano, el colaborador, el soldado y el ministro. Es un cristiano como cualquiera de nosotros. Expuso su vida por el servicio (v. 30), lo cual significa que no simplemente brindó un servicio... sino que en ese servicio se dio de tal manera que estuvo al borde de la muerte. El Señor ya tiene su galardón para los cristianos así qué ¡procuremos imitarle!

día de él; y no solamente de él, sino también de mí, para que yo no tuviese tristeza sobre tristeza. **28** Por lo tanto, le envío con más urgencia, para que os volváis a gozar al verlo y yo esté libre de preocupación. **29** Recibidle, pues, en el Señor con todo gozo y tened en alta estima a hombres como él; **30** porque a causa de la obra de Cristo estuvo cercano a la muerte, arriesgando su vida para completar lo que faltaba en vuestro servicio a mi favor.

La meta del llamamiento de Dios

3 Por lo demás, hermanos míos, regocijaos en el Señor. El escribiros las mismas

---

mos visto en otros pasajes de la carta. Aquí no sólo entre Pablo y los filipenses, sino también entre éstos y Epafrodito. En el v. 27 se combina un rico reservorio de afecto mutuo dentro del marco de fe en la soberanía y la misericordia de Dios. Hay un lenguaje de intimidad personal no sólo entre Pablo y Epafrodito sino también entre Pablo y su Dios. Las recomendaciones pidiendo que se reciba a Epafrodito (vv. 29, 30) tienen paralelos en otra carta enviada a la región de Macedonia (1 Tes. 5:12-22). Sin embargo, su reiteración en esta sección de la epístola hace pensar que parte de la problemática pastoral de Filipos podría haber sido cierto enfriamiento hacia Epafrodito, causado por los falsos misioneros a los cuales Pablo pasa a describir y atacar en el capítulo siguiente.

> **Joya bíblica**
> Recibidle, pues, en el Señor con todo gozo y tened en alta estima a hombres como él (2:29).

Toda esta sección de los vv. 19-30 es una de esos "planes de viaje" que Pablo suele ubicar al final de sus epístolas, y que podría terminar lógicamente con la reiteración de consejos en 3:1a, que tiene el tono de un resumen final. Esto hace pensar a algunos estudiosos que aquí estamos llegando al final de una carta, y que 3:1b, sería la introducción a otra carta. Esta hipótesis podría favorecer la idea de que la sección siguiente (3:2 ss.) es un agregado posterior, tal vez tomado de otra carta de Pablo. Sin embargo, aunque hay una cierta ruptura en el hilo del pensamiento, por otra parte no hay que forzar al texto para encontrar relaciones entre los temas de la próxima sección y el resto de la epístola (ver Introducción).

V. DIFICULTADES DE LA CONSOLIDACION MISIONERA, 3:1—4:1

Por lo demás, hermanos míos es la traducción del griego *to loipon adelfoi* que a veces servía como fórmula de despedida (ver 2 Cor. 13:11). Junto con la exhortación *regocijaos en el Señor* bien puede ser una frase con la cual se intenta resumir lo dicho hasta ahora, y de esta manera 3:1a sería la frase que cierra el capítulo anterior. De ser así, 3:1b viene a ser lógicamente una introducción a la sección que sigue. ¿A qué se refiere entonces la expresión *las mismas cosas*? En 2:18 la invitación a regocijarse es parte de una exhortación general a la unidad y la firmeza en la fe (2:14-18). El sentido de 3:1b sería entonces que Pablo aclara que los próximos párrafos con sus advertencias contra los falsos misioneros tienen la misma intención pastoral que lo que ha escrito hasta ahora. Otros comentaristas creen que la expresión *las mismas cosas* se refiere a enseñanza que Pablo envió por medio de otra carta que desconocemos. El recurso didáctico que usa Pablo es un ataque a los falsos misioneros, pero también, por contraste, una clarificación de la verdadera fe cristiana y de las características de su propia militancia espiritual y su práctica misionera.

cosas a mí no me es molesto, y para vosotros es más seguro. **2** ¡Guardaos de los perros! ¡Guardaos de los malos obreros! ¡Guardaos de los que mutilan* el cuerpo! **3** Porque nosotros somos la circuncisión: los que servimos a Dios en espíritu,

---

*3:2 Juego de palabras con *circuncisión* del v. 3; comp. Gál. 5:12

---

1. Advertencia contra los falsos apóstoles, 3:2, 3

El lenguaje de estas advertencias es enérgico, y en un par de líneas ofrece un retrato de los falsos misioneros. Evidentemente se trata de rivales de Pablo diferentes a los que menciona en 1:15 y 17, donde se refiere a personas que predicaban a Cristo, pero cuya motivación era torcida. Aquí en cambio se trata de una obra insidiosa que atenta contra el meollo del evangelio. La repetición del verbo *guardaos* no significa que se trate de tres grupos diferentes de personas, sino que indica la seriedad de la advertencia. Las tres notas que ofrece el v. 2 identifican a las mismas personas, es decir los misioneros judaizantes que también habían hecho sus incursiones en Corinto (2 Cor. 11).

> **Joya bíblica**
> **Por lo demás, hermanos míos, regocijaos en el Señor (3:1).**

En el original hay juegos de palabras que no son de fácil traducción, pero la clave es la tercera frase, *los que mutilan el cuerpo*, que claramente identifica a los judaizantes que insistían en la circuncisión como requisito para la salvación y la entrada en la iglesia. Pablo aceptaba la circuncisión como costumbre judía que era señal del pacto. No se oponía a que los judíos que habían llegado a creer en Cristo mantuvieran la costumbre de la circuncisión en sus familias. De hecho, el relato de Hechos acerca de su encuentro con Timoteo afirma que lo hizo circuncidar (Hech. 16:3), ya que aunque su madre era judía su padre era griego y no habían cumplido con ese requisito de la Ley. Lo que evidentemente enfurecía al Apóstol era la obra insidiosa de misioneros enviados por un sector de la iglesia de Jerusalén, que querían obligar a los creyentes gentiles de las iglesias que él iba fundando a que se circuncidasen también. Al hacerlo alegaban que el evangelio de Pablo era incompleto, y es evidente que también criticaban su conducta personal y sus métodos misioneros. De ahí que Pablo utilice el término *katatomé* 2699, que en el v. 2 se traduce como *los que mutilan el cuerpo*. La palabra para circuncisión es *peritomé* 4061, y como dice la nota de RVA, se trata de un juego de palabras.

El Apóstol no para mientes en usar también para los falsos misioneros el término perros, lo cual podría tener un sentido irónico. Los judíos más celosos se referían a los gentiles como "perros", en forma despreciativa, debido a que consideraban inmundos a dichos animales (Mat. 15:26; Apoc. 22:15). Sin duda que los judaizantes hacían gala de su limpieza, y aquí Pablo recurre a la ironía al aplicarles el término. Los filipenses son exhortados también a cuidarse de esos malos obreros. La palabra obreros traduce el griego *ergátes* 2040, término que aparece también en 2 Corintios 11:13 con un adjetivo diferente: obreros fraudulentos, y que probablemente se refiere a los mismos rivales de Pablo. Se trata de personas que trabajan con gran celo y diligencia, pero en una obra destructora, porque están atentando contra lo fundamental del evangelio.

Es importante recordar que Pablo también usaba el término "circuncisión" como un sustantivo colectivo para referirse a los judíos, sin ninguna connotación negativa (Gál. 2:7-9). Yendo más allá, en el v. 3 pasa a describir lo que considera más im-

FILIPENSES 3:2-3, 4-9

que nos gloriamos en Cristo Jesús y que no confiamos en la carne. 4 Aunque yo tengo de qué confiar también en la carne. Si alguno cree tener de qué confiar en la carne, yo

portante, la auténtica circuncisión que agrada a Dios, en contraste con la mutilación que predicaban los malos obreros (comp. Rom. 2:25-29). La describe con tres notas que bosquejan lo esencial del mensaje paulino en general. Primero, *servimos a Dios en espíritu,* es decir no prestando atención a legalismos literalistas, una actitud que se preocupaba sólo de la letra muerta de la ley. Escribiendo a los corintios, Pablo contrasta dos tipos de servicio a Dios y afirma que el de los apóstoles es un ministerio no de la letra sino del Espíritu: *Porque la letra mata, pero el Espíritu vivifica* (2 Cor. 3:6). Segundo, *nos gloriamos en Cristo Jesús,* especialmente en el hecho de que la cruz de Cristo que es escándalo para los judíos es el único camino para acercarse a Dios (Gál. 6:14). Tercero, *no confiamos en la carne,* es decir no busca la salvación por medio de sus propias obras humanas, ni sirve a Dios tratando de acumular méritos para salvarse, temas que desarrolla en las epístola a los Gálatas y a los Romanos. En resumen, la verdadera circuncisión es aquella que Cristo obra (Col. 2:6-11) en el corazón del ser humano, en contraste con el mero ritual externo entendido en sentido legalista. Así pues, el antídoto contra la obra de los malos obreros es permanecer afirmados en lo esencial del evangelio, en una relación con Cristo acerca de la cual Pablo ofrece su testimonio personal.

2. El misionero de Cristo: ejemplo de entrega, 3:4-9.

El Apóstol ahora refuerza su enseñanza acudiendo a su experiencia personal, de la cual deriva su comprensión del evangelio. Si de lo que se trata es de hazañas y marcas de prestigio desde el punto de vista puramente humano, él puede presentar un curriculum vitae impresionante, y salir ganando en la comparación: *Si alguno cree tener de qué confiar en la carne, yo más,* dice. Como para que los judaizantes lo supiesen, ya que ellos se preciaban mucho de su rancia estirpe judía (2 Cor. 11:22), Pablo pasa a hacer una lista de sus títulos dentro del judaísmo. Estos eran impecables desde el punto de vista nacionalista: *del linaje de Israel, de la tribu de Benjamín, hebreo de hebreos.* No sólo tenía el orgullo de ser judío de nacimiento, sino también de pertenecer a la tribu de la cual había salido el rey Saúl, cuyo nombre había llevado hasta que lo cambió por el de Pablo. También tenía títulos desde el punto de vista religioso: venía de una familia devota y respetuosa de la ley, como indica *circuncidado al octavo día,* que también era una forma de afirmar que no era un gentil convertido. Por decisión propia se había hecho miembro del partido más celoso de la tradición hebrea, fariseo. Había dado muestras de rigor y celosa devoción a la causa judía, *perseguidor de la iglesia,* lit. "cazador" de herejes, término

---

**La visión del misionero
3:3-16**

El misionero sabe que ha sido redimido en base a los méritos de Cristo en la cruz y que ningún logro humano puede proporcionarle las bendiciones espirituales que Dios en su gracia tiene reservadas. El misionero depende de la gracia y el poder de Dios para la tarea que tiene por delante: *...nos gloriamos en Cristo Jesús... no confiamos en la carne...* (v. 3), ni en los recursos humanos en forma absoluta. El pasaje recalca:
1. Las credenciales del misionero (vv. 4-6).
2. El testimonio del misionero (vv.7-11).
3. La meta del misionero (vv. 12-14).
4. El desafío del misionero (vv. 15, 16).
La obra misionera es igual a una carrera de larga distancia. Requiere perseverancia, paciencia y, sobre todo, constancia. Pero el misionero sabe que sigue a un victorioso Jesús, que ya ganó la victoria y tiene el galardón preparado para los fieles.

más: **5** circuncidado al octavo día, del linaje de Israel, de la tribu de Benjamín, hebreo de hebreos; en cuanto a la ley, fariseo; **6** en cuanto al celo, perseguidor de la iglesia; en cuanto a la justicia de la ley, irreprensible.
7 Pero las cosas que para mí eran ganancia, las he considerado pérdida a causa de Cristo.
8 Y aun más: Considero como pérdida to-

que usan Lucas y Pablo mismo para describir su grado de devoción a la causa (Hech. 9:4, 5; 22:4, 7, 8; 1 Cor. 15:9; Gál. 1:13 ss., 23) En lo relativo a la moral y obediencia a la ley, era *irreprensible*. Es importante recordar que aunque los cristianos tenemos a veces una impresión muy negativa de los fariseos, ya que ellos aparecen en los Evangelios como rivales y críticos intransigentes de Jesús, desde el punto de vista del cuidado y preservación de la Biblia habían cumplido un papel muy especial. Pablo no utiliza el término en forma negativa.

Si bien era importante para Pablo establecer sus credenciales judías frente a los misioneros judaizantes, la verdadera intención de esa lista de credenciales era mostrar que para él la fe en Cristo había obrado un cambio radical de perspectiva. Por eso hay que notar la fuerza que tiene en este punto la conjunción adversativa *pero*. Ella introduce una apasionada profesión de fe en Cristo que lo ha llevado a considerar como de poco o ningún valor toda la grandeza humana que caracterizaba su vida anterior. Esta es una de las descripciones más claras y radicales de Pablo acerca de la revolución espiritual que le trajo su encuentro con Cristo. Nada en el libro de Hechos o en los escritos de Pablo indica que éste haya conocido a Jesús durante su ministerio terrenal. El encuentro del camino de Damasco fue sin duda una experiencia del Jesús resucitado, acerca de la cual no se entra en algunos detalles, aunque se narra tres veces (Hech. 9:1-19; 22: 6-16; 26:12-18). Eso sí, tanto el tono de los relatos de Hechos como otras referencias de Pablo a esa experiencia (Gál. 1:14-16) destacan su carácter definitorio. Para describir el contraste Pablo utiliza aquí la idea de ganancia y pérdida, como si al poner en una balanza todo lo que fue en el mundo judío, su nueva experiencia sobrepasaría con creces todo ese peso.

En tiempos recientes, los estudiosos han redescubierto la importancia de conocer el trasfondo judío del Apóstol y la herencia judía que incorporó a su comprensión de la fe cristiana. Es importante recordar que para comprender a la propia persona de Cristo, Pablo usa la luz del AT. Además, cuando escribe acerca de su experiencia, más que como la conversión de una religión a otra Pablo la presenta como el haber descubierto asombrado que el Dios en quien siempre había creído se había manifestado en Cristo, y lo llamaba ahora para una nueva tarea: la evangelización de los gentiles (Gál. 1:13-17). Al mismo tiempo los estudiosos están unánimes en reconocer que el punto de partida y la clave de la teología de Pablo es nada menos que su encuentro con Cristo y el cambio radical que se operó en su vida. Los ojos le fueron abiertos para poder ver que aquél a quien él perseguía era el Hijo de Dios que había muerto por él. A partir de ese punto todo el celo que había puesto Pablo en llegar a ser un verdadero judío irreprochable cambió de dirección, se volvió repuesta gozosa al amor y la gracia de Dios.

El razonamiento de este párrafo (vv. 7-9) culmina en unas líneas (v. 9) en las cuales Pablo articula con toda claridad la doctrina de la justificación tal como la entiende en su propia actitud y en su propia vida: *sin pretender una justicia mía, derivada de la ley, sino la que es por la fe en Cristo, la justicia que proviene de Dios por la fe*. Ese es precisamente el meollo del contraste entre Pablo y los falsos misioneros a los que está criticando. Con su insistencia en las marcas exteriores de una religiosidad legalista los falsos misioneros predicaban un evangelio de justicia por medio de las obras humanas. Pablo había

das las cosas, en comparación con lo incomparable que es conocer a Cristo Jesús mi Señor. Por su causa lo he perdido todo y lo tengo por basura, a fin de ganar a Cristo **9** y ser hallado en él; sin pretender una justicia mía, derivada de la ley, sino la que es por la fe en Cristo, la justicia que proviene de Dios por la fe.

descartado ese camino de justificación (comp. Gál. 2:16). El enunciado teológico de este v. 9 va precedido de una declaración apasionada de su entrega a Cristo: *Considero como pérdida todas las cosas, en comparación con lo incomparable que es conocer a Cristo Jesús mi Señor.* Esa entrega y ese entusiasmo por Cristo no se reducen a una explosión de sentimentalismo, porque como resultado de su fe Pablo ha tenido que renunciar a toda grandeza humana y adoptar un estilo de vida peligroso y heroico. Ha habido un costo, pero en el tono y estilo de este párrafo no hay nada de queja, sino más bien un sentido de privilegio. Esa es la fuerza de la imagen que usa, aunque las traducciones modernas suavizan la fuerza del contraste paulino, quizá por cuestión de buen gusto. La expresión *lo tengo por basura* puede traducirse lit. "lo considero como estiércol".

> **Joya bíblica**
> **Considero como pérdida todas las cosas, en comparación con lo incomparable que es conocer a Cristo Jesús mi Señor (3:8).**

Conocer a Cristo Jesús mi Señor se ha vuelto el principio que guía la vida de Pablo. Para él conocer es más que una actividad intelectual, es decir es más que agregar nuevas ideas acerca de Cristo al almacén de su memoria. Conocer ha empezado por entregarse a Cristo, arriesgando todo en ese acto de fe. En el camino a Damasco, Pablo descubrió que al perseguir a la iglesia, a quienes creían en Jesús, había estado persiguiendo al mismo Jesús (Hech. 9:5, 6, 17). Al pasar a ser él mismo parte de esa comunidad perseguida pudo conocer a Jesús, y por eso insiste en la pertenencia mutua que caracteriza a la iglesia, y en la participación común en las mismas ideas y en las mismas tareas. El misionero y teólogo Juan A. Mackay decía que a Jesús no se le puede conocer desde el balcón de la admiración o la curiosidad intelectual, sino desde el camino, cuando se le sigue: "No puede haber conocimiento verdadero de las cosas últimas, es decir de Dios y del hombre, del deber y el destino, que no haya nacido de un serio interés y se haya perfeccionado en una entrega y adhesión; lo cual equivale a decir que la verdad religiosa se obtiene solamente en el Camino" (J. A. Mackay, *Prefacio a la teología cristiana*).

Además, conocer es entregarse a Cristo como Señor, es decir tomar en serio sus mandamientos y su ejemplo. Ese ha sido el razonamiento que Pablo dirigió a los filipenses en 2:1-4. Si es que hay una relación con Cristo, debe haber un estilo de vida correspondiente. Hemos visto que ello afecta no sólo el pensar sino también el sentir y la voluntad. Lo que ahora está argumentando el Apóstol es que la realidad de su propia vida se caracteriza por esa entrega total. Ello significa una renuncia a cualquier pretensión de agradar a Dios por medio de prácticas religiosas o por el recurso a los propios méritos y privilegios, aparte de la fe en la obra de Cristo. Significa también una gozosa aceptación del medio provisto por Dios mismo para la salvación, la justicia que proviene de Dios por la fe.

3. El misionero de Cristo: ejemplo de crecimiento, 3:10-16

Toda esta epístola es un llamado a avanzar y crecer en la vida cristiana. En esta sección, Pablo expresa su actitud fundamental de discípulo inquieto, quizá mayor

10 Anhelo conocerle a él y el poder de su resurrección, y participar en sus padecimientos, para ser semejante* a él en su muerte; **11** y de alguna manera, me encontraré en la resurrección de los muertos.

---

*3:10 Lit., *ser amoldado juntamente con él en*...

---

en años pero siempre joven en su anhelo de subir a nuevas alturas. Habiendo dado cuenta de la riqueza que ha encontrado en Cristo, que vale más que toda su propia grandeza humana anterior, ahora pasa a aclarar que todavía tiene mucho camino que recorrer: no ha llegado a la perfección. El vocabulario del v. 15, *los que hemos alcanzado la madurez*, traduce el griego *teléiosis* [5050], que era usado por los partidarios del gnosticismo, una herejía que se estaba infiltrando en las iglesias del NT. Los gnósticos afirmaban tener un conocimiento especial *(gnosis)* de las cosas divinas y pretendían haber alcanzado un alto grado de superioridad espiritual: se gloriaban de "ser perfectos". También despreciaban la realidad material y negaban una resurrección futura transfiriéndolo todo a la experiencia presente. Por ello, a veces junto a su proclamada superioridad espiritual se daba un cierto libertinaje moral. Frente a ese perfeccionismo gnóstico, Pablo coloca en contraste su actitud humilde y realista, la de una verdadera madurez cristiana. Es importante ver aquí la íntima relación entre la cristología de Pablo y su espiritualidad. Un aspecto de esa espiritualidad es la contemplación y la unión con Cristo. Así como el himno en 2:6-11 destacaba la humillación de Jesús y luego su glorificación, en este pasaje la espiritualidad de Pablo se expresa con referencia a los mismos términos.

Semillero homilético
Metas superiores del cristiano
3:9-11
Introducción: La vida se mueve en base a motivaciones. Impulsos que dominan la vida y la proyectan hacia aspiraciones altas. Cada cristiano debe de fijarse estas metas superiores en su relación personal con Cristo.
I. La meta de un conocimiento mayor de Cristo: *Anhelo conocerle a él*... (v. 10).
   No una relación nominal ni trivial, un conocimiento experimental, personal y profundo.
   1. El conocimiento mayor viene por la Biblia.
   2. El conocimiento mayor viene por la oración.
II. La meta de una identificación mayor a Cristo: *Y ser hallado en él*... (v. 9).
   Una relación que le lleve a fundir su personalidad, su voluntad y sus sentimientos en Cristo Jesús.
   1. La identificación mayor viene de una entrega total.
   2. La identificación mayor viene de una comunión profunda.
III. La meta de un poder mayor en Cristo: *... y el poder de su resurrección*... (v. 10).
   Vivir en el poder que levantó a Cristo de los muertos.
   1. Mayor poder sobre Satanás.
   2. Mayor poder sobre el pecado.
   3. Mayor poder sobre la muerte.
Conclusión: No conformarse con haber sido salvado y justificado por Cristo. El cristiano debe anhelar algo mejor: un conocimiento experimental de Cristo en la vida. Una identificación mayor con él en el andar diario. Desear experimentar su poder, el que le levantó de los muertos y vivir para Cristo. Hay galardón. ¡Vamos detrás de él!

12 No quiero decir que ya lo haya alcanzado, ni que haya llegado a la perfección; sino que prosigo a ver si alcanzo aquello para lo cual también fui alcanzado por Cristo Jesús.

Su anhelo es conocer más a Cristo, no sólo el poder de su resurrección, sino también de *participar en sus padecimientos y ser semejante a él en su muerte*. Tanto la referencia a la resurrección de Jesús como la semejanza a él en su muerte podrían vincular el hilo de este razonamiento con la forma y fórmula del bautismo (Rom. 6:1 ss.). Muerte y resurrección son operativas ahora en la vida del creyente. La nota de RVA aclara el sentido lit. de *semejante a él en su muerte* como "ser amoldado juntamente con él en su muerte", imagen más rica y activa, aunque requiera un rodeo lingüístico. Aquí el lenguaje paulino tiene algo del tono contemplativo de los Salmos y del anhelo de unión con Dios que caracteriza a esos grandes hombres y mujeres de Dios a quienes suele llamarse místicos. Esa unión incluye la participación *(koinonía 2842)* en los padecimientos. Ya en 1:29 se ha referido al privilegio de sufrir por Cristo y con Cristo, como parte del discipulado. Pablo ve sus propias peripecias por la causa del evangelio como una participación en lo que sufre Cristo mismo, el gran actor de la misión (Rom. 15:18).

La referencia a la resurrección en el v. 11 la toma en un sentido diferente a la resurrección de Cristo en el v. 10, donde se refiere al pasado y al presente. Aquí la referencia es al futuro, a un evento que Pablo ve venir y en el cual espera poder encontrarse: *la resurrección de los muertos*, o mejor aun "de entre los muertos". En otras partes de esta epístola Pablo hace afirmaciones respecto al futuro y su esperanza, como por ejemplo en 1:23 y en 2:16. Lo que Pablo no nos ofrece, ni parecía interesarle, es una sistematización de todos estos datos en lo que podríamos llamar una escatología paulina.

Otro aspecto de la espiritualidad es el de una santidad activa como la expresa ahora el párrafo que sigue y que refleja la vocación cristiana más profunda de Pablo, utilizando la figura del atleta en el estadio. Primero, no se trata de un esfuerzo por ganar la salvación, sino de una respuesta a

Prosigo
3:12

Cuando Pablo se encontró cara a cara con Cristo, en el camino a Damasco (Hech. 9:1-6; 26:16-18), y se convirtió, él comprendió que allí él fue alcanzado por Dios. Cada cristiano lo es por iniciativa de Dios, quien lo busca, lo alcanza, le da la mano, lo salva y, finalmente, lo guía en su perfeccionamiento. Como ocurre con cada uno de nosotros, Pablo comprendió que desde su infancia, desde lejos, Dios ha estado rodeando sus sendas y caminos, a través de muchas y definidas experiencias. El reconoció que aquel día tan memorable de su contacto personal con el Señor, el amor de Dios en la persona de Cristo lo había aprehendido, lo había apresado, lo había alcanzado. Ahora dice prosigo con perseverancia y tesón hacia la meta, *a ver si alcanzo aquello para lo cual fui alcanzado*... Cuando Dios nos alcanza y nos acerca a él, nos va modelando a la medida de aquello en lo cual él desea usarnos. A veces vemos claramente el objetivo, la meta que Dios tiene para nosotros y eso nos alienta a proseguir y alcanzar aquello para lo cual fuimos alcanzados (Ef. 2:10). Aunque 25 años habían pasado desde aquel "encuentro" y aunque había recorrido el mundo conocido con el evangelio, había plantado iglesias, escrito epístolas y formado líderes; y aunque su vida está acercándose a su fin, él no cree que ha alcanzado lo que le corresponde en aquel lapso y, por eso, prosigue.

En la vida cristiana y de servicio habrá victorias, habrá fracasos, habrá alegrías y habrá tristezas. Nunca olvidemos que lo mejor está más adelante. Hemos de proseguir puestos los ojos en Jesús, y obsesionados con alcanzar la madurez de la vida cristiana.

13 Hermanos, yo mismo no pretendo haberlo ya alcanzado. Pero una cosa hago: olvidando lo que queda atrás y extendiéndome a lo que está por delante, 14 prosigo a la meta hacia el premio del supremo llamamiento* de Dios en Cristo Jesús. 15 Así que, todos los que hemos alcanzado la madurez pensemos de este modo; y si pensáis otra cosa, también eso os lo revelará Dios. 16 En todo caso, sigamos fieles a lo que hemos logrado.*

---

*3:14 Lit., *el llamado desde arriba*
*3:16 Algunos mss. antiguos agregan *pensando en la misma cosa*.

---

la iniciativa divina *a ver si alcanzo aquello para lo cual fui también alcanzado* (v. 12), lit. "a ver si llego a agarrar como he sido agarrado". Esto tiene un hermoso paralelo en 1 Corintios 13: 12: *entonces conoceré plenamente, así como fui conocido*, y está claramente en la misma línea del v. 9 que insiste en la justicia que viene de Dios y que no es hazaña humana. Segundo, no hay triunfalismo sino un reconocimiento de imperfección e inacabamiento: *No quiero decir que ya lo haya alcanzado, ni que haya llegado a la perfección*. Creerse perfecto sería una falsa pretensión que el Apóstol insiste en evitar (v. 13a). Tercero, aunque no hay triunfalismo tampoco hay pasividad. Nótese los verbos activos: *prosigo* (v. 12), *una cosa hago* (v. 13 b), *prosigo a la meta* (v. 14), y también el sentido profundo de dedicación: *olvidando* y *extendiéndome* (13b). Cuarto, así como la actividad disciplinada y dedicada del atleta va en pos de la meta para alcanzar los laureles olímpicos, el premio que quiere recibir Pablo en su carrera es la culminación de lo que llama *el supremo llamamiento de Dios en Cristo Jesús*. Se trata de un llamamiento que es iniciativa divina, lit. como dice la nota de RVA, viene "desde arriba".

El hilo del discurso termina ahora (vv. 15, 16) con una frase que tiene la intención de resumir todo lo anterior y a la luz de ello exhortar a los lectores a mantenerse firmes en la postura alcanzada. Está aquello que se ha logrado, la madurez, que consiste en una espiritualidad realista y activa. Tomando el término que usaban los perfeccionistas Pablo le infunde nuevo contenido, e invita a los filipenses a que como señal de su madurez, compartan también la santa inquietud de la cual él mismo es un vivo ejemplo. El quisiera ver a los filipenses unidos en este nivel de vida espiritual, y los exhorta a estar abiertos a lo que Dios pueda seguirles enseñando.

4. Imitación del ejemplo en esperanza, 3:17—4:1

Luego de haber descrito su propia experiencia descubriendo las honduras más íntimas de su intención espiritual, Pablo se propone a sí mismo como ejemplo que los filipenses deben imitar. Todo pastor consciente sabe que sus propias acciones y actitudes se vuelven tarde o temprano un ejemplo que la iglesia sigue. La única forma de crecer y avanzar en la vida espiritual es mediante la enseñanza bíblica sólida que va ilustrada con las vidas de personas que se constituyen en ejemplos, lecciones vivientes. El buen líder es el que puede decir "hagan como yo hago". En el ministerio de Jesús encontramos la misma actitud que claramente señala al propio ejemplo (Juan 13: 15).

Después de esta referencia de Pablo a sí mismo y como mostrando un abierto contraste, pasa a describir a algunas personas que constituían un pésimo ejemplo, y respecto a las cuales formula una firme advertencia, con profunda tristeza *lo digo llorando*. La descripción es contundente en sus cuatro elementos. *Son enemigos de la cruz de Cristo*, es decir tienen un tipo de conducta o mensaje que atenta contra uno de los elementos centrales del evangelio. Es la misma acusación que Pablo lanza contra los judaizantes en Gálatas 5:10-12 y 6:12, y contra los falsos misioneros en el v. 2. *El fin de ellos será la perdición*, pen-

17 Hermanos, sed imitadores de mí y prestad atención a los que así se conducen, según el ejemplo que tenéis en nosotros. **18** Porque muchos andan por ahí, de quienes os hablaba muchas veces, y ahora hasta lo digo llorando, que son enemigos de la cruz de Cristo. **19** El fin de ellos será la perdición; su dios es su estómago; su gloria se halla en su vergüenza; y solamente en lo terrenal. **20** Porque nuestra ciudadanía está en los cielos, de donde tam-

---

sando posiblemente en el juicio de Cristo al cual ha hecho referencia antes (2:16) y hará referencia en el versículo siguiente.

Las frases siguientes se refieren de diferentes maneras al materialismo crudo de los gnósticos libertinos, *su dios es su estómago*. Estómago puede ser sustituído por "apetitos", ya que el griego *koilía* 2836 puede traducirse así y no se refiere únicamente a la gula (Dios Habla Hoy aquí y en Rom. 16:18). *Su gloria se halla en su vergüenza* parece referirse al libertinaje que hacía gala de libertad como en 1 Corintios 5:2, pero que para el Apóstol era vergonzoso. Esto lo complementa bien la referencia a la obsesión con el placer, ganancia o gloria que parecía ser el móvil de estas personas: *piensan solamente en lo terrenal.*

¿Son los *muchos* que *andan por ahí* (v. 18) los mismos misioneros judaizantes a quienes Pablo atacaba en el v. 2? Algunas de las características señaladas aquí, como p. ej. el desprecio a la cruz de Cristo, coinciden con lo que caracterizaba a los misioneros judaizantes. Pero la tendencia gnóstica era diferente a la judaizante, si bien algunas notas que destaca Pablo en su enseñanza tiene respuestas pertinentes para ambas. Las advertencias paulinas tienen resonancia y vigencia hasta nuestra época. Recordemos, p. ej., que el consumismo que es posible para ciertos sectores sociales en América Latina, explica por qué las ideas de cruz y sacrificio son tan difíciles de aceptar en ciertos sectores. En esas circunstancias, muchos prefieren una teología de la prosperidad en la cual no hay interés en el sufrimiento, una teología de gloria sin cruz. O podemos pensar en aquellos cristianos latinoamericanos que se consideran socialmente radicales y que quieren cambiar el mundo, pero que han abandonado la castidad, la vida disciplinada, la fidelidad matrimonial, porque son "virtudes burguesas". En nuestra práctica pastoral nos ha tocado tratar, por ejemplo, con personas que se glorían de su vida promiscua y desordenada como si fuesen marca de superioridad intelectual y de libertad espiritual.

En contraste con el materialismo de los malos ejemplos que los filipenses deben evitar, Pablo describe su actitud como la conciencia de tener una lealtad final a Jesucristo. Aquí usa la palabra *políteuma* 4175, *ciudadanía*, a cuya raíz hicimos referencia ya en 1:27, pero ahora le da un nuevo significado al unirla a los *cielos*. Los filipenses que se sentían tan orgullosos de pertenecer a una colonia romana privilegiada, cuyos títulos de ciudadanía se guardaban en la misma Roma, son invitados a pensar en otra patria, la celestial, con el mismo sentido de privilegio y lealtad. Como filipenses ellos eran una colonia, una presencia de Roma en Filipos. Así los creyentes han de ser una presencia de la ciudad celestial en medio mismo de la ciudad terrena. Recordemos que esta vida como ciudadanos del cielo no significa el retiro del mundo, o el desprecio del cuerpo y la vida material, como si no fuésemos también ciudadanos de una ciudad terrena (1:27).

La ciudadanía celestial tiene una nota de firme esperanza y expectativa: *esperamos ardientemente*. La esperanza finalmente también se centra en Jesucristo, a quien Pablo se refiere como *Salvador*, y también como *Señor*. En los escritos paulinos, la obra salvadora de Jesús no se puede separar de su señorío, y para el creyente la seguridad de la salvación va unida a una vida de obediencia al Señor y sus mandamientos. La escatología y la ética siem-

bién esperamos ardientemente al Salvador, el Señor Jesucristo. **21** El transformará nuestro cuerpo de humillación para que tenga la misma forma de su cuerpo de gloria, según la operación de su poder, para sujetar también a sí mismo todas las cosas.

4 Así que, hermanos míos, amados y queridos, gozo y corona mía, estad firmes en el Señor, amados.

---

pre van de la mano. En consonancia con la espiritualidad activa que Pablo ha venido describiendo y poniendo como ejemplo, expresa ahora su esperanza de una glorificación final con Jesucristo. La cristología de humillación y exaltación de 2:6-11 reaparece ahora como el modelo de lo que Pablo espera que llegue a ser su propia experiencia. Al alcance cósmico del señorío de Jesucristo que puede sujetar también a sí mismo todas las cosas se une el poder transformador que puede transfigurar nuestro cuerpo humano, según la operación de su poder. La transformación de nuestro cuerpo humano, en el cual hay tantas limitaciones humillantes, es una enseñanza paulina que se desarrolla con más amplitud en 1 Corintios 15. Esta era una convicción fundamental del Apóstol, y es un punto crucial de la diferencia entre la inmortalidad del alma en la que creían algunos filósofos griegos y la resurrección de los muertos que es la enseñanza del NT. De la esperanza en la resurrección se nutre la actitud que también toma en serio las realidades terrenas: lo social, lo económico, lo político, lo ecológico.

Ahora la exhortación culmina y se resume, *así que*, significa "en consecuencia", es decir en vista de todo lo que acaba de afirmar. Luego usa el apelativo cargado de afecto hacia ellos, *amados y queridos*. Este segundo término significa lit. "añorados" y su raíz griega es la que así se tradujo en 1:8. La razón del afecto y la añoranza se especifica: es que los filipenses significan mucho para Pablo, son su *gozo*, sus amigos cuyo recuerdo lo llena de alegría; y también son su *corona*, la prueba de que sus trabajos apostólicos no han sido en vano. Con ese vocabulario cargado de afecto Pablo ha preparado el camino a fin de dar el consejo culminante: *estad firmes en el Señor*.

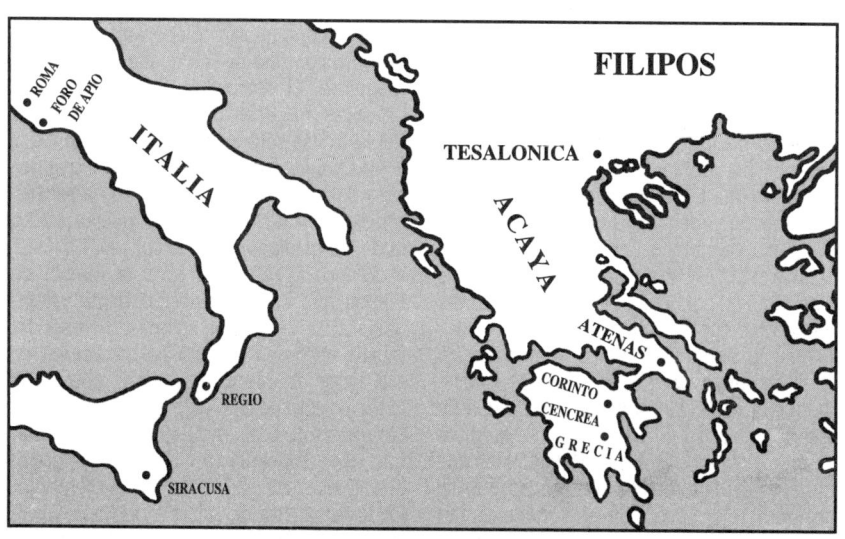

Mapa de Filipos en relación con Roma

Hacia la armonía y el regocijo

2 Ruego a Evodia, y ruego a Síntique que se pongan de acuerdo* en el Señor. 3 Sí, y a ti también, fiel compañero,* te pido que ayudes a estas hermanas que lucharon junto conmigo en el evangelio, también con Clemente y los demás colaboradores míos, cuyos nombres están en el libro de la vida.

---

*4:2 Lit., *que piensen de la misma manera*
*4:3 Gr., *sícigo*; algunos lo toman como nombre propio.

VI. ARMONIA, REGOCIJO Y GENEROSIDAD EN LA MISION, 4:2-23

Como ya se ha visto, el tema de la unidad y la armonía en la iglesia es una constante de esta carta, y en esta sección reaparece con instrucciones pastorales muy específicas. Las exhortaciones a avanzar y a llenarse de la alegría que viene de Dios también se retoman, lo mismo que la referencia a la generosidad de los filipenses para con el Apóstol. Como un hilo entretejido en la trama de estos temas va siempre la referencia personal en un tono de confidencia paterna.

1. Exhortación a la armonía, 4:2, 3

La intención pastoral de las líneas que siguen en esta próxima sección esta muy clara. Como las cartas a las iglesias se leían en público, aquí hay una exhortación tanto a toda la congregación que escuchará la lectura de la carta, como a dos hermanas notables de la iglesia que están distanciadas por un problema de rivalidad, y a un hermano que tiene una posición de liderazgo pastoral. Además, el vocabulario del v. 3 y lo que parece una referencia casual aclaratoria, encierran una rica gama de significados particularmente importantes en nuestra época.

Para la exhortación, Pablo adopta un tono de súplica y de ruego que se reitera, ya que el verbo se repite para cada una de las dos personas nombradas: *Ruego a Evodia y ruego a Síntique*. Pide a estas dos mujeres evidentemente destacadas que se pongan de acuerdo en el Señor, forma muy adecuada y dinámica de traducir *to auto fronein*, expresión verbal que tal como vimos en 2:2, puede traducirse por igual como "sentir" o "pensar". No hay ninguna indicación de que la diferencia entre estas dos hermanas tuviese que ver con los falsos maestros contra los cuales Pablo advierte en el capítulo anterior. La oración que sigue no es de fácil traducción, ya que el vocativo al cual se incluye en el ruego, *a ti también*, puede traducirse como aquí *fiel compañero*, o podría ser el nombre propio Sicigo, que también significaba "compañero fiel" (Dios Habla Hoy). Evidentemente se trataba de una persona que tenía una responsabilidad pastoral, y a quien Pablo podía pedir que ayudase como mediador entre las mencionadas hermanas.

Pablo ofrece unas frases aclaratorias sobre Evodia y Síntique, recordando el hecho de que habían colaborado tanto con él como con uno de sus ayudantes llamado Clemente. El verbo que describe la acción de estas mujeres es *sunathléo* [4866] y Pablo lo usa sólo en esta epístola, en 1:27 y aquí. *Lucharon junto conmigo* traduce algo de la fuerza del verbo que hace referencia a una lucha penosa, a muerte, como la de los gladiadores en el coliseo. En 1:27 el verbo se refiere a toda la iglesia de Filipos que ha permanecido firme y solidaria ante las persecuciones. El uso del mismo verbo en este pasaje para referirse a la labor de Evodia y Síntique muestra el aprecio especial de Pablo por la labor que cumplieron estas mujeres, tanto es así, que usa un término mucho más vigoroso que el que usa para referirse a Clemente. En la larga lista de saludos del cap. 16 de Romanos encontramos muchos otros

4 ¡Regocijaos en el Señor siempre! Otra vez lo digo: ¡Regocijaos! **5** Vuestra amabilidad sea conocida por todos los hombres. ¡El Señor está cerca! **6** Por nada estéis afanosos; más bien, presentad vuestras peticiones delante de Dios en toda oración y ruego, con acción de gracias. **7** Y la paz de Dios, que sobrepasa todo entendimiento, guardará vuestros corazones y vuestras mentes en Cristo Jesús.

---

nombres de mujeres que colaboraron con Pablo en su tarea apostólica. Es evidente que el Apóstol no tenía ningún problema con el ministerio de la mujer, y cualquiera que conozca la historia de las misiones cristianas sabe que la historia se ha repetido siglo tras siglo. A la luz de esta práctica de Pablo hay que leer cualquier otro de sus escritos sobre el tema de la mujer en la iglesia. Esta lección es sumamente importante en nuestra época en que se ha redescubierto el valor del ministerio de la mujer en la iglesia y la misión, y se empieza a reconocer su importancia y su trascendencia, aunque hay todavía quienes quisieran silenciarlo o relegarlo a un segundo plano.

La mención de las dos hermanas lleva a Pablo a pensar en otros que trabajaron a su lado *(sunergós 4904)* como Clemente y varios más que deja sin nombrar en el v. 2, pero para los cuales utiliza un comentario muy elocuente: *cuyos nombres están en el libro de la vida.* En el AT encontramos antecedentes de esta imagen del libro de la vida como manera de referirse a la relación con Dios, la salvación o perdición, la vida o la muerte, en pasajes como Exodo 32: 31-33 y el Salmo 69:28. Jesús usa una expresión paralela en sus instrucciones misioneras específicas, donde exhorta a sus apóstoles o enviados a regocijarse por el hecho fundamental de su relación con Dios y Cristo, más que por sus victorias en la misión: regocijarse de que vuestros nombres están inscritos en los cielos (Luc. 10:20).

Ya que estas mujeres habían desempeñado un papel tan importante en el comienzo de la obra en Filipos, era urgente que superaran sus diferencias y alcanzasen entre sí la misma armonía que debía caracterizar a toda la iglesia. Si los mayores y los líderes en las iglesias no dan ejemplo de reconciliación, armonía y unanimidad, mal pueden esperar que haya paz entre los hermanos comunes y corrientes. La experiencia pastoral nos ha mostrado que inclusive grandes siervos de Dios pueden llegar a desacuerdos que dividen congregaciones y arruinan vidas. Esto aumenta la seriedad y pertinencia de la enseñanza de esta epístola.

> **Joya bíblica**
>
> **Por nada estéis afanosos; más bien, presentad vuestras peticiones delante de Dios en toda oración y ruego, con acción de gracias (4:6).**

2. Exhortación a cultivar la bondad, 4:4-9

Abre esta sección una invitación al regocijo en los mismos términos que ya hemos visto en 3:1, *regocijaos en el Señor.* Se trata de una alegría que tiene raíz profunda porque proviene de la relación con Cristo, y en ese sentido no depende sólo de las circunstancias favorables. Nótese el énfasis renovado, con el uso de la palabra *siempre* y la reiteración explícita *otra vez lo digo,* frase que en griego está en futuro, como si dijese "les he dicho y se los volveré a decir". En la sección siguiente, al dar testimonio de su propia actitud, Pablo muestra un ejemplo de lo que quiere decir. Junto con el regocijo debe haber una forma de ser semejante a la de Cristo que sea reconocida por los demás seres humanos. Amabilidad traduce *epieikés 1933,* variante de la palabra que en 1 Corintios 10:1 se traduce como "ternura", en referencia a Cristo. La palabra tiene además el sentido de paciencia y también el de comprensión

8 En cuanto a lo demás, hermanos, todo lo que es verdadero, todo lo honorable, todo lo justo, todo lo puro, todo lo amable, todo lo que es de buen nombre, si hay virtud alguna, si hay algo que merece alabanza, en esto pensad. **9** Lo que aprendisteis, recibisteis, oísteis y visteis en mí, esto haced; y el Dios de paz estará con vosotros.

---

para con la situación de los demás y misericordia al juzgarlos. En consecuencia, aunque los otros no siempre sean correctos con nosotros, y aunque nos hagan sufrir, les mostraremos amabilidad. *Todos los hombres* indica que no se trata de una amabilidad en las relaciones dentro de la comunidad cristiana, sino también en el mundo. Se trata entonces de una actitud y una manera de tratar a los extraños que llegue a ganarse su respeto. *¡El Señor está cerca!* es una frase relativa al tiempo, en sentido escatológico, afirmando que se acerca el día del Señor. La visión de un Dios que tiene la última palabra y que vindicará a los suyos es un aliciente para cultivar la amabilidad pese a las dificultades.

La estructura de las líneas que siguen puede ser vista a través del concepto de la paz. Primero como una actitud que abandona las preocupaciones (v. 6), luego como una bendición y promesa que viene de Dios (v. 7) y finalmente como una afirmación en cuanto a Dios mismo (v. 9). Pablo exhorta contra la tendencia tan humana de afanarse o preocuparse demasiado: *Por nada estéis afanosos*, lo cual nos recuerda exhortaciones de Jesús en Mateo 6:25 ss. y Lucas 12:22 ss. A quien tiene motivos de ansiedad este imperativo puede parecerle imposible de obedecer, pero notemos que la solución no es un quietismo artificial sino una oración intensa que disipa la ansiedad. En el griego hay cuatro términos que aparecen en el siguiente orden: *proseucé* [4335], que se refiere a la oración en sentido general, *déesis* [1162], que indica un ruego con fuerte sentido de necesidad, *eucaristía* [2169], es decir acción de gracias o expresión de gratitud y *áitema* [155], que sería una petición muy específica. Tal es la riqueza de la oración que el propio Apóstol practicaba y que puede servirnos como una guía para crecer en su

ejercicio. La promesa es que en respuesta a la oración se puede recibir *la paz de Dios*, una paz que se experimenta aunque no se alcance a entender, que toca la cabeza y el corazón. El término *guardará* proviene del vocabulario militar y se refiere a la actividad de los centinelas que cuidaban la tranquilidad de la ciudad, con cuya actividad los filipenses estarían muy familiarizados. Nos recuerda pasajes del AT como Isaías 26:3. Como todo don de Dios es operativo por medio de su Hijo, *en Cristo Jesús*.

> **Joya bíblica**
> ... **Todo lo que es verdadero, todo lo honorable, todo lo justo, todo lo puro, todo lo amable, todo lo que es de buen nombre, si hay virtud alguna, si hay algo que merece alabanza, en esto pensad (4:8).**

Una vez más, el párrafo va a completarse con una frase que busca resumir el hilo del pensamiento, igual que en 3:1. La lista de virtudes que se van a mencionar en el v. 8 es parecida en su contenido y estructura a ciertas listas de máximas éticas de procedencia estoica. Hay quienes piensan que Pablo está citando un escrito con el cual sus lectores habrían estado familiarizados, y que consistiría en una especie de norma mínima de virtudes que cualquiera admitiría como deseables. Pablo estaría entonces señalando el mínimo que era de esperarse y sobre el cual habría que agregar lo específicamente cristiano. Es importante que leamos este versículo a la luz de su contexto en el v. 9, y de toda la epístola. Se trata de un discurso puesto en forma positiva y que abarca un horizonte inmenso. Es una invitación a llenar la mente y el corazón

FILIPENSES 4:10-20

Gratitud por la ayuda recibida

10 En gran manera me regocijé en el Señor porque al fin se ha renovado vuestra preocupación para conmigo. Siempre pensabais en mí, pero os faltaba la oportunidad. **11** No lo digo porque tenga escasez, pues he aprendido a contentarme con lo que tengo. **12** Sé vivir en la pobreza, y sé vivir en la abundancia.

---

con toda manifestación de virtud. La fuerza de la enseñanza se nota en la reiteración de la palabra *todo* que se repite frente a cada una de las virtudes que se enuncian: lo *verdadero*, por contraste con lo irreal o falso; lo *honorable* por contraste con lo vulgar. Pablo generalmente usa lo justo *(díkaios 1342)* en un sentido especial, pero aquí sería lo correcto (como en 1:7). Lo *puro* se refiere al campo de las motivaciones, aunque a veces se usa en relación con pureza sexual. Lo *amable*, (*prosfilés 4375*) que no aparece en las listas comunes, siendo éste el único lugar del NT donde se menciona, y lo *de buen nombre,* en el sentido de buena reputación. Pablo ha sido selectivo al escoger lo que presenta en su lista, y termina resumiendo para incluir todo aquello en lo que hay *virtud* (*areté 703*) o que *merece alabanza* o aprobación divina.

Reconocer lo bueno dondequiera que se manifieste y procurar llenar la vida de lo positivo minimizando lo negativo es una de las señales de madurez y plenitud espiritual y humana. Es el mejor antídoto contra los temores y el resentimiento. Este es el tono que domina la epístola. Recordemos que aunque otros predicaban con la intención de hacerlo sufrir, Pablo se olvida de esa intención y se alegra de que el nombre de Cristo sea anunciado (1:18). Aunque su vida parece estar pendiente de un hilo, Pablo se alegra con la buena memoria de sus filipenses (2:17). Aunque ha perdido todo lo qe le daba grandeza desde el punto de vista humano, se entusiasma con lo que ha ganado que es el tesoro del conocimiento de Cristo (3:7). Por ello es natural que complete este párrafo llamando, una vez más, la atención hacia sí mismo y proponiéndose como ejemplo (v. 9). Nótese el juego de los imperativos: *en esto pensad* y *esto haced.* Los filipenses habían "aprendido" enseñanza, habían "recibido" el depósito de la fe, habían "oído" el anuncio del evangelio y habían "visto" todo ello encarnado en Pablo. En este sentido, el ejemplo de Pablo es un contraste con aquellos maestros a quienes criticaba Jesús porque ellos dicen y no hacen (Mat. 23: 3). El pensamiento de este párrafo culmina con una bendición que es una promesa apropiada al tema que empieza en el v. 6: *el Dios de paz estará con vosotros.*

> **Joya bíblica**
> ... He aprendido a contentarme con lo que tengo (4:11b).

3. Generosidad y contentamiento agradecido, 4:10-20

En esta sección es muy clara y evidente la íntima relación entre teoría y práctica misionera característica del Apóstol, quien al agradecer a los filipenses por su generosa participación en la misión, revela su propia actitud ante las necesidades materiales y su práctica personal. Las lecciones que encierran estos párrafos, junto con las que Pablo desarrolla en 2 Corintios caps. 8 y 9, son el fundamento de una mayordomía bíblica bien entendida, pero esas lecciones sólo son aplicables cuando van conectadas con una práctica ejemplar a la cual puede remitirse el maestro. El lector atento habrá percibido que ésta ha sido una nota constante de la epístola hasta aquí. Los misioneros, pastores y maestros de hoy sólo alcanzarán a ver la aplicabilidad de esta enseñanza, si es que al darla a las iglesias ellos pueden demostrar con su propio ejemplo lo que enseñan.

Como ya hemos visto al comentar 2:25, Epafrodito había sido el portador de una ofrenda de los filipenses para Pablo. Aquí en el v.10 éste expresa el inmenso regocijo en el Señor que le trajo la ofrenda, reconociendo el móvil de afecto del cual había surgido: *se ha renovado vuestra preocupación para conmigo.* Agrega además una nota de confianza en el sentido de que no se trataba de un gesto momentáneo, sino de un afecto permanente que sólo hasta esa ocasión pudo manifestarse: *os faltaba la oportunidad.* No es ni el monto de la ofrenda ni lo oportuno de su llegada lo que cuenta más en la gratitud de Pablo, sino el amor fraterno del cual esa ofrenda

---

Semillero homilético

Nuestro vivir feliz
4:11-13

Introducción: "No lo digo porque tenga escasez, pues he aprendido a contentarme con lo que tengo"; "... he aprendido a contentarme con lo mucho o con lo poco" (La Biblia al Día).
Hay tres condiciones para un contentamiento duradero, para un vivir feliz:
I. Vivir en la voluntad de Dios.
   1. Si creemos que todo es de Dios y que Dios es bueno, entonces cada circunstancia que nos toque vivir es enviada por su amor y nos acerca más a él. No es posible que un hombre sea echado en el pozo de la desesperación sin que Dios lo permita, por lo que podemos decir con José: *... no me enviasteis vosotros acá, sino Dios, que me ha puesto...* (Gén. 45:8).
   2. Debieramos recordar siempre que no sólo lo que Dios dispone, sino también lo que él permite forma parte de su voluntad para con nosotros. Si es su voluntad que hoy estés en abundancia y mañana en necesidad, hoy en alegría y mañana en amargura, recordemos que él tiene sus razones para ello. ¡Es que aún no ha terminado la obra de madurez en tu vida!
II. Vivir en la suficiencia de Cristo.
   1. Necesitamos referir toda necesidad a Cristo. Ir a él confiadamente. El es suficiente para todo y cuanto más grande es nuestra necesidad, más grande será su provisión. *Todo lo puedo en Cristo...* El nos extiende su mano ¡asidos de él sí podemos!
   2. Para Pablo la "suficiencia" no era algo propio. Se hallaba en Cristo mismo. Era independiente de las circunstancias que pudiera vivir porque dependía de Cristo y esto le hacía vivir feliz.
El Señor no espera que estemos contentos con nuestras malas experiencias; no obstante, cualquiera que sean las circunstancias que tengamos que vivir, él está pronto para darnos un estado de ánimo que nos permita sentirnos felices.
III. Vivir en el poder de Cristo.
Hacer todo en la fuerza que él da. *Pero los que esperan en Jehovah renovarán sus fuerzas* (Isa. 40:31).
   1. La juventud de nuestra vida nos impulsa a ir hacia adelante con ímpetu. Pero pasan los años y nos cansamos y nos fatigamos... entonces es el momento de aprender a valernos del poder que Jesucristo da. No podemos valernos de la fuerza de nuestro brazo solamente, sino en la fuerza del Dios eterno para quien no hay nada imposible y quien comunica a nuestra vida su energía.
   2. Cualquiera sea nuestra necesidad, tenemos que buscar la plenitud de Cristo porque en él hay verdadera provisión; sea para vivir o para morir, sea para ser humillado o para abundar, sea para estar lleno o para estar vacío. La provisión está en el poder de Cristo que nos fortalece.
Conclusión: Hay dos bienes que todo ser necesita. Ambos son dádivas del cielo y de ambos estamos necesitados:
   1. El secreto de ser feliz, de estar contento ante cualquier circunstancia y cualquier evento. Ese secreto es Cristo.
   2. El secreto del poder, de la posibilidad de prevalecer ante cualquier evento o experiencia: *Todo lo puedo en Cristo...*

En todo lugar y en todas las circunstancias, he aprendido el secreto de hacer frente tanto a la hartura como al hambre, tanto a la abundancia como a la necesidad. **13** ¡Todo lo puedo en Cristo* que me fortalece! **14** Sin embargo, hicisteis bien en participar conmigo en mi tribulación.

---

*4:13 Los mss. más antiguos tienen *en aquel*.

---

es evidencia. Por eso aclara que no es que esté llorando miserias, como diríamos hoy en día. No quiere ser malentendido, no es que esté pasando apuros (13a).

Algunos estudiosos ponen énfasis en el término *al fin* (v. 10), que parecería una expresión de reproche, como cuando decimos "por fin te acordaste". De allí podría deducirse que en el fondo Pablo no está dando gracias y se podría leer todo el pasaje con una óptica de sospecha. Nos inclinamos más bien a pensar que leyendo este texto en el contexto de toda la epístola, y del resto del NT, podemos encontrar mejores claves para una lectura. Al salir de Filipos, donde los hermanos le habían apoyado financieramente, Pablo fue a Tesalónica (Hech. 17:1-9). Fuese por la pobreza de los hermanos de allí o por la propia flexibilidad de su estrategia misionera, decidió sostenerse trabajando noche y día, y no recibir apoyo, para no ser gravoso (1 Tes. 2:9). Sin embargo, parece que los filipenses le mandaron ayuda (v. 16). Más adelante, mientras recogía la gran colecta para los pobres de Judea (2 Cor. caps. 8 y 9), trató de no recibir nada para sí mismo y trabajar en su oficio, a fin de evitar que se lo acusase de malversación de fondos (2 Cor. 8:16-24). En ocasión de su viaje a Jerusalén con la ofrenda cayó en manos de los judíos, y habiendo apelado a César fue a dar a Roma como prisionero. Es ahí donde debe haberle llegado la ofrenda que los filipenses mandaron por medio de Epafrodito, y entonces tiene sentido su referencia a que había llegado la oportunidad (v. 10).

El verdadero sentido de estas líneas se entiende si el *no lo digo* del v. 11 se relaciona con el *sin embargo* del v. 14. En medio de estos dos términos está la referencia a la actitud de contentamiento básico ante la vida que es característica del Apóstol: *he aprendido a contentarme con lo que tengo*. En este sentido, es un contraste con aquellos malos ejemplos de quienes se puede decir que su dios es su estómago y que piensan solamente en lo terrenal (3:19). El contentamiento (*autárkeia* [841]) no es simplemente resignación ante la pobreza, ni tampoco una forma de ascetismo que adopta la pobreza como estilo de vida. Es una actitud de plena libertad ante los bienes materiales, de manera que cuando abundan se los acepta y cuando escasean se aprende a vivir sin ellos: *Sé vivir en la pobreza y sé vivir en la abundancia*. Lo que sigue explicita con más detalle esta actitud, que es resultado de un largo aprendizaje, un secreto que el Apóstol ha aprendido, de manera que puede *hacer frente tanto a la hartura como al hambre, tanto a la abundancia como a la necesidad*.

La actitud de contentamiento no se refiere únicamente a la presencia o ausencia de bienes materiales sino a situaciones en general: *En todo lugar y en todas las circunstancias*. Los incidentes de la entrada del evangelio en Filipos ilustran bien esta actitud de Pablo. Como se recordará, al convertirse Lidia a Jesucristo, en gesto espontáneo ofreció hospitalidad en su casa a Pablo y al equipo misionero que lo acompañaba (Hech. 16:15). Sin duda fueron tratados como huéspedes de honor en la casa de una mujer pudiente. Tiempo después, debido al incidente que provocó la curación de una esclava adivina, Pablo y Silas fueron azotados en plena calle y luego metidos en la cárcel y asegurados en el cepo, una forma de veras desagradable y penosa de pasar la noche. Sin embargo, el

15 También sabéis, oh filipenses, que al comienzo del evangelio cuando partí de Macedonia, ninguna iglesia participó conmigo en cuanto a dar y recibir, sino vosotros solos. 16 Porque aun a Tesalónica enviasteis para mis necesidades una y otra vez. 17 No es que busque donativo, sino que busco fruto que abunde en vuestra cuenta. 18 Sin embargo, *hicisteis bien.* El vocabulario que sigue en esta frase tiene como antecedente la idea de participación por la mutua pertenencia a Cristo que ya hemos visto en 1:5 y en 3:10. La solidaridad de los filipenses con Pablo, que él describe como *participar conmigo en mi tribulación,* arraiga en un espíritu de solidaridad profunda por la común unión en Cristo, y se expresa en forma tangible en la ofrenda. Esto lleva a Pablo a recordar que los filipenses manifestaron esa solidaridad desde el comienzo del evangelio. La expresión *comienzo* podría referirse a la llegada del evangelio a Filipos, o al comienzo de la fase europea de la misión paulina, en la provincia de Macedonia, para la cual Filipos fue el punto de entrada. Tesalónica era la otra ciudad de la región macedónica a la cual el NT hace referencia, y hasta allí había llegado también la generosidad de los filipenses una y otra vez.

Olor fragante

Estoy lleno, habiendo recibido de Epafrodito lo que enviasteis, como olor fragante, un sacrificio aceptable y agradable a Dios (4:18).

Pablo seguramente sintió satisfacción por la ayuda que habían mandado los filipenses por medio de Epafrodito. Esto sirve de consejo para los cristianos hoy. Una ayuda inesperada de vez en cuando para el pastor y su familia puede llenar una necesidad apremiante tal como los gastos universitarios de un hijo, cuentas médicas pendientes o un artículo importante en el hogar. Aunque la mayoría de los pastores han aprendido como Pablo a estar contentos con las circunstancias y el sueldo que reciben, siempre tienen necesidades que pueden ser suplidas por hermanos generosos como los filipenses. Bendecido es el pastor que tiene una iglesia en la cual los miembros sienten el deseo de expresar su amor en ocasiones especiales, tales como el cumpleaños del pastor y su esposa, el aniversario de su ministerio entre ellos y el día del pastor.

---

relato dice que *como a la medianoche, Pablo y Silas estaban orando y cantando himnos a Dios, y los presos les escuchaban* (Hech. 16:25). Aquí tenemos una vívida lección del arte de estar contento en toda circunstancia y lugar. La resume el versículo clásico que ha sido de bendición para tantas personas a través de los siglos: *¡Todo lo puedo en Cristo que me fortalece!* No es una actitud positiva y entusiasta acerca de sus potencialidades humanas, como diría algún seguidor de la Nueva Era, sino que es una seguridad que brota de la fe en Cristo, de él viene la fortaleza.

El v. 14 da comienzo a la idea que se desarrolla en el resto del párrafo. Si bien Pablo sabe contentarse en toda circunstancia, no obstante fue bueno también que los filipenses le hubiesen enviado una ofrenda:

Joya bíblica

No es que busque donativo, sino que busco fruto que abunde en vuestra cuenta (4:17).

Los vv. 17 y 18 agregan una nueva nota característica de lo que podríamos llamar el "modelo filipense de mayordomía". Pablo aclara una vez más, como en el v. 11, que su intención al estimular la mayordomía filipense no es buscar más donativos para sí mismo. El ejercicio de la generosidad filipense es un fruto espiritual del cual lleva cuenta Dios mismo. Eso no impide que el Apóstol disfrute de la plenitud de lo que le han enviado por medio de Epafrodito y exprese así su gratitud a Dios: *tengo abundancia. Estoy lleno.* Utiliza ahora figuras que provienen del AT para darle

todo lo he recibido y tengo abundancia. Estoy lleno, habiendo recibido de Epafrodito lo que enviasteis, como olor fragante, un sacrificio aceptable y agradable a Dios. **19** Mi Dios, pues, suplirá toda necesidad vuestra, conforme a sus riquezas en gloria en Cristo Jesús. **20** A nuestro Dios y Padre sea la gloria por los siglos de los siglos. Amén.

sentido a lo que los filipenses han hecho: *un sacrificio aceptable y agradable a Dios.* Las notas de este modelo de mayordomía filipense son entonces tres: brota de un profundo sentido de comunión en Cristo, se manifiesta desde el comienzo mismo de la vida cristiana, se ejercita con una actitud de ofrenda a Dios mismo y no sólo de solidaridad humana.

Estas notas de la mayordomía de los filipenses coinciden con lo que Pablo dice respecto a ellos en 2 Corintios 8:1-5, donde los pone como ejemplo para los corintios. Allí afirma Pablo que los macedonios (es decir los filipenses y los tesalonicenses), habían sido generosos a pesar de su extrema pobreza, y de que pasaban por grande prueba de tribulación. Habían dado una ofrenda para los pobres de Judea yendo aun más allá de sus fuerzas. El secreto de esta generosidad estaba en que *se dieron primeramente ellos mismos al Señor y a nosotros.* En este pasaje de 2 Corintios se agrega una característica más de la mayordomía filipense a las tres que mencionamos antes. Era una mayordomía que se ejercía a pesar de la pobreza y en espíritu de verdadero sacrificio.

Esta lección tiene especial importancia para América Latina, donde muchas iglesias son pobres, y se puede observar un fenómeno parecido al de Filipos en el siglo primero. Los más pobres suelen ser los más generosos, y es necesario enseñar que la fe en Cristo se expresa en una entrega total, y que cuando una persona, sea rica o pobre, se entrega de veras al Señor, le entregará también sus bienes, y será solidaria con la causa misionera y con otros más pobres que ellos. Esto sólo lo pueden enseñar con éxito aquellos misioneros, pastores y maestros cuya práctica diaria tenga las mismas notas de contentamiento, libertad, entrega sin reservas a Dios y flexibilidad en la estrategia misionera que Pablo revela en este pasaje. El fundamento es la fe en ese Dios en cuyas manos Pablo encomienda a sus lectores en la parte final de esta sección. *Mi Dios, pues, suplirá toda necesidad vuestra,* refuerza el sentido general del texto anterior, porque Pablo ha probado en su propia experiencia la fidelidad y las riquezas de Dios, y puede escribir acerca de él con ese posesivo *mi,* que denota una intimidad especial. Basado en esa fe puede encomendar a los filipenses en las manos de ese mismo Dios, sabiendo que les proveerá de su abundancia. Una

---

El privilegio de dar
4:19

Mi Dios, pues, suplirá toda necesidad vuestra, conforme a sus riquezas en gloria en Cristo Jesús (4:19).

Parece un contrasentido ¿Cómo es que dar es un privilegio? ¿Qué es más gratificante, dar o recibir?

Jesús mismo sentó el principio en Hechos 20:35. El mismo dio el ejemplo con su propia vida. Enseñó que se gana perdiendo... se es más feliz cuando se da, que tener que esperar que le den... Más aún, con Dios nadie perdió por dar. Con el Señor siempre se gana dando. Así lo afirma en Lucas 6:38. Esta es una ley invariable en el reino de Dios: Préstele su barco a Jesús para que lo use como púlpito y se lo devolverá cargado de pescado. Préstele "el aposento alto" de su corazón y se lo devolverá lleno del poder de su Espíritu, como en Pentecostés. Ponga en sus manos los panes y pececitos de sus talentos y dones, y no sólo le dejará satisfecho sino que agregará muchos "cestos" llenos de pedazos de sobra. Dios registra en sus "archivos" todo lo que damos —no sólo ofrendas— y lo devuelve con abundantes intereses ya registrados en los cielos a nuestro favor. El espera que lo pongamos a prueba ¡Atrévase y gustará del privilegio de dar!

FILIPENSES 4:21-23

Saludos y bendición final

21 Saludad a todos los santos en Cristo Jesús. Los hermanos que están conmigo os saludan. 22 Todos los santos os saludan, y mayormente los que pertenecen a la casa del César.* 23 La gracia de nuestro Señor Jesucristo sea con vuestro espíritu.

---

*4:22 Es decir, los creyentes al servicio del emperador, con quienes Pablo estaba vinculado en sus prisiones
*4:23 Algunos mss. antiguos agregan *Amén;* otros tienen *con todos vosotros. Amén.*

---

vez más califica la referencia a Dios con la expresión *en Cristo Jesús* y termina con una doxología apropiada.

4. Despedida y bendición, 4:21-23

El saludo final tiene elementos reiterativos que se encuadran dentro del espíritu general de la carta. Como ha insistido en la mutua pertenencia entre creyentes, quiere que su saludo sea recibido por *todos los santos.* A su vez, asocia consigo a todos los hermanos que lo acompañan, no necesariamente en la prisión, pero posiblemente que lo visitaban y servían a sus necesidades. La insistencia de Pablo en este punto, aun en el vocabulario de sus saludos finales, muestra que la lección de solidaridad y participación común es fundamental en su concepto de lo que es la iglesia. De alguna manera la lección necesitaba recalcarse, porque la acción disociadora de los judaizantes y el individualismo egoísta de los perfeccionistas gnósticos atentaban contra la comunión que era indispensable para la misión en un ambiente hostil.

Al repetir el saludo vuelve a utilizar el término *santos,* con el cual empezó la carta, y menciona a *los que pertenecen a la casa del César,* que como dice la nota de RVA podrían ser personas al servicio del emperador, con las cuales Pablo llegó a relacionarse. Esta sería una prueba de que la carta se escribió en Roma, aunque se sabe que podía haber estacionadas en otras ciudades del imperio personas que habían estado al servicio del emperador y a quienes se identificaría con esa expresión. La bendición final regresa al mismo estilo de la salutación inicial de la carta. Hay una referencia a *la gracia de nuestro Señor Jesucristo,* el don de Dios que hace posible la salvación y la vida cristiana. La expresión *vuestro espíritu,* así en forma colectiva, concuerda una vez más con la idea de mutua pertenencia y solidaridad que se ha repetido de diversas maneras a lo largo del texto. Como observa la nota de RVA, algunos mss. tienen al final la expresión "con todos vosotros" y terminan con un "Amen".

COLOSENSES

Exposición

Juan Carlos Cevallos

Ayudas Prácticas

Germán Núñez

INTRODUCCION

ASPECTOS GENERALES

La ciudad de Colosas se hallaba situada en el valle del río Lico, tributario del Meandro, en la antigua Frigia, la actual Turquía (Asia Menor). Colosas había sido una ciudad próspera, pero cuando Pablo escribió estaba en decadencia. Hierápolis y Laodicea habían absorbido su comercio.

En esta ciudad existía una comunidad cristiana considerable. Filemón tenía una congregación en su casa (Film. 2). Posiblemente el pastor de la comunidad colosense era Epafras (1:7), o si no era tal, había tenido gran influencia. Lo cierto es que Pablo no había comenzado esta congregación (1:4-8; 2:1). Posiblemente la iglesia se formó cuando Pablo se hallaba en su larga estadía en Efeso, ciudad que estaba a unos 176 km. al oeste. Aunque puede ser la iglesia menos importante en el trabajo de Pablo, en esta carta se dan las declaraciones más significativas con respecto a Cristo.

Desde comienzos del siglo II la iglesia ha sostenido que Pablo es el autor de esta carta, tal como se afirma en 1:1 y en 4:18. Fue en el siglo XIX que se empezó a dudar de la autenticidad de Pablo como autor de esta carta, por la escuela de Baur. Sin embargo hay un gran número de eruditos que defienden que Pablo es el autor. El argumento quedaría resumido así: Las ideas desarrolladas son las del apóstol Pablo, sólo que presentadas bajo un prisma que las adapta a una situación particular. El lenguaje es realmente de él, un vocabulario bastante desarrollado debido al tema que trata. Se han encontrado 34 *hapax-legómena* (palabras que aparecen una sola vez en el texto bíblico).

Esta carta forma parte de las llamadas "Epístolas de la cautividad", a saber: Efesios, Filipenses, Filemón y Colosenses. Parece que Efesios, Filemón y Colosenses fueron escritas al mismo tiempo o muy cercana la una de la otra. También es cierto que Tíquico y Onésimo llevaban las epístolas a Filemón y a la iglesia de Colosas (4:7-9). Además Tíquico fue el portador de la carta a los Efesios.

Posiblemente Pablo la escribió desde su cautiverio en Roma entre los años 61 y 63. Hay otras posibilidades del lugar y fecha: Efeso en el 50, Cesarea entre el 58 y el 60 (una discusión amplia la encontrará en la *Introducción al Nuevo Testamento*, por Harrison). La posición de que fue escrita en Roma es la que ha tenido más respaldo.

LA HEREJIA DE COLOSAS

Posiblemente Epafras había dado a Pablo no sólo noticias sobre la riqueza de la vida cristiana (1:8), sino también sobre una peligrosa herejía que se estaba metiendo entre los colosenses. No era una división en la iglesia o alguna enseñanza que se desarrollaba oponiéndose a ella, era un intento de combinar el cristianismo con otras creencias. ¿Cuál era esta herejía? Tratar de poner una etiqueta particular a la herejía de Colosas sería poco serio. Pablo no la define claramente sino que da algunos elementos que la conforman, como podemos inferir de ciertas conclusiones en que concuerdan la mayoría de los especialistas.

Se hace referencia a un sincretismo entre la filosofía y la religión, lo que alguien ha denominado "sincretismo judeo-pregnóstico", ya que el gnosticismo como tal todavía no se había desarrollado, pero ya existían ciertos elementos de este movimiento.

Resumiendo la amplia exposición de Lightfoot se puede afirmar que hay dos elementos en la herejía: La substitución de seres creados, como los ángeles, por la verdadera cabeza de la creación, Jesucristo, quien es la plenitud; y un error práctico que se deriva del primero: Dar prioridad a los preceptos ceremoniales y ascéticos como el fundamento de una enseñanza ética. Pablo afirma que el único cimiento de la doctrina cristiana es un concepto correcto tocante a Cristo, y que la única ética aceptada es la que se halla edificada sobre los valores del reino de Dios al que hemos sido trasladados.

Es necesario en este punto dedicar un pequeño párrafo para dar algunas características del gnosticismo a fin de hacer una evaluación más completa de la "herejía colosense".

Sus presupuestos básicos eran: La materia era mala en sí misma, lo del espíritu es bueno. Esto conducía a afirmar que solamente Dios es bueno y que por lo tanto él no podía crear la materia que es mala. Surgió entonces una serie de enseñanzas para explicar la existencia de la materia que es mala: La presencia de emanaciones, eones, espíritus y ángeles que eran intermediarios entre Dios y el hombre. La premisa de que la materia es mala condujo a ciertas implicaciones éticas: El ascetismo como la única salida al pecado, o también el libertinaje total que no afectaba al espíritu sino a la carne que es mala.

Veamos algunas clarificaciones que hace Pablo en cuanto a ciertos errores de los colosenses:

Intelectualismo. Se afirmaba que Cristo no es suficiente, se requería de "filosofías y vanas sutilezas". Es claro que la filosofía no es mala en sí misma, pero cuando usamos el conocimiento filosófico como sustituto o complemento de Cristo, entramos en un camino deleznable de tradición de hombres.

Poderes angélicos. Muchos concuerdan en decir que los *principios elementales del mundo* (2:20), se trataban de "espíritus de las estrellas" o "poderes angélicos demoníacos". La astrología estaba ya desarrollada, y se creía que cada ser humano nace bajo la influencia de un astro y que su destino está ya trazado. Los ángeles jugaban un papel de importancia y existía una jerarquía de mediadores, que entre otras cosas eran también creadores. Para conseguir la reconciliación con Dios, no era suficiente venerar a Cristo sino también a estos seres angélicos. Según estas enseñanzas Jesús no se había podido liberar ni a sí mismo, menos a sus mensajeros, del poder de las fuerzas cósmicas y sucumbió al destino trazado por ellas. La prisión de Pablo era una muestra de que las estrellas se habían impuesto sobre el destino del cristianismo. Pablo responde que Jesucristo es la *plenitud* (*pléroma* [4138]) y que no se necesita de nada más.

Ascetismo. La obligación de observar determinados preceptos y mandamientos como medio de santificación también fue combatida por Pablo. Se nota la influencia del farisaísmo o sencillamente de un énfasis exagerado en la ley escrita y oral del judaísmo; esto se ve en la circuncisión (2:11), el sábado, días de fiesta y comidas (2:16).

Resumiendo: Se puede decir que la "herejía colosense" era el haber desplazado a Cristo de su preeminencia en todo. Los herejes de Colosas, al igual que muchos ahora, no pretendían hacer a un lado a Jesucristo, sino suplementarlo, pues el cristianismo estaba bien para aquellos que apenas estaban iniciándose; el cristianismo era solamente la primera escala del conocimiento, pero una escala muy elemental e incompleta. Por todo esto la epístola a los Colosenses es eminentemente cristológica.

La comunidad de los colosenses estaba formada principalmente por gentiles (1:21-27; 2:13), pero no se puede negar que había gran influencia judía. Josefo relata que Antíoco el Grande trasladó dos mil familias judías desde Babilonia hasta Lidia y Frigia.

TEOLOGIA DE LA CARTA

El argumento teológico de Pablo arranca no como una refutación de las doctrinas falsas o un ataque a estas doctrinas erradas; de hecho, como ya se ha mencionado, se refiere a las herejías en términos generales. Sin embargo Pablo coloca cada cosa en su lugar y a Cristo como la médula de todo el mensaje cristiano.

El paganismo estaba influenciando a los colosenses al decir que ciertos poderes angélicos estaban dominando el mundo, como intermediarios entre él y Dios mismo (2:8, 20). Cada uno de estos poderes tenía parte de la *plenitud de la deidad* (2:9; ver 1:19); además eran la causa de la creación (1:15-17). Las implicaciones posteriores de esto conducían a la búsqueda de ciertos conocimientos (*gnosis* [1108]) de todos estos "elementos", para lo cual había de someterse a cierto ascetismo.

Frente a esto Pablo sostiene que Cristo es el único, el autosuficiente. Su plenitud no era compartida con nadie, al contrario él es la *plenitud* (1:19; 2:3, 9). Además que por su muerte en la cruz él había vencido a todos los poderes que se creían controladores del universo.

Esta carta eminentemente cristológica se halla rodeada en forma insistente por una soteriología cosmológica. Es decir que del Cristo personal pasa a ser el Cristo universal, cabeza de la iglesia y de todo principado (1:18; 2:10). No solamente tiene un mensaje cristológico, sino que también trae otros temas entrelazados como el del evangelio, la sabiduría de Dios, el misterio escondido que se halla ahora revelado en Cristo, nuestra *esperanza de gloria* (1:27).

La iglesia también es tratada, pero no como el cuerpo de Cristo que está funcionando, sino como el cuerpo que tiene por cabeza a Cristo.

Hay otro tema teológico que se debe destacar, la tensión entre "arriba y abajo", que puede estar reemplazada por la tensión escatológica del "ya y todavía no" del reino. Este reino ya está aquí (1:13), pero todavía hay una *esperanza reservada para nosotros* (1:5).

Esta carta fue para los colosenses —y lo es para nosotros— una presentación de Cristo en su función de Señor del universo, un *kúrios* ²⁹⁶² que reclama la preeminencia en la vida de todos los creyentes.

RELACION CON EFESIOS
Cuando se leen las dos cartas, inmediatamente salta a la vista que estas dos se hallan muy relacionadas. ¿Qué tipo de relación existe entre las dos? La opinión general de los eruditos es que Colosenses fue escrita antes que Efesios. Este asunto ha sido fuertemente debatido. Podemos sacar algunos apuntes interesantes que nos ayudarán a ampliar nuestro estudio; además, usaremos las dos cartas para explicar determinados puntos.

Unos sesenta versículos de Colosenses (las dos terceras partes) encuentran su paralelo de lenguaje o de pensamiento en Efesios. Esto no es novedoso, pues un autor puede dar cualquier uso a su material, y si piensa que es de valor lo puede repetir cuantas veces sea necesario, ya sea textualmente o dando las ideas generales. (Hendriksen hace un buen análisis sobre estas relaciones en su comentario sobre Efesios, en donde incluye una amplia comparación entre las dos cartas.)

Lo más sobresaliente no son las semejanzas sino las diferencias. Y esto también es lógico, pues fueron escritas por la misma persona y en el mismo tiempo, pero en contextos diferentes, para congregaciones diferentes y con propósitos diferentes. Así, por ejemplo, Colosenses es fuertemente polémica pues está combatiendo una herejía; Efesios es de un tono más pacífico, pues no se desenvuelve en una atmósfera de conflicto sino de calma y alabanza, pues es doxológica. Colosenses es más provincialista o parroquial, es decir habla a un problema local; Efesios es una carta universal. Colosenses exalta a Cristo como la cabeza de todo; Efesios exalta a Cristo en su relación con la iglesia.

Podemos concluir que pese a las semejanzas (lógicas por ser el mismo autor), las diferencias son tantas y los enfoques tan distantes que no podríamos atrevernos a decir que apenas son diferentes ediciones o solamente ampliaciones. Son dos cartas escritas por el mismo Pablo a dos iglesias totalmente diferentes.

Bosquejo de Colosenses

I. INTRODUCCION, 1:1-11

   1. Saludo, 1:1, 2
   2. Acción de gracias, 1:3-8
   3. Petición, 1:9-11

II. SALVACION EN CRISTO, 1:12—2:10

   1. El acto salvífico, 1:12-23a
   2. Compromiso por la salvación, 1:23b-29
   3. Compromiso por los salvados, 2:1-5
   4. Implicaciones prácticas, 2:6-10

III. VIDA EN CRISTO, 2:11—4:6

   1. Nuestras posesiones en Cristo, 2:11-15
   2. Implicaciones prácticas, 2:16-19
   3. Nuestra posición en Cristo, 2:20—3:4
   4. Implicaciones morales, 3:5-11
   5. Implicaciones sociales, 3:12—4:6

IV. SALUDOS Y DESPEDIDA, 4:7-18

   1. Comunión práctica, 4:7-9
   2. Un círculo de consuelo, 4:10, 11, 14
   3. Oración hasta la agonía, 4:12, 13
   4. Compartiendo el mensaje de Dios, 4:15, 16
   5. Recomendaciones finales, 4:17, 18

AYUDAS SUPLEMENTARIAS

Barclay, William. *El Nuevo Testamento Comentado. Filipenses, Colosenses, 1 y 2 Tesalonicenses.* Buenos Aires: La Aurora, 1973.
Bonnet, Luis y Schroeder, Alfredo, *Comentario del Nuevo Testamento.* Tomo 3. El Paso: Casa Bautista de Publicaciones, 1970.
Bufford, Percy J. *Colosenses.* Buenos Aires: Junta de Publicaciones de la Convención Bautista Argentina, sin fecha.
Coble, William. *Cristo Es el Señor.* El Paso: Casa Bautista de Publicaciones, 1973.
Comentario Bíblico Moody. Nuevo Testamento. Redactado por Everett Harrison. El Paso: Casa Bautista de Publicaciones, 1987.
Harlow, R. E. *Colossians: Christ in You.* Scarborough, Ontario, Canadá: Everyday Publishers, 1979.
Nuevo Comentario Bíblico. Editores: Tito Fafasuli, Federico Mariotti, Abdías Mora y José Tomás Poe. El Paso: Casa Bautista de Publicaciones, 1977.
Sanger, Harold S. *Colosenses: ¡Cristo la Plenitud!* El Paso, Casa Bautista de Publicaciones, 1973.
Trentham, Charles. *Shepherd of the Stars.* Nashville: Broadman Press, 1962.

COLOSENSES
TEXTO, EXPOSICION Y AYUDAS PRACTICAS

1 Pablo, apóstol de Cristo Jesús por la voluntad de Dios, y el hermano Timoteo; **2** a los hermanos santos y fieles en Cristo que están en Colosas: Gracia a vosotros y paz, de parte de Dios nuestro Padre.*

---

*1:2 Algunos mss. antiguos incluyen *y del Señor Jesucristo.*

I. INTRODUCCION, 1:1-11

Colosenses es como cualquier otra carta. Está formada por un saludo, un cuerpo y una despedida. El saludo o introducción es bastante largo, algunos inclusive sostienen que esta introducción va hasta 2:5. Así, el comentarista Lohse sostiene que en esta introducción tenemos el saludo (1:1, 2), el buen estado en que se halla la comunidad (1:3-8), una petición con un himno (1:9-20), aplicaciones a la comunidad (1:21-23) y algo acerca del ministerio del Apóstol (1:24—2:5). Por razones de simplificación nosotros hemos dividido esta larga introducción; la trataremos hasta 1:11. De allí en adelante la estudiaremos como parte del cuerpo o el tema de la carta.

1. Saludo 1:1, 2

Aquí nos enfrentamos al primer desafío de la carta. Un saludo pastoral que merecería una atención aparte; veremos los puntos fundamentales. Pablo, una personalidad apasionante que invita a un estudio aparte, escribe no como un "hermano de la iglesia", está escribiendo como un "ministro eclesiástico", conocido como tal y también por los colaboradores de él, en este caso *el hermano Timoteo.* Pablo aclara y especifica el derecho que tiene para escribir la carta: Su autoridad radica en que él es apóstol.

Avanzando un poco nos dice que él es *apóstol... por la voluntad de Dios,* un sentido de vocación y llamado que predominó en Pablo y que ya se está poniendo a un lado en nuestra época de profesionalismo. Pablo siempre estuvo consciente de su llamamiento y bajo esta convicción realizó todo su ministerio. No era apóstol por capacidad, conveniencia o necesidad de empleo o posición, era apóstol por la voluntad de Dios (Rom. 1:1). En el saludo está incluido su discípulo Timoteo, otra personalidad que merece nuestro estudio. Timoteo no es apóstol, es *hermano,* título diferente pero no menos importante. Hace énfasis en una relación de creyentes, que también tiene con toda la iglesia (v. 2), a quienes posiblemente no había visto antes.

Saludo: "Gracia"
1:2

Gracia es favor, pero no a personas merecedoras, como la madre. Tampoco es favor inmerecido, como el que se hace al pobre mendigo. Gracia es favor más exceso, favor desmerecido, como el que se hace a un malvado que ha dado muerte miserablemente a un ser querido, y que en vez de inferírsele el castigo que se merece, se le otorga perdón y se le colma de bondades. Este es el significado del vocablo excelso —gracia— del saludo que nos recuerda la infinita misericordia de Dios para con nosotros, enemigos de él en malas obras, al perdonar nuestros delitos y pecados, mediante el sacrificio de Cristo en la cruz, en pago de nuestras culpas.

Acción de gracias e intercesión

3 Damos gracias a Dios, el Padre de nuestro Señor Jesucristo, orando siempre por vosotros; **4** porque hemos oído de vuestra fe en

Hay algunos elementos destacables en el v. 2. En Romanos, Filipenses y Colosenses Pablo hace un énfasis mayor en los individuos que en las congregaciones, comparando con las cartas escritas en un tiempo más temprano de su ministerio: Tesalonicenses, Corintios y Gálatas en donde muchas veces es un tanto despersonalizado. La iglesia es de individuos a quienes escribe, pero parece que Pablo se daba cuenta de que ahora las iglesias estaban constituyéndose más en una institución religiosa, perdiendo el significado de la individualidad de cada creyente.

Los colosenses son *santos y fieles:* dos calificativos que no significaban ninguna característica especial, apenas son sinónimos de creyentes. *Santos* hace sobresalir la idea de que son apartados para Jesucristo, es decir que como creyentes deben vivir de acuerdo con esta santidad; lo mismo se puede decir de *fieles:* Creyentes que deben manifestar su condición de tales en el mundo. Con este título nos unimos a aquel pueblo fiel descrito en el AT (Exo. 19:5, 6). Pablo dice que este estado no es por nuestro esfuerzo, sino solamente *en Cristo.*

Su saludo termina uniendo la fórmula griega (*gozo = cáiro* [5463]) que lo ha cristianizado (*gracia = cáris* [5485]), con el saludo hebreo *shalom,* traducido *paz (eiréne* [1515]). Estas cosas no son subjetivas sino que la gracia se convierte en amistad con Dios, la paz es la tranquilidad, una posesión de los dones divinos. La gracia no es un mero sentimiento de Dios, sino un regalo de Dios por medio de Jesucristo; la paz no es un estado de ánimo, una paz del espíritu, sino paz objetiva, algo que podemos ver y que debemos hacer (Mat. 5:9).

Los siguientes versículos se pueden dividir en dos secciones: la primera en la que Pablo da gracias a Dios (1:3-8), y la segunda en la que Pablo no cesa de orar y pedir (1:9-11); una acción de gracias y una petición.

2. Acción de gracias 1:3-8

Estos versículos no son presentados como una serie de conceptos o definiciones, sino que fluyen dependiendo el uno

---

Semillero homilético
Preeminencia en las salutaciones
1:1, 2

Introducción: "Entre los griegos, la salutación epistolar que seguía a los hombres y títulos del que escribía, era: ¡alégrate!, fórmula por la cual los paganos no deseaban más que un gozo carnal y terrenal. En lugar de esto, los apóstoles, para quienes todas las relaciones de la vida humana habían vuelto a tomar su profunda verdad, deseaban a sus hermanos la gracia, fuente de todo perdón, de toda salud para las almas que la reciben, y el fruto de esa gracia, la paz, la paz de Dios, la paz del corazón, la paz con todos los hombres" (Bonnet y Schroeder).

I. Proclamación de la preeminencia en el apostolado cristiano, v. 1.
　1. Es proclamada al declarar que es apóstol de Cristo, v. 1a.
　2. Es proclamada al declarar que es apóstol por la autoridad de Dios, v. 1b.
II. Proclamación de la preeminencia en la fraternidad cristiana, v. 2.
　1. Es proclamada al declarar que la fraternidad es *en Cristo,* v. 2.
　2. Es proclamada al hacer votos de gracia y paz de Dios y de Cristo, v. 2b.

Conclusión: Antiguamente era costumbre despedirse con estas palabras: "A Dios te encomiendo", las cuales, por tanto repetirse se redujeron a la frase "A Dios...", que después se convirtió en el sustantivo de despedida "adiós". Nosotros haríamos bien, en los saludos y en las despedidas, de una manera piadosa, sincera y natural, en declarar la gloria de nuestro Señor Jesucristo.

Cristo Jesús y del amor que tenéis por todos los santos, **5** a causa de la esperanza reservada para vosotros en los cielos, de la cual habéis oído en la palabra de verdad del evangelio **6** que ha llegado a vosotros. Y así como está llevando fruto y creciendo en todo el mundo,

---

del otro. Son una especie de grada, cada idea se va desarrollando en la siguiente. Las acciones de gracias van dirigidas al Padre, el autor de la gracia y la paz, el autor de todo, quien nos ha dado todo (1 Cor. 3:7). Pero también no es el Dios que tiene a Jesucristo como "un dios", sino que Jesucristo, la segunda persona de la trinidad, es el *Señor*, el dueño de todo. Es a Dios a quien se dirige su oración por medio de Jesucristo el Señor; esta es la "fórmula" de las oraciones en las primeras comunidades cristianas. Esta oración se realiza ya que habían recibido buenos informes de parte de Epafras de lo que estaba sucediendo. Pablo era realista: Hay cosas buenas pero también hay cosas malas y hay que decir las dos sin temor ni vergüenza.

Inmediatamente Pablo considera lo que algunos han llamado las "virtudes teologales" del cristiano: amor, fe y esperanza; aquí las presenta de una manera diferente. Las dos primeras son una unidad y la tercera no se expresa como virtud, sino como la causa para las dos primeras. La fe y el amor están fundamentados en la esperanza (Heb. 6:19).

La fe de los colosenses no era solamente "fe", sino *fe en Cristo Jesús* (v. 4a). Esta fe no se limita a lo que uno cree o quiere obedecer y se sujeta, sino que es una forma de vivir. Cristo es la esfera en la que se ejercita la fe; es una unión vital con Cristo. Por eso Pablo no usa la forma común de "creer en *(eis)* Cristo" o hacia Cristo, sino "creer en *(en)* Cristo" o dentro de Cristo. La fe en Cristo es una forma de vivir (1 Tes. 1:3). Por eso el segundo elemento de la trilogía que estamos considerando es el *amor*. La fe solamente actúa en el amor (Gál. 5:6). Tenemos que desterrar de nuestra mente la fe etérea e irreal. La fe verdadera es la que se ve, principalmente en el amor, el amor que se

tiene hacia los hermanos. De esta manera se puede decir que el vínculo entre los creyentes no son meros sentimientos o cosas "espirituales"; el vínculo entre los creyentes es el amor que se refleja en hechos. En el v. 4 Pablo ha entrado ya en un primer aspecto de la vida comunitaria de una congregación: el amor objetivo.

Deberes para con el evangelio
1:5-7

1. Oírlo.
2. Fructificar en él.
3. Permitirle que crezca.
4. Aprender por medio de los siervos del Señor.

La esperanza se halla definida más tarde como Cristo mismo (1:27). Así eliminamos de raíz aquellas nuevas ideas que tratan de definir la esperanza como un optimismo por la vida, o tal vez como un triunfalismo o sencillamente como ciertos eventos que uno quiere que sucedan. Esta esperanza es la salvación que se aguarda y que tenemos reservada en los cielos, definida más ampliamente en Romanos 8:24, 25. Se debe aclarar que esta esperanza no es algo nebuloso que aguardamos sino una certeza: Un reino que ya ha irrumpido en la humanidad por intermedio de la persona, ministerio y obra de Jesucristo, al que ya hemos sido trasladados. Inmediatamente Pablo nos dice que esta esperanza ya ha sido anunciada en el evangelio que es definido como verdad. El evangelio tiene como contenido básico una promesa hecha en el AT, un cumplimiento en Jesucristo y una esperanza en su segunda venida.

El evangelio no puede ser resumido en una frase y Pablo no pretende hacerlo, apenas da ciertas cualidades. Ya hemos dicho que es verdad, en su esencia es verdadero, real, no fantasioso. Luego lo des-

lo mismo sucede también entre vosotros desde el día en que oísteis y comprendisteis de veras la gracia de Dios; **7** tal como aprendisteis de Epafras,* nuestro consiervo amado, quien es fiel ministro de Cristo a vuestro favor. **8** El también nos ha informado de vuestro amor en el Espíritu.

9 Por esta razón también nosotros, desde el día en que lo oímos, no cesamos de orar por vosotros y de rogar que seáis llenos del conocimiento de su voluntad en toda sabiduría y plena comprensión espiritual; **10** para que andéis como es digno del Señor, a fin de

---

*1:7 Comp. 4:12, 13; Film. 23

---

cribe diciendo que este evangelio ha llegado a ser parte de los colosenses, que está presente en el interior de cada creyente. Estamos hablando de un evangelio dinámico, tan dinámico que está llevando fruto y creciendo. Debemos pensar aquí que nos está hablando del evangelio, más tarde en el v. 10, donde se usan estas mismas palabras, nos habla de las personas. Primeramente, y antes de pensar en ellas dando fruto y creciendo, debemos pensar que es el evangelio mismo el que da el fruto y crece. No olvidemos que primero es Dios el que actúa y él mismo es el que da el crecimiento.

Pablo nos habla de dos "ambientes" en donde el evangelio ha actuado: *en todo el mundo* y *entre vosotros* (v. 6). El primero no es tanto un sitio geográfico; está hablando de este siglo presente en donde Satanás es el que gobierna. Es en este mundo donde ha penetrado el evangelio, que fuera de la iglesia se mueve poderosamente. Otro ámbito de su obra es el grupo de creyentes. El evangelio no es solamente un mensaje para el no creyente, es el mensaje para el creyente en donde crece y lleva fruto.

En los vv. 6 y 7 hay también una progresión: *Oísteis... comprendisteis... aprendisteis.* No es suficiente recibir sonidos, es indispensable escuchar con atención pero sobre todo hay que penetrar con inteligencia en los conceptos (*epiginosco* 1921); solamente así podemos decir que hemos aprendido. Al poner en práctica lo que se oye y lo que se comprende estoy viviendo el evangelio. Se cierra el círculo diciendo que la esencia del mensaje del evangelio es

la gracia. No hay mérito humano, de allí toda esta gran acción de gracias.

Finalmente llegamos al instrumento humano en la transmisión del evangelio: Epafras. Mucho se ha dicho de él y mucho se discute de su identidad. Podemos decir a ciencia cierta que era compañero de prisión de Pablo (Film. 23), pero sobre todo era un *consiervo*, título que se le asigna al mismo Pablo (Rom. 1:1) y que los une con los grandes personajes del AT como Moisés (Jos. 1:2) o a los profetas (Amós 3:7). Es también un fiel ministro. No sabemos más de Epafras pero aquí tenemos mucho para imitar.

Esta acción de gracias termina mencionando a la tercera persona de la Trinidad. Los colosenses se aman *en el Espíritu* (v. 8), el único que puede producir un verdadero amor entre los creyentes (Gál. 5:22). Nuevamente no es un amor basado en simpatía y conocimiento, sino un amor que nace del Espíritu Santo.

Andando como es digno del Señor
1:10

1. Agradándole en todo.
2. Llevando fruto en toda buena obra.
3. Creciendo en el conocimiento de Dios.

---

3. Petición, 1:9-11

Lo primero que llama la atención es la repetición del verbo orar (vv. 3, 9). Pablo oraba, esta es la lección mayor del pasaje. Al recorrer las líneas del pasaje se ve cómo deben ser nuestras oraciones por nuestras iglesias de hoy. Algunos piensan que aquí hay solamente repeticiones de formalismo,

agradarle en todo; de manera que produzcáis fruto en toda buena obra y que crezcáis en el conocimiento de Dios; 11 y que seáis fortalecidos con todo poder, conforme a su gloriosa potencia, para toda perseverancia y paciencia.

pero sin duda estamos frente a un modelo de oración. En la oración de Pablo hay dos propósitos: ser llenos de la voluntad de Dios y andar como Dios se merece. La primera parte está saturada de términos que parecen abstractos, pero no lo son. *Seáis llenos* implica un control sobre el individuo (Ef. 5:18). Este control debe ser del *conocimiento* (*epígnosis* [1922], "sobreconocimiento"), que es una palabra clave de esta carta, y que se usa en 1:9, 10; 2:2 y 3:10. Este es un conocimiento más profundo y completo en contraste con el simple conocimiento que algunos se habían puesto como meta y propósito de su vida. Este "sobreconocimiento", que no era un mero discernir conceptual, sino un conocimiento personal de Dios, brota del trato experimental con una persona más que con un concepto (Grossi). Estamos hablando de conocer la voluntad de Dios. Esto es más que hablar y pedir a Dios, es que estemos atentos al mensaje que él tiene para nosotros. Este tema lo desarrolla Pablo en otros pasajes como Romanos 12:1, 2; Efesios 5:17; 6:6; Gálatas 4:12 y 1 Tesalonicenses 4:3; 5:18. Además, el conocimiento debe estar saturado de *sabiduría* (*sofía* [4678]). Esta es otra palabra clave de Colosenses: 1:9, 29; 2:3; 3:16 y 4:5). Esta sabiduría se revela en Jesucristo y también la *plena comprensión* o inteligencia. La voluntad de Dios no es algo místico e inexplicable sino algo que puede ser razonado. Todo esto es *espiritual*, es decir controlado y guiado por el Espíritu Santo. No se trata de una sabiduría y comprensión humanas, es algo que se origina en el Espíritu Santo (1 Cor. 2:6-16).

El segundo propósito es *que andéis como es digno del Señor* (v. 10). El tema del andar es prominente en el NT, enseñando que la vida del cristiano no es solamente agradable a Dios en "las cosas de la iglesia", sino en todo. Nuestra vida en forma completa debe serle agradable; el creyente que anda en la voluntad de Dios lo muestra en su comportamiento en el diario vivir, principalmente fuera de la comunidad cristiana congregada para adorar. Esto es precisamente lo que nos dice a continuación: *de manera que produzcáis fruto*. Esto no es solamente ganar personas para Cristo, sino sobre todo y antes que nada es hacer *toda buena obra*. El creyente que está caminando dignamente hace buenas obras y deja ver a las personas que el Espíritu Santo y Jesucristo están obrando en él (Juan 15:1-17; Gál. 5:22), y también está creciendo en el conocimiento de Dios, es decir en una relación personal con él.

Finalmente no nos exige sólo a nosotros, sino que Dios ha hecho ya mucho y nos da las herramientas para salir adelante: *fortalecido con todo poder* (v. 11), es decir dejando que el poder del Espíritu Santo fluya en nuestra vida (Ef. 1:19-23). Este poder que tenemos opera según su gloria, es decir según la suma de todas las perfecciones divinas (Ef. 3:14-21). Dios nos ha dado toda la capacidad; dependerá de nosotros que produzca *perseverancia* (*upomoné* [5281]), la capacidad de salir triunfante en los conflictos y *paciencia* (*makrothumía* [3115]), el espíritu que espera lo mejor aunque esté en conflicto. Y por último vivir con *gozo* (*cará* [5479]); no nos demanda entonces un sufrimiento estoico.

II. SALVACION EN CRISTO, 1:12—2:10

Luego de la larga introducción que ha incluido los saludos pertinentes, las acciones de gracias y finalmente las peticiones, el autor comienza a desarrollar el tema de la carta. ¡Qué mejor manera de iniciar la discusión que afirmar la salvación que tenemos en Cristo! De ella nos va a hablar en forma detallada, empezando con una

12 Con gozo damos gracias al Padre que os* hizo aptos para participar de la herencia de los santos en luz. **13** El nos ha librado de la autoridad de las tinieblas y nos ha trasladado al reino de su Hijo amado, **14** en quien tenemos redención,* el perdón de los pecados.

---

*1:12 Algunos mss. antiguos dicen *nos*.
*1:14 Algunos mss. tardíos incluyen *por su sangre*; comp. Ef. 1:7

---

descripción del acto salvífico en sí mismo, en donde encontramos enclavado uno de los himnos cristológicos más importantes del NT. Luego trata sobre su compromiso con la salvación y los salvados para terminar esta sección en 2:6-10 con ciertas implicaciones prácticas de todo el acto salvífico.

Se debe haber notado que nos hemos apartado de la puntuación de RVA y hemos preferido seguir la puntuación del Nuevo Testamento griego de SBU. Hemos incluido la frase *con gozo* en el v. 11, porque allí se completa la simetría en las cuatro frases preposicionales en el griego, que están modificando a la forma verbal *que seáis fortalecidos*, a saber: *con todo poder, conforme a su gloriosa potencia, para toda perseverancia y paciencia* y *con gozo*.

1. El acto salvífico, 1:12-23a

Una nueva forma con un participio inicia este párrafo. Es la misma palabra con que comienza el v. 3, *damos gracias*. La mejor forma de explicarnos un acto de salvación por gracia y solamente por gracia es

---

Semillero homilético
Preeminencia en el principio de la vida cristiana
1:3-14

Introducción: Es indispensable en todo lo que se emprende poner el fundamento de buenos principios, para garantizar un desarrollo normal y exitoso. Los colosenses habían tenido un estupendo principio al colocar a Cristo y sus virtudes como lo preeminente en sus vidas, de modo que el corazón del Apóstol se regocijaba y alababa a Dios por ello.

I. Acción de gracias por la preeminencia en el principio de la vida cristiana, vv. 3-8.
  1. Por la posesión de las virtudes fundamentales del evangelio: fe, esperanza y amor, vv. 3-5.
  2. Por haber conocido el evangelio y porque había crecido en ellos, vv. 5b, 6.
  3. Por el ministro usado para su desarrollo espiritual, vv. 7, 8.
II. Intercesión por el desarrollo según la preeminencia, vv. 9-11.
  1. Intercesión para ser llenos del conocimiento de Dios, v. 9.
  2. Intercesión para andar como es digno del Señor, v. 10.
    (1) *Agradándole en todo*.
    (2) *Llevando fruto en toda buena obra*.
    (3) *Creciendo en el conocimiento de Dios*.
  3. Intercesión para ser fortalecidos según el poder de Dios, v. 11.
III. Acción de gracias por la preeminencia de la herencia que resulta de la redención, vv. 12-14.
  1. Acción de gracias por participar en *la herencia de los santos en luz*, v. 12.
  2. Acción de gracias por la traslación del reino de las tinieblas al reino de Cristo, v. 13.
  3. Acción de gracias por el perdón de los pecados, v. 14.

Conclusión: En Venezuela murió una dama multimillonaria y dejó como herencia una fortuna a un ciudadano en quien menos se pensaba. Los familiares de la opulenta litigaron para desheredar al extraño ciudadano. No pudieron. Se había testado a favor de él. Quedó inmensamente rico. De la misma manera, aun el más pobre de los hijos de Dios ostentará la herencia más rica que nadie podrá enajenar (1:12). Es necesario empezar en el evangelio haciendo de Cristo y sus virtudes lo preeminente en la vida cristiana, y con una vida de alabanza por haber sido trasladados de la potestad de las tinieblas al reino *del amado Hijo de Dios*.

empezando con una palabra de gratitud hacia el Padre. Esta gratitud es básica y fundamentalmente porque nos *hizo aptos*. La palabra usada aquí (*ikanóo* 2427) sólo aparece además en 2 Corintios 3:6, en donde se traduce *nos capacitó*, lo que aclara el sentido de este pasaje. La gratitud al Padre es debido a la capacitación que nos ha dado para recibir la herencia. Doble gracia: capacitación para recibir y la herencia misma (note que hemos preferido *nos* en lugar de *os* la variante textual que nos ofrece la nota de RVA). La terminología usada aquí tiene un corte veterotestamentario, para referirse a lo que recibimos. Sin duda, esta herencia colectiva hace referencia al ámbito del más allá de la salvación, por la connotación que tiene la palabra *luz* en el contexto (ver Ef. 1:18).

Mucho se ha hablado sobre el himno cristológico. El comentarista Bornkamn sostiene que se trata de un himno de acción de gracias que se conocía desde mucho tiempo antes de Pablo y que se cantaba en lo que llamamos la cena del Señor. La mayoría concuerda en que este material no tuvo origen en Pablo, sino que él usó algo que ya tenía la iglesia del primer siglo. No sabemos por cierto si esto fue o no fue así, pero sí podemos confirmar que si no lo conocían antes, después que Pablo escribió a los colosenses este himno fue muy popular entre los creyentes.

Su estructura también ha sido muy debatida. El comentarista Lohmeyr propone una estructura que me parece muy reconciliadora: dos estrofas de siete esticos cada una y una declaración de tres esticos a manera de introducción.

Notamos entonces que el himno tiene una declaración para luego cantar a Jesucristo como mediador de la creación, luego otra declaración y un nuevo cántico a Jesucristo como mediador de la redención. Este es un himno cristológico-cósmico, es decir que estamos frente a un Cristo que es el redentor pero también a un Cristo que está actuando en el mundo aquí y ahora. Hay un equilibrio perfecto entre los dos conceptos. Pablo, al usarlo aquí, pretende afirmar el valor cosmológico de Cristo frente al sistema que habían levantado los colosenses, poniendo al Salvador a un lado o compartiendo su puesto con alguien o algo más. Este himno constituye el centro de toda la carta y es un reflejo de toda su teología.

Me parece importante seguir en este punto a D. Senior quien ve en el himno cuatro aspectos de la cristología cósmica: El himno da al Cristo resucitado un papel central en toda la creación. La conexión que se establece entre el señorío de Cristo sobre el cosmos y su señorío sobre la iglesia es preponderante. El énfasis está en la reconciliación universal mediante la muerte y la resurrección de Jesús. El señorío cósmico de Cristo conduce no sólo simple o primariamente a una naturaleza renovada, sino también a una humanidad renovada. Podemos afirmar que estos cuatro aspectos abren la puerta para una teología bíblica misionológica de Pablo, que constituye una de las inquietudes de nuestro continente que se despierta a la tarea misionera mundial.

Procedamos a analizar el himno siguiendo la estructura mencionada. La declaración inicial la podemos dividir en tres frases que indican lo que ha hecho Dios por nosotros. La primera frase nos dice que Dios ha hecho un acto de liberación. Estas palabras implican un acto de rescate de una situación muy conflictiva. Esta situación de conflicto se da al estar bajo el poder de las tinieblas. *Autoridad* aquí se usa como sinónimo de tiranía. Se puede ver esta frase usada en Lucas 22:53 donde está presente la idea de desorden. La terminología de este pasaje nos recuerda que el creyente antes de serlo estaba esclavizado al pecado, que la naturaleza pecaminosa nos tenía cautivos, pero ahora en Cristo Jesús nos ha otorgado libertad de esta situación y nos ha traído a la luz. El grito de victoria es que esta frase y la siguiente declaran que la liberación y el traslado al reino es una acción terminada y pasada.

Esto nos conduce a la segunda frase. La

La preeminencia de Cristo

15 El es la imagen del Dios invisible, el primogénito de toda la creación; **16** porque en él fueron creadas todas las cosas que están en los cielos y en la tierra, visibles e invisibles, sean tronos, dominios, principados o autoridades. Todo fue creado por medio de él y para él.

---

obra del Padre no solamente ha sido la de sacarnos, sino también la de meternos. En el original es fuerte el énfasis con las dos preposiciones opuestas: Nos saca desde adentro *(ek)* para trasladarnos hacia adentro *(eis)*. La vida del cristiano no es solamente abandonar algo, sino también comprometerse en algo. Regresemos al texto. El traslado que ha sucedido en el creyente es de una tiranía hacia el reino. La figura que se tiene en mente con la palabra "trasladar" es la costumbre que se tenía en los reinos orientales de llevar cautivos a un grupo de personas para que se encontraran más controladas en otro reino.

El reino es posiblemente el tema central del NT. El reino de Dios, descrito ahora como *reino de su Hijo amado* (v. 13), se refiere aquí al reino de Cristo y no al reino de Dios por el énfasis cristológico de la epístola. No es un reino de ángeles o de sencillas criaturas, es el reino del Hijo. La traducción literal de esta última parte sería "el Hijo de su amor", es decir en quien ha depositado su amor tan especial.

Aquí debemos hacer un alto para mencionar algo más sobre el reino. Permítanos mencionar un concepto desarrollado por René Padilla quien dice que reino es "el poder de Dios en acción entre los hombres por medio de una persona y su ministerio". Este fue el mensaje anunciado en el AT, fue el contenido del evangelio que llegó en Jesucristo, que se manifestó visiblemente en sus milagros y en sus reprensiones a los demonios como símbolo de que su poder ahora ya está actuando en el mundo. El reino de Dios ha irrumpido en la historia y demanda de nosotros tener un real compromiso que nos traerá conflicto con los valores del mundo. Finalmente nos recalca que este traslado ya sucedió, no debemos esperar solamente un fin escatológico para disfrutar y vivir en el reino. Sí, estamos esperando su cumplimiento pleno, pero ahora ya estamos viviendo en el reino. Como alguien ha dicho, tenemos que vivir el "todavía no" del reino en el "ya" del reino.

La tercera frase de esta primera declaración nos habla en forma concreta de la obra de Cristo. El cómo es que podemos disfrutar del traslado descrito en el v. 13; lo *tenemos*, es una declaración de certeza, sólo por la obra del Hijo. La figura de cautividad continúa; ya no es un asunto de historia, ahora el énfasis con la *redención* es el ser filántropo o movido a misericordia. Se ha pagado un rescate para lograr la libertad. El esclavo o cautivo no puede negociar su libertad, de allí que él necesita una intervención externa para solucionar el problema. Esta frase no da ninguna ocasión para discutir sobre la persona a quien se paga el rescate. Entrar en ese punto sería intrascendente, debido a que inmediatamente se dice en qué consiste esta redención por medio del uso de una frase apositiva. La redención, entonces, es *el perdón de los pecados,* eso es lo céntrico; no queremos decir que son sinónimos, sino que en las dos tenemos la obra de Cristo en beneficio nuestro.

La declaración ha terminado, es el momento de pasar a ver la primera estrofa del himno que nos habla de una exaltación al mediador de la creación. Las dos primeras líneas (v. 15) nos dicen quién es este mediador: *El es la imagen* y él es el *primogénito.* Analicemos estas frases.

La primera es un rompimiento del sistema lógico: él es *imagen* de algo que no se puede ver; lo lógico es que él fuera la imagen de algo que se puede ver. Muchos consideran a Dios como un ser distante, pero Pablo nos dice que se ha acercado a la creación en su imagen: Jesucristo. Esto quiere decir que Jesucristo es la verdadera y máxima revelación del Padre (Juan 1:18); el rostro invisible de Dios se hizo ver a los ojos de los hombres en el rostro de Jesús. El mismo Jesús dijo a Felipe: *El que me ha visto, ha visto al Padre* (Juan 14:9). Pero el concepto de *imagen* (*eikón* [1504]) entre los judíos estaba relacionado también con el concepto de sabiduría como una dimensión mediadora que tomaba rasgos personales. Ella se personificaba y era la imagen de Dios. Remitimos al lector a los libros de sabiduría del AT. La expresión *imagen* es frecuentemente usada para explicar lo que es el *lógos* (Juan 1:1) en las obras de Filón.

Hay que notar también el uso del tiempo presente *él es*, no fue, ni será sino *es*, hablándonos de un Cristo preexistente, un Cristo eterno que ahora ha llegado a la creación.

La siguiente línea nos presenta un problema. Algunos ven aquí a Jesucristo como el primer ser creado, pero no es así. Gramaticalmente no se trata de un genitivo de origen (Col. 1:18) o de posesión, sino de un genitivo de referencia, que se podría traducir así: "Primogénito con referencia a toda la creación." Pero también para entender esta frase debemos verla a la luz del AT. El primogénito no era necesariamente el primer nacido, sino más bien era un título con ciertos privilegios que se daba a un hijo. El era el representante del padre de familia, el que recibía todo y el responsable de administrar los bienes del padre. Esto se ve muy claramente ilustrado en la historia de Jacob y Esaú, y cómo el segundo perdió su primogenitura o sus privilegios. La palabra *primogénito* (*protótokos* [4416]) a más de hablarnos de prioridad o de ser el primero, también hace referencia a su soberanía sobre toda la creación. Entonces Jesucristo no es el primer creado, sino el que está sobre toda la creación.

Las líneas siguientes nos dan las dos razones por las que él tiene esta primogenitura de la creación (v. 16a-e). *En él* (*en auto*) *fueron creadas todas las cosas*: significa que todas las leyes y propósitos que guiaron la creación residen en él (Lightfoot). La palabra eterna, aquel que es la imagen, el Cristo, es el punto de reunión de toda la creación. No hay un solo elemento que escape de su soberanía. Si hablamos de cosas que están en nuestro contorno, él es el creador; si hablamos de cosas que están fuera de nuestra realidad presente, él es el creador, de lo que vemos y de lo que no vemos. Luego pone en la lista de lo que ha sido creado "en Cristo" a una jerarquía angélica (ver el uso que se da a estas palabras en pasajes paralelos como Ef. 1:21 y 6:12); también es la interpretación aceptada por la mayoría de los eruditos y además la terminología seguida en la angelología judía.

No debemos buscar aquí ninguna explicación fantástica sobre lo que es cada uno de estos ángeles. Sólo se reconoce que estos seres espirituales, en quienes parece que los colosenses confiaban, no son potencias metafísicas independientes en el sentido del dualismo. Están destinadas, a

---

Declaraciones de la deidad de Cristo
1:15-23

1. Cristo es la imagen del Dios invisible, v. 15a.
2. El es el primogénito o principio de la creación, v. 15b.
3. El es el creador del universo, v. 16.
4. El es eterno, antes de todo, v. 17a.
5. El es el sustentador de todas las cosas, v. 17b.
6. El es la cabeza de la iglesia, v. 18.
7. El es el primogénito de los muertos, o de la resurrección, origen de la nueva vida, v. 18b.
8. En él habita toda la plenitud de la Deidad, v. 19 (2:9).
9. El es el reconciliador de la humanidad consigo mismo, vv. 20, 21.
10. El es el santificador de la raza pecadora, vv. 22, 23.

17 El antecede a todas las cosas, y en él todas las cosas subsisten. **18** Y además, él es la cabeza del cuerpo, que es la iglesia. El es el principio, el primogénito de entre los muertos, para que en todo él sea preeminente; **19** por cuanto agradó al Padre que en él habitase toda plenitud, **20** y por medio de él reconciliar consigo mismo todas las cosas, tanto sobre la tierra como en los cielos, habiendo hecho la paz mediante la sangre de su cruz.*

---

*1:20 Algunos mss. antiguos agregan *por medio de él*.

---

priori, a ser sometidas a Cristo.

La segunda declaración que introduce la segunda estrofa es un cántico a Jesucristo como mediador de la redención. Este derecho a ser llamado como tal, comienza en la afirmación de que *todo fue creado por medio de él y para él* (v. 16). Una combinación similar se usa en Romanos 11:36. El énfasis que se hace aquí es que él es el alfa y también la omega de la creación, no solamente el principio sino también el final (Apoc. 22:13). Aquí hay una observación interesante. En el comienzo del v. 16 se usó el verbo "crear" en tiempo aoristo, que indica una acción terminada y describe el acto de la creación; ahora, al final del v. 16 se usa el tiempo perfecto, que significa una acción realizada pero que continúa hasta el presente: la creación se sigue relacionando con el Creador.

La siguiente línea de la declaración sigue afirmando más acerca de Jesús. Hay un uso enfático del pronombre con el verbo, acentuando la personalidad y declarando su preexistencia. Finalmente dice que *en él todas las cosas subsisten* (v. 17), es decir que él es el que pone armonía y unidad a la creación, eso que hace a la creación algo organizado. Ya no se puede decir más. Aquí tenemos una declaración completa de lo que es Jesucristo, lo que origina la segunda estrofa del himno, indicando las implicaciones para el objeto de la redención.

El es el Señor de la iglesia, y esto lo dice con la frase *él es la cabeza del cuerpo* (v. 18). Nuevamente *él* es enfático. De una manera muy especial él tiene autoridad sobre la iglesia.

La palabra *principio* (arcé [746]) tiene algunas implicaciones. Primero se debe notar el uso del enfático *él es*. Este título *principio* es otra manera de describir la encarnación de Cristo, siempre en la relación que tiene con la iglesia. Hay otros pasajes donde se describe a Jesús con este término: Hechos 3:14; 5:31; 1 Corintios 15:20, 23. Este título es un absoluto que no admite nada antes de él.

Nuevamente se usa el término *primogénito* (lit. primogénito salido desde los muertos). Esta frase se usa también en Apocalipsis 1:5, en donde se menciona a Jesucristo como el soberano de toda la tierra. La primogenitura de entre los muertos, su resurrección, está vinculada íntimamente con ser la cabeza (Ef. 1:19-23). Su resurrección no tiene paralelo, no porque no ha habido otras resurrecciones, sino que él es el único que resucitó para no volver a morir; de allí que es *primogénito*.

Esta primogenitura tuvo un propósito, la manifestación histórica de su supremacía. La resurrección es la confirmación dentro del marco histórico de que Jesús es el Mesías. El Señor Jesús es el primero de todo: Señor del universo, Señor de la iglesia, Señor de todo. Cristo es todo lo que el creyente necesita, no hace falta nada más; el "primero" no puede compartir su supremacía con nadie.

La línea siguiente en el poema, v. 19, nos conduce a una nueva cumbre en el cántico, una nueva conclusión. Todo lo que se ha dicho aquí es cierto, y se resume en una nueva frase rica en palabras profundas. Se debe decir que la palabra *Padre* no se halla en el original, pero es necesario ponerla para dar sentido a lo que se quiere expresar. Jesús es el máximo agrado o complacencia del Padre (Mar. 1:11). *Agradó* sólo se usa como el buen propósito de Dios, y el propósito del Padre fue que en Jesús habitara la plenitud. El verbo "habitar" (*katoikéo* [2730]) significa morar para siempre, es decir que aquí se niega de raíz que Dios estuvo solamente un tiempo en Jesús. En él estaba, está y estará habitando la *plenitud* de Dios. Esta última palabra (*pleróma* [4138]), también es un término teológico técnico que implica la totalidad de la divinidad, como también en 2:9. Se ha discutido mucho este término, pero podemos decir, sin temor a equivocarnos, que Pablo lo utilizaba como la plenitud de la naturaleza divina que reside en Cristo de tal modo que nada de la deidad le falta. Siguiendo al comentarista M. Barth, se puede decir que el término hace referencia al concepto bíblico de la presencia de Dios manifiesta en el mundo.

La grandiosidad de Jesús no es que se contentó quedando como la plenitud, sino que siendo tal decidió Dios reconciliar todas cosas (2 Cor. 5:19). Lo que hizo Dios en Jesucristo es cambiar la hostilidad y enemistad por el amor, amistad y obediencia. Lo que estamos afirmando es que no fue Dios el que se reconcilió, siempre es el hombre quien debe ser reconciliado con Dios. Dios sólo es el que toma la iniciativa. El único camino para esto era la sangre de la cruz, no había otra alternativa para hacer la paz. Jesucristo tenía que pagar el precio de la redención para hacernos libres; nuestra esclavitud al pecado es tal que solamente un precio de esta magnitud puede ser el camino de la paz. Con estos versículos vienen muchos conceptos que están involucrados: redención, reconciliación, propiciación, justificación. Todo es obra de Dios, y de Cristo la plenitud de la deidad.

El himno termina (siguiendo el orden del

Semillero homilético
Preeminencia como Dios y Salvador
1:15-22

Introducción: Se dice que Marco Aurelio, el emperador filósofo, impresionado por la personalidad admirable de Jesús, colocó en su jardín la estatua de él entre muchas otras de hombres célebres. Allí estaba Cristo, uno entre los grandes. Pero no; él es infinitamente superior. Es preeminente, supremo "Dios manifestado en carne" para ser salvador de la humanidad.

I. Preeminente porque es idéntico a Dios, vv. 15, 17-19.
  1. Es la *imagen del Dios invisible,* v. 15a.
  2. Es el primogénito o principal en la creación, v. 15b.
  3. El es eterno como Dios el Padre, vv. 17, 19.
  4. El es lleno de toda la plenitud de Dios, v. 19.
II. Preeminente porque es el Creador y sustentador del universo, vv. 16, 17.
  1. El es el Creador del universo, vv. 16, 17.
    (1) El ámbito de su poder creador, v. 16.
      (a) Creador de las cosas visibles.
      (b) Creador de las cosas invisibles.
      (c) Creador de las potestades celestiales.
    (2) ¿En qué sentido es creador?, v. 16.
      (a) En el sentido de que es la fuente de la creación.
      (b) En el sentido de que fue el instrumento divino de la creación.
      (c) En el sentido de que es la finalidad de la creación: *para él.*
  2. El es el sustentador del universo, v. 17b.
III. Preeminente porque es el Salvador de la humanidad, vv. 18, 20-23.
  1. El es el Salvador porque es la cabeza de la iglesia, v. 18a.
  2. El es el Salvador porque es el único que reconcilia con Dios, vv. 20, 21.
  3. El es el Salvador porque es el único que santifica a los pecadores, vv. 22, 23.
Conclusión: 1. Cristo es la imagen del Dios invisible.
  2. Cristo es el creador y sustentador del universo.
  3. Cristo es el Señor y Salvador de la humanidad.

21 A vosotros también, aunque en otro tiempo estabais apartados y erais enemigos por tener la mente ocupada en las malas obras, ahora os ha reconciliado **22** en su cuerpo físico* por medio de la muerte, para presentaros santos, sin mancha e irreprensibles delante de él; **23** por cuanto permanecéis* fundados y firmes en la fe, sin ser removidos de la esperanza del evangelio que habéis oído, el cual ha sido predicado en toda la creación debajo del cielo.

*1:22 Lit., *cuerpo de carne*
*1:23 Otra trad., *a condición de que permanezcáis*

---

texto griego) con una frase que ha despertado grandes polémicas: *Tanto sobre la tierra como en los cielos.* Algunos han querido ponerla como base para una redención a los ángeles u otros seres no humanos. No creemos que haya suficiente base en este pasaje para afirmar esto, sino que se trata de una metáfora que nos señala que la obra de la cruz tiene un alcance universal sobre la humanidad. Un Dios infinito no puede tener una redención limitada. El triunfo de la cruz es garantizado por Jesús, quien es Dios mismo.

Podríamos resumir este himno con esta frase de Erasmo: "La creación del mundo fue un trabajo de poder pero la redención del mundo fue un trabajo de misericordia."

Como corolario al himno existe una aplicación muy personal para la iglesia de los colosenses en los vv. 21-23. A veces pensamos que la obra de reconciliación es tan amplia que nos olvidamos que es también muy particular, se aplica a cada individuo. Esta reconciliación implica no sólo una buena noticia sino que también tiene un propósito moral; el evangelio, el mensaje de reconciliación es un llamamiento a una vida diferente. Hay un fuerte énfasis en el uso de las frases *en otro tiempo* con *ahora; apartados* y *enemigos* con *ahora os ha reconciliado; malas obras* con *santos, sin mancha e irreprensibles.*

El v. 22 hace hincapié en que toda esta grandiosa bendición de la reconciliación no sucedió en una dimensión etérea, sino que ha sucedido en la historia, en la encarnación de Dios, por medio de la muerte en la cruz. No estamos hablando de apenas emanaciones gnósticas o algo por el estilo,

Pablo habla de *cuerpo físico* para dar énfasis en lo material. Igual nuestra santidad y el ser *sin mancha e irreprensibles,* no las podemos hacer sencillas características "espirituales", sino características que se deben dar en el creyente aquí y ahora.

Paz por la deuda pagada
1:21

Era yo muy jovencito. Mucho anhelaba poseer una máquina de escribir, pero era muy pobre. Decidí ir a una casa comercial que vende artículos para oficinas. Allí estaba como empleada una señorita que me conocía.

Le expliqué que anhelaba poseer una máquina de escribir, pero que debido a la falta de recursos, le agradecería que me recomendara con el gerente a fin de que me la diese al crédito. Así lo hizo y el gerente ordenó se me entregara una.

Empecé a hacer abonos muy cumplidamente; mas perdí mi modesto trabajo y no pude continuar abonando. Bueno, me preocupé, hice diligencias sin poder solucionar mi problema. Procuré venderla y no conseguí quien me la comprara. La cosa transcendió y un buen profesor que yo tenía se dio cuenta de mi necesidad, se dirigió a donde el gerente y canceló toda mi deuda. Cuánta fue mi alegría y paz porque mi deuda fue pagada; cómo agradecí a mi maestro su generosidad.

Así es la paz que viene al pecador cuando por fe descansa en que Cristo pagó la deuda de los pecados mediante su sangre que derramó en la cruz.

Bendito sea el Salvador. Si usted recibe a Jesús como el que pagó por usted, también quedará tranquilo, ahora y cuando sea juzgado, porque la Escritura dice: *Justificados, pues, por la fe, tenemos paz para con Dios por medio de nuestro Señor Jesucristo.*

Pablo, ministro del evangelio

De este evangelio yo, Pablo, llegué a ser ministro. **24** Ahora me gozo en lo que padezco por vosotros, y completo en mi propia carne lo

La razón de que esto sucederá es que sencillamente van a permanecer, no es una condición. RVA es correcta en poner como primera opción de traducción la frase *por cuanto*, en lugar de *a condición* (v. 23). No quiere decir que el creyente no deba vigilar su fundamentación, pues es su deber hacerlo si ha experimentado la reconciliación. Pero no todo queda en las bendiciones que tenemos, sino que el pensamiento se orienta a la esperanza del evangelio, esperanza que a los colosenses les dice que debe ser perseverada, y que ya la había hallado en él.

Finalmente, para cerrar el círculo —que se comenzó con la proclamación del reino de su Hijo, se siguió trazando hablándonos de la obra de Cristo en la creación y en la iglesia y se aplicó inmediatamente de una manera personal por medio de la reconciliación en Cristo— termina diciendo que hay una esperanza en este evangelio. Pero como si Pablo no se pudiera detener en un evangelio que permanece encerrado en uno, lanza el desafío misionero, un evangelio abierto para todos.

Todo este pasaje nos ha hablado del señorío cósmico de Jesús, como cabeza y mediador de la creación. En la actualidad esto no es otra cosa que la libertad personal del creyente y el progresivo influjo del reino de Dios en nuestras sociedades.

2. Compromiso por la salvación, 1:23b-29

Esta división comienza con una especie de título: Pablo llegó a ser *ministro* del evangelio. RVA ha tenido que aumentar la palabra *evangelio* para explicar con precisión a qué se refiere y tratar el v. 23b como una unidad aparte. El Apóstol desea hacer sobresalir el compromiso que él tiene con la tarea de predicar el evangelio. La descripción que se da a sí mismo es de *ministro* (*diákonos* [1249]), que sería mejor traducir como servidor. Nuevamente Pablo se cuida de quedar como servidor de algo que podríamos decir es etéreo, nada demostrable. Por eso usa inmediatamente en el v. 25 la misma expresión de servidor (*ministro*), pero ahora de la iglesia pues esto sí se puede ver y de esto precisamente nos va a hablar. El tuvo un compromiso con el mensaje de salvación para la iglesia y para el mundo.

Pablo no se podía atrever a pedir a los colosenses algo que él no podía hacer. Ya en el v. 11 les había dicho que tuvieran *perseverancia y paciencia* en medio de los conflictos; ahora él puede decir que vive así. No era un gozarse en los padecimien-

---

Las golondrinas del calvario
1:24

Los siervos de Cristo, en su obra misionera, completan en sus cuerpos las aflicciones de Cristo.

Dicen que cuando Cristo agonizaba,
llegó del occidente en medio de las auras
 vespertinas,
a posarse en su cruz ensangrentada,
un enjambre de errantes golondrinas.

Y cuando el populacho enfurecido
colmaba al Mártir de escarnios y salivas;
y el sol horrorizado cerró sus ojos y enlutó
 sus galas,
las aves compasivas, de su sienes divinas,
con sus picos sacaban las espinas
y enjugaban la sangre con sus alas.

En memoria de aquello desde entonces
cuando en cruz de dolores clava la
 humanidad ingrata siempre
a los que por su bien son luchadores,
el Mártir del Calvario les envía consuelos
 y esperanzas,
cual bandada fugaz de golondrinas
a sacarle del alma las espinas.

Autor desconocido

que falta de las tribulaciones de Cristo a favor de su cuerpo, que es la iglesia. **25** De ella llegué a ser ministro según el oficio divino* que Dios me dio a vuestro favor, para dar pleno cumplimiento a la palabra de Dios: **26** el misterio de Dios que había estado oculto desde

---

*1:25 Otras trads., *según la mayordomía que* . . .; o, *según la administración que* . . .

---

tos, sino en que estos padecimientos eran por los colosenses, de ninguna manera era un sufrimiento para la salvación. Pablo jamás podía decir que la expiación de Cristo fue incompleta, que sus sufrimientos no fueron suficientes para traer la salvación; afirmar esto sería ir en contra de las enseñanzas de todo el NT. Para entender este pasaje es necesario ir haciendo algunas aclaraciones aparte de la ya indicada.

Es importante pensar en las palabras que se usan. No está hablando de la pasión de Cristo: RVA bien traduce *tribulaciones.* No está haciendo mención a su muerte expiatoria y vicaria en la cruz. Esto sencillamente se refiere a que Cristo durante su ministerio no experimentó toda clase de sufrimiento, y esto es lógico. Pablo, teniendo un ministerio más extenso en tiempo que el de nuestro Señor Jesucristo, pasó por una mayor cantidad y diversidad de sufrimientos. Es en este sentido, y sólo en este, que Pablo completó *las tribulaciones de Cristo* (v. 24). Esta idea no es ajena a Pablo, la podemos ver en Romanos 8:17. Aun más: Nosotros estamos llamados a seguir completando estas tribulaciones (2 Cor. 1:6, 7). En ninguna parte de la Biblia hay base para afirmar que ya no vamos a sufrir, todo lo contrario, Pablo decía en Hech. 14:22: *Es preciso que a través de muchas tribulaciones entremos en el reino de Dios.* Tampoco quiere decir que debemos buscar las tribulaciones, ellas vendrán solas si somos fieles a las demandas que nos hace el evangelio y a las demandas que nos impone el vivir bajo el reino de Dios.

Hay otro concepto que debe ser tratado aquí, así tendremos más claro este pasaje: es lo que el comentarista Lohse llama "el servicio vicario". Es decir, que cuando nos comprometemos con la salvación como lo hizo Pablo, vendrá un deseo de que nuestro trabajo y tribulaciones sean para que otros no pasen por lo mismo y poder consolar así a los creyentes (2 Cor. 1:5-7). Hay un paralelismo entre *mi propia carne,* el cuerpo de Pablo, y el cuerpo de Cristo. Una vez más Pablo se apropia en su causa, en el aquí y ahora de lo que está pasando con la iglesia. No es solamente una preocupación "espiritual" sino que llegó hasta las últimas consecuencias.

Pablo considera su responsabilidad como sencillamente el cumplimiento de un servicio. Dios le dio una responsabilidad para que fuera un administrador y él lo está cumpliendo. No es un cargo para tener señorío sobre la iglesia, sino que es un siervo. Así se debe considerar cualquier responsabilidad en la congregación: siervo de Dios y en favor de la iglesia. No hay posibilidad de un ministerio sin estas dos caras de la misma moneda. Pero además el compromiso que Pablo tiene es con el propósito de cumplir lo que dice la Palabra de Dios. Sencillamente el trabajo de Pablo era para cumplir la voluntad de Dios. Por otro lado la tarea que debe cumplir está relacionada o es la proclamación de la Palabra de Dios, no tiene otras alternativas. Como les decía a los efesios, Pablo no rehusó predicar *todo el consejo de Dios* (Hech. 20:27), aunque esto no le trajo muchos admiradores. Pero esta era su mayordomía de servicio para Dios y la iglesia.

En el último párrafo encontramos un énfasis en una proclamación universal, que se va desarrollando poco a poco. Empieza diciendo que su mensaje es un *misterio* (*mustérion* 3466), palabra que en primer lugar está en aposición con *palabra de Dios.* En segundo lugar no quiere decir algo que está reservado sólo para los iniciados como lo entendieron las religiones de misterio, sino que significa que es una

los siglos y generaciones, pero que ahora ha sido revelado a sus santos. **27** A éstos, Dios ha querido dar a conocer cuáles son las riquezas de la gloria de este misterio entre las naciones,* el cual es: Cristo en vosotros, la esperanza de gloria. **28** A él anunciamos nosotros, amonestando a todo hombre y enseñando a todo hombre con toda sabiduría, a fin de que pre-

*1:27 Otra trad., *entre los gentiles*

---

verdad que no se conocía antes, pero ahora ya es revelada, una verdad que si no tenía una revelación especial no podía ser conocida. Este misterio es *revelado a sus santos* (v. 26), es decir a todos los creyentes. Existe un contraste entre *había estado oculto* y *ha sido revelado*. Esta última palabra tiene el sentido de "ser manifestado", es decir que salió a la luz para que se pueda ver. Estamos en la cumbre del mensaje de salvación, es un mensaje universal.

El v. 27 nos da a conocer el contenido del mensaje: primero, es por la voluntad de Dios, no de Pablo ni de nadie; es lo que Dios quiere. Segundo, este mensaje es la riqueza de la gloria, es la presencia de la gloria de Dios entre nosotros, es Emanuel. Tercero, este mensaje de riqueza y gloria no se limita solamente a un grupo de privilegiados, sino que ha roto las separaciones y alcanza a todos; el ser humano tiene la posibilidad de disfrutar de esto y los gentiles están incluidos en el plan de Dios. Cuarto, y último, el contenido de este misterio es *Cristo en vosotros* (v. 27). Lo fantástico en esta declaración es que Dios no sólo está con los hombres, sino que está *en* los creyentes y solamente siendo así es que podemos esperar el vivir en gloria aquí y allá. La unión con Cristo es la única garantía.

Inmediatamente de hacernos conocer este mensaje universal, Pablo no quiere

---

Semillero homilético
La preeminencia en el ministerio cristiano
1:24-29

Introducción: Es una tragedia que en el ministerio de algunos pastores Cristo brilla por su ausencia. Pero Cristo debe ser preeminente en el ministerio evangélico: en los padecimientos, en el mensaje de esperanza y en la acción de presentar perfectos a los pecadores.
I. Preeminencia en los padecimientos del ministerio, v. 24.
  1. Gozo en los padecimientos, v. 24a.
  2. Padecimientos por la iglesia, v. 24b.
  3. Padecimientos para completar las aflicciones de Cristo, v. 24c.
II. Preeminencia en la proclamación del evangelio, vv. 25-27.
  1. Proclamación según la Palabra de Dios, v. 25.
  2. Palabra que contenía *el misterio... oculto... manifestado a los santos*, v. 26.
  3. Misterio que da a conocer *las riquezas de la gloria... entre los gentiles*, v. 27a.
  4. Riquezas que consisten en que *Cristo es la esperanza de gloria*, v. 27b.
III. Preeminencia en el ministerio de ser presentado perfecto según la imagen de Cristo ante el pecador, vv. 28, 29.
  1. Ministerio de proclamación, amonestación y enseñanza, v. 28a.
  2. Ministerio *a fin de presentar perfecto en Cristo a todo hombre*, v. 28b.
  3. Ministerio de trabajo y lucha *según la potencia de Cristo*, v. 29.
Conclusión: 1. Es un privilegio muy alto padecer como cuerpo de Cristo lo *que falta de las tribulaciones de Cristo*.
  2. Es una gloria indecible ser ministros de Cristo para anunciar en el mundo que Cristo es "la esperanza de gloria".
  3. No hay ministerio más excelso que presentar *perfecto en Cristo* a todo hombre.

sentemos a todo hombre, perfecto* en Cristo Jesús. **29** Por esto mismo yo trabajo, esforzándome según su potencia que obra poderosamente en mí.

2 Quiero, pues, que sepáis cuán grande conflicto tengo por vosotros, por los de Laodicea* y por todos los que nunca me han

---

*1:28 Otras trads., *maduro*; o, *completo*
*2:1 Una ciudad vecina; ver 4:15, 16

---

conformarse en que se conozca solamente por un pequeño grupo de creyentes, sino que alcance a todos. Nótese la cantidad de veces que se usa la palabra "todo": Cuatro veces, tres de las cuales modifican a algo. La proclamación de Cristo está formada, según este pasaje, por dos elementos: uno de amonestación (lit. "meter en la mente"), que nos hace pensar en el imperativo bíblico (que también es un don de Dios) del arrepentimiento o cambio de mentalidad; esta sería la parte negativa. Pero también hay una parte positiva que es la instrucción, que debe ser en las cosas de la vida: Cómo vivir, cómo aplicar los principios bíblicos en nuestro concepto. Esto nos recuerda a la fe como respuesta del hombre a la gracia de Dios por lo que él ha hecho. El propósito final es que todo hombre sea *perfecto*. Hay dos cosas que hay que destacar: Perfectos es estar equipados o preparados, y Dios quiere que estemos listos para enfrentar los problemas que nos plantea la vida; por otro lado,

---

Perfecto en Cristo Jesús
1:28

1. Su perfección viene de Dios, Salmo 18:32.
2. La perfección de Dios es su norma, Mateo 5:48.
3. La Palabra de Dios es la regla, Santiago 1:25; 1 Timoteo 3:16.
4. El amor es el vínculo de la perfección, Colosenses 3:14.
5. Se demanda a los siervos del Señor, Génesis 17:1; Deuteronomio 18:13.
6. La paciencia conduce a la perfección, Santiago 1:4.
7. El siervo del Señor ha sido puesto para perfeccionar a otros, Efesios 4:12.

---

para este propósito no hay excepciones, todos pueden hacerlo. Dentro del cristianismo no es posible una doble ética, todos, los llamados laicos y los no laicos, pueden alcanzar este equipamiento o madurez.

El pasaje termina diciendo que "el compromiso por la salvación" no es fácil. Pablo había trabajado hasta el cansancio. La palabra usada aquí (*esforzándome, agnízomai* [75]) significa hasta quedar agotado. La proclamación de Cristo exige todo lo que tenemos, toda nuestra fuerza. De esta palabra se deriva nuestro vocablo "agonía". Pero no estamos solos en esta tarea, nuestro esfuerzo es posible solamente por el poder que se tiene en Jesucristo. Dios nos ha puesto una meta muy grande: nos exige a todos el trabajo hasta la agonía, pero nos da todo su poder para cumplir la meta.

3. Compromiso por los salvados, 2:1-5

Este pasaje es una fuerte lección que nos da Pablo para que como obreros de Dios nuestro compromiso no solamente sea con el mensaje, sino también con los receptores del mensaje. Es un desafío a comprometerse con personas. Este compromiso Pablo lo ve de tres maneras. Primera, él tiene un gran conflicto por los colosenses y por los de Laodicea, gente a la que él no conoce pero por quienes siente una gran agonía (nuevamente se usa aquí la misma palabra de 1:29, en referencia al compromiso con la tarea de compartir). El *conflicto* o agonía, la preocupación de Pablo, es en dos direcciones: La obra y las personas, no se puede separar las dos cosas. No podemos aceptar la indiferencia como una manera de vida (Songer). Ser creyente significa preocuparse por lo que

visto personalmente;* **2** para que unidos en amor, sus corazones sean reanimados hasta lograr toda la riqueza de la plena certidumbre de entendimiento, para conocer el misterio de Dios,* es decir, Cristo mismo. **3** En él están escondidos todos los tesoros de la sabiduría y del conocimiento. **4** Digo esto para que nadie os engañe con falsos argumentos persuasivos.

---

*2:1 Lit., *los que no han visto mi rostro en la carne*
*2:2 Algunos mss. tienen *Dios y Padre y de Cristo.*

---

está sucediendo con nuestro prójimo, creyentes y no creyentes; el mundo está esperando nuestra preocupación por él.

Además de que las personas que son objeto de su preocupación le son desconocidas, el deseo de Pablo por ellos es que sean reanimados, es decir que tengan ánimo al saber que en un mundo de soledad no se hallan solos: Pablo está con ellos. Además de esta reanimación ellos recibirán estas cuatro cosas: unidad, que lit. quiere decir entretejidos o bien compactados. También están unidos *en amor*, el vínculo perfecto. Tienen un bien común: *Toda la riqueza*, que está descrita como *la plena certidumbre de entendimiento*, frases similares a las que usa en 1 Tesalonicenses 1:5, es decir la certeza que el evangelio, el mensaje que llegó hasta ellos, es ciertísimo. Finalmente tienen un propósito único: conocer más de Jesucristo. La tarea que está por delante es conocer más el misterio que había mencionado en 1:26, 27 y también en 1 Timoteo 3:16. No es solamente conocimiento superficial sino profundo (en el original se usa la preposición *epi* para dar énfasis).

Al final del v. 2 existe un problema textual con once variantes según el texto de SBU, siendo el más acertado el que aparece en RVA, pero sin la palabra "mismo" que es una interpretación de los revisores. El texto es sencillo: *el misterio de Dios, Cristo*. No hay mayor duda sobre esto. Si en 1:27 se indica que las riquezas son algo que se orienta hacia la eternidad, *la esperanza de gloria*, ahora se dice que estos tesoros son grandes verdades divinas (*conocimiento*) pero sobre todo *sabiduría*, o sea la posibilidad de poder aplicar estos conocimientos a la vida diaria.

Regresemos a los *tesoros:* Si se decía que el mensaje es para todos (1:28), ese "todos" ahora se refiere al alcance de lo que es y tiene Jesucristo. A él no le hace falta nada. Estos *tesoros* están ocultos en Cristo, es decir que solamente se puede llegar a ellos en una relación personal e íntima con el Señor. Es algo así como que los tesoros están *escondidos* para uso de los creyentes. La otra manera como Pablo ve este compromiso es advirtiéndoles que hay gente que querrá engañarles, pero si están cimentados en Cristo podrán salir adelante (2:4).

La carta va llegando ya al tema de "la herejía colosense". Pablo era consciente de que había muchos lobos que estaban disfrazados de ovejas, personas que pro-

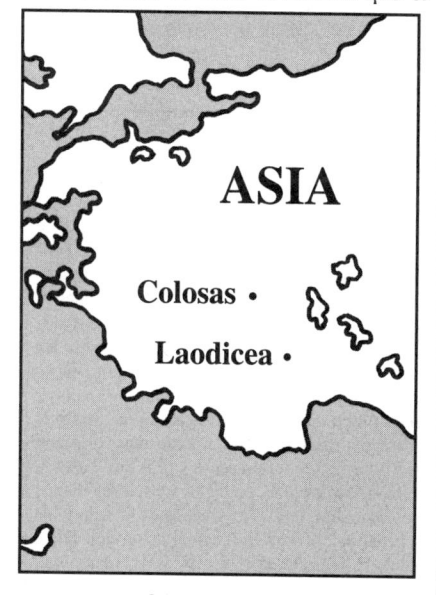

Colosas y Laodicea, 2:1

5 Pues aunque estoy ausente en el cuerpo,* no obstante, en espíritu estoy con vosotros, gozándome y mirando vuestro buen orden y la firmeza de vuestra fe en Cristo.

*2:5 Lit., *en la carne*

curaban desviar a los creyentes por medio de falsos argumentos. En ninguna parte del NT tenemos base para que no argumentemos, debemos estar listos a dar "razones de nuestra fe". Sí, tenemos varios llamados a no usar palabras huecas, quedarnos en discusiones de palabras y usar razonamientos falsos (lit. que están a un lado de la lógica). Debemos estar atentos para no caer en razonamientos fuera de lógica que son usados con tanta frecuencia por los grupos sectarios. La última manera como el Apóstol se siente comprometido es por la unión total que existe con ellos, vista de dos maneras. Está ausente físicamente, esto es una certeza, pero con la misma fuerza contrastante él se encuentra en espíritu, es decir mentalmente, sintiendo lo mismo que ellos están sintiendo. Esta presencia en espíritu es su gozo al "ver" que los colosenses, pese a los problemas que enfrentan, tienen características que son dignas de imitar. Por ejemplo, el *buen orden* que ellos tienen, posiblemente en el desarrollo de su vida; también el conocimiento, el cumplimiento de sus responsabilidades dentro de la comunidad y el fundamento de la fe, una fe que estaba bien cimentada hacia Cristo. No era una fe en las estrellas o las filosofías, era una fe en el Cristo del himno del cap. 1, fe hacia el Cristo como el misterio ahora revelado, fe hacia el Cristo que posee todos los tesoros. Una fe en este evangelio no puede ser consumida pese a los ataques de los grupos que quieren desplazar a Jesús a un segundo plano o que quieren compartir su señorío con otros dioses o cosas.

4. Implicaciones prácticas, 2:6-10

La epístola hasta aquí ha sido un trabajo de teología puro, salpicada con una serie de mensajes de consolación y ánimo, pero no nos ha dicho qué es lo que tenemos que hacer cada día. La pregunta que nos planteamos es: ¿Qué tiene que ver que Jesús sea el Cristo y que él tenga señorío sobre todo, además que Pablo se haya compro-

---

Todos los tesoros de la sabiduría
2:3

Maravillosa declaración. Es de lo más admirable contemplar un cofre, una caja, una urna colmada de tesoros, finos metales y piedras preciosas. Pero tesoros de sabiduría son infinitamente más preciados. No tienen punto de comparación. Los tesoros de sabiduría no sólo pueden producir inmensas riquezas materiales, sino evitar terribles males y en cambio alcanzar incomparables beneficios, para placer y comodidades del género humano. Los tesoros de sabiduría pueden poner en posesión del hombre los conocimientos del reino mineral, vegetal y animal; las realidades de las profundidades de la tierra como también las maravillas que existen en el espacio; las misteriosas complejidades del alma humana y las fuerzas de la naturaleza desconocidas por tantos.

Ahora bien, cuando las divinas Escrituras dicen que en *Cristo están escondidos todos los tesoros de la sabiduría y del conocimiento,* podemos imaginar cuánto más abarca esta sabiduría, siendo él el resplandor de la gloria de Dios. Esto incluye lo antes dicho e infinitamente más, el pleno conocimiento de Dios (Mat. 11:27), todo lo que reserva el pasado, el presente y el futuro hasta la eternidad, todo lo existente en el universo, en los cielos de los cielos y en las honduras del Hades; todo lo que esconde las profundidades de la conciencia humana, todos los arcanos de la vida y los secretos que escapan al genio humano para que el pecador obtenga la reconciliación con Dios, mantenga comunicación con él y disfrute plenamente de la beatitud en el tiempo y en la eternidad en armonía con el Creador. Sí, Cristo es la Divina Sabiduría.

La vida plena en Cristo

6 Por tanto, de la manera que habéis recibido a Cristo Jesús el Señor, así andad en él, **7** firmemente arraigados y sobreedificados en él, y confirmados por la fe, así como habéis sido enseñados, abundando en acciones de gracias.

---

metido con el mensaje de salvación y con los salvados? La respuesta la tenemos en esta sección, que es introducida por la frase *por tanto;* es la consecuencia de todo lo que se ha dicho hasta aquí. El párrafo está divido por el uso de dos imperativos: en el v. 6 *andad* y en el v. 8 *mirad.* Tratemos el primer imperativo. El andar o caminar es una forma muy común para señalarnos cómo es nuestro comportamiento y ya se usó en 1:10. Allí se decía que nuestro comportamiento debe ser de acuerdo a lo que es el Señor y con el propósito de agradarle; ahora el énfasis es *andad en él.* No es simplemente andar "con él" sino rodeado de él. Esto trae algunas implicaciones: La vida cristiana no puede ser estática, en la vida cristiana uno tiene que actuar. En Romanos 6:4 se dice que

> **Cristo es preeminente en sabiduría**
> **2:4**
>
> Cuando los alguaciles fueron a aprehender a Jesús, quedaron paralizados por las sabias palabras del Maestro y regresaron diciendo una expresión que cada día se hace más veraz: *Nunca ha hablado hombre como este hombre.* El apóstol Pedro también exclamó: *Señor, ¿a quién iremos? Tú tienes palabras de vida eterna.*
> Fue en la universidad de Oxford. Un grupo de celebridades intelectuales estaban reunidas, y se les ocurrió preguntar: "¿Qué pasaría si se aparecieran el Dante Alighieri, William Shakespeare, Molliere (quizá el más famoso escritor de Francia), Goethe, el más grande de los alemanes y don Miguel de Cervantes y Saavedra, padre de las letras castellanas?"
> "Bueno, dijeron todos, qué privilegio tan grande, cómo los honraríamos." Pero otro atinó a preguntar: "¿Y si se apareciera Jesús el rabí de Galilea?" Enmudecieron al instante y luego prorrumpieron: "¡Tendríamos que caer prosternados de hinojos, y de rodillas adorarle!" Es que él es el divino Maestro.

tenemos que andar *en novedad de vida;* esta novedad de vida, el andar en Cristo, es comportarse de acuerdo con el poder del Espíritu Santo que actúa en nosotros (Gál. 5:16); nuestro andar es hacer buenas obras (Rom. 2:10), y ser guiados por la luz (Ef. 5:8); andar en Cristo es imitarlo en todo (1 Jn. 2:6).

En este pasaje el mandato de andar en Cristo tiene tres directrices para poder cumplirlo cabalmente. Aparte del modelo que tenemos en Cristo, debemos recordar el modelo que tenemos para nosotros de nosotros mismos. El ejemplo es cómo recibimos a Cristo. Esto nos traslada a un momento histórico en nuestra vida, aquel momento en que nacimos de nuevo. Lo principal que sucedió (por parte del hombre y por la gracia de Dios) fue el arrepentimiento, y que por fe fuimos abrazados a una relación eterna con Jesucristo, una relación que significó pasar de muerte a vida y a una dependencia total o sujeción al señorío de Cristo. El momento en que nos "convertimos a Dios desde los ídolos", este mismo momento debe convertirse en un motor para que nuestro cambio de vida siga siendo de la misma magnitud de lo que fue cuando recibimos a Cristo. El término *recibido* (*paralambáno* [3880]) es un tanto diferente al usado en Juan 1:12 (*lambáno* [2983]), implica tomar más firmemente (por ejemplo en Juan 19:16b).

Es necesario que nos detengamos en los tres nombres que hacen diferentes énfasis en cuanto al Hijo de Dios. El es el Cristo, el Mesías anunciado en el AT, no es alguien que vino en forma intempestiva sino que vino anunciado por mucho tiempo. También es Jesús el Salvador; y finalmente, pero no por esto menos importante, es el Señor. Hemos recibido *a Cristo Jesús el Señor* en un solo acto. Desterremos la idea de que le hemos invitado para que sea

8 Mirad que nadie os lleve cautivos por medio de filosofías y vanas sutilezas, conforme a la tradición de hombres, conforme a los principios elementales del mundo, y no conforme a Cristo.

el Salvador y que luego lo invitaremos para que sea el Señor. El es el Señor y Salvador.

La segunda directriz está dada en el griego en forma de tres participios: *arraigados* (*rizóo* 4492), es decir que tenemos que echar raíces en lo más profundo, en Cristo con todas las implicaciones que hay en esta figura. *Sobreedificados* (*epoikodoméo* 2026), no podemos contentarnos con ser lo que somos, es nuestra responsabilidad edificar sobre el fundamento de Cristo (1 Cor. 3:10-14). Esto último es lo fundamental: Ser arraigado y sobreedificado tiene que ser en Cristo. Si nuestra vida de creyente comenzó en Cristo, el continuar nuestro andar cristiano tiene que seguir siendo en Cristo. Cristo debe ser el centro de nuestra vida. El tercer participio es *confirmados* (*bebaióo* 950). Este término significa hacer una cosa sólida, que no se puede mover y firmemente asegurada; la fe, como sugiere Lightfoot, es el cemento de la construcción. La vida del creyente no es solamente un asunto de fe para el momento de recibir a Jesús, sino que debe ser algo de todos los días, nuestros actos deben ser de fe en fe o traduciendo lit. Romanos 1:17: "Saliendo de fe y entrando a la fe"; de allí que uno puede ser inmaduro en la fe (Rom. 14:1), pero también puede crecer en la fe (2 Cor. 10:15), ser firme en la fe (1 Cor. 15:58) y también que todos nuestros actos broten de la fe (Rom. 14:23). Estas enseñanzas no son solamente dadas por Pablo, sino que posiblemente ya Epafras lo había hecho. Pablo estaba confirmando las enseñanzas pastorales.

La tercera directriz es la acción de gracias. En la epístola hay varias declaraciones similares a esta: 1:12; 3:15, 17; 4:2. Una vida de acción de gracias es el fin de la conducta del creyente. Se enfrenta a un Dios soberano e infinitamente grande a quien le ha placido relacionarse con nosotros por medio de lo que hasta aquí se ha descrito: Jesús, su mensaje de salvación y la fe. El hombre no tiene otra alternativa que abundar en acciones de gracias como una actitud de humildad. Hay una variante textual que es comentada por algunos como Dargan o sencillamente la asumen como Lightfoot. Esta variante se leería así: "Abundando en ella con acción de gracias", refiriéndose "en ella" a la fe, en la cual deben andar; pero por las evidencias internas y externas se prefiere la lectura de RVA como la mejor.

Algo que es interesante notar son los tiempos de los participios griegos, pues esto nos dará a entender en una manera más clara el mensaje de Pablo. *Arraigados* es un perfecto, es decir una acción que ya sucedió en el pasado pero que tiene sus resultados e implicaciones en el presente; *sobreedificados* y *confirmados* son un par de participios presentes, o sea acciones que se realizan en forma continua y progresiva; finalmente *abundando en acciones de gracias* es también un tiempo presente, señalando con esto que debe ser una actitud permanente.

Llegamos al segundo imperativo de este párrafo (v. 8). Debemos "mirar" con atención lo que está sucediendo alrededor nuestro. La construcción que se usa aquí implica que no se trata de un posible problema, sino que es algo real y peligroso. El uso del indefinido por Pablo no implica una generalización, al contrario. Según la opinión de varios eruditos se dice que Pablo usaba el indefinido (*tis*) para indicar que él conocía bien a la persona pero no deseaba usar su nombre.

La advertencia es tal que usa una palabra muy gráfica, *sulagogéo* 4812, lit. significa "que lo lleven como una presa para devorarlo", o también como un prisionero o botín de guerra para hacerle que trabaje en las cosas más viles sin ninguna posibilidad de reclamo.

Los instrumentos para llevar al creyente como presa, son las *filosofías* y las *vanas sutilezas*. Sin duda que aquí no se trata de lo que hoy entendemos por filosofía: el estudio de los principios que rigen la vida o la desvelación cognoscitiva del mundo en el sentido de la tradición griego clásica. En los tiempos de Pablo era un término que se usaba muchas veces para ocultar un sincretismo religioso-mágico-supersticioso, en donde el factor iluminativo de esta "religión" era prominente. De allí que se define a esta filosofía como *vanas sutilezas*, es decir que aparentemente era algo muy profundo y atractivo, pero en el fondo no era nada, no tenía raíces profundas, luego no se puede edificar nada sólido sobre ella. Al final produce una gran desesperación por estar fundamentada en el vacío, todo lo opuesto a lo descrito en el v. 7.

Inmediatamente tenemos las tres razones por las que estas filosofías son huecas y dañinas. La primera es que apenas son tradiciones de hombres, poniendo en contraste fuerte lo expuesto hasta aquí y lo que tratará en el v. 10: enseñanzas de hombres *versus* enseñanzas de Dios. Conzelmann hace notar que el término

---

Semillero homilético

Preeminencia en cuanto a la sabiduría
2:1-10

Introducción: Luz es símbolo de conocimiento, de sabiduría. En la Biblia prolijamente se habla del Mesías como la luz de la humanidad. Isaías profetiza que cuando llegara el Mesías: *El pueblo que andaba en tinieblas vio una gran luz. A los que habitaban la tierra de sombra de muerte, la luz les resplandeció* (Isa. 9:2), cuyo cumplimiento registra Mateo 4:16. Malaquías hermosamente profetiza: *... nacerá el Sol de Justicia, y en sus alas traerá salvación.* (Mal. 4:2). Por eso el Maestro declaró: *Yo soy la luz del mundo. El que me sigue nunca andará en tinieblas, sino que tendrá la luz de la vida* (Juan 8:12).

I. Lucha por la preeminencia de la sabiduría, vv. 1, 2.
 1. Declaración de la lucha, v. 1.
 2. Para qué es la lucha, v. 2a.
   (1) Para consolación de los corazones.
   (2) Para unir los corazones en amor.
 3. Hasta cuándo la lucha, v. 2b.
   (1) Hasta alcanzar todas las riquezas de cumplido entendimiento.
   (2) Hasta conocer el misterio de Dios el Padre y de Cristo.
II. Revelación de la preeminencia de la sabiduría, vv. 3, 9, 10.
 1. En Cristo están todos los tesoros de sabiduría, v. 3.
 2. En Cristo habita la Deidad (Dios es la sabiduría), v. 9.
   (1) Toda la plenitud de la Deidad.
   (2) Toda la plenitud de la Deidad corporalmente.
 3. En Cristo como cabeza (de donde emana la sabiduría) estamos completos, v. 10.
III. Firmeza en la preeminencia de la sabiduría, v. 4-8.
 1. Expresiones de firmeza: andad, arraigados, sobreedificados, confirmados.
 2. Gozo por la firmeza, frente al error, vv. 4, 5, 8.
   (1) No dejarse engañar por palabras persuasivas, v. 4.
   (2) No dejarse engañar por huecas filosofías, v. 8.
   (3) No dejarse engañar por tradiciones humanas, v. 8.
   (4) No dejarse engañar por los rudimentos del mundo, v. 8.

Conclusión: Al entrar a la famosa catedral de San Pablo en Londres, construida por el arquitecto Christopher Warren, se encuentra una leyenda que dice: "Viandante, si buscas el monumento erigido a la memoria del constructor de esta catedral, mira a tu alrededor." Su propia obra era el mejor monumento. Así es Cristo. El dijo: "Yo soy la luz del mundo." El es para el mundo cultural, moral y espiritual, lo que es el sol para el mundo físico. El trajo al mundo la verdadera religión, transformó la educación, perfeccionó las leyes, estableció la fraternidad de amor en la humanidad, embelleció las bellas artes. El es la luz del mundo, la luz de Dios.

9 Porque en él habita corporalmente toda la plenitud de la Deidad; **10** y vosotros estáis completos en él,* quien es la cabeza de todo principado y autoridad.

*2:10 Otras trads., *y habiendo sido perfeccionados, estáis en él*; o, *habéis recibido plenitud en él*

tradición (*parádosis* 3862) no solamente se refiere al entendimiento judío (podríamos decir ahora que es en el mismo sentido del concepto de autoridad eclesiástica basada en la tradición que reclama la iglesia popular), sino que tiene también conceptos de raíces gnósticas, que significaba la mediación de cierta sabiduría secreta de los iniciados acompañado también por la práctica de ciertos cultos. De todas maneras los dos conceptos que son destacados implican que lo que se pretende que sea la norma de los creyentes solamente tiene su origen en los hombres.

La segunda razón por la que debemos tener cuidado es que tienen un orígen demoníaco. Así lo explica Padilla cuando afirma que atrás del materialismo caracterizante de nuestra sociedad de consumo están los poderes de destrucción. El mundo es un sistema en donde el mal se ha organizado para luchar contra el señorío de Cristo. Este mundo o *los principios elementales del mundo* tienen esta característica, no por el poder que dicen tener en sí mismos, sino por la conexión que Satanás les ha dado. Así Satanás es el *dios de esta edad* (2 Cor. 4:4; ver Juan 12:31), sus huestes están gobernando el mundo (1 Cor. 2:6 VP) y están luchando aquí y ahora contra los creyentes (Ef. 6:12). Hemos descuidado que esta visión demonológica está muy presente en el mundo, la obra de Jesucristo se hace completamente entendible solamente bajo estas consideraciones. Estos *principios elementales del mundo* esclavizan al hombre a través de las estructuras y sistemas que le oprimen. La idolatría demoníaca es combatida en 1 Corintios 10:20, y según el comentarista Barrett tiene dos causas: primera, quita a Dios la verdadera gloria que le corresponde; segunda, porque el hombre está adorando ídolos-demonios, es decir que busca una relación íntima de dependencia con estos poderes espirituales.

Estos principios elementales adquieren su vigencia en nuestro contexto cuando vemos la idolatría de la sociedad de consumo. El Apóstol está luchando contra las ideologías del mundo, de Satanás que lo está alienando y condiciona su pensamiento y estilo de vida (Padilla). No tenemos que ver al poder de Satanás en experiencias místicas o de "liberación" solamente, sino en otros elementos como ya se han insinuado: un materialismo alienante, una fe ciega en la técnica, un culto a la propiedad privada, un saqueo de los bienes ecológicos para lograr más producción y así el enriquecimiento sin medida de individuos y de empresas, la fiebre del consumo que ha transmitido una imagen de felicidad en el tener, el deseo de los más pobres o menos ricos de alcanzar un nivel que les dé posición e imagen del hombre-mujer "ideal", una moda que le impulsa al consumismo y exalta el hedonismo. En los finales del siglo XX, esta es la advertencia que Pablo nos hace: ¡Cuidado con estos *principios elementales del mundo* que nos arrastran!

La última razón es a manera de corolario: No podemos dejarnos llevar cautivos por estas filosofías porque no se fundamentan en Cristo. Los valores de Cristo son diferentes y lo son sencillamente por lo siguiente: El modo como Pablo ve a la herejía colosense resulta de la tentación constante que tenemos que ceder ante la impresión que nos deja el mundo, por su grandeza, por su visibilidad y la aparente eternidad para un hombre finito, pero al que Dios le ha dado la posibilidad de pensar más allá de su finitud.

El primer motivo descansa nuevamente y

11 En él también fuisteis circuncidados con una circuncisión no hecha con manos, al despojaros del cuerpo pecaminoso carnal mediante la circuncisión que viene de Cristo.

---

en forma reiterativa en Jesucristo. Si las "herejías colosenses" dicen que hay que depender de los poderes del mundo, es porque ellos creían que tenían ciertos poderes divinos. Pablo tiene que hacer a un lado esto y decir categóricamente que toda la deidad está solamente en Jesús (v. 9). Nuevamente usa el término *plenitud* y el verbo "habitar" con toda su fuerza (1:19). En Cristo están todos los atributos divinos, todo lo que hace a Dios está efectiva y esencialmente en Cristo. El uso de la palabra *corporalmente* hace referencia a la encarnación de Dios. Esta frase correspondería a lo dicho por Juan en su Evangelio: *El verbo se hizo carne* (Juan 1:14). Se debe fijar con mucha atención el uso de esta expresión *corporalmente*. No quiere decir de ninguna manera "en el cuerpo" porque a Dios no se le puede limitar a un cuerpo; tampoco dice "en forma de un cuerpo", que daría la sensación de algo fantasmal, sino que es *corporalmente* o que se puede ver por medio de un cuerpo; a Dios se lo ve por medio de Jesucristo. Nos hace pensar que no solamente era Dios allá en el cielo, sino que también fue Dios aquí entre los hombres, tomando toda característica de hombre. Jesús es Dios-hombre y hombre-Dios, por lo tanto es el único que puede trazar un vínculo entre Dios y los hombres.

Así es como se llega al v. 10, recalcando primero que Cristo está sobre *todo principado y autoridad*, haciendo alusión por tercera vez a poderes espirituales y demoníacos que han incursionado en el mundo para pretender desplazar a Cristo. No hay nada en la creación que no dependa directamente de Jesucristo. Teniendo esta aclaración en mente, el texto afirma que este Dios tan grande e infinito, que no acepta compartir su señorío con nadie, está en nosotros y es más, nosotros estamos completos. No nos hace falta nada, todo lo tenemos en Cristo. Se usa aquí una forma de la palabra *pleróma (pleróo* [4137]) mencionada en 1:19 y 2:9. El sentido del tiempo usado en esta frase verbal implica que la experiencia en Cristo es ya un hecho. Hemos sido hechos participantes de la naturaleza divina. Sin una relación con Dios somos incompletos. Dios creó al hombre para ser así y mientras el hombre no haya nacido de nuevo tendrá una espiritualidad incompleta, porque está fuera de una relación adecuada con Dios. Es moralmente incompleto porque su dinámica ética no es la del poder del Espíritu Santo. Es mentalmente incompleto porque no puede entender las cosas espirituales. Sólo por el milagro de la regeneración llega a ser completo, no perfecto, sino completo para poder ejercer las capacidades que Dios le ha dado.

III. VIDA EN CRISTO, 2:11—4:6

Luego que se ha descrito lo que es la salvación en Cristo, Pablo pasa en la segunda parte del libro a describir lo que es la vida en Cristo. Nuestra posesión en Cristo, nuestra posición en Cristo y las implicaciones.

1. Nuestras posesiones en Cristo, 2:11-15

La frase dominante nuevamente es *en él;* veremos tres grandes posesiones que tenemos en Cristo.

Fuimos circuncidados (v. 11). Pablo usa la figura de la circuncisión ya que esta era bastante entendible. Originalmente la circuncisión tenía implicaciones profundas; era quitarse las impurezas corporales y así llegar a una consagración total a Dios. Así lo explica claramente el mismo Pablo en Romanos 2:25-29. La circuncisión colocaba a la persona dentro del pacto de Dios, de allí que tenía una connotación espiritual más que física. Este mensaje no es nuevo. Ya Deuteronomio 10:16 demanda la cir-

12 Fuisteis sepultados juntamente con él en el bautismo, en el cual también fuisteis resucitados juntamente con él, por medio de la fe en el poder de Dios que lo levantó de entre los muertos. **13** Mientras vosotros estabais muertos

cuncisión del corazón. En Deuteronomio 30:6 tenemos la esperanza que será Dios el que circuncidará el corazón como medio para restaurar las relaciones con él. El profeta Jeremías toma nuevamente el mensaje y llama incircunciso a Israel pero al mismo tiempo hace un llamamiento: *Circuncidaos para Jehovah* (Jer. 4:4).

Estos pasajes citados son lo suficientemente claros para que podamos afirmar que Pablo está hablando de una triple posesión que hay en Cristo. La circuncisión de nuestro corazón no fue hecha de manos; pertenece a una dimensión no física, a la dimensión del Espíritu Santo. Mediante esta circuncisión el creyente pasa a ser parte del pacto; la circuncisión del corazón no nos despoja de una parte pequeña del cuerpo, sino que nos despoja del poder del pecado, ya el pecado no se enseñoreará de nosotros. Ya no estamos en esclavitud del pecado. No quiere decir que ya no pecamos o que ha sido quitada la naturaleza de pecado; significa que ahora ya tenemos la victoria de Cristo, que él nos ha liberado.

La circuncisión de los corazones no es impuesta por los hombres o por la ley, es la circuncisión de Cristo y tiene su origen en él. El mismo Cristo que tiene preeminencia es quien nos ha circuncidado el corazón. Debemos ser enfáticos, el hombre no es el que circuncida el corazón; es un don de Dios.

Fuimos resucitados (v. 12). El verbo principal de este versículo es *fuisteis resucitados.* Pablo no desea hacer mucho énfasis en la sepultura, esto lo explicará más tarde en 2:20—3:4. Aunque la centralidad es la resurrección, por lógica es necesario antes morir. La figura aquí es la de enterrar y desenterrar a un muerto. Pensemos que tanto el v. 11 como este y los siguientes no hablan en forma literal, pues es imposible circuncidar literalmente el corazón; de igual manera el bautismo lit. no nos ha sepultado.

Aquí hay dos posibilidades de interpretación: Que se tome el bautismo en agua con el significado del resto del NT, un simbolismo de que hemos muerto y hemos resucitado, también como simbolismo de una identificación total con Cristo; la otra posibilidad es la de relacionar este bautismo mencionado aquí con el bautismo del Espíritu Santo descrito en 1 Corintios 12:13, como el hecho que ha experimentado todo creyente por medio del cual somos introducidos en el cuerpo de Cristo. Esta última interpretación puede hacer un poco más entendible el pasaje. En el bautismo del Espíritu Santo fue sepultado y fue resucitado con Cristo. De esta manera evitamos caer en la interpretación que sostiene que por el bautismo por agua somos sepultados al pecado y resucitados a una nueva vida, lo que se separa de las enseñanzas neotestamentarias en cuanto a la salvación por la fe y por gracia.

Por medio del bautismo del Espíritu Santo hemos sido sepultados y sobre todo se nos ha resucitado; el pasaje sigue afirmando que este ser sepultados y resucitar solamente se logra *por medio de la fe,* es decir que nos está hablando del acto salvífico en sí mismo, no del simbolismo del rito bautismal. Esta salvación, seamos enfáticos, es por medio de la fe, no por causa de la fe, ya que ella sirve de vínculo para relacionarnos con él. Literalmente nuestro versículo se debe traducir: "Por medio de la fe del poder de Dios", destacando lo que ya se ha mencionado, que la salvación es por el poder de Dios. Es por acción de Dios mismo que el hombre tiene fe, es un poder tal que resucitó a Cristo y como dice Efesios 1:19-23 este poder es para los creyentes. Resumamos esta posición en Cristo: Fuimos resucitados, también se nos ha dado fe, poder y todo esto al ser bautizados en el Espíritu Santo y ser

en los delitos y en la incircuncisión de vuestra carne, Dios os dio vida juntamente con él, perdonándonos* todos los delitos.

*2:13 Algunos mss. antiguos dicen *perdonándoos*.

---

parte de la iglesia.

Una última posesión que tenemos en Cristo: **Nos ha dado vida juntamente con él** (vv. 13-15). El enfoque ahora es un tanto diferente: al cambiar el término "resucitar" con "dar vida con" se quiere indicar algo más que el hecho de una resurrección espiritual, sobre todo en la proyección de disfrutar de una vida abundante que tenemos en Cristo. El verbo "dar vida" ya tiene en el griego la preposición *con* (*sun*), e inmediatamente se usa la misma preposición para traducir *con él*. Este uso doble de *con* sin duda quiere señalarnos que hemos recibido vida por nuestra identificación con él, pero también que nuestra vida la compartimos con él. Hay dos dones grandes: la vida y Cristo mismo.

Estos dones aparecen como más grandes al leer la frase que antecede a lo explicado: *Estabais muertos*, lit. erais cadáveres, inútiles e ineficaces espiritualmente; nada podíamos hacer, sin embargo Dios nos dio vida. Se describe esta muerte en dos campos: En las transgresiones o las violaciones de los mandamientos de Dios (*delitos*); esto es una abierta rebeldía contra él. Y la otra, *la incircuncisión de vuestra carne* o estar alejados del pacto y las promesas de Dios, un estado de "enajenación de Dios" (Dargan). Posiblemente al usar los términos *incircuncisión de vuestra carne* nos quiere insinuar el origen gentil de muchos miembros de la iglesia. La misma indicación nos puede dar el uso reiterativo (3 veces) del pronombre "vosotros" en esta primera parte, para retornar a la primera persona en forma inmediata.

La forma como Dios nos dio vida fue por el perdón de las transgresiones. El no nos dejó muertos, ni nos dio vida quedándonos como éramos, sino que cuando fuimos perdonados entonces nos dio vida. La palabra *perdonándonos* (*carízomai* 5483) está relacionada con el término gracia, es decir que se destaca la idea de la gratuidad.

Sepultados con la muerte en el bautismo
2:12

Tuve un profesor de Nuevo Testamento aspersionista; yo también lo era pero con mis dudas. Comentando este pasaje decía que no se refería al bautismo en agua, sino que hablaba de la muerte y resurrección espirituales del cristiano. Yo le hice la observación que, aunque el lenguaje fuera espiritual, sin embargo el simbolismo era tomado, sin duda, de la práctica del bautismo como una sepultura en agua, en lo cual se vio precisado a convenir. De manera que de todos modos, este pasaje enseña que la forma legítima del bautismo es la inmersión, un sepultarse en el agua y un levantarse de ella, como emblema de la sepultura y resurrección de Cristo por nosotros para nuestra redención, a fin de que muriésemos al pecado y resucitásemos a la vida eterna.

La práctica del bautismo, tal como el significado del vocablo lo indica, es inmersión; tal como se practicaba en la iglesia cristiana primitiva, introduciendo el cuerpo en el agua y luego levantándolo; tal como lo sugiere el hecho de la necesidad de *mucha agua* (Juan 3:23) para bautizar y tal como corresponde a su simbolismo de muerte, sepultura y resurrección (Col. 2:12), no puede ser otra que una inmersión del cuerpo en el agua.

El bautismo simboliza la muerte, sepultura y resurrección de Cristo para nuestra salvación; nuestra muerte al pecado y resurrección espiritual a la gloriosa vida en Cristo por identificarnos con su muerte redentora, y finalmente simboliza nuestra muerte física y resurrección de la tumba cuando nuestro Salvador venga con majestad y gloria en su inminente segunda venida.

¡Qué hermoso símbolo se pierde cuando arbitrariamente se cambia la forma del bautismo!

14 El anuló el acta que había contra nosotros, que por sus decretos nos era contraria, y la ha quitado de en medio al clavarla en su cruz.

También esta palabra conlleva el significado de cancelar una atadura. El creyente antes estaba atado a la muerte por su transgresión pero Dios ha soltado este lazo y ahora está vivo. Implicamos que el perdón alcanza no sólo las transgresiones pasadas sino las que lastimosamente vendrán. La redención es un acto que se realiza de una sola vez y para siempre, siendo la base para un perdón continuo para los hijos de Dios.

En los vv. 14 y 15 encontramos el método para el perdón de las transgresiones: Primero, el *anuló el acta que había contra nosotros* (v. 14a). Aquí Pablo usa una figura de contabilidad: Cuando una persona contraía una deuda escribía con su puño y letra un acta o un pagaré, por la que estaba atado al prestamista. Era una prueba legal de que la deuda existía; cuando se cancelaba la deuda el acta era anulada o borrada. Esto es exactamente lo que hizo Dios con nosotros. Estábamos endeudados con él pero él mismo ha borrado esta deuda que fue escrita con nuestras transgresiones. Hay un agravante más: No solamente había un acta contra nosotros, sino que los mandatos o las ordenanzas de Dios nos señalan que hemos pecado, además de indicarnos que somos dignos de muerte. Pablo explica más claramente esta situación en el pasaje de Romanos 7:9-13.

Segundo: Dios levantó el acta y la cargó a la cuenta de Cristo (v. 14b). Ahora Pablo nos lleva hasta la cruz. Era costumbre poner en la cruz un acta en la que se exponían las culpas por las que el crucificado estaba muriendo. Es así que Dios tomó el acta con nuestras transgresiones que nos inculpaban —y que debían ir en "nuestra crucifixión por nuestros propios peca-

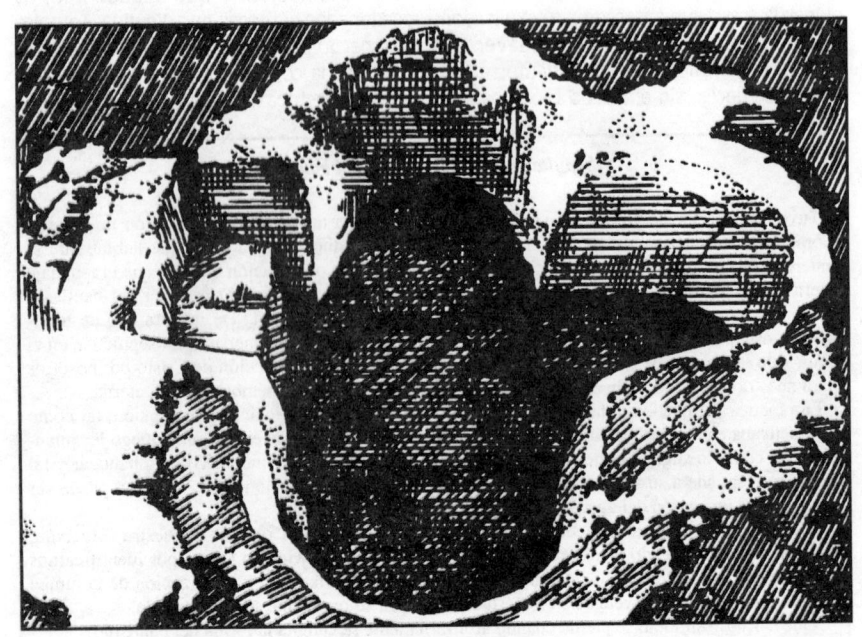

Bautisterio en ruinas de una iglesia, 2:12

15 También despojó a los principados y autoridades, y los exhibió como espectáculo público, habiendo triunfado sobre ellos en la cruz.*

*2:15 Lit., *en ella*; comp. Ef. 2:16

---

dos"— y la quitó y la clavó en la cruz de Cristo. La idea es que fue un hecho que se realizó en el pasado pero sus efectos perduran hasta hoy. El Salvador fue clavado en la cruz y juntamente con él nuestras culpas que nos condenan. Estas fueron crucificadas pero no conocen resurrección. El se hizo maldición por nosotros.

Tercero: antes de entrar al texto es necesario hacer una aclaración. En la RVA se ha supuesto que el sujeto de todos los verbos usados aquí es Dios: *dio vida, anuló* y *ha quitado* (v. 13). La palabra no aparece en el original, es necesario suplirla. Pero al llegar al v. 15 tenemos que hacer un cambio de sujeto, ya no es "Dios Padre". Pablo pasa inconscientemente de un sujeto a otro, ahora es Cristo el que hace la acción. Como dice el comentarista Lightfoot, es un cambio enérgico y muy llamativo.

El v. 15 es uno de los pasajes más difíciles de traducir por su construcción y terminología especial. Como ya hemos dicho Cristo es el sujeto. El verbo principal es *exhibió*, modificado por dos participios en el griego: *despojó* y *habiendo triunfado*.

Semillero homilético

Preeminencia de Cristo sobre la ley
2:11-17

Introducción: Pablo, en otros de sus escritos, abunda en conceptos acerca de la misión de la ley. Por ejemplo: (1) La ley revela la santidad, la justicia y la bondad de Dios (ya que la ley viene de Dios), Romanos 7:12. (2) Por la ley es el conocimiento del pecado, Romanos 7:12. (3) Por la ley el pecado llega a ser sobremanera pecaminoso, Romanos 7:13. (4) La ley produce ira y muerte, Romanos 4:15; 7:9, 10. (5) La ley hace reconocer la impotencia del hombre para librarse del pecado, Romanos 7:21, 22. (6) La ley hace sentir la necesidad de un Dios Salvador, Romanos 7:24, 25. (7) La ley como un ayo conduce al pecador a Cristo, Gálatas 3:24. Ahora en esta selección el Apóstol presenta algunos aspectos de la superioridad de Cristo sobre la ley.

  I. Preeminencia al efectuar la verdadera circuncisión, v. 11; Romanos 8—12.
  II. Preeminencia al resucitarnos juntamente con él de la muerte espiritual, vv. 12-15.
  III. Preeminente al hacer posible el perdón de nuestros pecados, v. 13b.
  IV. Preeminente al anular el acta de los decretos contra nosotros y clavarla en la cruz, v. 14.
  V. Preeminente al despojar y exhibir vergonzosamente, en la cruz, a las potestades de las tinieblas, v. 15.
  VI. Preeminente al librarnos de juicios y críticas acerca de ritos y preceptos legales, v. 16.
  VII. Preeminente al encontrar en Cristo el antetipo de la sombra de la ley, v. 17.

Conclusión: 1. La ley es el fiscal que nos acusa y nos condena; Cristo es el abogado que nos defiende por los méritos de su cruz (1 Jn. 2:1).
  2. La ley es como el espejo que nos muestra las feas manchas del pecado, sin poder quitarlas; pero *la sangre de su Hijo Jesús nos limpia de todo pecado* (1 Jn. 1:7).
  3. La ley es como la biopsia que revela el horroroso cáncer, mas no lo puede curar; mientras que por las heridas de Jesús nosotros somos sanados (1 Ped. 2:24).
  4. La ley es cual poderoso gigante que nos golpea mortalmente con su justicia; Cristo es gracia tierna y misericordiosa que muere en nuestro lugar y resucita para levantarnos, guardarnos y sobrellevarnos durante el camino de nuestra vida.
  5. La ley señala el camino de la perfección hacia el cielo, pero no nos conduce allá; Cristo es el camino mismo, porque quitó el obstáculo del pecado mediante su sacrificio; además resucitó y ascendió al cielo para conducirnos hasta allá.

16 Por tanto, nadie os juzgue en asuntos de comida o de bebida, o respecto a días de fiesta,

Intentemos una traducción un tanto más libre para entender la estructura del versículo: "Cristo los exhibió en público, habiendo despojado a los principados y potestades, y habiendo triunfado sobre ellos en la cruz." Analicemos poco a poco estas frases por separado para luego ver el conjunto. La idea principal es que Cristo ha triunfado, y esto no se hizo como algo secreto sino que su triunfo fue puesto a la vista de todos. La figura es tomada de la vida militar de ese entonces. Cuando un ejército triunfaba sobre otro, se realizaba un desfile victorioso. En él se exhibía a los derrotados, los que eran objeto de burla por la gente que estaba mirando. El vencedor era digno de grandes homenajes y por lo general se le hacía un monumento recordatorio de su triunfo. La victoria de Cristo no es una cosa que se realizó solamente en la dimensión del más allá, tampoco la redención fue una huida fuera del mundo. Es más bien un acto aquí en la tierra, lógicamente con efectos eternos.

El primer modificante a esta acción de triunfo indica que esta exhibición se pudo realizar en virtud de que Cristo ya había despojado *a los principados y autoridades* (lit. significa quitar los vestidos o quitar el poder que hace daño). Así el evangelio se convierte en la buena noticia del triunfo de Jesús sobre los poderes de este mundo. Cristo despojó de autoridad a los poderes que los colosenses pretendían adorar.

El segundo modificante es lo que ya se ha insinuado: Cristo es un triunfador sobre ellos. Aquí surge otro conflicto en cuanto a la claridad. En el texto griego no se halla la palabra *cruz* ni la palabra *Cristo*, solamente se usa el pronombre personal *él* (este pronombre puede reemplazar a cruz o Cristo, ya que el sustantivo cruz en el griego es de género masculino). Si Dios es el sujeto, lo natural es que *en él* se refiera a Cristo. Pero si Cristo es el sujeto, lo cual sostenemos, lo más lógico es que se refiera a la cruz (ver nota de RVA). Sea de una u otra manera, después de todo fue en el Cristo crucificado que Dios logró su victoria final.

2. Implicaciones prácticas, 2:16-19

Nuevamente tenemos aquí un pasaje conclusivo introducido con las palabras *por tanto*. Estamos frente a las implicaciones prácticas que se desprenden de lo enseñado en el párrafo anterior sobre nuestras posesiones en Cristo. Por lo que ha hecho Cristo y por lo que tenemos en él, Pablo nos habla de dos privilegios que tienen los creyentes. Notemos que se puede dividir el párrafo en dos partes, cada una de las cuales comienza con la misma palabra: *nadie* (vv. 16, 18).

El primer privilegio es que nadie nos puede juzgar por cosas meramente externas. Dios ya ha hecho todo, no nos queda a nosotros ningún acto religioso externo

---

La victoria de Cristo a nuestro favor
2:15

El Señor en el calvario obtuvo la más rotunda victoria sobre las potestades infernales, a las cuales humilló exponiéndolas a la vergüenza. Ya nosotros no tenemos que luchar contra Satán en nuestras propias fuerzas, pues ha sido vencido; y nosotros lo que tenemos que hacer es tomar por fe la victoria que Cristo conquistó en la cruz para nosotros.

En la Segunda Guerra Mundial Estados Unidos de América derrotó a Japón, el cual se rindió incondicionalmente. Pero a pesar de la aplastante derrota, en el interior de algunas islas dominadas por Japón todavía persistían grupos americanos luchando contra japoneses ignorando que el Imperio Nipón había sido derrotado.

Así muchos cristianos pareciendo ignorar que las fuerzas satánicas fueron derrotadas vergonzosamente en el Gólgota, continúan luchando en sus propias fuerzas, y a menudo mordiendo el polvo de la derrota innecesariamente. Vengan y tomen el triunfo por fe en Cristo y canten victoria.

lunas nuevas o sábados. 17 Todo ello es sólo una sombra de lo porvenir, pero la realidad pertenece a Cristo. 18 Nadie os prive de vuestro premio, fingiendo humildad y culto a los

para alcanzar la salvación o la santificación. Nosotros, como los colosenses, nos enfrentamos a personas que están prestas a rotularnos negativamente por ciertas cosas que hacemos o que no hacemos. Para ellos son asuntos importantísimos, pero para Dios apenas merecen atención, salvo que sean en función de amor para evitar algún tropiezo (Rom. 14; 1 Cor. 8:1-13; 10:23—11:1). Como creyentes debemos hacer oídos sordos a quienes pretenden ponerse en calidad de jueces.

Pablo pasa a dar una pequeña lista de las cosas más comunes en que algunos creyentes un tanto ascéticos caen en críticas. La divide en dos grupos, comida y bebida. Posiblemente se refiera a reglas ceremoniales relacionadas con la limpieza de los alimentos pensando que eso es lo importante. Igual que ahora, mucha gente pensaba entonces que había alimentos y bebidas más o menos santos. Podemos incluir aquí asuntos tales como el ayuno usado como instrumento de santificación o de presión a Dios para lograr algo. El problema es que muchas veces nos concentramos en pequeñas reglas de asuntos superficiales antes que en lo esencial. Es necesario tratar aquí dos advertencias: Primera, que esto no nos da licencia para ser despreocupados en cuanto al tipo de alimentos y bebidas que podemos consumir. Dios nos ha dado inteligencia para que hagamos un buen uso de las cosas que él mismo ha creado para nuestra vida. Segunda, no estamos llamados a juzgar a quienes participen de ciertas prácticas, como por ejemplo el caso del ayuno ya citado. El no juzgar es de dos vías, tanto para el que lo hace como para el que no lo hace.

El segundo grupo incluye: *días de fiesta, lunas nuevas* y *sábados*. Pablo estaba pensando en la importancia que se daba a ciertos días para hacer ciertas celebraciones, o de apartar un día especial para algún servicio pensando que esto es una señal de santidad o como medio para hacerlo. Esto también nos lleva a nuestros días cuando vemos a la cristiandad que se acuerda que es cristiana en días especiales como Navidad, Cuaresma, Semana Santa, etc.; luego nuevamente se olvidan que el cristianismo es un asunto de 365 días al año.

Hay también aquí la necesidad de hacer una observación: el mandato es no ponernos en un pedestal de superioridad frente a quienes hacen esto. Esto no significa que no estamos llamados a enseñar con humildad y amor.

La razón de ser para esto está expuesta en el v. 17 como un corolario a lo que ya se dijo en cuanto a Cristo. Las prácticas relacionadas con el cristianismo genuino no son malas en sí mismas, solamente son incompletas pues apenas son *una sombra*. Cuando se dice que es *de lo porvenir*, no nos proyecta necesariamente a un futuro lejano, sino que siguiendo la tónica de la tensión escatológica del reino de Dios nos proyecta a un futuro que ya está presente.

A renglón seguido Pablo hace el contraste: Estas cosas son *la sombra*, pero el "cuerpo" o *la realidad* es Cristo mismo. La pregunta que surge es: ¿Para qué hacer las cosas que se relacionan con la sombra, si ya tenemos en Cristo la plenitud de todo? El desafío ético que encontramos en estos versículos es que nuestro comportamiento no puede ser moldeado por el ascetismo o las celebraciones culturales, sino que debe ser moldeado por la presencia de Cristo a quien debemos imitar.

El segundo privilegio nos dice que no hay ninguna persona que tenga el derecho a quitarnos el premio, en virtud de lo que Cristo ha hecho por nosotros. El lenguaje que está usando ahora se relaciona con las competencias atléticas, en las cuales hay un árbitro que está observando que todos cumplan correctamente en su competencia. Había personas que se colocaban a sí

ángeles, haciendo alarde de lo que ha visto,* vanamente hinchado por su mente carnal; **19** y no aferrándose a la cabeza, de la cual todo el cuerpo, nutrido y unido por coyunturas y ligamentos, crece con el crecimiento que da Dios.

La vida nueva en Cristo

20 Siendo que vuestra muerte con Cristo os separó de los principios elementales del mundo, ¿por qué, como si aún vivieseis en el

mismas como árbitros para pretender descalificar a algunos creyentes. Pablo da tres razones por las que ellos no tienen autoridad para hacerlo. La primera es una traducción difícil, pues tenemos que dar al participio griego usado aquí un significado poco frecuente en el NT: *fingiendo humildad* ("tomando placer en la humildad"), es decir que ellos se sentían orgullosos de ser humildes, lo cual como sabemos no tiene ningún sentido. Esta falsa humildad se halla relacionada con el culto que daban a los ángeles. Tenemos que recordar que uno de los problemas de los colosenses era adorar a personajes intermedios entre el hombre y Dios. Parece que la razón es que ellos se sentían muy poca cosa para adorar a Dios directamente y veían como piadoso el usar intermediarios, una falsa justificación. Por la obra de Cristo nosotros tenemos libre entrada a Dios.

En la segunda razón tenemos un problema textual, siendo la mejor lectura no incluir la negación, tal como lo tiene RVA. La idea es que estas personas estaban haciendo demasiado énfasis en ciertas visiones que ellos decían que habían tenido, aumentando y exagerando cada vez más sobre el significado de estas visiones.

La tercera razón es que estaban hinchados de nada, creían ser algo sin ser nada, engañándose a sí mismos. Todo su problema radicaba en que su pretendida espiritualidad por la que querían ser jueces se originaba en una mente que todavía era gobernada por el pecado.

El v. 19 explica con detalle la situación descrita. Cristo es la cabeza de la iglesia, él es el Señor de la iglesia, por lo tanto el desplazarlo de nuestra vida y pretender que él no es Señor causa todos estos conflictos. Tenemos que aferrarnos a él para que nuestra vida cristiana sea normal; imitar a Cristo es nuevamente el modelo a seguir. Termina diciendo que la iglesia, como cuerpo de Cristo, estará firme cada uno por separado pero también cada uno dependiendo del otro, siempre y cuando haya una relación de sujeción total al Señor de la iglesia.

Este fortalecimiento individual y corporal de la iglesia redundará en un propósito: el crecimiento que Dios da. Este tiene algunas cualidades: espiritualidad (motivación por el Espíritu Santo), fidelidad (dependencia del texto bíblico en acción) y pertinencia (ser la sal de la tierra). Además este crecimiento debe tener varias dimensiones: numérica, orgánica, conceptual y diagonal (O. Costas).

3. Nuestra posición en Cristo, 2:20—3:4

Hay una frase que se repite en esta sección como en ninguna otra parte del NT, a saber: *con Cristo* (v.20; 3:3) y *con él* (3:4). En el original la preposición *con* (*sun*) en 3:1, se encuentra como parte del verbo y se halla traducida como *habéis resucitado con*. En Efesios 2:6 se ha traducido el mismo verbo como *juntamente con... nos resucitó*. La preposición *sun* se puede traducir también como *junto con*. Se usa mayormente para personas y está implicando una estrecha relación de compañerismo. Pablo sin duda desea hacer sobresalir lo que tenemos como fruto de nuestra unión *con Cristo*.

Nuestra posición con Cristo está descrita de dos maneras. En el texto original estas dos maneras (2:20 y 3:1) se hallan expresadas a través de dos oraciones condicionales, que bien se ha traducido en RVA con *siendo*. Esto hace pensar que el Espí-

mundo, os sometéis a ordenanzas como: **21** "No uses, ni gustes, ni toques"? **22** Tales

ritu Santo por intermedio de Pablo estaba asumiendo la realidad de estas dos premisas: hemos muerto y hemos sido resucitados con Cristo. El resto de la discusión girará alrededor de estas dos declaraciones verdaderas.

Hemos muerto con Cristo (2:20-23). La forma verbal usada aquí implica una acción que ya sucedió en el pasado. No fue un proceso, sino que se realizó en un momento específico; fue un momento de crisis. Pablo no usa nunca, cuando se refiere a la muerte al pecado (Rom. 6:2), a sí mismo (2 Cor. 5:14, 15), a la ley (Rom. 7:6; Gál. 2:19), o al mundo, una forma verbal que indique cambio progresivo, siempre usa la forma puntual. Es importante también notar el uso de la forma compuesta del verbo *apócresis* [671], que hace énfasis en la separación. Esta realidad de la muerte con Cristo aconteció en el instante de conversión; allí se entra en una unión real con Cristo y se identifica con él en el acto de su cruz. Convertirse en cristiano es morir con Cristo.

Todo esto quiere decir que, como lo explica el mismo Pablo en Romanos 6:1-11, no debemos vivir "una vida sin vida", sino que hemos pasado a una forma de vivir en donde el poder del pecado ha sido cortado (Rom. 6:11).

Regresando al pasaje de Colosenses, Pablo usa la fuerza de la preposición *apo* que se ha traducido como *separó*, para indicar con vigor, que en virtud de nuestra identificación con la muerte de Cristo *los principios elementales del mundo*, ya no tienen poder sobre nosotros. Estamos separados. No se quiere insinuar que el creyente ya no peca, solamente que el pecado ya no se enseñorea sobre él, ahora estamos bajo otra influencia, estamos viviendo en "la región de lo eterno" (Lightfoot).

Los principios elementales del mundo (v. 20), recordando lo que se dijo bajo 2:8,

---

Semillero homilético

La preeminencia sobre los falsos cultos
2:18-23

Introducción: En el fondo de este pasaje encontramos el Cristo como preeminente, el premio de gloria eterna, la verdad de la revelación divina, la cabeza del cuerpo místico de la iglesia, la beatísima experiencia de morir a las vanidades del mundo y el poder de Dios para vencer la corrupción de la carne. Entonces el Apóstol con autoridad divina demanda que no permitamos que los falsos cultos nos priven de tan gloriosos bienes que nos otorga la autoridad soberana del Señor supremo, Cristo Jesús.

I. No privarnos del premio eterno por los falsos cultos, v. 18a.
   No engañarnos con la falsa humildad de rendir culto a seres inferiores al Señor.
II. No permitir quedar sin la realidad de Cristo por atender a vanas visiones, v. 18b.
III. No perder la comunión con Cristo, que es la cabeza de la iglesia, por los falsos cultos, v. 19.
   Así se pierde la nutrición del cuerpo y su crecimiento.
IV. No cometer la insensatez de cambiar la experiencia de la muerte al mundo, por las inútiles prácticas del ascetismo, vv. 20-22.
V. No engañarnos con las apariencias de sabiduría, humildad y abnegación de los falsos cultos, v. 28. Tales prácticas son inútiles para el dominio de los apetitos carnales.

Conclusión: Hemos visto cómo el apóstol Pablo demuestra la inutilidad e insensatez de los falsos cultos, y cómo el Cristo preeminente es el único suficiente para hacernos aptos de tributar a Dios el culto digno de él, como lo expresa en estas sus mismas palabras: *Así que, hermanos, os ruego por las misericordias de Dios que presentéis vuestros cuerpos como sacrificio vivo, santo y agradable a Dios, que es vuestro culto racional* (Rom. 12:1).

COLOSENSES 2:20—3:4

cosas son destinadas a perecer con el uso, pues son según los mandamientos y las doctrinas de

son según el contexto una serie de enseñanzas que se hallan relacionadas con cosas materiales y externas. Pablo exhorta a no sumergirse nuevamente en la atmósfera donde las cosas materiales gobiernan, sino que vivamos en la atmósfera del Espíritu. El contraste es entre el creyente que ha muerto a los valores del mundo, y el hombre no regenerado que tiene un estilo de vida de acuerdo a estos valores del mundo, estando sometido al control de los poderes espirituales del mundo.

Luego de haber descrito lo que implica estar muerto con Cristo, Pablo hace una pregunta en tono de reclamo. Si se está separado del mundo, ¿cómo es que se actúa como si se fuera del mundo? ¿Cuál es la excusa para haber retrocedido? No se pueden mezclar las dos cosas; esto es inconcebible. No podemos seguir viviendo según los valores que el mundo nos da, por más buenos que parezcan ser. Un grupo de gnósticos había pensado que el mejor camino para vivir en santidad es hacer énfasis en reglas y ritos externos. La palabra *ordenanzas* (*dógma* [1378], v. 20), implica una norma legal que hace más énfasis en la norma en sí misma que en ninguna otra cosa. Aquí se incluye lo mencionado en 2:8 y 14. La vida cristiana se había convertido en una de reglas y leyes, en lugar de una vida en la que se goce de la compañía con Cristo (Gál. 4:3, 9). La vida de Jesús está llena de ilustraciones sobre su enseñanza en este aspecto (p. ej., Mat. 15:1-20).

Inmediatamente se dan algunos ejemplos de los "dogmas". Las enseñanzas rabínicas muestran que Pablo no exagera; él usó no solamente el espíritu de las falsas enseñanzas, sino también las formas de estos "dogmas". No parece que se está haciendo distinción en diferentes mandatos y que se está pensando en mandatos específicos y detallados. Se refiere a prohibiciones relacionadas con el ascetismo, y revelan una creciente severidad. El énfasis que hay está sobre la repetición del negativo.

Inmediatamente Pablo nos quiere dar algunas razones por las que estos preceptos son de poco valor. La primera es que *son destinadas a perecer con el uso* (v. 22a), apuntan (*eis*) hacia la destrucción; es decir que dan valor a las cosas que perecerán, a las cosas transitorias, pero no a lo que es eterno. De allí que es inútil hacer de estas cosas que pasarán un principio fundamental de la moralidad. Es el mismo argumento dado por Jesucristo a lo largo de los Evangelios. Se debe indicar que la interpretación de esta frase no es sencilla, hemos dado la más aceptada por los eruditos. La sutileza de la expresión en el original no se puede reproducir en las traducciones.

La segunda razón que tenemos es que apenas son *mandamientos y... doctrinas de hombres* (v. 22b). Pablo da un fuerte énfasis en esta frase: No se trata de mandamientos dados por Dios, apenas de hombres sin autoridad (2:8). Estos "dogmas" no sólo han sido dados como correctivos de conducta, sino también como enseñanzas doctrinales. Los mandamientos describen la fuente de autoridad y las enseñanzas el medio de comunicación. El comentarista Lightfoot hace una triple comparación de lo que dice Pablo aquí y lo que dice Jesús en Mateo 15:1-20 y Marcos 7:1-23. (1) Los dos argumentan en manera semejante contra fastidiosas ordenanzas relacionadas con el alimento que se corrompe. (2) Los dos insisten sobre lo intrascendente de estas cosas en sí mismas. En Marcos 7:19 se hace énfasis en las palabras del Señor que prácticamente declara limpio todo alimento. (3) Los dos relacionan estas ordenanzas con las prácticas condenadas en la denuncia profética de Isaías 29:13.

Finalmente una tercera razón (v. 23), es que estas cosas no tienen un valor práctico y real. La construcción de la frase *tienen*

hombres. **23** De hecho, semejantes prácticas tienen reputación de ser sabias en una cierta religiosidad, en la humillación y en el duro trato del cuerpo; pero no tienen ningún valor contra la sensualidad.*

---

*2:23 Lit., *contra la satisfacción de la carne*

---

reputación de ser sabias, no quiere decir que realmente sirven, sino que "dicen que tiene valor". Es una frase irónica, pero no es la realidad. Son cosas de muy dudoso buen resultado. Pablo hace un contraste entre lo que se dice que sirve en cuanto a estas reglas y mandatos, y lo que definitivamente no sirve. Dicen que estos mandatos tienen reputación en algunas cosas: ¿Cuáles son? Veamos nuevamente la ironía del apóstol Pablo: *cierta religiosidad*, o supuesta religión. Posiblemente el error de los colosenses era cierto culto mistérico o el sincretismo de ideas populares —de religión popular— con el mensaje cristiano. Era ostentación de devoción, observancia religiosa impuesta sobre uno mismo, pero no por Cristo. La humildad es una virtud frecuentemente adulterada (2:18). Finalmente, *duro trato del cuerpo*, o sea la práctica de una exagerada mortificación del cuerpo: Ayunos, vigilias, flagelación, falso ascetismo, cosas que por lo general causan impresión de piedad. Jesucristo habla de estas cosas en Mateo 6:2, 3 y Pablo en 1 Corintios 13:3. Al tener apariencia de piedad la herejía es más seductora para alguna gente.

En la última parte del versículo Pablo nos da la regla para evaluar las enseñanzas que se quiere imponer: ¿Tiene valor para combatir la sensualidad? ¿Qué de los apetitos de la carne? Por *sensualidad* (*sárx* 4562) se entiende aquí la vida del hombre en cuanto no se halla en correcta relación con Dios. La respuesta a estas preguntas es obvia: No, no tiene valor. Hay otra posible interpretación al traducir esta frase: "No tiene valor ninguno, sirve para cebar el amor propio" (Nueva Biblia Española). Esto quiere decir que para lo único que sirve esta serie de dogmas es para despertar los apetitos carnales. Cualquiera de las dos interpretaciones llevan a la misma conclusión: Si los "dogmas" son simplemente ceremonias, sacrificios personales, o cúlticos, restricciones y reglas y más reglas, son moralmente impotentes. Sólo el poder de Cristo resucitado es eficaz contra estos apetitos.

Mandamientos humanos
2:21-23

"No hay fin en cuanto a los hombres se ponen a inventar tiranías para las conciencias; cada día nuevas leyes se añaden a las antiguas, cada día salen nuevos decretos. Y con qué elegancia de lenguaje Pablo nos muestra en esas tradiciones humanas un laberinto donde las conciencias se extravían" (Calvino, citado en Bonnet y Schroeder).

Hemos sido resucitados con Cristo (3:1-4). En esta otra sección Pablo comienza la segunda parte de esta división. Por un lado hemos muerto con Cristo, pero gracias a él, no solamente estamos identificados con su cruz, sino que también estamos identificados con su resurrección.

Recordemos que la frase con que comienza el cap. 3 es una certeza, no se trata solamente de una posibilidad, es una frase paralela a 2:20. La muerte y resurrección nuestra son dos hechos que se realizaron en un punto del pasado, y que se hallan simbolizados en el bautismo. Es importante notar que el pasaje paralelo a este lo tenemos en Romanos 6:4 y 5, y que allí se enfoca más a una resurrección escatológica, mientras que en Colosenses es una realidad presente, nuestra vida eterna ya ha comenzado. La forma del verbo usado en este primer versículo es un

3 Siendo, pues, que habéis resucitado con Cristo, buscad las cosas de arriba, donde Cristo está sentado a la diestra de Dios. **2** Ocupad la mente en las cosas de arriba, no en las de la tierra; **3** porque habéis muerto, y

pasivo, ya que un muerto no puede resucitar, sino que tiene que ser resucitado. A un muerto en sus pecados solamente Dios lo puede resucitar. Los mandatos que vamos a ver inmediatamente están relacionados con hechos éticos en el estado de resurrección. Esta resurrección que se ha experimentado no solamente debe cambiar la conducta del creyente, sino también los conceptos intelectuales. Ha sido trasladado al reino de Dios (1:13). Hay nuevos valores que dominan al creyente, valores que no están relacionados con los dogmas ascéticos tan discutidos, sino aquellos que no perecen.

En virtud de lo que ha pasado, se debe buscar *las cosas de arriba*. ¿Se quiere enseñar que el creyente debe andar con la mente en las nubes? No, de ninguna manera. *Las cosas de arriba (ta áno 507),* no es sino lo que tiene origen en Dios mismo (Mat. 6:20, 33; Fil. 3:14, 20; Gál. 4:26). Esta frase se debe entender a la luz de las prácticas religiosas que se describieron antes, que se oponen a la presencia de un Cristo victorioso, el que *está sentado a la diestra de Dios.* El contraste es fuerte: por un lado la enseñanza de los hombres y por otro la de Cristo glorificado y exaltado. La expresión tomada del Salmo 110:1 indica la posición que ocupa Jesús por su señorío y por su victoria total. La diestra de Dios es el lugar de santidad, de intercesión y de poder. La figura de Cristo se torna nuevamente central. Se debe cesar nuestra concentración de energías y nuestros pensamientos en ordenanzas mundanas, y concentrarnos en nuestra nueva vida, en la cual Cristo es la estrella polar. Nuestro ejemplo es el Cristo de gloria.

En el v. 2 se repite la expresión *de arriba,* para dar el énfasis. No solamente hay que buscar lo de arriba, sino que hay que ocupar la mente en ello (Fil. 4:8, 9). La palabra usada aquí implica el pensamiento sobrio y las aspiraciones que determinan las acciones.

El entendimiento correcto de las cosas de Dios demanda que nuestra mente se esté renovando (Rom. 12:2), lo que producirá que las acciones sean relevantes para el aquí y el ahora, y que los mandamientos de Dios no sean cosas frías que se limiten a lo de la tierra, cosas que no trasciendan, religión fría y vana. Buscar lo de arriba no demanda apartarse del mundo; al contrario, tenemos que permanecer para dar sabor al mundo con los valores de arriba. Las cosas de la tierra son los mandamientos de la religión humana que no transforman a nadie.

Finalmente Pablo enseñará dos cosas que se tienen *con Cristo,* una de ellas en el presente (v. 3) y la otra en el futuro (v. 4).

Lo que tenemos con Cristo ahora, tiene una base en el pasado: *habéis muerto.* Por un momento nos hace retroceder a 2:20, tenemos que haber muerto para poder resucitar. Hace un cambio brusco y una mezcla extraña: muerte y vida, la paradoja del creyente. El verbo que se ha traducido como *está escondido (krúpto 2928)* está en tiempo perfecto, lo que significa que el estar escondidos fue una acción que se realizó en el pasado, pero tiene sus resultados en el presente, o sus efectos permanentemente.

Dado que hemos muerto con Cristo, ahora la vida abundante que se puede disfrutar con él está muy segura, en su compañía y dentro de Dios. No hay sitio más seguro y mejor. La vida vieja ha llegado al fin y ahora *la* vida (en el original se halla el artículo para determinarla mejor) plena y satisfactoria con Cristo se ha manifestado. No se trata de solamente la vida biológica *(bíos 979)* sino de la vida integral y completa *(zoé 2222).* La vida en su plenitud está escondida del mundo, no es visible al ojo natural, no es plenamente comprendi-

vuestra vida está escondida con Cristo en Dios. 4 Y cuando se manifieste Cristo, vuestra vida, entonces también vosotros seréis manifestados con él en gloria.

da por las facultades del intelecto humano. El cristiano tiene también promesas para el futuro. En el original no hay ninguna conjunción como *y* o *pero*, para iniciar el v. 4; sino que entra directamente con *cuando*, lo que indica el énfasis que Pablo quiere dar haciendo sobresalir una unión muy íntima con lo que antecede. Es un recordatorio para animar al creyente que tiene que vivir en forma diferente porque ha resucitado.

Empezaremos, por facilidad de exposición, indicando que Jesucristo es la vida, no solamente que tenemos vida con él (Juan 1:4; 14:6, 19). El es vida en sí mismo; de allí que nuestra vida no quedará escondida con Cristo en Dios, sino que habrá un momento en que será visible y palpable para todos. Sin duda se está refiriendo a la segunda venida de Cristo, personal y visible, *con poder y gran gloria* (Mat. 24:30; ver 2 Tes. 2:1-12). Aquí se verá su aparición en majestuosa divinidad. Lo fantástico es que el creyente será parte también de esta manifestación con Cristo (1 Jn. 3:2). Lo cierto es que no se limitará a esta manifestación concreta, sino que será una manifestación eterna en la consumación de todo (Ef. 1:10).

Los latinoamericanos hemos sido puestos bajo dos extremos en nuestra perspectiva de la vida cristiana. Por un lado, hemos vivido muchos años, desde el comienzo de la conquista, bajo el símbolo de la muerte;

Semillero homilético
Preeminencia en la vida espiritual y moral
3:1-15

Introducción: Nuestro preeminente Señor, como supremo Rey soberano, establece cuatro imperativos de carácter espiritual y moral, mediante cuatro verbos en modo imperativo: *Buscad* (v. 1), *haced morir* (v. 5), *dejad* (v. 8) y *vestíos* (v. 12). Estas obligaciones no son para salvarnos, porque la salvación es por gracia; pero el cristiano una vez salvado, tiene el privilegio de guardar estas normas para la gloria del Señor, para su propia felicidad y para ser un instrumento de Dios para la salvación de otros.

I. Buscar las cosas de arriba, vv. 1-4. ¿Por qué razones?
  1. Porque allá está Cristo sentado a la diestra de Dios (exhalado como Rey), vv. 1, 2.
  2. Porque hemos muerto y nuestra "vida está escondida con Cristo en Dios", v. 3.
  3. Porque cuando Cristo se manifieste nosotros seremos *manifestados con él en gloria*, v. 4.
II. Hacer morir los pecados de la carne, vv. 5-7.
  1. Descripción de los pecados de la carne, v. 5.
    (1) Inmoralidad sexual.
    (2) Idolatría de la avaricia.
  2. Razones por qué hacerlos morir, vv. 6, 7.
    (1) Porque la ira de Dios viene sobre los hijos de desobediencia, v. 6.
    (2) Porque pertenecen a la vida pasada, v. 7.
III. Dejar los pecados del espíritu y la lengua, vv. 8, 9.
  1. Descripción de los pecados del espíritu: ira enojo y malicia, v. 8a (2 Cor. 7:1).
  2. Descripción de los pecados de la lengua: blasfemia, palabras deshonestas y mentiras, vv. 8b, 9.
  3. Razones por qué dejarlas, v. 9.
    (1) Porque pertenecen al viejo hombre.
    (2) Porque fuimos despojados de ellas.
    (3) Porque así la paz de Dios nos guardará.

(Continúa en la página siguiente)

5 Por lo tanto, haced morir lo terrenal en vuestros miembros: fornicación, impureza,

se nos ha presentado un Cristo crucificado que no demanda una ética diferente en nuestras vidas. Por otro lado, se nos ha presentado también la imagen de solamente el Cristo resucitado, un cristianismo triunfalista. Este pasaje nos presenta la perspectiva completa. Así como lo cóncavo y convexo en un círculo, así la muerte y la resurrección no se pueden separar. Es necesario que todo creyente pase por la muerte de la cruz antes de llegar a la resurrección. Es indispensable pasar por "nuestro viernes santo" antes de llegar a "nuestro domingo de resurrección". La resurrección nos enseña la necesidad de identificarnos con la cruz de Cristo. No podemos evitar este camino para disfrutar la gloria de la resurrección.

4. Implicaciones morales, 3:5-11

El primer grupo de implicaciones, que hemos llamado morales, son introducidas por las palabras *por lo tanto* (ver 2:6, 16 y 3:12). Estas implicaciones morales están presentadas de una manera negativa, enumera algunos pecados específicos que deben ser desterrados del creyente. Comienza por estas implicaciones éticas para hacernos pensar que aunque hay libertad en Cristo, también estamos sometidos a preceptos firmes y no cambiables. Dividamos el pasaje en tres partes.

La primera parte (vv. 5 y 6) es un mandato sobre ciertos pecados y la actitud que tiene Dios sobre ellos. El mandato es tajante. En 2:13 nos describía nuestra situación antes de ser creyentes como muertos (*nekrós* [3498]), ahora con ese mismo énfasis nos dice que debemos matar (*nekróo* [3499]) el pecado. Pablo nos lleva desde la muerte a una vida en Cristo en donde tenemos que matar al pecado, siempre desde la perspectiva de estar en Cristo y con Cristo.

Una traducción literal diría así: "Matad los miembros que están sobre la tierra." Pablo usa el término *miembros* [3196] como los instrumentos para cometer pecados (Rom. 6:12, 13). Nos dice también a qué clase de miembros debemos matar: Los

---

(Continúa de la página anterior)
IV. Vestirse de las virtudes de Cristo, vv. 10-15.
  1. Las prendas del vestido, vv. 10-15.
    (1) Benignidad.
    (2) Humildad.
    (3) Entrañable misericordia.
    (4) Mansedumbre.
    (5) Paciencia.
    (6) Amor.
  2. Razones por qué vestirse de Cristo, vv. 14, 15.
    (1) Porque debemos manifestar la imagen de Dios.
    (2) Porque es el vestido de los escogidos de Dios.

Conclusión: Este rico pasaje nos ha demostrado dimensiones de una vida cristiana normal:
  1. Es una vida que crece hacia el cielo.
  2. Es una vida libre de la esclavitud de la carne.
  3. Es una vida que profundiza hasta la purificación del espíritu.
  4. Es una vida que se reviste con las perfecciones de Cristo.

Habiendo resucitado con Cristo, buscad las cosas de arriba. El cristiano es como la florecilla llamada girasol, la cual, al despuntar el sol, se despierta, se despereza y comienza a girar su corola buscando el sol, hasta poner su cara hacia él, a fin de disfrutar de las tibias caricias solares. El auténtico cristiano no puede quedarse conformado a este mundo; antes se empeña buscando preferentemente las cosas de "Arriba donde está sentado Cristo a la diestra de Dios".

bajas pasiones, malos deseos y la avaricia, que es idolatría. **6** A causa de estas cosas viene la ira de Dios sobre los rebeldes.* **7** En ellas anduvisteis también vosotros en otro tiempo cuando vivíais entre ellos. **8** Pero ahora, dejad también vosotros todas estas cosas: ira, enojo, malicia, blasfemia y palabras groseras de vuestra boca. **9** No mintáis los unos a los

---

*3:6 Lit., *hijos de rebelión*; algunos mss. antiguos omiten esta frase.

---

que están en la tierra o mejor dicho los que se guían por los valores que da este mundo. Hemos sido trasladados al reino de Dios y por lo tanto nuestros valores deben ser diferentes. Se debe insistir que esta lista es sólo a manera de ejemplo y no pretende ser exhaustiva. Trataremos de definir brevemente cada uno de los pecados. *Fornicación* (*pornéia* [4202]) es inmoralidad sexual, relaciones sexuales fuera de matrimonio; también se aplica a todo acto pornográfico. *Impureza* (*akatharsía* [167]) añade al pecado anterior un carácter de perversión (Rom. 1:24). Pablo fue más allá del acto exterior, llegó al centro mismo de las acciones. Las siguientes palabras se refieren a sentimientos que no se pueden gobernar (Rom. 1:26, 27), relacionados también con la sexualidad mal usada. Al término *deseo* (*epithumía* [1939]) añade *malos* (Juan 8:44), porque la palabra deseo no siempre tiene una connotación mala. Aquí no sólo se refiere a lo sexual, en forma general es todo deseo malo. Finalmente trata la *avaricia* (*pleonexía* [4124]). Esta palabra significa sencillamente deseo de tener más. Dios ordenó que se debe pedir por las necesidades de cada uno, pero el deseo de tener más allá de nuestras necesidades es pecado, es *idolatría* (*eidodolatría* [1495]). No podemos servir a Jesucristo y al dios de las posesiones (Mat. 6:24).

Estos pecados están colocados al mismo nivel y debemos "matarlos" con el mismo énfasis: Actos sexuales fuera del matrimonio, deseos desordenados, sentimientos de hacer el mal y el deseo de tener más allá de nuestras necesidades.

Frente a estos pecados Dios actúa de una sola manera: con ira. La *ira de Dios* (v. 6) no es un cambio de sentimientos de parte de él, pues nuestro Padre no está sujeto a variaciones temperamentales. La ira de Dios no es una perturbación de su espíritu, sino un juicio por el cual se promueve el castigo sobre el pecado (Agustín). Tampoco la ira es contraria al amor, es una forma que toma el amor hacia lo que se opone a Dios. También se debe notar en el texto que la ira está viniendo (se usa el presente), no se trata de un evento futuro, ya está presente.

La frase *sobre los rebeldes* (v. 6), tiene un problema textual; no hay suficiente evidencia externa para sostener su inclusión. Si se lo omite (respaldado por varias autoridades como Westcott y Hort y Lightfoot entre otros), el v. 7 en su parte final se deberá traducir *cuando vivíais en estos* (pecados). Esta observación no hace a un lado la enseñanza que aquí se expone, pues en Efesios 5:6 se incluye esta frase sin ningún problema.

La segunda parte (vv. 7 y 8) nos habla del pasado. Por un lado afirma que los colosenses habían ya superado una etapa, antes vivían en esos pecados, antes eso era lo normal. Pablo nos quiere decir que no nos gloriemos al compararnos con aquellos que cometen estos pecados, porque nosotros también éramos así. Pablo usa el enfático *ahora* para que pensemos en nuestra nueva posesión y posición en Cristo. En esta lista podemos ver una acumulación creciente de pecados que se refieren a nuestra actitud interna.

La *ira* (*orgé* [3709]) es una actitud de rechazo (se sobreentiende frente a cosas buenas que nos suceden); el *enojo* (*thumós* [2372]) es una pasión hirviente (Dargan); la *malicia* (*kakía* [2549]) ya es actuar, es hacer cosas de categoría inferior a lo que Dios nos demanda (Mat. 6:33, 34), es la mal-

otros; porque os habéis despojado del viejo hombre con sus prácticas, **10** y os habéis vestido del nuevo, el cual se renueva para un pleno conocimiento, conforme a la imagen de aquel que lo creó. **11** Aquí no hay griego ni judío, circuncisión ni incircuncisión, bárbaro ni escita, esclavo ni libre; sino que Cristo es todo y en todos.

dad que existe entre los hombres; la *blasfemia* (*blasfemía* [988]) significa hacer una cosa injuriosa, se traduce como blasfemia cuando es contra Dios y calumnia cuando es contra los hombres; finalmente las *palabras groseras* (*aiscrología* [148]), en un lenguaje ofensivo, generalmente se refiere a expresiones en forma deshonesta y vulgar sobre alguna cosa.

La tercera parte (vv. 9-11) nos lleva más directamente al plano de las relaciones. Se ha dicho que la novedad del cristianismo no es el contenido moral diferente en forma exclusiva; la novedad sobre todo es la fundamentación de nuestras exigencias éticas: Jesús. Estamos frente a ciertas demandas dentro de una comunidad de creyentes, el "círculo" (la iglesia) desde donde se plantean las exigencias éticas: esa es la otra novedad.

El pasaje empieza con un mandato que no se debe añadir a la lista anterior, donde solamente encajaría con "mentiras", pero aquí evidentemente cambia de tema. Pablo ordenó que no nos mintamos, que seamos auténticos. Y da dos razones: nos "hemos desnudado" o quitado el ropaje exterior, con todas las cosas desagradables que este ropaje lleva y nos hemos puesto uno nuevo, que no es un trabajo terminado sino que cada día va renovándose nuevamente. Hay dos metas: llegar a una identificación plena con las cosas divinas y que seamos una fiel imagen de nuestro Dios, imagen que ha sido distorsionada con el pecado.

Esto nos conduce a una idea que está flotando: la transformación del creyente es algo interno, tenemos una nueva naturaleza; pero también es algo externo pues debemos tener nuevas prácticas. No solamente tenemos que ser buenos, sino que también parecer buenos.

En una comunidad donde no hay mentira sino que existe una transformación externa e interna, hay una verdadera unidad que reflejará a Cristo mismo quien es todo, además de que Cristo está en todos sin ninguna distinción. La iglesia o el "círculo" desde donde proclamamos las exigencias éticas, se caracteriza porque las divisiones del viejo hombre han sido superadas, no es una esperanza sino un hecho. Padilla afirma que aunque somos de grupos diferentes ahora pertenecemos a una tercera raza (1 Cor. 10:32). La comunión que hay en la iglesia que está aferrada a Cristo como cabeza es mucho más que una comunión espiritual.

En Cristo están unidos los que están separados en el mundo por su raza (*griego*

Haciendo morir la carne
3:5-7

Nuestro texto dice que hay que hacer morir la carne. Si no muere la carne, muere el espíritu.

En cierta ciudad un caballero adinerado tenía en su hogar un hermoso perro, que le había costado un capital. Ese perro tan preciado enfermó de hidrofobia. Tuvo que buscarse al médico veterinario, quien, al examinar al bello animal, dijo: "Aquí no hay más remedio que matar al perro." "¡No, no, imposible!", exclamó el dueño. "Sí, es indispensable matar al perro", insistió el veterinario. "¡Jamás!", protestó el señor de la casa. "El perro es la alegría del hogar, el entretenimiento de los niños", repetía. Entonces, sentenció el médico: "Si el perro no muere, sus niños morirán." No había otra alternativa. Hubo que matar al perro.

Muchos cristianos desean disfrutar una próspera vida espiritual y gozar de bendiciones especiales, pero no quieren crucificar la carne. Si no muere la carne no hay vida espiritual, no hay alegría, no hay paz. Hay que matar la carne. ¿Tiene usted un perro qué matar?

12 Por tanto, como escogidos de Dios, santos y amados, vestíos de profunda compasión, de benignidad, de humildad, de mansedumbre y de paciencia, **13** soportándoos los unos a los

---

ni judío); separados por sus prejuicios religiosos (*circuncisión ni incircuncisión*); separados por el nivel cultural (*bárbaro ni escita;* los bárbaros eran considerados como gente inculta y los escitas como mucho más incultos y "salvajes", los dos eran proscritos por la "sociedad culta"); separados por su clase social (*esclavo ni libre*).

5. Implicaciones sociales, 3:12—4:6

Estamos frente al último pasaje que comienza con *por tanto*, lo que nos indica que es la conclusión de lo que ya se ha dicho. Se ha hablado de la posición y posesiones en Cristo, y en el párrafo anterior de las implicaciones personales llegando a introducirse en las relaciones dentro del cuerpo de Cristo. Ahora presentará lo que sucede cuando el cristiano se relaciona con la sociedad en general.

El ser un creyente no significa aislamiento del mundo; todo lo contrario, debemos proyectarnos hacia el mundo y sus necesidades.

Esta sección se dividirá para su mejor comprensión en tres partes. La primera nos habla de una conducta marcadamente diferente a la conducta anterior. Si en el párrafo anterior se hablaba más en sentido negativo ahora se dice qué es lo que se debe hacer. Antes era: *haced morir* (3:5), *dejad* (3:8) y *no mintáis* (3:9); ahora es *vestíos* (3:12 y 14). Se debe señalar que el verbo "vestir" no se halla en el original pero es necesario suplirlo en el v. 14 para dar mejor sentido a la redacción.

El primer párrafo que se desarrolla bajo *vestíos* tiene a su vez dos partes. Podemos decir que una es una lista de las nuevas "prendas" que debemos tener, y esto por una razón especial; y la otra la forma como debemos usar estas "prendas" cuando hay problemas, teniendo un ejemplo digno de imitar.

Comienza el párrafo dándonos una apelación a una conducta diferente. Con *escogidos de Dios* (v. 12) destaca que la salvación no es por el esfuerzo humano, sino solamente por el acto lleno de gracia de un Dios misericordioso. Ya Pablo había escrito a los tesalonicenses en el mismo sentido (1 Tes. 1:4) y luego les aclara el asunto al decir que ellos fueron elegidos por Dios con un propósito especial: glorificarle (2 Tes. 2:13, 14). Nuestro comportamiento debe ser diferente porque también somos *santos,* es decir que Dios nos ha apartado para una vida diferente y también somos el objeto del amor de Dios. Estas tres cosas nos deben motivar o ser el motor para que nuestra conducta sea diferente.

La lista de nuestro "vestido" empieza con algo muy interno, debemos estar llenos de *profunda compasión.* Aquí Pablo hace uso

---

La paciencia
3:12

Una de las manifestaciones del fruto del Espíritu es la paciencia (Gál. 5:22). Hay una poesía que no deja de tener valor y se titula:

A un impaciente

Lo que no logres hoy, quizá mañana
lo lograrás, no es tiempo todavía;
nunca en el breve término de un día
madura el fruto ni la espiga grana.

No son jamás en la labor humana
vano el afán ni inútil la porfía;
el que con fe y valor lucha y confía,
los mayores obstáculos allana.

Trabaja y persevera que en el mundo
nada hay estéril ni infecundo
para el poder de Dios y de la idea.

Porque, hasta la estéril y deforme roca
es manantial cuando Moisés la toca
estatua cuando Fidias la golpea.

Anónimo

otros y perdonándoos los unos a los otros, cuando alguien tenga queja del otro. De la manera que el Señor* os perdonó, así también hacedlo vosotros. **14** Pero sobre todas estas cosas, vestíos de amor, que es el vínculo perfecto. **15** Y la paz de Cristo* gobierne en

---

*3:13 Algunos mss. antiguos dicen *Cristo*.
*3:15 Algunos mss. antiguos dicen *de Dios*.

---

de la idea de los antiguos por la que se pensaba que las vísceras eran el asiento de las emociones. Entonces nos dice que debemos tener una *compasión* (*splágcnon* 4698) que se origina en el fondo de nuestro ser. Esto es similar a lo que sintió Jesucristo cuando fue movido a misericordia al ver a los hombres como ovejas sin pastor (Mat. 9:35-38).

Benignidad (*crestótes* 5544) es dulzura, que seamos fáciles de llevar. *Humildad* (*tapeinofrosúne* 5012), que sea verdadera, una humildad que comienza en nuestra relación con Dios (1 Ped. 5:6), y que no debe ser falsa como se ha descrito en 2:18 y 23. *Mansedumbre* (*praútes* 4340), esa fuerza bajo el control del Espíritu Santo, solamente así puede ser bien utilizada. *Paciencia* (*makrothumía* 3115), tener la tolerancia para soportar los problemas mientras seguimos viviendo; no es aguantar por aguantar, sino aguantar luchando.

El v. 13 nos dice cómo es la forma en que debemos llevar las prendas de nuestro nuevo vestido. Aquí se hace énfasis en las relaciones personales. Los valores mencionados no tienen ningún valor si no se los pone en práctica relacionándose con otras personas: *los unos a los otros* (v. 13a). El soportar significaba estar dispuesto a sufrir por otras personas, pero no en el sentido de buscar que le hagan daño en forma pasiva, sino que debemos estar listos a sufrir por otros mientras procuramos ser de ayuda o estamos tratando de enseñarles algo. No es un mandato para algunos solamente, no hay excepciones. De la mano con esto va el acto mismo de perdonar; no podemos ayudar a otros si no estamos listos a perdonar. El segundo *los unos a los otros* es una palabra en el original que tiene una connotación más profunda y reflexiva (*eautoú* 1438) que la primera (*allélon* 240). Siendo parte de una comunidad de seres humanos, siempre va a ser un problema el relacionarnos, de allí es que debemos estar listos a cumplir lo que se ha descrito.

> **Sócrates y la calumnia**
> **3:13**
>
> Sócrates fue calumniado villanamente. Alguien le preguntó qué haría.
> —¿Te harás justicia por tus propias manos?
> —No señor.
> —¿Llevarás tu causa a los tribunales?
> —No señor.
> —¿Qué harás? ¿No harás nada?
> —Sí. Procuraré vivir tan dignamente que mi conducta desmienta esa falsedad.

Para que no olvidemos la preeminencia de Cristo en nuestras relaciones sociales, Pablo nos recuerda que en él tenemos el ejemplo: así como el Señor (la mejor lectura en el texto original), el dueño de todo, el que está sobre toda la creación nos perdonó, asimismo es nuestra responsabilidad perdonar. Perdón no es estar dispuesto a pasar por alto lo que otros hacen en contra de nosotros. Este está acompañado siempre de "soportarnos" (v. 13a), es decir el enseñar acerca del señorío de Cristo. Nuestro modelo en las relaciones interpersonales en el "aquí" es lo que hizo Dios en el "allá", en la eternidad y cómo esto se hizo historia en la muerte de Cristo. No es un modelo fácil de seguir, pero es nuestro modelo.

Hay una prenda en nuestra nueva vestimenta que tiene importancia sobre el resto por lo que Pablo la trata aparte: el

vuestros corazones, pues a ella fuisteis llamados en un solo cuerpo; y sed agradecidos.

16* La palabra de Cristo habite abundantemente en vosotros, enseñándoos y amonestándoos los unos a los otros en toda sabiduría con salmos, himnos y canciones espirituales, cantando con gracia a Dios en vuestros corazones.

---

*3:16 Comp. Ef. 5:19, 20

---

amor (v. 14). Con esta palabra lo que se quiere indicar es que el vestido del creyente no es solamente una lista de virtudes que están bien almacenadas, es sobre todo y antes que nada un amor con el cual nos vinculamos con los demás. El amor no es estático, el amor es acción, es relacionarse, es hacer. Solamente cuando lo entendamos así podremos decir que es un lazo de unión perfecta.

Como una parte final del párrafo, nos habla ahora de la situación de nuestro fuero interno: *la paz* (v. 15). En una América Latina convulsionada, donde la paz apenas es un lema político o una pantalla para ganar popularidad, es difícil comprender este término en su pleno significado. Lo cierto es que primero es una *paz de Cristo*, el autor de todo y el que todo lo sustenta; no es la paz de los sepulcros ni la ausencia de guerra, que es lo mejor que el hombre puede ofrecer. La paz de Cristo es un estado del individuo por el cual se puede relacionar con Dios y con los hombres en forma libre. Es la paz que sobrepasa el entendimiento humano (Fil. 4:7), es la paz que solamente Dios puede dar. Por otro lado la paz es declarar la guerra al pecado, a Satanás y toda su nefasta influencia aquí en la tierra. La paz es la certeza de estar en la voluntad de Dios y esto es posible solamente por lo que Cristo hizo en la cruz (Ef. 2:14-22; Col. 1:20). Esta paz que el creyente debe tener o que debe gobernar, la tenemos que ejercitar en la comunidad, convirtiendo así a la iglesia en un ejemplo de paz para el mundo.

El párrafo termina con lo que se ha venido explicando ya antes: nuestra vida debe ser de acción de gracias hacia nuestro Dios por lo que él es, por lo que él ha hecho y por lo que nos ha dado.

Otro gran párrafo de esta división lo encontramos desde 3:16 a 4:1. Estas no son amonestaciones aisladas, sino una parte de la división desde 3:12 a 4:6. Este pasaje es una sola unidad igual que el pasaje paralelo de Efesios 5:18—6:9. Debemos hacer una comparación entre los dos. En Efesios 5:18 el mandato es *sed llenos del Espíritu;* aquí en Colosenses es *la palabra... habite... en vosotros.* El resultado de la llenura del Espíritu Santo está expresado en Efesios por cuatro participios griegos: *hablando... cantando... dando gracias* y *sometiéndoos* (5:19-21). Aquí en Colosenses también hay participios griegos: *enseñándoos y amonestándoos... cantando... dando gracias.* Aquí el paralelismo se corta, pues Colosenses no usa un cuarto participio, sino que entra directamente a las aplicaciones de *sometiéndoos.* Este análisis rápido nos lleva a la conclusión de que los términos *sed llenos del Espíritu* y *la palabra de Cristo habite abundantemente* son correspondientes. Podemos inferir también que la llenura del Espíritu Santo, el control de él sobre nuestras vidas, se logra solamente cuando la *palabra de Cristo* ha hecho su morada en nuestras vidas. Este habitar no es solamente aprenderla de memoria, es mucho más que eso, es que ella y el poder que tiene por sí misma actúe en nosotros produciendo los cuatro resultados aquí mencionados. La llenura del Espíritu Santo no se refleja en cosas extraordinarias y sorprendentes; los dos pasajes nos enseñan que el control del Espíritu Santo y la palabra de Cristo se ven en nuestra manera de hablar, que tiene que estar saturada de sabiduría divina; en ese cántico de alabanza que existe en el corazón de cada

17 Y todo lo que hagáis, sea de palabra o de hecho, hacedlo todo en el nombre del Señor Jesús, dando gracias a Dios Padre por medio de él.

Conducta en la familia cristiana*

18 Esposas, estad sujetas a vuestros esposos, como conviene en el Señor.

---

*3:18t Ver Ef. 5:22—6:9; 1 Ped. 3:1-7

---

creyente por haber sido redimido; en una vida de acción de gracias, que se transforma en hacer las cosas de tal manera que la gente vea a Jesús en todos nuestros actos, pues eso significa hacer las cosas en su

> Semillero homilético
> **La preeminencia de la palabra de Cristo**
> 3:16, 17
> *Introducción*: Es la palabra del Verbo, Dios encarnado, el mismo que creó todas las cosas *con la palabra de su poder* (Heb. 1:3). Palabra que no puede ser más sabia porque viene de él, que es la sabiduría de Dios. Palabra que ha venido a ser la luz del mundo: del individuo, del hogar, de la sociedad, de las naciones, del mundo. Por eso debe tener la preeminencia.
> I. La preeminencia de la palabra en las relaciones fraternales, v. 16
>   1. Debe morar su palabra en nosotros, v. 16a.
>   (1) Debe morar en abundancia.
>   (2) Debe morar para enseñarnos.
>   (3) Debe morar para exhortarnos.
>   2. Debe su palabra inspirar la alabanza, v. 16b.
>   (1) Alabanza al Señor.
>   (2) Alabanza con gracia.
>   (3) Alabanza con el corazón.
>   (4) Alabanza con salmos.
>   (5) Alabanza con himnos y cánticos espirituales.
> II. Preeminencia que debe ser acatada, v. 17.
>   1. Acatada en la manera de obrar.
>   2. Acatada en la manera de hablar.
>   3. Acatada con acciones de gracias.
> *Conclusión*: Morar la palabra en el corazón es lo mismo que morar el Espíritu de Dios en el corazón, porque las palabras de Cristo *son espíritu y son vida*, según su propio decir, y así nuestros corazones vienen a ser *morada de Dios en Espíritu* (Ef. 2:22) *para alabanza de su gloria* (Ef. 1:12).

nombre; por último es una vida de sujeción unos a otros. No pensemos entonces que los resultados de la morada de la Palabra de Cristo se van a ver en cosas "espirituales"; los resultados se ven en la vida diaria cuando nos estamos relacionando con otros hombres.

Dentro del contexto señalado tenemos que tratar los versículos que siguen. No son mandamientos separados, son dependientes de lo anterior como ya se explicó. En el libro de Efesios se trata en forma más extensa esta lista de mandamientos. Nos limitaremos a lo esencial.

La "sujeción" es la parte clave que trata el pasaje. Muchos han pensado que esta palabra está fuera de contexto a fines del siglo XX. En este párrafo encontramos una forma literaria un tanto especial que los técnicos llaman "preceptos del hogar". Esta forma literaria es bastante común en el NT, y se usó como un esfuerzo de la iglesia del primer siglo de establecerse en el contexto de la vida diaria.

Salta a la vista que estos preceptos están dirigidos primero al que está sujeto (esposa antes que esposo, hijos antes que padres, esclavos antes que amos); por lo general se procedía al contrario. Nos da un vuelco radical, se trata al subordinado como una persona aparte, cosa que es totalmente ajena al espíritu del primer siglo. Pablo le da al sujeto subordinado una responsabilidad moral.

Por otro lado la palabra "sujeción" no hace justicia al original *upostásso*, pues sujeción lleva la idea de "arrojarse y dejarse pasar por encima"; "sumisión" hace énfasis en la pasividad. Quizás "subordinación" explicaría mejor el sentido de aceptar una orden en forma voluntaria.

19 Esposos, amad a vuestras esposas y no os amarguéis contra ellas.*
20 Hijos, obedeced a vuestros padres en todo, porque esto es agradable en el Señor.
21 Padres, no irritéis a vuestros hijos, para que no se desanimen.

22 Siervos,* obedeced en todo a vuestros amos humanos; no sirviendo sólo cuando se os está mirando, como los que agradan a los hombres, sino con sencillez de corazón, temiendo a Dios. **23** Y todo lo que hagáis, hacedlo de buen ánimo como para el Señor y

*3:19 Otra trad., *y no les amarguéis la vida*
*3:22 O: *esclavos*

Después que se ha dado este mandamiento de "subordinación", estos preceptos invierten la relación y llaman ahora a la "autoridad" a otra clase de subordinación (en el pasaje paralelo de Efesios hay un llamado a subordinarse todos, Ef. 5:21); amor, no irritar a los hijos y ser justos. Estos conceptos eran totalmente extraños exigiéndoles a los que se suponía estaban en un nivel superior. Pablo hace énfasis en estos llamados porque los otros se sobreentendían en el primer siglo.

Concluyendo esto decimos que el llamado a sujeción nunca es absoluto, siempre está modificado por ciertos valores fundamentales: *en el Señor* (vv. 18 y 20) y *temiendo a Dios* (v. 22). La referencia siempre es Dios y lo que él espera de nosotros. Los llamados a la parte de autoridad también se hallan modificados por ciertas palabras: *no os amarguéis contra ellas*, no ser violentos, ásperos y amargos (v. 19); *para que no se desanimen*, el padre debe ser un facilitador de las capacidades de su hijo (v. 21); ser *justo*, se tiene que cumplir con los elementos básicos de justicia en relación con el empleado, nuevo en ese entonces y totalmente nuevo ahora (4:1).

Las relaciones del creyente que está en Cristo y que ha recibido tanto de Cristo son totalmente revolucionarias en un medio donde se impone el más fuerte y el más violento, donde el sueño del mundo es tener poder para poder mandar. Los valo-

---

Semillero homilético
La preeminencia en la vida del hogar
3:18-21

Introducción: Se está diciendo más y más que lo peor de la sociedad no es la delincuencia juvenil, sino la delincuencia paternal; porque si hubiesen menos padres delincuentes habría menos jóvenes delincuentes. Si Napoleón dijo: "Francia lo que necesita es madres", nosotros siguiendo esta misma línea agregamos que lo que más necesita el mundo es hogares realmente cristianos.

I. Preeminencia de Cristo en las esposas, v. 18.
   1. La autoridad de Cristo ordena a las esposas subordinación a los maridos, v. 18a.
   2. La autoridad de Cristo ordena a las esposas subordinación a sus maridos, *como conviene en el Señor*, v. 18b.
II. Preeminencia de Cristo en los maridos, v. 19.
   1. La autoridad de Cristo ordena a los maridos que amen a sus esposas, v. 19a.
   2. La autoridad de Cristo ordena a los maridos a no ser ásperos con sus esposas, v. 19b.
III. Preeminencia de Cristo en los hijos, v. 20.
   1. La autoridad de Cristo ordena a los hijos que obedezcan a sus padres, v. 20a.
   2. La autoridad de Cristo ordena a los hijos que obedezcan a sus padres *en todo*, v. 20b.
IV. Preeminencia de Cristo en los padres, v. 21.
   1. La autoridad de Cristo ordena a los padres no exasperar a sus hijos, v. 21a.
   2. La autoridad de Cristo ordena a los padres que no desalienten a sus hijos, v. 21b.

Conclusión: Hemos dicho que la necesidad más apremiante de la sociedad actualmente es hogares cristianos, pero sin la preeminencia de Cristo en el hogar no puede haber hogar cristiano.

no para los hombres, **24** sabiendo que del Señor recibiréis la recompensa de la herencia. ¡A Cristo el Señor servís! **25** Pero el que comete injusticia recibirá la injusticia que haga, porque no hay distinción de personas.

4 Amos, haced lo que es justo y equitativo con vuestros siervos, sabiendo que también vosotros tenéis un amo* en los cielos.

La oración y el testimonio personal

2 Perseverad siempre en la oración, vigilando en ella con acción de gracias. **3** A la vez, orad también por nosotros, a fin de que el Señor nos abra una puerta para la palabra, para comunicar el misterio de Cristo, por lo cual

---

*4:1 O sea, *un Señor*

---

res del reino de Dios son totalmente diferentes de los del mundo: es un reino al revés con relación a lo que al mundo le agrada.

El último párrafo de esta división (4:2-6) nos habla de dos cosas: la oración y nuestra forma de conducirnos. Nuestras relaciones sociales están muy relacionadas con estas cosas.

Pablo empezó su carta hablándonos de su oración por los colosenses; ahora, casi al final de la carta, retoma el asunto de la oración como céntrico. Empieza con un mandato: *perseverad* (4:2), esto es mucho más que un acto repetido, significa hacerlo con agresividad y persistencia. Nuestra oración no debe ser monótona y fría, sino que debe estar llena de motivaciones muy concretas. Así nos dice que debe ser *vigilando*, es decir que tiene que ser la res-

puesta a lo que está pasando a nuestro contorno. La oración no puede ser solamente vanas repeticiones llenas de formalismo con la frase "mágica", "en el nombre de Jesús, amén". La oración nace de una relación vigilante y viva con nuestro Dios y con nuestro prójimo. Esta relación da como resultado primero el ser grato con Dios, por lo que él nos ha dado. Una de las cosas que él nos ha dado es el privilegio de la oración misma, el privilegio de poder acercarnos de una manera muy especial al trono de su gracia en el nombre de Jesús. Acerquémonos habitualmente a Dios de una manera correcta: Como dice James Crane: Con un corazón sin lealtades divididas y en plena certidumbre de que Dios está allí escuchándonos.

Las oraciones que encontramos en la Biblia y como condición de que sean un

---

Semillero homilético

La preeminencia en las relaciones laborales
3:22—4:1

Introducción: Hace muchos años la muy prestigiosa revista *Puerto Rico Evangélico*, con motivo del Día del Trabajador, publicó en su portada un círculo, que representaba a Cristo, y dentro de él un patrón y un obrero dándose la mano amistosamente. Es cierto, Jesús es el círculo donde se pueden encontrar el gerente y el empleado, el patrón y el proletario, el dueño y el arrendatario, el rico y el pobre, para trabajar en plena armonía. Cristo es la solución para los conflictos laborales.
  I. Preeminencia sobre los empleados, v. 22.
    1. Ordena que los empleados sean disciplinados con los patrones, v. 22a.
    2. Ordena que deben trabajar como para el Señor, v. 23-25.
       (1) Una razón es que el Señor los recompensará, v. 24.
       (2) Otra razón, que recibirán castigo por su injusticia, v. 25.
  II. Preeminencia sobre los patrones, 4:1.
    1. Ordena a los patrones tratar a los empleados con justicia, v. 1a.
    2. Ordena tratar con justicia porque ellos también tienen patrón en los cielos, v. 1b.
Conclusión: Si los empleados y patrones reconocen la preeminencia de Cristo sobre ellos, habrá paz laboral y prosperidad.

vínculo perfecto entre Dios y nosotros tienen propósitos específicos. El primero es uno que redundará en nuestro beneficio: La oración es un elemento fundamental y básico para lograr un crecimiento normal en nuestra vida como creyentes. Este cambio que podemos obtener a su vez tiene como propósito que nos convirtamos en instrumentos de cambio en beneficio de otros (Crane).

La oración debe ocupar un lugar importante para que exista fruto espiritual permanente en vidas y circunstancias fuera de nosotros mismos. Pablo pide que se hagan oraciones intercesoras. Se pueden citar varios ejemplos de la Biblia como oraciones que algunos hicieron para cambiar las situaciones de terceros (Hech. 12:5-17; 2 Cor. 1:8-11).

En esta relación viva de la oración se deben hacer peticiones concretas como las que aquí se presentan: Que Dios abra las puertas para llegar con el mensaje de Cristo a sitios y personas que no han experimentado el nuevo nacimiento, a personas que todavía tienen a Cristo como un misterio oculto (4:3). Nuestra tarea misionera debe estar precedida por la oración viva. Aunque hay dificultades como las que Pablo menciona, pues estaba preso por causa del evangelio, es necesario que Dios siga abriendo las puertas para que se continúe con la tarea. La otra petición concreta es orar para que Dios dé la capacidad para poder presentar con claridad el mensaje. La idea que permanece aquí es que podamos llevar el mensaje del evangelio por medio de nuestra voz y por los hechos, de tal manera que la gente pueda ver cómo se ilumina el mensaje y puedan adueñarse de las promesas de nuestro Dios. Nos recuerda la frase de Pablo cuan-

---

Semillero homilético
Preeminencia en la oración y en aspectos de la vida
4:2-6

Introducción: La oración de verdadera comunión con Dios tiene una íntima relación con la conducta práctica. En el cristiano sincero siempre hay el anhelo de una vida de victoria sobre el pecado; pero si no se lleva una vida de comunicación con Dios, ello será imposible.
I. Preeminencia en la oración, vv. 2-4.
   1. Preeminencia en su perseverancia, v. 2a.
   2. Preeminencia en la oración de vigilancia, v. 2b.
   3. Preeminencia en la oración de acción de gracias, v. 2c.
   4. Preeminencia en la intercesión por los siervos de Dios, v. 2d.
      (1) Para que Dios les abra puertas, v. 3a.
      (2) Para conocer el misterio de Cristo, v. 3b.
      (3) Para ministrar como es debido, v. 4.
II. Preeminencia en los aspectos de la vida, vv. 5, 6.
   1. Preeminencia para una conducta sabia, v. 5a.
   2. Preeminencia en el empleo debido del tiempo, v. 5b.
   3. Preeminencia para gobernar el lenguaje, v. 6.
      (1) Como un hábito, *siempre*, v. 6a.
      (2) Hablando con gracia, v. 6b.
      (3) Que sazone como la sal, v. 6c.
      (4) Para saber cómo responder, v. 6d.
Conclusión: 1. Hagamos a Cristo preeminente con una vida de oración:
      (1) Para que perseveremos en ella.
      (2) Para que constituyan sacrificios de alabanza.
      (3) Para que sean poderosos aliados en la evangelización.
   2. Hagamos a Cristo preeminente en todos los aspectos de nuestra vida:
      (1) Para andar con sabiduría.
      (2) Para utilizar al máximo el tiempo.
      (3) Para ser prudentes y afables en el hablar.

estoy aún preso. **4** Orad para que yo lo presente con claridad, como me es preciso hablar.
5 Andad sabiamente para con los de afuera, redimiendo el tiempo.* **6** Vuestra palabra sea siempre agradable, sazonada con sal, para que sepáis cómo os conviene responder a cada uno.

La misión de Tíquico y Onésimo

7 Todos mis asuntos os los hará saber Tíquico,* hermano amado, fiel ministro y consiervo en el Señor. **8** Le envío a vosotros con este fin: para que conozcáis nuestros asuntos*

---

*4:5 Otra trad., *aprovechando bien la oportunidad*
*4:7 Ver Ef. 6:21, 22; Hech. 20:4; 2 Tim. 4:12; Tito 3:12
*4:8 Algunos mss. antiguos dicen *que conozca yo vuestros asuntos*.

---

do dijo: *Porque me es impuesta necesidad; pues ¡ay de mí si no anuncio el evangelio!* (1 Cor. 9:16.) No es algo optativo; para esto se requiere el respaldo de las oraciones.

Sabiduría para con los inconversos
4:5

1. Sabiduría para no ser partícipes de sus pecados, Efesios 5:7.
2. Sabiduría para mantener buena manera de vivir entre ellos, 1 Pedro 2:12.
3. Sabiduría para tener buen testimonio de ellos, 1 Timoteo 3:7.
4. Sabiduría para actuar honradamente ante ellos, 1 Tesalonicenses 4:12.
5. Sabiduría para reprender las obras pecaminosas de ellos, Efesios 5:11.
6. Sabiduría para responder sus preguntas acerca de nuestra esperanza, 1 Pedro 3:15.
7. Sabiduría para proclamar la Palabra de Dios a ellos, Hechos 6:10.

Hay luego unas recomendaciones finales (4:5, 6). Estamos aquí para dar testimonio de lo que Cristo ha hecho en nosotros; debemos buscar entonces la manera más sabia para que nuestro testimonio sea realmente impactante. Este quiere decir que el tiempo es corto, por lo cual es necesario que lo usemos como fieles mayordomos, rescatándolo de cosas huecas y vanas para usarlo en cosas que sean realmente provechosas.
Si tenemos esta necesidad de participar con otros, hemos de ser vigilantes para que usemos un vocabulario adecuado, conociendo que Dios nos demandará de toda palabra ociosa que pronunciemos. Si seguimos el mandato de 3:16 y ss., entonces y solamente cuando dependamos del control del Espíritu Santo y la palabra de Cristo habita en nosotros, sabremos responder a cada uno con sabiduría. Solamente así podremos hablar las palabras que son buenas para edificación de los que nos oyen (Ef. 4:29, 30).

IV. SALUDOS Y DESPEDIDA, 4:7-18

Estos saludos y despedidas muchas veces los consideramos como un mero formalismo, un asunto protocolar y nada más. Nos parece que aquí podemos encontrar algunas ideas que son dignas de ser mencionadas.

1. Comunión práctica, 4:7-9

Pablo no solamente quería dar una serie de instrucciones, sino que también quería compartir con los colosenses las cosas que le estaban sucediendo, dando una tónica de carácter personal y humano a la carta. La comunión real y práctica entre los cristianos verdaderos y maduros es la de dar y recibir. Con el propósito de compartir lo que a él le estaba pasando, junto con su grupo misionero, envía a Tíquico, a quien lo califica de tres maneras: *hermano amado*, que dice cuál es la relación con Pablo; *fiel ministro*, que nos hace ver la relación con la iglesia; y *consiervo* (o colaborador) *en el Señor*, que resalta a un

y para que él anime vuestros corazones. **9** Le envío con Onésimo,* el fiel y amado hermano, quien es uno de vosotros. Ellos os informarán de todo lo que pasa aquí.

Saludos finales

10 Os saludan Aristarco, prisionero conmigo; Marcos, el primo de Bernabé (ya habéis recibido instrucciones acerca de él; si va a vosotros, recibidle) **11** y Jesús, llamado Justo. Ellos son los únicos de la circuncisión que son colaboradores conmigo en el reino de Dios y que me han servido de consuelo. **12** Os saluda Epafras, quien es uno de vosotros, siervo de

---

*4:9 Ver Film. 10

---

hombre que es humilde pero que trabaja hombro a hombro con Pablo. El Apóstol tenía dos propósitos: información y dar consolación o ánimo (v. 8).

El otro personaje es Onésimo, el esclavo que se había convertido en la prisión y ahora regresaba a donde su amo Filemón, ya no como siervo, sino como hermano. El también es *fiel*, que habla de su relación con Dios, y *amado*, que habla de su relación con Pablo. Además es parte de esa congregación. Pablo insiste que ellos serán los que les comunicarán lo que ellos estaban experimentando.

2. Un círculo de consuelo, 4:10, 11, 14

Hay cinco personajes en este pasaje, muchos de ellos bastante conocidos. Aristarco era un compañero de todo el trabajo de Pablo y ahora prisionero con él. Mar- cos, aquel muchacho que en un comienzo no era apto para el trabajo, pero que ahora es recomendado y más tarde será solicitado (2 Tim. 4:11). A Jesús el justo no se lo menciona en otra parte del NT. Ellos también son *colaboradores*, pero más que nada han sido consuelo y sostén para Pablo. Sus características se deben a que son lo que son "en virtud del reino de Dios" (esta sería una mejor traducción).

En el v. 14 se menciona a Lucas, su compañero de misiones y su apoyo también en la parte física. Finalmente está Demas, de quien nada dice; más tarde Pablo informa a Timoteo que Demas le había abandonado (2 Tim. 4:10). Pablo podía gozar de la comunión con las iglesias y también con personas específicas que traían bendiciones y también conflictos como todos los hombres.

Temores de deslealtad a la preeminencia de Cristo
4:7-18

La preeminencia de Cristo estaba amenazada. Pablo en su calabozo sufría este peligro real. Escribe esta carta para enfrentar el error. Envía consiervos a pastorearlos durante su ausencia. Procura amarrarlos más con los vínculos amorosos de las salutaciones de seres queridos. Comunica la tierna solicitud de quien había sido su amado pastor, y él mismo, haciendo un verdadero esfuerzo, los saluda afectuosamente con su puño y letra: Y todo esto, para que ellos mantuvieran en sus vidas la preeminencia de Jesucristo. Utiliza los siguientes medios para ministrar:
1. Escritura de correspondencia para mantener la preeminencia, vv. 7, 8, 16.
2. Envío de la carta con consiervos confiables para preservar la preeminencia, vv. 7-9.
3. Envío de consiervos a pastorear la iglesia amenazada de deslealtad a la preeminencia, vv. 7-9.
4. Salutaciones para vincularlos más al Cristo preeminente, vv. 10, 11, 14, 15.
5. Comunicación del amor del amado pastor para fortalecer la fidelidad hacia el Señor preeminente, vv. 12, 13.
6. Mensaje a un ministro para que ejerza el ministerio del único que es preeminente, v. 17.
7. Ternura del Apóstol al saludarlos de su propia mano para aferrarlos al amor de su Salvador, que es preeminente sobre todo, v. 18.

Cristo siempre solícito por vosotros en oración, para que estéis firmes como hombres maduros y completamente entregados a* toda la voluntad de Dios. **13** Porque doy testimonio de él, de que tiene gran celo por vosotros, por los de Laodicea y por los de Hierápolis. **14** Os saludan Lucas, el médico amado, y Demas. **15** Saludad a los hermanos que están en Laodicea: a Ninfa y a la iglesia que está en su casa. **16** Cuando esta carta haya sido leída entre vosotros, haced que se lea también en la iglesia de los laodicenses; y la de Laodicea leedla también vosotros.

17 Decid a Arquipo: "Cuida el ministerio que has recibido del Señor, para que lo cumplas."

18 Ahora, la salutación de mi propia mano, de Pablo. Acordaos de mis prisiones. La gracia sea con vosotros.*

---

*4:12 Otra trad., *plenamente convencidos de*
*4:18 Algunos mss. antiguos incluyen *Amén*; otros mss. tardíos tienen . . . *sea con todos vosotros. Amén.*

---

3. Oración hasta la agonía, 4:12, 13

Epafras, posiblemente el pastor de Colosas, no se limitaba a una vida de exhortación para su iglesia, sino que también tenía una vida de oración. La palabra *solícito* es *agonízomai* 75, de la que deriva *agonía*. La oración de intercesión, en la cual hay un desgaste de energía física y mental. Aquí vemos otro factor preponderante en nuestras oraciones, ellas deben ser intensas y en ellas existen grandes luchas con sus respectivas victorias.

Esta lucha de Epafras, que también era *siervo* (esclavo) *de Cristo*, es con el propósito de interceder para que los colosenses, los de Laodicea y los de Hierápolis fueran firmes, alcanzaran madurez y comprobaran cuál era la voluntad de Dios para sus vidas.

... Y Demas
4:14

Es digno de observarse que Pablo elogia a todos y cada uno de los hermanos a quienes menciona en los vv. 7 al 14, menos a Demas, de quien dice a secas "y Demas". Más tarde, estando en la prisión de Roma, vuelve a mencionarlo, pero para referirse a él decepcionado y triste: *Porque Demas me ha desamparado, habiendo amado el mundo presente* (1 Tim. 4:10). Había ido de mal en peor. Preocupante es cuando de un cristiano no puede decirse nada a su favor; sin duda va cuesta abajo en la vida espiritual, y tendrá el mismo resultado que Demas.

---

4. Compartiendo el mensaje de Dios, 4:15, 16

La iglesia de Colosas no era una iglesia aislada, por ser ellos parte del cuerpo de Cristo debían también compartir juntos con las otras iglesias locales las bendiciones que tenían. Es un llamamiento a que las congregaciones no permanezcan aisladas, que puedan compartir lo que Dios ha dado a cada una y de esta manera se consuelen y animen mutuamente.

5. Recomendaciones finales, 4:17,18

Esta recomendación a Arquipo, de quien poco sabemos (posiblemente es un pastor en Colosas), no es tanto una censura sino como algunos han sugerido un llamamiento solemne por medio de la iglesia para que permanezca fiel al ministerio que Dios le había encomendado. La frase final del v. 17 sería mejor traducirla *en el Señor*. Es en la esfera de la que se ha hablado en toda la carta que Arquipo debe ser fiel.

El v. 18 es un sello que certifica la autenticidad de la carta. Posiblemente Pablo usó a un secretario (escriba) para que copiara todo el mensaje a los colosenses, pero al final él desea poner un sello personal además de hacer un pedido muy personal. Nos hace ver a un Pablo que necesita consuelo y respaldo: *Acordaos de mis prisiones*. Es un grito pidiendo oración.

Permítame terminar haciendo una recapitulación del texto parafraseando a José Míguez Bonino. Cuando Colosenses habla de Jesús quiere decir algunas cosas: Cristo murió y resucitó, todos nosotros resucitamos, las potestades y dominios han sido derrotados, Cristo resucitó para nuestra justificación, nosotros hemos resucitado con él, el Señor está presente. Colosenses nos desafía: Vivamos la presencia activa del Señor Jesucristo, el preeminente.

FILEMON

Exposición

Jorge Enrique Díaz

Ayudas Prácticas

Mario Martínez

INTRODUCCION

LA VERDADERA TRANSFORMACION SOCIAL
De las cartas personales de Pablo con carácter estrictamente privado ésta es la única que ha sobrevivido, pues no dudamos que Pablo escribiría muchas otras, pero que en la providencia divina no han llegado hasta nosotros.

Esta epístola completa el cuadro de nuestro conocimiento de Pablo. Hemos pensado de él como el predicador, el polemista, el teólogo y como una autoridad en asuntos religiosos y doctrinales; aquí lo vemos como el amigo que escribe a favor de otro amigo.

A veces se ha dicho que esta carta defiende la esclavitud porque no se dice en ella nada acerca de si Pablo aprobara o no dicha institución, y hasta parece que la aprobara. El comentarista Lightfoot sugiere que Pablo debió pronunciarse abiertamente en contra de tan odiosa situación humana; y sin embargo, no lo hizo.

Lo que Pablo pensaba en cuanto a la esclavitud y sus relaciones lo encontramos expuesto en Colosenses 3:22 a 4:1. En esta carta Pablo simplemente acepta las condiciones que la cultura y las leyes de la época imponían a Filemón como el amo y a Onésimo como el esclavo; lo que solicita es la aplicación de los principios cristianos sobre esas relaciones. En esta particular circunstancia, un esclavo fugitivo que deseaba reintegrarse a su dueño.

Cuando menos tres condiciones debemos reconocer como razones por las cuales Pablo no combate la esclavitud abiertamente en esta carta.

1. *Porque toda la sociedad de su día estaba erigida sobre este sistema.* La esclavitud era una parte integral del mundo antiguo. Aristóteles decía que en el orden natural de las cosas, algunos hombres debían ser esclavos, otros cortadores de madera, otros acarreadores de agua para servir a la clase más alta de los hombres. Sencillamente era imposible imaginar una sociedad sin esclavos. Como en el día de hoy se nos hace difícil imaginar una oficina de negocios sin por lo menos una secretaria.

2. *Porque si Pablo hubiese emprendido un ataque contra tan básico sistema y arrastrado a los esclavos, cristianos o no, a una rebelión, el cristianismo habría sido considerado como un movimiento subversivo del orden público.* Esa clasificación habría sido mortalmente sancionada por el estado y la sociedad. El cristianismo habría perdido su oportunidad de existir y de obtener los grandiosos logros de los cuales ha sido capaz, inclusive sobre la esclavitud misma.

3. *Por la naturaleza espiritual del cristianismo.* El cristianismo da al hombre la capacidad de sentirse realmente libre, sin importar la clase de trabajo que tiene que realizar, la condición social y económica. Cristo da a sus seguidores la

esperanza, la seguridad y la energía para sobrevivir a la adversidad o situación en la cual le ha acontecido vivir en el mundo.

MOTIVO DE LA CARTA

Un joven esclavo, llamado Onésimo, escapó de la casa de Filemón y de alguna manera llegó hasta Roma. Parece que no era cristiano en el momento de la fuga, pero cuando llegó a Roma se puso en contacto con Pablo y así, bajo la influencia del Apóstol se hizo cristiano. En ese momento la cuestión de la relación con su amo adquirió una forma completamente nueva. La cuestión era: ¿Volvería a su amo, corriendo el riesgo de sufrir la pena impuesta a un esclavo fugitivo manteniendo la profesión de su nueva fe? Pablo y el esclavo parece que convinieron que éste era el camino más apropiado, y en un esfuerzo para obtener clemencia, Pablo escribió su carta a Filemón.

LUGAR Y FECHA

Sin lugar a dudas la carta de Pablo a Filemón fue escrita desde la ciudad de Roma cuando Pablo se encontraba preso, probablemente entre los años 59 a 61 d. de J.C. Se mantiene, por los estudiantes de la Biblia, que esta carta juntamente con Efesios, Filipenses y Colosenses pertenecen al mismo grupo de cartas y que todas fueron escritas más o menos en ese mismo período.

La epístola fue llevada a su destinatario por el mismo Onésimo, quien posiblemente viajó juntamente con Tíquico, quien a su vez era portador de otras cartas escritas por el Apóstol.

Bosquejo de Filemón

I. DIRECCION DE LA CARTA, vv. 1-3

II. LA VERDADERA TRANSFORMACION SOCIAL DEL PATRON, vv. 4-7

III. LA VERDADERA TRANSFORMACION SOCIAL DEL OBRERO, vv. 8-19
   1. Intercesión en amor, vv. 8, 9
   2. Transformación de su filosofía de vida, v. 10
   3. Transformación de su concepto de servicio, v. 11
   4. Transformación de su concepto de relaciones, vv. 12-17
   5. Transformación de su concepto de honestidad, vv. 18, 19

IV. UN DIRIGENTE RARO, vv. 20-25

AYUDAS SUPLEMENTARIAS

Barclay, William. *El Nuevo Testamento*. Tomo 12. Buenos Aires: La Aurora, 1973.

Bonnet, Luis y Schroeder, Alfredo. *Comentario del Nuevo Testamento*. Tomo 4. El Paso: Casa Bautista de Publicaciones, 1982.

Canclini, Arnoldo. *Filemón, 2 Pedro, Judas*. El Paso: Casa Bautista de Publicaciones, 1989.

Comentario Bíblico Moody. Redactado por Everett Harrison. El Paso: Casa Bautista de Publicaciones, 1987.

Sykes, R. H. *Run-away Slave*. Scarborough, Ontario, Canadá: Everyday Publications 1978.

Wesley, John, Clarke, Adam, Henry, Matthew. *One Volume Commentary*. Grand Rapids: Baker Book House, 1957.

FILEMON

TEXTO, EXPOSICION Y AYUDAS PRACTICAS

1 Pablo, prisionero de Cristo Jesús, y el hermano Timoteo; a Filemón el amado y colaborador nuestro, **2** a la hermana* Apia, a Arquipo nuestro compañero de milicia, y a la

---

*1:2 Algunos mss. antiguos dicen *a la amada*; algunas versiones traducen el giro como *la amada hermana*.

I. DIRECCION DE LA CARTA, vv. 1-3

Pablo no se identifica como un apóstol, ni hace ninguna apelación a su autoridad, ni vindica su enseñanza. Se presenta como *prisionero de Cristo Jesús* (v. 1) por causa de sus labores en la extensión del evangelio. Pablo ve en este hecho, sus prisiones, la mano de Dios y deja el asunto de su autoridad y la gentileza de ser escuchado en su petición al criterio de Filemón.

La mención del *hermano Timoteo* es una cortesía de Pablo y no es remoto que durante la estancia de ambos en Efeso, Timoteo fuera conocido por los hermanos a quienes va dirigida la carta.

Filemón es un nombre no muy conocido en el NT; todo lo que sabemos de él se encuentra en esta epístola y en dos lacónicas oraciones en Colosenses. Una muy suscinta biografía de Filemón nos da el siguiente perfil.

(1) Filemón era un gentil que vivía en la ciudad de Colosas (Col. 4:9, 17). (2) Por la estrecha conexión entre los nombres de Apia y Arquipo es posible que ella fuera su esposa y éste el hijo de ambos. (3) Filemón era un convertido por el ministerio de Pablo (vv. 8, 9). (4) La iglesia se reunía en su casa (v. 2). (5) Era un hombre caritativo y dado a la hospitalidad para con otros (vv. 5, 6). (6) Pablo lo tenía en gran estima, pues lo llama *amado y colaborador nuestro* (v. 1).

Apia (v 2) como hemos sugerido posiblemente era la esposa de Filemón y Pablo dirige su carta a ella también, pues sin duda habría de ejercer enorme influencia

---

Valor teológico de Filemón

Pablo, Filemón y Onésimo son personajes de un drama de la vida real con profundo significado social. Cada uno de ellos había enfrentado las demandas del cristianismo desde un trasfondo totalmente diferente. Pablo fue un vigoroso judío de la dispersión que avanzó en el judaísmo, adelantando a todos sus contemporáneos. Filemón era un prominente gentil asiático. Onésimo era la más despreciable de todas las criaturas, un esclavo fugitivo. Se encontraron de pronto unidos por el evangelio de Cristo. He aquí un ejemplo vivo de la declaración de Pablo en Gálatas 3:28: *Ya no hay judío ni griego; no hay esclavo ni libre; no hay varón ni mujer; porque todos vosotros sois uno en Cristo Jesús.* Fue en esta unidad que Pablo buscó una solución al problema presentado por la relación de Onésimo y Filemón.

Ni Pablo ni los demás escritores del NT promovieron la abolición de la esclavitud. Esto hubiera sido un acto suicida en ese momento del mundo antiguo. En su lugar, Pablo hace repetidas exhortaciones a la práctica del amor cristiano. Filemón no actuaría por obligación o deuda que tuviera con Pablo, sino siempre motivado por el amor cristiano. Fuera de esto, Pablo sugiere algo más que una simple reconciliación (v. 21).

La libertad de la esclavitud, como toda otra libertad, tiene que nacer del corazón de hombres inspirados por Cristo. Bajo esta compulsión, la esclavitud al final de cuentas tiene que morir.

FILEMON 1-3

iglesia que está en tu casa: **3** Gracia a vosotros y paz de parte de Dios nuestro Padre y del Señor Jesucristo.

Acción de gracias

4 Doy gracias siempre a mi Dios, haciendo

en la decisión de su esposo sobre el motivo de la carta. Como dice la nota de la RVA algunos manuscritos antiguos dicen *a la amada* y sobre esa base algunas versiones traducen el giro como *la amada hermana*. Es lo mismo que cualquier pastor escribiría al referirse a la esposa de un hermano miembro de su iglesia: "Saludos para usted y la amada hermana..." La influencia que una esposa cristiana puede tener sobre las decisiones de su esposo es de incalculable valor.

En cuanto a *Arquipo* hay dos posibilidades. Algunos creen que era hijo de Filemón y Apia, mientras otros piensan que pudo haber sido el pastor de la iglesia a la cual estaba asociado Filemón. Al mencionarlo, Pablo está preparando el terreno para que todos den la bienvenida a Onésimo.

La iglesia que está en tu casa (v. 2). La casa de Filemón se encontraba en Colosas, ciudad de Frigia. Otra traducción podría ser, "el grupo de cristianos que se reúne en tu casa". Es posible que la misma iglesia tuviera que usar varios hogares para celebrar sus reuniones. Durante los primeros tres siglos de nuestra era no hubo edificios destinados exclusivamente a la adoración a Dios y los hogares de muchos creyentes sirvieron de albergue a los cristianos que circundaban la casa de alguno que tenía a bien ofrecerla para tal fin. Otros ejemplos fueron Priscila y Aquila (Rom. 16:5); Ninfa en Laodicea (Col. 4:15); Gayo (Rom. 16:23).

Semillero homilético
Elementos necesarios de una oración aceptable
v. 4

Introducción. En este pasaje encontramos las tres partes que constituyen una oración: acción de gracias, intercesión y petición. En realidad, estos elementos se dan incidentalmente en la plática de Pablo a Filemón. Sin duda, para Filemón fue una agradable sorpresa saber que el gran Apóstol le recordaba habitualmente en sus oraciones. De alguna manera, muchos cristianos están siendo ayudados, aun sin saberlo, por las oraciones de otros.

I. Acción de gracias, una parte necesaria de la oración: *Doy gracias siempre a mi Dios.* Si se omite esta parte, se demuestra ingratitud y nuestra devoción será inaceptable delante de Dios.
   1. Debemos agradecer a Dios por su misericordia para con nosotros y otros en el pasado.
   2. Debemos reconocer lo que está haciendo hoy.
   3. Debemos dar gracias porque seguirá obrando en el futuro. Nuestro servicio no será realmente una devoción si hace falta este elemento.

II. Intercesión por otros: *Haciendo mención de ti en mis oraciones.*
   1. Es nuestro deber cristiano interceder los unos por los otros. Es así que se demuestra la verdadera comunión.
   2. La intercesión no está limitada a nuestros seres más queridos ni a nuestros amigos más cercanos.
   3. La oración sin intercesión es egoísta. Puede ser que por esto muchas de nuestras oraciones no sean contestadas.

III. Las peticiones personales
   1. El hijo de Dios tiene acceso a solicitar de Dios la satisfacción de sus necesidades.
   2. El peligro es que las peticiones personales lleguen a ser el centro de nuestras oraciones.
   3. A medida que el cristiano va madurando aprende a orar por la satisfacción de sus necesidades espirituales, no tanto por las temporales.

Conclusión. Una oración aceptable delante de Dios es aquella que incluye acción de gracias, intercesión y peticiones personales.

mención de ti en mis oraciones; **5** porque oigo del amor y de la fe que tienes para con el Señor Jesús y hacia todos los santos, **6** de manera que la comunión de tu fe ha venido a ser eficaz en el pleno conocimiento de todo

Gracia a vosotros y paz (v. 3) es un saludo característicamente paulino, y la expresión *nuestro Padre* (v. 3) establece la base sobre la cual se edificaba la relación entre aquellos hermanos y Pablo. Todos eran hijos del mismo Padre y por lo tanto miembros de la misma familia espiritual.

II. LA VERDADERA TRANSFORMACION SOCIAL DEL PATRON, vv. 4-7

El aparente uso incidental de la forma personal y posesiva *mi Dios* (v. 4) expresa que Pablo mantiene presente en su pensamiento el pacto de fidelidad debido a Dios. Es una confesión de gracias por las bendiciones recibidas y por las relaciones fraternales que puede sostener con otros cristianos. Es motivo de felicidad y encanto el darnos cuenta como los hombres buenos tienen el privilegio de venir delante de Dios con sus oraciones y peticiones como *mi Dios*.

Pablo da gracias a Dios y recuerda en sus oraciones al patrón de Onésimo por el *amor* y *la fe* que tiene en su corazón. La frase puede ser tomada de dos maneras: (1) Por el amor y la fe que Filemón expresa hacia los que le rodean; (2) por el amor y la fe que tiene hacia Dios. Si optaramos

---

Semillero homilético

Los caminos para glorificar a Dios
vv. 5, 6

Introducción. El hombre es creado para la gloria de Dios y por consiguiente encuentra su más alta satisfacción en darle esa gloria. Hay cuatro maneras en que se demuestra esta actitud:
I. El camino de las buenas obras.
  1. Motiva a otros a que glorifiquen a Dios. *Así alumbre vuestra luz delante de los hombres, de modo que vean vuestras buenas obras y glorifiquen a vuestro Padre que está en los cielos* (Mat. 5:16).
  2. Es de bendición para otros. La benevolencia mutua de los cristianos no sólo glorifica a Dios, sino que resulta en bendición para otros.
II. El camino de la adoración.
  1. La adoración debe ser para Dios. El fin de nuestra adoración debe ser dar la gloria a Dios.
  2. Los motivos secundarios no glorifican a Dios. A veces buscamos la adoración para exaltar nuestras emociones.
  3. Los elementos de la adoración ayudan al hombre. Le proveen una visión de las realidades eternas.
III. El camino de la obediencia.
  1. El hombre glorifica a Dios cuando llega a ser lo que Dios quiere que sea.
  2. Capta por obediencia el pensamiento de Dios, cuando dijo: *Hagamos al hombre a nuestra imagen y semejanza.*
IV. El camino de la práctica de la obediencia.
  1. No basta decir que somos obedientes.
  2. Se debe mostrar la obediencia.
Conclusión. Se podría levantar un templo más impresionante que el de Salomón, tener un culto lleno de sacrificios, cantar salmos constantemente y elevar una y otra vez aleluyas en su nombre. Pero no hay nada que se compare ni lleve mayor honor a Dios, que convirtamos nuestra alma en templo viviente, y que hagamos de ella la habitación de su gloria y perfección. A él no le agradan tanto los sacrificios como la obediencia, ni tanto los coros como los afectos celestiales, ni tanto las palabras como un alma que refleje su imagen divina.

lo bueno que hay en nosotros* para la gloria* de Cristo.* **7** Porque tuve* gran gozo y aliento por tu amor, pues los corazones de los santos, oh hermano, han sido confortados por medio tuyo.

*1:6a Algunos mss. antiguos dicen *vosotros*.
*1:6b Lit., *para Cristo*
*1:6c Algunos mss. antiguos incluyen *Jesús*.
*1:7 Algunos mss. dicen *tenemos*.

---

por esta segunda forma se estaría produciendo una figura de quiasmo igual que en Gálatas 4:4, 5. En ambas maneras estamos frente al hecho de que nuestra actitud hacia Dios incide decisivamente en la actitud y acción hacia las personas que nos rodean.

Un patrón cristiano se interesará no solamente por el bienestar físico y material de sus empleados, sino también les dará *comunión* (v. 6) de su fe para con el Señor Jesús. Ciertamente muchos empresarios y administradores cristianos hoy en día han intentado hacer esto, y lo han logrado con apreciable éxito, pero otros, por la negación de su fe a través de sus acciones injustas y deshonestas, no han logrado hacer partícipes de su fe a otros ni provisto el conocimiento de todo el bien que un hombre puede obtener en Cristo Jesús.

William Barclay dice que la expresión *la comunión de tu fe* es difícil porque el griego *koinonía tes pisteós* tiene tres posibles significados. (1) *Koinonía* puede significar un compartir en; que bien puede ser el compañerismo o sociedad en un negocio. (2) *Koinonía* puede significar compañerismo, y en este caso sería compañerismo cristiano. (3) *Koinonía* puede significar el acto de participar, con lo cual hace referencia a la caridad, a la generosidad cristiana. Nos parece que la suma de estos tres usos nos ayudan a comprender y explicar mejor la idea de este bello versículo.

Lo que Pablo y sus compañeros de prisión habían oído probablemente por intermedio de Epafras les daba consuelo y esperanza de que el esclavo que ahora volvía arrepentido fuera bien recibido. El término *confortados* (v. 7, *paráklesis* 3874) significa compasión, simpatía, misericordia, esto es, el afecto directo hacia otras personas (como en Col. 3:12), pero en los tres usos de esta palabra en la epístola (7, 12, 20) es evidente que el significado es el de un profundo sentimiento de compasión, la que como dice Oesterley "es una emoción receptiva tanto como una emoción expresiva". La base de este profundo sentimiento hacia los santos es el amor que Filemón posee hacia Dios por medio de Cristo Jesús.

La expresión *oh hermano* (v. 7) es muy

Esclavos en el Imperio Romano

Intercesión por Onésimo

8 Por lo tanto, aunque tengo mucha confianza en Cristo para ordenarte lo que conviene, **9** más bien intercedo en amor —siendo como soy, Pablo anciano y ahora también prisionero de Cristo Jesús—; **10** intercedo

---

enfática. Habla del sentimiento del Apóstol hacia Filemón tanto como el colocarse ambos como hijos de un mismo Padre. Además es una adecuada preparación para la intercesión que a continuación va a expresar.

En la Reina-Valera de 1909 rezaba "han sido recreadas las entrañas de los santos", que era una traducción literal. En los días de Pablo se sostenía que en las vísceras se encontraba el asiento de los afectos humanos. Hoy día, equivale a nuestro término simbólico *corazón*. Los santos, esto es los que constituían la iglesia, han sido confortados por medio del testimonio y actuaciones de Filemón. Vale la pena recordar aquí que la palabra *santos* en el contexto de la palabra griega indica los que han sido separados para el servicio a Dios.

Antes de dejar este punto en su construcción exegética es digno de tomar en cuenta que en el fondo de las palabras del Apóstol hay un sentido de amor y de comprensión capaces de inspirar a cualquier patrón, administrador o encargado de personal a ofrecer las mejores oportunidades a quienes trabajan bajo sus órdenes.

III. LA VERDADERA TRANSFORMACION SOCIAL DEL OBRERO, vv. 8-19

En este pasaje Pablo hace una cuidadosa intercesión en favor de Onésimo. A la vez que consideramos los elementos de su súplica, bien podemos descubrir algunos principios fundamentales que constituyen, al ser aplicados en el mundo contemporáneo, la verdadera transformación de aquellos que por su ubicación en la esfera social les corresponde trabajar bajo las órdenes de otra persona.

1. Intercesión en amor, vv. 8, 9

Pablo insinúa que por su autoridad apostólica y por sus relaciones de padre espiritual (v. 9), puede pedir de Filemón lo que moralmente conviene, o mandarle lo que debía hacer en este caso. Es como si Pablo estuviese diciendo: "Tengo el derecho de hablar para pedirte algo." Sin embargo dice que no lo hace sobre ninguna de esas posibilidades; no habla como un Apóstol, sino como un amigo que suplica un favor de otro amigo.

En ciertas versiones la palabra traducida por *anciano* (v. 9, *presbútes* [4246]) o viejo, se traduce por embajador. Traduciendo así tratan de evitar la connotación de que Pablo era ya un viejecito. W. Barclay nos ayuda en este punto al recordarnos que en los días de Pablo se usaba la palabra *presbútes* para referirse a las personas que contaban entre los cuarenta y nueve y los cincuenta y cinco años de edad. Sin embargo, hay que recordar que la palabra "embajador" es *presbeútu* cuya diferencia con *presbútes* es muy leve. Esta palabra *presbeútu* se encuentra en Efesios 6:20 donde Pablo dice *soy embajador en cadenas*. Dodd sugiere la posibilidad que en el caso de la carta a Filemón, Pablo equivocó la ortografía o que el error se produjo en la copia y transmisión de los manuscritos. Como quiera que sea, debemos recordar lo que Pablo ha dicho en el versículo anterior, que no se vale de su autoridad apostólica para ordenar a Filemón, sino que le recuerda que el pedido es de alguien que ha estado dedicado al servicio de Cristo y que ya tiene algunos años de hacerlo y por lo tanto ahora se encuentra cansado y apelando a una autoridad moral para su petición.

2. Transformación de su filosofía de vida, v. 10

Intercedo ante ti en cuanto a mi hijo Onésimo, a quien he engendrado en mis

ante ti en cuanto a mi hijo Onésimo, a quien he engendrado en mis prisiones. **11** En otro tiempo él te fue inútil; pero ahora es útil,* tanto para ti como para mí. **12** Te lo

---

*1:11 Onésimo significa *útil*; comp. *beneficio* del v. 20.

---

prisiones (v. 10). Nótese que Pablo no presenta ninguna excusa a favor de Onésimo. Admite que era alguien que no servía para mucho y un flojo de carácter, pero también observemos el afecto con el cual lo llama *mi hijo* espiritual. Refleja algo de lo que la gracia de Dios había hecho por el Apóstol mismo. El que había sido un puntilloso fariseo, un exclusivista judío, ahora habla a favor de un gentil y no de un gentil libre, sino de un esclavo sin valor para la sociedad romana como de un hijo. Es impresionante leer en Colosenses 4:9: *Le envío con Onésimo, el fiel y amado hermano, quien es uno de vosotros* (comp. Col. 1:2).

El nombre *Onésimo* se deriva de un verbo que libremente arreglado quiere decir "góceme yo de ti". Fue su encuentro con Cristo el que le llevó a transformar su filosofía para la vida, le cambió de ser un fugitivo, sin motivos para gozarse e inútil, en un hombre que buscaba la vindicación de sí mismo y el correlacionar su nueva profesión de fe con la vida práctica.

3. Transformación de su concepto de servicio, v. 11

En otro tiempo él te fue inútil, pero ahora es útil, tanto para ti como para mí (v. 11). Es probable que cuando Filemón recordaba el nombre de Onésimo su mente le sugería a un energúmeno indigno. Pablo, en un gracioso y hábil juego de palabras, dice que Onésimo es útil a Filemón y a él. He aquí el juego de palabras de Pablo: "El cual, Onésimo (útil) en otro tiempo te fue inútil (no te fue Onésimo), mas ahora a ti y a mí es útil (nos es Onésimo)."

Con tal recomendación no es difícil imaginar la prestancia y el nuevo concepto de servicio que aprendió Onésimo. Sin duda estaba dispuesto a dar a Filemón el mismo cuidado y atención en servicios que voluntariamente había prestado a Pablo.

Semillero homilético

De inútil a útil
v. 11

Introducción: El cuadro de Onésimo presentado en la epístola nos demuestra la transformación que puede efectuar el evangelio de Jesucristo.
  I. La inutilidad del pecador.
    1. Es inútil para sí mismo y para otros.
    2. El hombre es pecador y responsble por lo que hace con su vida.
    3. El pecador pagará por su pecado eternamente.
  II. ¿Puede un pecador ser útil a otros?
    1. En el tiempo pasado, Onésimo había sido inútil a Filemón. Había sucumbido a la influencia del pecado y al final de cuentas actuó en contra de sus propios intereses.
    2 Al convertirse, Onésimo se constituyó en una persona útil. Desapareció su inutilidad. Fue transformado por la gracia de Dios. La deshonestidad, egoísmo, falsedad (vicios comunes en los esclavos) fueron quitados por el poder de la verdadera libertad.
    3. Onésimo llegó a ser una persona confiable.
Conclusión: Cuando un pecador se arrepiente, su vida es transformda por el poder de Dios. Después de haber sido una persona inútil para sí mismo y para los demás, llega a ser de bendición para otros.

vuelvo a enviar,* a él que es mi propio corazón. **13** Yo deseaba retenerlo conmigo, para que en tu lugar me sirviera en mis prisiones por el evangelio. **14** Pero sin tu con-

---

*1:12 Algunos mss. antiguos tienen ... *enviar; recíbele como a mi propio corazón.*

4. Transformación de su concepto de relaciones, vv. 12-17

Te lo vuelvo a enviar (v. 12). Implica que lo está enviando físicamente, pero también que está poniendo en las manos de Filemón el destino y la vida misma de Onésimo. *A él que es mi propio corazón,* según la traducción de Moffat sería: "Separándome de mi propio corazón." Devolver a Onésimo era para Pablo separarse de algo muy apreciado para él. Onésimo había llegado a ser parte de su misma vida.

Pablo no solamente enviaba a Onésimo, éste iba de retorno por su propia voluntad. Tenemos aquí algo realmente extraordinario: Un esclavo, un ladrón que retor-

---

La esclavitud en el primer siglo

"Hay tres clases de herramientas para el campo, las silentes (arados y carretas), las inarticuladas (el buey y la mula), y las que hablan (esclavos)." Así se refería Cato a la condición de los esclavos entre los romanos, pugnando porque fueran descartados como cualquier otro objeto cuando llegaran a estar viejos, enfermos o cansados.

La esclavitud formaba parte integral de muchas culturas antiguas, pero alcanzó su nivel más alto en el período anterior al y durante el Imperio Romano. Al comienzo del primer siglo, los esclavos llegaron a ser la mitad de la población. A finales del mismo siglo la ciudad de Roma tenía 400.000 esclavos, una tercera parte de la población. Un hombre rico podía tener tantos esclavos que ni siquiera llegaba a conocerlos a todos. Las campañas de César Augusto abastecían miles de esclavos, creciendo así rápidamente la esclavitud como institución. Cecilio, en el tiempo de Augusto, afirmaba tener 4.116 esclavos. En una operación, César vendió 63.000 galos como esclavos. Josefo (Guerras 6.9.3) declara que Tito trajo 97.000 judíos desde Jerusalén como esclavos en el año 70.

Había varias maneras de procurarse un esclavo. Algunas veces, por necesidad una persona podía ofrecerse a sí misma en esclavitud para pagar una deuda. Se podían dar los hijos en esclavitud. En el mercado, los esclavos eran vendidos o cambiados por otros esclavos, por ganado o por otra propiedad. Un regalo muy común entre familiares y amigos era un esclavo. Podían darse en herencia. Muchos esclavos lo eran desde su nacimiento. A aquellos que resultaban saludables y fornidos se les casaba con esclavas de las mismas características para buscar el mejoramiento de la especie.

La ley romana daba a los amos completo poder sobre la vida y muerte de sus esclavos. Un esclavo no podía tener propiedades; él mismo era una propiedad. Aun si hubiera podido adquirir bienes, legalmente todo pertenecía a su amo. No existía el matrimonio entre los esclavos, solamente la cohabitación. Las parejas se unían o separaban a voluntad de los amos.

Algunos esclavos prisioneros de guerra eran enviados a escuelas para gladiadores para usarlos en espectáculos públicos. Eran forzados a luchar unos contra otros, vestidos como animales. En la noche anterior al espectáculo los gladiadores eran "honrados" con un banquete donde eran vistos por sus fanáticos y apostadores.

En el campo se castigaban las ofensas racionando la comida, con trabajo adicional, multas y cárcel. Azotar a los esclavos era cosa común, así como marcarlos con hierros al rojo vivo.

Los esclavos que huían eran encadenados o los dejaban morir como una lección para ofensores potenciales. Si un propietario de esclavos era asesinado, cada esclavo en esa casa era declarado responsable. En el tiempo en que Pablo escribió la carta a Filemón, Pedanius Secundus había sido asesinado por un esclavo, y todos los cuatrocientos restantes fueron ejecutados, considerados culpables por no prevenir la muerte de su amo.

sentimiento no quise hacer nada, para que tu bondad no fuera como por obligación, sino de

na por su propia voluntad a su patrón del cual huyó sin saber la clase de recepción que recibiría. Recordemos que según las leyes de la época se imponía que Onésimo debía volver a su amo y que éste podía hacer con su esclavo lo que bien le pareciera, desde someterlo a severos castigos hasta quitarle la vida. Si bien las leyes imponían un gran sacrificio para Pablo al separarse de una parte de sí mismo, demandaba un valor y un riesgo no menor de parte de Onésimo. Sin embargo, su nuevo concepto de la vida y su nuevo concepto de relaciones interpersonales le urgían a volver a la casa de Filemón.

Yo deseaba reternerlo conmigo (v. 13), no era solamente un deseo egoísta por parte de Pablo, pues declara que tenía propósitos definidos hacia Onésimo. Lo necesitaba, requería sus servicios; había cosas que Onésimo podía hacer para Pablo que ninguna otra persona podía haber hecho. Pablo siempre aclaró el motivo por el cual se encontraba en la prisión y lo consideró como el resultado de su apostolado por el evangelio, como bien lo dijo: *Mis prisiones por la causa de Cristo han sido conocidas...* (Fil. 1:13).

A pesar del deseo claramente revelado de Pablo de retener a Onésimo, no lo haría sin el consentimiento de Filemón. En efecto dice, *sin tu consentimiento no quise hacer nada"* (v. 14). Es interesante hacer una comparación entre los verbos *yo deseaba* del v. 13 y *no quise* del v. 14. Al analizarlos encontramos que Pablo quiere decir: "Yo hubiera querido retener a Onésimo conmigo, pero tuve escrúpulos y así resolví definitivamente enviártelo." El primero de los verbos indica deseo, el segundo determinación y resolución.

Se han dado varias razones del porqué Pablo no debía proceder en contraposición al deber cristiano ni sin el consentimiento de Filemón: (1) Porque la ley romana imponía graves castigos para aquellos que recibían o retenían a esclavos fugitivos (comp. Rom. 13:1, 2, 5, 7). (2) Para que no pareciera que se quedaba con algo que pertenecía a Filemón perjudicándole, y por lo cual Filemón, quizá, se hubiera quejado. (3) Porque Onésimo mismo resolvió retornar, con el objeto de demostrar en forma concluyente que no había aceptado

---

Verdaderamente libre

La libertad de la esclavitud era posible por diferentes medios. Había esclavos a quienes se les alquilaba una parte de tierra para que la cultivaran; cuando obtenían ganancias podían comprar su libertad. Al mismo tiempo que el amo daba libertad a un esclavo, con la paga compraba otro y aparte obtenía ganacias. Los esclavos confiables eran dejados en libertad al volverse viejos o enfermar. En otras circunstancias, la libertad era ganada por un servicio dedicado. En ocasiones, el amo en su lecho de muerte concedía la libertad a algunos esclavos en su último gesto de nobleza.

La pregunta que se hace con más frecuencia es: ¿Por qué el Nuevo Testamento no condenó la esclavitud? Algunos contestan que los cristianos primitivos esperaban el regreso inminente de Cristo y consideraban que no era necesario desafiar la institución de la esclavitud. Los esclavos eran atraídos por la nueva religión ya que en ella adquirirían un nuevo sentido de dignidad y autoestima. Al pertenecer al cuerpo de Cristo, el esclavo consideraba que su posición quedaba en plano secundario. En Cristo, el esclavo era libre.

Pablo exhortaba a los amos cristianos a ser considerados y a los esclavos a ser obedientes (Ef. 6:5-9; Col. 3:22—4:1). En su carta a Filemón, Pablo le pidió que recibiera a Onésimo *ya no como a un esclavo, sino más que esclavo, como a un hermano amado* (v. 16). Algunos opinan que la promesa de pago hecha por Pablo a Filemón era una indicación de que se esperaba lograr la libertad de Onésimo.

buena voluntad. **15** Pues quizás por esta razón se apartó por un tiempo, para que lo recibas ahora para siempre; **16** ya no como a un esclavo, sino más que esclavo, como a un hermano amado, especialmente para mí, pero con mayor razón para ti, tanto en la carne como en el Señor.

---

la religión cristiana para evadir la autoridad de su amo legal. (4) Para que el evangelio no fuera calumniado y acusado de que bajo su pretexto los esclavos podían separarse con impunidad de sus amos (ver 1 Cor. 7:20-22).

Para que tu bondad no fuera como por obligación, sino de buena voluntad (v. 14). Probablemente el término *obligación* se refiera a que Pablo podría haber mantenido a Onésimo con él y justificar su proceder en la convicción de que Filemón aprobaría tal conducta. Sin embargo, no lo hace, actúa como todo un honesto caballero cristiano, entrega lo que no le pertenece y debe devolver.

Pablo propone la posibilidad de la intervención de la Providencia en la fuga de Onésimo. Afirma que Dios es quien ha ordenado tales circunstancias para el cumplimiento de su voluntad y designio. Dios puede tornar las situaciones adversas de nuestra vida para llevar adelante su propio plan.

Para que lo recibas ahora para siempre (v. 15). La palabra "recibir" (*apéco* 568) se relaciona con el acto de recibir en la mano en forma de pago una suma de dinero. Filemón había perdido un esclavo, pero ahora recibe más que un esclavo, recibe *a un hermano amado... tanto en la carne como en el Señor* (v. 16). Eso es recibir muchísimo más que cualquier cantidad de dinero. Aunque Pablo no hace un pedido formal de libertad para Onésimo, ni siquiera porque ahora es un cristiano, sí sugiere que las relaciones entre el obrero y el patrón deben ser radicalmente modificadas. Ya que por las leyes terrenales Onésimo es una parte de *la carne* (familia) de Filemón, las relaciones entre ambos ahora deben ser distintas por cuanto tienen a un Amo común quien es el Señor de ambos.

Semillero homilético
Los resultados del cristianismo
v. 16

Introducción: Onésimo, antes de convertirse a la fe, fue esclavo de Filemón; y después siguió siéndolo, pero llegó a ser algo más: su hermano en Cristo. De esto podemos aprender que:
  I. El cristianismo no establece diferencias de condición social.
Veamos algunos ejemplos de esta enseñanza:
  1. El apóstol Pablo instruyó a los patrones o amos acerca de cómo tratar a sus empleados o esclavos y viceversa (Ef. 6:5, 9).
  2. También se instruyó a los gobernantes sobre cómo comportarse con sus gobernados (Rom. 13:3, 4, 6).
  3. A los gobernados, se les dijo cómo debían conducirse con los gobernantes (Rom. 13:1, 2, 5, 7).
 II. El cristianismo enseña la igualdad esencial de las personas.
  1. El evangelio considera a todos iguales (sin diferencia debida a su rango, riqueza o pobreza) y los evalúa en sus consideraciones de carácter moral (Gál. 3:28).
  2. Dios dio a su Hijo para morir por todos por igual.
III. El cristianismo enseña la responsabilidad de los ricos hacia los pobres.
Su autoridad, influencia y ejemplo producirán buenos o malos efectos en otros y son los elementos sobre los cuales serán evaluados en el día del juicio.
Conclusión: La persona que hace a Cristo su Señor y Salvador rectifica sus relaciones y las enriquece con la nueva escala de valores.

17 Así que, si me tienes por compañero, recíbele como a mí mismo. **18** Si en algo te hizo daño, o te debe, ponlo a mi cuenta. **19** Yo, Pablo, lo escribo con mi propia mano: Yo lo pagaré; por no decirte que también tú mismo te me debes a mí. **20** Sí, hermano, yo quisie-

---

Si me tienes por compañero, recíbele como a mí mismo (v. 17), como a un amigo íntimo, como a uno con igualdad de intereses, objetivos y esperanzas en el evangelio. Pablo, por así decirlo, arriesga su amistad con Filemón al hacer suya la situación de Onésimo. El precio que un hombre debe pagar con tal de mejorar las relaciones entre otros hombres no se puede cuantificar; por ello son un imperativo categórico las palabras del Maestro: *nadie tiene mayor amor que éste, que uno ponga su vida por sus amigos* (Juan 15:13).

5. Transformación de su concepto de honestidad, vv. 18, 19

Yo lo pagaré (v. 19). Suponemos que estas palabras quedaron siempre en un futuro hipotético. Sin embargo, plantea una interesante pregunta: ¿Cómo podía Pablo prometer *yo lo pagaré* siendo que se encontraba en la prisión y ya anciano? Sabemos por sus aseveraciones que trabajó en hacer tiendas. También que la iglesia de Filipos le ayudó algunas veces, pero, ¿había ahorrado lo suficiente? ¿Alcanzaban las ofrendas de los hermanos para pagar una casa alquilada y sostener a todos sus compañeros y a las personas unidas con él?

Algunos eruditos han sugerido la posibilidad de que Pablo hubiera heredado la fortuna de la familia y que con ella pudo respaldar las demandas económicas. La idea se fortalece por el hecho de que como prisionero de Roma y encadenado a un guardia romano, viviendo en una casa privada, personalmente podía responder económicamente, pues tales condiciones y modo de vida era concedido por los romanos sólo a aquellos que probaran que podían pagar puntualmente (R. L. Smith). El hecho de que Pablo se hiciese cargo de responder por los daños causados por Onésimo, dio a éste, lo mismo que a los obreros de todos los tiempos, la gran enseñanza de que en las relaciones entre obreros y patrones debe privar un alto sentido de responsabilidad y honestidad en toda la extensión de las palabras.

Verdades prácticas de Filemón

1. Hay elementos semejantes entre la esclavitud del primer siglo y las exigencias de los patrones hoy en día.
2. Un patrón cristiano se interesará no solamente por el bienestar físico y material de sus empleados, sino que compartirá su fe en Cristo Jesús (v. 6).
3. Las acciones justas y honestas de los administradores y empresarios cristianos serán la mejor puerta de entrada para compartir con sus empleados la fe en Cristo.
4. Un empleado cristiano tiene la responsabilidad de demostrar el carácter de un seguidor de Cristo. Su trabajo honesto, su sentido de responsabilidad y su disposición de servicio serán elementos clave en la interpretación de la fe cristiana. Onésimo había sido transformado por su fe en el Señor Jesucristo y él de su propia voluntad estuvo dispuesto a volver con Filemón.
5. Dios puede cambiar las situaciones adversas de nuestra vida para llevar adelante su propio plan.
6. Los esclavos del tiempo de Pablo y los obreros de hoy en día reciben la enseñanza de que en las relaciones obrero-patronales debe privar un alto sentido de responsabilidad y honestidad en toda la extensión de la palabra.
7. Las acciones que los cristianos realizan deben tener su motivación más importante en el amor.
8. La tarea del cristianismo no es la confrontación de los sistemas políticos o sociales, sino la transformación del individuo y la sociedad por el poder del Espíritu Santo.

ra tener este beneficio de ti en el Señor: ¡Conforta mi corazón en el Señor!
21 Habiendo confiado en tu obediencia, te escribo sabiendo que harás aun más de lo que digo. **22** A la vez, prepárame también alojamiento, pues espero que mediante vuestras oraciones yo os sea concedido.

Salutaciones y bendición final

23 Te saludan Epafras, mi compañero de prisiones por Cristo Jesús, **24** y mis colaboradores Marcos, Aristarco, Demas y Lucas.

IV. UN DIRIGENTE RARO, vv. 20-25

Sí, hermano, yo quisiera tener este beneficio de ti en el Señor (v. 20). Una expresión muy enfática con la cual Pablo se identifica estrechamente con la causa de Onésimo. Además hace referencia a lo dicho en el v. 7. En otras palabras, concederle la petición sería de gran aliento para Pablo en sus actuales circunstancias desfavorables y constituiría un estímulo para renovar sus esfuerzos en presentar a Cristo.

Las palabras *sabiendo que harás aun más de lo que digo* (v. 21) son una velada expresión de que Pablo esperaba que Filemón liberara completamente a Onésimo y, sin tratar de violentar la hermenéutica bíblica, diríamos que presenta la base para el derrocamiento de una de las instituciones más odiosas de la humanidad.

¡Qué dirigente más raro! ¿verdad? Primero no espera sacar beneficios personales, luego espera que sus seguidores hagan más de lo que pide. Como si fuera poco, desea cuando menos tres cosas más:

1. *Prepárame... alojamiento* (v. 22) **Desea estar con el pueblo.** La práctica de la hospitalidad no fue cosa extraña en el NT; al contrario, fue animada como una gran virtud (Rom. 12:13; 1 Tim. 3:2; Tito 1:8; Heb. 13:2 y 1 Ped. 4:9). Pablo esperaba y deseaba que en respuesta a las oraciones de la iglesia que se reunía en la casa de Filemón podría visitarles. Si tal deseo se cumplió o no es difícil saberlo.

2. *Te saludan... mis colaboradores* (vv. 23, 24). **Desea ser totalmente honesto.** Epafras, pastor de la iglesia en Colosas que por esos días visitaba a Pablo, es designado como *mi compañero de prisiones por Cristo Jesús*. Aristarco también es llamdo *prisionero conmigo* (Col. 4:10), mientras que aquí se le denomina como parte de los *colaboradores* del Apóstol. Uno se pregunta acerca del porqué de este juego de posiciones. La explicación es que a los amigos de Pablo que lo visitaban en la ciudad de Roma, se les permitía acompañarlo y vivir con él, con la condición que se sometieran a las mismas restricciones, guardia militar y demás.

Otros compañeros a quienes Pablo desea dar crédito por sus labores y ser honesto para con ellos son: Marcos, posiblemente el mismo que era primo de Bernabé (Col. 4:10), el compañero de Pablo en el primer viaje misionero. Demas es también mencionado en Colosenses 4:14 y 2 Timoteo 4:10. Lucas, el autor del Evangelio que lleva su nombre y del libro de Hechos, quien fuera médico y compañero fiel del Apóstol (2 Tim. 4:11).

Semillero homilético
Filemón: un cuadro ideal del perdón entre cristianos

Introducción: En esta carta se encuentran todos los elementos que intervienen para hacer necesario el perdón.
  I. La ofensa, vv. 11, 18.
  II. La compasión, v. 10.
  III. La intercesión, vv. 10, 18, 19.
  IV. La sustitución, vv. 18, 19.
  V. La restauración del antiguo favor, v. 15.
  VI. La elevación a una nueva relación, v. 16.
Conclusión: Es una lección práctica sobre la petición que tenemos en la oración modelo: *Perdónanos nuestras deudas, como también nosotros perdonamos a nuestros deudores* (Mat. 6:12).

25 La gracia del* Señor Jesucristo sea con vuestro espíritu.*

*1:25a Algunos mss. antiguos dicen *de nuestro*.
*1:25b Algunos mss. antiguos incluyen *Amén*.

3. *La gracia del Señor Jesucristo sea con vuestro espíritu* (v. 25). **Desea lo mejor para todos.** Es la bendición pastoral de Pablo para todos sus amigos y expresa el deseo de que la gracia de Cristo abunde en la vida de aquellos que han sido salvos por la fe en Jesucristo.

CONCLUSION

El valor social de la epístola de Pablo a Filemón consiste en que presenta la actitud del cristiano hacia las relaciones obrero-patronales y hacia todas las instituciones no cristianas.

Podríamos resumir las enseñanzas de la carta en tres afirmaciones:

1. Que el cristianismo no es un movimiento político y por lo tanto no es antagónico con las formas de gobierno, aunque trata de hacer llegar hasta ellos la justicia y el reconocimiento de la instrumentalidad del gobierno en las manos de Dios.

2. Que el cristianismo no es revolucionario-compulsivo, más bien es transformador en sus métodos de cambio social.

3. Que Cristo es la fuerza transformadora más efectiva en el corazón del hombre que el mundo ha conocido jamás.

Unos cincuenta años después de que Pablo escribiera la carta a Filemón, Ignacio, el obispo de la iglesia cristiana en Antioquía, era llevado a Roma donde habría de sufrir el martirio por su fe. Durante su viaje escribió una carta a la iglesia de Efeso. En esa carta hace mención extensa del obispo de Efeso, cuyo nombre es Onésimo. Como alguien ha dicho, no estamos seguros de que Onésimo el obispo sea el Onésimo de esta carta, pero ¿por qué no?

PLAN GENERAL DEL
COMENTARIO BIBLICO MUNDO HISPANO

Una descripción de los diferentes
tomos de este Comentario

PLAN GENERAL DEL COMENTARIO BIBLICO MUNDO HISPANO

Tomo	Libros que incluye	Artículo general
1*	Génesis	Principios de interpretación de la Biblia
2*	Exodo	Autoridad e inspiración de la Biblia
3	Levítico, Números y Deuteronomio	La ley
4	Josué, Jueces y Rut	La arqueología y la Biblia
5	1 y 2 Samuel, 1 Crónicas	La geografía de la Biblia
6	1 y 2 Reyes, 2 Crónicas	El texto de la Biblia
7	Esdras, Nehemías, Ester y Job	Los idiomas de la Biblia
8	Salmos	La adoración en la Biblia
9*	Proverbios, Eclesiastés y Cantares	Géneros literarios del Antiguo Testamento
10*	Isaías	Teología del Antiguo Testamento
11	Jeremías y Lamentaciones	Instituciones del Antiguo Testamento
12	Ezequiel y Daniel	Historia de Israel
13	Oseas, Joel, Amós, Abdías, Jonás, Miqueas, Nahúm, Habacuc, Sofonías, Hageo, Zacarías y Malaquías	El mensaje del Antiguo Testamento para la iglesia